Eugen Adolf Hermann Petersen

Die Kunst des Pheidias

Am Parthenon und zu Olympia

Eugen Adolf Hermann Petersen

Die Kunst des Pheidias
Am Parthenon und zu Olympia

ISBN/EAN: 9783741168512

Hergestellt in Europa, USA, Kanada, Australien, Japan

Cover: Foto ©Andreas Hilbeck / pixelio.de

Manufactured and distributed by brebook publishing software (www.brebook.com)

Eugen Adolf Hermann Petersen

Die Kunst des Pheidias

DIE

KUNST DES PHEIDIAS

AM

PARTHENON UND ZU OLYMPIA

VON

EUGEN PETERSEN,
ORDENTLICHEM PROFESSOR ZU DORPAT.

BERLIN.
WEIDMANNSCHE BUCHHANDLUNG.
1873.

VERLAG DER WEIDMANNSCHEN BUCHHANDLUNG (J. REIMER) IN BERLIN.

BUCHDRUCKEREI VON GUSTAV SCHADE (OTTO FRANCKE).
Berlin, Marienstr. 10.

CHRISTIAN PETERSEN
VORMALS PROFESSOR IN HAMBURG

UND

ADOLF PETERSEN
JETZT CONRECTOR IN GLÜCKSTADT

MEINEN LIEBEN OHEIMEN

DEM TODTEN IN DANKBAREM ANDENKEN

DEM LEBENDEN IN TREUER LIEBE

GEWIDMET.

VORREDE.

Im Jahre 1862 gab mir ein sechswöchentlicher Aufenthalt in London den Antrieb zu vorliegender Schrift, an welcher ich seit der Zeit unter sehr verschiedenen Umständen gearbeitet habe. Gelegentlich konnte ich eine Bibliothek benutzen wie namentlich die einzige des unvergefslichen Otto Jahn, mitunter auch eine Sammlung von Gypsabgüssen wiedersehn; die längste Zeit aber war ich als Gymnasiallehrer in kleinen Orten ohne archäologische Hülfsmittel. So war ich vorwiegend auf meine Excerpte angewiesen, ein um so mangelhafterer Ersatz, je älter die Arbeit wurde, durch meine Berufsarbeiten kaum gefördert, vielfach gekreuzt und beständig verschoben.

Weder eine allgemeine Uebersicht und Würdigung der bisherigen Leistungen, noch im Einzelnen eine vollständige Auseinandersetzung mit den früheren Ansichten konnte ich unter solchen Umständen geben. Nachdem der Parthenon von Adolf Michaelis erschienen war, durfte ich beides unterlassen. Was ich nur mangelhaft hätte geben können, ist dort mit ausgezeichneter Umsicht geleistet. Möchte mir denn gelungen sein nach der Seite hin einen Fortschritt zu machen, nach welcher Michaelis selbst die Forschung anruft. Denn so sehr Michaelis auch die Erklärung der Parthenonssculpturen gefördert hat, so hat er doch durch kritische Feststellung der Ueberlieferung vielmehr der Erklärung jener Werke erst den Weg bahnen wollen als sie auf diesem Wege zu Ende führen. Die Kunst des Pheidias aber direct, nicht blos aus Urtheilen

Anderer kennen zu lernen, sind diese Werke nebst dem von Pausanias beschriebenen Zeus von Olympia fast die einzige Quelle.

Eben in den Beziehungen auf das Werk von Michaelis wird man nun auch am meisten spüren, wie wenig aus einem Gusse meine Arbeit ist. Denn wenn ich auch im Allgemeinen Uebereinstimmung und Differenz mit ihm unter dem Text notieren konnte, da derselbe geschrieben war, ehe ich seinen Text erhielt, so habe ich doch beides in den Theilen, die ich später aus andern Gründen umgeschrieben habe, in den Text aufgenommen. Was ich mir von ihm angeeignet habe, ist angegeben. Der Mangel an Consequenz in diesem wie in andern Punkten, z. B. im Citieren, entschuldige theilweise wenigstens die Langwierigkeit.

Denen, die mich freundlich unterstützt, wie namentlich Michaelis durch vorläufige Zusendung von Probabdrücken seiner Parthenonstafeln, sage ich meinen Dank und spreche schliefslich nur den Wunsch noch aus, dafs es deutlich sein möge, wie ich zum Theil eben die am eingehendsten bekämpft habe, deren Zustimmung ich am liebsten gewänne.

Dorpat im September 1873.

EUGEN PETERSEN.

UEBERSICHT DES INHALTS.

Werke des Pheidias S. 1. Parthenon und Zeustempel als Thesauren 4. Benennungen von Tempeln und Thesauren 7. Eigenthümliches der Thesauren 12. Der Parthenon als agonaler Festtempel und sein Zusammenhang mit den Grofsen Panathenäen. Agonale Feste und Tempel 15. Religiöses von Politischem nicht zu scheiden 18. Grofse und kleine Panathenäen 23. Peplos 30. Antheil des Parthenon am Fest 35. Der Sinn des Bildwerks am Parthenon und Zeustempel nicht blos agonistisch 36. Kranztisch und andre Beweise agonistischer Bestimmung 39. Preisvertheilung in beiden Tempeln 43. Kein Cultus im Parthenon und Zeustempel? Böttichers Beweise gegen Cultus 46. Votivtempel 47. Asylie 50. Altar und Tisch 51. Opfer 53. Reinigung, Naturmale 55. Priester 56. Parthenos und Zeus als Cultbilder 58. Tamiai 60. Antastbarkeit des Goldgewandes 61. ἱερόν und ἀνάθημα 63. Hierosylie 66. Unwandelbarkeit beim Cultus 70. Kunst und Cultus 74. Goldelfenbeinbilder 79. Alte und neue Bilder 82. Motive der Neugründung bei Zeustempel und Parthenon 94.

Der Ostgiebel des Parthenon; Geburt der Athena, Helios und Selene 105. Grundlagen der Erklärung 114. Dionysos 116. Demeter und Kore 122. Iris 126. Aphrodite und Peitho 128. Hestia 139. Hermes 141. Nike 144. Hephaistos 145. Athena 146. Centrum 148. Uebrige Götter 150.

Der Westgiebel; der Streit um Attika 157. Ueberlieferung davon 158. Richter im Streit 161. Zeichen 162. Dargestellter Moment 163. Athena als Siegerin, Nike 165. Hermes 167. Athena und Poseidon 172. Streitwagen 173. Symmetrie 174. Athenas Bewegung 179. Linke Seitengruppe 181. Rechte Seitengruppe 190. Flufsgötter 193. Das Ganze 198.

Die Metopen; Bestand, Anfang an der Ostseite 201. Einheit der ganzen Ostreihe 202. Gigantomachie 204. Dionysos 206. Andre Gigantomachien 207. Athena 209. Zeus 212. Herakles 213. Artemis und

Apollon 214. Hera 216. Andre Götter 21'
Andre Kentauromachien 221. Myronischer Charakter 223. Mittlere acht
Metopen 227. Nordseite, Beziehungen zur Südseite 229. Westseite 232.
Der Fries, Einheit 236. Ostseite, Mittelgruppe 245. Götterreihen,
Zeus 248. Hera 249. Ares 250. Demeter 258. Dionysos 259. Hermes,
Athena 260. Hephaistos 263. Poseidon 265. Apollon 266. Peitho,
Aphrodite, Eros 267. Zug von rechts, Ostseite 270. Nordseite 275.
Westseite 284. Zug von links, Ostseite 290. Südseite 292. Einheitlichkeit der Composition 297. Deutung 300. Fehlende Bestandtheile des
Panathenäenzuges 309. Auswahl und Gruppierung der Götter 318. Ideengang des ganzen Bildwerks 331. Parthenos 337.
Der Zeus zu Olympia, Sculpturen des Tempels 342. Thron 349. Bildlicher
Schmuck 354. Sphinxe 355. Niobiden 356. Agonenbilder 357. Amazonen 358. Schrankenbilder 359. Schemel 370. Horen und Chariten 371.
Aphrodite 372. Gesammtidee 374. Der Zeus 378. Die Otricolimaske 382.
und der Kopf der eleischen Münze 386. Pheidiassische Charakteristik 392.
Spätere Individualisierung.

Seit die Sculpturen des Parthenon gesehn, gezeichnet, studiert sind, ist man ziemlich einverstanden darüber, daſs wir in ihnen nicht nur Werke der Blüthezeit athenischer Kunst, sondern gradezu des gröſsten Meisters, des Pheidias besitzen. Nicht als ob die Ausführung von seiner Hand wäre. Unmöglich ist ja, daſs einer so viel in so kurzer Zeit beschafft habe, zumal gleichzeitig das noch wichtigere, unendlich kunstreiche, colossale Goldelfenbeinbild der Parthenos selbst verfertigt wurde, bei welchem der Meister jedenfalls, wenn nicht allein, doch vorzüglich Hand anlegen muſste. Auch zeigen uns ja Inschriften, wie z. B. an dem wenig jüngeren Erechtheion viele Arbeiter gleichzeitig beschäftigt wurden[1]), für die wir die von einem herrührende Zeichnung so nothwendig voraussetzen müssen, wie umgekehrt für die Ausführung der in Idee und Composition so einheitlichen Parthenonssculpturen hundert Hände. Mit Sicherheit hat man denn auch vorzüglich am Fries eine Ungleichheit wahrgenommen, die so allein sich erklärt. Ist man weiter gegangen und hat z. B. an den Figuren des östlichen Giebels eine genauere Beobachtung optischer Gesetze und Berücksichtigung der hohen Aufstellung entdecken wollen als im westlichen, und dann gestützt auf die fabelhafte Notiz des Tzetzes vom Wettstreit des Pheidias und Alkamenes den östlichen Giebel dem Pheidias, den westlichen dem Alkamenes zugeschrieben[2]), so beruht das auf durchaus oberflächlicher Beobachtung der Reste und einer unhaltbaren Erklärung jener werthlosen Ueberlieferung.

---

[1]) Schöne Griech. Reliefs. S. 3.
[2]) Beulé l'acropole I. S. 100. Tzetzes Chil. 8, 183, richtig gewürdigt von Bursian Neue Jahrbb. f. Phil. u. Paed. LXXVII. S. 90. Ueber Stilverschiedenheiten in den Giebelfiguren s. Michaelis (ohne Anführung des Titels ist immer 'Der Parthenon'. gemeint) S. 160.

Wir werden die vollendetsten Stücke höchstens gut genug achten für den Meister, ohne ihn dafür in Anspruch nehmen zu dürfen. Die Auswahl dagegen der Gegenstände für die Giebel Metopen und den Fries, sowie die Erfindung und Zeichnung wenigstens der Giebel und des Frieses müssen wir einem Geiste entsprungen denken. Dafür wird die folgende Erklärung den Beweis liefern, und als diesen einen den Pheidias anzusehn nöthigt uns schon die Ueberlieferung von seiner hervorragenden Bedeutung, namentlich von seiner Oberleitung der grofsen Bauten im perikleischen Athen; und endlich zeigt die durchgehende Uebereinstimmung der Parthenonsculpturen mit seinen zwei Hauptwerken, der Parthenos und dem Zeus von Olympia sowohl in der religiösen Grundanschauung wie in der künstlerischen Gestaltung derselben, dafs sie von demselben Meister erdacht sind. So ergänzen sich die zwei nach sicherer Ueberlieferung dem Pheidias angehörigen, aber nur durch Beschreibung oder geringe Nachbildung bekannten Werke und die noch vorhandenen, aber dem Pheidias nur vermuthungsweise beizulegenden Sculpturen des Parthenon. Alle drei zusammen sind dann die einzige direkte Quelle für die Kenntnis des grofsen Meisters; denn von den übrigen Werken sind die Beschreibungen zu wenig ausreichend und der abgeleitete Quell der über seine Werke in alter Zeit ausgesprochenen Urtheile läfst eben nur ein abstractes Urtheil, keine lebendige Anschauung gewinnen.

Das Bildwerk des Parthenon, gleichsam eine 'Bilderschrift' hat aber nicht nur die Bedeutung einer Schöpfung des Pheidias, sondern die vielleicht noch höhere, die lebensvolle Erklärung einer hervorragenden That des perikleischen Athens zu sein, eine der vornehmsten Quellen für die Geschichte griechischer Religion und Kunst. Freilich ist man über den Sinn dieser Offenbarung sehr uneinig geworden. Sollen wir in dem Parthenon mit seinem Bilde den edelsten Ausdruck der Verehrung Athenas, die Blüthe hellenischen Götterglaubens sehen, gleich ideal in Form und Inhalt, oder die Aufputzung eines Schatzhauses und Theaters? Haben die Griechen die Kunst für den Cultus so gut wie für die Anschauung arbeiten lassen, oder nur dem Niedrigeren die schönste Form gegeben, dem höchsten aber die geringere genügen lassen?

Es ist Karl Bötticher, welcher diesen Zwiespalt hervorgerufen hat durch seine Agonaltempeltheorie, die mehr und mehr Anklang gefunden hat und z. B. bei Curtius schon als Geschichte zu lesen steht, theils gänzlich angenommen, theils modificiert. Wohl gabs auch Widerspruch¹), auf den aber Bötticher noch ausführlicher geantwortet hat. So scheint mir das von Schömann Gr. Alt. II S. 197 (2. Aufl.) ausgesprochene Bedürfnis einer ausführlichen Erörterung der Frage noch jetzt zu bestehn, und ist dieselbe mit der Erklärung des Parthenon zu eng verknüpft, als dafs ich sie hätte umgehen können. Die Grundzüge der Bötticherschen Lehre finden sich bereits in seiner Tektonik, Buch IV 1849 (*T*), schärfer umgrenzt und bestimmter ausgesprochen sodann in einem Aufsatz: 'Ueber den Parthenon und den Zeustempel in Olympia' in Erbkams Zeitschrift für das Bauwesen 1852 S. 179; 498; 1853 S. 35; 127; 270 (*E*, I—V). Von kürzeren Wiederholungen abgesehn gab Bötticher dann von Starks Kritik angeregt eine neue ausführliche Auseinandersetzung im Philologus 17—19 (1861 ff.) und fafste endlich im Bericht über die Untersuchungen auf der Akropolis 1863 (*B*) die Hauptsätze wieder zusammen, soweit er sie durch Aufdeckung der Tempelreste bestätigt glaubte²). Böttichers Hauptsätze sind folgende. Von der ganzen Masse der sogenannten griechischen Tempel seien nur ein Theil eigentliche Tempel zur Verehrung der Götter mit Gebet und Opfern bestimmt, die andern, darunter grade die glänzendsten hätten dieser Bestimmung gänzlich entbehrt: ohne alle Cultweihe hätten sie nur als Schatzkammern und zur Feier politischer, nicht religiöser Feste gedient. Muster dieser zweiten Gattung seien der Parthenon zu Athen und der Zeustempel in Olympia, und auch die in denselben aufgestellten Bilder des Zeus und der Athena hätten keinerlei gottesdienstliche Bedeutung gehabt. Wie die Gebäude, darin sie ständen, nur Schatzhäuser, so wären die Bilder nur künstlich verarbeitetes Schatzgut, das durch seine Form vor leichtsinniger Verwendung geschützt werden sollte. Aufserdem hätten beide Bilder als 'Staffage' für die Schlufsfeier ganz und gar nicht gottesdienstlicher Feste, will sagen der Olympien und grofsen Panathenäen, nämlich für die in beiden Tempeln stattfindende Preisvertheilung gedient. Wegen dieser doppelten Bestimmung nennt Bötticher die Gebäude dieser zweiten Gattung agonale Festtempe

---

¹) Namentlich Stark, Philologus 16, 85 ff.
²) Angeführt sei noch das 'Erklärende Verzeichnis der Abgüsse antiker Werke' von C. Bötticher Berlin 1871 S. 191 ff.

oder Thesauren. Dafs der bildliche Schmuck beider Tempel den Zweck derselben erkläre, hält er mit Entschiedenheit fest, erkennt aber auch nichts als Hinweisungen auf jene agonistische Bestimmung darin.

Um nun, freilich schon im voraus beschuldigt, mein Auge absichtlich zu verschliefsen und ohne Grund blos vorsätzlich zu negieren (Phil. 19 S. 64), eine Kritik dieser Bötticherschen Lehre zu geben, und zugleich die Bedeutung des Parthenon vornehmlich, soweit es möglich, darzuthun, werde ich zuerst vom Parthenon als Thesauros handeln, danach von seinem Zusammenhang mit den Grofsen Panathenäen, wie des Zeustempels mit den Olympien. Daran schliefst sich von selbst eine Kritik der gegen die Cultusweihe beider Tempel und Bilder vorgebrachten Beweise, und eine Erörterung über das Verhältnis des Cultus zur Kunst in ihrer geschichtlichen Entwickelung.

I. Der Parthenon und der Zeustempel als Thesauren.

Dafs der Parthenon, der Zeustempel und noch etliche andere bisher für Tempel im eigentlichen Sinne des Wortes gehaltene Gebäude vielmehr Thesauren seien, hat Bötticher nicht eigentlich erwiesen, sondern nur zu zeigen versucht, dafs die Ueberlieferung des Alterthums dem nicht zuwider sei. Auch hat er allerdings betont, dafs 'alle Räume des Parthenon mit Schatzgut angefüllt seien.' Dafs jedoch für gottesdienstliche Handlungen kein Raum übrig gewesen sei, wird niemand behaupten, der die Inventare des Parthenon angesehen hat, und Bötticher selbst setzt ja die Panathenäische Preisvertheilung in die Cella, die unstreitig mehr Raum heischt als eine Opferhandlung. Noch weniger aber wird er doch die Anhäufung von Schätzen für ein Heiligthum unangemessen nennen, da seit den ältesten Zeiten[1]) die Reichthümer eines Tempels mit seinem Ansehn und seiner Heiligkeit steigen, also dafs die reichsten auch die geehrtesten sind, wie der delphische, der

---

[1]) Vgl. πίων νηός in Ilias, Odyssee und den Hymnen, die vielen und schönen ἀγάλματα Od. 12, 345, die Schätze im λάϊνος οὐδός zu Delphi Il. 9, 404. Xen. hell. 7, 3, 8.

milesische und andere¹). Diesen reichausgestatteten Cultustempeln wird aber der Parthenon nicht gleich gestellt, sondern den Thesauren, die uns in Olympia und Delphi genannt werden. Die Ueberlieferung macht das unmöglich. Diese Thesauren sind äufserlich und innerlich von unsern beiden Tempeln durchaus verschieden. Einen schlagenden Beweis für das Verhältnifs der Thesauren zu den Tempeln, speciell zum Zeustempel in Olympia, liefert die Beschreibung des Pausanias, welche allein die ganze Agonaltempeltheorie umwirft²). Im fünften Buch Kap. 21 sagt er, dafs seine Darstellung von diesem nun d. h. den bis dahin beschriebenen Merkwürdigkeiten Olympias, zu der Beschreibung der Portraitstatuen und der Weihgeschenke übergehen werde, doch wolle er diese beiden nicht vermischen, da die Portraitstatuen mehr zur. Ehre der Sieger, nicht wie die Weihgeschenke zu Ehren der Gottheit errichtet wären. Er wolle nun also erst die Weihgeschenke, danach die Bildsäulen beschreiben. Es ist (sogar durch den bestimmten Ausdruck ἀπὸ τούτου) klar, dafs auch das bis Kap. 21 Beschriebene einer Abtheilung angehört. Welcher, das ergiebt sich aus einer Uebersicht desselben. Er beginnt mit dem Tempel und Bild des Zeus, Kap. 13 folgt dann das Heiligthum des Pelops mit Opfercult. Dann folgt der grofse Altar des Zeus Olympios, an den sich die sämmtlichen übrigen Altäre Olympias in der Reihenfolge, in welcher die Eleer allmonatlich auf ihnen opferten, wobei auch die fremden Göttern erwiesenen Ehren erwähnt werden. Fast fünf Kapitel (16 bis 20) sind dann dem Tempel der Hera gewidmet, und den Schlufs bilden das Metroon und das Philippeion. Dieser Abschnitt umfafst also nicht etwa die Gebäude, wie die späteren die Statuen, da die Altäre ein- und die Thesauren ausgeschlossen

---

¹) Bötticher selbst giebt Ph. 18, 12 zu, dafs der Culttempel zugleich Thesauros sein könne. Vgl. E. II, 9. Seine Bestimmungen, ob an verschiedenen Stellen z. B. auf Delos, in Delphi, in Ephesos der Tempel mit dem Schatzraum 'baulich vereint' oder ein besonderes Schatzhaus anzunehmen sei, sind durchaus willkürlich. Vgl. Phil. 19, 8.

²) Nicht ganz zutreffend sagt Curtius Pelop. II, S. 52 'dafs er hier ... in die Beschreibung der Gebäude eine Aufzählung sämmtlicher Altäre mit alleiniger Rücksicht auf die Ordnung des Gottesdienstes, dann sämmtliche Weihgeschenke, endlich die Thesauren einschiebt. Vgl. S. 109, 53. Bötticher Ph. 19, 12 beachtet nur die Scheidung der ἀναθήματα und der ἀνδριάντες.

sind, sondern die Heiligthümer, Tempel (ναοί), ein τέμενος und Altäre (βωμοί). Dies wird noch klarer durch die Worte, mit denen er zum Heratempel übergeht: 'Hiernach ist uns noch der Tempel der Hera übrig und was in ihm zur Beschreibung geeignet ist.' Daraus erhellt nicht nur zum Ueberflufs, dafs wir es auch vor Kap. 21 mit einer besonderen Abtheilung zu thun haben, deren Schlufs der Tempel der Hera macht, auch dieser von Bötticher für einen Thesauros erklärt, sondern noch mehr. Nach dem Heraion nennt er nämlich noch das Metroon und das Philippeion[1]). Wie verträgt sich das mit der Angabe, nur das Heraion sei noch übrig? Er sagt es selbst: man nenne den grofsen Tempel dorischen Styles noch das Metroon, den alten Namen beibehaltend, aber das Bild der Göttermutter sei nicht darin, sondern Bilder der Römischen Kaiser. Also weil früher ein wirkliches Heiligthum, gehört es noch hierher, weil aber jetzt nicht mehr, so steht es doch schon aufser der Reihe, nur anhangsweise genannt, mit dem Philippeion, das gleichfalls Menschen wenn auch vergötterte umschlofs, wie jenes römische, so dies makedonische Herrscher.

Dafs bei jedem dieser Tempel gleich die in ihm enthaltenen Anathemata genannt und nicht dem zweiten Abschnitt vorbehalten sind, wird man nicht einwenden wollen.

Hier also ist der Zeustempel sowie das Heraion zu den Cultusstätten gerechnet, geschieden von den Thesauren, welche den Beschlufs der dritten Abtheilung machen. Dafs sie, wiewohl ausdrücklich Anathemata genannt, doch nicht in der zweiten Abtheilung stehn, erklärt sich daraus, dafs sie durch Zahl, Form und Platz als eine besondere Abtheilung erscheinen und zugleich den Uebergang zu dem dahinterliegenden Kronion bilden.

Als eine besondere Classe von Gebäuden erscheinen die Thesauren auch durch ihre Benennung. Nicht nur dafs Pausanias 6, 19, 1 sagt[2]): Auf dieser Schwelle liegen die Thesauren, wie auch zu Delphi einige der Hellenen dem Apollon Thesauren gemacht haben, und dafs er, wie jene zu Olympia, so auch diese zu Delphi

---

[1]) Die Säule des Oinomaos 5, 20, 3 ist auch so ein heiliger Rest, ein Blitzmal und mit zwei Altären versehen, die Pausanias 5, 14, 5 erwähnt hatte.

[2]) ἐπὶ ταύτης τῆς κρηπῖδός εἰσιν οἱ θησαυροί, καθὰ δὴ καὶ ἐν Δελφοῖς Ἑλλήνων τινὲς ἐποίησαν τῷ Ἀπόλλωνι θησαυρούς. Wohl zu beachten ist auch der Artikel vor θησαυροί.

immer nur Thesauren nennt, aber auch nur diese. Auch alle anderen Schriftsteller nennen nur diese elf zu Olympia und zehn bis zwölf zu Delphi Thesauren, und diese nur Thesauren, nicht anders, also dafs nicht derselbe Bau Thesauros und Naos genannt wird. Nur der Perieget Polemon macht eine Ausnahme, der aber nicht etwa den Parthenon oder den Zeustempel einen Thesauros nennt, sondern zwei Thesauren zu Olympia (vielleicht alle) Tempel nennt *ναὸς Μεταποντίνων* und *ναὸς Βυζαντίων*[2]). Alle anderen Beispiele aber eines solchen freieren Gebrauches des Wortes *ναός* oder *νεώς*, welche Bötticher aufführt[3]), sind hinfällig.

Das Heraion[4]) zu Olympia wird nicht nur immer Tempel genannt, sondern wird ja auch ausdrücklich der ersten Abtheilung der Merkwürdigkeiten von Pausanias eingereiht, und beschreibt derselbe ja das zu diesem Tempel gehörige Fest der Heraien mit Agon und Opfer (5, 16, 2), von dem die Siegerinnen ein Stück bekamen.

Den grofsen und berühmten Tempel der Hera auf Samos erklärt Bötticher[5]) deshalb für einen Thesauros und Festtempel, weil es seiner Ansicht von der ewigen Unveränderlichkeit des einmal Geheiligten widerstreitet, dafs ein Culttempel zu einer Gemäldegallerie oder Pinakothek, wie ihn Strabo nennt, gemacht sei[6]).

---

[1]) Die uralten Thesauren des Atreus u. s. w. kommen hier nicht in Betracht. Noch etwas andres ist der *θησαυρός* Inschrift C. J. 2656.

[2]) Bei Athen. 11 S. 479. Vorsichtiger sagt Pausanias 6, 24 *ναοῦ σχῆμα*, wo er nur die tempelähnliche Form bezeichnen will.

[3]) E. I. II. Ph. 18, 601. 19, 16 ff. Vgl. Stark, Ph. 16, 87.

[4]) Ph. 19, 24 sagt Bötticher 'der Heratempel, welcher keine Thymele der Hera mit Altar vor seinem Pronaos hatte, in dessen Cella statt des heiligen Speisetisches der Tisch zur Ausstellung der Siegeskränze bezeugt wird.' Bezeugt wird der Tisch Paus. 5, 16, 2, aber nicht an Stelle des Speiseopfertisches; — dann wäre ja doch auch das Heraion das Lokal der Kranzfeier — sondern ohne Angabe des Platzes, an letzter Stelle unter den Weihgeschenken. Auch für Curtius' Pelop. II, 63 Aeufserung über das Heraion: 'wie es scheint mehr Museum als Tempel', vermisse ich den Grund.

[5]) Ph. 18, 584, minder zuversichtlich E. II p. 10, wo er, weil schwerlich aus einem Culttempel eine Pinakothek geworden wäre, vermuthet, der grofse von Herodot genannte sei ein Festtempel d. h. Thesauros neben einem kleineren Culttempel gewesen.

[6]) 14, 637 τὸ Ἡραῖον, ἀρχαῖον ἱερὸν καὶ νεὼς μέγας ὃς νῦν πινακοθήκη ἐστί· χωρὶς δὲ ... ἄλλαι πινακοθῆκαι καὶ ναΐσκοι τινές εἰσι πλήρεις τῶν ἀρχαίων τεχνῶν. Vgl. Cicero de inv. II, 1 Crotoniatae ... templum Junonis, quod religiosissime colebant, egregiis picturis locupletare voluerunt.

Dafs jene Ansicht ungeschichtlich, zeige ich nachher; in diesem Falle sagt Strabo ja ausdrücklich, der grofse Tempel sei jetzt eine Pinakothek, deutlich den Wechsel der Bestimmung anzeigend, den Bötticher aufhebt. Dafs Apulejus in dem altberühmten Heiligthum, wie er es bezeichnet, ein überreiches donarium nennt, beweist ja nicht, dafs es blos ein Schatzhaus war; auch nennt er an ebenderselben Stelle den Altar vor dem Bilde der Göttin, und neben demselben dieses Bild anschauend das Bild des Bathyllos als eines Kitharoden, eine Art von verewigtem Hymnos wie geweihte eherne Rinder ein beständiges Opfer vertreten (Apul. Fl. 15).

Die andern Tempelchen, welche Strabo ebendaselbst von Kunstwerken angefüllt sah[1]), sind nicht genauer bekannt; läfst sich also nichts über sie aufstellen, als dafs sie das Schicksal des grofsen getheilt zu haben scheinen. Zu Abai werden überhaupt nicht Schatzhäuser genannt, sondern nur Schätze, welche gewifs in dem grofsen von den Persern zerstörten Tempel aufbewahrt waren[2]) und mit diesem zerstört wurden, also dafs auch später nicht ein Thesauros, sondern nur für den Cultus ein neuer Tempel hergestellt zu werden brauchte.

So bleiben die vielbesprochenen Tempel an der Tripodenstrafse in Athen. Die Frage wegen der Aufstellung der von Pausanias erwähnten Statuen und Gruppen, ob auf dem Dach unter den Dreifüfsen, ob im Tempel, mag unentschieden bleiben[3]): ändert man nicht so viel an der Stelle, dafs sie überhaupt beweisunfähig wird, so handelt sie nicht blos von ναοί sondern von ναοὶ θεῶν[4]), und dieser Götter einer war Dionysos höchst wahrscheinlich wegen der Dreifüfse, wegen der auf ihn bezüglichen

---

[1]) T. IV, S. 20 fragte Bötticher noch: 'ob die ναίσκοι im Peribolos des Heraion zu Samos bei Strabo 14, 637 Thesauren waren?' Strabo scheidet sie von den πινακοθῆκαι. Ebenda τὸν δὲ Δία (den aus der Myronischen Gruppe mit Herakles und Athena gelösten) εἰς τὸ Καπετώλιον μετήνεγκε (Augustus) κατασκευάσας αὐτῷ ναίσκον ist natürlich eine Capelle, kein Thesauros zu verstehn.

[2]) Das ist in Herodotos Worten ziemlich unzweideutig ausgedrückt 8, 33 ἔνθα ἦν ἱερὸν Ἀπόλλωνος πλούσιον, θησαυροῖσί τε καὶ ἀναθήμασι πολλοῖσι κατεσκευασμένον.

[3]) Auch nach Förster, Annali 1870 S. 211. Paus. 1, 20.

[4]) Dafs hier nicht wie 2, 4, 6 πρὸς τούτῳ τῷ γυμνασίῳ ναοὶ θεῶν εἰσιν, ὁ μὲν Διός, ὁ δὲ Ἀσκληπιοῦ die Götter genannt sind, ist wohl durch die sich vordrängende Anekdote veranlafst.

Darstellungen¹) und besonders weil Pausanias dann fortfährt: das älteste Heiligthum aber des Dionysos sei beim Theater. Wie grofs oder klein sich einer die Tempel denken will, ist seine Sache, es ist daraus aber nichts gegen die Heiligkeit der *ναοί* zu entnehmen. Also bleibt nur die Stelle des Polemon, die nicht eine weitere Bedeutung des Wortes *ναός* überhaupt, am wenigsten bei Strabo und Pausanias²), sondern nur für diesen Schriftsteller und kaum das erweist³). Handelte es sich indessen um einmalige oder seltene Erwähnung des Parthenon und Zeustempels als eines *νεώς*, so könnte man dennoch das Gewicht dieses Grundes für nicht unbedeutend halten. So aber ist es nicht, und man darf sich nicht den Standpunkt verrücken lassen⁴). Die zahlreichen Erwähnungen des Parthenon vornehmlich⁴), zahlreicher als irgend eines anderen Tempels⁵), bei den verschiedenartigsten Schriftstellern, Geschichtschreibern, Rednern, Geographen, Grammatikern und Dichtern von den Zeiten des Perikles ab, ja sogar in den Urkunden des Athenischen Staatsarchivs, sie sind das erste und oberste Zeugnifs für seine Heiligkeit, ein Zeugnifs von kaum zu erschütternder Festigkeit⁶).

---

¹) Vielleicht doch identisch mit dem von Nikias (Plut. Nic. 3) geweihten ὁ τοῖς χορηγικοῖς τρίποσιν ὑποκείμενος ἐν Διονύσου νεώς, bei Böttiçher, Phil. 19, 17 natürlich kein Tempel.
²) Vgl. Paus. 9, 37, 3 von Trophonios ein *ναός* und ein *θησαυρός* alter Art. Schol. Arist. Nub. 598 *ναός* und *ταμιεῖον χρυσοῦν*. Bötticher E.I sagt, weil *ναός* auch für donaria gebraucht werde, beweise die Bezeichnung *ναός* gar nichts. Ph. 17, S. 602 sagt er 'Wenn die Thesauren zu Olympia, Delphi, Samos zwar als *ναοί*, *ναίσκοι*, *ναίδιοι* bezeugt werden, ausdrücklich aber auch *θησαυροί* und donaria genannt werden u. s. w.' Das ist zum gröfseren Theile (Delphi, Samos *ναίσκοι*, *ναίδιος*, donaria) unwahr. Ebenso Ph. 19, 23 und Ph. 19, 9, woselbst es heifst: 'Ist somit *ναός*, *ναίσκος*, *ἱερόν* bei solchen Gebänden eine Bezeichnung, welche nur die tektonische Form u. s. w.', ist nun auch auf *ἱερόν* die falsche Behauptung ausgedehnt. S. unten S. 10 A. 7.
³) Polemon schrieb *περὶ τῶν ἐν Δελφοῖς θησαυρῶν*.
⁴) Wie Stark Ph. 16, 92.
⁵) S. die Zusammenstellung bei Jahn Pausanias arc. Ath. descr. und Bötticher Ph. 17 S. 577.
⁶) Bötticher dreht auch hier die Sache um. Nicht mehr zufrieden die Benennung *νεώς* für nicht vollgültigen Beweis der Cultheiligkeit zu erklären, sagt er Ph. 18, 2 dafs die Benennung des Parthenon als eines *ἱερόν* und *νεώς*, weil deren Gebrauch so 'ungemein lax' sei, eine Bestätigung seiner Cultuslosigkeit sei.

Und diese verschiedenartigen Gewährsmänner brauchen für den Parthenon das Wort νεώς nicht blos schlichtweg, sondern mit solchen Zusätzen, daſs sie offenbar auch an die Bestimmung gedacht haben. Wenn z. B. Philochoros die Aufstellung der Parthenos angiebt εἰς τὸν νεὼν τὸν μέγαν[1]) (wie auch der Zeustempel in Olympia genannt wurde[2])), so stellte er ihn durch die Unterscheidung auf eine Stufe mit dem kleineren Tempel der Polias. Noch deutlicher ist das, wenn Xenophon[3]) diesen letzteren als den 'alten Tempel' der Athena bezeichnet, und am entschiedensten bei Strabon[4]).

Aber auch, daſs der Parthenon ohne jede nähere Bezeichnung ὁ νεώς hieſs, also der 'Tempel' schlechthin, hat ein besonderes Gewicht[5]).

Zu den Heiligthümern den ἱερά zählt den Parthenon schon Perikles, wie ihn Thukydides II, 13 reden läſst; Aristoteles nennt ihn sogar τὸ ἱερόν τῆς 'Αθηνᾶς[6]), und ein Scholiast[7]) nennt die Cella ein Adyton. Plutarchos endlich[8]) nennt Parthenon, Eleusinion und Theseion zusammen als Stätten allgemeiner Gottesverehrung. Ebenso ist es mit dem Zeustempel[9]).

---

[1]) Wie er als christliche Kirche der θεοτόκος geweiht, auch dann noch kostbarer Schätze und Weihgeschenke voll, ἡ μεγάλη ἐκκλησία 'Αθηνῶν genannt zu sein scheint. Mommsen Athenae christianae S. 36.

[2]) Xen. Hell. 7, 4, 31; 35. Paus. 5, 24 ff.

[3]) Xenoph. Hell. 1, 6, 1. Ebenso in der Inschrift Rangabé Ant. hell. 452.

[4]) 9, 396 'Επὶ δὲ τῇ πέτρᾳ τὸ τῆς 'Αθηνᾶς ἱερόν ὅ τε ἀρχαῖος νεώς ο τῆς Πολιάδος .. καὶ ὁ Παρθενών.

[5]) So Xenoph. Hell. 2, 3, 21. Rangab. Ant. hell. I, 803 und oft; vgl. die Lexikographen. Danach ist wohl auch Antiphon de chor. 39 der Parthenon zu verstehn.

[6]) Photius, Suidas s. v. ταμίαι.

[7]) Schol. Luciani Bachmann anecd. II, 330 ὅτι δ' ὁ 'Οπισθόδομος ἱερὸν τὸ ὄπισθεν τοῦ ἀδύτου οὕτως ἔλεγον, ἐν ᾧ καὶ τὰ δημόσια ἀπέκειτο χρήματα. Eben diese Stelle beweist Bötticher die Bedeutungslosigkeit von ἱερόν, als ob nicht auch der Theil des Ganzen ἱερόν heiſsen könnte. Correcter aber Schol. Arist. Plut. 1191—1193 und Paus. 5, 10, 2.

[8]) De exil. 17. ὥσπερ τὸν Παρθενῶνα καὶ τὸ 'Ελευσίνιον ἅπαντες προσκυνοῦντες. Bötticher Ph. 19, 18 findet hier grade einen bedeutungsvollen Unterschied. Die Geschichte vom Prometheus des Parrhasios Seneca Controv. 10, 34 ist zu fabelhaft um das darin erwähnte templum Minervae und was von Urkunden 3, Dankopfern 4, Altären 7, Priestern 15 in demselben gesagt wird, näher zu fixieren.

[9]) Xenophon Hell. 2, 3, 11. 4, 31, 35. delubrum bei Plin. h. n. 4, 7; auch

Noch mehr drückt aber der Name Parthenon aus, welcher officiell zuerst nur einen abgegrenzten Theil des Mittelschiffes der Cella mit dem Bilde und Altar bezeichnet, dann aber frühzeitig die volksthümliche Benennung des ganzen wurde[1]), neben Hekatompedos, welches gleichfalls sowohl einen Theil der Cella als auch das ganze Gebäude bezeichnet. Parthenon aber heifst das Jungfrauengemach, hier speciell der Jungfrau Athena[2]), die daher ohne Zweifel von Anfang an den officiellen Namen Parthenos gehabt hat, der auch in einer Urkunde aus dem Peloponnesischen Kriege schon vorkommt[3]) und noch früher als Zuname neben Athena schon in der Widmungsinschrift eines Werkes von Kritios und Nesiotes[4]). Der Parthenon kann nicht deutlicher denn durch diesen seinen Namen als ein νεώς im eigentlichsten Sinne, ein Gotteshaus bezeichnet werden. Endlich heifst wie der Tempel νεώς schlechtweg, so auch das Bild nicht nur τὸ ἄγαλμα, sondern ἡ θεός 'das Bild' 'die Göttin' schlechthin[5]).

Hören wir nun noch einmal jene Worte des Polemon, so werden wir selbst dort trotz des misbräuchlichen ναός die Thesauren vom Tempel unterscheiden, denn während dieser nach der in ihm wohnenden Gottheit 'Tempel der Hera' heifst, werden jene nach den Völkern, die sie gegründet, benannt 'Tempel der Meta-

---

bei P. Mela 2, 42 delubrum certamine gymnico et singulari sanctitate, ipso quidem tamen simulacro quod Phidiae opus est maxime nobile. Bei Strabo 8, 354 ἱερόν. Paus. 5, 24 und 5, 10, 2.

[1]) Stark, Philol. 14, 694.
[2]) Gegen Starks Erklärung von Παρθενών (Ph. 14, 694) hat Bötticher Ph. 17, 590 ziemlich leichtes Spiel.
[3]) Rangabé Ant. hell. I, 273 τῇ δὲ Παρθένῳ ἐξαιρε[ῖν. Sollte nicht auch Aristoph. Av. 670 so zu schreiben sein: ὅσον δ' ἔχει τὸν χρυσὸν ὥσπερ Παρθένος statt παρθένος? Vgl. Philippides fr. comic. ed. Meineke 4, 474 fr. 218. Παρθένος Νίκη wie sonst Ἀθηνᾶ Νίκη. Paus. 5, 12, 10 τὴν καλουμένην Παρθένον wie derselbe 8, 41, 9 τὸν Παρθενῶνα καλούμενον, wie auch Dikaiarchos. Vgl. Jahn a. a. O. Bekker Anecd. 288, 29 Παρθενών· ὁ τῆς Ἀθηνᾶς νεὼς οὕτω καλεῖται ἐπεί ἐστι παρθένος ἡ θεός. Daher der Eigenname Parthenokles.
[4]) Jahn, Pausanias descr. arc. Ath. S. 45. Dagegen Michaelis S. 28, 89.
[5]) τὸ ἄγαλμα Thuc. 2, 13. Boeckh Staatsh. II S. 260 n. XII, 29, mit dem Zusatz τὸ χρυσοῦν S. 252, oder τὸ μέγα S. 272, wie νεὼς ὁ μέγας. Ferner ἡ θεός in der Inschr. ebenda S. 228; Aristoph. Eq. 1169 ὑπὸ τῆς θεοῦ τῇ χειρὶ τηλεφαντίνῃ Lysistr. 174, wonach die ταμίαι τῆς θεοῦ oder die mehrfach erwähnten (CJG 150, 15; 151, 26 Boeckh Staatsh. II, 252, 272) goldenen Kränze im Parthenon als ἀριστεῖα τῆς θεοῦ zu verstehn sind.

pontiner und der Byzantier', denn in ihnen haust keine Gottheit[1]). Die Götterbilder, die in dem einen oder andern erwähnt werden, sind reine Anathemate, die gleich anderen Kunstwerken und Kostbarkeiten in dem Thesauros verwahrt werden, wie Strabon sagt, dafs man Schätze und Meisterwerke der Kunst darein geweiht. So nennt Pausanias im Thesauros des Myron Disken, einen ehernen Schild, Helm und Beinschienen, den Dolch des Pelops, ein Horn der Amaltheia und einen buchsenen Apollon. In dem zweiten nennt er nebeneinander als Anathemata einen grofsen Zeus und drei linnene Panzer. In keinem wird ein Bild mit der für die Nennung des Cultusbildes stehenden Formel τὸ ἄγαλμα oder ὁ θεός 'das Bild' oder 'der Gott' angeführt. Wohl aber ist das erste, was Pausanias im Parthenon nennt, nach der kurzen Beschreibung des Tempels 'das Bild selbst' αὐτὸ δὲ ἔκ τε ἐλέφαντος τὸ ἄγαλμα καὶ χρυσοῦ πεποίηται. Ebenso sagt er in Olympia gleich vor der Beschreibung des Einzelnen, 'der Tempel und das Bild' sei aus Beutegut gemacht, und nachdem er dann den Bau beschrieben und den Schmuck der Vorhalle, führt er drinnen zwischen den Säulen des Mittelschiffes durch sogleich zu 'dem Bilde.' Der Zeus wie die Parthenos steht ganz wie sonst die Cultusbilder[2]) der Thür gegenüber gegen Osten blickend, den ganzen Bau beherrschend, wie kein Bild in einem der bekannten Thesauren[3]).

Thesauren haben nur fremde Staaten in Olympia und Delphi gebaut, einzelne wie die Thebaner sogar mehrere; von den Delphiern gab es so wenig einen zu Delphi, wie zu Olympia einen der Eleer. Für die Einheimischen war der Tempel, den ja nur sie dem Gotte bauen konnten, zugleich der Platz für ihre Weihgeschenke, während fremder Ehrgeiz nach einer besonderen Aufstellung trachtete. Dafs aber ein Staat seiner Hauptgottheit einen Thesauros gebaut hätte eher als einen Culttempel oder ein

---

[1]) Nicht richtig sagt also Bötticher Ph. 19, 24 f. Polemon stelle die ναοί der Metapontiner oder Byzantier in eine Kategorie mit dem Heratempel, auch abgesehn davon, dafs Polemon hier gar nicht daran denkt, Kategorieen der Gebäude zu scheiden, sondern nur kurz den Aufbewahrungsort verschiedener Gefäfse angeben will, wobei ihm die sonstige Bedeutung dieses Ortes ganz gleichgültig ist.

[2]) Vgl. Bötticher Tekt. IV S. 247.

[3]) Bötticher Ph. 19, 25. Von Agalmata, sacra, Altären oder Tisch sei in den Thesauren keine Spur.

Wohnhaus, oder gar allein einen Thesauros, scheint nicht denkbar und wird nicht bezeugt. Wohl aber wissen wir, dafs an die Cella, das eigentliche Heiligthum des Parthenon[1]), wie es scheint erst in dem perikleischen Neubau, ein besonderes Schatzhaus angebaut war, der Opisthodomos, das Reich der Tamiai oder Haushalter der Göttin, die zunächst in der Parthenos vertreten ist. Was sonach der Opisthodomos für den Parthenon ist, kann doch nicht der ganze Parthenon wieder für den Poliastempel sein. Dafs auch in der Cella vielerlei Kostbarkeiten, namentlich schmückende aufbewahrt wurden[2]), macht diesen Tempel so wenig zum Thesauros wie ein Haus des reichlichen Hausrathes wegen ein Speicher wird[3]).

Bötticher hat aber nicht nur die beiden Tempel falsch angesehen, indem er sie zu Thesauren macht, sondern auch von den Thesauren einen falschen Begriff, wenn er (Ph. 19, 3) meint, dafs sie mit ihrem Inhalt freies, verfügbares Eigenthum des Staates seien, wie er es namentlich von dem Gold der Parthenos behauptet, ohne jegliche Heiligkeit. Dafs es so nicht sein kann, zeigt schon, dafs jene Thesauren eben von fremden Staaten geweiht waren, doch sicher nicht zu Nutz und Frommen der Eleier oder Delphier. Ebensowenig konnten sie aber Eigenthum der gründenden Staaten bleiben. Sie sind, wie ausdrücklich gesagt wird, hier dem Zeus, dort dem Apollon geweiht, heilig und unantastbar wie jedes Anathema[4]). Als Anathemata und den Göttern geweihte Gebäude sind sie auch in Tempelform gebaut, und das war es sicherlich, was Polemon veranlafste, sie obenhin ναός zu benennen[5]). Aber man

---

[1]) Dafs die Auffindung der Verbindungsthüren zwischen Cella und Opisthodomos für die Zweckbestimmung der ganzen Cella nach Böttichers Ansicht entschieden habe (Ber. S. 35), ist nicht wohl einzusehn.

[2]) Ob alles Pompengeräth des Staates im Parthenon oder auch etwas im Pompeion zu denken sei, ist für unsre Frage einerlei.

[3]) Dagegen wäre die Aufstellung von Stelen mit Vertragsurkunden, deren Pausanias 5, 12, 6 im Zeustempel erwähnt, für einen Thesauros ebenso unerhört, wie sie für einen Tempel gehörig ist.

[4]) Hiervon später noch.

[5]) Ueber diese 'hieratische Form' hat Bötticher Widersprechendes aufgestellt. Früher behauptete er, dafs sie, d. h. Säulenbau und Aetoma oder Giebeldach durch Gesetz allein der heiligen Baukunst zugesprochen sei. Dafür beruft er sich vornehmlich auf Bekk. Anecd. S. 361 αἰετοὶ τὰ προνόμια τῶν ναῶν· ἢ φατνώματα τῶν ὀροφῶν διὰ τὸ ἐοικέναι πτέρυξιν αἰετῶν (Tekt. I

kann nicht sagen, dafs mit dem 'hieratischen Schema' auch der Name übertragen sei, weil sie ja in der Regel anders genannt werden; und ebenso wenig Sinn hat es zu sagen, dafs 'kein andrer Name als ναός da gewesen sei, welchen man dem Thesauros hätte beilegen können, um seine Form zu bezeichnen[1]). Bezeichnet doch ναὸς ursprünglich ebenso wenig eine bestimmte Form wie θησαυρός. Und wozu ferner die Form im Namen ausdrücken statt der Sache? Wer könnte, abgesehn von den übrigen Gegenbeweisen, glauben, dafs man bei innerer Gleichartigkeit jene wirklichen Thesauren (mit einer Ausnahme) ebenso übereinstimmend nach dem Wesen benannt hätte, wie den Parthenon und Zeustempel nach der Form[2]).

Immer fehlt dem Thesauros ja noch das Wichtigste am ναός, das eben, was dieser Name eigentlich besagt, dafs er nämlich ein Wohnhaus für den im Bild vorhandenen Gott sei. Wäre uns von dem Thesauros der Magareer zu Olympia nicht der Name und nichts weiter überliefert als dafs er Giebel mit bildlichen Dar-

---

S. 199 Andeut. über das Heilige und Profane S. 13 Ph. 17, 306. 19, 14. 24, 242). Erklärt man aber hier mit Hülfe andrer Lexika προνόμια gleich προλήμματα (vgl. προνομία gleich ἡ πλείων τιμή), so macht man die Glosse zum Unsinn. Man könnte wohl bei Erklärung und Nennung der Vorrechte des Tempelbaus auch den Giebel nennen, aber unmöglich einen (ursprünglich bildlichen) Namen des Giebels lexikalisch als Vorrecht, oder gar Vorrechte, geschweige denn die Vorrechte d. h. die Summe aller Vorrechte des Tempelbaus erklären. Vergleicht Pindaros den Eingang eines Liedes (ol. 6) mit der Front eines Säulenbaus, so ist mit προνόμια umgekehrt die Bezeichnung eines Eingangsliedes auf die Tempelfront übertragen, oder es mufs wie φατνώματα eine Bezeichnung des baulichen Theiles sein. Von den übrigen Citaten beweisen die Cäsars Haus betreffenden nichts für griechische Sitte. Die Stellen der griechischen Grammatiker beruhen aber alle auf der Auslegung von Aristoph. Av. 1113, aus der nicht ein Gesetz, sondern nur die Sitte, dem Tempel ein Giebeldach zu geben hervorgeht. Mehr sagen auch Cic. de orat. 3, 46. Phil. 2, 43. Flor. 4, 2. Suet. Caes. 81 nicht. Die Vasenbilder mit Säulen auch Giebeln au Quellen, Häusern sprechen ebenfalls gegen Bötticher. Ph. 19, 29 erhalten alle Staatsgebäude jene Form.

[1]) Plut. Lys. 1 nennt den Ἀκανθίων θησαυρός in Delphi auch οἶκος.

[2]) Wenn Pausanias die Heraklesthaten am Tempel zu Olympia beschreibend sagt, über den Thüren des Naos seien die, über denen des Opisthodomos aber die Thaten angebracht, so erhellt, dafs er gar nicht daran denkt, mit ναός die Form zu bezeichnen; dafs es vielmehr recht eigentlich das Heiligthum, die Cella selbst ist. Ebenso Schol. Arist. Plut. 1193 τὸν ὀπισθόδομον: τὸ ὄπισθεν τοῦ οἴκου ἤγουν τοῦ ναοῦ.

stellungen gehabt¹), so möchten wir vielleicht fehlgreifen, wie Bötticher ausführt²), und an einen Tempel des Zeus denken; aber sollen wir uns damit einbilden lassen, dafs wir uns über den Parthenon und Zeustempel ebenso geirrt hätten? Dafs wir jenen jetzt für einen Thesauros halten und diese für Tempel, geschieht ja lediglich deshalb, weil unsere Quellen jenen so und diese anders nennen und ein Bild wie andre später zu erweisende Abzeichen der Cultusehren wohl diesen geben, aber nicht jenem.

II. Der Parthenon als agonaler Festtempel und sein Zusammenhang mit den Grofsen Panathenäen.

Wie die Tempel so theilt Bötticher³) auch die Feste in zwei scharf geschiedene Classen, in religiöse und politische, und wie der Poliastempel und der Parthenon Muster der beiden Tempelarten, so sind nach ihm auch die diesen beiden zugewiesenen Feste, die Kleinen Panathenäen in jenem, die Grofsen bei diesem, jene das Muster eines religiösen, diese das Muster eines politischen Festes⁴). Die Kleinen mit Opfern, Priestern,

---

¹) Pausanias spricht übrigens nur von einem Giebel (ἀετός sonst ἀετοί) mit einer Darstellung und einem Schilde darüber.
²) Ph. 17, S. 603.
³) Den Festtempeln hatte B. früher T. IV S. 53 die gottesdienstliche Benutzung nur beschränkt, nicht ganz entzogen, so dem Parthenon die Siegesopferfeste des grofsen Agons gelassen. Doch findet man T. IV S. 165 auch die Behauptung, die Gr. Panathenäen seien kein Cultfest, sondern nur politisch, und E. V giebt er hierfür als Grund an, dafs sie erst von Peisistratos gegründet seien. Ueber diesen Punkt s. III.
⁴) T. IV S. 205. E. IV (von dem 'ungeheuren Unterschied' des Gr. und des Kl. Festes. Gegen die Heiligkeit der Grofsen soll allein schon das Einweben verdienter Bürger in den Peplos des Gr. Festes ein Beweis sein. Aber was es damit auf sich hat, verräth er selbst Ph. 19 S. 70 ff., wo der Unterschied beider Feste wieder betont ist, aber gemeint wird, dafs in einem heiligen Gewebe eine solche Apotheose Lebender 'wohl unmöglich gewesen' wäre. Die Aufnahme Sterblicher in das eigentliche Bildwerk war ja auch gottlos (Plut. Demetr. 12); die Aufnahme der Bilder oder der Namen in der Borte wäre keine Apotheose; aber die Art der Aufnahme ist ja ganz unbekannt, ja die Aufnahme selbst angezweifelt. Michaelis S. 212.

Kanephoren und andrem Cultpersonal begangen, mit gottesdienstlichen Wettkämpfen und einer heiligen Cultpompe, in welcher der heilige mystische Peplos für das Holzbild der Polias überbracht worden sei, die Grofsen dagegen ohne Opfer, ohne jede Betheiligung priesterlicher Personen, freilich auch mit einer Pompe, doch nicht einer gottesdienstlichen[1]), sondern die nur eine Schaustellung des Volkes bezwecke und das nicht heilige Gewebe des grofsen Prachtpeplos überbringe. Für dieses Fest habe der Parthenon in zwiefacher Weise gedient; denn einmal sei in ihm die sämmtliche Ausrüstung des Festzugs verwahrt (Ph. 19, 53), und um ihn die Vorübungen dazu gemacht; und zweitens habe zu ihm hin der Festzug sich bewegt, damit in ihm die Sieger der vorausgegangenen Agonen ihre Kränze erhielten. Dazu sei der noch jetzt durch ein besondres Pflaster markierte Platz in der Cella des Tempels mit einem Gerüste versehn worden, auf dem die Sessel der Preisrichter und der elfenbeinerne Tisch mit den Siegeskränzen gestanden hätten. Vor diesen hinzutreten seien die Sieger der einzelnen Kampfspiele durch Heroldsruf beschieden und hätten dort unter Hymnenklängen den Kranz erhalten, gerade vor dem gewaltigen Bilde der Parthenos. Diese mit der geflügelten eine Tänie reichenden Siegesgöttin auf der Hand sei eben dazu hier aufgestellt, damit die Göttin selbst dem Sieger den Kranz zu verleihen scheine.

In gleicher Weise soll der Olympische Zeustempel für die Kranzfeier des grofsen Olympischen Agons bestimmt gewesen sein[2]), und werden noch andere Prachttempel mehr für dergleichen Festtempel erklärt, ohne dafs besondere Beweise gegeben werden[3]), die auch gern erlassen seien, wenn der Beweis für die beiden wichtigsten gelungen ist.

---

[1]) Ph. 18, 43. Als agonale d. h. der Cultuspompe entgegengesetzt, erscheine die Pompe und die Pompeia Thuc. 2, 13; damit stimme Paus. 1, 29, 16 und Plut. V X Or. (Lyc.), wo nichts von Weihung und Heiligung des Geräths gesagt werde. (!)

[2]) E. II. Tekt. IV, 282. So fafste den Zeus des Pheidias schon Böttiger, Andeutt. S. 95.

[3]) Gegen die Cultheiligkeit der Athena Areia wird die Aufstellung des Arimnestos geltend gemacht. Darüber s. unten. Dafs der Delische Tempel ein Festtempel, lege Thuc. 3, 103 ausführlich dar. Als ob Cult und Fest verschiedene Dinge wären.

Sofern der Parthenon für einen Thesauros erklärt wurde, sollte er doch einer schon bekannten Classe von Gebäuden eingereiht werden, in seiner zweiten Eigenschaft dagegen, als agonaler Festtempel, soll er uns eine ganz neue Gattung kennen lehren und als Muster derselben in neuem Lichte erscheinen. Allerdings hat Bötticher versucht einen alten Namen für diese Gattung und damit das Bewufstsein des Unterschieds bei den Alten nachzuweisen, in der Erklärung eines spät compilierten Lexicons. So hätte denn Pausanias, andrer Ueberlieferungen z. B. des Vitruv nicht zu gedenken, bei Beschreibung hunderter von Tempeln beider Arten, die er selber gesehn und durchforscht, einen bedeutungsvollen Unterschied entweder nicht gekannt oder zu erwähnen, sei es vergessen, sei es überflüssig erachtet. Nun vor dem Etymologicum Magnum (s. v. *ἀγών*) braucht er sich nicht zu schämen, denn auf platter Hand liegt es, dafs die dort vorgetragene Erklärung des Wortes *ἀγών*, es bedeute aufser dem Kampfplatz, der Zuschauermenge, der Versammlung überhaupt, und dem Kampf auch noch den Tempel, auf einer einfältigen Auslegung einiger homerischen Stellen beruht, in denen das Wort die Versammlung bedeutet[1]). Aber gesetzt auch jenes Wort bedeute in diesen Stellen soviel wie *ναός*, so soll ja eben erst erwiesen werden, dafs mit *ναός* auch Agonale Festtempel bezeichnet würden. In den betreffenden homerischen Stellen aber wenigstens Il. 7,298 und 18,376 wären die Tempel nicht nur nicht cultlos, unheilig, sondern sogar 'götttlich', nicht nur von den Götterbildern sondern von den Göttern selber bewohnt.

Wir begehren also einen um so strengeren Nachweis, erstens dafs eine solche Scheidung des Cultus und des Staates existiert und den religiösen Festen grofse rein politische und agonistische Feste entgegengestellt wären, zweitens dafs man für diese letzteren prächtige tempelartige Bauten wie den Parthenon u. s. w. errichtet hätte. Aber für diese so nachdrücklich vorgetragenen, den früheren so sehr widersprechenden Ansichten, wird man den Beweis, oder da sie vorzüglich negierend sind, die Widerlegung der gewöhnlichen Ansichten vergebens suchen. Wenn dagegen behauptet wird, dafs es eine solche Trennung des Religiösen und Politischen im alten

---

[1]) S. Wachsmuth Arch. Ztg. 1860 S. 108 ff.

Hellas überhaupt nicht gebe[1]), dafs vielmehr das ganze politische Leben mit dem Cultus so eng verwachsen sei, dafs es allenfalls wohl religiöse Feste gegeben, die, weil nur von lokaler Bedeutung, nicht Staatsfeste gewesen, aber keine politische, die nicht zugleich religiös, so ist das so wenig neu als unbewiesen[2]). Ebenso sind keine regelmäfsig wiederkehrende Agonen bekannt, welche aufser Beziehung zum Cult einer Gottheit oder eines göttlich verehrten Wesens gestanden. Gab es denn irgend etwas das, sei es in regelmäfsigem Wechsel, sei es einzeln sich ereignend, den Griechen mit Freude oder Trauer erfüllte, ohne dafs er die Götter oder eine bestimmte Gottheit als Urheber ansah, und also diese zu feiern oder günstig zu stimmen sich veranlafst gesehn hätte? Stammten doch von den Göttern her die Völker wie die Fürsten, von ihnen in direkter Verleihung alle Gaben der Natur nicht nur, sondern auch die Kunst sie zu nutzen. Götter gaben die Frucht des Halmes wie der Bäume, lehrten diese pflanzen, den Stier jochen, das Rofs zügeln, Pflug und Wagen gebrauchen, auch den Bau der Schiffe und die Werke der Frauen. Ja auch nach der ersten Verleihung heifst bei Homer wer von Männern oder Frauen Kunstfertigkeit besitzt, von Hephaistos oder Athena damit begabt. Wie die Werke des Friedens, so haben auch den Krieg und seine Waffen, ja die Trompete, die Menschen von den Göttern. Sind so schon alle Grundlagen des menschlichen Lebens von den Göttern gelegt, und werden nicht nur einzelne Götter als besondere Schützer und Vorsteher einzelner Beschäftigungen und Lebensarten verehrt, sondern auch jeder Hauptgott in zahllosen Beiworten als Helfer und Geber in allen möglichen Dingen angerufen, so kommt dazu noch, dafs ja jedes Land oder jede Stadt ihren besonderen Schutzgott hatte, wie uns vornehmlich von Athen bekannt, das sich Athena erkoren. Ihres Cultus und des Staates Anfänge fallen in der Sage zusammen: sie giebt der Stadt den Namen und ihren Cultus gründet der Urkönig Kekrops, oder Erechteus ein anderer Urkönig. Dann siedelt Theseus die zwölf Städte in eine zusammen und zur Bekräftigung dessen erhöht er das Athenäen-

---

[1]) Curtius GG. II, S. 290 sagt: der Parthenon sollte dienen 'die innige Verschmelzung des Staatlichen, Religiösen, der Frömmigkeit und Kunstbildung u. s. w. darzustellen,' nachdem er freilich eben vorher dem Parthenon die Cultbedeutung mit Böttichers Worten aberkannt hat.

[2]) Schoemann Gr. Alt. II, S. 121.

fest zum Gesammtfest der Panathenäen. In gleicher Weise haben auch anderswo die Urkönige dem Landesgotte das erste Opfer dargebracht, so Aiakos dem Zeus auf Aigina, Inachos der Hera in Argos. Derselbe Geist, der also in der Sage alle Formen und Bedingungen des Lebens von den Göttern herleitet, waltet auch in der Geschichte. Kein Schritt vorwärts im Leben des Einzelnen, der nicht unter Götterschutz gestellt würde, die Aufnahme in die Familie wie in die Bürgergemeinde, keine Verbindung mehrerer in in Familie, Geschlecht, Stamm, Staat und Staatenbund, die nicht durch einen gemeinsamen Cultus ihre Weihe, ihr eigentliches Band erhielte. Auch die Gesetze sind göttlichen Ursprungs, die ungeschriebenen von den Göttern den Menschen eingepflanzt, die anderen den Gesetzgebern inspiriert und von den Göttern empfohlen. Begleiteten Gebet und Opfer schon im regelmäfsigen Lauf des Lebens jede Thätigkeit des Einzelnen wie des Ganzen und seiner Vertreter, sei es König, Rath oder Volksversammlung, wie viel mehr bei aufserordentlichen Ereignissen. Bei Glück und Unglück, in Krieg und Frieden, Hungersnoth und Pestilenz war an die Götter der erste Gedanke, ihren Zorn zu sühnen, ihre Gnade zu erflehen oder ihr zu danken.

Wie hätte bei so alltäglichem, ich möchte sagen familiärem Verkehr mit den Göttern, das Volk ein Fest feiern können ohne seine Götter. Und liefse sich etwas denken, was gerade als Fest nicht wäre erhöht worden durch Verehrung der Götter und Anknüpfung an sie, so gab es ja auch Götter der Festlust selbst. Bei einem politischen Feste, das wie die Grofsen Panathenäen eine Schaustellung des Athenischen Volkes war, das den Glanz und Ruhm des Staates offenbarte, was konnte mehr befriedigen als die Erinnerung an die Thaten der heroischen Vorzeit, an die Verbindung mit den Göttern?

Wie die ganze Religiosität eine so zu sagen materielle war, so war es auch der Cultus, eine bunte Fülle von äufserlichen symbolischen Handlungen. Dachte sich das Volk seine Götter so durchaus menschlich der Empfindung von Freude und Leid unterworfen und am liebsten, wie die Menschen selber, in beständig heiterer festlicher Geselligkeit vereinigt, wie sollte es nicht meinen durch solche Feier sie am meisten zu erfreuen[1]), die ihr selber

---

[1]) Die gröfste Gottheit hat das gröfste Fest, Herod. 2, 40.

auch die schönste schien; ja wie durch Trauer und Fasten das Leiden der Gottheit, so durch Lust und Theilnahme am Genufs ihre Freude zu erhöhen[1]).

Zu den äufserlichen Verrichtungen gehören nun vornehmlich die Agonen oder Wettkämpfe, deren Beziehung zur Gottheit aber weit enger ist, als dafs sie mit Schoemann[2]) aus dem Streben sich erklären liefse aufser dem Schönsten und Besten von anderen Dingen auch die leiblichen Trefflichkeiten vor den Göttern darzulegen. Was bei einem grofsen Theil der Cultushandlungen unverkennbar ist, von vielen noch immer deutlicher werden wird, dafs sie nämlich die beobachteten oder geglaubten Vorgänge in der Götterwelt nachahmen, mit der Absicht, die gnädige Wiederholung zu erwirken oder ihr Andenken zu feiern, das gilt auch von den Agonen. Kämpfe, deren Nachbildungen die Agonen sind, haben alle göttlichen Wesen mit feindlichen Dämonen zu bestehen, und überall, wo wir seit alter Zeit Agonen gefeiert sehen, finden wir auch solche Kampfesmythen heimisch und mit der Einsetzung der Agonen verknüpft. Wie aber die Mythen zusammengetragen wurden, so häuften sich auch die Formen der nachgeahmten Kampfspiele. Das ist vornehmlich in Olympia deutlich, wo das Vorbild des gymnischen Kampfes das Ringen des Zeus mit Kronos ist (Paus. 8, 2, 1.), und für den Agon des Wagenrennens der zum heroischen herabgedrückte Kampf zwischen Oinomaos und Pelops. So mochte auch in Athen z. B. der Rossewettkampf mit den Mythen von Athena und Poseidon-Erechtheus in Verbindung stehn, und der gymnische mit dem Gigantenkampfe. So haben auch fast alle Agonen, die von Hellenen begangen wurden, ihre mythischen Vorbilder in Entscheidungskämpfen zwischen göttlichen Wesen, Lauf, Ringen, Faustkampf, Diskoswurf, Wettfahren, die musischen nicht zu vergessen, und gerade bei den seltsameren Wettkämpfen im Küssen, Wachen, Essen, Trinken, in der Schönheit, liegt es nahe, in Mythen ihre Erklärung zu suchen, wie sich deren manche darbieten.

Wir dürfen also die Agonen den gottesdienstlichen Handlungen nicht gegenüberstellen wie Schoemann, sondern müssen

---

[1]) Dio Chrys. 3, 133 R. ποία δὲ θυσία κεχαρισμένη θεοῖς ἄνευ τῶν συνευωχουμένων. Plut. de cupid. divit. cap. 8 fin.
[2]) Gr. Alt. II. S. 70.

sie zu diesen rechnen so gut wie die δρώμενα der eleusinischen Mysterien, mit welchen gerade den olympischen Agon Pausanias 5, 10, 1 in Anbetracht der Heiligkeit zusammenstellt; wie dithyrambische und andre chorische Darstellungen, und sicher ist diese mimetische Feier der mythischen Begebenheiten die einfachste Art der Gottesverehrung. Als die gröfsten und ältesten Güter nennt Antiphon (de chor. 4) die Heiligthümer, Opfer, Agonen zusammen, diese als den Göttern gehörige Ehrenbezeugungen Lysias (Epitaph. 80) und erhielt daher auch Brasidas heroisiert (Thuc. 5, 11) wie später Antinous bei seiner Vergötterung einen Agon zu Mantineia (Paus. 8, 9, 4). Ihre Einsetzung für eine Gottheit wird meistens mit der ersten Einsetzung ihres Dienstes zusammen in heroische Zeiten gerückt. Lykaon, des Pelasgos Sohn, sagt Pausanias 8, 2, 1. gab dem Zeus den Beinamen Lykaios und setzte den Agon der Lykaien ein; gleichwie Erichthonios nach Apollodoros 3, 14, 6 das Bild der Athena Polias weihte, und ihr das Panathenäenfest mit Agon einsetzte; oder, ein geschichtliches Beispiel zu nehmen, nach dem Sieg von Plataiai die Hellenen dem Zeus Eleutherios Altar, Bild und Agon weihten[1]). Und wie sonst zur Sühne und Erlösung von Hunger, Miswachs oder Pest Opfer gefordert wurden von den Göttern selbst durch den Mund des delphischen Orakels, so öfters auch Agonen[2]). Sie heifsen den Göttern heilig, und werden daher nach ihnen benannt wie die Hermaia der Pheneaten, die angeführten Lykaia und andre[3]). Ganz vorzüglich heifsen Heilige ἱεροὶ ἀγῶνες jene vier grofsen, die olympischen, pythischen, isthmischen, nemeischen, dann aber auch andre zu allgemeiner Geltung gelangten[4]), und die Sieger derselben Hieroniken[5]). Von ihrer Begehung werden dieselben Ausdrücke gebraucht wie von den Opfern, Mysterien und anderen

---

[1]) Paus. 9, 24.
[2]) Herodot. 1, 167. Ein anderes Beispiel Strabo 8, 338; Servius zu Aen. 3, 279 sagt allgemein moris fuisse ut piaculo commisso ludi celebrarentur. Das pafst auch auf die grofsen Agonen.
[3]) Schol. Pind. ol. 7, 152.
[4]) Krause Olympia S. 47, 32. Dafs gerade die periodischen, die Bötticher an religöser Geltung nachsetzt, so hiefsen, zeigt Strabo 8, 338 nach Erwähnung jenes durch Orakel geheifsenen Agon der Parthenope zusetzend, dafs er jetzt ein πεντετηρικὸς ἱερὸς ἀγών sei.
[5]) S. Henzen Annali 1865. S. 110.

Feiern.[1]). Und bedenkt man, dafs die Agonen nicht nur mit Opfern eingeleitet, sondern auch beschlossen wurden, so könnte man sich veranlafst sehn, eher das Opfer einen Zusatz zum Agon zu nennen, als den Agon eine schmückende Zuthat des Opfers. Dies Alles gilt ganz vorzüglich vom gröfsten aller Agonen, dem olympischen, dem gröfsten Feste des Zeus überhaupt, wie Kylon den trügerischen Orakelspruch auslegte (Thuc. 1, 126) und Pindar singt ol. 5, 7

$$\dot{\varepsilon}o\varrho\tau\alpha\tilde{\imath}\varsigma\ \vartheta\varepsilon\tilde{\omega}\nu\ \mu\varepsilon\gamma\dot{\imath}\sigma\tau\alpha\iota\varsigma^{2})$$

Dem Zeus gehört der Agon, wie Hieron in der Inschrift seines Weihgeschenkes sagt σόν ποτε νικήσας Ζεῦ Ὀλύμπιε σεμνὸν ἀγῶνα[3]). Ihm hat denselben sein eigener Sohn Herakles, der in Olympia gleich den Göttern geehrt wurde, geheiligt (καθιέρωσε)[4]), mit Opfern ihn eingesetzt[5]), und Iphitos nach der Unterbrechung auf Orakelgeheifs, um Hellas von innerer Zerrissenheit und Pest zu heilen, wiederhergestellt (Paus. 5, 4, 4). Zeus selber heifst Vorsteher und Schirmherr des Agon, wie ja auch sein Bild den Mittelpunkt bildete der Darstellung des allerersten Agon zwischen Pelops und Oinomaos im Giebelfeld zu Olympia. Auch im Scherz des Aristophanes (Plut. 582 ff.) tritt das hervor, wo er Zeus selber den Agon anstellen läfst und aus Armuth nur einen Kranz von Oelzweigen dem Sieger ertheilen. Eine Verletzung der Kampfgesetze gilt daher als besondre Misachtung des Zeus (Paus. 5, 21, 7), und gehören ihm die Strafgelder für Uebertretungen, die auch meist zu Bildern des Gottes verwandt wurden. Um des heiligen Agon willen wird auch das ganze Land der Eleier geheiligt[6]) und die Zeit des Kampfes (ἱερομηνία). Zu Zeus betete der Kämpfer, erforschte seinen Willen zuvor an der

---

[1]) ἀγών τελεῖται, ἀγῶνα θύειν, ἀγῶνα καθιεροῦν. Die Feier der Isthmien begehn wird kurz bezeichnet als τὴν θυσίαν ποιεῖν. Ebenso die Leitung des olympischen Agons προστῆναι τοῦ ἱεροῦ Xenoph. Hell. 7, 4, 28.

[2]) In den Scholien nachdrücklich bestätigt τῇ μεγίστῃ ἑορτῇ τοῦ Διὸς τῇ Ὀλυμπίᾳ νοητέον οὐκ ἔστι γὰρ μείζων ταύτης οὐδεμία ἄλλη.

[3]) Paus. 8, 42, 4, Strabo 8 S. 353 τὸν ἀγῶνα τὸν Ὀλυμπιακὸν στεφανίτην τε καὶ ἱερὸν νομισθέντα μέγιστον τῶν πάντων.

[4]) Oder Zeus selber hatte ihn eingesetzt Paus. 5, 7, 4.

[5]) Pind. ol. 5, 10 scholl.

[6]) Polyb. 4, 73, 10. Strabo 8, 357.

altheiligen Orakelstätte¹), und ihm vor Allen brachte der Sieger sein Dankopfer dar²). Wie das Festgebiet und die Festzeit, so sind endlich auch alle einzelnen zum Agon gehörigen Handlungen geweiht und voll religiösen Ceremoniells. Die Preisrichter, die Hellanodiken vollziehen vor Ausübung ihres Amtes eine Reinigungsceremonie an einer Quelle hochmythischen Namens, Piera (Paus. 5, 16, 5). Aus heiliger Urne werden die Loose der Kämpfer gezogen, von heiligem Oelbaume, den Herakles gepflanzt (Pind. ol. 8, 12) schneidet ein Knabe, dem beide Eltern leben, mit goldenem Masser die Kränze (Pind. ol. 3, 60), und heilig heifst die Entscheidung³).

Wie trotz dieser allbekannten Thatsachen diesem Agon die gottesdienstliche Bedeutung hat abgesprochen, und geleugnet werden können, dafs er dem Gott zu Ehren gefeiert worden, ist nicht zu begreifen. Dafs freilich vom Agon, wie selbst vom Opfer, die Menschen mit der Zeit den gröfseren Theil für sich nahmen, das liegt eben in dieser ganzen Art der Gottesverehrung von vorn herein begründet⁴).

Etwas anders steht es mit dem Panathenäenfest, denn hier soll dem Unterschied des Festes auch ein Unterschied des Namens entsprochen haben. Es soll das Kleine der Göttin heiliges Cultfest gewesen sein, das Grofse aber sonder Beziehung zu ihr, nicht sie zu ehren, sondern der Stadt zum Ruhm und Prunk begangen worden sein, als ob nicht die Ehre der Göttin auch die Ehre der Stadt gewesen wäre. Es soll dies grofse Fest viele Theile mit dem kleinen gemein gehabt haben, Agonen, den Festzug und einen Peplos, doch alles viel glänzender, grofsartiger, wie die Bezeichnung 'Grofse' schon besage.

Dafs diese Auffassung beider Feste falsch ist, hat Mommsen in seiner Heortologie gezeigt⁵). Beide sind ein und dasselbe Fest derselben Göttin und, anders als die kleinen und grofsen Diony-

---

¹) Pind. ol. 6.
²) Pind. ol. 5. Andocid. Alcib. 4. Den Agon und die Opfer nennt Pindar zusammen ol. 3, 21. 5, 5. 6, 69. 11, 58. Paus. 5, 6, 5. 5, 4, 4. 6, 21, 5.
³) Pind. ol. 3, 21. ἁγνὰ κρίσις.
⁴) Hermann - Stark GA. 43. Thuc. 2, 38; Strabo 10 p. 467. 6 p. 193. Dem. Phil. 1, 50.
⁵) Eine gedrängte Darstellung der Panathenäen giebt Michaelis S. 211, dazu die Belege S. 318 ff.

sien, zur selben Zeit des Jahres, im Hekatombaion (Ende Juli), und an demselben Orte begangen. Bevor nach einer nicht zu bezweifelnden Ueberlieferung durch Peisistratos die glänzendere Feier alle vier Jahre eingeführt wurde, war die Feier ein Jahr wie das andere. Seit jener Neuerung war natürlich jede einzelne Feier entweder eine kleine oder eine grofse, und wenn von der Feier eines bestimmten Jahres die Rede ist, also namentlich in Inschriften und bei den Rednern und Historikern pflegt der besondere Charakter der Feier durch die unterscheidenden Zusätz. τὰ μεγάλα und τὰ κατ᾽ ἐνιαυτόν, selten τὰ μικρά, bezeichnet zu werden. Doch wird die kleine Feier auch ohne Zusatz schlichtweg Παναθήναια genannt, ganz folgerecht, da sie ja die gewöhnliche ist[1]).

Der unterscheidende Zusatz findet sich aber zweitens auch bei Angabe der stehenden Eigenthümlichkeiten einer von beiden Feiern, aber nur von der grofsen Feier werden so besondere Züge namhaft gemacht. An den meisten Stellen ist nur von den Panathenaia schlechtweg die Rede, einerlei ob das kleine Fest zu verstehen ist oder das grofse. Den unterscheidenden Zusatz zu machen oder wegzulassen, war nur Sache gröfserer oder geringerer Genauigkeit.

Dafs die kleine Feier vor der grofsen nichts vorausgehabt, versteht sich eigentlich von selbst, denn nehmen wir auch an, dafs dieselbe irgend welche für ein glänzendes Fest entbehrliche oder gar störende Bestandtheile gehabt hätte, so würden sie doch der Ueberlieferung wegen conserviert sein. Dafs aber die grofse Feier nur Neues hinzugethan, nicht Altes beseitigt, geht eben aus dem bemerkten Umstande hervor, dafs besondere Eigenthümlichkeiten nur von dem grofsen Feste, nie von dem kleinen, ausdrücklich hervorgehoben werden. Denn wenn in einer grofsen Inschrift[2]), welche die kleine Feier eines bestimmten Jahres betrifft, eine Menge priesterlicher und anderer Beamten, als betheiligt an derselben aufgezählt

---

[1]) Boeckh Staatsh. II, 762. Michaelis S. 211; 319, 12—17. In der daselbst citirten Inschrift (S. 329, 167) werden τὰ Παναθήναια eben durch den Zusatz τῷ πέπλῳ als die grofsen fixiert.

[2]) Rangabé Ant. hell. 814. Vgl. Michaelis S. 383. dem ich wegen des τὰ κατ᾽ ἐνιαυτόν Z. 32 nicht beistimmen kann. Wären die grofsen Panathenäen gemeint, wogegen auch Z. 5 διδιοίκηται spricht (Etym. M. ἱεροποιοί), so würde Z. 4 gewifs nicht καθ᾽ ἕκαστο]ν τὸν ἐνιαυτόν oder richtiger κατὰ τοῦτον τὸν ἐνιαυτόν gesagt sein, sondern das grofse Fest genannt sein.

wird, so wird dadurch selbstverständlich die Betheiligung des nämlichen Personals an der grofsen Feier nicht ausgeschlofsen. Vielmehr ist zu schliefsen, dafs auch nach dieser Seite das grofse Fest eher noch mehr Betheiligung geheischt habe.

Nicht einmal die jährlich wechselnden Hieropoioi können von der grofsen Feier ausgeschlofsen werden. Denn die Stelle des Aristoteles (Etym. M. ἱεροποιοί) besagt nur, dafs sie nicht die Oberleitung der Grofsen Panathenäen gleichwie der anderen penteterischen Fes<s> hatten, vermuthlich weil bei diesem Feste mehr Gelder für die Agonen als für die Opfer verausgabt wurden. Dafs sie gleichwohl das Opfer der Grofsen Panathenäen besorgten[1]), läfst jene Stelle zu, wenn man nur den Unterschied zwischen ἐπιτελοῦσι und διοικοῦσι beachtet; und in einer Inschrift (CJG. 147) ist die Ueberweisung von 5114 Drachmen, an die ἱεροποιοὶ κατ' ἐνιαυτόν für die Hekatombe des grofsen Festes bezeugt. Priester haben also jedenfalls an der grofsen Feier theilgenommen, auch weil Himerius (3,15) sie im Processionsschiff erwähnt, und weil die Procession und das Opfer ohne dieselben undenkbar sind. Grofse Opfer sind aber nicht nur durch jene Inschrift sondern auch anderweitig bezeugt[2]). Dafs die grofse Feier, wenn sie alle Theile der kleinen in sich begriff, auch mindestens denselben Grad von Heiligkeit gehabt hat, ist nicht zu bezweifeln. Es wäre auch die Mafsregel des Begründers der grofsen Feier, zumal wenn es doch Peisistratos war, und des jedenfalls ihm zustimmenden Volkes, unbegreiflich, wenn man Böttichers Unterscheidung beider Feste billigte. Denn was wäre eine Feier, deren einzelne Theile nach Böttichers eigenem Zugeständnifs den Theilen des der Göttin heiligen Festes parallel gingen, aber, selber nicht heilig, an Glanz und Herrlichkeit diese heiligen Acte weit überstrahlten, anders als eine Opposition gegen den Dienst der Göttin?

Obgleich nun Mommsen gegen Bötticher mit Recht die Identität beider Feiern behauptet, scheint er mir doch in nicht billigenswerther Weise jener Ansicht sich wieder zu nähern, indem er bei der grofsen Feier zu scharf die jährlichen und die penteterischen Elemente scheidet, und jenen als den allein heiligen und

---

[1]) So Mommsen Heort. S. 113; Michaelis S. 213.
[2]) Schol. Arist. Nub. 386 mit Rangabé Ant. hell. I, 758 βοῦν δὲ καὶ μόσχον προσαγαγεῖν ἐς Παναθήναια τὰ μεγάλα.

gottesdienstlichen diese als durchaus weltliche entgegengestellt[1]). Ausdrücke wie: 'der gymnische Agon ist von weltlicher, die Lampas von geistlicher Tendenz' verrathen, wie mir scheint, dafs die Scheidung nicht nur dem Volke, sondern namentlich auch dem Neuerer selbst völlig bewufst gewesen sein soll. Was Mommsen über diesen, nämlich Peisistratos, S. 117 sagt, namentlich: 'Vielmehr wird dieser geschickte Staatsmann seinen Eigenwillen an das schon von den Vorfahren Gewollte und Geübte angeschmolzen haben' kann ich nur so verstehen, dafs Peisistratos etwas ganz anderes als, sei es aufrichtige, sei es scheinbare Huldigung der Göttin mit seinen Neuerungen bezweckt habe[2]). Ich gestehe, dafs ich solche Ziele nicht verstehe und in dieser Ansicht nur übertriebenen Realismus der Geschichtschreibung erkennen kann. Mag sein, dafs schon gleichzeitigen Denkern, mehr noch späteren, die glänzenden Zuthaten keine Förderung frommen Sinnes, keine Steigerung des Gottesdienstes schienen, es fragt sich aber, wie sie der Mehrheit des Athenischen Volkes erschienen, und ob diese Zuthaten wirklich eine von der bisherigen abweichende Bahn beschritten. Die Volksauffassung aber giebt Trygaios in Aristophanes 'Frieden' 418, der dem Hermes schmeichelnd verspricht, sie wollten ihm die Grofsen Panathenäen feiern und alle andern Feste, wo jedesfalls das lockendste für den Gott vorangestellt sein soll.

Was den Charakter der Feier im Allgemeinen anlangt, so ist derselbe bei beiden Feiern nicht verschieden, denn auch die Kleinen Panathenäen wollen keine Feier in stiller Andacht sein, sondern entfalten was an Macht vorhanden der Göttin zu Ehren; denn ihr dankte man sie. Je mächtiger der Staat wurde, desto gröfser mufste natürlich Opfer mit Festschmaus und Pompe, und warum nicht auch der Agon werden, dessen Grund ja auch schon Erichthonios gelegt. Und was nach Peisistratos noch Perikles that, das hatte vor ihm nach der Volksmeinung ja schon Theseus und wahrscheinlich Solon gethan. Dafs Peisistratos, theils um noch gröfseren Glanz zu ermöglichen, theils in Nachahmung der Olympischen Feier, alles auf je eine von vier Feiern concentrierte, thut nichts

---

[1]) So auch Schömann Gr. Alt. II S. 499, 1.

[2]) S. 122 scheint es, als ob Mommsen als Motiv des Peisistratos nicht fromme Gesinnung, sondern Ehrgeiz erkenne; aber dafs aus solchem Motiv gegründete Institutionen keinen gottesdienstlichen Charakter, sondern nur weltlichen haben konnten, wird er nicht behaupten.

zur Sache. Dagegen dafs die erste Athenäenfeier des Erichthonios im Marmor Parium nachträglich auf ein drittes Olympiadenjahr gleich der grofsen Feier gesetzt wurde, zeigt, dafs schon jene erste Feier gewissermafsen eine grofse bedeuten und diese Neuerung im Voraus sanctionieren sollte.

Mommsens Unterscheidung dürfte mehrfache Anfechtung erleiden, indem er erstens die Bestandtheile der grofsen und kleinen Feier nicht richtig geschieden, sowohl Theile der kleinen, wie den gymnischen Agon ausschliefslich der grofsen zugewiesen, als umgekehrt, was nur dieser gehört, auch jener gegeben. Zweitens kann ich auch in dem, worin bei den sicher oder wahrscheinlich dem grofsen Fest allein angehörigen Theilen die 'weltliche Tendenz' sich aussprechen soll, eine solche nicht erkennen.

Die besonderen Bestandtheile der grofsen Feier sind nach Mommsen hauptsächlich Agonen, und das was nach seiner Meinung diese Agonen von den 'gottesdienstlichen' des kleinen Festes unterscheidet, ist einmal der Mangel legendarischer Verknüpfung oder mythischen Vorbilds, sodann der dem Sieger ertheilte Preis.

Wenn mit der legendarischen Verknüpfung der unmittelbare Zusammenhang des Agon mit dem gefeierten Ereignis der Göttergeschichte gemeint ist, so könnte man mit demselben Rechte behaupten, dafs nur die an einem Orte ureinheimischen Lokalmythen für den Cultus des Volkes von Bedeutung wären. Aber wie fremde Mythen und Culte an den Stammesglauben unstreitig sich angesetzt haben, ebenso sind auch neue Cultusformen, speciell Agonen der Gleichartigkeit wegen den alten zugesetzt, weil solche, wenn nicht hier so anderswo, zur Verehrung der Götter gebräuchlich waren, und wie gewisse Cultusgebräuche, so haben auch sicher gewisse Agonen bald eine Art von Allgemeingültigkeit erlangt.

Wer wollte unter den zu Olympia üblichen Agonen gottesdienstliche und weltliche Agonen scheiden, obgleich auch hier nicht für alle gleich gewichtiges mythisches Vorbild vorhanden ist[1]).

Bei den Panathenäen nennt Mommsen ganz besonders die hippischen, oder einen Theil derselben gottesdienstlich, weil hier das Vorbild des Erichthonios vorliege; aber die Begehung des Erichthonios war ja für die Athener nicht der im Agon nachge-

---

[1]) Beachtenswerth ist die Bemerkung des Pausanias 5, 8, 2 über die später hinzutretenden Kampfarten, als ob die Erinnerung an die einst vorhandenen, dann aber abgebrochenen, nach und nach wieder aufgelebt sei.

ahmte mythische Vorgang, sondern selbst nachahmender Agon. Zu dem mythischen Vorbilde, sei es dem Gigantensieg, oder der Rossebändigung, steht jene Nachbildung in nicht viel näherer Beziehung als andre minder ceremonielle Agonen mit Pferden. Ebenso gute dogmatische Begründung vindiciert sich der gymnische Agon, nicht nur den Gigantensieg, sondern Athenas Erfindung der Ringkunst und Unterweisung des Theseus darin[1]). Für den musischen Agon, in welchem die Flötenmusik ($συναυλία$) eine Rolle spielt, dient derselbe Mythos, durch den Mommsen den gottesdienstlichen Charakter der Pyrriche erweisen will, dafs nämlich Athena zur Pyrriche der Kureten die Flöte gespielt[2]), sowie die andern Sagen von ihrer Erfindung dieses Instruments zu ausreichender Begründung. Ihrer Erfindung des Schiffes und des Segels endlich dankt die Regatta bei Sunion und der Segelpeplos.

Das zweite Merkmal nicht gottesdienstlicher Agonen sollen die Werthpreise sein (Heort. S. 124). Ein religiöser Agon, meint Mommsen S. 127 hatte gewifs keine $ἆθλα$. Lassen wir auch die in Berenike gefundenen Preisgefäfse, welche, auch für die 'gottesdienstlichen' Agonen der kleinen Feier Preise kaum bezweifeln lassen, bei Seite, so scheinen mir auch sonst die Thatsachen jenem Bedenken nicht günstig.

Sofern der Agon Nachahmung eines Gotteskampfes war, ist der Preis sogar ein wesentlicher Bestandtheil, denn auch die Götterkämpfe haben ja ihre Preise, bald allgemeinerer Art, wie Herrschaft der Welt oder eines Landes, bald conkreter, den Prämien der Agonen ähnlicher.

Wenn ferner bei den Preisen die Vorstellung waltet, der Gott lohne dem Sieger, so ist das ja ganz dem hellenischen Glauben gemäfs, dafs Götter und Menschen einander gegenseitig für Leistungen lohnen; und dafs man persönlichen Vortheil und Genufs mit Verehrung wohl zu vereinen wufste, zeigt am greifbarsten das Opfer, in das sich Gott und Mensch ja theilen, wie auch die Festlust gemeinsam gedacht wurde. Wurden nicht die Agonen bei der Leichenfeier des Pelias oder Patroklos diesen Todten zu Ehren[3]) gefeiert und trotzdem die Sieger belohnt; und gab es nicht viele

---

[1]) Schol. Pind. Nem. 5, 89.
[2]) Schol. Pind. Py. 2, 127.
[3]) Achilleus sagt Il. 23, 619 dem Nestor den fünften Preis, eine Schale reichend, die solle ihm ein Andenken an Patroklos' Bestattung sein.

hellenische Agonen, deren Heiligkeit sich mit solchen Preisen, nicht blos kostbaren Gefäfsen[1]) sondern auch Geld[2]), Waffen, Korn, Kleidungsstücken[3]) vertrugen? Dafs bei den grofsen Agonen wie z. B. den Pythien in älterer Zeit Werthpreise gegeben wurden[4]), erst später Ehrenpreise an deren Stelle treten, wird niemand so auslegen, dafs die Frömmigkeit in späterer Zeit gröfser gewesen sei. Müssen wir diese Thatsache vielmehr so auslegen, dafs jene Agonen hernach so grofses Ansehn erlangten, dafs die Ehre genügende Lockung zur Theilnahme war, so werden wir wohl auch dafür, dafs bei den Grofsen Panathenäen, sei es allein, sei es nur gröfsere Preise gegeben wurden, ein ähnliches Motiv voraussetzen, dafs hier nämlich die Preise der neuen ausgezeichneten Feier gröfseren Zuspruch verschaffen sollten, grade wie nach Timaios die Krotoniaten durch einen Agon mit werthvollen Preisen den olympischen ausstechen wollten[5]), oder wie Solon durch bedeutende Preise die Athener zur Theilnahme an Olympien oder Isthmien treiben wollte. Mischten sich dabei auch weltliche Gedanken ein, so verlor doch darum der Agon nicht seine officielle gottesdienstliche Bestimmung.

An den Grofsen Panathenäen wurden ferner nicht blos die neuzugesetzten, sondern auch die jährlichen Agonen prämiert. Dafs die Prämien der letzteren zum Theil kleiner waren, rettet ja ihre Heiligkeit nicht, wenn wir überhaupt Mommsens Auffassung annehmen; und doch, wenn in der grofsen Feier noch die kleine soll enthalten sein, so kann der Göttin ja nicht die Ehre genommen sein. Dafür reicht auch die Unterscheidung zwischen reinen Geldpreisen, welche dem einzelnen Sieger zu Gute kommen, und solchen die von selbst wieder zu einer heiligen Handlung, Opferschmaus oder Weihung führen, $\mathring{a}\vartheta\lambda a$ und $\nu\iota\kappa\eta\tau\acute{\eta}\varrho\iota a$, nicht aus. Denn einmal haben nicht alle diejenigen Agonen, welche nach Mommsen gottesdienstliche sein müfsten, Preise der zweiten Art; zweitens finden sich Preise dieser Art so gestellt, dafs der Sieger statt ihrer

---

[1]) Scholl. Pind. Nem. 10, 82.
[2]) Die Pelleneer $\mathring{a}\gamma\tilde{\omega}\nu a$ $\mathring{\epsilon}\pi\iota\tau\epsilon\lambda o\tilde{v}\sigma\iota$ $\vartheta\epsilon o\xi\acute{\epsilon}\nu\iota a$ $\tau\tilde{\omega}$ $'A\pi\acute{o}\lambda\lambda\omega\nu\iota$, $\tau\iota\vartheta\acute{\epsilon}\nu\tau\epsilon\varsigma$ $\mathring{a}\varrho\gamma\acute{v}\varrho\iota o\nu$ $\mathring{a}\vartheta\lambda a$ $\tau\tilde{\eta}\varsigma$ $\nu\acute{\iota}\kappa\eta\varsigma$ Paus 7, 27, 1.
[3]) Scholl. Pind. ol. 7, 152 Hermann-Stark GA 55, 39.
[4]) Hermann-Stark G. A. 30, 3. Schol. Pind. Pyth. Arg. sagt von der älteren Zeit $\chi\varrho\acute{\eta}\mu a\sigma\iota$ $\gamma\grave{a}\varrho$ $\mu\acute{o}\nu o\iota\varsigma$ $\tau o\grave{v}\varsigma$ $\nu\iota\kappa\tilde{\omega}\nu\tau a\varsigma$ $\mathring{\epsilon}\tau\acute{\iota}\mu\omega\nu$ $o\mathring{v}\pi\omega$ $\sigma\tau\epsilon\varphi\acute{a}\nu o\nu$ $\mathring{o}\nu\tau o\varsigma$. Isthm. 1, 18.
[5]) Athen. 12, 522 C.

den Geldwerth wählen kann, oder verbunden mit Geldpreisen[1]), wie auch bei den Leichenspielen des Patroklos den Läufern als erster Preis ein kostbarer Krater, als dritter ein halbes Goldtalent, als zweiter aber ein feistes Rind geboten wird[2]). So müssen wohl andre Absichten, als heilige und profane Agonen zu scheiden, die besondere Form des Preises bestimmt haben, und läfst sich wohl begreifen, dafs z. B. einem siegenden Chor ein Rind zu gemeinsamer Feier gegeben wurde.

Endlich ist bei den meisten und bedeutendsten Preisen schon in ihrer Form, Krüge mit dem heiligen Bilde der Polias geschmückt, gefüllt mit Oel von den heiligen Oelbäumen der Göttin, so deutlich wie möglich ausgesprochen, dafs die Göttin dem Sieger lohne, also ihr zu Ehren gekämpft werde.

Was also an Agonen beim grofsen Feste neu hinzugetreten war, wird den Geist seiner Zeit, die nicht mehr die alte war, nicht verleugnet haben, aber dafs es in bewufsten Gegensatz zu dem Alten getreten wäre, scheint mir eine unbegründete Annahme.

Die grofse Feier hatte aber noch eine andere Zuthat, die ausgezeichnetste von allen, und zugleich eine unzweifelhafte Darbringung an die Göttin, die also mehr als alles andere zeigt, dafs die Grofse Panathenäenfeier eben den Gottesdienst der Kleinen überbieten sollte. Diese Zuthat ist der Peplos, über den freilich die Ansichten noch immer auseinandergehen[3]), auch Bötticher und Mommsen besondere Meinungen haben. Während man nämlich sonst nur uneinig war, ob bei jeder Feier, oder nur der grofsen ein Peplos überbracht sei, kommt nun durch die Scheidung zwischen gottesdienstlicher und weltlicher Tendenz ein neues Moment hinzu. Bötticher giebt jeder Feier einen Peplos, aber wie er den Charakter beider Feiern sich grundverschieden denkt, so auch die beiden Peplen, den einen klein und heilig, den andern grofs, prächtig, mit

---

[1]) So war in der Regatta der Preis der siegenden Phyle eine Geldsumme, von der ein Theil zum Opfer für Poseidon bestimmt war, Schoemann GA II S, 447.

[2]) Il. 23, 740 ff. Vgl. 22, 159. Eur. Alc. 1038 spricht Herakles fingierend von einem ἀγὼν πάνδημος, wo er ein Weib als νικητήρια gewonnen.

[3]) Die Neueren erklären sich meist für jährliche Darbringung, Hermann-Stark G. A. 54, 13; Schoemann Gr. Alt. II. 449; Mommsen Heort. S. 186. O. Jahn de ant. Min. sim. att. 12, 39. Curtius Gr. Gesch. II S. 273. Michaelis S. 212 für neue Peplen am grofsen, aufgebesserte am kleinen Fest.

besonderen Stickereien als Segel am Processionsschiff überbracht¹).
Wenn von solchem Unterschied der Peplen auch nicht eine Spur
sich findet, es vielmehr nur einen Peplos der grofsen Feier gab,
so wird diesem ja auch alle Heiligkeit gehören.

Mommsen (S. 185) gründet auf den Vorgang in der Ilias die
Meinung, dafs aufserordentliche Darbringungen den regelmäfsigen
voraufgegangen seien, und dafs regelmäfsige Darbringungen erst
seltener, z. B. in Athen zuerst bei den Grofsen Panathenäen, seit
Ende der Tyrannis aber jährlich gewesen seien.

Die bestimmtesten Zeugnisse lassen es aber nicht zweifelhaft,
dafs es nur eine Art des Peplos ὁ πέπλος gegeben, immer auf
gleiche Weise angefertigt, nämlich von Arrephoren und edlen Frauen,
geschmückt, nämlich mit der Gigantomachie, dargebracht, nämlich
als Segel des Processionsschiffes und zwar nur bei den Grofsen
Panathenäen²).

Der eine Peplos dem nun alle Heiligkeit³) eigen ist, die Bötticher seinem mystischen kleinen Peplos vindicieren wollte, bildet,
wie namentlich die Stellen des Plautus-Philemon zeigen⁴), den
eigenartigsten, hervorragendsten Schmuck der Grofsen Panathenäenfeier. Eben deshalb kann auch die Einführung der Peplosweihe
kaum anders als dem zugeschrieben werden, der die vierjährige Feier
in jedem Olympiadenjahre vor den jährlichen auszeichnen wollte.
Auch scheint es, dafs die Art der Zuthat an sich zum Peisistratos
wohl pafse.

Mehr als das Beispiel von Elis, wo von sechszehn Frauen alle
fünf Jahre ein Peplos für die Hera in Olympia gewebt wurde⁵) oder
von Sparta, wo ein solcher jährlich für den Apollon von Amyklai

---

¹) T. IV, 205. Ph. 19, 70 ff. Ph. 22, 415 behauptet und folgert Bötticher auf eigene Hand vom grofsen Peplos: 'nicht auf der Burg, in der Stadt wird er gearbeitet, folglich fällt auch sein Ursprung erst in die Zeit, wo eine theseische Stadt gegründet wird.' Aus derselben Quelle weifs er wohl auch Ph. Suppl. III, 378 dafs der heilige, kleine Peplos schon mit Einsetzung des Schnitzbildes der Polias gewebt wurde.

²) Vgl. meine Recension von Michaelis' Buch, Neue Jahrb. 1872 S. 309.

³) Plato zählt ihn zu den ἱερά, die mit ihm beschäftigten Personen, Arrephoren und Κατανήτης sind priesterlich.

⁴) Plautus merc. 64, verglichen mit dem Fragment des Plautus bei Serv. Aen. 1, 480.

⁵) Paus. 5, 16, 2.

gefertigt wurde¹), mochte bei dieser späteren Einsetzung des Brauches das homerische Vorbild der Troischen Frauen leiten. Der kunstfertigen Göttin, der Lehrerin weiblicher Arbeit kam solche Dankesgabe vor Allen zu. Auch trägt die Göttin im Olympos einen solchen bunten (gestickten) Peplos (Il. 5, 733. 8, 383), den sie selber sich gewirkt, bunt, vermutblich gleich dem von Helena gewirkten (Il. 3, 126), von Kampfesbildern. Diesen bunten Peplos vertauscht aber die Göttin, wo sie zum Kampfe geht, mit Chiton und Aigis des Zeus, so dafs jener im Gegensatz zur Kampfestracht als Friedens- und Feierkleid erscheint. So hat Athena auch den Herakles, als er von Kämpfen ausruhen und der Festfreude sich ergeben wollte, einen Peplos²) geschenkt, und anderswo wird zum Danke für erfochtenen Sieg ein purpurner Peplos geweiht³). Auch bei dem Peplos der Eleerinnen einen mythischen Sieg als Anlafs der Weihung vorauszusetzen, gemahnt der damit verbundene Agon und die Beziehung zu Hippodameia. Im Athenischen Peplos der Athena war ja der Sieg über die Giganten dargestellt. Nach der griechischen Gewohnheit aber, die eigenen Erlebnisse den mythischen zu parallelisieren, sofern man in beiden die Götter auf gleiche Weise thätig erfunden zu haben glaubte, dürfen wir voraussetzen, dafs der Peplos welcher die siegreiche Athena darstellte zum Gedächtnis und Danke für einen geschichtlichen Sieg geweiht worden sei. Dafür spricht in der That die Sitte die besten Männer der Stadt — seis ihr Bild, seis ihren Namen, in den Peplos einzuweben, und ein Scholien, freilich zweifelhaften Werthes, sagt gradezu, die Athener hätten nach einem Siege der Göttin den Peplos gefertigt und die besten Männer darin angebracht⁴).

Dafs der marathonische Sieg in ein Jahr Grofser Panathenäen fällt, und dafs seit diesem Siege an den Grofsen Panathenäen für die Plataier mitgebetet wurde⁵) läfst, zumal wenn in den Westmetopen des Parthenon ein Perserkampf dargestellt ist, die Vermuthung entstehen, dafs das republikanische Athen den Peplos

---

¹) Paus. 3, 16, 2. An beiden Stellen scheint die Sitte alt gewesen zu sein.
²) Preller Gr. Myth. II S. 189.
³) Diodor fr. l. XXXVI von Salvius den Paliken.
⁴) Schol. Aristoph. Eq. 566. νικήσαντες πέπλον ἐποίησαν τῇ Ἀθηνᾷ καὶ ἐνέθεντο τούς ἀρίστους ἐν αὐτῷ, am allerwenigsten von Sieg in den Agonen zu verstehn.
⁵) Herod. 6, 116.

zum Dank für jenen Sieg geweiht habe. Es müfste dann dieser Sieg an Stelle eines anderen, von Peisistratos gewonnenen, getreten sein, wenn die Peplosweihe von jenem herstammte, ebenso wie der ältere Parthenon. Nun wurde eben der Sieg, durch welchen Peisistratos dauernd seine Herrschaft befestigte, nachdem er schon zum zweiten Male vergeblich von 'Athena' selber heimgeführt war, bei dem Heiligthum der Athena Pallenis gewonnen (Herod. 1, 62). War es diese Athena von Pallene, welcher Peisistratos durch neue Ehren danken wollte[1]), so begreifen wir, dafs jetzt die Gigantensage mehr betont wird, während in den Hauptmythen, die sich an Athena Polias und ihr altes Heiligthum knüpfen, dem Streite mit Poseidon, der Verbindung mit Hephaistos, dem Verhältnis zu Erichthonios und dessen Hüterinnen, sowie in den Symbolen der Schlange und des Oelbaumes keine Beziehung zu den Giganten vorliegt[2]). Denn in und um Pallene scheint die Riesensage ihren besonderen Sitz gehabt zu haben. Bedeutsam ist der Name Pallene, verwandt mit Pallas der Göttin und dem Riesen Pallas, der mit seinen funfzig riesigen Söhnen hier zu Hause war. Ob auch der Pallas, dessen Kampf mit Athena in den Gigantenkampf eingeflochten ist, von hier stammt, wissen wir nicht, noch wo genau das attische Sikelia lag, das vielleicht eine andere Spur der Riesensage enthält[3]). Unfern Pallenes[4]), im Gau Athmonion ist auch der Urkönig Porphyrion zu Hause, gleiches Namens mit dem Gigantenkönig, den ich auch als Gründer des Aphroditecultus lieber für einen Giganten als für einen phönicischen 'Purpurmann' halten will, da Gründung von Culten ein Zug der Riesensage ist.

Dafs die neue Weihegabe nicht nur eine ἀπαρχή der Kunstfertigkeit war, sondern durch die Form der Darbringung auch

---

[1]) Wenn Euripides Heracl. 488 (vgl. Hesych. Παρθένος Παλληνίς) diese Athena Παρθένος Παλληνίς nennt, so ist παρθένος wohl mehr als appellativum denn als proprium zu fassen.

[2]) Vgl. Stark Phil. 14, 116, 1.

[3]) Unter Sikelia wurde der Gigant Enkelados begraben, dessen Name in Attika besonders heimisch gewesen zu sein scheint (Scholl. Arist. Eq. 566). Das attische Sikelia war ein Hügel. Diesen wollte das im Peloponesischen Kriege den Athenern gegebene Orakel gemeint haben, während die Athener es auf die bekanntere Insel bezogen hatten. Ebenso mochte in der hier lokalisierten Sage von Enkelados' Fall der Hügel von der Insel verdrängt sein. Bursian Gr. Geogr. I, 325, 2.

[4]) Bursian Gr. Geogr. I, 343.

der Göttin als Erfinderin des Segels huldigte, stimmt gleichfalls zu der Fürsorge des Peisistratos für Kunstfertigkeit und Schiffahrt.

Die Grofse Panathenäenfeier war also kein weltlicher Act, auch nicht insofern blos ein Cultusfest, als es die kleine Feier in sich enthielt, sondern sollte auch durch die Zuthaten an Agonen und namentlich den Peplos, der Göttin gröfseres Wohlgefallen erwecken. Sie zeigt uns die vollste Entfaltung der in ihren mythischen Uranfängen bereits enthaltenen Keime. Agonistisch waren die Panathenäen von Anfang an, politisch vornehmlich seit Theseus, der nur durch ein Versehen Böttichers zum Gründer der Grofsen Panathenäen gemacht ist. Diese waren die glänzendste Darstellung alles dessen, was Athen seiner Göttin verdankte an Künsten des Krieges wie des Friedens. Dafs vielleicht die meisten später mehr an sich dachten als an die Göttin, dafs die alte Frömmigkeit abnahm, ist gern zuzugeben, aber dieser allmähliche Verfall, auf diesem wie auf allen anderen Gebieten, ist etwas ganz anderes als bewufste und beabsichtigte Opposition. Auch ist nicht bekannt, dafs an den Kleinen Panathenäen sich die alte Frömmigkeit besser erhalten habe.

Sind aber die Grofsen Panathenäen kein cultloses Fest, sondern auch von Seiten der Gottesverehrung eine Steigerung der jährlichen Feier, so wäre auch der Parthenon, vorausgesetzt die behauptete Bestimmung für die Kranzfeier und Preisvertheilung des grofsen (aber auch des kleinen) Festes, nicht als cultloses Gebäude zu denken. Von den Theatern, Odeen, Stadien, wäre er immer noch grundverschieden, nicht nur durch seine Tempelform, sondern auch weil nicht für die Kämpfe selbst, sondern für eine offenbar religiöse Schlufshandlung bestimmt. Denn die Verlegung der Kranzfeier von dem Kampfplatz auf die Burg in ein tempelartiges Gebäude, aus den Augen des Volkes in den Bereich einer kleinen Zuschauerzahl[1]), aber unter die Augen eines Götterbildes, hätte nur den Zweck haben können, die Feierlichkeit des Aktes zu erhöhen und den zu Athen auch schon in der Gestalt der Preise ausgedrückten Gedanken, dafs die Göttin selber, die Siegverleihende, dem Sieger lohne, sichtbarlichst vor Augen zu

---

[1]) Nach Böttichers Berechnungen E, V wären aufser dem Inventar etwa 3000 Quadratfufs geblieben, wovon er 1000 für die Tribüne rechnet: bliebe Raum für nicht 500 gedrängte Personen.

rücken[1]). Einen solchen Act ohne religiöse Bedeutung annehmen, heifst die griechischen Götter schon für die Athener des fünften Jahrhunderts zu dem machen, was sie etwa für unsere Dichter in der Neuzeit sind. Es steht mit einem Worte die Kranzfeier Böttichers mit ebendesselben Agonaltheorie in krassem Widerspruche. Das fühlte auch Michaelis S. 31. Wie steht es denn mit jener Verwendung des Parthenon für die panathenäische Schlufsfeier?

Dafs der Parthenon überhaupt mit den Grofsen Panathenäen in Zusammenhang steht, ist allgemein angenommen, obgleich bisher kein direktes Zeugnifs dafür beigebracht ist. Dafs die Ablieferung oder Einweihung im dritten Olympiadenjahr (85, 3), in welches grofse Panathenäen fallen, stattfand, scheint allerdings auf diese zu weisen, zumal sowohl die Erbauung des älteren Parthenon und die Errichtung der grofsen Feier durch Peisistratos, wie der Neubau des zweiten Parthenon und die neue Erweiterung der grofsen panathenäischen Spiele unter Perikles jedesmal als zusammenhängende Mafsregeln erscheinen. Ueberhaupt steht der Parthenon zu dem Poliastempel durch späteren Ursprung, gröfseren Glanz und Hervortreten des Gigantenmythos in demselben Verhältnis wie die Grofsen Panathenäen zu den Kleinen; womit ebensowenig gesagt sein soll, dafs die Polias an den Grofsen Panathenäen keinen Theil gehabt, als dafs der Parthenon mit den Kleinen nichts zu thun gehabt habe. Dafs dieselbe Gottheit an demselben Orte mehrere Heiligthümer haben konnte, ist gewifs; auch konnten deren mehrere an demselben Feste Theil haben. Ob es über diese Verhältnisse allgemeine Gesetze gegeben, ist sehr zu bezweifeln; jedenfalls stehen für uns kaum noch die einzelnen Fälle fest. Einen solchen haben wir hier in Athen. Der Peplos der Panathenäen wurde zur Bekleidung des alten Holzbildes der Polias verwandt, wie wir an der Dresdener Statue sehn, und schriftliches Zeugnis verbürgt[2]) Der Peplos wurde aber zunächst in den Parthenon gebracht, das sagt in deutlicher Bilderschrift der Fries des Parthenon; das auch ein schriftliches Zeugnis, welches zwar spät, aber älter als die Abschaffung der panathenäischen Fest-

---

[1]) Bötticher Phil. 19, 72 schliefst freilich umgekehrt: 'wenn der Agonenapparat im Tempel verwahrt und die Kränzung der Sieger vor dem grofsen agalma geschah, dann gehört das agalma zur σκευή der ἀγῶνες.'

[2]) Hesych. Πραξιεργίδαι.

gebräuche ist. Lactantius nämlich eifernd gegen die Goldelfenbeincolosse des Polykleitos, Euphranor und Pheidias schilt die Thorheit,
dafs man diesen, die nur grofse Puppen wären, Salben und Weihrauch darbringe, ihnen fette Opferthiere schlachte, da sie freilich
einen Mund hätten, aber ohne die Fähigkeit zu beifsen; ihnen
weihe man Peplen und kostbare Gewänder, da sie doch vom Gewand keinen Nutzen hätten[1]).
Also wurde der Peplos von der Procession zunächst der Göttin
im Parthenon dargebracht. Ob im älteren Parthenon ein Götterbild stand, das selber mit dem Peplos bekleidet wurde, so dafs
er der Polias erst dann überlassen wäre, als die goldelfenbeinerne
Athena des Pheidias ihn nicht mehr brauchen konnte, wissen wir
nicht; auch nicht, wie lange nach der Darbringung die Polias mit
dem Peplos bekleidet wurde.

Wenn der Procession erstes Ziel der Parthenon war, und in
ihm die eine Hauptgabe dargebracht wurde, so kann schon von
ausschliefslich agonistischen Zwecken des Baues nicht mehr die
Rede sein, und, wie das beim Parthenon der Fries schon zeigt,
auch das Bildwerk nicht, wie Bötticher meint, diese Bedeutung
allein vor Augen führen.

Die Heraklesthaten am Zeustempel, Pelops' und Oinomaos'
Wettkampf, das Monument der Kyniska, die Scheibe des Iphitos
und der Dreifufs für die Siegeskränze, die Siegesgöttin auf dem Giebel, alles ebenda und die Vasen als Akroterien auf beiden Tempeln, endlich beide Götterbilder mit der Siegesgöttin auf der Hand
sollen nach Bötticher (E, V.) ebensoviel Beweise der ausschliefslich
agonalen Bestimmung beider Tempel sein. Aber damit ist weder
das vorhandene Bildwerk vollständig angegeben, noch das angegebene richtig erklärt. Vom Parthenon ist so gut wie gar nichts
angegeben, nicht die Giebelfelder darstellend Athenas Geburt und
Streit mit Poseidon, Mythen, die mit den Agonen kaum etwas zu
thun haben, aber für den Glauben und die Verehrung der Göttin

---

[1]) l. II de orig. error. 4. non videbat enim (Persius) simulacra ipsa et
effigies deorum Polycleti et Euphranoris et Phidiae manu ex auro et ebore
perfectas nihil aliud esse quam grandes pupas. Ergo his ludicris et ornatis
et grandibus pupis et unguenta et thura et odores inferunt. his opimas
et pingues hostias immolant, quibus est quidem os, sed carent officio dentium;
his *peplos* et indumenta pretiosa, quibus usus velaminis nullus est; his aurum
et argentum consecrant.

als mächtiger Tochter des Zeus, als specieller Schirmherrin Attikas von gröfster Bedeutung sind. Nichts von den Metopen, die nirgends, soviel mit Sicherheit zu erkennen, Agonen sondern meist ernste Kämpfe, sogar der Götter selbst, daneben aber vielleicht auch gradezu Cultuslegenden (Süd, Mitte) darstellen; nichts auch von dem Fries, dem nur Bötticher die Darstellung einer Culthandlung abzusprechen vermag. Auch vom Zeustempel nennt er nur den einen Giebel, der allerdings das Vorbild des Wagenrennens, aber doch einen ernsten Kampf unter Zeus Aufsicht darstellt; aber der andere stellt ja blutigen Kampf ohne Beziehung auf den Agon dar, und sind auch die dargestellten Kämpfe des Herakles gegen Ungeheuer und Riesen ernste Kämpfe.

Statt aber hieraus zu entnehmen, dafs die Agonen zur Erinnerung angestellte Nachahmungen ernster Kämpfe sind, und dafs die Götter, hier Athena, dort Zeus als waltend in beiden, vornehmlich im ernsten erscheinen, hat Bötticher den Agon in einen absoluten Gegensatz zum blutigen Kampf gestellt und will nur an den unblutigen Agon denken. Wegen der Nike auf ihrer Hand soll Athena nur ein Brabeutenbild sein, welches das Brabeion eines blutlosen und ohne Waffenkampf im tiefsten Frieden errungenen agonalen Sieges reiche[1]). Ebenso behauptet er vom Zeus zu Olympia, dafs derselbe nur als Verleiher des Siegs in den Agonen gedacht sei[2]). Abgesehen davon, dafs die Richtung der Nike, sollte sie den Sieger zu kränzen scheinen, eine andere sein mufste, als sie war; so ist auch hier bei beiden Götterbildern unter dem reichen, bedeutungsvollen Schmucke nur ein Theil genommen, daraus das ganze dargestellte Wesen zu begreifen; übersehen in Olympia die absichtliche Zusammenstellung ernsten Waffenkampfes und der Agonen, in Athen die ausschliefsliche Darstellung ernster Kämpfe nicht beachtet. Wo ist denn Nike, halte sie den Kranz oder die Siegesbinde, das Siegeszeichen nur des Kampfspieles und

---

[1]) T. IV, 53 ff. Ph. 18,404 ff. Ph. 17,399. Vgl. 408. 'Weil die Niken nur Brabeia halten, bezeichnen sie ihre Götterbilder nur als Brabeuten'. Während hier das Brabeutenbild als Beweis für die agonale Bestimmung des Tempels figuriert, wird einige Seiten weiter umgekehrt aus der ausschliefslichen Verbindung aller solchen niketragenden Bilder mit agonalen Festen (vgl. Arch. Zeitung 1857, S. 69: wo Nike nicht zum Wesen der Gottheit gehöre (?) 'da möchten solche Götterbilder mit Nike auf der Hand nur als Apparat gedient haben') bewiesen, dafs es nur cultuslose Brabeutenbilder seien.

[2]) E. V, 5.

nicht an erster Stelle ernsten Kampfes, dann erst, weil der Grieche den Agon so ernst nimmt, auch dieses nachahmenden¹)? Als Zeus die Götter zum Titanenkampfe aufrief, da, heifst es bei Hesiodos, kam zuerst Styx mit Zelos, Nike, Kratos, Bie, die seitdem bei dem Götterkönig ihren beständigen Sitz haben. Auf seiner Hand schwebend zeigt sie ihn als den Herrn des Sieges in jeglichem Kampf, und aufser ihm vorzüglich seine Tochter, die auch die Aigis von ihm hat und allein zum Blitzgemach die Schlüssel, wie Aischylos dichtet.

Aber auch die Nike allein auf dem First des Tempels mufs in dem vollen Sinne genommen werden, als Abzeichen des siegwaltenden Gottes, geweiht wie sie war nach Pausanias aus Siegesbeute mit den Gefäfsen, die Bötticher zu neuen Fehlgriffen veranlafst haben. Er beruft sich (E. V; Phil. 18, 396) nachdrücklich auf die poetische Auslegung ähnlichen Schmuckes auf dem Parthenon von Kallimachos in einem Fragment, das der Scholiast zu Pindar Nem. 3, 64 anführt zum Beleg dafür, dafs in Athen den panathenäischen Siegern Oelkrüge gegeben seien. Hier ist aber erstens zweifelhaft, wie der Scholiast den Kallimachos verstanden, und ob richtig; es ist zweitens nicht gewifs, dafs Kallimachos den Sinn des Ornaments richtig angegeben; das aber ist gewifs, dafs Bötticher den Kallimachos falsch auslegt. Er bezieht in καὶ παρ' Ἀθηναίοις γὰρ ἐπὶ στέγος ἱερὸν ἧνται κάλπιδες οὐ κόσμον σύμβολον ἀλλὰ πάλης die Worte κόσμος und πάλη auf den Tempel, da doch der Tempel weder ringt noch zum Ringen dient²). Auch auf die Athener kann man es kaum beziehen, sondern wegen κόσμον nur auf die Tempelgöttin: nicht ein Abzeichen des Schmucks, sondern des Ringens, d. h. nicht ein Zeichen dafs die Göttin den Schmuck liebe³), sondern das Ringen. Grade wegen πάλη hat

---

¹) ἀγών bezeichnet an unzähligen Stellen beide Kämpfe. Wie beide als zusammengehörig gedacht wurden, zeigt Pind. ol. 6, 10. 10, 6. 3, 18. 38. 4, 10. 5, 1. 5, 15. 2, 43. Isthm. 1, 50.

²) Und warum σύμβολον κόσμου für κόσμος? Auch ist von hieratischem Kosmos gar nicht die Rede. Wenn aber auch die Worte οὐ κόσμου σύμβολον hiefsen: 'Die Gefäfse hätten keine Bedeutung als hieratischer Kosmos,' so kann das doch nicht zugleich heifsen: 'sie schlöfsen die Anspielung auf Cultus aus.'

³) Die κάλπις als Gefäfs das Wasser zum schmückenden Bade zu holen bei Pindar ol. 6, 40; Aristoph. Frö. 1339. Vgl. Aphrodite beim Parisurtheil

Kallimachos sie gewifs als Oelgefäfse genommen, konnte dabei aber sowohl an das Oel denken, was die Göttin gelegentlich selbst braucht[1]), als an das was sie wackeren Jünglingen als Siegespreis und zur Förderung weiteren Ringens verleiht, oder am besten an beides zugleich. Was würde aber nun Kallimachos' Deutung jener Gefäfsakroterien gutgeheifsen[2]) und nicht den Poliastempel[3]), sondern den Parthenon unter dem στέγος ἱερόν verstanden, folgen? Eine Beziehung des Tempels und der darin dargestellten Göttin zu den Agonen, meinetwegen auch zur Preisvertheilung, aber freilich zu den Agonen der Kleinen Panathenäen[4]) nicht minder als der Grofsen. Jedenfalls ist aber die nämliche Beziehung, und zwar viel enger und zwingender für die Athena Polias gegeben dadurch, dafs deren Bild der stehende Schmuck der panathenäischen Preisamphoren selbst ist, gelegentlich auch wohl noch zwischen zwei auf Säulen gestellten Preisgefäfsen[5]) gemalt.

Ein bedenkliches Spiel wird auch mit einem in den Inventarlisten des Parthenon ohne jede nähere Bezeichnung aufgezählten Elfenbeintisch getrieben (E. V. Ph. 18, 392 ff.). Die Kranzfeier als gewifs setzend, folgert Bötticher dafs auch der nöthige Apparat, als ein erhöhter Platz, Throne für die Richter, ein Tisch für die Kränze nicht gefehlt habe[6]), und ein solcher Tisch sei sogar monumental bezeugt durch die Reliefs an mehreren antiken Marmorthronen. Sei ein Tisch dagewesen, so sei zu erwarten, dafs er in den Inventarlisten stehe, und da in diesen kein andrer als jene ἠλεφαντωμένη τράπεζα erscheine, sei dies 'unzweifelhaft'

---

sich waschend. Welcker AD. V S. 413, 66; Athena desgleichen 414, 68; alle drei Göttinnen bei Eur. Andr. 286.

[1]) Lav. Pall. 25 läfst derselbe Kallimachos die Göttin sich gymnastisch salben, wie Sophokles sie beim Schönheitsstreit vorgestellt hatte nach Athen. 15, 687 E.

[2]) Obgleich sie sehr wohl gleich den λέβητες auf dem Zeustempel als der Göttin geltender Preis gefafst werden könnten.

[3]) Böttichers Grund hiergegen ist freilich gänzlich nichtig.

[4]) Oelpreise bei den Kleinen s. Jahn de ant. Min. sim. att. 13, 42. Schwabe, observ. arch. I S. 13 f.

[5]) Gerhard Etr. u. Camp. Vas. I.

[6]) Bericht S. 176 wird gefolgert: indem das Paviment im Parthenon als Basis des Bildes beseitigt sei, werde die Proedrie Thatsache; d. h. weil eine Hypothese falsch ist, ist die andere richtig.

jener Kranztisch[1]). Während in dieser Folgerung, aus der agonalen Bestimmung des Parthenon die Bestimmung des Tisches als Kranztisch geschlossen wird, kehrt Bötticher gleich darauf die Sache um[2]), und soll der Tisch eins der ganz bestimmten Zeugnisse liefern über das Verhältnis der Grofsen Panathenäen mit ihrer Kranzfeier zum Bilde der Parthenos, soll den Tempel als agonalen Festtempel, das Bild als agonales Brabeutenbild, Bild und Kranzfeier als völlig cultlos bezeugen. Denn da der Tisch, so wird behende weiter geschlossen, nicht mit der Aufschrift ἱερόν versehen sei, sei er nicht heilig, also auch nicht der vor ihm vollzogene Akt, also auch nicht die Feier, also auch der Parthenon nicht.

Nähme man nun auch diesen Elfenbeintisch für den Kranztisch der Panathenäen[3]), dann aber der Kleinen so gut wie der Grofsen, so würde dennoch aus seiner Aufbewahrung im Parthenon so wenig nothwendig die Kranzfeier daselbst folgen, wie aus der Aufbewahrung des olympischen Kranztisches im Heraion die Kranzfeier in diesem Tempel gefolgert werden soll.

Weitgehende Folgerungen hat Bötticher auch an die eherne

---

[1]) Stuart. Alt. v. Ath. Lief. 27. pl. 18, 3; 9, 5. Michaelis S. 29. Um aber diesen Tisch und damit den Parthenon nicht in Berührung mit den Kleinen Panathenäen und dem Cultus kommen zu lassen, wird ein fabelhafter Beweis geführt, dafs der Tisch nur zu den Grofsen gehöre (Ph. 18, 396). Neben dem Tisch mit den Kränzen in den Reliefs sei nämlich auch die Palme als Siegespreis dargestellt, die sei aber erst von Theseus eingeführt, und folglich an den Kleinen Panathenäen nicht gebräuchlich gewesen. Dabei hat Bötticher die Veränderung der Athenäen in Panathenäen durch Theseus verwechselt mit der Einsetzung der Grofsen Panathenäen durch Peisistratos, und was er S. 406 sagt: die Grofsen seien kein Cultfest, sondern ein Stiftungsfest der Theseischen Politie, hätte er demnach von den Kleinen gesagt, wie sie von Theseus bis Peisistratos gefeiert wurden. Ebenso beim Peplos Phil. 22, 415.

[2]) Einer Kriegslist auf Ueberrumpelung der Gegner berechnet gleicht die Wendung Ph. 18, 401, dafs dieser Tisch, wenn er nicht als Kranztisch anerkannt werde, wenigstens mit Gewifsheit beweise, dafs kein Altar im Tempel sei; denn wer am Culttempel festhielte, dürfte diesen Tisch nur für den Speiseopfertisch halten; aber so sei er auch wieder nicht bezeichnet. E. II. erklärt er, es sei kein Altar vorm Parthenon und kein Opfertisch drinnen, denn die ἠλεφαντωμένη sei der Kranztisch. Demgemäfs bestimmt er E. V sogar den Platz des Tisches, denn an der Stelle des Speiseopfertisches, sagt er, habe der Parthenon den Kranztisch, und Ph. 19, 25, 'aber der panathenäische Elfenbeintisch befindet sich vor dem grofsen Agalma.'

[3]) Brunn Annali 1856 S. 116; Hirzel ebenda 1863, 399.

Kugel oder Scheibe geknüpft, welche Hieronymus[1]) auf der Akropolis neben dem Bilde der Athena gesehn und von der er sich hatte sagen lassen, dafs an ihr die Athleten vor dem Agon ihre Kraft erprobten, um die Kämpferpaare zu bestimmen. Zugegeben dafs dies simulacrum Minervae die Parthenos gewesen, so folgt wieder nur die allgemeine Beziehung des Bildes zum Agon, für die Kranzfeier im Tempel aber ebensowenig wie für einen Proagon um denselben[2]), welcher letztere überhaupt eine ungeheuerliche Idee ist, die freilich Bötticher braucht um seine ebenso ungeheuerliche Erklärung des Parthenonsfrieses zu stützen.

Kaum kann man bei dieser sphaera an eine Art Vorbereitungsfeierlichkeit denken, wie für Olympia Ampelius bezeugt[3]). Aber die Kränzung mit dem Siegeskranze die eigentliche Weihe zu nennen, und danach initiari zu erklären (E. V, 5 f.), ist ein Sophismus. Nicht einen Schlufsact bezeichnet das Wort, sondern einen einleitenden, und zwar vorzüglich einen religiösen, wie deren die Athleten zu Olympia vor dem Kampfe bekanntlich verschiedene begingen[4]).

Eine glänzende Bestätigung seiner ganzen Lehre glaubte Bötticher in einem attischen Relief gefunden zu haben[5]), welches Athena, der Parthenos des Pheidias sehr ähnlich, darstellt und vor ihr, unter der kranzreichenden Nike, wie Bötticher meinte, einen panathenäischen Sieger, also eine antike Darstellung der Preisvertheilung oder Kranzfeier im Parthenon wäre. Aber weder dieses Relief, auf dem jedenfalls kein Sieger, sondern eine Priesterin mit Schlüssel[6]) dargestellt, der übrige Theil aber weggebrochen ist, noch die anderen attischen Reliefs[7]) welche Athena der Parthenos

---

[1]) Phil. 18, 394.
[2]) Da Bötticher die Kraftprobe doch nicht im Tempel kann anstellen lafsen, so verlegt er sie auf die Burgfläche. Ebensogut aber kann man dann doch noch etwas weiter zu einem passenderen Platze gehen. Gegen den Proagon Stark, Ph. 16, 113.
[3]) Lib. mem. 8. Olympiae templum Jovis nobile ubi athletae initiantur.
[4]) Z. B. der Schwur vorm Zeus Horkios Paus. 5, 24, 9.
[5]) Arch. Zeit. 1857. T. CV. S. 65 und 179. Welcker ebenda S. 178 oder Alte Denkm. V S. 158 T. VII. Vgl. Arch. Zeit. 1864 S. 150.
[6]) Michaelis S. 279, 7 hält sie für einen ταμίας τῆς θεοῦ; Schöne, Griech. Rel. S. 44 bestätigt die Priesterin. Dafs diese bekränzt werde ist möglich, wenn sie zwischen zwei Gottheiten stand, wie bei Schöne, 75; 76; 81.
[7]) Vgl. Rangabé Ant. hell. I. S. 317 f. E. Gerhard in Arch. Zeit. 1860.

mehr durch die gesammte Haltung als durch die einzelnen Beigaben ähnelnd darstellen als Zeugin irgend einer Handlung oder selber handelnd, können für Böttichers Preisvertheilung oder für die Cultuslosigkeit der Parthenos zeugen. Auf mehreren nämlich ist sicherlich eher die Göttin selbst als ihr Tempelbild dargestellt[1]), da wo sie selber kränzt, oder die Hand reicht, oder mit Theseus oder Herakles oder Personificationen des attischen oder eines andern Demos verbunden ist. Hier ist die Göttin, aber wohlgemerkt in der Gestalt der Parthenos, als oberste Herrin des athenischen Staates dargestellt, die mithin auch die Beschlüsse, Verträge, Ehrenbezeugungen des athenischen Volkes sanctioniert.

Neben diesen symbolischen oder idealen Darstellungen sind aber auch realistische nicht wegzuleugnen, welche ein Tempelbild und zwar jedenfalls nicht die Polias sondern die Parthenos zeigen. Wenn man hierher auch diejenigen rechnet, in welchen eine Kränzung vorgenommen wird, so ist das erstens unsicher[2]); zweitens findet sich von einer agonalen Kränzung jedenfalls keine Spur[3]); und drittens könnte man auch eine politische Kränzung im Parthenon vor dem Bilde der Göttin nur als einen religiösen Akt auffassen. In den Reliefs aber, die am sichersten als Darstellungen des Tempelbildes und eines Vorgangs im Tempel genommen werden (Gerhard 4, 13), sind der Altar in dem einen, Altar, Opferthier und Opferer im andern, und die Priesterin im dritten ja zugleich deutliche Beweise der vorhandenen Cultusehren[4]).

S. 21, wo im Ganzen 16 Reliefs, aber manche die Göttin allein darstellend aufgezählt sind. Michaelis T. XV.

[1]) So auch Schöne, Griech. Rel. S. 22; 44, der nur das Moment der Nachahmung zu gering schätzt. Es ist eben dieselbe Vermischung von Bild und Gottheit, die auch sonst im Leben bestand. Namentlich da wo Athena mit Nike auf der Hand erscheint, ist sie offenbar mehr Bild als Göttin, aber im Bilde ist ja beim Opfer z. B. die Gottheit anwesend. Vgl. die Palladien bei Ajas' Frevel.

[2]) Selbst wenn ein Votivrelief unzweifelhaft die Kränzung eines Agonsiegers so darstellte, wäre der Schluß, daß der Kränzungsact in Wirklichkeit ebenso gewesen, der Schluß auf realistische Treue des Bildes, unthunlich. Pervanoglu Arch. Anz. 1867 S. 45* versteht auch die andern wörtlich.

[3]) Friederichs, Baust. faßt freilich mehrere dieser Votivreliefs als Dankesvota von gekränzten Agonensiegern, ohne aber an eine Darstellung des Actes selbst zu denken.

[4]) So meint auch Friederichs, Baust. S. 219. Vgl. Michaelis 15, 14; 17.

Aus allen bisher geprüften Beweisen ergiebt sich also weiter nichts, als daſs die in beiden Tempeln gefeierten Gottheiten auch durch Agonen verehrt wurden, und durchaus keine andere Beziehung der Tempel zu diesen Agonen als sie vor Gründung des Parthenon der Poliastempel zu den Agonen der Kleinen Panathenäen gehabt hatte und auch nach der Gründung des Parthenon behalten hat, soweit nicht der Parthenon an seine Stelle trat. Daſs eine agonistische Handlung im Tempel selbst vorging, kann daraus noch nicht angenommen werden, auſser dem religiösen Weiheact der Athleten in Olympia.

Wenn nun aber Plinius h. n. 16, 12 von dem Siegeskranz zu Olympia sagt: quae sub ipso Jove datur, so kann das wegen ipso[1]) nicht heiſsen: unter freiem Himmel, sondern nur: unter oder vor einem Bilde des Zeus; ob aber das Tempelbild oder eine der vielen Zeusstatuen, die am Stadion standen, wie es scheint auch um den Sitz der Kampfrichter, zu verstehen sei, ist nicht gewiſs. Ich gebe aber zu, daſs es am wahrscheinlichsten das Tempelbild ist. Dann aber muſs von dieser allgemeinen Preisvertheilung am Schluſs der Feier[2]), eine andere vorhergehende geschieden werden, wie auch Schoemann Gr. Alt. II, 61 gethan hat; nur daſs die Unterscheidung von Palme bei der ersten, Kranz bei der zweiten Prämierung, nicht haltbar ist[3]). Aber gewiſs ist, daſs jeder einzelne Sieg sofort zuerkannt und verkündigt wurde, wie die Natur der Sache verlangt, auf dem Kampfplatze selbst[4]). Auf dem Kypseloskasten reicht Akastos dem Sieger im Laufe gleich selber den Kranz[5]). In der Beschreibung des delphischen Agons bei Sophokles El. 680, die gleichzeitigem Brauche sich offenbar an-

---
[1]) So urtheilt auch Michaelis S. 29, 96.
[2]) Von dieser spricht Schol. Pind. ol. 5, 7.
[3]) Auch Böttichers Ausführungen Arch. Zeit. 1853, S. 9 ff., in denen einige Vasenbilder mit zu vieler, die schriftlichen mit zu wenig Rücksicht behandelt werden, treffen nicht zu. Die Statue der Hippodameia ἀναδεῖν τὸν Πέλοπα μέλλουσα (Paus. 6, 20, 10) soll als Zeugniſs aus Pelops' Zeit das gröſsere Alter und die Priorität der Tänie bezeugen, während der Kranz erst von Herakles eingeführt sei. Der Kranz folge daher der Binde, welche auf dem Platz ertheilt sei, nach.
[4]) Krause, Olympia, S. 165.
[5]) Paus. 5, 17, 4. Vgl. bildliche Darstellungen von Agonen: Des Vergers Etrusque Atlas T. XXXVII; Mon. Ined. d. Inst. VI. VII, T. LXXXII; Gerhard Etr. u. Camp. Vas. B, 30.

schliefst[1]), hat Orestes, ehe er im Wettfahren nach der fingierten Erzählung sein Leben verloren, in allen andern Kampfarten, zuerst im Laufe sogleich den Siegespreis mit der Verkündigung davongetragen. Ebenso schreitet bei Pindaros ol. 4, 20 des Klymenos Sohn, so wie er gesiegt, zur Hypsipyle, aus ihrer Hand den Kranz zu empfangen. Auch von vielen Athleten historischer Zeit hören wir, dafs sie desselbigen Tags mehrere Siege gewonnen, und zwar so ausgedrückt, dafs z. B. Kapros an einem Tage den Kranz für Ringkampf und Pankration erhielt (Paus. 6, 15, 6), ebenso Protophanes (Paus. 1, 35, 4). Von anderen wird erzählt, dafs sie sterbend auf dem Kampfplatz noch den Siegeskranz erhielten, so Ainetos von Amyklai (P. 3, 18, 5), der berühmte Ladas (P. 3, 21, 1), Arrachion (P. 8, 40, 2), Kreugas (P. 8, 40, 3). Gleiches zeigt die Geschichte der Kallipateira (P. 5, 6, 5); deutlicher noch diejenige des Herakleides (P. 5, 21, 5), welcher mit dem Oelkranz bekränzt war, da sein Gegner, als nicht rechtzeitig erschienen, ausgeschlossen war. Dafs dieser dennoch sich zum Kampfe rüstete und gegen Herakleides in der Plan lief und ihn, den Bekränzten (ἐπικειμένου τε ἤδη τὸν κότινον), angriff, zeigt wo und wann die Bekränzung stattfand. In der Geschichte des Spartaners Lichas[2]) ist die erwähnte Verkündigung der Sieger ἐπεὶ ἐκηρύττοντο νικῶντες im Hippodrom geschehen. So nennt auch Pindaros als Lokal der Siegesverkündigung den Dromos (Pyth. 1, 32), und kaum könnten wir den lauten Heroldsruf[3]) im Tempel angemessen oder zweckmäfsig finden. Ebenso war's bei den Isthmien nach der Erzählung des Dio Chrysostomos[4]); und von allen vier heiligen Agonen sagt Vitruvius, dafs die Sieger in conventu stantes cum palma et corona ferant laudes, d. h. in der Festversammlung, also nicht

---

[1]) Der Scholiast bemerkt den Anachronismus, dafs der Agon zu Orestes' Zeit noch nicht bestanden habe.
[2]) Xenoph. hell. 3, 2, 22. Pausan. 6, 2, 1. Bei Thucyd. 5, 50 heifst ὁ ἀγών der Kampfplatz, wo der Wagen ist, und Lichas seine Schläge erhält, wie er seinen Wagenlenker kränzt. Vgl. Pind. Nem. 4, 87 ἐν ἀγῶνι.
[3]) Pind. ol. 3, 6, 27. Schol. Py. 4, 42, 6.
[4]) 9, 292 R. Während des Agon gehn schon etliche als Sieger gekränzt umher; da entsteht ein Lärm, ἐκ τοῦ σταδίου wird einer getragen, von jubelnder Menge begleitet, mit Kränzen und Binden beworfen. Auf Befragen beifst es Νικῶμεν, Διόγενες, βέλτιστε ἀνδρῶν τὸ στάδιον.

im Tempel stehend mit Palme und Kranz Belobungen erhielten[1]).
Wenn also nach solcher Kränzung und Siegesverkündigung auf dem Kampfplatz vor der gesammten Festversammlung noch eine zweite Vertheilung der Preise, der eigentlichen heiligen Kränze vom Baum des Herakles, die vielleicht auf das Haupt nie gesetzt wurden, während jene ersten provisorischen als Ehrenzeichen getragen wurden, vielleicht neben andern Kränzen und Binden, die von den Zuschauern gespendet werden[2]), wenn so noch eine allgemeine Preisvertheilung im Tempel folgte, so sollte diese offenbar eine religiöse Handlung sein, im Gegensatz zu jener ersten mehr weltlichen. An diese schlossen sich denn ja auch Opferhandlungen an, die namentlich für Olympia bezeugt sind. Dafs man sich die Handlung im Tempel anders zu denken hat als Bötticher sie gemalt hat, indem er natürlich geflissentlich die Gottheit in den Hintergrund drängt, versteht sich von selbst. Ich bemerke nur das eine, dafs sicherlich die ganze Vorstellung von der grofsen Tribüne mit dem Kranztische und den Sitzen für die Richter, in der Mitte des Tempels vor dem Götterbilde, so dafs alle Sitzenden diesem natürlich den Rücken zukehrten, unzulässig ist, weil Pausanias kein Wort von solcher Einrichtung sagt. Dieselbe wäre, da nach Bötticher die Kränzung der einzige Act war, welcher in diesen Festtempeln statt hatte, gewifs eine dauernde gewesen. Dann würde es auch unbegreiflich sein, dafs der Kranztisch zu Olympia nicht im Zeustempel, sondern im Heraion aufbewahrt wurde. War dagegen die Preisvertheilung eine religiöse Handlung, nur ein Theil der Haupthandlung, so kam der' Tisch,

---

[1]) Praef. l. IX. Ohne das Vorbild der Siegesverkündigungen hätten auch schwerlich andere Verkündigungen bei diesen Gelegenheiten stattgefunden, wie politische des Alexandros (Diod. 17, 109. 18, 8) Nero (Sueton Nero 24). Ebenso die Ehrenkränze im Theater, oder wie es heifst τραγῳδῶν τῷ ἀγῶνι Rangabé Ant. hell. 443; 446; 507, von Athen; von Amorgos 767; 446; 507; von Paros 770; von Eretria auch τῷ ἀγῶνι τῆς πυρρίχης. Zu Athen kommen solche Verkündigungen auch bei den Grofsen Panathenäen vor ἐν τῷ γυμνικῷ ἀγῶνι, womit das Stadion bezeichnet ist. Andoc. 1, 28. Demosth. de cor. 11, 6. Rangabé Ant. hell. 2285 ἐ]ν Παναθηναίων τῷ γυμνικῷ ἀγῶνι ὁ κῆρυξ λεγέτω und 849, σ]τέφανος χρυσοῦς ὅν . . . . . [Παναθηναίων τῶν με]γάλων τῷ γυμνικῷ ἀγῶνι.

[2]) Nicht richtig zählt Bötticher (S. oben S. 43, 3) auf Vasenbildern die Binden an einem und demselben Sieger, um die Zahl der Siege zu bestimmen.

von dem nur gesagt wird, dafs die Kränze auf ihm ausgestellt wurden — wie Bötticher annimmt vor dem Sitz der Hellanodiken im Agon — vielleicht gar nicht in den Tempel; sondern die Kränze wurden vom Altar oder dem stellvertretenden Opfertisch als Gaben des Gottes genommen. Oder wenn sie auf dem Tisch geblieben und in den Tempel gebracht waren, so mufste dieser, wenn hernach die für Tempel und Bild wichtigere Opferhandlung folgte, beseitigt werden.

So scheint mir dargethan, dafs religiöse, politische, agonistische Feste, speciell Grofse und Kleine Panathenäen sich nicht so scheiden lassen wie Bötticher will; dafs eine Kranzfeier ohne religiöse Bedeutung so unwahr ist wie ein cultloser Festtempel; dafs eine Kranzfeier und Preisvertheilung im Parthenon gar nicht, im Zeustempel kaum bewiesen ist; wenn sie aber doch in diesem und demnach auch in jenem als wahrscheinlich angenommen wird, ohne andern Gottesdienst auszuschliefsen, durch dieselbe den beiden Tempeln der Charakter der Heiligkeit nicht genommen, vielmehr jenem Actus durch das Lokal der Stempel der Heiligkeit aufgedrückt wird.

Nachdem wir Böttichers positive Aufstellungen beseitigt haben, sehen wir uns seine Verneinungen an.

III. Kein Cultus im Parthenon und Zeustempel?

Es sind durchweg dieselben Mängel oder Eigenschaften, die Bötticher an beiden Tempeln entdeckt haben will, und deren wegen er ihnen Cultusweihe abspricht.

Ohne Brandopferaltar vor der Cella, sagt er, ohne Speiseopfertisch in derselben, ohne priesterliches Personal und ohne Asylrecht seien beide aufser an den Tagen der Kranzfeier beständig geschlossen gewesen, die Bilder ohne Heiligkeit, schon um des kostbaren Stoffes willen[1]), nur Schatzstücke. Die Gröfse und Pracht und die Weihung aus Beutegeldern sei unvereinbar mit der Cultusweihe des Bildes und des Tempels[2]), beim Parthenon

---

[1]) Ph. 17, 579.
[2]) T. IV, 103. E. V, 5. Ph. 17, 582.

auch der dorische Styl für eine attisch-ionische Stammesgöttin unpassend.

Aus Beutegeld geweiht, also nach Bötticher ein Votivtempel, war der Zeustempel gewifs, vielleicht auch der Parthenon[1]), sollten sie darum keinen Cultus gehabt haben? Wer begreift den Grund? Das grofse Erzbild der Athena Promachos auf derselben Akropolis aus der marathonischen Siegesbeute geweiht, wie es heifst, war kein Cultbild, sondern nur ein Anathema, ἀριστεῖον oder ἀπαρχή genannt. Darum, weil auch aus Beutegeld geweiht, soll auch die Parthenos nur ein Aristeion ein Siegesmal[2]) sein. Sehen wir doch eben, auf wie verschiedene Weise die Griechen den Göttern für Beistand dankten, sei es nach gethanem Gelübde, sei es ohne solches.

Dafs Aristoteles alle Opfer und Feste aus Darbringung der Erstlinge (ἀπαρχή) des Erntesegens herleitet, sei nur als seine Meinung angeführt. Voran unter den faktischen Dankbezeugungen mögen die einfachen Weihgeschenke stehn, die Bötticher als einzig mögliche Form der Votivgabe anzunehmen scheint, Statuen von Göttern, Menschen, auch Thieren, z. B. Rossen für einen Sieg im Wettkampf, Waffen, Trophäen und andres. Zweitens werden gelobt und dargebracht Opfer schon bei Homer nicht selten, und den Uebergang von jener zu diesen Klasse bildet z. B. das Weihgeschenk der Orneaten (Paus. 10, 18, 4). Für Errettung aus Kriegesnoth hatten dieselben, wie es heifst, dem Apollo zu Delphi täglich eine Opferprocession zu senden gelobt. Als dann aber die wörtliche Erfüllung des Gelübdes zu kostspielig wurde, schenkten sie eine in Erz nachgebildete Opferpompe. Mag dies aus dem Weihgeschenk herausgedichtet sein, das Weihgeschenk in der Gestalt des Opfers ist in der That ein verewigtes Opfer[3]).

Mit der Gröfse der Gnade steigt auch die Dankbarkeit, und statt einmaligen Opfers weiht man aus reicheren Mitteln, zugleich ein Gedenkfest eigener Thaten stiftend, ein regelmäfsig, sei's jährlich, sei's in längeren Perioden wiederkehrendes Opfer mit einer

---

[1]) Demosth. Androt. 13. Michaelis stellt es in Abrede 9, 23.
[2]) Phil. 17, 582.
[3]) Für die Heiligung des Zehnten sind die Ausdrücke δεκάτην ἀποθύειν charakteristisch, Xen. Hell. 3, 3, 1. 4, 3, 21. Auch heifst es ja, dafs die Gottheit den Zehnten als ihr Eigenthum forderte, Paus. 10, 11, 3. Herod. 8, 122. Vgl. auch die Erklärung des sprichwörtlichen τὴν Συρακουσίων δεκάτην.

besonderen Opferstätte. Die Boedromien sollte Theseus für die Besiegung der Amazonen eingesetzt haben. Bellerophon weiht der Athena für Rath im Traume eingegeben einen Altar; einen Altar derselben Göttin auch die Athener für die rasch verbreitete Kunde des Sieges am Eurymedon; derselben einen Altar Orestes für seine Lossprechung auf dem Areopog zu Athen. Die olympische Feier hatte Herakles für seinen Sieg[1]) über Kteatos und Eurytos gestiftet, und ebenda hatte Hippodameia die Heraia, den Agon mit Peplos, Chören, Opfern zum Dank für die Ehe mit Pelops eingesetzt. Zum Altar noch das Bild weihten die Hellenen für den platäischen Sieg dem Zeus dem Befreier mit fünfjährigem Agon, bei welchem vor dem Altare, also auch vor dem Antlitze des Bildes, gelaufen wurde; in mythischer Zeit Kadmos für Hülfe gegen die Sparten der Athena Bild und Altar[2]).

Von diesem Votivaltar mit Bild und Cult ist ja nur ein Schritt zum Tempel, und solche giebt es aus historischen Zeiten viele, und mehr noch mythische Beispiele[3]), aus allen Theilen von Hellas, den verschiedensten Göttern, für die verschiedensten Arten der Hülfleistung gestiftet. Ob diese Hülfleistung sogleich auch die Mittel zur Gründung gewährt durch einen beutereichen Sieg, oder ob sie sonst dem Begnadeten so viel werth war, dafs er von seinem vorhandenen Gute nimmt, kann keinen Unterschied in der Heiligkeit machen. Den von Tyndareos begonnenen Tempel der Athena Chalkioikos bauten aus Beutegeldern die Dioskuren weiter (Paus. 3, 17, 2). Auch das kann ferner nichts ausmachen, dafs meistens nur der Sieg, nicht die Beute genannt wird. Also gehören hierher das Hieron zwischen Pellene und Pheneos von Herakles für die Eroberung von Elis gegründet, P. 8, 15, 2, des Epopeus Siegesopfer und Tempel zu Athena's Zufriedenheit gebaut, P. 2, 5, 12, die Hiera der Astrateia Artemis und des Apollon Amazonios bei Maleia für Beistand gegen die Amazonen, P. 3, 25, 2, in Kelenderis ein Tempel des Ares für Theseus' Sieg über die Amazonen, P. 2, 32, ein andrer der Artemis Soteira für desselben

---

[1]) Pind. ol. 3, 2. Ὀλυμπιάδα δ᾽ ἔστασεν Ἡρακλέης ἀκρόθινα πολέμου. Schol. ὅλον τὰ λάφυρα τοῦ πολέμου καὶ τὰ ἀπάργματα ἔθυσεν ὁ Ἡρακλῆς.

[2]) Schol. Eur. Phoen. 1062.

[3]) Einige der angeführten finden sich jetzt bei Overbeck, Ant. Schriftq. 227 ff., unter einem andern Gesichtspunkt zusammengestellt.

Besiegung des Asterion, P. 2, 31, 1, wie der Tempel des Apollon Lykeios von Danaos für den Sieg über Gelanor, P. 2, 19, 3. Hieran schliefst sich die von Diomedes gestiftete Athena Oxyderkes P. 2, 24, 2, die ihm im Kampfe das Dunkel von den Augen nahm, und die Athena Asia von den Dioskuren für glückliche Heimkehr von der Argofahrt, P. 3, 24, 5; und wie will man ferner Stiftungen für Hülfe in anderen Kämpfen davon scheiden, wie den Tempel des Apollon Agraios, von Pelops' Sohn Alkathoos geweiht für Erlegung des kithaironischen Löwen, P. 1, 41, 4. Für Befreiung von Wölfen sollte ein uraltes Hieron des Apollon zu Sikyon gegründet sein, und eine Artemis Lykeia, P. 2, 31, 6, hatte Hippolytos für Glück auf der Wolfsjagd gestiftet.

Nur die Form des Kampfes ist verändert bei Hypermestras Gründung der Peitho, P. 2, 21. Anderswo war die gnädige Gottheit selber zuvor der Feind, und hat sich also gewissermafsen selber bezwungen. So bauten die durch Gebet der Leto erretteten Kinder der Niobe jener einen Tempel in Argos, P. 2, 21, 10; so zu Athen nach dem Ende der Fluth Deukalion das Olympieion, P. 1, 18, 8, eben an der Stätte, wo sich das Wasser sollte verlaufen haben; dagegen für das Ende der Dürre Aiakos das Panhellenion auf Aigina, P. 2, 30, 4. Ein Heiligthum der Eumeniden von Orestes zu Keryneia sollte doch gewifs für seine Erlösung gestiftet sein, P. 7, 25, 4. Derselben Art ist zu Argos der Tempel des Poseidon Prosklystios, P. 2, 22, 4, für den Abzug des Wassers und die Stiftung des Poseidon Phytalmios zu Troizen, P. 2, 32, 7, dessen Zorn durch Opfer gewandt war.

Oder statt der feindlichen Wesen ist es eine unversöhnliche Gefahr, aus der der Gott errettet. Aus Sturm errettet, hatte Diomedes der Athena Anemotis einen Cult gegründet in Mothone, P. 4, 35, 5; derselbe für gleiche Wohlthat dem Apollon Epibaterios in Troizen einen Tempel, P. 2, 32, 2. Ein Schnitzbild des Dionysos mit Cultus in einer Höhle hatten von Troja heimkehrende Achaier gegründet, P. 2, 23, 1, die sich durch ein Wunder vom Hungertode errettet gesehn hatten. Für Heilung hatte Pan Lyterios ein Hieron in Troizen erhalten, P. 2, 32, 5, wie ein Tempel des Asklepios Kotyleus am gleichnamigen Flufs in Lakonien von Herakles gestiftet sein sollte für Heilung von einer Wunde, P. 3, 19, 7. Wie diese für Abwendung eines Uebels, so dankten andre Gründungen angeblich für Erreichung eines gewünschten Zieles, so ein Heiligthum der Artemis und Bild des Poseidon Hippios von Odysseus gegründet da wo er die verlorenen Rosse fand, P. 8, 14, 4; von Alexandros ein Heiligthum der Aphrodite Migonitis wo er mit Helena sich verbunden, P. 3, 22, 1, und wo diese nach ihrer Rückkehr von Aphidna die Iphigeneia gebar, gründete sie ein Heiligthum, P. 2, 22, 7. Wo Theseus die Helena gewonnen hatte, setzte er die Aphrodite Nymphia ein, P. 2, 32, 7, wie Aithra die Athena Apaturia, da sie sich mit Poseidon verbunden hatte, P. 2, 33, 1 [1]).

Dank also für jegliche Art göttlichen Beistandes, den die Hellenen sich ja auch in späterer Zeit unmittelbar eingreifend dachten, führte nach den Tempellegenden schon in ältesten Zeiten zu Culten, ganz analog den Beispielen halbmythischer und historischer Zeit, von den Herakleiden [2]), Lykurgos [3]), Solon [4]) abwärts. Unter den zahlreichen Beispielen Weihungen für Sieg oder andre Gnade, diese mit, jene ohne Cultus, zu scheiden, ist unmöglich. Wie die Stiftung eines Tempels der Demeter von den Argeiern, sogar auf Geheifs des Orakels, wie die des Ammon von Lysandros, die vielen aus den Perserkriegen mehr oder weniger glaubwürdig hergeleiteten, z. B. der Artemis Eukleia zu Athen, P. 1, 14, 4, der Soteira zu Megara, P. 1, 40, 2, wie den von Xenophon aus Beutegeld geweihten Tempel der Ephesischen Artemis, dessen Cultus aus des Gründers eigenen Angaben, Anab. 5, 3, unzweifelhaft ist, werden wir auch den Tempel der Athena Areia zu Plataiai, den Parthenon und den Zeustempel zu Olympia darum nicht anfechten dürfen [5]).

Die Asylie wird ihnen zwar nicht ausdrücklich beigelegt, aber noch weniger ihnen abgesprochen. Also ist die Asylie im weiteren Sinne [6]) auch bei ihnen selbstverständlich, und wenn eine specielle Asylie, wie Pausanias sie an einzelnen Heiligthümern besonders

---

[1]) Diese nur aus einigen Büchern zusammengestellten Beispiele sind gewifs mehr als ausreichend.
[2]) Paus. 3, 12, 7 Zeus Tropaios nach Besiegung der Achaier.
[3]) Paus. 3, 18, 1. Schol. Apoll. Rhod. 1, 164.
[4]) Plut. Solon 9.
[5]) Dafs bei Lucian de morte Peregrini 19 Peregrinus gerettet wird, da er an's Bild des Zeus geflohen, mache ich nicht geltend; eher, was Diodoros sagt Fr. ol. CLXXIII, 3, über Sulla πλεῖστα δὲ ἔλαβεν ἐξ Ὀλυμπίας διὰ τὸ μεμνηκέναι τὸ ἱερὸν τοῦτο ἄσυλον ἐξ αἰώνος.
[6]) Schoemann, Gr. Alterth. II, 201.

hervorhebt, wie sie vielleicht beim Poliastempel war, beim Parthenon nicht war, so hört er damit nicht auf Culttempel zu sein, Oder aus der Flucht des spartanischen Königs Pausanias II zur Athena Alea, seines Vaters Pleistoanax zum Zeus Lykaios wäre zu folgern, dafs Sparta keine Asyle, also keinen Culttempel gehabt hätte. Was Altar und Tisch anlangt, so ist deren Nichtvorhandensein im Parthenon und Zeustempel für Bötticher bald[1]) Voraussetzung und Beweis für die Cultlosigkeit, bald wird umgekehrt aus der Cultlosigkeit das Fehlen des Altars gefolgert, woraus am besten erhellt, was es mit beidem auf sich hat. Geltend zu machen, dafs keine Spur des Altars vor dem Tempel zu finden ist, wäre lächerlich, da Bötticher, Bericht S. 64, versichert, dafs das Planum vor der Ostfront, auf welchem der Altar seinen Platz hätte haben müssen, wahrscheinlich eine Marmorbekleidung gehabt habe, mit welcher jede Spur einer Gründung auf ihr verschwunden sei. Innerhalb der Cella befindet sich ja gegenüber dem Standort der Parthenos unter dem Hypaithron jenes Viereck von Tuffpflaster, dem es niemand ansieht, ob eine Tribüne für Preisrichter, oder ein altarähnlicher Opfertisch darauf gestanden hat. Für den Zeustempel ist jedenfalls ein Altar drinnen bezeugt[2]) von Pausanias 5, 14, 5. Ob dieses der Brandopferaltar, oder nur ein Speiseopfertisch war, und noch ein Altar draufsen aufserdem anzusetzen sei, will ich nicht entscheiden. Mit Hermann, Hypaithraltempel S. 22, leugnen auch Bötticher, Ph. 17, 388. T. IV, 35, und Schömann, Gr. Alt. II S. 187, die Möglichkeit eines eigentlichen Altars im Tempel mit Berufung auf eine Stelle des Aischylos, Suppl. 489, und auf die Vorschrift des Vitruvius 4, 9; aber aus Pausanias' Angaben ergiebt sich mehrmals ein Feueraltar drinnen[3]) mit völliger

---

[1]) E. I II ist der Mangel des Altars und andern Cultapparates (?) Ausgangspunkt der Beweisführung. Anders Ph. 18, 401.

[2]) Der Text ist sicher und Böttichers Protest E. V, 4 vergeblich. Den Tempel nach dem grofsen Altar des Zeus zu orientieren, war wohl unmöglich, also erhielt der Tempel seinen eigenen. Bötticher E, V, 2 schliefst dagegen so: nicht nach dem Altar orientiert, also hatte er keinen Altar.

[3]) Im Isisheiligthum, nahe Tithorea, Paus. 10, 32, 9, wird ausdrücklich unterschieden περίβολος und ἄδυτον. In diesem ist der Scheiterhaufen, und werden in dasselbe die Opferthiere gebracht. Ebenso ist's mit dem Megaron der Kureten in Messene, 4. 31, 7, und unzweifelhaft ist die Schlachtung und Opferung der Rinder im Tempel der Demeter Chthonia bei Hermion 2, 35, 4.

Gewifsheit, und danach kann man sein Schweigen anderswo vielleicht eher für als gegen einen Altar drinnen auslegen. Doch gleichviel, ob drinnen oder draufsen, einen Brandopferaltar hat der Zeustempel jedenfalls gehabt. Dio Chrysostomos sagt in seiner zwölften Rede[1]), welche er in der Festversammlung zu Olympia selbst zu halten fingiert, dafs das Bild des Pheidias nicht nur Menschen mit Ehrfurcht erfüllen könnte, sondern auch unvernünftige Thiere, wenn sie es nur ansehen könnten, auch die Stiere, die immer zu diesem Altare geführt würden, so sehr, dafs sie willig dem Opfertode sich hingeben würden. Wie er, so kennt auch Lucian Opfer vor dem Bilde des Pheidias dargebracht[2]). Ja, aus viel früherer Zeit wird uns eine bestimmte Opferung bezeugt. Als im Jahre 167 v. Chr. Aemilius Paulus auf seiner Rundreise durch Griechenland nach Olympia gekommen war, da sah er auch den Zeus des Pheidias, und wurde von dem Anblick so ergriffen, dafs er, als wäre er auf dem Capitol, ein reicheres Opfer brachte, als Sitte war[3]). Da wird man wohl bei 'solito' die olympische Sitte, nicht die des Paulus verstehen müssen. Die Hauptsache ist das Opfer vor dem Bilde. Suetonius ferner

---

Beiläufig erwähnt er, 1, 16, 1, den Brand auf einem Altar, nahe dem Bilde eines Zeustempels in Pella, und brennende Scheite auf einem Aschaltar eines οἴκημα zu Hierokaisareia 5, 27, 3. Im Erechtheion sah er drei Altäre 1, 26, 6, im Tempel der Artemis Soteira zu Troizen Altäre der unterirdischen Götter 2, 31, 2. Im Hieron der Hestia in Hermion 2, 35, 2 war der Altar statt eines Bildes, also doch gewifs mit Feuer. Wahrscheinlich hierher gehören der Tempel der Eileithyia in Elis 6, 20, 2, des Dionysos in Bryseai 3, 20, 4, der Erinnyen bei Sikyon 2, 11. Für Delphi vgl. Eur. Androm. 1111 ff., Jon. 226. An Altäre in Tempeln zu denken nöthigt auch Pherekrates Tyr. 2, wie dazu Meineke bemerkt. — Für diese Ansicht spricht sich auch Schubart, Neue Jahrb. f. Ph. u. P. 1872, S. 173 aus. Altäre mit brennendem Feuer in Tempeln s. auf dem Relief Mon. J. d. J. V, Tf. VII.

[1]) S. 229 (Dindorf) τῷ γὰρ ὄντι καὶ τὴν ἄλογον ἂν ἐκπλήξειε τοῦτό (das Bild) γε τῶν ζῴων φύσιν, εἰ δύναιντο προσιδεῖν μόνον ταύρων τε τῶν ἀεὶ πρὸς τόνδε τὸν βωμὸν ἀγομένων, ὡς ἑκόντας ὑπέχειν τοῖς καταρχομένοις. Ueber den Cultus und Opfer vgl. noch S. 232, 26. 240, 10.

[2]) De sacrif. 12 τὸν Κρόνου καὶ 'Ρέας ἐς τὴν γῆν ὑπὸ Φειδίου μετῳκισμένον καὶ τὴν Πισαίων ἐρημίαν ἐπισκοπεῖν κεκελευσμένον ἀγαπῶντα, εἰ διὰ πέντε ὅλων ἐτῶν θύσει τις αὐτῷ πάρεργον 'Ολυμπίων.

[3]) Liv. 45, 28. In Athen scheint er der Athena Polias geopfert zu haben, wenigstens sieht das praesidi arcis, wie nicht minder das in urbe, ganz aus wie übersetzt aus πολιάδι und ἐν πόλει. S. Nissen Krit. Untersuch. S. 276.

erzählt unter den Vorzeichen der Ermordung des Kaisers Caligula, dafs die Arbeiter, welche auf des Kaisers Geheifs die Statue des Zeus auseinandernehmen wollten für den Transport nach Rom, durch ein gewaltiges Gelächter des Bildes erschreckt geflohen seien[1]), und zur selben Zeit ein gewisser Cassius gekommen sei, um zufolge eines Traumes einen Stier zu opfern[2]).
Opferdampfenden Altar beim Tempel der Pallas auf dem Scheitel der Akropolis neben einem Avernum nennt Lucretius[3]), und dafs dieser Tempel der Parthenon sei, zeigt Philostratos, der das Wunder des Avernum oder Aornosfelsens in oder vor den Parthenon versetzt[4]).
Aus später Zeit, dem Jahre 375 nach Chr., hören wir, dafs Nestorios neben der Parthenos den Heros Achilleus aufstellte und, wie diesem die neu zuerkannten Ehren, so der Göttin die hergebrachten erwies τελῶν δὲ τῇ θεῷ τὰ συνήθη[5]). Aber nicht dies allein, sondern auch schon die Aufstellung des Heroen neben der Göttin spricht für den Cultustempel, wie die des Arimnestos in dem Tempel der Athena Areia in Plataiai zu den Füfsen der Göttin, Paus. 9, 4, 1. Denn da diese Vereinigung des kleinen Menschenbildes mit dem colossalen der Gottheit nicht unter einen künstlerischen Gesichtspunkt fällt, wie die Vereinigung von Göttern,

---

[1]) Calig. 57.
[2]) Die Stellen, wo es nur heifst, dafs dem Zeus Olympios geopfert sei zu Olympia, wie z. B. Xenoph. Hellen. 3, 2, 22; 26, mache ich natürlich nicht geltend, weil hier nicht nothwendig an den Tempel zu denken ist. Welches Bild ἕδος und Tisch Dinarch. c. Phil. 2 zu denken sei, ist dunkel.
[3]) 6, 749. Philostr. Vit. Apoll. II, 10. Vgl. die oben S. 41 f. angeführten Reliefs. Dafs der in jener Panathenäeninschrift, Rang. 814, 19, genannte βωμὸς ὁ μέγας vor dem Parthenon gestanden, nimmt mit Beulé auch Mommsen, Heort. 195***, an. Anders wohl mit Recht Bötticher Ph. 18, 416. Jahn de ant. Min. sim. att. p. 15.
[4]) Vgl. Stark, Ph. 16, 104. Was gegen diesen Bötticher, Ph. 18, 2 und 414, eingewandt hat, ist mir völlig unverständlich. Ob man die Erklärung des Lucretius billige, oder durch die von Jahn Pausan. arc. Ath. descr. S. 11 verglichene Stelle des Ausonius, Mos. 310, sich zu weiteren Combinationen treiben läfst (wie Michaelis, S. 271, 1), dadurch unerschüttert bleibt die Angabe von Altar und Opfer im oder vor dem Parthenon. Vgl. das ähnliche Wunder beim olympischen Altar, Paus. 5, 14, 1.
[5]) Zosimus 4, 18. Wie später Basilius der an die Stelle der Parthenos getretenen 'Mutter Gottes' für Sieg Dankesfeier und Gaben weiht. Mommsen, Athenae Christianae, S. 35.

Heroen und Sterblichen in einer Gruppe, z. B. des Apollon, der Athena, des Miltiades und der athenischen Stammesheroen in der Gruppe des Pheidias, so bleibt nur das religiöse Motiv den Sterblichen, freilich untergeordnet, an den Ehren der Gottheit Theil nehmen zu lassen[1]). So hatten die Spartaner auf Geheifs des delphischen Gottes neben den Altar der Athena Chalkioikos, P. 3, 17, 7, zwei Bilder des Pausanias gestellt, und vor den Bildern der Grofsen Göttinnen in Megalopolis sah man zwei Jungfrauen, den Schurz voll Blumen, welche für Töchter des Bildhauers Damophon ausgegeben wurden, P. 8, 31, 1, wie in Tegea neben dem Tempelbilde des Apollon der Meister Cheirisophos stand, P. 8, 53, 3, Aristeas von Prokonnesos neben dem Apollon in Metapont (Herod. 4, 15), Astylos neben der Lakinischen Hera (Paus. 6, 13, 1), Telesilla vor dem ἕδος der Aphrodite (P. 2, 20, 7), Epaminondas neben den übrigen Göttern im Hierothysion von Theben (P. 9, 15, 6), und εἰκονικαὶ πίνακες neben dem ἄγαλμα τοῦ θεοῦ geweiht nach der Inschrift bei Rangabé ant. hellén. II, 776, wie schon bei Aischylos (Suppl. 463) die Sitte, dafs Schiffbrüchige Votivbilder an die Götterbilder hängten, erwähnt wird[2]).

Da ferner auch Weihgeschenke vorzüglich in die Heiligthümer gestellt werden, so können wir auch die von Pausanias im Parthenon und dem Zeustempel aufgezählten Bildnisse römischer Kaiser und andrer Männer[3]) für die Heiligkeit des Tempels und ihrer

---

[1]) Bötticher, T. IV, 205, 247, meint, man würde nicht eine solche Person wie Arimnestos zum Opfergenossen der Gottheit gemacht haben, darum könnte der Tempel der Athena Areia kein Culttempel sein; für einen Festtempel dagegen (S. 282) sei es keine Entweihung. Auch die Bilder des Heliodor und Themistokles dort sind ihm anstöfsig. Anders ib. p. 26, wo er jene Aufstellung des Arimnestos als eine Apotheose aus Pietät erklärt. Vgl. Paus. 9, 23, 2 (Πίνδαρον) ἐς πλέον δόξης ἦρεν ἡ Πυθία ἀνειποῦσα Δελφοῖς ὁπόσων ἀπήρχοντο τῷ Ἀπόλλωνι μοῖραν καὶ Πινδάρῳ τὴν ἴσην ἁπάντων νέμειν. Vgl. Plato Sympos. 209, e.

[2]) Dabei sind die nur in den Tempel, nicht neben das Tempelbild, gestellten Bilder Sterblicher noch unerwähnt gelassen, wie Amasis' zwei Bilder im samischen Heraion, Herod. 2, 182; Themistokles' εἰκόνιον im Tempel der Artemis Aristobule; Gelon im Tempel der Sicilischen Hera, Aelian v. h. 6, 11; Ladas im Tempel des Zeus Lykios, Paus. 2, 19, 6; Xenophilos und Straton im Asklepiostempel zu Argos, P. 2, 23, 4; Gorgias zu Delphi, P. 10, 18, 7 und Plin. h. n. 33, 83.

[3]) Bötticher, Tekt. IV, 282, stellt diese, selbst die Gemälde des Helio-

Bilder geltend machen, sowie auch die andern Dinge, z. B. dort die Schilde des Alexandros[1]), hier den purpurnen Vorhang des Antiochos, die goldenen Kränze des Nero und den Thron des Arimnestos, von welchem Pausanias bemerkt, dafs er von Barbaren zuerst den Zeus in Olympia mit einem Anathema beschenkt habe[2]). Eine goldene Schale, zur Weihesprengung gleich vorn in der Vorhalle des Parthenon und ein silbernes Weihwasserbecken am Eingange der Cella des Hekatompedos[3]), welche beide als ungewogen, also vermuthlich unverrückbar die Inventarlisten der Schatzmeister der Göttin von Anfang an aufzählen, mufs jeder Unbefangene als Cultgeräthe und Zeugen der Heiligkeit des Ortes nehmen, an dem sie sich befinden[4]).

Für den Zeustempel ist freilich das Weihgefäfs nicht bezeugt, wohl aber das Verbot, unrein einzutreten, denn wer an dem Opfermahl des Heroen Pelops Theil genommen hatte, der durfte nicht sogleich zum Zeus hineingehn[5]).

Auch durch Naturmale erhalten beide Tempel besondre Heiligkeit, denn der Aornosspalt war, das zeigt sowohl Philostratos wie Lucretius, nach griechischer Auslegung ein Wunderzeichen, ähnlich denen die des Erechtheion einschlofs, und im Zeustempel grad vor dem Bilde bezeichnete eine eherne Hydria die Stelle, wo Zeus

---

doros und Themistokles und die Siegerbilder der Altis, mit jenem des Arimnestos auf eine Stufe.

[1]) 300 Rüstungen τῇ Ἀθηνᾷ ἐν πόλει zu den Grofsen Panathenäen, Arrian 1, 16.

[2]) Paus. 5, 12, 3.

[3]) Sowohl den Platz beider, als dafs sie nicht gewogen wurden, macht Stark geltend, Ph. 16, 102. Pollux 1, 8 εἴη δ' ἂν ὁ μὲν εἴσω περιρραντηρίων τόπος ἔνθεος, ἱερός, καθιερωμένος, ὁ δ' ἔξω βέβηλος. Aus deren Vorhandensein ist doch mindestens mit demselben Recht zu schliefsen, wie aus jener τράπεζα.

[4]) Bötticher liefs T. IV, 250, da er noch das Dankopfer der panathenäischen Sieger in den Parthenon verlegte (S. 237 und 243) die Kränze der Sieger darin weihen; darnach E. liefs er sie zu Cultverrichtungen anderswohin holen; endlich Phil. 19, 37 ff. dienen sie höchstens bei den Staatsopfern, die für ihn ja nicht zum Cult gehören. E. II, 4 leugnet er, dafs aus der Schale und dem Becken etwas zu folgern sei, weil sich da auch eine silberne Lampe befände, 'welche eine noch viel weiter greifende Anspielung auf eine Cultstätte zuliefse.' (!)

[5]) So hat Stark mit Recht die Worte des Paus. 5, 13, 2 ausgelegt. Man vergleiche die Anführung eines ähnlichen Verbotes in Pergamon ἔστι γὰρ δὴ οὐδὲ τούτοις ἀναβῆναι πρὸ λουτροῦ παρὰ τὸν Ἀσκληπιόν.

seinen Blitz hinabgesandt hatte, Paus. 5, 11, 4. Ob auch hier, wie neben dem grofsen Altar des Zeus Olympios ein Blitzmal gewesen, oder nur bei der Gründung der neuen Cultstätte des Olympios auch das Blitzmal mit übertragen wurde, bleibt sich ziemlich gleich [1]). Die lebendige Sage hatte weiter gedichtet, dafs Pheidias nach Vollendung des Bildes den Gott um ein Zeichen seiner Zufriedenheit gebeten habe, und da sei alsbald, der Mittelraum der Cella war ja unter freiem Himmel, der Strahl niedergefahren: ein Wunder sicher nicht schlechter, als einige andre, die Bötticher als Beweise besonderer Heiligkeit für andere Tempel und Bilder anführt, während er dies nicht rechnet [2]).

Selbstverständlich können dem Tempel mit Altar und Cultus auch Priester nicht gefehlt haben [3]). Genannt werden uns allerdings meistens nur die ταμίαι τῆς θεοῦ, welche vorzugsweise den Schatz verwalteten und im Opisthodomos ihr Reich hatten [4]). Aber dafs sie, wenn man eben mit Bötticher Religiöses und Politisches scheidet, nicht rein politische Beamte sind [5]), zeigt schon der Zusatz τῆς θεοῦ, zeigt auch, was Demosthenes als ihres Amtes angiebt [6]), die Heiligthümer zu betreten, heiliges Geräth zu berühren, und Vorsteher zu sein der Besorgungen für die Götter. Pindaros, sicher ausgehend von der Auffassung des Tempels als Gotteshauses und des Opfers als des Gottesmahles, nennt Ol. 6, 5 den Olympioniken, der an dem alten Orakelaltar des Zeus in Olympia opfert, einen ταμίας Διός [7]). Hörten wir von anderen priesterlichen Be-

---

[1]) Curtius, Pelop. II, 110, 55. Stark, Ph. 16, 110.

[2]) Z. B. Paus. 2, 6, 2 wird Ph. 18, 587 als Beweis, dafs der Tempel vom Numen erfüllt sei, angeführt; diese Geschichte unterscheidet sich aber von derjenigen über den Zeus nur dadurch, dafs das Gnadenzeichen hier Oel, dort der Blitz ist.

[3]) Die θεοτόκος der christlichen Zeit hat unter ihren Dienern auch einen σκευοφυλαξ sowie einen οἰκονόμος, Mommsen, Athenae christianae, S. 39.

[4]) Dafs sie den ganzen Tempel verschlossen gehalten, wie Bötticher meint, T. IV. 70; E. II, 5; Ph. 19, 30, sagt die Inschrift bei Boeckh, Staatshaush. II, S. 54, nicht, sondern spricht nur vom Opisthodom. S. Stark, Ph. 16, 101.

[5]) Bötticher, Ph. 18, 2. 17, 579; 581.

[6]) c. Androt. Schlufs τὸν εἰς ἱερὰ εἰσιόντα καὶ χερνίβων καὶ κανῶν ἁψόμενον καὶ τῆς πρὸς τοὺς θεοὺς ἐπιμελείας προστάτην ἐσόμενον.

[7]) Auf Keos soll der ταμίας mit den Probulen und dem Herold nach

amten gar nichts, so dürften wir sie darum doch nicht leugnen[1]); aber hier haben wir sogar Bild und Namen. Am Fries des Parthenon sehn wir vorn in der auch von Bötticher auf den Parthenon selbst bezogenen Darstellung einen Mann und eine Frau in öffentlicher Thätigkeit. Solche gab es aber für Frauen nur im Gottesdienst, so dafs wir hier eine Priesterin erkennen müssen, was die specielle Erklärung bestätigen wird, wobei noch dahin gestellt sein mag, ob es dieselbe Priesterin ist, die der Athena Polias dient. Eine Priesterin gar mit dem üblichen Abzeichen ihrer Würde, dem Schlüssel, neben dem Bilde der Parthenos glaube ich auf jenem von Bötticher mifsverstandenen Relief zu sehn[2]), und in der Inschrift eines Weihgeschenks nennt sich als Schenkerin Nossis, des Theokles Tochter und der Bitto, die der Parthenos Athena Priesterin war[3]). In einer andern, wie Rangabé angiebt[4]), 1839 neben dem Parthenon gefundenen Inschrift nennt sich eine Person, ob Mann, ob Frau, ist ungewifs, 'die das erhabene Schicksal in den allerschönsten Tempel der reinen Pallas geführt, und die diesen (offenbar vorher angegebenen) nicht ruhmlosen Dienst der Göttin verrichtet'. Da ist sowohl der Parthenon, als auch eine gottesdienstliche Verrichtung, wenn nicht gar wegen des Anfangs ein längerer priesterlicher Dienst, mit ziemlicher Sicherheit zu erkennen.

---

den Opferthieren sehen, das Fleisch wägen und τῶν ἱερῶν προίστασθαι, Rangabé I, 821, 14.

[1]) Wie Bötticher E. V, Ph. 18, 2 die Tamiai für die einzigen Functionäre erklärt.

[2]) Darüber s. oben S. 42.

[3]) Rangabé II, 1014, nach Pittakis vor den Propyläen gefunden, was Boeckh, C. I. II, S. 456, bezweifelt. Vgl. Keil, Philologus, zweiter Supplementband 1862 S. 551. Auch Schoemann, Gr. Alt. II, 198 n. 1, erklärt Nofsis für eine Priesterin der Parthenos. Charakteristisch ist wieder Böttichers Behandlung, Ph. 17, 395. Michaelis, S. 28, 89, erklärt die Inschrift für halikarnasisch.

[4]) Rangabé, II, 1009, mit der Bemerkung: je suis presque tenté de croire que c'est un devin qui consacre un monument σεμνὴ δέ με Μοῖρα
    ἦγα]γεν εἰς ναὸν περικαλλέ
    α] Παλλάδος ἁγνῆς
    καί] πόνον οὐκ ἀκλεᾶ τόνδε
    ἐλάτρευσα θεῷ.
Aus den ersten Worten erhellt wohl, dafs das Monument eine Statue war. Ueber ἁγνῆς vgl. Welcker, Gr. Götterl. I, 315.

Wie zugänglich der Parthenon gewesen sei[1]), darüber fehlen uns die nöthigen Angaben. In den zwei Plautusstellen[2]), die seltenen Besuch der Stadt nur um des Peplos willen erwähnen, wird der Tempel und sein Bild nicht mitgenannt, aus der dritten (s. oben S. 31, 4) geht nur das hervor, dafs der Tempel nicht jederzeit jedem offen stand[3]), ob er aber nur an einigen Tagen des Jahres, oder an einigen Stunden des Tages geöffnet war, ist nicht daraus zu entnehmen. Stünde aber auch fest, dafs er nur jedes vierte Jahr, am Grofsen Panathenäenfeste, geöffnet wäre, so wäre das kein Beweis gegen seine Heiligkeit, da viele altheilige Cultusstätten nur selten oder einmal jährlich geöffnet wurden[4]). Dafs für gewöhnlich die grofsen Goldelfenbeincolosse, so auch die Parthenos abgerüstet gewesen seien, auch die Siegesgöttin von ihrer Hand genommen sei, ist Böttichers Erfindung. Für die von Pausanias beschriebenen genügt seine Beschreibung der vollständigen Bilder ohne Erwähnung, dafs sie in der Regel anders aussähen[5]).

Auch was wir von den Bildern im Parthenon, wie im Zeus-

---

[1]) E, II, S. 5. 'Die Gitter des Parthenon widersprechen dem Culttempel mit seinem stets offenen Pronaos.'

[2]) Merc. 1, 1, 66. Bacch 4, 3, 58.

[3]) Wohl zu beachten ist auch der Unterschied, ob ein Tempel für jeden neugierigen Besucher offen war, oder nur für Opfernde. Eur. Jon. 219 ff.

[4]) Vgl. Thuc. 2, 17. Das ist aber gewifs nicht immer von absoluter Unzugänglichkeit zu verstehn, sondern nur für neugierige Besucher, wie die Bacchis eine ist bei Plautus. Für die, d. h. die Menge, standen viele Tempel nur an den Hauptfesten offen, wenn das Opfer für den Staat gebracht wurde. Gewifs aber durften Privatleute auch zu anderen Zeiten Opfer bringen und Zutritt in den Tempel erhalten, wenn auch die Opferung selbst von den Priestern besorgt wurde. Aristoph. Lys. 176. In den Tempel der Athena Poliatis, der neben dem der Alea veraltet scheint, ging auch der Priester nur einmal jährlich, Paus. 8, 47, 4. Auch von dem schwer zu erreichenden Heiligthum der Eurynome sagt Pausanias 8, 41, 4, dafs es nur einmal im Jahre geöffnet werde, und dafs dann öffentlich und privatim geopfert werde. Bei der Demeter von Phigalia stellt er aber deutlich dem jährlichen öffentlichen das jederzeit mögliche von Privatleuten entgegen, 8, 42, 5. So könnte es auch bei dem Tempel der Lysios zu Theben sein, trotz ἐνιαυτοῦ δὲ ἅπαξ ἑκάστου τὸ ἱερὸν ἀνοιγνύναι φασὶν ἐν ἡμέραις τακταῖς, 9, 16, 4, sowie bei der Artemis in Hyampolis, 10, 35, 4. Von Aigeira sagt er, 7, 26, 3, τὴν δὲ Οὐρανίαν σέβουσι μὲν τὰ μάλιστα, ἐσελθεῖν δὲ ἐς τὸ ἱερὸν οὐκ ἔστιν ἀνθρώποις.

[5]) Justinus 39, 25 beweist nicht das, was Bötticher E. IV, 5 will, sondern im Gegentheil, dafs die Victoria auf der Hand des Gottes stand, bis Alexander

tempel hören, bestätigt ihre Cultusehren. Versteht man unter dem
Tempel der Burg, in welchem nach Plutarchos' Erzählung Kimon
seinen Zügel weihte und von welchem er einen Schild wegnahm,
den älteren Hekatompedos[1]), so mufs man auch das Gebet an die
Göttin, das er dabei spricht, in diesem gesprochen sein lassen.
Zu Olympia war es ja gerade das Bild des Pheidias, welches
den Aemilius Paulus zur Opferung trieb; auch bei Lukianos geniefst das Bild die Ehre, und das bezeugt auch die ganze Rede
des Chrysostomos, aus welcher ich hier auf S. 232, 21 ff. verweise,
wo er den Pheidias selber, in Hinblick auf sein Bild sagen läfst,
ganz ohne Bild könne der Mensch die Götter nicht verehren, er
verlange es einmal, sie nahe zu haben, um sie zu ehren, an sie
herantretend und sie berührend mit Opfern und Kränzen. Seite
220 nennt er dies Bild von allen auf Erden das schönste und
gottgefälligste, wie ja auch der Gott selber sollte bezeugt haben.
Zu den durch Heiligkeit und Kunst ausgezeichneten zählt es Suetonius[2]). Um so gröfser der Frevel des Caligula, welcher es nach
Rom versetzen wollte, und um so begreiflicher die Erzählung von
den Wunderzeichen, welche das verhinderten. Josephus, Ant. Jud.
19, 1, der dies auch berichtet, nennt ihn den von den Hellenen
geehrten, und von Anbetung spricht auch'Philo, de spect. 3 und
Philostratos, Vit. Ap. 1, 15. Ihn mit dem Zeus zu Syrakus zu
verwechseln, war wohl nur möglich, wenn einer wie der andere
entweder heilig oder, was natürlich Bötticher meint[3]), beide cultlos waren. Es müfste also von beiden gelten, dafs Cicero, nat.
deor. 3, 84, den Tempel ein fanum und das Goldgewand ein sacrum
nennt. Und wie dem Pheidias der Procefs gemacht sein sollte,
weil er sein und des Perikles Portrait auf dem Schilde der Parthenos angebracht hatte, so eifern die Kirchenväter über die Gottlosigkeit des Pheidias auf den Finger des Zeus jenes fabelhafte
Παντάρκης καλός zu schreiben[4]).

---

sie abnahm mit dem Witz: Victoriam commodatam sibi ab Jove esse, der
auch sonst ähnlich vorkommt.
[1]) Cimon 5, Bötticher Ph. 17, 577 nimmt für das erste den Parthenon an,
für das Gebet aber die Polias, weil im alten Hekatompedos kein Bild ge-
wesén sei. Der Grund ist wieder selbst gefertigt.
[2]) Calig. 22 simulacra numinum religione et arte praeclara.
[3]) Vgl. den fabelhaften Beweis Ph. 19, 68, worüber unten.
[4]) Arnob. adv. gent. VI, 13.

Daſs die Tamiai zu Athen nicht rein politische Beamte sind, ist oben besprochen, es ist aber auch mehr das Ablösen des Goldgewandes, dessen stückweises Zuwägen, was Bötticher mit der Heiligkeit unvereinbar findet. Wenn freilich die Alten wie Bötticher gedacht hätten, daſs die Heiligkeit gegen jede Veruntreuung ein absoluter Schutz wäre, so hätten sie jenen Akt gewiſs, wie alle Strafandrohungen für Antastung für überflüssig erachtet, ja sie hätten Hierosylie gar nicht gekannt. Kam die aber nur zu oft vor, so waren Vorsichtsmaſsregeln auch dringend geboten. Boeckh, welchen Bötticher früher citiert hatte[1]), sagt, daſs alle an der Verwaltung Betheiligten rechenschaftspflichtig gewesen seien, auch die Priester. Wie aber sollte Rechenschaft über Geldmassen abgelegt werden ohne Wägung. Nimmt aber Bötticher überhaupt an der Ablieferung von etwas Heiligem Anstoſs (Ph. 19, 62), wie behalten dann die 'rite heilig gemachten' (19, 55) Dinge, welche unter anderen die Priesterin der Artemis vor Brauron an die Epistaten des Thesauros abliefert, ihre Heiligkeit? (19, 4, 37). Wenn die Pheidrynten in Olympia ihr Amt der Reinigung des Zeusbildes nicht anfingen, ohne vorher der Athena Ergane geopfert zu haben, so steht zu vermuthen, daſs die Ueberlieferung auch zu Athen, sei es an die folgenden Tamiai, oder zur Ausbesserung an einen Künstler, nicht ohne alle religiöse Ceremonie vor sich ging[2]).

Doch der eigentliche Anstoſs für Böttichers Lehre liegt in der von Perikles bei Ausbruch des Peloponnesischen Krieges ausgesprochenen Möglichkeit das Gold der Parthenos für Bedürfnisse des Staates zu verwenden[3]). Dies widerstreitet ebensowohl wie jene Benutzung des Heraions als Pinakothek seiner Vorstellung von der Unantastbarkeit des Heiligen, und darum leugnet er die Heiligkeit des Heraions, wie der Parthenos. Denn statt anzuerkennen, daſs namentlich bei einem zugleich so scharfsinnigen und leidenschaftlichen Volk, wie die Hellenen waren, welche der edel-

---

[1]) Staatsh. I, 507, Bötticher E. II, 4.
[2]) Bötticher malt in seinem Interesse den Akt aus nach seiner Erfindung Ph. 19, 62, 'das Ablösen u. s. w. . . . mit vollständiger Beseitigung jeder priesterlichen Antheilnahme am ganzen Gegenstande und ohne das mindeste Wissen der Cultuspfleger.' Aristoteles nennt nur die Vertreter der Staatsverwaltung bei dem eigentlichen Akt der Ablieferung, ohne andere auszuschlieſsen, Harpocration unter ταμίαι.
[3]) Thuc. 2, 13. Bötticher E. II, Phil. 17, 391; 598.

sten und erhabensten, aber auch der niedrigsten und gemeinsten Regungen, Gedanken, Thaten fähig waren, die Forderungen des sittlichen Bewufstseins ebensowohl klar und klassisch ausgesprochen, als oft verletzt werden; dafs die Gesetze nicht nur übertreten, sondern auch aufgehoben werden von eben denen, die sie aufgestellt: statt so menschlicher Schwäche und menschlicher Freiheit Rechnung zu tragen, will Bötticher, dafs das Gesetz absolut gehalten sei. In specieller Anwendung behauptet er, dafs, was 'rite geheiligt sei, ewig unantastbar nicht nur habe sein sollen, sondern auch gewesen sei, dafs also das, was einmal angetastet sei, nicht heilig gewesen sein könne, z. B. der Parthenon und das Heraion, und dafs er wirklich eine so sonderbare Vorstellung von den menschlichen Dingen hat, zeigt seine Bemerkung über das Zeusbild zu Syrakus[1]), welches zu sichern die Priester, wie er meint, keine Mafsregeln getroffen haben würden[2]), wenn es ein heiliges Cultbild gewesen wäre, weil es dann durch seine Heiligkeit gesichert gewesen wäre[3]). So kommt er dazu, dem 'rite Geheiligten', oder 'mit der Hidrysis Belegten, — beides sind seine Bezeichnungen — das für ewig profanem Gebrauch entzogen sei, gegenübergestellt das Anathema, dessen Verbrauch rechtlich durchaus erlaubt gewesen. Aber diese Scheidung ist falsch; sie legt der Heiligung eine übermenschliche, der Anathesis gar keine Bedeutung bei und scheidet Heiliges und Anathema wie kein altes Zeugnifs. Nach diesen ist vielmehr auch das Anathema heilig und Eigenthum der Gottheit, wie Bötticher früher anerkannt hatte.

---

[1]) Ph. 19, 68. Nach Paus. 10, 28, 3 respectierten die Feinde auch die ἀναθήματα drin.

[2]) Strabo IX, 420 ἐπίφθονος δ' ὦν ὁ πλοῦτος δυσφύλακτός ἐστι κἂν ἱερὸς ᾖ.

[3]) Auch hierüber hat Bötticher zu verschiedenen Zeiten Entgegengesetztes behauptet. T. IV, 25 f. 'Anathema ist ein jeder Gegenstand überhaupt der einem hierat. Zwecke gewidmet, durch Consecration ausschliefslich zu Eigenthum eines Gottes gemacht, also der profanen Benützung entzogen wird.' Ph. 19, 1 bildet das Anathema das gerade Gegentheil des heilig gemachten, ewig gebundenen Gutes; ist das veräufserliche, bewegliche Gut des Tempelschatzes. Auf S. 2 heifst es dann wieder bewegliches Besitzthum der Gottheit und S. 34 heifst dasselbe 'unveräufserliches Eigenthum des Staatsschatzes.' Vgl. Ph. 18, 600. Umgekehrt macht er Ph. 19, S. 29 auch die Culttempel wie den der Polias zu Staatseigenthum. Diese wie so manche Schwankung Böttichers ist offenbar durch die Rücksicht auf seine Theorie bewirkt.

Das ergiebt sich schon daraus, dafs eine scharfe Scheidung des Opfers, welches doch der ersten Kategorie, dem rite Heiligen, zufiele, und des Anathemas unmöglich ist[1]. Eins wie das andere wird der Gottheit zu eigen gegeben[2]), das eine mehr zu dauerndem Besitz, das andere zu augenblicklichem Genufs, gleichwie der Gast mit Speise und Trank bewirthet, aber auch mit einem Gastgeschenk zu bleibendem Andenken erfreut wird. Oder gehört der Peplos, den Hekabe mit den troischen Frauen der Athena auf den Schofs legt[3]), der Göttin weniger zu eigen, als das versprochene Opfer der zwölf Kühe ihr gehören würde, und der panathenäische Peplos der Athena weniger als das von derselben Procession überbrachte Opfer? Heischen ja doch die Götter selbst den Zehnten[4]) oder ein anderes Anathema ebenso gut wie ein Opfer; und wie Kostbarkeiten, die sonst als Anathema geweiht zu werden pflegen, auch wohl einmal verbrannt werden[5]) gleich dem Opfer, z. B. der Scheiterhaufen von vergoldeten und versilberten Sesseln, goldenen Schalen und Purpurkleidern, den Kroisos sammt vielen Opferthieren dem Apollon verbrannte, ebenso wird noch viel öfters ein Opfer umgewandelt in eine kunstvolle Weihegabe zu beständigem Andenken und Wohlgefallen des Gottes, jenes mehr barbarischem, dies hellenischem Sinne gemäfs[6]). Noch fast dem Opfer gleich sind geweihte Salben, Oel oder erlegtes Wild, weiter ab sind goldene Aehrenbündel, kunstvoller noch in Erz nachgebildete Opferthiere, wie der eherne Ochs vor dem Tempel des Triptolemos, wie die zwölf Opferkühe für Athena Itonia, oder die

---

[1]) Vgl. Schoemann Gr. Alt. II, 208.

[2]) ἀναθήμασι καὶ θυσίαις καὶ προσόδοις ἱλάσκεσθαι Isocr. 10, 66. Καί σφισιν (Söhnen des Machaon) ἀντὶ τούτων (Heilungen) θυσίας ἐς τὸ ἱερὸν καὶ ἀναθήματα ἄγουσιν Pausan. 4, 30, 2; 2, 35, 8.

[3]) Il. 6, 90. Vgl. Od. 12, 345.

[4]) Herod. 8, 122. Paus. 10, 11, 1. Vgl. die Ausdrücke δεκάτην ἀποθῦσαι und δεκατεῦσαι· τὸ καθιεροῦν (Harpocr. S. 76) ἐπειδήπερ ἔθος ἦν ἑλληνικὸν τὰς δεκάτας τῶν περιγιγνομένων τοῖς θεοῖς καθιεροῦν. Die Heiligkeit der tropaea Vitruv. 2, 8, 15.

[5]) So die δαίδαλα geheifsenen ξόανα am Dädalenfest, Paus. 9, 3, 4 f.

[6]) B. T. IV, 28 sagt, dafs ursprünglich jedes Anathema ein Dankopfer sei, und dafs man die Erstlinge vom Bodenertrag, die man dem Stoffe nach nicht hätte geben können, in ein dauerndes, wo möglich unvergängliches Kunstwerk verwandelt habe.

ganze Opferpompe der Orneaten[1]). Daran schliefsen sich ja andere Bilder von Thieren nnd Menschen, bei denen gleichfalls noch der Vergleich mit dem Opfer sehr nahe liegt, wenn man bedenkt, dafs wenigstens der Sage nach auch Menschenopfer einst an manchen Stellen gebracht waren, oder dafs Jünglinge und Jungfrauen, wie Jon, oder die Phönizierinnen des Euripides und Hierodulen in grofser Menge geweiht wurden[2]).

Dafs zwischen ἱερόν und Anathema rechtlich kein Unterschied, erhellt auch daraus, dafs ganz gewöhnlich ebensowohl Tempel, Altäre und Bilder Anathemata genannt werden, wie umgekehrt Weihgeschenke der verschiedensten Art ἱερά heifsen. Es kann daher keinen Unterschied machen, ob an einem geweihten Gegenstande das Eigenthumsrecht der Gottheit durch einen einfachen genetivus possessoris, wie z. B. Ἀπόλλωνος, oder mit dem Zusatz ἱερόν, sei's auch durch dies Wort allein, oder durch die Formel ἀνέθηκε mit den Namen der Gottheit und des Weihenden bezeichnet ist[3]). Häufig, vielleicht meistens, mag die Weihung schriftlich gar nicht ausgedrückt sein, wo die Zueignung an sich unzweifelhaft, oder eine Aufschrift unthunlich war. Endlich kann auch an eben dem Worte, welches nach Bötticher die Cultheiligkeit bezeichnen soll, und mit dem er grofsen Mifsbrauch treibt, die Nichtigkeit des ganzen Unterschieds gezeigt werden. Denn die Grammatiker, welche zu ein paar Stellen des Aristophanes[4]) den Gebrauch der ἵδρυσις beschreiben, erklären den Ausdruck ἱδρυσόμεθα in seinem speciellen Sinne durch ἀφιερώσομεν, ἀναθήσομεν, ἱδρυμένος durch ἀνατεθειμένος. Ist gleichwohl der Gebrauch von ἱδρύεσθαι, ἵδρυσις, ἵδρυμα u. s. w. beschränkter, so rührt das nicht daher, dafs diese Ausdrücke ursprünglich einen besonderen

---

[1]) Simulata pro veris Hermann-Stark GA. 25, 14. Paus. 1, 14, 3; 10, 16, 3; 10, 18, 4,

[2]) Hermann-Stark, GA. 20, 13 ff. Vgl. den Chor der akragantinischen Knaben von Kalamis, Paus. 5, 25, 5.

[3]) Demosth. Aristog. hyp. ἱερὰ ἱμάτια-γράμματα δηλοῦντα τοὺς ἀναθέντας. Vgl. Pind. ol. 3, 30 scholl. In den Schatzverzeichnissen (s. Michaelis Anh. I.) gehn Anathemata mit jenen verschiedenen Noten durcheinander. Es finden sich solche mit ἱερόν und daneben der Gewichtsangabe (Mich. S. 292 f. 1–8; 296 yy; aaa; 297, 13. Im Kleiderschatz der Brauronia finden sich Kleider ohne Aufschrift ἀνεπίγραφα zum Putz der Bilder verwandt S. 310, 60; 64; 65; 311, 170; eines desgleichen mit dem blofsen Ἱππάρχη. 311, 177.

[4]) Aristoph. Plut. 1191; 1197 f. Pac. 920 mit Scholl.

Grad von Heiligkeit bezeichnen, sondern weil sie nach ihrer deutlichen Abstammung nicht jedem beweglichen Gotteseigenthum, sondern nur dem unbeweglichen, unverrückbaren zukommen und dessen feste Gründung bezeichnen, nämlich des Tempels, Altars und Götterbildes. Ob unter den Götterbildern in diesen Erklärungen der ἵδρυσις nur Cultbilder, d. h. Tempelbilder im engeren Sinne, oder auch als Anathemata aufgestellte, wie z. B. die Athena Promachos, zu verstehen seien, will ich nicht entscheiden. Da aber die Hermen, welche ausdrücklich genannt werden, kaum zu den Cultbildern gezählt werden dürfen, und es dazu noch heifst ἑρμᾶς ἱδρύοντες[1]) καὶ ἄλλα τινὰ ἀγάλματα θεοῦ, so scheint der Brauch auf alle auch cultlos aufgestellten Götterbilder sich erstreckt zu haben, vielleicht sogar auf diese vorzüglich, da bei Cultbildern ja das Einweihungsopfer den späteren regelmäfsigen gleichen müfste. Damit würde freilich der Unterschied zwischen den Cultbildern und den blos anathematischen, wie ich die andern schlechtweg nennen will, etwas geringer sich herausstellen, als er, wie mir scheint, meistens gilt; denn das zur Hidrysis gehörige Opfer in seiner primitiven Form mit der χύτρα, dem Topf mit Hülsenfrüchten, ist doch immer eine Culthandlung, nur dafs bei den blos anathematischen Bildern auf dieses Einweihungsopfer keine regelmäfsig wiederholte Cultverrichtung folgte. Dafs aber gelegentlich und aufsergewöhnlich auch blos anathematische Götterbilder nicht nur Gebet, sondern auch wohl Weihegaben empfangen konnten, scheint mir nicht zweifelhaft.

Auf andere Weihegaben aber Gebrauch und Namen der Hidrysis auszudehnen, wie Bötticher thut, ist unstatthaft, und der zu dem Zweck erfundene Ausdruck 'mit der Hidrysis belegen' ist geradezu widersinnig. Dieser, wie der andere 'rite Heiligmachen', mit dem sich noch etwas bequemer umspringen läfst, ist erfunden, um die wirkliche Cultheiligkeit auch auf alle andern in dem Cultus irgendwie gebräuchlichen Dinge übertragen zu können, ohne dafs doch der zur Hidrysis gehörige Act dazu nothwendig sein soll[2]). So ist die eigentliche Bedeutung der Hidrysis verkannt und um Cultheiliges und veräufserliches Tempelgut durch willkührliche

---

[1]) Schol. Aristoph. Pac. 920.
[2]) Phil. 18, 608. 19, 5. 12. 33. 59. Profaner Gebrauch von Cultgeräth z. B. Plaut. Rud. I, 2, 45. 2, 3, 73. Poenul. 24.

Schranke zu sondern, der wirklich vorhandene Unterschied verwischt. Tempel, Altar und Bild haben freilich mit jeder andern Weihegabe den Begriff des Geschenkten gemeinsam, aber voraus haben sie das, dafs sie, sei's alle zusammen, sei's eins oder das andere von ihnen erst die nothwendige Grundlage für den gewöhnlichen Verkehr mit der Gottheit schaffen, sowohl für das Gebet wie für Opfer und Weihegaben[1]). Diese, das Gebet vielleicht am wenigsten, setzen ja einen festen Punkt, eine bereitete Stätte[2]) voraus, deren Bereitung eben passend ἵδρυσις bezeichnet wird.

Danach werden wir anerkennen müssen, dafs Bild, Altar und Tempel, die auch unter sich nicht ganz gleich stehen möchten, vor andern Anathemata einen Vorrang behaupten, einen höheren Grad von Heiligkeit besitzen, der aber schwer zu definieren ist, da für alle Anathemata durchaus festzuhalten ist, dafs sie Eigenthum der Gottheit sind[3]). Höchstens an der gröfseren Scheu, sie anzutasten, oder an dem gröfsern Zorn über ihre Antastung dürfte sich ihre gröfsere Heiligkeit bemessen lassen. So sind ja auch alle Götter göttich, aber unter sich keineswegs gleich, auch nicht ihre Tempel gleich geehrt, nicht einmal die einer und derselben Gottheit, auch nicht an einem und demselben Orte.

Demnach würde der anstöfsige Vorschlag des Perikles, in der Noth den Goldmantel der Parthenos zu vermünzen, kaum minder anstöfsig erscheinen, wenn wir das Bild für ein blos anathemati-sches statt für ein Cultbild erklärten[4]). Sehen wir also, ob der

---

[1]) Das gilt nicht von allen ἀναϑήματα πρὸς χρείαν, welche Polybios 4, 62 den ἀν. πρὸς κόσμον gegenüberstellt, und danach Bötticher T. IV, 27 als erste Gattung von Anathemata aufstellte.

[2]) Bei einer solchen kann auch allenfalls von einem Eindingen der Gottheit die Rede sein, was bei andern Anathemata sinnlos ist.

[3]) Das lehren auch die römischen Erklärungen von consecratio und dedicatio u. s. w. auf die Bötticher fufst, z. B. in den von ihm, Ph. 18, 579, angeführten Worten sacrum dici quod sacratur, ut aedes sacrae, simulacra, dona, wo mit dem letzten Wort ganz correct alle geweihten Gaben bezeichnet werden, während Bötticher in vorgefafster Meinung es nur vom Cultgeräth verstehen will. Im Amphiktyonengesetz heifst es ἐάν τις ἢ συλᾷ τὰ τοῦ ϑεοῦ ἢ συνειδῇ τι ἢ βουλεύσῃ τι κατὰ τῶν ἐν τῷ ἱερῷ.

[4]) Daher ist Bötticher in seiner Herabsetzung des Bildes immer weiter gegangen. Ph. 17, 582 erklärt er es noch für ein Ehrengeschenk und Anathema für Athena Polias; aber Ph. 19, 38 macht er die überraschende Entdeckung, dafs es nicht mal als Anathema bezeichnet sei, also keins sei. Als

Vorschlag des Perikles wirklich ein so unerhörter wäre, wenn das Bild heilig war.

Die zahlreichen Beispiele von Heiligthumsverletzung, unter die wir nicht blos Raub, sondern jegliche Schändung rechnen müssen, verlangen eine sehr verschiedene Beurtheilung. Denn es kommt erstens darauf an[1]), was, d. h. wie viel oder wie wenig, namentlich ob jene nothwendigen, oder mehr überflüssige Stücke des Heiligthums angetastet sind; zweitens von wem, ob von Einzelnen oder der Mehrheit, resp. der Gesammtheit, ob von denen, die das Angetastete zuvor selber geweiht, oder von Fremden; drittens unter welchen Umständen und zu welchem Zwecke, ob aus Noth zur Selbsterhaltung, oder aus schnöder Habsucht. Viertens endlich ist auch die Ausführung selbst nicht gleichgültig, ob sie mit möglichster Schonung und dem Streben die Gottheit nicht mehr als nöthig zu verletzen vollzogen wird, oder mit frecher Nichtachtung und Verspottung aller frommen Scheu.

Fragen wir, wie nach diesen Gesichtspunkten der Vorschlag des Perikles sich ausnimmt, so soll aufser den privaten und öffentlichen Weihgeschenken, den heiligen Geräthen für Processionen und Agonen, den geweihten medischen Beutestücken, den Kostbarkeiten aus allen andern Heiligthümern, von der Parthenos der ihr umgelegte Goldschmuck, der ganz und gar abnehmbar war, verwandt werden. Nach der Construction des Goldelfenbeincolosses darf man diesen Goldschmuck als einen nicht integrierenden Theil des Bildes ansehen, wie das auch in den von Perikles oder Thukydides gewählten Worten τοῖς περικειμένοις bis περιαιρετόν hervortritt; denn das Bild selbst blieb in seinen Formen unverändert nach Abnahme des dünnen Goldblechs, von Bötticher als Goldhaut bezeichnet; und die Erscheinung der Göttin war wie eines ξόανον mit einzelnen Elfenbeintheilen, sowie es Holzbilder mit Marmortheilen gab. War das Bild selbst ein Cultbild, so liefs dieser abnehmbare Goldschmuck sich sehr wohl als ein Anathema an dem-

---

ob ein öffentlich aufgestelltes Götterbild etwas anderes als ein Anathema, wenn nicht Cultbild, sein könnte in jener Zeit! Zuletzt ist die Parthenos nur ein Nothpfenning, den die Kunstform vor leichtsinniger Verausgabung schützen soll. Ph. 19, 36. Wozu da das Elfenbein?

[1]) Trotz Lyc. Leocr. 65; Isocr. 20, 6, welche als Ankläger das Princip in seiner Schärfe vertreten. Vgl. das successive Weitergreifen der phokischen Führer in Benutzung des delphischen Schatzes.

selben ansehen, und ist von Stark[1]) durchaus richtig mit der einem Holzbild umgelegten gewirkten Bekleidung verglichen, nur dafs eine solche minder dauerhaft von Zeit zu Zeit erneuert werden mufste, während jene höchstens der Ausbesserung oder Reinigung bedurfte. Böttichers Spott über diesen Vergleich (Ph. 18, 49) ist sehr unbedacht nnd fällt wohl auf ihn selbst zurück, wenn er wie es scheint, von solchen alten Holzbildern, z. B. der Polias, die Meinung hegt, die Stark von der Parthenos sicher nicht hegte, dafs sie die Gottheit nackt dargestellt hätten und nicht mit holzgeschnitzter Gewandung.

Ferner soll diese Vernutzung des Goldes nicht von Einem, sondern von der athenischen Staatsgemeinde vollzogen werden, derselben welche der Göttin den Schmuck geweiht hatte. Es ist aber klar dafs dem Eigenthum der Götter nicht alle Menschen gleich unberechtigt gegenüberstehn[2]). Da die Götter ihr Eigenthum nicht selber besitzen, verwalten und schützen, sondern diese Sorge, wo nicht Privaten, dem Staate anheimfällt, wie denn die Götter selbst in gewissem Sinne Staatsgötter sind, so ist der Staat auch gewissermafsen Mitberechtigter, Miteigner.

Dafs die vorgeschlagene Benutzung des Goldschmuckes nicht einer Beraubung gleich zu achten, aus schnöder Habgier vollbracht, ist klar. Sie soll erst im äufsersten Nothfall geschehen, und da Perikles auch gleich die Rückzahlung als Bedingung der Benutzung aufstellt, wäre es nur ein Darlehn von der Göttin.

Ueber den letzten Punkt können wir nichts weiter sagen, da nur von einem Vorschlag die Rede. Dafs aber in der Art wie der Vorschlag gethan wird, keine Frivolität, sondern vielmehr die

---

[1]) Ph. 16, 97, der nur darin zu weit geht, dafs er die Cultheiligkeit des Bildes selbst daraus folgert, dafs das Elfenbein nicht vernutzt werden solle. Denn er selbst giebt zu, dafs dessen Werth nur ein geringer noch habe sein können.

[2]) Die dem Zeus zu Olympia und dem Apollo zu Delphi geweihten Thesauren heifsen auch noch Thesauren der Megareer, Spinaten u. s. w. Thuc. 4, 98 sagen die Athener, die Boioter und die meisten Andern hätten die fremden Heiligthümer der Besiegten sich angeeignet ἀλλοτρίοις ἱεροῖς τὸ πρῶτον ἐπελθόντας οἰκεῖα νῦν κεκτῆσθαι. Daher auch die Sitte, die Götterbilder fortzuführen, Paus. 8, 46, 1. Bötticher, Ph. 19, 29; 24, 242 erkennt das an, wenn er sagt, der Staat verleihe allen Staatsgebäuden vom Tempel der Polias an den tektonischen Kosmos und bezeichne sie damit als sein Eigenthum.

äufserste Reserve sich ausspricht, braucht wohl nicht nachgewiesen zu werden. Dafs es nun unzählige Beispiele von Heiligthumsverletzungen in der griechischen Geschichte giebt, die in diesen Punkten viel anstöfsiger sind, das weifs Bötticher natürlich weit besser als ich; er müfste denn mittlerweile entdeckt haben, dafs die betreffenden Heiligthümer lauter cultlose Agonaltempel gewesen wären, was aber die Griechen selbst jedenfalls nicht entdeckt haben, da sie diese Fälle ja sonst nicht als Tempelschändung angesehen haben würden. Eben das scheint aber für Bötticher in unserem Falle der Anstofs zu sein, dafs Perikles in aller Ruhe solchen Vorschlag macht, ohne sofort darum beabsichtigten Tempelraubes halber gesteinigt oder verklagt zu werden, sondern vielmehr durch seine Eröffnungen die Athener über den Geldpunkt beruhigte, wie Thukydides sagt.

Wenn aber der Grieche, nicht blos der Einzelne, sondern die Mehrheit, der Staat, in der äufsersten Noth es verzeihlich fand, mit Benutzung und Verletzung des Heiligthums sich zu helfen, und nicht blos sich sondern auch seinen Göttern, so darf man einem Perikles doch auch zutrauen, dafs er solchen Fall der Noth vorher ins Auge fafste, zumal wenn er dabei zugleich seine eigene Verwaltungsmafsregel, die Verwendung so vielen Goldes auf das Bild ins rechte Licht stellen konnte. Hören wir die Athener, welche das Delion besetzt und verschanzt und eingestandenermafsen Heiliges zu profanen Zwecken benutzt hatten. Sie sagen, die Noth habe sie gezwungen, und wer durch Krieg und Gefahr gezwungen worden sei, würde wohl auch von der Gottheit Verzeihung erlangen[2]). Und glaubt man in dieser Sprache die nach der Pest eingerissene Zügellosigkeit zu hören, so sagt Thukydides, 2, 17 doch auch, dafs vor der Pest, als alles Volk sich in Athen zusammendrängte, auch die Heiligthümer, soweit sie nicht beständig verschlossen waren, — offen waren aber nach Bötticher namentlich die Culttempel — und auch das Pelasgikon trotz der Verfluchung und trotz eines Pythischen Spruchs unter dem Drang der

---

[1]) Das tritt namentlich da hervor, wo man sich geweihter Waffen bediente, so Aristomenes (Paus. 4, 31, 5), Telesilla (Paus. 2, 20, 8), Kimon (Plut. Cim. 6), Alexandros (Arrian. 1, 12).

[2]) πᾶν δ' εἰκὸς εἶναι τῷ πολέμῳ καὶ δεινῷ τινι κατειργομένῳ ξύγγνωμόν τι γίγνεσθαι καὶ πρὸς θεοῦ, Thuc. 4, 98.

Noth bewohnt wurden. In der Noth kämpften die Eleer von den Dächern ihrer Heiligthümer herab[1]); schlugen die Syrakusier die Oelbäume im Temenos des Zeus um[2]); um ihrer Feinde sich zu erwehren, bemächtigten die Phokier auf Philomelos' Rath sich des delphischen Heiligthumes, der erste Schritt zum Tempelraube. Ebenso hatten einige Zeit vorher die Arkader mit den Tempelschätzen zu Olympia ihre Truppen besoldet. War dies nur von der einen Partei betrieben, so verfehlte die andre, die spartanische, natürlich nicht die Gottlosigkeit zu rügen[3]).

Die Schätze von Olympia und Delphi zu benutzen, hatten bei Ausbruch des Peloponnesischen Krieges die Korinther auf dem Bundestage gerathen, freilich nur, wie Perikles, ein Anlehn zu machen (Thuc. 1, 121. Vgl. 4, 118). Fehlte hier auch der Widerspruch, so lassen doch die Worte, welche Thukydides dem Perikles hierüber in den Mund legt, das Ungehörige des Verfahrens wohl erkennen[4]). Wollten sie doch auch nicht etwa erst in der äufsersten Noth zu dieser Aushülfe greifen. Solche Entschuldigung deckt auch das Verfahren der Egestäer und Athener nicht. Denn als diese mit jenen verbündet den leichtsinnigen Sicilischen Krieg unternahmen, rechneten sie stark auf die Schätze ihrer Bundesgenossen, auf die in den Heiligthümern nicht minder als auf die Staatsmittel (Thuc. 6, 6, 8). Sie hatten vorher Gesandte hingeschickt, die nach- ′ sehen sollten, ob so viel, als die Egestäer gerühmt hätten, im Staatsschatz und in den Heiligthümern wären, und die durch den Anblick namentlich der reichen Weihgeschenke im Aphroditetempel auf dem Eryx, die Schalen, Weinkannen und Räuchergefäfse höchst befriedigt heimkehrten. Stärker als der Vorschlag des Perikles war derjenige des Hekataios (Herod. 5, 36), welcher den Milesiern nur dann günstigen Erfolg ihres Abfalls prophezeite, wenn sie aus dem Branchidenheiligthum die Kostbarkeiten für sich verwendeten. Dafs der Vorschlag nicht durchdrang, thut nichts zur Sache;

---

[1]) Xenoph. hell. 7, 4, 31. Paus. 5, 20, 2 erzählt nach Aristarch, dafs zwischen Dach und Decke des Heraion ein Leichnam gefunden wurde.
[2]) Thuc. 6, 99. Ueber das Fällen geweihter Bäume s. Hermann-Stark GA. 11, 14.
[3]) Xen. hell. 7, 4, 33 ἔλεγον ... ὡς οὐ χρὴ τοῖς ἱεροῖς χρήμασι χρῆσθαι οὐδὲ καταλιπεῖν εἰς τὸν ἀεὶ χρόνον τοῖς παισὶν ἔγκλημα τοῦτο πρὸς τοὺς θεούς.
[4]) Thuc. 1, 143 εἴ τε καὶ κινήσαντες (über dessen Bedeutung s. Classen zu 1, 93, 2) τῶν Ὀλυμπίασιν ἢ Δελφοῖς χρημάτων u. s. w.

scheint es doch auch nicht, als ob der Rath des Perikles wirklich befolgt wurde. Auch Anaxilas drang bei den Messeniern nicht durch mit seinem Rathe, die an die Altäre und in die Heiligthümer geflohenen Zanklaier zu tödten und zu verkaufen (Paus. 4, 23, 4); aber viel häufiger war der Fall, dafs man weder fremde noch eigene Heiligthümer schonte, wenn es galt seine Feinde zu verderben[1]), und auch das nicht blos in augenblicklicher Erbitterung, sondern wohlüberlegt und mit Ruhe, wie die Spartaner den Helotenmord im tainarischen Heiligthum verübten[2]). Unter den angeführten Beispielen ist keine derartige Handlung, die von allen Seiten so wohl entschuldigt wäre, keine, die so grofse Ehrfurcht vor dem Heiligen zeigte wie das von Perikles vorgeschlagene Verfahren, und scheint mir nach Allem eher die Heiligkeit des Bildes als das Gegentheil daraus zu erhellen. Und deutlicher noch wird das dadurch, dafs Lachares, welcher den Goldschmuck der Göttin raubte, und Philurgos, der das Gorgoneion von ihrer Brust stahl, als Muster der Hierosylie genannt werden. —

Der von Thukydides überlieferte Vorschlag des Perikles ist, wie bemerkt, der eigentliche Anstofs für Bötticher gewesen, weil er seiner falschen Vorstellung von absoluter Unantastbarkeit heiligen Gutes nicht blos in der Theorie, sondern auch in der Praxis widerspricht. Diese Vorstellung wurzelt jedoch in der viel weitergehenden, dafs von dem ganzen Gebiete des Cultus, namentlich also auch von der Form der Cultusinstrumente, besonders der Tempel und Bilder jede Veränderung und Neuerung ausgeschlossen gewesen sei. Auf dieselben Zeugnisse, denen man auch bei Bötticher wieder begegnet, wurde diese Ansicht gegründet von Thiersch, um daran seine Lehre vom ägyptischen Ursprung der griechischen Kunst zu knüpfen. Obgleich nun diese Lehre kaum noch einen Anhänger zählt, so ist doch jene Ansicht von der Unabänderlichkeit aller Sachen des Cultus bestehen geblieben, nicht consequent ausgebildet, aber doch in weiterem Umfang als Thiersch dieselbe geltend gemacht hatte. Denn Thiersch hatte nur das ihm unbegreifliche jahrhundertelange Verharren der schon sich entwickelnden griechischen Kunst auf einer und derselben Stufe durch hieratischen

---

[1]) Vgl. die Worte des Pädagogen in Eurip. Ion. 1045 τὴν δ' εὐσέβειαν εὐτυχοῦσι μὲν καλὸν τιμᾶν, ὅταν δὲ πολεμίους δρᾶσαι κακῶς θέλῃ τις, οὐδεὶς ἐμποδὼν κεῖται νόμος. Solche Frevel zu Helike, Paus. 7, 24, 4.

[2]) Thuc. 1, 128. Eur. Andr. 161; 253 ff.

Zwang erklären wollen, hatte aber endlich diesen Zwang dem Kunsttriebe erliegen lassen und nun auch das gesammte Gebiet des Cultus der Kunst eingeräumt. Dagegen hat man später nicht sowohl den hemmenden Einfluſs, den die Kunstbestrebungen in den älteren Zeiten erfahren, betont, obgleich bei der Beurtheilung gewisser Meister z. B. des Onatas noch genug dovon zu spüren, als vielmehr die Kunst vom Cultus ganz losgelöst, derselben ihre eigenen Bahnen angewiesen, sie nicht für den Gottesdienst, für Anbetung, sondern für die Anschauung arbeiten lassen.

Aber dieser Gegensatz religiöser Scheu und künstlerischen Strebens nach vollendeter Form hat so ungelöst wenigstens nicht bestanden. Wie wäre es auch denkbar, daſs von dem die ganze Geschichte des griechischen Volkes beherrschenden Entwickelungsgesetz ein Theil seines Seins und Denkens hätte unberührt sein, unverändert bleiben können.

Für eine solche Opposition des Cultus gegen die Kunst, so daſs jener diese zuerst ganz unterdrückt, hernach von sich ausgestoſsen habe, fehlt es an jedem positiven Beweis. Die Zeugnisse, welche man dafür anführt, beweisen eher dds Gegentheil.

Oft angeführt werden[1]) die Mahnungen des delphischen Orakels, die Götter nach der Väter Sitte zu ehren; aber darauf antworteten die Athener mit nur zu gutem Rechte, die Sitte der Väter habe sich oft geändert. Daſs überdies jene Mahnung nicht gegen eine Steigerung des hergebrachten Cult durch reichere und schönere Darbringung gekehrt war, sondern gegen Minderung und Abfall, geht aus Sokrates' Erläuterung derselben hervor[2]) und versteht sich eigentlich von selbst bei dem Glauben, daſs man den Göttern durch Geschenke und äuſsere Verrichtungen angenehm werde.

Viel Gewicht ist auf den Ausspruch römischer Haruspices[3]) bei Gelegenheit des zweiten Neubaus des capitolinischen Tempels

---

[1]) Schoemann G. A. II. S. 157.

[2]) Xenoph. Mem. 4, 3, 16 ... νόμος δὲ δήπου πανταχοῦ ἐστι κατὰ δύναμιν ἱεροῖς θεοὺς ἀρέσκεσθαι.... ἀλλὰ χρὴ τῆς μὲν δυνάμεως μηδὲν ὑφίεσθαι· χρὴ οὖν μηδὲν ἐλλείποντα κατὰ δύναμιν τιμᾶν τοὺς θεούς. Vgl. 1, 3, 3.

[3]) Tac. hi. 4, 53. Dagegen Varro (Tertullian, Apol. 25) von alter Zeit sprechend im Gegensatz zur neueren nulla capitolia certantia caelo sed temeraria de caespite altaria.

gelegt, obgleich derselbe für griechische Verhältnisse nichts beweisen kann. Wurde aber nicht auch hier trotz der ausdrücklichen Mahnung 'nolle deos mutari veterem formam', welche, beiläufig gesagt, auch nicht mal als allgemeines Gesetz, sondern nur für den conkreten Fall erhoben scheint, dem Bau gröfsere Höhe gegeben als früher, sowie bei dem ersten Neubau schon glänzenderes Material genommen war als vorher? Und nicht blos religiöse Scheu, heifst es bei Tacitus, hätte von weiteren Aenderungen absehen lassen, sondern auch dafs nur hinsichtlich der Höhe der frühere Bau nicht grofsartig genug gewesen wäre.

Dafs die Geschichtchen von Onatas' Demeterbilde, von den Leukippiden in Sparta, die als Hauptbeweise jener Ansicht von Thiersch bis Bötticher erscheinen, durchaus nichts beweisen, habe ich an anderer Stelle gezeigt.[1])

Ist die Demeter beseitigt, so bleibt auch nicht ein Beispiel geschweige denn ein direktes Zeugnifs dafür, dafs man bei Ersetzung eines verlorenen oder zerstörten Götterbildes aus religiöser Scheu das alte genau reproduciert habe. Dafs die Reproduction aber genau sein müfste, namentlich stilistisch genau, um das zu beweisen, was man beweisen will, versteht sich. Denn dieselben Attribute blos wären allerdings bei einer Pheidiassischen Athene so gut denkbar wie bei einer Dädalischen[2]), und gestände man von Bild zu Bild so viel Freiheit zu, wie man bei jedem Neubau des capitolinischen Tempels sich nahm, so wären auch nicht viele Zwischenstufen zwischen dem rohsten Palladion und der Athena Promachos erforderlich. Dafs man die Bilder der Ephesischen Artemis, welche eben um ihrer Fremdartigkeit willen geehrt wurden, genau copierte, beweist natürlich nichts; ebensowenig der Brauch, dafs Colonieen mit dem Cult auch das Götterbild der Mutterstadt copierten, denn hier war ein andres Motiv mafsgebend, wie man ja auch politische Einrichtungen und Localnamen übertrug, um in der neuen Heimath gleichsam die alte zu haben[3]).

Wohl gab es auch später, selbst nachdem die griechische

---

[1]) Kritische Bemerkungen zur ältesten Geschichte der griechischen Kunst. Plöner Gy. Progr. 1871. S. 34 ff.

[2]) In solchem Sinne läfst Dio Chrysostomos auch den Pheidias, der über seinen Zeus redet, die δόξας παλαιὰς ἀκινήτους, αἷς οὐκ ἦν ἐναντιοῦσθαι δυνατόν, erwähnen XII. p. 403 R.

[3]) Für beides Strabo 4,179. Hermann-Stark GA. 7, 1.

Kunst ihren Entwickelungsgang lange vollendet hatte, noch manche Cultbilder ältester, einfachster Art; aber es hätte ja nur solche geben müssen, wenn es jenen Satz beweisen sollte. So beweist es nur, daſs nicht sein Gegentheil wahr war, daſs man nicht mit steigendem Kunstvermögen sofort die Bilder der je vorhergegangenen Periode cassierte. Daſs diese alten Bilder nicht echte alte, sondern nachgeahmte gewesen, ist nicht wahrscheinlich, noch weniger nachweisbar, also nicht zu sagen, daſs diese Tempel 'ihre Götter geflissentlich auf der rohesten Stufe der Bildschnitzerei zurückhielten'[1]). Mag auch Aischylos das Gesuch der Delphier, ihnen einen Paian auf Apollo zu schreiben abgewiesen haben mit der Vorstellung, der Paian des Tynnichos sei der beste; mit dem verglichen würde es seinem gehen wie den neuen Götterbildern neben den alten; denn diese würden trotz ihres schlichten Kunstwerthes als göttlich geachtet, jene aber wegen ihrer vorzüglichen Arbeit wohl bewundert, ständen aber in geringerem Rufe der Heiligkeit[2]). Was wird aber damit bezeugt? Daſs man allerdings im Cultus sich mit den alten Hymnen wie mit den alten Bildern nicht begnügte, sondern neuere, geschmackvollere begehrte und zwar offenbar zu gleichen Cultzwecken. Daſs die älteren Werke für heiliger galten, sagt freilich Aischylos auch, aber doch nicht, daſs die neueren gar nicht heilig geachtet wären, und überdies ist es nicht gleichgültig, daſs grade Aischylos dies sagt. Doch davon noch nachher. Ganz anders klingt jedenfalls was Pausanias 2, 4, 5, äuſsert, doch auch in einer Zeit, wo eine starke Reaction am Alterthümlichen Geschmack fand, von Daidalosbildern sprechend: sie seien noch wunderlicher anzusehn als ein vorgebliches Daidalosbild in Korinth, das er also anzweifelt, aber gleichwohl hätten sie doch auch einen gewissen göttlichen Ausdruck. Offenbar zwingt er sich an ihnen etwas zu finden, und keineswegs hat es den Anschein, daſs er den göttlichen Ausdruck den Bildern vollendeter Form nicht zuerkenne[3]).

Gewiſs also müssen wir auch bei den Griechen anerkennen Anhänglichkeit an das von den Vätern Ererbte und Ueberkommene, vornehmlich auch im Cultus; dem gegenüber aber nicht minder

---

[1]) Hermann-Stark GA. 6, 4.

[2]) Porphyr. de abst. 2, 18, θεῖον besser als θεοῦ. Vorher ἁπλῶς so gut beizubehalten, wie das ἔργα δέ ἐστιν ἁπλᾶ (das sind Werke, bei denen man nicht nach dem Meister fragt), Paus. 5. 17, 1.

[3]) Schoemann G. A. II. S. 174 legt zu viel hinein.

einen gewaltigen Gestaltungstrieb und Schönheitssinn, der, wie er von Anfang an sich der religiösen Vorstellungen bemächtigt oder sie gestaltet hatte, so auch nie aufhörte sie zu bearbeiten; und eine Musterung des Pausanias, unserer Hauptquelle, ergiebt, dafs die Gesammtmasse von Cultbildern, welche er noch an ihrer Stelle sah, alle möglichen Stadien der Entwickelung repräsentiert.

Wir wissen ja auch von anderen Veränderungen, die der Cult hier und da erfuhr, dafs z. B. Götter verdrängt wurden, Demeter im Peloponnes, Adrastos durch Dionysos (Herod. 2, 171), Hera zu Samos durch Lysandros (Plus. Lys. 18), die Dioskuren in einer Geschichte bei Pausanias 3, 16, 3, die bei Thiersch und Bötticher für das Gegentheil angeführt wird; oder wenigstens der Name wechselte, wie Artemis für Iphigeneia[1]), Paus. 7, 26, 3, Ganymeda für Hebe, P. 2, 13, 3; dafs namentlich die Athener, wie ja auch in obigem Citat sie selber bekannten, stark waren neue Culte einzuführen, und zwar zum Schaden althergebrachter, wie der Dipolia[2]); dafs Götter, an ihren Cultusstätten vernachlässigt, dafür Pestilenz oder Miswachs zur Strafe gesandt haben sollten, bis auf Orakelgeheifs die Gottheit nicht nur in ihre alten Ehren wieder eingesetzt, sondern glänzender als zuvor gefeiert wurde[3]); der Ritus, das Opfer verändert[4]), besonders so viele Menschenopfer, wenigstens nach griechischer Tradition, abgelöst waren u. s. w.

Doch hier kommt es mehr auf die durch Entwickelung der Künste, sowohl materiell, in reicherem Stoff, als formell, in schönerer Form, herbeigeführten Aenderungen in Dingen des Cultus an.

Die gröfste Neuerung[5]) auf diesem Gebiete ist jedenfalls diejenige, welche am Anfang der Entwickelung steht, der nicht zu bezweifelnde Uebergang von Anbetung in freier Natur ohne Tempel und Bild zur Verehrung des im Bilde gegenwärtigen Gottes in einem von Menschenhänden bereiteten Raume; oder nehmen wir

---

[1]) Daher Ungewifsheit. Paus. 10, 33, 3; 38, 3. 7, 26, 3. 2, 5, 4.

[2]) Strabo 10, 471. Aristoph. Nub. 984. Isocr. Areop. 30. ad Nicocl. 20. Hermann-Stark GA. 12, 3. 1, 8. Schoemann GA. II. 380; 154.

[3]) So Demeter von Phigalia, Paus. 8, 41, 4; Artemis von Stymphalos, P. 8, 22, 6; die olympische Zeusfeier, P. 8, 42, 4. Vgl. Rangabé Ant. hell. 820 von Anaphe.

[4]) Paus. 9, 8, 1; 12; 19, 5; 12, 1; 8, 5, 8.

[5]) Dieselbe fand auch bei den Römern statt. Detlefsen de arte Rom. ant. I. 3 ff.

auch nur den faktisch uns deutlicher vorliegenden Uebergang vom rohen Symbol, wie Stein, Pfahl oder dergleichen zum menschengestaltigen Bilde. Unerklärlich freilich ist er nicht, stellt man sich nur die ursprünglich schon im Worte des Mythos geschaffenen Gestalten vor, und zweitens dafs wahrscheinlich fremdes Vorbild anregte, auch gewifs nicht auf einen Schlag, sondern langsam und allmählich die Umwandlung sich verbreitete. Dafs der Uebergang in der That nicht überall gleichzeitig stattfand, erhellt am besten daraus, dafs er an einigen Stellen ganz unterblieben ist, wie in Patrai; dafs während an den meisten Stellen die ersten Bilder noch in der Zeit der namenlosen Meister aufgestellt wurden, wir doch auch von einigen alten Cultstätten wissen, wo schon namhafte, ja selbst berühmte Meister das erste wirkliche Bild verfertigten, wie Smilis auf Samos, Praxiteles in Thespiai, noch später in Orchomenos.

Wie lange diese Periode der namenlosen Bildschnitzer, in die natürlich auch die Daidalischen Bilder gehören, gewährt haben mag, wissen wir nicht. Denn der Anfang derselben ist nach dem Bilde der Athena auf Trojas Burg, welches bei Homer vorkommt, auch nicht annähernd zu bestimmen, und noch weniger läfst sich behaupten, dafs die letzten Bilder dieser Periode den ersten ganz gleich gewesen, so dafs die Ansicht von einem Stillestehn wenig sicher ist. Wäre sie es aber auch, so wäre es rathsamer die Erklärung in dem vorwiegenden Gefallen an erzählender Kunst zu finden, als zwei Hypothesen aneinander zu lehnen, nämlich die von einer schon beginnenden Kunstentwickelung, welche fälschlich aus der Daidalossage hergenommen ist, und die andere von plötzlich hemmendem Eingreifen der Vertreter des Cultus, der Priester. Das bedeuten aber allerdings die Daidalossagen, dafs man auch die ersten Cultbilder schon nur von einem Meister, dem Meister aller Meister gebildet denken konnte. Ebenso nannte man als Tempelbauer Trophonios und Agamedes, von denen Pausanias sagt, dafs sie geschickt gewesen Tempel der Götter und Königspaläste zu bauen.

Diese Vorstellung, dafs für den Cultus der Götter das Beste gehöre, finden wir auch in den homerischen und anderen ältesten Gedichten. Des Tempels stehendes Beiwort ist reich, $\pi\acute{\iota}o\nu\alpha$ $\nu\eta\acute{o}\nu$, Il. 2, 549. 5, 512, im Orakel Herod. 1, 65. Durch Erbauung eines solchen in der Heimath mit vielen und trefflichen Weihgeschenken hoffen Odysseus' Gefährten den Zorn Hyperions zu stillen 12, 346, so wie Telemachos seinem Vater, den er für einen Gott hält, wofern er gnädig sein wolle, angenehme Opfer und goldene, kunstfertige Weihgeschenke verheifst, Od. 16, 184. Auch grofs heifst der Tempel, hy. Cer. 270, oder sein ἄδυτον Il. 5, 448, und Chryses beruft sich gegen Apollon darauf, dafs er ihm einen schönen Tempel gebaut, Il. 1, 39. Einen sehr schönen Tempel will Apollo haben, — einen solchen mufs auch Leto Delos verheifsen, hy. Ap. 80 — und legt dazu den Grund lang und breit, auf dem unzählige Menschen den Tempel erbauen, hy. Ap. 287; dafs viele Menschen kommen würden die Agonen zu schauen oder den Tempel und die vielen Schätze darin, sieht Telphusa voraus, und Apollo selbst verkündet, dafs immer Hekatomben dahin geführt werden würden. Es ist nicht anders, als wäre von einem der grofsen Tempel die Rede, welche im siebenten und sechsten Jahrhundert an der asiatischen Küste, auf den Inseln und zuletzt auch auf dem griechischen Festlande mit gewaltigem Aufwand und dem sichtbaren Streben das Höchste zu leisten, erbaut wurden.

Dafs keiner von diesen den ersten Anfang des Cultus an seiner Stätte bezeichnet, ist wohl gewifs, ob aber vorher gar kein Tempel oder nur ein kleiner da gestanden, ist kaum an einer Stelle zu ermitteln: in jedem Falle war die Neuerung grofs. Was vom delphischen Tempel Pausanias 10, 5 erzählt, ist ja Sage, aber wie hätte diese solche Wandelungen des Tempels erzählen können, wenn dessen Unwandelbarkeit heiliges Gesetz gewesen wäre; und dafs die Alkmaioniden[1]), welchen der Neubau nach dem Brande 548 vergeben war, nicht nur besseres Material[2]) nahmen, sondern auch sonst über das contractliche Modell hinausgingen, gab keineswegs Anstofs. Ist doch die schöne Architektur eben die, welche Böttiger die heilige nennt im Gegensatz zur profanen; und deren schönster Schmuck, das doppelte Giebeldach, um dessen Erfindung Pindaros die Stadt der Korinther preist, ist doch nur ein Schritt

---

[1]) Herod. 5, 62. Paus. 10, 5, 5.
[2]) Paus. 3, 20, 4 sagt von einem Stein, dafs er bearbeitet selbst für ἱερὰ θεῶν sich schicke. Um den alten Tempel des Poseidon Hippios bei Mantinea liefs Hadrian einen neuen bauen, Paus. 8, 10, 2. Umgekehrt war in den alten Tempel der Demeter Mysia bei Argos ein kleinerer von Ziegeln hinein gebaut, Paus. 2, 18, 3. Je nach Vermögen!

in dem langen Entwickelungsgange, der uns so ganz verborgen ist, dafs er fast mit einem Sprunge durchmessen scheint. Wer wollte denn auch vom Poliastempel in Athen behaupten, dafs er in mehr als der räumlichen Anlage und etwa dem ionischen Stile dem älteren, von den Persern zerstörten Heiligthum geglichen habe? Selbst des Festhalten des Baustiles liefse sich füglich bezweifeln, wenn wir, freilich erst im vierten Jahrhundert, hören, dafs der Architekt Hermogenes die schon bestimmte Bauordnung eines Tempels auf Teos aus künstlerischen Gründen umgeworfen habe[1]). Ein schwarzfiguriges Vasenbild, auf welchem man das Erechtheion erkennt, zeigt es mit dorischen Säulen[2]). Jedenfalls zeigen Böttichers einander widersprechende Behauptungen, dafs es hier an festem Boden fehlt. Denn während er früher behauptete, dafs das Festhalten am dorischen Stil, der sich bereits überlebt hätte, beim Parthenon nur aus dem Zwang des Cultgesetzes sich erklären liefse, sagt er jetzt — ein oben noch nicht berührter Grund von gleicher Güte wie die früheren — der Parthenon, als nicht im ionischen, sondern im dorischen Stil erbaut, könne nicht ein Culttempel der attisch-ionischen Nationalgöttin sein: Bötticher erkennt also, mit andern Worten, an dem dorischen Stil des Parthenon jetzt, dafs er kein Culttempel gewesen, früher das Gegentheil.

Jener Behauptung über die Bedeutung der Stilordnungen besonders der dorischen, als einer 'national dorischen Formenweise' (Ph. 17, 402. 19, 29) — um von der Bezeichnung Athenas als attisch-ionischer Nationalgöttin zu schweigen, widerspricht nicht nur Vitruvs (1, 2, 5) Lehre, dafs der dorische Stil, weil männlicher, für Minerva, Mars und Hercules passe, sondern auch viele Thatsachen, dorische Cultbauten bei Ionern, z. B. der erste Tempel, den die Ioner in Ionien bauten, dem Apollon Panionios nach Vitruv 4, 1, 6, und Nichtdorern, wie die Verbindung beider Stile an einem Bau[3]).

Mit der Gröfse und Pracht der Tempel hielten selbstverständlich auch Altäre, Tische und Tempelgeräth gleichen Schritt. Heifst ein Altar schon bei Homer Il. 1, 448, wohlgebaut, so sind einzelne

---

[1]) Vitr. 4, 3, 1. Brunn GdGK. II. 342.
[2]) Jahn de Min. sim. ant. Taf. I.
[3]) Dorisch und Korinthisch Tegea, Paus. 8, 45, 4.

aus späterer Zeit sogar zu besonderer Berühmtheit gelangt, so zu Olympia der grofse Aschaltar, in Delphi der von den Chiern geweihte[1]), ein 40 Fufs hoher zu Pergamon[2]), andere zu Ephesos[3]), Hierapolis[4]), Theben[5]). Das Opfergeräth, welches bei Sophokles der Chor dem Oidipus zur Sühnung der Eumeniden nachweist, nennt er O. C. 472 eines kunstfertigen Mannes Arbeit κρατῆρές εἰσιν ἀνδρὸς εὔχειρος τέχνη. Schon erwähnt sind die kostbaren Tempelgeräthe vom Berge Eryx, in den Tempeln von Egesta und Athen, besonders im Parthenon, aber auch in den andern Heiligthümern nach Perikles' Worten. Nicht anders war es mit den Opfern, die schon in homerischen Zeiten zu vollständigen (τελήεσσας) Hekatomben anwuchsen; auch hier die Meinung, dafs je schöner und reicher die Gabe, desto eher der Götter Gunst zu gewinnen sei[6]), wie das Gebot lautet καδδύναμιν δ'ἔρδειν ἱέρ' ἀθανάτοισι θεοῖσι[7]). Den schönsten Peplos sucht Hekate aus und verspricht die besten Kühe; ja den Werth des Thieres zu erhöhen, läfst ihm Nestor die Hörner vergolden. Und später ist es ebenso. Da beruft man sich darauf, dafs man sehr viele und sehr schöne (πλεῖσται καὶ κάλλισται) Opfer gebracht habe[8]). An die Gemeinschaft der ehrwürdigsten Heiligthümer nicht nur, sondern auch der schönsten Opfer und Feste mahnt der Herold (Xenoph. hell. 2, 4, 40) die zum Kampf einander gegenüberstehenden Athener im Jahre 403, und in jener Panathenäeninschrift wird den Hieropoioi geboten die Nachtfeier aufs schönste zu bereiten. Die schönsten Knaben und Mädchen verlangt die erzürnte Gottheit nach der Ueberlieferung von den sagenhaften Menschenopfern, und so mufsten in manchen Culten auch die Priester die schönsten sein[9]). Wie man bei solchem Streben statt stille zu stehn immer weiterging im Luxus, zeigt am besten Theo-

---

[1]) Ampel. 8; nach Bötticher T. IV. S. 26 'sicher die Prothysis.'
[2]) Herod. 1, 135.
[3]) Strabo 14, 640.
[4]) Lucian dea Syria 39, 46.
[5]) Paus. 9, 12, 3.
[6]) Od. 12, 343. 16, 184.
[7]) Xenoph. comm. 1, 3, 3.
[8]) Plato Alcib. II. 148 E.
[9]) Paus. 7, 24, 2; 19, 2.

phrastos' Angabe, dafs man zu Spenden zuerst des Wassers, dann des Honigs, dann Oeles, endlich Weines sich bedient habe[1]). So mufste man freilich zuletzt zur Erkenntnifs kommen, dafs mit solchem Prunk und Luxus den Göttern nicht gedient sei, dafs ihnen irdenes und hölzernes Geräth bei frommem Sinne lieber sei als goldenes und silbernes, und kleine Opfer lieber denn grofse[2]). Dies ist Böttichers Standpunkt, aber im Alterthum ist es ein Standpunkt der Reaction, hervorgerufen dadurch, dafs man am entgegengesetzten Ende angelangt war[3]). Dieselbe Stimme der Reaction hören wir auch über die goldelfenbeinernen und andern kostbaren Götterbilder. Wenn Plinius, h. n. 12, 3 sagt: Bäume seien einst die Tempel der Götter gewesen, und nach uraltem Brauche weihe noch jetzt das einfache Landvolk der Gottheit einen ausgezeichneten Baum, und verehre man die von Gold und Elfenbein schimmernden Bilder nicht mehr als stille Heine; oder anderswo, h. n. 35, 137 nach Erwähnung etlicher thönerner Götterbilder: das seien dazumal die kostbarsten Götterbilder gewesen . . . Gold und Silber hätten jene Menschen nicht mal auf die Götter verwandt, so zeigt das freilich, dafs nicht überall, aber meistens doch die alte Einfachheit des Cultus gewichen war; zeigt, dafs die Götter eben die ersten waren, für die man Gold und Silber gebrauchte, und dafs speciell die goldelfenbeinernen Bilder allerdings Cultusbilder waren. Sind es doch auch eben diese, gegen welche sich vornehmlich die Angriffe der Kirchenväter richten[4]). Auch die Bilder an denen uns nach Böttichers[5]) Meinung aus den Worten des Arnobius das Eindingen der Gottheit in ein Cultbild klar werden soll, sind Bilder von Erz, Gold und Silber.

Auch sonst aber erscheinen die Goldelfenbeinbilder, wie oben von der Parthenos und dem Zeus schon gezeigt ist, als Cultusbilder durch die Art wie Pausanias sie nennt und durch specielle Angaben, nicht nur die von Stark angeführten Beispiele, wie die

---

[1]) Bei Porphyr. de abst. 2, 20. Vgl. Vergil. Ecl. 7,35 nunc te (Priape) marmoreum pro tempore fecimus at tu si fetura gregem suppleverit, aureus esto.
[2]) Eratosthenes bei Macrobius Sat. 5, 21. Porphyr. de abst. 2, 18. Soph. O. C. 498. Eur. fr. 940. Anaximenes rhett. II. S. 180, 20. Horat. C. 3, 23, 17.
[3]) Vgl. Jahn BDKSGDW. 1850. S. 277; 279.
[4]) Tertull. de resurr. p. 30 D. Lactant. de falsa relig. II. 6. Arnob. 6, 14; 15, 16.
[5]) Ph. 18, 587. Arnob. 6, 8; 17; 18; 20.

Aphrodite in Sikyon, welche Laien nur vom Eingange her sehen und anbeten durften, P. 2, 10, 4, wie die Aphrodite Urania in Elis, τὴν ἐν τῷ ναῷ, Paus. 6, 25, 2, ebenda auf der Burg die Athena des Kolotes τὸ ἄγαλμα, P. 6, 26, 2 (Vgl. oben S. 12), die Hera in Argos τὸ δὲ ἄγ. P. 2, 17, 4, der Dionysos des Alkamenes in Athen, P. 1, 20, 2, der Asklepios des Kalamis ὁ θεός, P. 2, 10, 3, des Thrasymedes τὸ ἄγ. P. 2, 27, 2, eine Athena auf der Akropolis von Megara, P. 1, 42, 3. Von dem Asklepios des Kolotes in Kyllene ist es aus Strabo 8, 337 nicht ersichtlich, und mit dem Götterverein im Heraion, in dem man zwölf Hauptgötter zählen kann mit neun geringeren, ist es mifslich. Aber den unvollendeten Zeus des Theokosmos[1]) τὸ ἄγ. P. 1, 40, 3, Poseidon und Amphitrite auf dem Isthmos τὸ δὲ ἐνδόν, P. 2, 1, 7, in Patrai zwei Athenabilder, jede in einem Tempel, P. 7, 20, 2, den Zeus Olympios von Hadrian geweiht, P. 1, 18, 6, den Dionysos in Sikyon, P. 2, 7, 5, endlich die Athena zu Pellene, τὸ ἄγ. P. 7, 27, 1, müssen wir nach dem Ausdruck des Pausanias als die cultempfangenden Tempelbilder auffassen, und von der aus Kalydon nach Patrai versetzten Artemis Laphria von Menaichmos und Soidas sagt der Perieget, dafs sie zu seiner Zeit noch Verehrung genössen, P. 7, 18, 6. Dagegen ist die Athena neben dem Zeus von Eukleides in Aigeira, P. 7, 26, 3, nicht nothwendig als Cultbild zu verstehen.

Diese Bilder waren aber nur die höchste Leistung einer schon in homerischen Zeiten geübten Technik, die wir in den verschiedensten Stadien ihrer Entwickelung auch Cultbilder schaffen sehen, überall mit dem Verlangen, reichen Schmuck zu verleihen. Statt kostbare Gewebe, auch wohl andern Schmuck den Holzbildern umzuhängen[2]), arbeitete man später in steigendem Kunstsinn die Kostbarkeiten, welche man den Göttern weihte, in die Bilder hinein, oder verband sie wenigstens inniger: das Holz bekam Zusätze von Stein oder Elfenbein oder wurde ganz mit Metall überzogen. Schon Kadmos' Sohn Polydoros, sollte ein mit dem Blitze, welcher Semele erschlug, herabgefallenes Stück Holz mit einer

---

[1]) Dessen Heiligkeit Bötticher, T. IV., S. 108, n. 24; 24a, nicht bezweifelte. Vgl. Schorn, Studien d. Gr. Künstler, S. 240.

[2]) Bei allen Bildern auch später noch fortgesetzt, 'um die rohe Arbeit zu verhüllen,' Paus. 3, 16, 2. 5, 16, 2. 6, 25, 3. 2, 11, 6. 7, 23, 5. 8, 24, 4. 1, 18, 5. 2, 30, 1.

Erzbekleidung verziert und als Dionysos Kadmos geweiht haben P. 9, 12, 3. Einen Goldüberzug hatte der hölzerne Apollon von Cheirisophos zu Tegea P. 8, 53, 3, eine Artemis zu Stymphalos P. 8, 22, 6 und zu Korinth zwei Dionysosbilder, geschnitzt der Sage nach aus dem Baume, welchen Pentheus erklettert hatte, die Mainaden zu belauschen P. 2, 2, 5. Marmorzusätze hatte z. B. die Athena Chalinitis zu Korinth P. 2, 4 gleich der Athena Areia von Pheidias P. 9, 4, 1, elfenbeinerne die Dioskuren von Dipoinos und Skyllis und andre. So gelangte man auch zu ganz erzenen Bildern, deren Schein schon jene erzüberzogenen affektierten, oder zu ganz steinernen und ganz elfenbeinernen, äufserlich wenigstens z. B. Paus. 5, 46, 2; 9, 33, 5. Als den Epidauriern aufgegeben war, um von Miswachs befreit zu werden, Bilder der Damia und Auxesia aufzustellen ἱδρύσασθαι, fragten sie, ob von Erz oder Stein; das war also das gewöhnlichste (Herod. 5, 53). Wie man aber die Holzbilder mit Goldschmuck versah, so dann auch wieder die erzenen: die Lakedaimonier z. B. baten den Kroisos um Gold, den Apollon auf dem Thornax zu schmücken, verwandten das Gold nachher aber zum Schmucke des amykläischen Bildes[1]).

Auch zu der Colossalität der Goldelfenbeinbilder nehmen schon ältere Schnitzbilder einen Anlauf, so der Apollon des Laphaes, ein Hermes auf dem Kyllene von 8 Fufs Höhe[2]).

Aber die Kostbarkeit ist nur in älterer Zeit Ersatz, in späterer Träger der Schönheit, und ganz klar ist es, dafs namentlich die Zusätze von Marmor und Elfenbein ähnlich wie an architektonischen Skulpturen nur gemacht sind, um feinere Ausführung zu ermöglichen. Denn die Schönheit der Götter ist eine ihrer wesentlichsten Eigenschaften, und so unbeholfen auch die ersten Versuche später erscheinen mochten, so war doch mit dem Uebergang von Symbolen zu Bildern das Princip aufgestellt, die Gottheit ihrem Wesen nach, also auch schön darzustellen. Sobald nun die Kunst sich zu entwickeln anfing, waren vor allem Götterbilder ihre Aufgabe, und dafs sie zwischen Cultbildern und anathematischen Schaubildern je einen stilistischen Unterschied gemacht, ist nicht nachzuweisen, ebensowenig wie es begründet war an den erhaltenen älteren Bildwerken die ungleiche Vollkommenheit der

---

[1]) Herod. 1, 69. Paus. 3, 10, 10.
[2]) Paus. 7, 26, 6 ἀρχαῖον δὲ καὶ τοῦ θεοῦ τὸ ξόανον, γυμνός, μεγέθει μέγας. P. 18, 7, 2.

einzelnen Theile, namentlich der Köpfe aus irgend welchem hieratischen Zwange herzuleiten, statt aus rein künstlerischen Gesetzen der Stilentwickelung. Mußte doch auch bei Erwägung, daß nicht etwa nur Götterbilder — von Cultbildern kann natürlich gar nicht die Rede sein — sondern auch Menschenbilder, und nicht nur plastische sondern auch graphische dasselbe Misverhältnis erkennen ließen, ein solches Cultusgesetz als etwas Unbegreifliches erscheinen.

Wie man als Verfertiger der ersten Götterbilder nur einen Gott oder den Wundermann Daidalos sich denken konnte, so suchte man auch später den besten Meister zu gewinnen, wie besonders die Geschichte vom phigalischen Demeterbild lehrt P. 8, 42, 4. So finden wir denn von Smilis an, von dessen Hand schon ein Cultbild um seiner Kunstfertigkeit willen gepriesen wird, die berühmtesten Meister mit Anfertigung von Cultusbildern beschäftigt, wie Dipoinos und Skyllis, Endoios und Kanachos so auch Onatas, Pheidias, Skopas, Praxiteles und Lysippos; und sind die Werke, die selbige für den Cultus schufen, eher ihre schönsten als nachstehend an Kunstwerth gewesen.

Hüten aber muß man sich vor der Vorstellung, als ob mit der fortschreitenden Kunst nun auch die ganze Masse der Götterbilder sich vervollkommnet hätte, so daß die verehrten Cultusbilder zu einer Zeit ungefähr auch einerlei Stil gehabt hätten. In der That würde das das Gegentheil von religiöser Scheu und Pietät voraussetzen lassen. Vielmehr traten zu dem Bestande der ältesten und alten Cultusbilder nur stets eine Anzahl neuerer hinzu, so daß, wie ja Pausanias' Umschau am besten lehrt, selbst ein halbes Jahrtausend nach der Blüthezeit, als nicht nur viele der besten Werke entführt, sondern auch viele der ältesten zu Grunde gegangen waren, von den rohen Symbolen bis zu den vollendetsten Bildern alle Stufen vertreten waren.

Welche Stellung nahmen nun in der Schätzung des Volkes die neuen Bilder zu den alten ein, welches war ihre Bedeutung neben diesen?

Wenn die neuen überall nur da aufgestellt worden wären, wo entweder keins vorher dagewesen, oder das frühere zu Grunde gegangen war, so könnte man denken, daß neue und alte einander nicht beeinträchtigt hätten, jedes an seiner Stelle eben die ganze Verehrung genossen hätte. Und doch, konnte es wohl aus-

bleiben, dafs man von einem Heiligthum zum andern alte und
neue Bilder verglich und dabei der wunderlichen ja lächerlichen
Bildung der alten inne wurde? Solches scheint auch nicht undeutlich die vom Akusilaos überlieferte Ursache des Wahnsinns
der Proitiden zu verrathen (Appollod. 2, 2, 2), mag diese Fassung,
neben der es ja andere gab, wirklich im Volksmunde sich gebildet haben, oder aus realistischer Mythendeutung hervorgegangen
sein. Der ihnen nachgesagte Spott über das Schnitzbild, so gut
wie des Parmeniskos Lachen über ein solches der Leto (Athen.
14, 614), des Teiresias über eine Hera (Eustath. Od. 10, 1665, 47)
setzt ein Bewufstsein der Unschönheit voraus, wie es nur durch
eine weiter entwickelte Kunst erweckt werden konnte. Aus dem
nämlichen Bewufstsein wird es auch zu erklären sein, dafs so manche
alte Götterbilder später den Blicken der Menge ganz[1]) oder durch
Verhüllung zum gröfseren Theile entzogen wurden[2]). Das Geheimnisvolle erhöhte dann wahrscheinlich den Respect vor diesen
Bildern in eben dem Mafse, in welchem ihre offene Schaustellung
demselben geschadet haben würde. Denn eigentlich war es ja
nicht griechische Sitte das Götterbild als etwas Unnahbares anzusehn; und wenn man meint, dafs was von wunderbarem Ursprung
solcher Bilder gefabelt wurde, solche Entziehung genügend moti-
viere, so ist zu bedenken, dafs keineswegs alle Bilder vermeint-
lich wunderbaren Ursprungs versteckt wurden, wie z. B. die
Polias, sodann dafs jene Fabeleien natürlich auch nicht gleich mit
den Bildern entstanden, sondern ebenfalls erst dann, als das Aussehn derselben wunderbar erschien, als sie alt genug geworden

---

[1]) Hera in Aigion P. 7, 23, 7, wo freilich nicht gesagt, dafs das Bild
alt; vgl. von der Artemis Soteira Paus. 7, 27, 1 und Plut. Arat. 32; Thetis
in Sparta P. 3, 14, 4; Moirai, auch Demeter und Kore in Korinth 2, 4, 7;
Eileithyia in Hermion 2, 35, 8; Demeter ebenda 2, 35, 4; Soteria in Aigion
7, 24, 2; die Athena Poliatis in Tegea 8, 47, 4; Dionysos in Amphikleia
10, 23, 5.

[2]) Dionysos von Polyeidos ἀνέϑηκε ἀποκεκρυμμένον ἐφ' ἡμῶν πλὴν τοῦ
προσώπου. Hier wie bei dem Hermes im Poliastempel ὑπὸ κλάδων μυρσίνης
οὐ σύνοπτον mochte auch die einst unanstöfsige Phallosbildung mitgewirkt
haben. Demeter in Steiris κατειλημένον ταινίαις; bei Sikyon im Nymphon,
einem Theile des ἱερὸν Προστασίας Δήμητρος καὶ Κόρης, fand Pausanias ἀγάλματα
Διονύσου καὶ Δήμητρος καὶ Κόρης τὰ πρόσωπα φαίνοντα 2, 11, 3; in Titane
φαίνεται δὲ τοῦ ἀγάλματος (Asklepios) πρόσωπον μόνον καὶ ἄκραι χεῖρες καὶ
πόδες. Aehnlich daselbst die Hygieia.

waren für den Hang zu mythisieren, dafs vielleicht eher die Verheimlichung derselben die Fabeleien hervorrief, als umgekehrt. Danach hätten die neuen Bilder einen doppelten ganz entgegengesetzten Einflufs für den Werth der alten gehabt, sie hätten diese sinken, aber auch wieder steigen lassen in dem Ansehn der Menschen. Das ist es auch was jene Erzählung von Aischylos und dem Hymnos des Tynnichos bestätigt. Da hören wir es ja, dafs man, als ein Aischylos dichtete, und ein Pheidias oder sei's auch nur Kalamis Götterbilder schuf, die alten Lieder wie die alten Bilder nicht mehr genügend fand und durch neue die alten zu ersetzen verlangte, und dafs dann doch die alten im Geruch der Göttlichkeit die neuen übertrafen. Dafs dies eine Wirkung des Gegensatzes, also eine Art Reaction war, macht eine andre von Porphyrius dazugestellte Analogie klar, indem er sagt, die ältesten Opfergefäfse von Thon und Holz würden für heiliger geachtet wegen des Stoffes und der Kunstlosigkeit.

Was also aus diesem Geschichtchen von Aischylos hervorgeht, dafs in der That neue Götterbilder nicht blos da aufgestellt wurden, wo keine alten vorhanden waren, das hat man auch nicht verkennen können; hat aber wiederum geleitet durch jenen Satz von der Unabänderlichkeit des Cultus den neuen neben alten nur den Werth von Schaubildern ohne gottesdienstliche Verehrung zuerkennen wollen, scheinbar vielleicht gestützt, in Wirklichkeit aber widerlegt durch jene Warnung des Aischylos, welche gar keinen Sinn hat, wenn es von vorn herein nicht auf Gleichstellung alter und neuer Hymnen wie Bilder abgesehen war. Und die überlieferten Thatsachen beweisen, dafs aus jenem Widerstreit zwischen der Anhänglichkeit an das Ueberlieferte einerseits und andrerseits dem Schönheitssinne und dem Glauben an die Schönheit der Götter, sowie dem gleichfalls überkommenen Glauben, dafs den Göttern das Beste gehöre, nicht nur eine, sondern verschiedene Lösungen hervorgegangen sind.

Und zwar ist die einzig anerkannte Lösung, dafs nämlich das neue Bild nur als Schaubild neben das alte Cultbild gestellt sei, eben die wenigst beglaubigte. Unter den von Jahn bei Besprechung des Zeus Polieus[1]) angeführten Beispielen ist keins, in welchem das neue Bild als blofses Schaubild neben dem alten

---

[1]) Nuove memorie d. Inst. S. 23.

Cultbilde bestimmt characterisiert wäre. Mit dem Apollon Alexikakos des Kalamis Paus. 1, 3, 3 verhält es sich sogar eher umgekehrt. Denn er so gut wie der Apollon des Leochares stand nicht in, sondern vor dem Tempel, dessen Tempelbild von Euphranor, also jedenfalls jünger war; von jenen beiden haben wir keinem Culthoheit zuzusprechen das Recht. Wir können ferner nicht sagen, dafs der Dionysos des Alkamenes neben dem uralten Eleuthereus stand, da vielmehr jeder seinen Tempel hatte; noch weniger pafst ein solcher Ausdruck auf das Verhältnis der Aphrodite ἐν Κήποις von Alkamenes zu der alten ehernen daselbst, denn während jene im Tempel stand, von Pausanias als das Cultbild bezeichnet (τὸ δὲ ἄγ.), fand sich diese draufsen in der Nähe des Tempels. Aus den verschiedenen Angaben über Artemis Brauronia endlich, die Jahn zusammenstellt, ergiebt sich auch nur, dafs es mehrere Bilder gab, und zwar mehrere mit wirklichen Kleidern angethane, also wohl mehrere Cultbilder[1]).

So bleibt dort nur der Zeus des Leochares neben dem alten Polieus als einziges Beispiel, bei dem aber nicht gleichgültig ist, dafs der wegen seiner Alterthümlichkeit sprichwörtlich gewordene Cultus zu einem neuen Cultusbilde wenig pafste und zu einer Erneuerung des Cultus nicht einlud[2]).

Auf die vielen Zeusstatuen in Olympia darf man sich aus verschiedenen Gründen nicht berufen; vor allem, weil ihre Weihung, so der früheren wie der späteren, aus durchaus andern Ursachen sich erklärt. Eher könnte man die Erosbilder des Praxiteles und Lysippos neben dem alten Stein in Thespiai, oder die zu Pausanias' Zeiten neben den alten Steinen in Orchomenos aufgestellten Bilder der Chariten anführen, obgleich die letzteren, nach Pausanias' (9, 38, 1) Worten wenigstens, nicht ganz von den Cultusehren ausgeschlossen waren.

Zu Korone sah Pausanias 4, 34, 4 ein wunderthätiges Schnitzbild des Apollon Korydos, daneben ein erzenes, angeblich von den Argonauten geweihtes, des Apollon Argestas. Jenes scheint das Hauptbild zu sein; dafs es das ältere war, mögen wir etwa nach der Technik vermuthen. Ebenso nennt Pausanias noch an andern

---

[1]) Vgl. Michaelis S. 310, 60—66; 146; 170; 177.

[2]) Und doch ist dieser Zeus des Leochares auf der Münze, wo ihn Jahn N. Memorie S. 24 und Overbeck Kunstmyth. II, 1 S. 54 dargestellt glauben, mit der Schale in der Linken und vor ihm ein Altar dargestellt.

Stellen neben angeblich aus mythischer Zeit stammenden Cultusbildern in demselben Tempel um eine oder mehrere Generationen jüngere Bilder derselben Gottheit z. B. zu Megara ein Dionysos Dasyllios von Polyidos' Enkel geweiht neben dem von Polyidos selbst geweihten Paus. 1, 43, 5. Aber freilich bleibt es bei diesen und folglich auch bei andern so zu sagen Nebenbildern zweifelhaft, ob sie wirklich als Beweise jenes Widerstreits zwischen dem Festhalten an dem überlieferten Cultusbilde und dem Bedürfnis einer Erneuerung zu gelten haben, und nicht vielmehr schlechthin als Dankesgaben, da man einem Gotte nicht nur Bilder von Thieren, Menschen und andern Göttern, sondern auch von ihm selber errichtete, gleichwie man Menschen durch Aufstellung ihres Bildes ehrte. Wenn wir jene neueren Bilder aber wirklich aus einer gewissen Unbefriedigung durch das alte herleiten müfsten, so wäre wiederum die Frage, ob sie nicht neben dem älteren Hauptbild, dem eigentlichen Empfänger der Cultusehren, gleichfalls einen gewissen Antheil daran gehabt haben möchten, wie namentlich das vom Zeus des Leochares S. 85, 2 gesagte vermuthen läfst.

Denn dafs an einer und derselben Cultushandlung, wie mehrere Bilder verschiedener Gottheiten, ebenso auch mehrere derselben Antheil haben konnten, steht fest und wäre auch nur dann unbegreiflich, wenn dem Griechen das Cultusbild für den Gott selbst gegolten hätte. Wie wären aber dann überhaupt mehrere Cultusbilder derselben Gottheit in einem Lande, geschweige denn an einem Orte, möglich gewesen? An dem Opfer beim Jahresfeste des Parrasischen Apollo Pythios auf dem Berge Lykaion hatte auch das von Bassai versetzte Bild des Apollon Epikurios auf dem Markte von Megalopolis Theil[1]): derselbe Eber ward erst vor dem letzteren geopfert, dann im Tempel des ersten verbrannt. In Sikyon wurden jährlich in einer Nacht aus dem sogenannten Kosmeterion zwei Schnitzbilder des Dionysos, voran der Bakcheios, hinterher der Lysios, unter Fackelschein und Gesängen in den Dionysostempel getragen (Paus. 2, 7, 5), so dafs bei dem Feste also im Ganzen drei Bilder des Gottes, jene zwei alten und

---

[1]) Paus. 8, 38, 6. (Vgl. 8, 30, 2.) θύουσι μὲν ἐν τῇ ἀγορᾷ κάπρον τῷ Ἀπόλλωνι τῷ Ἐπικουρίῳ, θύσαντες δὲ ἐνταῦθα αὐτίκα τὸ ἱερεῖον κομίζουσιν ἐς τὸ ἱερὸν τοῦ Ἀπόλλωνος τοῦ Παρρασίου σὺν αὐλῷ τε καὶ πομπῇ, καὶ τά τε μηρία ἐκτέμνοντες καίουσι . . .

das goldelfenbeinerne Tempelbild, beieinander waren. Ebenso wurde am Fest der Artemis Limnatis zu Patrai das alte Schnitzbild, welches für gewöhnlich in Mesoa stand, in das Heiligthum derselben Göttin am Markte gebracht (Paus. 7, 20, 3). Ganz wie hier mehrere Bilder desselben Gottes, so wurden sonst auch Bilder andrer Götter zu gewissen Zeiten in einen Tempel getragen, um an seinem Feste theilzunehmen, z. B. die Koronis in Titane zur Athena (Paus. 2, 11, 7), der Dionysos Eleuthereus zur Artemis in der Akademie (Paus. 1, 19, 2). Der einen wie der andern periodischen Bildervereinigung steht aber die dauernde gegenüber. Dafs eine Gottheit oft andre Tempelgenossen neben sich stehen hatte, ist bekannt; ich führe nur dafür Belege an, dafs aufser dem einen Hauptcultbild noch andre derselben Gottheit in der Cella stehen und an dem Culte Theil haben konnten.

Bei Hermion auf dem Pron im Demetertempel nennt Pausanias zuerst Bilder von Athena und Demeter, das eigentliche Cultbild aber, welches mehr als die andern verehrt wurde, sei für Männer unsichtbar[1]). Ebenso spricht Pausanias 9, 38, 1 bei den Chariten in Orchomenos nur von einer höheren Verehrung der alten Steine. Zu Lebadeia mufste wer das Orakel des Trophonios befragen wóllte nicht nur dem für andre unsichtbaren alten Schnitzbild von Daidalos Gebet und Verehrung darbringen, sondern auch dem Bilde des Praxiteles opfern; wobei es gleichgültig ist, ob das Daidalische Bild im Tempel war oder nicht, da jedenfalls gesonderte Verehrung zweier Bilder in einem Heiligthum feststeht[2]). Von den zwei Bildern der Demeter im Tempel zu Steiris mufs jeder das aus pentelischem Marmor nach Pausanias' Erwähnung für das Tempelbild halten, aber das uralte ganz mit Binden umwundene daneben wird man unmöglich für ein blofses Schaubild erklären, ebenso wie die verschiedenen Bilder im Tempel der Artemis Brauronia (s. oben) durch Bekleidung mit wirklichen Gewändern sich über Anathemata erheben. Zwei Bilder ohne be-

---

[1]) P. 2, 35, 4 ἀγάλματα οὐκ ἄγαν ἀρχαῖα Ἀθηνᾶ καὶ Δημήτηρ. αὐτὸ δὲ ὃ σέβουσιν ἐπὶ πλέον ἢ τἆλλα, ἐγὼ μὲν οὐκ εἶδον.

[2]) Paus. 9, 39, 4 θύει γὰρ δὴ ὁ κατιὼν αὐτῷ τε τῷ Τροφωνίῳ καὶ τοῦ Τροφωνίου τοῖς παισί — folgen die andern Götter, welche daselbst Tempel befsafsen; später θεασάμενος δὲ ἄγαλμα ὃ ποιῆσαι Δαιδάλον φασίν, ... τοῦτο τὸ ἄγαλμα ἰδὼν καὶ θεραπεύσας τε καὶ εὐξάμενος ἔρχεται πρὸς τὸ μαντεῖον.

sondre Hervorhebung des einen nennt Pausanias im Temenos des Zeus Soter zu Aigion[1]); ebenda in einem Tempel der Athena[2]); im Tempel der Artemis zu Aulis[3]); der Athena Zosteria zu Theben 9, 17, 2; der Aphrodite bei Akakesion 8, 37, 9; sogar drei Bilder des Apollon mit verschiedenen Beinamen, Pythios, Dekatephoros, Archegetes in Megara 1, 42, 5. Auch bezeugt er in Leuktra im Peloponnes Schnitzbilder des Apollon Karneios[4]), so wie er auch von den heiligsten Schnitzbildern der Nemesis in Smyrna spricht[5]). Und zwar ist in diesen Fällen der Gedanke an Darstellung verschiedener Wesensseiten derselben Gottheit, wie etwa bei den drei Aphroditen in Megalopolis 8, 32, 1 und in Theben 9, 15, 1 kaum möglich.

Danach also hätte man neue Bilder auch zur Verehrung aufstellen können, ohne den vorhandenen alten ihr Recht zu entziehen, und dafs man das gethan, scheint auch der wahre Sinn jenes Ausspruchs des Aischylos zu sein. Dabei war nun ein doppeltes Verfahren möglich: entweder das alte blieb das Hauptbild oder das neue wurde es. Während wir aber für jene Ausgleichung nur etwa die Chariten zu Orchomenos, den Eros zu Thespiai, den Apollon Korydos zu Korone, die Demeter bei Hermion, vielleicht den Dionysos des Polyidos, wahrscheinlich die Hera Nympheuomene von Kallimachos zu Plataiai (Paus. 9, 2) anführen können, haben wir mehr Beispiele der Bevorzugung des neuen Bildes: aus den oben besprochenen den Dionysos in Sikyon, die Demeter in Steiris, wie es scheint auch den Trophonios zu Lebadeia, der das eigentliche Tempelopfer erhält, die Aphrodite ἐν κήποις des Alkamenes, die Artemis Brauronia des Praxiteles. Dazu kommt die Hekate des Skopas (P. 2, 22, 8), in Daulis eine Athena, dem ein älteres Schnitzbild nachstand[6]). Mehr gleichgestellt sind von Pausanias zu Theben im Tempel des Herakles

---

[1]) 7, 23, 7 Διὸς Σωτῆρος τέμενος ... ἀγάλματα ... χαλκοῦ μὲν ἀμφότερα.

[2]) ebenda Ἀθηνᾶς τε ναὸς καὶ "Ἥρας ἐστὶν ἄλλος· Ἀθηνᾶς μὲν δὴ δύο ἀγάλματα λευκοῦ λίθου, τῆς δὲ "Ἥρας τὸ ἄγ. u. s. w.

[3]) 9, 19, 5 ναὸς Ἀρτέμιδος .. ἀγάλματα λίθου λευκοῦ, τὸ μὲν δᾷδας φέρον, τὸ δὲ ἔοικε τοξευούσῃ.

[4]) 3, 26, 3 καὶ Ἀπόλλωνος Καρνείου ξόανά ἐστιν.

[5]) 1, 33, 6 ἐπεὶ μηδὲ Σμυρναίοις τὰ ἁγιώτατα ξόανα (τῆς N.) ἔχει πτερά.

[6]) Paus. 10, 4, 6 Ἀθηνᾶς ἱερὸν καὶ ἄγαλμά ἐστιν ἀρχαῖον· τὸ δὲ ξόανον τὸ ἔτι παλαιότερον λέγουσιν ἐπαγαγέσθαι Πρόκνην ἐξ Ἀθηνῶν.

dessen Marmorbild von Xenokritos und Eubios und das alte Schnitzbild von Daidalos; da aber jenes zuerst genannt wird, zähle ich es hier mit. Sicher ist der Vorrang der Polykleitischen Hera im neuen Heraion vor den beiden alten Holzbildern, von denen das ältere aus dem eroberten Tiryns versetzt war, das andre gemeiniglich als aus dem abgebrannten älteren Heraion stammend angesehn wird[1]). Während das letztere sich neben dem Hauptbild befand, wurde das andre wohl besonders verwahrt, da Pausanias hervorhebt, dafs er es selbst gesehn. Beide aber werden mit dem grofsen Bilde den Anathemata gegenübergestellt. Doch nicht immer beliefs man das alte neben dem neuen; mitunter wurde jenes auch ganz beseitigt oder wenigstens aus der Cella entfernt. So stand ja nicht nur ein Apollon von Leochares, sondern auch der Alexikakos des Kalamis draufsen, während der Patroos von Euphranors Hand den Tempel hatte. Im Heiligthum der Demeter Chamyne zu Olympia hatte Herodes statt der alten Bilder neue geweiht. Derselbe hatte auch das glänzende Tempelbild im Tempel des Poseidon auf dem Isthmos geweiht: zwei ältere Bilder des Gottes, deren eins oder beide nacheinander vermuthlich früher Tempelbild gewesen, standen im Pronaos. Schlagender beweist die Artemis in Aigeira, deren Bild Pausanias 7, 26, 3[2]) neuen Stiles fand, und aufser der im Tempel noch ein altes Bild stand, Iphigeneia, Agamemnons Tochter, von den Bewohnern genannt. Wenn diese die Wahrheit sagten, bemerkt Pausanias, so wäre der Tempel offenbar ursprünglich für Iphigeneia erbaut gewesen.

Dazu kann man mehrere Tempel zählen, die nach Pausanias' ausdrücklicher Bemerkung Tempelbilder jüngeren Datums und Stiles hatten, so der Apollon Thearios 2, 31, 9, der Asklepios in dem berühmtesten Tempel des Gottes zu Argos 2, 23, 4, die

---

[1]) Paus. 2, 17, 4 nennt zuerst τὸ δὲ ἄγαλμα τῆς Ἥρας .... παρὰ δὲ αὐτήν ἐστιν ἐπὶ κίονος ἄγαλμα Ἥρας ἀρχαῖον· τὸ δὲ ἀρχαιότατον πεποίηται μὲν ἐξ ἀχράδος, ἀνετέθη δὲ ἐς Τίρυνθα ὑπὸ Πειράσου τοῦ Ἄργου, Τίρυνθα δὲ ἀνελόντες Ἀργεῖοι κομίζουσιν ἐς τὸ Ἡραῖον· ὃ δὴ καὶ αὐτὸς εἶδον καθήμενον ἄγαλμα οὐ μέγα. Dafs das alte neben dem Polykleitischen Bilde in Ehren geblieben sei, urtheilt auch Gerhard Gr. Myth. 216, 2.

[2]) Ἀρτέμιδός τε ναὸς καὶ ἄγαλμα τέχνης τῆς ἐφ' ἡμῶν .... ἕστηκε δὲ καὶ ἄγαλμα ἐνταῦθα ἀρχαῖον, Ἰφιγένεια ἡ Ἀγαμέμνονος, ὡς οἱ Αἰγειρᾶταί φασιν· εἰ δὲ ἀληθῆ λέγουσιν οὗτοι, δῆλός ἐστιν ἐξ ἀρχῆς Ἰφιγενείᾳ ποιηθεὶς ὁ ναός.

Aphrodite Pandemos zu Athen 1, 22, 3, der Apollon Lykios zu Argos, der Apollon in Aigeira 7, 26, 3, oder soll man glauben, dafs in diesen und andern Fällen immer das alte Bild zu Grunde gegangen wäre, und man dann die Freiheit von der Tradition benutzt hätte? Genug, soviel steht fest, dafs man nicht nur neben die alten Bilder solche von neuerer Kunst stellte, sondern auch an ihre Stelle, jenen den Nebenplatz anweisend, namentlich bei Erneuerung des ganzen Tempels. Wenn aber dabei auch keins von den Cultusehren gänzlich ausgeschlossen sein mochte, so gab es doch noch einen andern Ausweg dem Neuen gerecht zu werden, ohne das Alte zu verwerfen oder zurückzusetzen, indem man nämlich neben dem alten Tempel mit altem Bilde einen neuen mit neuem Bilde weihte. Dafs mehrere Tempel oder Cultstätten derselben Gottheit an einem Orte hellenischem Brauche nicht widerstreiten, ist gewifs. Und zwar besafs dieselbe Gottheit nicht blos unter verschiedenem Beinamen mehrere Tempel an einem Orte. Odysseus sollte, freilich nur der Sage nach — aber die Sage redet ja die Sprache des Lebens — in Zwischenräumen derselben Athena Keleutheia, welcher er den Sieg im Wettlauf um Penelope dankte, nicht weniger als drei Heiligthümer geweiht haben[1]), deren eines Pausanias 3, 12, 4 sah. Derselbe spricht 2, 34, 4 von dem berühmtesten der Asklepiostempel in Argos. Der Zeus Lykaios hatte in seinem Peribolos in Megalopolis zwei Altäre, zwei Tische und ebensoviel Adler Paus. 8, 30, 2; Dionysos in Tegea zwei Heiligthümer Paus. 8, 53, 3; Aphrodite in Patrai ebensoviele, zu denen noch ein drittes kam, als Fischer ein Bild der Göttin ein Menschenalter vor Pausanias 7, 21, 4 aus dem Meere gefischt hatten; zwei ebenda Serapis 7, 21, 6. Demselben Ardalos, einem Sohne des Hephaistos schrieb man in Troizen die Gründung eines Heiligthums der Musen und aufserdem eines Altars derselben zu (Paus. 2, 31, 4). So hatte Despoina einen doppelten Cult zu Aka-

---

[1]) Bei den Zwischenräumen hat man wohl an Abschnitte der Laufbahn zu denken, wo etwa Athena ihm neue Kraft verliehn hatte, nicht an weitere Entfernung. Denn Wiederholung gleicher Culte zwar im Bereiche derselben Gemeinde, aber doch an verschiedenen Orten wie z. B. Paus. 2, 34, 11 Δήμητρος δὲ ἱερὰ πεποίηται Θερμασίας, τὸ μὲν ἐπὶ τοῖς πρὸς τὴν Τροιζηνίαν ὅροις, ... τὸ δὲ καὶ ἐν αὐτῇ τῇ πόλει, zu erklären wohl aus Uebersiedelung, wie der Dionysos Eleuthereus in Athen und zu Eleutherae, rechne ich nicht mit.

kesion in ihrem Tempel und daneben im Megaron Paus. 8, 37. In Sikyon wurde den Semnai in einem Tempel nach demselben Ritus geopfert wie draufsen auf einem Altar Paus. 2, 11, 4. Zwei Altäre des Zeus Hypsistos standen in Olympia bei einander (P. 5, 15, 4). Herodotos 1, 22 berichtet, dafs Alyattes für den verbrannten Tempel der Athena gleich zwei neue erbaut habe. Leicht können unter den angeführten Beispielen solche sein, die wirklich nach Wesen, Bedeutung verschieden, bei denen nur wegen der Ungenauigkeit unserer Ueberlieferung die Unterscheidung der Cultformen nicht hervortritt; dafür ist aber andrerseits bei vielen Heiligthümern derselben Gottheit an demselben Orte, die Unterscheidung, soweit sie uns angegeben wird, keine wesentliche, sondern nur von irgend welchen äufseren Umständen hergenommen[1]).

Geben wir aber gerne zu, dafs die Gründung eines neuen Tempels mit gleichem Cult wie der vorhandene etwas ungewöhnliches gewesen; dafs man bei einer Neugründung dieselbe Gottheit von einer andern Seite fassen durfte, wird Niemand bezweifeln oder erst bewiesen sehn wollen. Solche Neugründungen wurden ebensosehr durch die Flüssigkeit und Triebkraft des hellenischen Götterglaubens, wie durch die Ueberzeugung bei jeder Gelegenheit in besondrer Weise durch unmittelbares Eingreifen der Gottheit unterstützt zu sein, gefördert. Fafste der ältere Cultus die Gottheit von einer Seite, so wollte man sie von einer andern verehren, oder suchte sie nun in ihrer Totalität zu verehren. Auch wo der ältere Cultus schon der vollen ganzen Göttin galt, war die spätere besondere Verehrung einer Seite ihres Wesens oder Potenz nicht ausgeschlossen, zumal, wenn das ältere Bild die Totalität des Wesens ungenügend ausdrückte. Die Athena Polias können wir wohl nur als die ganze Athena ansehen, aber ihr Bild stellte nur die Kampfesgöttin dar, während z. B. Endoios in dem Holzbilde für Erythrai die friedliche Göttin mit der kriegerischen zu vereinen suchte, indem er ihr den Speer in die eine, die Spindel in die andre Hand gab. So wurde denn auch die Athena Polias ergänzt durch Nike, Ergane, Hygieia, die beim Panathenäenfest zugleich bedacht wurden.

---

[1]) Z. B. die Artemis Ariste und Kalliste in der Akademie Paus. 1, 29; Artemis Soteira und Lykeia zu Troizen P. 2, 31; Zeus Meilichios, Soter und Phyxios zu Tegea P. 2, 20 und 21.

Aber nicht blos leicht war es griechischer Phantasie, die Gottheit immer von einer neuen Seite zu verehren; sondern auch nothwendig eben für das Bedürfnifs, welches ich in's Auge fasse. Einen Pindaros, Aischylos und Sophokles lassen wir bei ihrer Behandlung der Götter fast nur von ethisch-religiösen Ideen geleitet werden, obgleich sie nicht unmittelbar für den Cultus, sondern mehr für aesthetischen Genufs schufen. Wie können wir da annehmen, dafs ein Pheidias, Alkamenes, Agorakritos, dafs das Publikum, welches die Werke dieser Meister wie jener Dichter zu würdigen vermochte, das ihnen entgegenkam und wieder von ihnen gehoben wurde, an den Bildern des Cultus nur Formenschönheit, nur aesthetischen Genufs, nicht auch ethisch-religiöse Befriedigung gesucht habe? Dann aber sind Aenderungen der Cultform auch nicht blos Mittel zum Zweck gewesen, zu dem Zwecke, ein neues Bild weihen zu dürfen; sondern jene Aenderungen sind selber Zweck gewesen. Viele der alten Bilder mufsten ja ebensowohl Anstofs erregen wie manche Mythen, nicht nur phallische Dionysos- und Hermesbilder, sondern auch an andern Göttern Vermischung menschlicher und thierischer Formen, wie namentlich bei Wassergöttern, Beflügelung und dergleichen mehr, seien es symbolische, seien es derb-natürliche Ausdrucksmittel, die später bei neuen Bildern verschwinden, bei den überlieferten alten, wie es scheint, verhüllt werden[1]). Auch in den von Jahn[2]) besprochenen Uebergängen in der Darstellung der Götter, erst von alterthümlich steifer Gebundenheit zu übertriebener Energie der Bewegung, von dieser wiederum zu ruhiger Haltung, aber zu freier selbstbeherrschter Ruhe, erkennt man neben dem Sinn für Formenschönheit auch sittliche Motive wirksam, das Streben die Götter erst gewaltig, später würdig, erhaben darzustellen. Im letzten Grunde freilich treffen beide Richtungen, die ethische und die aesthetische, zusammen, erreichen in demselben Ideal ihr Ziel.

Die alten Cultbilder hängen aber eng zusammen mit den alten Cultgebräuchen; ein grofser Theil von diesen ist nur mit jenen alten Holzbildern von nicht übermenschlicher Gröfse möglich, so das Transportieren in heiligen Prozessionen zu irgend welchen heiligen Begehungen, Baden, Färben, Putzen, das als

---

[1]) S. oben S. 83, 2.
[2]) Giove Polieo, Nuove mem. S. 20 ff.

Culthandlung wohl zu unterscheiden ist von den auch für spätere grofse Bilder von Stein, Erz, oder Gold und Elfenbein nöthigen Reinigungen. Denn während diese, ob auch begleitet von religiösem Acte, selber doch rein practische Bedeutung haben, sind jene zum Theil wenigstens Nachahmungen mythischer Götterhandlungen. Weit mehr noch als der Anstofs an den alten Bildern mufste der Anstofs, den man an den alterthümlichen Culthandlungen nahm, oder mag es bei vielen auch nur abnehmende Empfänglichkeit dafür gewesen sein, zu völlig neuen Cultgründungen führen; denn wenn man auch im alten Tempel das alte Bild durch ein neues ersetzen konnte, so war ein gleiches mit dem Cultus selber gewifs nicht so leicht möglich. Beispiele von Neugründungen neben alten Cultstätten, namentlich Tempeln, aus dem angegebenen Motive, der fortgeschrittenen Bildung, sowohl ethischer wie aesthetischer, gerecht zu werden, sind deshalb nicht leicht beizubringen, weil unsere Kunde zu mangelhaft. Von den meisten Heiligthümern wissen wir weder die Gründungszeit genau, noch die näheren Umstände und Motive, noch endlich Einrichtung des Cultus oder besondere Bedeutung des Gottes; sind wir doch strenggenommen bei keinem einzigen der athenischen Tempel über alle diese Punkte genau unterrichtet. Aber wenn Strabo 14, 640 sagt, auf Ortygia bei Ephesos gäbe es alte Tempel mit alten, neue mit neuen Bildern der Leto und Ortygia mit den beiden Kindern von Skopas; wenn Pausanias 2, 34, 11 in Hermion neben einem Heiligthum der Aphrodite ohne erwähnenswerthes Bild, aber mit bedeutendem Cult, ein andres mit grofsem sehenswerthen Marmorbild nennt; wenn in Athen neben dem alten Tempel des Dionysos Eleuthereus der neue mit dem Goldelfenbeinbild von Alkamenes stand (Paus. 1, 20, 2); ebenso neben dem angeblich von Aias gegründeten Tempel und Bild der Athena Aiantis auf der Burg von Megara ein anderer mit einem Goldelfenbeinbilde der Göttin ohne Beinamen, aufser einem dritten der Athena Nike (P. 1, 42), so dafs wir an Athen erinnert werden; wenn zu Phlius unten an der Burg ein Tempel der Demeter stand mit Bildern, die Pausanias 2, 13, 3 ausdrücklich alterthümliche nennt, ein andrer oben mit neueren, wie aus dem Schweigen des Pausanias zu schliefsen ist; wenn zu Megara auf der Burg zwischen fast lauter alterthümlichen Heiligthümern ein Tempel des Zeus Konios (oder Kionios?) ohne Dach, unten das stattliche Olympieion mit dem unvollendeten

Coloſs des Theokosmos, einer Nachahmung des Pheidiasischen, sich fand (P. 1, 40); ähnlich in Athen auf der Burg nur Altar und Bild des alterthümlichen Zeus Polieus (auſser dem Altar des Hypatos vor dem Poliastempel), unten aber Peisistratos einen groſsartigen Tempel des Zeus Olympios gründete (P. 1, 24; 18, 6): so bezeugen diese Bauten doch wohl durch sich selbst, was uns über sie nicht bezeugt ist, daſs man neben die alten Tempel und Bilder, welche man nicht mehr würdig genug fand, neue prächtigere gründete, den alten Cult belassend.

Hierher stellen sich nun auch der Parthenon und der Zeustempel in Olympia, jeder an seiner Stätte neben älteren Cultstätten der würdigste Tempel mit dem würdigsten Bilde der Gottheit. Bei diesen beiden Tempeln sind wir auch zuerst im Stande theils aus besonderen Angaben, theils aus der Vergleichung der alten Cultstätte mit der neuen, Grund und Absicht der Neugründung ein wenig zu erklären.

Der äuſserlichste Anlaſs ist in Olympia bezeugtermaſsen der Sieg der Eleer über die Pisaten. Kriegsbeute war aber seit den ältesten Zeiten eine der gewöhnlichsten Veranlassungen zu Cultgründungen. Für den Parthenon oder sein Bild gilt Bötticher ja ein Gleiches als gewiſs. Doch beziehen sich die betreffenden, überdies unsichern[1]) Angaben nur auf den Neubau nach den Perserkriegen. Mochten aber auch unmittelbar oder jedenfalls mittelbar aus den Medersiegen die Mittel zum Neubau flieſsen, so war dieser doch nur die Wiederherstellung des älteren Hekatompedos; und für diesen läſst sich nur vermuthungsweise ein Sieg als Anlaſs zur Gründung aufstellen.

Sicherer dürfen wir aus der Beschaffenheit des neuen Bildes verglichen mit derjenigen des alten schlieſsen, daſs das alte Bild nicht mehr genügte, weder in Athen noch in Olympia. Denn wenn auch ein älterer Zeustempel an letzterem Orte nicht nachzuweisen, so kann doch das Heraion offenbar als dem Zeus mit angehörig angesehen werden, da in demselben Zeus neben der thronenden Hera stand[2]), beide, wie Pausanias angiebt, von älterem Datum als die zahlreichen später zu ihnen gestellten Bilder andrer Götter,

---

[1]) S. Michaelis S. 9, 23.
[2]) Bei Paus. 5, 17, 1 glaube ich ohne Lücke und Umstellung auszukommen. Die Worte τῆς Ἥρας δέ ἐστιν ἐν τῷ ναῷ Διός, τὸ δὲ Ἥρας ἄγαλμα

und wie wir den Periegeten wohl verstehen dürfen, von einerlei Stil, also wohl auch von Anfang an verbunden; zumal da die eigenthümliche Fassung des Zeus eben diejenige ist, welche er in dem auch für die Hera dieses Tempels bedeutendsten Mythos vom Oinomaos und seiner Tochter hat, als Zeus Areios. Grade in Olympia aber ganz besonders hatte sich die Vorstellung des Zeus als eines friedlichen, gnädigen Gottes ausgebildet, so dafs jenes Bild im Heraion in jeder Beziehung später veraltet sein mufste.

Ebenso war das Bild der zum Kampfe vorstürmenden Polias[1], ganz abgesehen von dem alterthümlichen Stil und der ungeschickten Ausführung, wegen der Vorstellung selbst veraltet. Man braucht nur der Pheidiassischen Promachos sich zu erinnern, oder um eine ältere Darstellung anzuführen, der Athena in den aiginetischen Tempelgiebeln, um gewahr zu werden, wie sehr man von den energisch, ja man möchte sagen, leidenschaftlich bewegten Götterbildern abgekommen war. Dachte man auch in der Action die Göttin vielleicht noch ebenso lebhaft und energisch, so gewann doch in Einzelbildern die Vorstellung von göttlicher Ruhe und Majestät die Oberhand, namentlich für die aller Handlung entrückten, isolierten Tempelbilder.

So stellte sich also an beiden Stellen dem gläubigen Verehrer die Gottheit mindestens nur von einer Seite ihres Wesens dar. Dafs man eben diesen Mangel abstellen wollte mit den neuen Bildern, können wir mit Bestimmtheit erst später aus der Betrachtung derselben erkennen: hier aber können wir wenigstens darauf hinweisen, dafs die Beinamen Olympios und

καθήμενόν ἐστιν ἐπὶ θρόνου haben fast dieselbe gesucht kurze Construction wie 2, 2, 5 Διονύσου ξόανα ... Λύσιον δέ, τὸν δὲ Βάκχειον ὀνομάζουσι oder 7, 21, 4 ἔστι δὲ ἀγάλματα ... Ἄρεως, τὸ δὲ Ἀπόλλωνος und daselbst καὶ ναοὶ θεῶν Ἀπόλλωνος, ὁ δὲ Ἀφροδίτης. Dann kann aber auch das folgende παρέστηκε auf jenen nachträglich näher beschriebenen Zeus gehen, ohne dafs etwa Ares' Name einzuschieben wäre.

[1] Jahn de antiq. Minervae simulacris atticis S. 7 ff. weist die Dresdener Pallas als Vertreterin des Typus nach. Derselbe wäre dem des ältesten Zeus Polieus durchaus verwandt. Ich sehe mich aber freilich durch jene Nachbildung nicht gebunden die Gigantomachie im Peplos in durchaus gleicher Weise angebracht zu denken. Die Bedenken von Schöne, Griech. Reliefs S. 12, welche vom Daidalos ausgehen, glaube ich durch meine Kritischen Bemerkungen zur ältest. Gesch. d. gr. Kunst S. 26 ff. (Ploener Progr. 1871) widerlegt zu haben.

Parthenos, welchen wenigstens die im neuen Parthenon aufgestellte Göttin trug, weit entfernt eine wesensbeschränkende Bedeutung zu haben, wie etwa Areios, auch nicht blos bedeutungslos wie Polias, der ja nur die auf der Polis d. h. der Burg thronende bezeichnet, sondern von allen möglichen sinnbezeichnenden Beinamen am besten das ganze volle Wesen, jener des himmlischen Herrn, dieser der jungfräulichen Göttin bezeichnen.

Noch von einer anderen Beschränkung sind die beiden neuen Bilder, verglichen mit den alten im Heraion und dem Poliastempel, befreit. In den engverbundenen Räumen des Erechtheions und des Poliastempels war nicht nur der Cult des Erechteus Poseidon mit demjenigen der Athena verbunden[1]), so dafs ihr Tempel in der Odyssee δόμος Ἐρεχϑῆος heifst und beiden gemeinschaftlich geopfert wurde von den Epidauriern, auch Plutarch von einer Tempelgemeinschaft, Aristeides vom Erechtheus als πάρεδρος der Göttin spricht; sondern vor dem Erechtheion und zwar vor dem Eingang war ein Altar des Zeus Hypatos, drinnen Altäre auch des Butes und des Hephaistos aufser dem des Erechtheus, und im Tempel der Polias selbst war das uralte Schnitzbild des Hermes, ganz abgesehen von dem Tempel der Pandrosos.

Ebenso war im Heraion nicht nur Hera, die eigentliche Besitzerin des Tempels, sondern noch eine ganze Götterversammlung mit Zeus verbunden, die schon früh begonnen, später noch ergänzt wurde. Wie entgegengesetzt ist dieser im Ganzen mehr dem alten Geschmacke zusagenden Anhäufung die selbstherrliche Einsamkeit des Zeus im Olympieion und der Parthenos, neben denen weder von derselben Gottheit noch von andren Göttern irgend ein andres Bild sich befand, auch keine Statuen von Menschen, abgesehen von römischen Kaisern und dem noch später aufgestellten Achilleus; denn Iphikrates kann ebensowohl im Pronaos[2]) gestanden haben, nach den Worten des Pausanias, dem beim Parthenon auch der Mangel andrer Bilder aufgefallen zu sein scheint[3]).

So scheint es, dafs man an beiden Stellen das Bedürfnis gefühlt von der Gottheit, welche im Laufe der Zeiten eine die andren

---

[1]) S. Jahn, Pausanias arc. Ath. descr. 26, 6.
[2]) So urtheilt auch Michaelis S. 40, 139.
[3]) 1, 24, 7 Ἐνταῦϑα εἰκόνα ἰδὼν οἶδα Ἀδριανοῦ βασιλέως μόνου καὶ κατὰ τὴν ἔσοδον Ἰφικράτους.

Götter überwiegende Bedeutung bekommen hatte, nicht nur ein würdiges, d. h. sowohl schönes als auch ihr Wesen möglichst vollständig darstellendes Bild aufzustellen[1]), sondern diesem nun auch einen Tempel ganz und ausschliefslich zu weihen. Auch noch anderswo kann man wohl dies Motiv bei Neugründungen wirksam erkennen[2]). In Athen hatten Demeter und Kore einen Tempel allein, einen andern mit Iakchos zusammen Paus. 1, 14, 1; 1, 2, 4; in Sikyon gehörte ein Tempel dem Apollon Karneios allein, ein andrer diesem und Asklepios zusammen Paus. 2, 10, 2, ein dritter Apollon und Artemis 2, 11, 2; in Olympia hatte Alpheios einen Altar für sich allein, einen andern mit Artemis gemeinschaftlich, die auch wieder andre Altäre ausschliefslich besafs Paus. 5, 14, 5; in Megalopolis waren in einem Heiligthum Demeter und Kore verbunden, in einem andern Kore allein verehrt Paus. 8, 31; ähnlich in Tegea, nur dafs Kore für sich allein blos noch einen Altar besafs Paus. 8, 53, 3; während Zeus einen Tempel in Lebadeia mit Kronos und Hera theilte, besafs er einen andern als Βασιλεύς allein Paus. 9, 39, 3; und derlei liefse sich leicht mehr beibringen.

Fragen wir endlich, ob auch der Cultus der beiden neuen Bilder, d. h. der Parthenos und des Zeus Olympios, von dem an den älteren Bildern der Polias und des Zeus im Heraion oder an dem grofsen Altar des Olympios haftenden in ähnlicher Weise sich unterscheide, dafs man darin den Geist einer andern Zeit erkennen kann.

Ueber den Zeus im Heraion wissen wir in dieser Beziehung nichts; die eigenthümlichen Bräuche des Heraion gehn ja zunächst die Hera an. Dafs auf dem grofsen Altar häufiger geopfert worden als auf dem Altar des neuen Tempels, folgt aus Pausanias 5, 13, 5 noch nicht, da er nur von den Opferungen auf dem gröfsten Altar besonders spricht. Bei dem monatlichen Opferrundgang hatte aber der Altar des Tempels den ersten Platz erhalten — versteht sich nach der Hestia — vor dem Heraion, welches ich an der nächstfolgenden Stelle bei Paus. 5, 14, 5 vermuthe. An Opfern bei Ge-

---

[1]) Gerhard Ak. Abh. I S. 234 sah erst durch Polias und Parthenos zusammen die Athena vollständig vergegenwärtigt. Auch Preller Gr. Myth. I S. 156 findet einen Gegensatz zwischen beiden Heiligthümern.

[2]) Wurde umgekehrt die Gottheit, welche schon einen Tempel für sich allein besafs, in einem zweiten mit einer andern verbunden aufgestellt, so bleibt das für die Hauptsache gleich.

legenheit des Agon hat gewifs der Tempel so gut Antheil gehabt wie der grofse Altar. Wir finden aber hier überhaupt keine alterthümlichen Cultgebräuche; denn bei dem Monatsopfer besteht das Alterthümliche (Paus. 5, 15, 6 *θύουσι δὲ ἀρχαῖόν τινα τρόπον*) eben nur in der Wahl der Substanzen.

Anders ist es in Athen, wo wir unter den Cultgebräuchen der Polias, welche eng mit dem Bilde der Göttin zusammenhängen, abgesehen von den wenig bekannten Kallynterien, die Plynterien als ein Fest alterthümlichen Stiles finden[1]). Denn das Herumführen des Götterbildes vom Tempel zum Meere und wieder zurück, mehr noch das Waschen desselben, sind Gebräuche, die nur bei den alten Holzbildern vorkommen und möglich sind und die auch, im wesentlichen unveränderlich, entweder so oder gar nicht fortbestehen können[2]). Dagegen hat die Parthenos, so viel wir wenigstens wissen, an keinem Feste aufser an den Panathenäen und zwar zunächst den Grofsen Antheil. Hier empfängt die Göttin, dieselbe, die im Poliastempel der Anbetung sich darstellte, aber nur hier im Parthenon in voller Schönheit und Majestät sich zeigte, in würdigem Hause den zu ihrer Verehrung nahenden Festzug. Hier nimmt sie zunächst die Gaben an, die hernach speciellerer Verwendung zugewiesen werden: den Peplos, die neuen Arrephoren (?) und das Opfer. Letzteres konnte nicht blos nach einander, wie der Peplos (und die Arrephoren), an beiden Cultstätten, in beiden Häusern der Göttin dienen, sondern getheilt, wie ja auch die andern Heiligthümer ihren Antheil erhielten, an beiden Stätten zugleich dargebracht werden; wofür es gleichgültig, ob das Hauptschlachten vor dem kleinen oder dem grofsen Tempel stattfand. Hier lohnte sie dann wahrscheinlich auch denen aus ihrem Volke, die sich durch Tüchtigkeit in den Agonen ausgezeichnet hatten, bei der feierlichen Preisvertheilung. Dafs der alte Tempel auch an den Grofsen seinen Antheil behielt, ist wohl sicherer anzunehmen, als dafs der Parthenon auch bei dem kleinen Feste benutzt wurde.

So waren es aufser den vielen andern zwei Tempel und zwei Bilder, beide gewissermafsen ein Heiligthum, *τὸ τῆς Ἀθηνᾶς ἱερόν*,

---

[1]) S. Mommsen Heortol. S. 432.

[2]) Hatte Athena vor der Einsetzung der grofsen Panathenäen mit ihrer Peplosdarbringung keinen Peplos, was sonst wohl möglich war, so konnten doch die Plynterien im Wesentlichen dieselben sein.

ὅ τε ἀρχαῖος νεὼς ὁ τῆς Πολιάδος καὶ ὁ Παρθενών, wie Strabo sagt, derselben Göttin eigen, nicht etwa der Parthenon ein Anathema der Polias, d. h. des alten Tempelbildes, sondern wie dieses Anathema der Göttin selbst, und wenn die Göttin schlichtweg genannt an einer bestimmten Stelle, in bestimmter Gestalt zu denken war, so war es die im Parthenon.

Das Panathenäenfest aber nun, das einzige im Parthenon mitgefeierte, ist im Gegensatz zu jenen alterthümlichen, dem Poliastempel allein verbliebenen, Cultusfesten eben dasjenige, welches schon in seiner ursprünglichen Anlage, wie sie die Sage meldet, der später gewöhnlicheren, bei neueren Cultgründungen ausschliefslichen, man kann sagen allgemeineren Art der Gottesverehrung am meisten glich, daher es auch, ohne umgebildet zu werden, am meisten Zusätze und Erweiterungen aufnehmen konnte, während jene alten Feste so wenig wie die Dipolien z. B. entwickelungsfähig gewesen zu sein scheinen. Diese Weiterbildung des Panathenäenfestes und zwar dergestalt, dafs das alte Fest neben dem neuen fortbestand, ist die genaueste Analogie für die Gründung eines neuen glänzenderen Tempels neben dem alten für dieselbe Gottheit, zumal hier, wo das neue Fest vorzugsweise zu dem neuen Tempel gehört, wie das alte zum alten, während in Olympia der neue Tempel mit dem neuen Bilde der langsam vollzogenen Umgestaltung des Festes aus einem lokalen zu einem nationalen seinen Abschlufs und seine Weihe gab.

Hinsichtlich des Cultus unterscheidet sich also die Parthenos von der Polias weniger durch diejenigen Cultusformen, die sie besitzt, als durch die, welche sie nicht besitzt, nicht mit jener theilt. Auch dies ist aber für die Bedeutung des neuen Bildes nicht unwesentlich; denn je nach Art des Festes, ist auch die Stellung und Geltung des daran betheiligten Bildes eine verschiedene.

Bei Festen wie die Plynterien ist das Cultbild der eigentliche Mittelpunkt und Empfänger der Ehren, wie es Gedanken und Hände der Feiernden, zunächst der Priester in Anspruch nimmt. Wenn man also auch von Anfang her wohl die Gottheit von dem Bilde zu scheiden wufste, so mufsten doch eben solche Feste dazu beitragen dies Bewufstsein zu trüben. War es doch nicht gut möglich die Gedanken von dem Bilde zu der Gottheit selbst zu erheben mit dem Bewufstsein, dafs die mit Andacht vollzogenen Handlungen eigentlich nicht dem Bilde, sondern der Gottheit selber erwiesen werden sollten. Diese Handlungen waren nur an einem Bilde möglich.

Wie ganz anders bei Opfern, Festzügen und Agonen aller Art. Mochten namentlich die letzteren ursprünglich so gut wie jene alterthümlichen Begehungen mit den Bildern Nachahmung mythischer Götterhandlungen sein, so unterscheiden sie sich doch von diesen namentlich dadurch, daſs sie weniger an ein Bild gebunden, auf ein Bild bezogen, vielmehr als unmittelbar der Gottheit dargebrachte Huldigung aufzufassen sind. Das Bild, das bei jenen Cultusacten nicht fehlen kann, ist hier nicht nothwendig, und ist es vorhanden, so erfüllt es einen ganz andern Zweck. Es dient nicht mehr als handgreifliches Substrat, sondern aller direkten Berührung entrückt, dient es mehr der Anschauung und den Gedanken Ziel und Richtung zu geben als den Händen Beschäftigung.

So verschiedenen Zwecken, scheint es, konnte, als man gelernt hatte schönere Bilder zu machen, nicht wohl dasselbe Bild genügen. Mäſsige, die menschliche nicht übersteigende Gröſse, Einfachheit, Leichtigkeit und Handlichkeit, wie namentlich Holzbilder sie hatten, waren für die alterthümlichen Begehungen eben so erforderlich, wie man die gröſste Erhabenheit nur durch Colossalität und Zusammensetzung der edelsten Stoffe darstellen zu können glaubte; und war für die, welche die Gottheit schauen und sich vergegenwärtigen wollten, die höchste erreichbare Schönheit kaum genügend, so war bei jenen Handthierungen mit dem Bilde solche Schönheit vielleicht eher störend als die alten absonderlichen Formen.

So scheint es also, daſs bei Aufstellung neuer Götterbilder recht eigentlich Rücksichten des Cultus obwalten konnten, und daſs solche Neuerungen sich durchführen lieſsen ohne Beeinträchtigung des alten Bildes, auſser daſs dieses etwa die alten Ehren, theilweise wenigstens, mit dem neuen Bilde gemeinschaftlich genoſs.

Ist es nun aber begreiflich, daſs das Verlangen nach einer derartigen Neuerung und Läuterung des Cultus mächtig genug gewesen, um so groſsartiges wie z. B. den Parthenon in's Leben zu rufen, und daſs dennoch der alte Cultus nicht nur fortbestanden, sondern an Heiligkeit sogar den neuen übertroffen habe? Ich glaube, daſs diese Thatsache, welche ja in jenem öfter angeführten Ausspruch des Aischylos über den Hymnos des Tynnichos vorliegt, wie in den Worten, mit denen Pausanias 1, 26, 6 zum Poliastempel sich wendet, sagend, daſs dessen Bild von allen das

heiligste sei, sowie in dem Wunder himmlischen Ursprungs und
andren, welche fast ausschliefslich von jenen uralten Holzbildern
erzählt würden[1]) — diese Thatsache, glaube ich, hat nicht wenig
beigetragen zur Scheidung von Cultus und Agonalem, und doch
erklärt sich dieser scheinbare Widerspruch nicht unschwer. Die
Lösung liegt darin, dafs diejenigen, welchen die alten Cultbilder
wie z. B. die Polias die heiligsten, anbetungswürdigsten waren,
und die, welchen dieselben Bilder nicht mehr genügten, ganz verschiedene Personen waren, mit ganz verschiedenen Vorstellungen
und Begriffen, von denen die einen an den alten Bildern eben
das anstöfsig fanden, was die andern am meisten anzog, nämlich das
absonderlich Alterthümliche und ebendarum wunderbar Mystische.

Dafs nicht nur in den verschiedenen Theilen Griechenlands
die Bildung sehr ungleich vorgeschritten war, sondern auch in
den Mauern einer Stadt wie namentlich Athens die Gegensätze
alter und neuer Bildung einander gegenüberstanden, ist bekannt
genug; bekannt auch, dafs diese Verschiedenheit das Leben nach
allen Richtungen beherrschte, politische wie religiöse Gesinnung,
Lebensart und Sitte, aesthetisches Urtheil, Denk- und Redeweise,
wie uns namentlich die Komoedien des Aristophanes anschaulich
machen. Dafs auch die Schätzung der Götterbilder darnach eine
verschiedene sein mufste, dürfen wir auch ohne besonderes Zeugnis
um so eher annehmen, als hier ja zwei Richtungen zusammenliefen,
die wir von jenem Gegensatze besonders stark berührt wissen, der
künstlerische Geschmack nämlich und die religiöse Anschauung.

Von diesen beiden Parteien, derer, die mit der älteren
Bildung genährt auf der früheren Stufe stehen geblieben waren
und überhaupt mehr dem Alten anhingen, und derer, die der
ferneren Entwickelung folgten, ist noch zu unterscheiden der
grofse Haufe, der aus gröfserer Ferne an den geistigen Errungenschaften Antheil nimmt, der in seiner Arbeit wie in seiner ganzen
Anschauungsweise am meisten in den Fufstapfen der Väter bleibt,
der aber, weil es ihm an eigenem sicherem Urtheile gebricht, sich
bestimmen und leiten läfst. So gab er sich denn auch der Führung
des Mannes hin, welcher die Knospe des griechischen Geistes zur
herrlichsten Blüthe sich entfalten liefs, und müssen wir die grofsen

---

[1]) Schoemann Gr. Alt. II S. 178. Nägelsbach Nachh. Theol. S. 180. Welcker
Gr. Gött. II S. 122.

Werke, welche mit den Mitteln des Staates nach dem Willen des Volkes ausgeführt wurden, bis zu einem gewissen Grade auch diesem Volke, d. h. der Masse, zuschreiben; aber freilich nicht in dem Sinne, als ob es sich dabei der leitenden Ideen bewufst gewesen wäre. Im Perikles und den grofsen Geistern, die mit ihm arbeiteten, waren diese Ideen das Treibende, die Menge konnte zunächst nur für die grofsartige Gestaltung dieser Ideen gewonnen werden, und erst durch das Einleben in dieselben konnte sie den Geist daraus saugen. Darin mag das athenische Volk durch besondre Begabung verhältnismäfsig mehr geleistet haben als andre Völker, aber von der Höhe der schaffenden Geister blieb es doch durch weiten Abstand geschieden und im Inneren mehr das alte, als dafs es zu einem neuen umgewandelt wäre.

Fragen wir, wie es gekommen, dafs das Volk zu der Ausführung dieser Ideen so willig die Hand geboten, dafs so ohne störenden Widerspruch, so einmüthig scheinbar, fünfzehn Jahre hindurch das grofse Werk gefördert und vollendet worden, nachdem doch nicht ohne Widerstand der neue Geist zur Herrschaft gelangt war, so ist der Grund zunächst und am äufserlichsten in der Gewalt und Ueberlegenheit des Perikles zu suchen, in der überwältigenden Gröfse der Gedanken und Entwürfe, der Meisterschaft seiner Freunde und Beihelfer, endlich dem wunderbaren Zusammenarbeiten auf den verschiedensten Gebieten, da dieselben Anschauungen und Ideen in den Tragoedien eines Sophokles, den Gemälden eines Polygnotos, den plastischen Werken eines Pheidias, den geschichtlichen Darstellungen eines Herodotos von allen Seiten her dem Volke zugeführt wurden, ja selbst von Seiten der Philosophie bei so vielem Abweichenden, wie wir sehen werden, doch auch verwandte Töne herüberklangen.

Diese Harmonie der Geister ist aber auch schon ein Beweis für die Wahrheit und Berechtigung dieser Bestrebungen, für das echt Hellenische dieses Geistes, ohne das seine Herrschaft über das gesammte Volk auf so lange Zeit nicht wohl möglich gewesen wäre. Wie die Athener empfanden, wie wir geschichtlich bewufst erkennen, waren jene Ideen eben die Erfüllung dessen, was das hellenische Volk bis dahin in sich getragen und mit den verschiedensten Ausdrucksmitteln darzustellen versucht hatte. Nur in solchem Sinne war es etwas Neues, nicht dafs es durch einen Bruch mit der Vergangenheit als Anfang einer neuen Entwickelung dagestanden hätte. Speciell war die Aufstellung eines neuen Bildes derselben Göttin zur Anbetung und zum Cultus mit den zu Gebote stehenden Mitteln der Kunst nur eine Wiederholung desselben Actes, mit dem der Cultus des Poliasbildes seinen Anfang genommen hatte. Denn absolut betrachtet, war allerdings das alte Bild dasselbe geblieben und hatte durch Sitte und Gewohnheit und alte Gemeinschaft einen neuen Werth bekommen, aber relativ, zusammengehalten und gemessen mit der fortgeschrittenen Bildung des Volkes, mit dessen gesteigertem materiellen und technischen Vermögen war das Bild gesunken, war es gewissermafsen nicht mehr dasselbe, so dafs die Aufstellung eines neuen, wie von der einen Seite als Neuerung, so doch von der andern als Herstellung des alten Gleichgewichtes und Verhältnisses aufgefafst werden kann.

So waren die Ideen, welche durch Pheidias so recht eigentlich verkörpert wurden, zwar weit hinausgehend über die alten Vorstellungen an geistiger Erhabenheit, aber doch noch weiter getrennt waren sie von dem andern Extrem, der in philosophischem Studium erwachsenen Verwerfung alles Bilderdienstes nicht nur, sondern auch der mythischen Göttergestalten des Volksglaubens überhaupt. Freilich gab es auch eine mildere philosophische Auffassung als die des Xenophanes: Männer wie Demokritos und Empedokles gestanden den mythischen Volksgöttern sogar eine gewisse objective Wahrheit zu, andre mochten sie wenigstens als wenn auch willkürliche, doch der menschlichen Natur angemessene Gestaltungen des göttlichen Wesens gelten lassen. Perikles selbst, der Schüler und Freund des Anaxagoras, Zenon und Protagoras, innerlich befreit von dem Mythenglauben seines Volkes[1]), aber doch der Mann, um den Gedanken einer hellenischen Nationalversammlung anzuregen, welche über die Herstellung der von den Barbaren zerstörten Heiligthümer und die Erfüllung der noch schuldigen Opfer berathen sollte, er ist das beste Beispiel wie eine philosophisch gereinigte Vorstellung von der Gottheit sich mit den geläuterten Formen des Mythenglaubens vertrug. Kaum dürfen wir also zweifeln, dafs eben diese Vermittelung der Gegensätze, die

---

[1]) Thukydides läfst Perikles nicht von den Göttern reden, auch wo es nahe läge (vgl. τὰ δαιμόνια 2, 64, 2), und auch der angebliche Ausspruch des Perikles bei Stesimbrotos fr. 8: 'wir Menschen sähen die Götter nicht, sondern erkennten sie als unsterblich nur aus der beständigen Verehrung und ihren Wohlthaten' ist ja sehr unbestimmt gehalten.

damals mehr und mehr sich zu scheiden drohten und in den letzten Jahren des Perikles, vollends nach seinem Tode, verschärft durch die Leidenschaften des Krieges, sich abstiefsen, dafs diese Versöhnung in der Absicht des Perikles gelegen. Wie andre[1]), so spricht das Curtius Gr. Gesch. II S. 269 aus, freilich Böttichers Theorie damit verbindend, wodurch der Versöhnung der Boden entzogen wird. Denn eben den Cultus galt es derartig zu läutern, dafs er ein alle einendes Band blieb.

Danach suchen wir nun durch Auslegung der Bildersprache an Tempel und Bild wie der Athena so des Zeus in den Geist des neuen Cultus einzudringen.

---

[1]) Z. B. Schöll, Leben des Sophokles S. 100. Droysen, Uebersetz. d. Aristophanes I S. 241 f.

Der Ostgiebel des Parthenon.

Die Darstellung des östlichen oder vorderen[1]) Giebels des Parthenon bezog sich nach Pausanias auf die Geburt der Athene πάντα ἐς τὴν Ἀθηνᾶς ἔχει γένεσιν[2]), und können wir auch den Gegenstand des westlichen Giebels besser erkennen, so läfst doch auch der des östlichen sich in den erhaltenen Resten noch nachweisen[3]). Schon gleich die Einrahmung durch Helios und Selene, ist dieselbe wie in einer andern Darstellung ähnlichen Inhalts von demselben Pheidias. An der Basis des Zeus zu Olympia hatte er Aphrodite aus dem Meere in den Olympos aufsteigend — also gewissermafsen ihre Geburt — von Peitho und Eros bekränzt dargestellt, und zuschauend an beiden Seiten die Götter, links von aufsen her Zeus und Hera, Hephaistos und Charis, Hermes und Hestia, rechts Poseidon und Amphitrite, Herakles und Athena, Artemis und Apollon. Sind uns an der Basisdarstellung die Namen ohne die Darstellung überliefert, so am Parthenon ein Theil der Darstellung, aber ohne Namen. Ueber den Helios (A London) konnte gleichwol kein Zweifel sein. Zwar fehlen Kopf und Hände, aber gewaltig erscheint noch die Bewegung des Gottes und seiner Rosse in den wenigen sichtbaren Theilen. Denn eben taucht er mit dem Nacken aus den Fluthen auf, deren Wellenspiel auch im

---

[1]) Ueber den Irrthum Spons, welcher die Westseite für die vordere hielt, s. Michaelis DP S. 151.

[2]) Ich habe mich früher vergebens bemüht in diesen Worten eine genauere Bestimmung des Moments zu finden; Gerlach, Philologus 1872 S. 375, irrt, wenn er sie gefunden zu haben glaubt.

[3]) Die Zeichnung Carreys und die erhaltenen Reste s. bei Michaelis T. 6.

Marmor angedeutet, dem fernen Beschauer einst vielleicht durch Vergoldung verdeutlicht war[1]). Voll Ungestüm streben die vier feurigen Rosse, deren zwei (B) mit dem Gott verbunden in London, zwei (C) noch im Giebel sich befinden, aus der nassen Tiefe in den Aether hinauf. Mächtig werfen sie die Köpfe zurück, als schüttelten sie das Wasser aus den Mähnen. Das ist Helios, 'der Lenker der feuerschnaubenden Rosse' (Pind. ol. 7, 71), der, wenn auch ohne dafs Rosse genannt werden, schon in der Ilias aus dem Okeanos aufsteigt im Osten, im Westen in ihn untertaucht, der, seine meernassen Locken schüttelnd, den Thau fallen läfst[2]).

Von den zahlreichen ähnlichen Darstellungen gehn uns hier nur die zunächst an, welche wie an der Zeusbasis dem aufgehenden Helios die untergehende Selene gegenüberstellen, denn so waren sie auch in unserm Giebel verbunden. Carrey sah in der r. Giebelecke nur einen Pferdekopf (P), aber nachdem Lord Elgin einen solchen (O) nach England entführt, findet sich noch einer im Giebel, aber nicht, wie Michaelis T. 6, 6 angiebt, über dem dritten, sondern über dem zweiten freien Spatium. So rücken die Rosse in etwas passendere Entfernung von der Lenkerin, die ja nicht reitet, sondern fährt. Schon der eine Pferdekopf genügte, um die Nacht (Visconti) oder besser Selene (Combe) hier anzusetzen. Im Jahre 1850 fand man dann den Torso der Göttin (N, Athen), welchen Beulé und Lloyd erkannten[3]). Bis an die Hüften ragt sie noch aus dem Wasser[4]) hervor. Ihr einfacher Chiton ist unter der Brust mit einem schmalen Bande gegürtet und durch die sogenannten Kreuzbänder, 'ein Stück der Tracht des täglichen Lebens'[5]), die namentlich bei weiblichen Wesen rascher Bewegung, Hebe, Artemis, Hekate, Eris, Furien, Amazonen, aber auch bei Männern, besonders Wagenlenkern häufig, z. B. am Fries, sich findet, scheint eine Art jetzt gröfstentheils weggebrochener Mantel befestigt gewesen zu sein, welcher zurückflatternd die Bewegung der Göttin veranschaulichte. Stark vorgebeugt ist der Oberkörper in vor-

---

[1]) Welcker Alte Denkmäler I S. 77 dachte an grünliche Färbung.
[2]) Nonnus 26, 188. Vgl. Ovid. Met. 5, 440.
[3]) Michaelis S. 177.
[4]) Michaelis S 167 macht darauf aufmerksam, dafs hier keine Andeutung des Wassers sei: sie versinke in Nacht und Nebel, oder hinter dem Berge, was freilich die horizontale Fläche vorzustellen nicht anleitet.
[5]) Conze Arch. Anz. 1867 S. 105.

sichtiger Haltung[1]), und die Arme zogen straff die Zügel an, wie beim Hinabfahren in abschüssige Tiefe. Daher ist auch der Nacken des Rosses stark zurückgebogen; worin man zugleich das Zurückscheuen vor dem nassen Element zu sehen glaubt. Selene wandte, wie noch am Ansatz des Halses zu erkennen, den Kopf um, wie um vor ihrem Scheiden noch einen Blick auf diese Welt zu thun, wohl ohne bestimmtes Ziel. Durch diese dem ganzen Zusammenhang wie dem sinnigeren Wesen der Mondgöttin[2]) angemessene Hemmung erhält die ganze Darstellung besseren Zusammenhalt. Helios dringt allerdings unaufhaltsam vorwärts, aber seine Bewegung geht in das Bild hinein, während Selene hinausstrebend mit gleicher Energie den Beschauer schon die entstehende Lücke vorempfinden lassen würde.

Den Sinn dieser Einrahmung richtig zu erfassen ist für die Deutung der ganzen Giebeldarstellung von Wichtigkeit. Verschiedene Erklärungen sind aufgestellt worden und von einigen sogar mehrere mit einander verbunden[3]). Die meisten widerlegen sich durch sich selbst, ohne mehr als eine allgemeine Bezugnahme auf die verschiedenen Scenen, mit denen Helios und Selene also verbunden werden, daher ich erst die richtige Deutung an einer kurzen Uebersicht jener Scenen erproben werde. Unmittelbar aus Anschauung ergiebt sich die von Böttiger[4]) ausgesprochene, von Falkener[5]) neben andren vorgeschlagene Deutung, dafs so die Zeit von Athenas Geburt in früher Morgenstunde bezeichnet würde. Aber so grofsen Vorzug diese Erklärung vor andern durch die Einfachheit hat, so ist sie doch unannehmbar, weil weder in den meisten andern Fällen passend, noch in diesem hier. Denn so wenig wie bei Aphrodites Eintritt[6]), ist bei Athenas Geburt die

---

[1]) Aehnlich auf der Lampe Bartoli luc. ant. 2, 9. Vgl. Ovid. Met. 2, 77.
[2]) Daher auch oft Maulthiere, nicht Rosse, ihr Gespann bilden.
[3]) Ausführlicher haben über den Sinn gehandelt O. Jahn Arch. Beitr. S. 79. Stephani C(ompte) R(endu) 1860 S. 54. Vgl. Michaelis S. 167. Gerhard Ueber die Lichtgottheiten Akad. Abh. I S. 143 ff.
[4]) Kleine Schriften II S. 161.
[5]) Mus. of classical antiq. I S. 391.
[6]) Auch sind wir nach Pausanias' Worten ἀναβεβηκὼς ἐπὶ ἅρμα "Ἥλιος (Gerhard Akad. Abh. I S. 146 fälschlich: 'wie er den Wagen bestieg') nicht veranlafst den Moment des Aufgangs zu denken, den ja auch die oblonge Basisfläche nicht wie das Giebeldreieck heischte.

Tagesstunde vom Mythos fixiert[1]); dafs im Homerischen Hymnos 6, 13 Hyperions Sohn lange seine Rosse halten läfst, spricht sogar gegen die Morgenstunde. Auch würde es zur zeitlichen Bedeutung der beiden Gestirne übel passen, dafs zu der Jahreszeit, wo man in Athen der Göttin Geburtstag feierte, nämlich Ende des Hekatombaion, der Mond etwas vor der Sonne aufgeht[2]).

Besser gesagt als gedacht ist, was Overbeck[3]) neben andrem, von mehreren gebilligt, aufgestellt: 'so schwindet Nacht und Dunkel, und es ist Licht und Tag wie Athena geboren ist'. Schwindet denn etwa Nacht und Dunkel, weil Athena geboren wird, oder weil Helios aufgeht? Oder geht Helios auf, weil Athena geboren wird? Da könnte man ebenso gut umgekehrt sagen, Athena werde geboren, weil Helios aufgehe. Man kann ja freilich sagen 'ein neuer Tag bricht an mit Athenas Geburt', aber dieser neue Tag, wie jenes schwindende Dunkel, ist ja nicht der wirkliche Tag, das wirkliche Dunkel, sondern ein figürlich so genanntes. Diesen figürlichen Sinn aber kann Helios doch so wenig ausdrücken, wie etwa eine Sonne neben Elektra den Orestes darstellen könnte, den die Schwester ὦ φίλτατον φῶς anredet. Aufserdem pafst auch diese Deutung nicht zu einem grofsen Theil der andren so eingerahmten Darstellungen.

Gerhard[4]), der daneben noch eine andre Erklärung stellt, die unten zu besprechen ist, erklärt Helios als den unfehlbaren Zeugen, schon wegen Selene nicht gut, weniger noch weil Helios als solcher nur da in Betracht kommen könnte, wo alle andern Zeugen fehlten und doch die Constatierung wichtig wäre.

Diese Ansicht modificierend wollte Stephani in den Gestirnen den weitreichenden Eindruck des gewaltigen Ereignisses veranschaulicht sehn. Aber in den von ihm zusammengetragenen

---

[1]) Auch wenn man Max Müllers (Vorless. über die Wiss. d. Spr. deutsch von Böttiger II S. 462 f.) Deutung Athenas als der Morgenröthe annimmt, kann man dieselbe doch für unsre Darstellung nicht verwerthen.

[2]) S. Mommsen Heort. S. 172. Desselben Vermuthung (S. 130), dafs die nur mit einem sehr kleinen Theile (aber mehr als Helios) sichtbare Selene die letzte Mondphase andeute, ist doch auch von ihm selbst nur zweifelnd geäufsert.

[3]) Gesch. d. Griech. Plastik I S. 278 (früher Arch. Zeit. 1856 S. 207). Welcker Alte Denkm. V, 404. Lübke Gesch. d. Plast. S. 134. Michaelis S. 168.

[4]) Drei Vorlesungen S. 45 vgl. S. 48. Noch etwas andres ist, was er Akad. Abh. I, 18 über Helios bei den Hesperiden sagt; denn S. 25 unterscheidet er diese Darstellung von denen, die Helios und Selene einrahmen.

Dichterstellen, in denen leichtbegreiflich Helios und Selene grade am seltensten erscheinen, lacht oder weint der Himmel, die Erde schaudert wie das Meer, Helios verbirgt sich oder hemmt seinen Lauf bei irgend welcher unerhörten Begebenheit. Eben dies aber, die Theilnahme, der Eindruck, an den auch Euripides denkt bei den Worten

τί φέγγος τίν' αἴγλαν
ἐδίφρευε τόθ' Ἅλιος
Σελάνα τε κατ' αἰθέρα.

fehlt ja in unsrer wie in den andern Darstellungen[1]), denn die schwache Wendung Selenes kann das unmöglich bedeuten[2]).

Mit dem Begriff des Zeugen verband Gerhard den des geordneten Zeitenwechsels[3]), und noch etwas allgemeiner sah O. Jahn die ewige Weltordnung darin ausgedrückt. In einigen späteren Darstellungen, wo die höchsten Götter zwischen Sonne und Mond erscheinen, liegt dieser Gedanke nahe, aber auch da bezeichnen sie, wie Erde und Meer daneben zeigen, mehr die Welt als die Weltordnung. Man fragt, was denn die dargestellte Begebenheit mit dieser Bezeichnung der Weltordnung zu thun habe. Jahn antwortet darauf: auch durch dieses gewaltige Ereignis werde die einmal gegründete Ordnung nicht mehr durchbrochen. Damit diesem Gedanken nicht die Spitze fehle, muſs die dargestellte Begebenheit doch auch die Weltordnung zu durchbrechen drohen. Aber um von andern spätern Darstellungen zu schweigen, wo ist diese Gefahr bei Aphrodites Eintritt in den Olymp? Bei Athenas Geburt trat allerdings nach der Schilderung des Hymnus eine solche Bedrohung ein; aber wer kann daran bei unserm Giebelbilde denken, wo von solcher Gefahr nichts zu sehn ist. Ueberdies, wenn das Ereignis solche Gefahr drohte, so stände der Ausgang ja noch dahin, da, wie leicht zu sehn und bei der Deutung noch

---

[1]) Auf der Bullet. Napol. N. S. 1, 142 beschriebenen Vase hat Stephani S. 69, 6 eine Verwirrung der Lichtgötter zu erkennen vermeint, was die Abbildung Mon. Ined. d. I. IX, 1 = Overbeck, Atlas dGKM. V, 8 widerlegt.

[2]) Stephani a. a. O. S. 67 meint, das Auftreten allein genüge, und 'Pheidias mied natürlich jedes unnöthige Pathos'. So aber paſsten Helios und Selene zu jedem kleinsten Vorgang.

[3]) Aehnlich Preller Allgemeine Encykl. III, 22 (Pheidias) S. 191: der allgemeine Rhythmus der ewigen Zeit, in der die Götter [doch auch die Menschen, und was nicht?] leben.

bestimmter erhellen wird, die Wirkung sogar noch einige Figuren näher der Mitte nicht erreicht hat. Der Hauptfehler dieser Erklärung bleibt jedoch, dafs sie etwas Negatives, nicht das was geschieht, sondern was nicht geschieht, dargestellt sehen will.

Von allen besprochenen Deutungen hatte die erste den Vorzug unmittelbarer Anschaulichkeit, es fehlte ihr aber die Basis der Ueberlieferung. Von diesem Mangel frei und jenes Vorzugs wo möglich in noch höherem Grade sich erfreuend ist die Erklärung, welche die Lichtgötter nicht zeit- sondern raumbestimmend fafst. Schon Bröndsted[1]) deutete so, nur dafs er den sinnlichen Eindruck zugleich wieder durch Abstractionen verflüchtigt. Nach ihm haben andre, Rathgeber, Lenormant, Beulé, Ronchaud, Friederichs, und neben ihrer andern Deutung Falkener, Overbeck und Michaelis[2]) es anerkannt, dafs die Lichtgötter 'den Ort der Scene als den Himmelsraum, an dem die Gestirne auf- und niedergehn, bezeichnen'. Allerdings liegt zwischen Aufgang und Untergang auch die weite Erde, aber bei ihrer Vieltheiligkeit kann diese unmöglich in ihrer ganzen Ausdehnung als Schauplatz gewählt sein in einer bildlichen Darstellung, und so wenig sie sich zu einer Einheit zusammenfassen liefse, ebenso wenig hat ein besondrer Theil davon ein Recht für diese Begebenheit als Schauplatz zu dienen. In Attika z. B., woran man am ersten denken könnte, ist Athena nicht geboren, und die Localmythen von Geburt der Athena am Tritonflusse hier und da bedeuten nichts gegen den nationalen von ihrer Geburt im Olympos, mit dessen Gipfel Bergk das von der Sage genannte Haupt des Zeus identificieren wollte.

Ganz im Gegentheil ist der Himmelsraum zwischen Ost und West ein einheitlicher, ungetheilter; ist die Erde von vielen Völkern bewohnt, so hausen dort oben nur die Götter, und zwar

---

[1]) Voyages, préf. XI 'dans le fronton oriental, image du monde Jupiter était assis sur son trône au centre de l'univers, entre le Jour et la Nuit (Orient et Occident, lever et coucher du Soleil, commencement et fin)'.

[2]) Rathgeber, Olympieion in Ersch u. Grubers Allg. Encykl. 3, 3, 276; Lenormant in der Einleitung zum trésor de glyptique et de numismatique; Beulé, l'acropole, der freilich zu gleicher Zeit die Tag verkündenden Rosse des Helios und die der Nacht aus den Fluthen auftauchen läfst; Ronchaud, Phidias; Friederichs, Bausteine I; Falkener im Museum of classical antiquities I; Overbeck, Arch. Zeit. 1856 S. 207. Gesch. d. griech. Plastik I; Michaelis, Der Parthenon.

nicht im weiten Himmelsraum zerstreut, sondern nach conkreter hellenischer Vorstellung beisammen auf dem Gipfel des in den Himmel ragenden Olympos. Den Bergesgipfel werden wir auch sogleich in dem Felsensitz mehrerer der anwesenden Figuren charakterisiert sehen. Aus der nicht wie im Westgiebel allgemeinen Betheiligung der Anwesenden hat Overbeck[1]) geschlossen, daſs kein einheitliches Local anzunehmen sei. Wir werden unten sehn, daſs dies ein Fehlschluſs ist, da die ungleiche Theilnahme vielmehr einen ganz andern Sinn hat. Wenn aber Overbeck a. a. O. S. 102 die deutliche Bezeichnung der Wellen beim Helios gegen den Olympos geltend macht, 'der weder vom Meere noch vom Okeanos begrenzt wird', so dürfen wir fragen, ob es denn der Wirklichkeit mehr widerstreitet, wenn der aus dem Meere auftauchende Sonnengott mit seinen ersten Strahlen den Götterberg grüſst nach dem homerischen Ausdruck Od. 3, 1

ἠέλιος δ'ἀνόρουσε, λιπὼν περικαλλέα λίμνην
οὐρανὸν ἐς πολύχαλκον ἵν' ἀθανάτοισι φαείνοι
καὶ θνητοῖσι βροτοῖσιν ἐπὶ ζείδωρον ἄρουραν,

oder daſs, wie Overbeck will, Attika auf der einen Seite an den Okeanos und Sonnenaufgang grenzt, auf der andern an den Untergang gleich den homerischen Aithiopen, und daſs mitten drin der Olympos liegt?

Diesen localbezeichnenden Sinn haben die Lichtgötter in allen von Jahn und Stephani zusammengestellten Beispielen, wo sie nicht um ihrer selbst willen[2]) allein, sondern in Beziehung zu andern Wesen dargestellt sind; und selbst eine Verwendung wie in dem Teppich des Ion, wo die Lichtgötter mit den Sternen als Schmuck der Himmelsdecke erscheinen, steht jener andern Verwendung nahe. Den Himmel als Wohnsitz der Götter bezeichnen die beiden Lichtgottheiten an der Zeusbasis, wo ja offenbar Aphrodites Eintritt in die olympische Versammlung dargestellt ist; desgleichen beim Gigantenkampf einer Vase, wo das Reich der von oben kämpfenden Götter durch eine Bogenlinie und die Lichtgötter[3]),

---

[1]) BdKSGdW. 1868. S. 98 ff.
[2]) Z. B. auf dem Krater Mus. Blacas 17 = Gerhard Ak. Abh. T. V, 2 oder an dem Teppich des Ion (Eurip. Ion 1146).
[3]) Ob Helios und Selene, oder Helios und Eos, oder auch nur eine Lichtgottheit dargestellt ist, macht für den Sinn weniger als für die Composition einen Unterschied.

das der von unten kämpfenden Giganten durch Gaia, die Erde, bezeichnet ist[1]). Auch der himmeltragende Atlas ist zwischen Helios und Phosphoros schwebend dargestellt zu genauerer Bezeichnung der oberen Region[2]). In diesem Sinne überragt auch die Darstellung des Parisurtheils[3]) Zeus auf der einen, Helios auf der andern Seite, nämlich als Andeutung des Bereiches, dem die Göttinnen entstiegen sind. Dafür spricht, dafs auch der vorhergehende Moment, die Göttinnen noch im Olymp bei Zeus vor ihrem Besuch bei Paris, auf Vasen dargestellt worden ist, nicht nur auf der von Conze[4]) erklärten, wo der Olymp als Scene zwar nicht angedeutet, aber mit Conze zu verstehen ist, sondern auch auf einer von Stephani nicht recht gedeuteten Vase[5]), und zwar hier mit der localdeutenden Selene und Phosphoros. Denn Aphrodite, Athena und Zeus, der Hermes den Auftrag giebt, sind unverkennbar. Nur die Erscheinung von Hera, die aber doch zur Rechten des Zeus wie Athena zur Linken ihren Platz hat, und Nikes Erscheinung über Athena können vielleicht einiges Bedenken erregen[6]). Deutlicher noch scheint die Scheidung des oberen himmlischen Locals von dem unteren irdischen, wo jenes am Hals der Vase, dieses am Bauche dargestellt ist; wenn nur nicht dadurch zugleich die Beziehung beider Theile zu einander anfinge zweifelhaft zu werden. Doch

---

[1]) Minervini Bull. Napol. N. S. I S. 142. Jahn Annali 1869 S. 186 ff. Vgl. den Gigantenkampf einer Münze mit Sonne und Mond, Overbeck Gr. Kunstmyth. II S. 388; die Gemme S. 392 β.
[2]) Gerhard Akad. Abh. T. II.
[3]) Overbeck Gall. XI, 1. Welcker AD. V S. 403.
[4]) Mon. Ined. d. I. VI VII, 71. Annali 1862 S. 270. Zeus sieht öfter von oben zu beim Parisurtheil: Welcker AD. V, 371; 402; 405.
[5]) CR. 1860 S. 39 T. II. Stephani sieht Admetos und Alkestis darauf; ebenso verfehlt ist der Gedanke an Atlas und die Hesperiden, den er äufsert. Eher wäre an den Streit zwischen Aphrodite und Persephone zu denken gewesen, so dafs Adonis hier im Kasten wie anderswo in einer Hydria verborgen wäre. Vgl. De Witte nuove mem. S. 111. Annali 1858 S. 384. Bull. Nap. N. S. 1859 S. 136 T. IX.
[6]) Hera hat den Reifen im Haar vor ihren Rivalinnen voraus; auch Thron und Schemel sind gewifs. Der aus Reifen mit Buckeln zusammengeheftete Gegenstand, den Stephani für den Omphalos nimmt, ist jedenfalls nicht ihr Sitz. Ich halte es für einen Kasten mit Putzgeräth; doch könnte man nach Analogie später zu erwähnender Darstellungen es auch für einen Käfig (vgl. Stephani CR. 1860, I), in dem Eros steckte, halten.

kaum dies bei der Amazonenvase von Ruvo[1]), und jedenfalls ist die Beziehung der Lichtgötter zu den in gleicher Reihe befindlichen Göttern klar. Wie abgekürzt erscheinen am Hals einer andern Amazonenvase nur Lichtgötter[2]). Wo sonst Lichtgötter allein am Hals einer Vase über anderen Darstellungen vorkommen, kann die Beziehung jener auf diese nur durch die Analogie der vorhererwähnten Darstellungen oder auch durch mehrfaches Vorkommen derselben Verbindung gerechtfertigt werden. So hat schon Stephani[3]) ausgesprochen, dafs bei der wiederholten Abbildung von Lichtgöttern über Unterweltsdarstellungen wahrscheinlich der Gegensatz des Lichtreiches und des Reiches der Finsternis beabsichtigt ist. Ebenso wenn über Scenen des Grabescultus öfters Lichtgötter vorkommen[4]), liegt der Gedanke nahe, dafs hiermit das Reich der abgeschiedenen Seelen bezeichnet sei. Gleiches wie über dem Parisurtheil könnte Helios über Lykurgos' Bestrafung durch Dionysos[5]) bedeuten und noch eher vielleicht über der Ueberbringung der Waffen an Achilleus, da hier die unterhalb Achilleus dargestellten waffentragenden Nereiden einen Gegensatz gegen das obere Reich, aus dem die Waffen stammten, zu bilden scheinen; doch bleibt, wie gesagt, in solchen Fällen die Beziehung ungewifs[6]). Die römischen Beispiele sind jenen griechischen ganz analog. Der Verwendung der Lichtgötter im Parthenonsgiebel und an der Zeusbasis stehn am nächsten die

---

[1]) Mon. Ined. d. I. II, 30 ff. Gerhard Ak. Abh. T. VI, 2. 3.
[2]) Gerhard a. a. O. VI, 1.
[3]) Früher wohl schon Braun Annali IX S. 219.
[4]) 1) Gerhard Ak. Abh. T. VII, 3 (nach Welcker AD. III S. 68 dieselbe Vase wie VII, 2); 2) Millin Peint. de vases II, 26 = Gerhard VII, 5; 3) Mon. Ined. d. I. 1864 tav. ST.
[5]) Gerhard a. a. O. VI, 4. Die Frauen links möchte ich für Nephelai halten, wozu die reiche Kleidung beider und der Fächer der einen wohl pafst; so wird man auch Frauen auf römischen Darstellungen hin und wieder füglich deuten können z. B. Mus. Pie-Clém. IV, 18 neben Coelus. Gerhard Ant. Bildw. 36; 38; 44. Vgl. die Schwanenjungfrauen bei Jahn Arch. Zeit. 1864 S. 184.
[6]) Auf der Archemorosvase Millin Peint. de v. II, 37 ist wegen Hermes wohl eher an Nike zu denken, die auf die nemeischen Spiele bezogen werden könnte. Auch Mon. Ined. 1836, 32 ist zweifelhaft. Aber auf der Vase mit Medeas Flucht Arch. Zeit. 1867 CCXXIV ist Selene gewifs, wie Jahn S. 64 meint, die nächtliche Flucht, wie mir scheint, das Luftreich, und damit Medeas Entrinnen anzudeuten, das durch die Nacht nicht gefördert ist.

Darstellungen der capitolinischen Götter[1]). Auf andern tritt wie in jenen Vasendarstellungen dem oberen Reiche das untere der Erde gegenüber, dargestellt durch die entsprechend gelagerten Figuren von Okeanos und Ge[2]). Analog jener Darstellung des Parisurtheils scheinen die Endymionsbilder, bei denen aber auch eine zeitliche Nebenbedeutung durch den Mythos nahegelegt wird (Jahn S. 51). An die Unterweltsvasen erinnert es, wenn die Köpfe von Helios und Selene über der Darstellung des aus der Unterwelt zurückgekehrten Protesilaos (Jahn S. 88) erscheinen, und Amor und Psyche (Jahn S. 88) endlich an einem Sarkophage zwischen Sol und Luna gestellt verrathen vielleicht ähnliche Gedanken wie die Lichtgötter über jenen Scenen des Grabescultus. Aus einer Andeutung des Reiches der ewigen Götter, werden sie dann auch ein Symbol der Ewigkeit (vgl. Jahn a. O. S. 89).

Wie dem aber auch im Einzelnen sei, daſs Helios und Selene im Parthenonsgiebel den Olympos als Scene der Athenageburt nach dem Mythos darstellen, scheint mir auſser allem Zweifel, und dieser ihrer Bedeutung entspricht augenscheinlich diejenige der Eckfiguren des Westgiebels, welche Attika, speciell die Akropolis als Scene des Streites darstellen. Ist aber der Olympos die Scene, so ist eine nothwendige Consequenz, die man nicht scharf gezogen hat, daſs nur olympische Götter zugegen sind, wie sie nach dichterischer und bildlicher Tradition in den Olympos gehören, und zwar zur Zeit des dargestellten Ereignisses. Freilich scheint es, als glaube man, daſs Pheidias sich weder hinsichtlich der Zeit noch des Ortes an die Ueberlieferung gehalten habe, sondern in durchaus freier Weise geschaffen habe, dieselbe Vorstellung, die auch von seiner Bildung einzelner Gestalten, namentlich des Zeusideals einen so verkehrten Begriff hat fassen lassen. Wo bliebe der lebendige Zusammenhang der mythischen Begebenheiten, der

---

[1]) S. Jahn Arch. Beitr. S. 79 ff. Wie an der Atlas-, auch der Gigantenvase das Himmelsgewölbe noch besonders angedeutet ist, so auch auf einer von diesen durch Coelus: Musée Pie-Clém. IV, 18. Vgl. Morgen- und Abendstern als Knaben mit Fackeln neben dem von Atlas getragenen Zodiakus Müller DaK. II, 823; Münzen wie die von Nikaia Müller DaK. II, 26.

[2]) Lampe bei Beger thes. Brandb. III S. 439 H. Bartoli II, 9. Jahn Arch. Beitr. S. 86. Hierher gehören vornehmlich die Prometheussarkophage (vgl. Jahn Arch. Beitr. S. 169. BdKSGdW. 1849 S. 158), namentlich der neapolitanische. Vgl. auch die Mithrasbilder.

mythischen Wesen untereinander, wenn bei Athenas Geburt im Olympos Herakles, Theseus, Kekrops und seine Töchter Aglauros, Pandrosos, Herse, Oreithyia anwesend dargestellt wären? Geben etwa die anderen Compositionen des Pheidias, im Westgiebel[1]), an Metopen und Fries, oder die Darstellungen am Zeusthron Beispiele solcher Willkür und solcher nach Abstractionen und Cultusbeziehungen bestimmten Zusammenstellungen? Spürt man etwa bei der Darstellung von Aphrodites Eintritt in den Olympos solche Gedanken, wie sie bei der Deutung des Ostgiebels als mafsgebend angenommen sind, dafs vorzugsweise der Aphrodite nahestehende Wesen, vielleicht gar auf einen Haufen zusammengedrängt erscheinen? Auch die Anwesenheit der attischen Horen Thallo und Karpo ist nicht zu rechtfertigen, denn in den Olymp gehören nicht diese, sondern die drei, die Töchter des Zeus und der Themis, und dafs durch Anwesenheit vorzugsweise attischer Dämonen anstatt nationaler die Ehre und Bedeutung der Athena nicht erhöht, sondern herabgesetzt würde, ist doch nicht zu verkennen. Es ist als ob man mehr an Votivgruppen gedacht hätte, als an Darstellungen lebensvoller Begebenheiten. Wenn man unter diesen z. B. in Vasenbildern wohl unterscheidet, wo die Götter auf Erden erscheinen, auch wo sie von einem höheren Platze zuschauen, so wird man schwerlich den angenommenen Willkürlichkeiten Analoges finden, aufser vereinzelt, wie wenn allerdings einmal Herakles bei Athenas Geburt anwesend ist, wobei aber zu bedenken, dass Vasenbilder noch nicht mit den gröfsten Compositionen des gröfsten Meisters auf eine Stufe zu stellen sind.

Für die Deutung des Einzelnen ist es passend, die Worte des 28sten Hymnus voranzustellen von der Geburt der Tritogenes, die Zeus der berathende selber geboren

> Aus dem erhabenen Haupt, gehüllt in die Waffen des Krieges,
> Goldene, leuchtende. Staunen ergriff die Unsterblichen alle,
> Da sie es sahen. Sie sprang vor dem aegishaltenden Vater
> Von dem unsterblichen Haupte in jähem Sprunge hernieder,
> Schwingend die spitzige Lanze. Es bebte der grofse Olympos
> Schrecklich unter der Wucht der Funkeläugigen. Ringsum
> Krachte entsetzlich die Erde, beweget wurde die Meerfluth,
> Brandend in dunkelen Wogen, es spritzte von ihnen der Salzschaum
> Plötzlich heraus, und es hemmte der glänzende Sohn Hyperions

---

[1]) Freilich hat man auch hier ähnliche Willkür dem Künstler unterschieben wollen.

Lang seine schnellen Rosse, bis endlich Pallas Athene
Ab die göttlichen Waffen von ihren unsterblichen Schultern
Legte, da freute sich innig der waltende Vater Kronion.

Im Himmel geschieht die Geburt auch bei Pindaros (Ol. 7, 34) und bei Philostratos (Imagg. 2, 27), der mit Ilias 20, 4 entlehnter Schilderung auch alle Flufsgötter und Nymphen zugegen sein läfst. Die olympischen Götter mehr oder minder zahlreich anwesend zeigen auch die Vasenbilder[1]) meist älterer Technik. Weiteren Anhalt für die Deutung der erhaltenen, Ergänzung der fehlenden Götter giebt namentlich die erwähnte Darstellung der Geburt Aphrodites. Dieselbe giebt uns namentlich ein neues Beispiel streng symmetrischer Composition, wie sie auch die wenigen erhaltenen Figuren des östlichen Giebels erkennen lassen; so gewinnen wir auch an der Symetrie einigen Anhalt für unsere Erklärung.

Wäre er nur besser erhalten, so würde auch der vordere Fries des Niketempels gewifs von Nutzen sein. Soviel scheint aber auch so klar, dafs unsere Giebelvorstellung nicht ohne Einflufs auf ihn geblieben. Wie hier das erste Erscheinen der Athena unter den Unsterblichen überhaupt, so dort der Athena Nike mit ihrem Abzeichen dem Tropaion — so scheint es — neben ihr, zunächst zwischen Zeus und Poseidon, dann anderen Gottheiten, denen hier auch Chariten und Horen, aber in der gemeinmythischen Dreizahl, beigesellt sind[2]).

Endlich läfst die Zahl der zwischen Helios und Selene vereinten Götterfiguren nach dem Mafs der westlichen Gruppe sich auf ungefähr siebzehn bestimmen.

Je weiter vom Mittelpunkt, desto loser ist natürlich die Beziehung zur Handlung, und deutlich nehmen wir die abnehmende Theilnahme in der zunehmenden Ruhe wahr. Die beiden letzten Figuren, links eine jugendliche Mannesfigur, rechts ein Weib, sind sogar ganz abgewandt von der Mitte, ziemlich genau einander entsprechend.

Bequem hat sich der Gott (D) zur Linken auf den Abhang

---

[1]) Zusammengestellt von Benndorf Annali 1865, S. 376 ff. Es kommen alle Hauptgötter vor, am häufigsten Zeus, Athena, Hephaistos, Apollon, Eileithyia. Von den Göttinnen sind nicht alle sicher nachzuweisen, wie Amphitrite, Demeter, Hestia.

[2]) Den Vergleich macht auch Kekulé, Die Ballustr. d. Athena Nike.

des 'vielgipfeligen' Olympos gelagert, nicht auf den harten Fels, sondern ein unterbreitetes Löwen- oder Pantherfell und darüber ein Stück Gewand bereiten einen weichen Sitz. Den Oberkörper hält der aufgestützte linke Ellenbogen aufrecht. Ungezwungen trägt sich das Haupt, ein wenig nach vorn geneigt. Mit sich allein ist er beschäftigt, behaglicher Ruhe ergeben[1]). Der erhobene rechte Arm ist die einzige Thätigkeit, und auch der kann nur mühelos einen geringen Gegenstand gehalten haben. Ein Stab oder Speer freigehalten wäre zwecklos[2]). Der Arm schwebend gehalten durch eine Stütze wäre passender, aber wie kurz müfste die Stütze hier unter dem Giebelsims sein: kein Stab, kein Speer, könnte es allenfalls nur ein Hirtenstecken sein. Doch darauf hin an Pan zu denken[3]), ist unmöglich, denn dessen Anwesenheit bei diesem Vorgang, an diesem Orte, in solchem Werke, dieser Zeit, ist so unerhört, wie diese Gestalt für den bocksfüfsigen Gott ungeeignet. Endlich müfste die Stütze unten auf den eigenen Körper aufgestützt sein, was doch einmal unnatürlich wäre und zweitens irgend eine Spur hinterlassen haben würde. Frei also hielt die Rechte einen Gegenstand, der die Behaglichkeit des Lagernden nicht störte. Ob etwas passenderes sich denken läfst, als eine Trinkschale, die auch Cockerell ergänzt hat[4]), weifs ich nicht.

Für die Deutung der Figur ist von dem Vorhandenen das sprechendste Merkmal die Thierhaut, welche als Löwenfell gefafst nur an Herakles denken liefs[5]). Die Pracht des mächtigen Körper-

---

[1]) Dafs er ganz in den Anblick des Sonnengottes versunken sei, wie Michaelis S. 173 sagt, ist kaum richtig. Er hat ja offenbar schon länger so gelegen, während Helios erst eben auffährt; und wäre Helios nicht vor ihm, so fehlte doch zum Verständnis der Figur nichts.

[2]) Freilich Michaelis, S. 173, vermuthet dies, und dafs der Stab (Thyrsos) in dem Bohrloch über dem Fufs befestigt gewesen sei, wie mir scheint an sehr unpassender Stelle.

[3]) Reuvens im Classical Journal 1823, S. 173, wollte Pan, weil er auf der fragmentarischen Vase mit Peleus und Thetis bei Millingen anc. uned. mon. I. pl. A, 1 den Wagen, welchem Pan zugewandt steht, irrig für den des Helios hielt. Arkadische Münzen (Millin. GM. LX, 286) zeigen ihn unserer Giebelfigur gleich. Aber Pan ist einsam, oder bei gröfseren Vorgängen lokalandeutend, wie hier Helios.

[4]) In der Restauration des Giebels Anc. Marbles VI.

[5]) Gerhard, Drei Vorlesungen. So auch Friederichs Bausteine, S. 144, der ihn mit der Schale 'in olympischer Seligkeit ruhend' denken möchte.

baues, die Lage, das ergänzte Trinkgefäfs, alles schien dazu passend; endlich fand man einen ganz übereinstimmenden Heraklestypus auf Münzen von Kroton¹). Aber Herakles, welchen Athena in den Olymp einführt, der daher in jener Composition des Pheidias neben Athena Aphrodites Aufnahme zuschaut, sollte im Olymp anwesend sein bei Athenas Geburt? Dafs ein solcher Anachronismus in Vasenbildern sich mitunter findet²), verstattet nicht ein Gleiches dem ersten Künstler im Anfang einer zusammenhängenden, gewissermafsen historischen Reihe von Compositionen, zuzuschreiben³). Ob Herakles in den Heroenkämpfen der Metopen dargestellt war, mag bezweifelt werden, in der Gigantomachie gerade der östlichen Metopenreihe kann er schwerlich gefehlt haben. Am Gigantenkampfe aber nahm er, so wenigstens wird überliefert, eben als Sterblicher Theil.

Und wenn doch der Künstler sich solchen Verstofs hätte erlauben dürfen, um das spätere innige Verhältnis der Göttin zum Herakles mehr freilich zu seiner als zu ihrer Erhöhung anzudeuten, so wäre doch wohl gerade diese theilnahmlose Ruhe für ihn am wenigsten passend.

Noch weniger möglich aber ist es mit Anderen Theseus hier zu finden. Es hätte doch wahrlich die ganze mythische Vorzeit für Pheidias auch nicht die geringste reale Bedeutung gehabt, wenn er so Alles hätte verkehren können, dafs er den nach attischer Auffassung ganz historischen König Theseus, den Erneuerer des Panathenäenfestes, im Olymp, wo er gar keinen Platz hat, Zeugen von Athenas Geburt sein liefs, während in dem augenscheinlich späteren Streit um Attika, im westlichen Giebel, der lange vor Theseus herrschende Kekrops seine Rolle spielt⁴).

---

¹) S. Carelli ed. Cavedoni, T. 183, 184.

²) S. Elite céramogr. 1, 65 A. Annali d. Inst. 1844, S. 220. Vgl. O. Jahn, Arch. Aufs. S. 111, 61 f.

³) Mit Visconti mém. S. 37 dem Einwurf so zu begegnen, dafs es der ältere Idäische Herakles sei, ist nutzlos; denn der Herakles, der immer mit Athena verbunden ist, der in Kunst und Poesie verherrlicht wird, ist der Thebische, nicht der Idäische.

⁴) Welcker erklärt unsere Figur im östlichen Giebel für Kekrops, der, so nothwendig und passend er im westlichen Giebel als Vertreter des bestrittenen Landes, so ungehörig hier im Olymp ist. Und Kekrops, der nur als Landeskönig, als Vater der Thauschwestern in der Sage bekannt ist, sollte

Kephalos der aufgehenden Sonne entgegenschauend, wie mehrere wollten, wäre ja gerade dem Mythos widersprechend, der allein an ihn denken liefs, denn er ist ja nur für Eos da, welche hier fehlt, und ist schon geraubt, da Helios erscheint[1]). Für Athenas Geburt wäre er vollends ganz bedeutungslos, mehr Helios hervorhebend als die Göttin. Auch er gehört nicht in den Olymp zu den Göttern.

Das Löwenfell wäre für Theseus sowie für Kekrops oder Kephalos minder passend als für Herakles; aber auch für diesen nicht angemessen ist das über dem Fell ausgebreitete Gewand, das auch der Heros der krotonischen Münzen nicht hat, und noch weniger die Sandalen, auf die das Bohrloch vorn über dem linken Fufs mit einiger Nothwendigkeit führt.

Da übrigens keine Andeutung der Mähne gegeben ist, was doch schwerlich unterblieben wäre, wenn es gerade ein Löwenfell sein sollte, kann man füglicher ein Pantherfell drin sehen, das unter den Göttern im Olymp nur einem, dem Dionysos, eigenthümlich ist. Dionysos war in Athen als Gott vorzüglich verehrt, aber auch in der Ilias 6, 131 wird er ja den himmlischen Göttern zugezählt. Dafs man ihn mit den andern Göttern im Olymp anwesend dachte, wiewohl er in der gewöhnlichen Zwölfzahl keinen Platz gefunden[2]), beweisen am besten die attischen Vasenbilder. So ist er namentlich stäts zugegen bei der Einführung des Herakles in den Olymp[3]). Wie er allein es vermochte, den grollenden Hephaistos in die Götter-

---

hier als bartloser Jüngling erscheinen; das scheint mir deutlich mehr mit mythologischen Namen und Begriffen als mit Wesen operiert. Kekrops ist als bärtiger König auch auf der hübschen Vase Mus. Greg. II, 19. Dafs das athenische Relief Mus. Worsley (Lond. Ausg. 1, p. 19, Mail. Ausg. T. 4) Kekrops und seine Töchter darstellt, ist mehr als wahrscheinlich, aber sicher nicht als jungen Mann, wie Welcker S. 81 sagt, denn im besseren Stiche der Londoner Ausgabe ist er deutlich bärtig. (Vgl. Michaelis in den Annali 1863, S. 332.) Was Welcker endlich über die Körperformen dieser edelsten aller männlichen Statuen sagt, kann ich nur aus seinem Vorurtheil für Kekrops erklären.

[1]) So Welcker AD. I. S. 80.
[2]) Vgl. aber die Ara Albani bei Zoëga Bassiril. II, 101; die runde Ara Mus. Borb. 1, 49.
[3]) S. unter anderen die Sosiasschale, Müller D. A K. I., T. 45, und die vielen alten auf Hochzeit des Herakles und der Athena gedeuteten Vasenbilder, O. Jahn, Arch. Aufs., 92. ff.

versammlung zurückzuführen, stellten gleichfalls die athenischen Vasenmaler mit Vorliebe dar, und war auch im alten Heiligthum des Gottes beim Theater gemalt¹). Mit den andern Göttern kämpft Dionysos auch gegen die Giganten, wie gerade am Parthenon zu sehen ist, und ähnlich auf nicht wenigen Vasenbildern. Schon deshalb dürften wir ihn hier anwesend erwarten, wie er denn auch auf einem der Vasenbilder²) herbeieilt, die Neugeborene zu begrüfsen³). Ist seine Anwesenheit hier also motiviert, so ist in der Art und Weise wie er Zeuge ist gerade Dionysos meisterhaft charakterisiert. Er, der Gott der Lust und Freude, der andere bis zu rasendem Taumel begeistert, pflegt inmitten seines schwärmenden Gefolges selber ruhend, sich hingegeben, der Aufsenwelt kaum achtend und sein Dasein geniefsend zu erscheinen, sehr häufig eben dem Vorgange, bei dem er anwesend, den Rücken zukehrend⁴). Stehend stützt er sich gern auf die Schultern eines Satyrs, lieber noch sitzt er lässig und bequem, oder ist gelagert, wie schon am Kypseloskasten er mit goldenem Becher und langem Chiton in einer Höhle lagernd dargestellt war.

Um dieser seiner Abgeschiedenheit willen und um seines in Mythen so ausgeprägten Verkehrs auf Erden erscheint er auch verhältnismäfsig selten unter den andern Göttern. Die Nichtachtung dessen, was um ihn vorgeht, zeigt sich nirgends schöner als auf dem zierlichen Fries des Lysikratesmonuments. Dafs seine Gestalt dort mit unserer Giebelfigur übereinstimmt, ist längst bemerkt; es scheint geradezu eine Nachbildung, die auch die Ergänzung der Trinkschale bei unserer Giebelfigur empfiehlt.

Für Dionysos sind nun aber auch das weichliche Lager⁶) und

---

¹) Paus. I, 20, 2.
²) Elite céram. I, 63.
³) Durch Berechnung wird man freilich auch dies als Anachronismus erfinden, indem Athena bekanntlich dem Kadmos beistand, ehe derselbe noch Semele, des Dionysos Mutter, erzeugt hatte. Man wird aber nicht verkennen, wie grofs der Unterschied direkter Berührung in den Mythen und indirekter ist.
⁴) Das bemerkte Gerhard AV. I, S. 16.
⁵) Aehnlich sieht man Dionysos oft gelagert, z. B. Elite céram. I, 49. A; Millingen, Peint. de Vases XXXVI; Hamilton Vases II, 53; Stephani CR. 1860 II; Gerhard Apul. Vas. I; A 12; 8.
⁶) Vgl. die Vase von Ruvo (Gerhard Ak. Abh. I, wo Dionysos ähnlich lagert, den linken Arm auf ein Pantherfell und Kissen gestützt.

die Sandalen charakteristisch. Wem an dem positiven Beweis nicht genug ist, der gehe in Gedanken die andern Götter durch: bei Zeus, Poseidon, Hephaistos wird man sich weiter nicht aufhalten, aber auch von Apoll, Hermes, Ares ist nicht nur kein einziges Merkmal vorhanden, sondern die vorhandenen widersprechen ihnen. Für Dionysos, der hier am Südende des Giebels gerade auf sein Heiligthum am Fuſse der Burg hinabblickt, ist aber auſser der Abkehr und Theilnahmlosigkeit auch noch die Beziehung zum Sonnengott[1]), zur Natur, bedeutsam, und eine weitere Bestätigung liefert erstens die Nähe der gleich zu erklärenden weiblichen Figuren, zweitens die am andern Giebelende ihm entsprechende Göttin.

Doch einem Einwurf ist noch zu begegnen[2]), daſs so mächtige Formen nicht Dionysos gehören könnten. Ich denke, wenn andre Götter dieses Giebels erhalten wären, so würde neben Gewaltigerem diese Gestalt in richtigerem Lichte erscheinen. Durchaus unstatthaft aber ist es, einen Dionysos von Pheidias nach den uns besser bekannten Bildern dieses Gottes aus späterer Zeit sich vorzustellen, deren gröſster Theil von einem Dionysos des Pheidias soweit entfernt ist als die Mediceische Aphrodite oder die des Capitols von der melischen. Wie und namentlich wann der Uebergang vom bärtigen Dionysos zum jugendlichen gemacht ist, wissen wir nicht. Die Annahme, daſs Praxiteles erst die Neuerung gemacht, ist nicht erwiesen[3]), und ist ja endlich selbst die knidische Aphrodite des Praxiteles, soweit aus Nachbildungen zu schlieſsen ist, noch weit

---

[1]) Man könnte ihn dem Helios zutrinkend denken, wie die Homerischen Götter thun, zumal da man die aufgehende Sonne verehrte. Lucian Salt. 17. Auch Lloyd denkt an eine Spende dem Morgen dargebracht.

[2]) Die Einwendungen Leakes, welche Welcker, AD. S. 80, gegründet nennt, scheinen mir ganz nichtig, was Leake selbst erkannt zu haben scheint, da er sie später weggelassen hat: Dionysos sei in Athen zu angesehen gewesen, um hier so fern dem Mittelpunkt gerückt zu sein! Fragt es sich doch hier nicht, wie angesehen er in Athen war, sondern welchen Platz er im Olympos einnimmt.

[3]) Michaelis, S. 168, findet in einem solchen Dionysos den passenden Uebergang von der mächtigen Gestalt des bärtigen Dionysos zu dem jugendlich zarten späterer Zeit. (Vgl. Nuove memorie II, S. 205.) Allerdings scheint es, daſs ehe Skopas und Praxiteles den Gott so darstellten, wie man annimmt, derselbe schon von andern in jugendlicher Gestalt gebildet sein muſste. Der Uebergang von bärtiger zu jugendlicher Bildung ist ja auch bei Hermes wohl erst durch Pheidias gemacht, der bei den Darstellungen gröſserer Göttervereine

unter der melischen an Würde und Erhabenheit. Jedenfalls zeigt der Fries des Lysikratesdenkmals den Gott auch in den Formen durchaus so grofs und so wenig dem späteren weichlichen, ja weibischen Dionysos gleich, wie unsre Statue, ganz den Worten des siebenten Hymnus gemäfs, wo er einem Jünglinge gleicht mit kräftigen Schultern. Nur das Lockenhaar, das der Dichter preist, fehlt allerdings, aber wie weit ist auch das Haar des Zeus am Fries von dem Mähnenhaar seiner späteren Darstellungen. Es ist eben festzuhalten, dafs wir von den Formen der Pheidiassischen Götter kaum etwas wissen, so lange sie nicht in den Skulpturen des Parthenon nachgewiesen sind, und dafs dieser Nachweis nur auf diejenigen vorhandenen Indicien zu gründen ist, die nicht von einem Vorurtheil, wie dem über die Formen, abhängig sind.

Dem Dionysos zunächst sitzen zwei vollbekleidete weibliche Gestalten, (E und F London), nicht mehr auf dem Felsboden, sondern schon auf Sesseln. Diese sind einfach geformt, aber allzugrofse Gleichförmigkeit ist dadurch vermieden, dafs der eine ein wenig höher, und beide nach vorn etwas auseinander gerückt sind.

Grofs ist die Aehnlichkeit beider Gestalten, aber ebenso deutlich ausgedrückt ein durchgehender Unterschied. Beides zusammen mit dem traulichen Verhältnis zwischen ihnen giebt der Erklärung ihre Richtung. Beide haben über dem feinen ärmellosen Untergewand das Himation. Beide haben dessen eines Ende über den Schoofs gezogen, das andere Ende aber hat die erste (v. l. E) unter ihren linken Unterarm gebreitet, den sie auf der Zweiten Schulter ruhen läfst, während bei dieser (F) der andre Zipfel über die l. Schulter gezogen herabhängt. Diese Anordnung des Mantels finden wir vornehmlich beim thronenden Zeus und anderen erhabenen Götterfiguren, stets als Zeichen würdevollen Anstandes und ruhiger Haltung. Darum ist es falsch, den Arm zum Ausdruck des Staunens frei und momentan gehoben zu denken[1]) Die Bewegung selbst

---

von selbst darauf geführt wurde, neben dem Vater die Söhne unbärtig darzustellen, aufser Hephaistos, dem ältesten, auch wegen seiner ganzen Art (und Asklepios wegen Verbindung mit seiner Tochter). Zu beachten ist die jugendliche Bildung des Asklepios von Kalamis, Herakles von Ageladas und des Hephaistos an dem Altar der Akademie (Schol. Soph. OC. 56).

[1]) So auch Cockerell in seiner Restitution, und Welcker a. a. O.: 'Die vorderste streckt ihren Arm nach der neuen Göttin aus'. Ebenso Friederichs Bausteine I, S. 143, ohne sie zu benennen 'die, wiewohl ruhig auf ihren

kann die Plastik ja nicht darstellen, aber sie vermag doch namentlich im Faltenfall die eintretende Veränderung zu veranschaulichen, wie ganz besonders die Giebelfiguren des Parthenon darthun. Sollte an jener zweiten Thronenden der l. Arm plötzlich erhoben sein, so würden nicht die Falten sich über den Arm hin ausbreiten, sondern nach der Schulter zu zusammengeschoben sein. Ruht aber der Arm in dieser Haltung, so bedarf er natürlich einer Stütze, und das bestätigt die Haltung des Armes selbst, da der Ellenbogen mehr nach unten als nach oben gedreht ist, und der Unterarm mit der Handfläche nicht gegen das Ereignis sich kehrt, das die Ursache des Staunens sein soll, wie doch nothwendig wäre und auch Cockerell gezeichnet hat, sondern gegen die Göttin selbst, wie beim Halten eines Scepters geschieht. Von Aufregung ist auch in der gesammten übrigen Haltung nichts zu spüren. Dafs der fest aufgesetzte l. Fufs nicht zum Aufstehen angezogen worden ist, zeigen die Faltenreihen, und deutlicher das hängende r. Bein, dessen Fufs nur lose auf dem äufseren Sohlenrande ruht. Endlich ist selbst in Abbildungen unverkennbar, dafs sie das Gesicht der neben ihr Sitzenden zuwandte[1]), die diesem Blick, wie ebenfalls noch hinreichend sicher zu erkennen, begegnete. Der staunend erhobene Arm bei abgewandtem Gesicht wäre nur so zu erklären, dafs nach dem ersten Blicke sie jetzt ihre Gefährtin aufmerksam machen wollte, bei der aber nicht der geringste Wiederhall solches Staunens sich verräth.

Wir können nunmehr auch in dem halberhobenen r. Arm von F nicht eine rasche Bewegung sehen, die den auf ihrer Schulter liegenden Arm der andern aus seiner Ruhe bringen müfste. Eine Bewegung zur Begleitung einer für das Ganze bedeutungslosen und daher unverständlichen Privatunterhaltung, wie sie moderner Geschmack vielleicht erwartete, ist hier nicht angebracht[2]). Auch hier würden wir also eher auf ein leicht zu haltendes Attribut hin-

---

Stühlen sitzend, doch von dem Ereignis der Mitte nicht unberührt sind'. Dafs es 'reifere Frauen' sind, kann doch die Ruhe dem Ereignis gegenüber nicht begründen. Michaelis S. 174 äufsert Bedenken gegen die Armbewegung und vermuthet ein Attribut.

[1]) So ergänzt auch Cockerell, und Friederichs Bausteine S. 143; Michaelis S. 174.

[2]) Man beachte, wie wenig der Art am Fries bei Göttern und Menschen vorkommt.

gewiesen. Ob auch die r. Hand der Ersten einen Gegenstand gehalten, ist nicht zu entscheiden.

Während so die Gröfsere (F) gehaltener und würdevoller dasitzt[1]), ist die andre ein Bild lieblicher Ungezwungenheit, wie sie sich anschmiegend Halt findet an der andern. Diesem Verhältnis, welches nicht schwesterlich ist, sondern entschieden das der Jüngeren zur Aelteren, entsprechen durchaus die Körperformen. Entscheidend schon ist der Unterschied der Gröfse[2]). Kräftiger sind die Arme der Zweiten und voller ihre Formen, besonders der Brust; im Ganzen ist sie matronaler, mädchenhafter die erste.

Daher ist an die Horen zu denken unmöglich, da bei ihnen wie bei Musen, Chariten und anderen Schwestervereinen kein solcher Altersunterschied existiert. Speciell die attischen Horen gehn aber weder die Götterversammlung im Olymp etwas an noch die Geburt Athenas, wenngleich bei ihnen der attische Ephebe seinen Bürgereid schwören mufste.

Sind vielmehr Mutter und Tochter gewifs, so denkt man, wie schon Visconti, unter den Göttern sogleich an Demeter und ihre Tochter Kore. Das Verhältnis von Here z. B. und Hebe, wenn die sonst irgend wahrscheinlich wären, ist ein ganz andres, weit weniger gleiches; oder etwa Dione mit Aphrodite anzunehmen, auch das hätte nicht nur gar nichts für sich, sondern gegen sich das, dafs die Tochter die Bedeutendere und die Mutter im Olymp der Künstler kaum je vorkommt. Zu 'verlegenen' Mythen aber seine Zuflucht nehmen hiefse die grofsen und einfachen Gedanken des Pheidias gründlich verfehlen[3]).

Ob man Demeter wie Beulé das übliche Scepter in die Linke geben will oder die nicht seltenere Fackel, wage ich nicht zu ent-

---

[1]) Michaelis, S. 174, findet bei F in der Art ihres Sitzens, der Haltung der Arme, der entschiedeneren Wendung des Kopfes gegen die andre, eine lebhaftere Erregung kundgegeben, was ich nicht anerkennen kann, denn F ist noch völlig ruhig, aber gehaltener, zusammengefafster ist sie als D und E. Overbeck, BdKSGdW. 1868, S. 104, geht noch weiter.

[2]) Auch Cockerell, S. 4, bemerkt ihn. Lloyd Transactions of the R. S. of litt. VII. bestreitet es vergebens, eben um Schwestern zu erweisen.

[3]) Andeuten will ich wenigstens, dafs der weite Schoofs wie hier grade bei der Demeter, der gabenreichen Mutter, sich sehr häufig findet. Vgl. Welcker A. D. 1, 85. Müller-Wies. D. a. K. II, 84. 87. 88. 91. Aehnlich Ge das. 330; Kybele (?) 795; Tyche 928; Rhea bei Braun, Kunstmythologie 36.

scheiden¹). Ihre Rechte denke ich Aehren haltend, wie Kore vielleicht Blumen hielt. Diese (E) hatte um beide Arme wie z. B. auch auf dem eleusinischen Relief Armbänder von Metall zugesetzt, wie Bohrlöcher eben oberhalb der Handwurzel anzeigen²). Da an der Demeter diese Theile abgebrochen sind, ist für dieselbe gleiches nicht festzustellen³).

Noch bekannter womöglich als die Verehrung des Dionysos in Attika ist ja diejenige der beiden eleusinischen Göttinnen, die eben darum bei Athenas Geburt nicht wohl fehlen konnten. Sie haben freilich ihrem Wesen gemäfs ihren eigentlichen und gewöhnlichen Sitz auf Erden im Verkehr der Menschen, aber als freie, lokaler Beschränktbeit entzogene Götter konnten Dichter und Künstler sie ebensowohl in den Olymp versetzen, wie Poseidon und Amphitrite am Bathron des Zeus zu Olympia. Demeter ist ja unter der Zahl der zwölf Olympier und einer erwählten Zwölfzahl auch von Pheidias, wie wir später sehen werden, eingereiht. Wenn sie im Gram über die verlorene Tochter die Göttergesellschaft meidet, wie es im Hymnus 5, 354 erzählt ist, und geschworen hat (329 ff.) den Olymp nicht wieder zu betreten, ehe sie die Tochter wiedergesehn, so sehn wir, dafs sie zu den andern Göttern gehört, und wenn die Tochter bei ihr weilt, auch diese. So sagt auch Hermes eben dort V. 353, er solle auf Zeus' Geheifs die Persephone herauf aus dem Erebos zu ihnen holen (vgl. auch 444. 460), und nachdem sie das Anerbieten der Theilung zwischen Ober- und Unterwelt angenommen, und sie ihre Weihen gelehrt, V. 483,

> Eilten sie flugs zum Olymp zur Versammlung der übrigen Götter;
> Allda sind sie bei Zeus dem donnerfrohen zu Hause.

Haben wir Dionysos sowohl wie Demeter und ihre Tochter nach ihrer eigenen Charakteristik erkannt, so giebt noch die gegenseitige

---

¹) Inwiefern ein Bohrloch zwischen den Falten an ihrer l. Hüfte zur Befestigung gedient, läfst sich nicht bestimmen. Auch Michaelis, S. 168. 174, vermuthet die Fackel.

²) Auch auf einer Vase Cab. Pourtalès XVI. haben beide Göttinnen Hals- und Armbänder, wie auf den Vasen von Kertsch und oft.

³) Von Damophon, welcher der Schule des Pheidias sehr nahe gestanden zu haben scheint, waren in Akakesion Demeter und Persephone zusammen thronend dargestellt in Marmor: Demeter, die Fackel in der Rechten, die andre auf ihre Tochter gelegt; diese, eine Ciste auf dem Schofs mit der Rechten haltend. Paus. 8, 37, 2. Ueber Damophon als Schüler der Attiker s. Michaelis Annali 1863, S. 307.

Nähe dieser im Mythus wie im Cultus vorzüglich in Attika innigst verbundenen Gottheiten eine Bestätigung[1]). Ich führe von so vielen Denkmälern nur eine schöne attische Vase[2]) an. Dem eben entsandten und durch die Lüfte entschwindenden Triptolemos sehen von unten Demeter und Kore nach, umgeben von noch anderen eleusinischen Gestalten. Etwas höher steht einerseits Herakles als Eingeweihter und andrerseits sitzt Dionysos und zwar ganz ähnlich wie in unsrem Giebel, grade so schön und stattlich von Gliedern, nicht einmal von Herakles in dieser Beziehung verschieden, auch hier auf unterbreitetem Gewand, auf einen Ellenbogen sich stützend, durch Kranz und Thyrsus bezeichnet.

Aus eben demselben Grunde also auch, aus welchem Dionysos, sind diese zwei Göttinnen der Handlung selbst ferner gerückt, weil im Olymp der Athena andre näher stehen, jene dagegen mit Dionysos den Uebergang zur Menschenwelt bilden[3]).

Ihre Ruhe aber wird im nächsten Augenblicke aufhören; denn eilenden Laufes naht von des Olympos Mitte ein zartes Mädchen, fast noch Kind (G). Mit ausgebreiteten Armen faſst sie die Enden ihres Shawls, der, jetzt zerbrochen, einst in schönem Bogen sich hinter ihr wölbte, während der Kopf noch nach der Mitte zurückgewandt war, als könnte sie das Auge noch nicht wegwenden von dem was sie gesehn, und nun in alle Welt verkünden soll. Denn es ist nicht momentane Bewegung, nicht augenblickliches Zurücktreten vor Entsetzen über den Vorgang der Mitte[4]), um dann stehen zu bleiben, sondern ungehemmte stetige Eile. Das zeigt die Haltung des Körpers wie der Faltenwurf, der einem Zuge folgt, ungebrochen und nirgends zurückgestoſsen durch plötzlichen Ruck. Eilt aber das Mädchen mit Windesschnelle — und man sehe die vom r. Knie zurückschlagenden Falten — die Luft durchschneidend weiter, ganz hinaus aus dieser Götterversammlung, so kann es

---

[1]) Ebenso Michaelis, S. 168.
[2]) Compte rendu 1859, pl. II.
[3]) Aehnlich Michaelis S. 168.
[4]) Friederichs, Bausteine S. 143, läſst Iris nicht gelten und meint, sie scheine 'entsetzt sich entfernen zu wollen'. Den umgewandten Kopf macht er zunächst nur dagegen geltend, daſs sie den vor ihr Sitzenden melden wolle. Overbeck BdKSGdW. 1868 S. 104 läſst Iris nach gethaner Meldung bereits wieder umsehn: in jeder Hinsicht falsch, da dann Iris ihre Bewegung hemmen müſste und Demeter sammt Kore aufmerken.

nicht Entsetzen sein was sie treibt; denn, wie gewaltig auch Athenas Erscheinen die Götter ergriffe, vor ihr zu flüchten aus dem Olympos hätte doch keine der Göttinnen. So bleibt nur, dafs dies Iris die schnelle Götterbotin sei, wie nach Visconti fast von Allen anerkannt ist. Unter allen olympischen Wesen ist keines, dem gleichzeitig die jugendlich unentwickelten Formen, die schnelle Bewegung und das Forteilen von dem Ereignis mit umgewandtem Haupt[1]) zukämen, aufser Iris allein. Eins oder das andre schickte sich auch für Hebe vielleicht oder Nike, welche letztere aber glücklich aufser dieser Figur erhalten ist. Iris ist keine der unbekannteren Gestalten des Olympos; sowie auch jeder weifs, welche Naturerscheinung der Vorstellung von ihr zu Grunde liegt. Sie trägt Befehle und Botschaft namentlich ja des Zeus vom Himmel auf die Erde und in die Tiefen des Meeres, und sie ist die passendste Verkündigerin auch von Athenas Geburt, wie von andern wichtigen Ereignissen. So bringt sie auf einer rothfigurigen Vase von Herakles' Einführung in den Olymp dem Nereus ins Meer hinab die Kunde[2]). Hier aber bei Athenas Geburt im Wetter, die doch ein glückliches Ereignis ist, wie im Hymnus Zeus sich freut, da Athena die Waffen ablegt, ist sie auch nach der zu Tage liegenden Naturbedeutung die natürliche Botin, die der ganzen Welt die frohe Botschaft bringt. Wem zunächst, wird man nicht fragen, da man mit gleichem Rechte an Erde, Meer und selbst an die Tiefen des Hades denken könnte, wenn nicht für diese letzteren noch ein anderer Bote sich darbieten sollte. Natürlich müssen auch die vor ihr sitzenden Göttinnen, wenn nicht anders, so durch die vorbeieilende Iris aufmerksam werden, aber dafs sie nicht das Ziel der Iris sind, scheint mir selbstverständlich bei der geringen Entfernung von dem Ereignis selbst und namentlich bei der ungehemmten Eile der Iris, und deren umgewandtem Kopfe.

Die von Visconti erkannte Anspielung auf den Regenbogen in dem bauschenden Gewande der Iris ist klare und deshalb echt künstlerische Symbolik[3]). Die ganze Gestalt ist so einfach, so einheitlich, wie kaum eine andre, dem Wesen gemäss.

---

[1]) So zeigen oft anmeldende Wesen naturgemäfs durch den umgewandten Kopf auf das, was sie zu eilen treibt und Gegenstand ihrer Meldung ist.

[2]) Gerhard, AV. II, 146 f. S. 188, 13. Herakles' Hesperidenabenteuer Annali 1859, t. d'a. GH.

[3]) Der Einwurf von Welcker A D. I, S. 83, der Gedanke einer Ver-

Hinter der Iris konnten die Götter nicht mehr in Ruhe sein wie vor ihr Demeter, Kore und Dionysos; hier der Mitte näher mufsten alle von dem gewaltigen Ereignis bewegt erscheinen. Ehe wir aber an das scheinbar gewagte Unternehmen uns machen, das Fehlende in Gedanken zu ergänzen, machen wir uns erst mit dem Erhaltenen am andern Ende bekannt. Zunächst Selene finden wir die Krone aller Gruppen, zwei Frauen (L M, London), deren eine im Schofs der andren ruht, und neben ihnen sitzend eine dritte (K, Lond.). Fast Alle verbinden diese drei[1]) und gründen darauf ihre Erklärung eines schwesterlichen Dreivereins, sei es der Moiren, sei es der Kekropstöchter, Aglauros, Pandrosos und Herse, wie seit Welcker viele sie nennen. Nur Leake trennte sie und erklärte Demeter im Schofse ihrer Tochter, unglaublich!

Nirgends ist die mangelhafte Untersuchung der Statuen so sehr Grund der Verirrungen gewesen. Der Ausspruch Welcker's, dafs der Arm der mittleren auf dem Schofse der ersten (von der Mitte gezählt) geruht habe, ist einmal durch Carrey's Zeichnung veranlafst, der Welcker überhaupt auch den erhaltenen Stücken gegenüber zu sehr vertraute, sodann durch das Verlangen, die für seine Deutung nöthige Verbindung, freilich keine schöne, aller drei Figuren herzustellen. Eben so falsch ist die Meinung, dafs die zweite gesponnen habe, während die liegende den Faden zerschnitten habe. Wenn ich erweise, dafs die zwei verbundenen von der dritten entschieden getrennt sind, wird eine weitere Widerlegung jener Erklärungen überflüssig sein, und erheben sich von selbst Einwürfe

---

kündigung sei zu gespitzt und rhetorisch, erledigt sich durch jene Vasenbilder; der andere, dafs die breite Masse des Gewandbausches den Regenbogen zu wenig nachahme, schwindet theils bei richtiger Ergänzung des Torso, theils durch die in Aristoph. Av. 1199 an die heranfliegende Iris gestellte Frage

ὄνομα δέ σοι τί ἐστι, πλοῖον ἢ κυνῆ,

wozu die Scholien bemerken: πλοῖον μὲν καθὸ ἐπτέρωται καὶ ἐξωγκωμένον ἔχει τὸν χιτῶνα.

[1]) Friederichs erhebt Bedenken dagegen. Michaelis, S. 168, verbindet sie wieder und sucht die Richtung der Deutung aufserdem dadurch zu bestimmen, 'dafs wir die Frauen unter den Athena näher verbundenen Gottheiten zu suchen haben'. Warum? Ihr Platz beweist das nicht, da an entsprechender Stelle die chthonischen Gottheiten sich finden, 'welche der neugeborenen Göttin freundlich gesinnt sind, aber doch ferner stehen'.

wie der, dafs die Moiren wohl bei der Geburt eines Menschen, nicht aber einer unsterblichen Göttin zu thun haben, und der, dafs die nachlässig bequeme Lage für eine der Moiren durchaus unschicklich ist und für Pandrosos eine mehr grammatische als poetische Anspielung auf ihren Namen giebt, abgesehen von der oben begründeten Forderung einer Götterversammlung.

Die erste für sich sitzende Göttin ist unstreitig, wenn gleich nur theilweise der Mitte zugekehrt, die zweite dagegen noch viel entschiedener nach der andern Seite[1]). Bei jener ersten ist die Seitenwendung des Kopfes nach der Mitte unverkennbar, wie auch Carrey, der den Kopf noch sah, ihn so gezeichnet hat. Dem Kopfe folgt der Oberkörper[2]). Dieser war, wie die über den Rücken nach der Schulter laufenden Falten des Himations beweisen, in dieses eingewickelt und die Hand neben der Hüfte auf den Sitz gestemmt. Zwar ist der ganze Arm weggebrochen, doch an dem Bruche erkennt man wie an einem Schatten seine einstige Haltung[3]). Bei dem rechten Arm sind wieder dieselben Gründe wie oben bei Demeter gegen staunendes Erheben geltend zu machen. Die feinen Ermelfalten gleiten in ungestörter Ruhe herab, und der Saum des Gewandes ist grade nach dieser Schulter zu am tiefsten gesunken; Schulter und Oberarm sind dazu nicht energisch gehoben. Demnach kann man auch hier den Arm nur ruhend denken an einer Stütze. Ein Scepter würde wohl passen zu der würdigen, imponierenden Haltung dieser Figur, welche durch Vergleichung der Kore drüben noch deutlicher wird.

Der zweiten, sitzenden Göttin (L) ganze Haltung und Bewegung ist bestimmt durch die in ihrem Schofse ruhende: um

---

[1]) Es bahnt sich ähnlich wie am andern Giebelende in der zweiten und dritten Figur die Hinwendung zur Mitte an.

[2]) Michaelis, S. 176, fafst die Bewegung viel zu stark auf. Wollte diese Figur, wie er meint, sich erheben und hätte dazu den r. Fufs angezogen und erhöbe dabei lebhaft die r. Hand, wäre hier 'meisterhaft — der vorhergegangene und der kommende Moment mit zum Ausdruck gebracht', so könnte die Gewandung nicht 'zu den einfachsten gehören'; es würde an ihr der Widerstreit der früheren Ruhe und der jetzigen Bewegung sich offenbaren. Wollte sie sich erheben, so müfste vor Allem der Oberkörper vorüber geneigt sein.

[3]) Die Ergänzung des r. Arms bei Cockerell ist falsch, während er die Kopfwendung richtig gefafst hat.

deren Ellenbogen eine Stütze zu gewähren, schliefst sie die Kniee enger zusammen als sonst natürlich wäre. Das Anziehn der Füsse geschieht um die Vorüberneigung des Oberkörpers zu erleichtern. Vorüber aber neigt sie sich nicht, wie man gemeint hat, um an der ersten vorbei nach der Mitte zu sehen[1]). Nicht nur gegen die Symmetrie würde es verstofsen, wenn hier schon die zweite Figur der Mitte sich zuwendete, während drüben sogar die dritte noch abgewandt ist; es würde auch eine häfsliche Unruhe und einen Rifs in die Einheit dieser Gruppe bringen. Auch würde solches Umwenden eine Drehung des Oberkörpers und weitere Trennung der Kniee erfordern; ganz unmöglich endlich ist sie wegen der rechten Hand. Diese nämlich zog das Himation[2]). welches bei dem Vorbeugen zu entgleiten drohte, herauf über die Schulter nach vorn. Das erhellt aus der Drehung des Oberarms und deutlicher aus den Falten des Himation, welche straff gezogen über den Rücken bis zur rechten Schulter hinauflaufend dort plötzlich abgebrochen sind. Mit Arm und Gewand müfste die Göttin sich den Blick nach der Mitte versperren. Nein, sie neigt sich vorüber, um der in ihrem Schofse liegenden, deren Kopf an ihre Schulter gelehnt vor sich hin sah, über die Schulter zu blicken. Wonach sie gesehen und was sie in der linken, jetzt fehlenden Hand gehalten, während der linke Arm die Liegende umfafst, das ist vorläufig noch nicht zu bestimmen.

Dafs die Liegende nicht ganz unthätig da lag, ist noch zu erkennen, denn, obwohl die rechte Hand und der ganze l. Unterarm fehlen, sieht man doch selbst auf den Abbildungen, dafs weder die Linke in ihrem eignen, noch die Rechte im Schofse der Freundin ruhte; unfehlbar müfsten sonst Spuren wenigstens der rechten Hand an dem linken Knie der Sitzenden und der linken Hand auf den

---

[1]) Auch Michaelis meint, dafs in ihrem Oberkörper bereits die Bewegung nach der Giebelmitte zu begonnen habe: dafs sie aufzustehen wünsche, zeige sich in der Stellung des Oberkörpers und der angezogenen Füfse. Da müfste sie vor Allem die in ihrem Schofse Liegende zum Aufstehen nöthigen. Das erkennt M., aber dann würde sie ja mit beiden Händen sie zu heben und aufzurichten versuchen müssen, nicht mit dem l. Arm sie umfassen, was vielmehr einer Einladung zu längerer Ruhe gleicht. Nach Friederichs wäre sie sogar im Begriffe aufzuspringen vor Aufregung über Athena's Geburt.

[2]) Das erkennt auch Friederichs. Michaelis nennt es ein Lüften des Mantels, womit sie ihre übrige Bewegung unterstütze.

Falten ihres eigenen Gewandes, das auf den ersten Blick leicht von der Hand gefafst erscheinen kann[1]), sich erhalten haben. Es finden sich aber keine Spuren und ist hier nie eine Berührung gewesen. Daran dafs der rechte Ellenbogen allein die Last trägt, der Unterarm sich hebt mit solcher Drehung, dafs die innere Handfläche mehr nach oben wies, erkennt man, dafs die rechte Hand etwas hielt, mit dem Haltung und Bewegung der Linken wahrscheinlich in Verbindung stand. Eine eben dahin zielende Bewegung scheint auch die Sitzende mit ihrer linken Hand gemacht zu haben; denn hätte sie die Liegende nur umfafst, so wäre deren Arm nothwendig von der Hand der Andern berührt worden, was nicht der Fall ist. Diese Hand war also frei; für einen Gestus des Staunens aber ist die ganze Haltung nicht frei genug; zu einer solchen müfste auch der Unterarm stärker gehoben sein. Wäre erhalten was beide in den Händen fafsten, so würde die Deutung gewifs leichter und unbestreitbarer aufzustellen sein. Der Kreis der möglichen Ergänzungen scheint zwar nicht sehr weit, aber sicherer ist es die in der gesammten Erscheinung des Vorhandenen, in Formen, Haltung und Bewegung gegebene Charakteristik zu begreifen.

Was ist denn das Bezaubernde dieser liegenden Gestalt? Das Bezaubernde, sage ich, und das Wort sagt nicht zu viel, und ohne Absicht gewählt giebt es schon einen Wink[2]). Bewundrungswürdig schön und erhaben mögen wir auch die anderen Frauengestalten dieses Giebels nennen, deren zum Vergleich glücklicherweise recht viele erhalten sind. Lieblich müssen wir auch die Kore gedeutete finden, aber hier ist es vorzüglich die wunderbare Schönheit des weiblichen Körpers, welcher eben so reich bekleidet wie bei den andern, mit feinem Ermelchiton und Himation, dennoch in allen Formen prangend vor unsern Augen liegt. Und wie sehr durch die Umhüllung eines Gewandes die Schönheit der Formen gehoben werden kann, das kann man hier erkennen. Der Körper selbst ist so voll blühendsten Lebens, so frisch und warm, wie Marmor sein kann, und die Falten, die kräftigen des Mantels wie die feinen

---

[1]) So scheint es auch Michaelis.
[2]) Hier hat Ronchaud, Phidias, ziemlich richtig geurtheilt: 'la pose voluptueuse et si pleine de séduction' sagt er, aber seine Deutung Porse und Circe ist freilich Unsinn.

des Untergewandes, umspielen die Formen mit tausendfacher Bewegung, besonders über Schofs und Busen, gleich wie leise zitternde Wellen durchsichtigen Wassers über hell leuchtendem Grunde. Aber ein Theil der Reize zeigt sich auch ganz unverhüllt: Hals und rechte Schulter bis an den Busen läfst das herabgeglittene Gewand unbedeckt, und man mufs die züchtige Bekleidung der anderen Göttinnen beachten, um das Bedeutsame dieser Entblöfsung zu verstehen.

Natürlich ist nur durch das ausgestreckte Lagern die Offenbarung der Schönheit dieser Formen möglich geworden, aber das sorglose, reizend nachlässige Lagern ist auch an sich bedeutungsvoller Ausdruck ihres Wesens. Wie schön die Gestalt sich der schrägen Linie des Giebeldaches fügt, müssen wir wohl beachten, um das ganze Verdienst des Künstlers zu würdigen, aber aus der Form des Raumes die Composition der Gruppe herleiten zu wollen, hiefse dem Künstler ein äufserliches Verfahren zuschreiben. Von dem gröfsten Meister dürfen wir das Gröfste erwarten, dafs er allen Anforderungen zugleich genüge, dafs die Composition den Raum ausfülle, das Wesen ausdrücke, und endlich dies Wesen grade in diesem Theil des Raumes am rechten Platze sei. In diesem besondern Falle werden wir unsern Meister dann am höchsten preisen, wenn wir erkennen, dafs, so schön die Gruppe diesen Raum füllt, eben so passend dieser Platz am Ende des Giebelfeldes für diese Göttin gewählt ist, und eben so tief und wahr das Wesen derselben in dieser Lagerung ausgedrückt ist.

Unbekümmertes, bequem geniefsendes Sein gewahrten wir gegenüber an Dionysos; hier ist es noch gesteigert gemäfs der gröfseren Weichheit weiblicher Natur. Diese Göttin mag aus eigner Kraft nicht einmal ruhen, sondern bedient sich auch dazu einer andern, die mit sorgsamer Liebe sie stützt und trägt und ganz ihr hingegeben ist. Diesen Liebesdienst nimmt die Liegende hin wie etwas Gebührendes ohne die Freundlichkeit zu erwidern und nur mit sich beschäftigt. So können Schwestern kaum mit einander sein, es sei denn dafs die eine ganz in selbstvergessender Bewunderung der andern aufgehe, und dafs auch die andre das ungleiche Verhältnis nicht gleich mache durch Rückzahlung ebenso grofser Hingebung. Besser können wir sie mit zwei Freundinnen vergleichen, deren eine willig sich unterordnet, ihr Glück darin findet die andre zu hegen, zu lieben, zu bewundern.

Unter allen Göttinnen ist nur eine, die diese Liegende sein kann, das ist Aphrodite, der Schönheit und der Liebe Göttin. Wem das nicht unmittelbar einleuchtet, der gehe doch Angesichts dieser Gestalt die Göttinnen durch, die überhaupt in Betracht kommen können: Hera, Amphritite, Hestia, Artemis, Demeter, Kore, um wenigstens aus der Unmöglichkeit jeder anderen Erklärung die Ueberzeugung von der Richtigkeit jener zu gewinnen.

Soll ich noch einmal auf die ohne alle Absichtlichkeit, von welcher keine der späteren Aphroditestatuen seit Praxiteles ganz frei ist, und doch so vollkommen vor uns entfaltete Schönheit hinweisen? Jedenfalls kann bei keiner der andern fünf Göttinnen dieses Giebels in demselben Sinne von Schönheit die Rede sein. Auch die Entblöfsung der Schulter, ein züchtiger Anfang[1]) zu der später immer weiter greifenden Enthüllung der Göttin und ganz wie hier bei vielen Bildern derselben sichtbar, erscheint jetzt in dem rechten Lichte. Ein Bohrloch am Arme beweist, dafs auch Armgeschmeide der schmuckliebenden Göttin nicht gefehlt habe. Von den übrigen Göttinnen hat keine einen sichtbaren Gürtel aufser Nike, bei welcher der ziemlich breite dünne Gurt sichtbarlichst den Zweck hat, das Gewand aufzuschürzen, der hier fehlt. Auch wenn man bei unsrer Liegenden den Gürtel aus rein künstlerischem Grunde erklärte, um nämlich die feinen Falten über dem Körper kräftig zu unterbrechen, wäre doch zuzugeben, dafs der Gürtel nicht nothwendig sichtbar sein mufste und dafs er durch seine Dicke entschieden auffallend ist. Wer Aphrodite an der übrigen Charakteristik hier erkannte, mufste sicher durch diesen Gürtel an den Zaubergürtel der Liebesgöttin, den man auch sonst in altem Bildwerk gefunden hat, erinnert werden[2]).

Für Aphrodite grade, wie für den so verwandten und vielfach ihr verbundenen Dionysos höchst bezeichnend ist ferner die lässige weichliche Ruhe und ganz vorzüglich das bequeme Hinnehmen fremder Dienstleistungen, was bei keiner anderen Gottheit[3]), unter Sterblichen nur bei Bräuten oder der Aphrodite verwandten Schönen, wie namentlich Helena vorkommt. Diese weichliche Göttin,

---

[1]) Förster, Hochzeit des Zeus und der Hera, S. 10, 2. Vgl. Apoll. Rhod. I, 143.
[2]) Helbig, Arch. Zeit. 1866, S. 261, wenn nicht nach der von Hübner, Arch. Zeit. 1870, S. 91, 1871 S. 51, erklärten Figur ein Kranz zu verstehn ist.
[3]) Hymnus IV, 61; VI, 6. Hera schmückt sich selbst um Zeus zu fangen.

welche darob den Spott der männlichen Athena und der herben
Hera auszuhalten hat, führt uns in reizender Erzählung die Ilias
vor, wo Aphrodite von Iris in den Himmel zurückgefahren weinend
sich in den Schofs ihrer Mutter Dione wirft und derselben ihr
Leid klagt. Doch kann jenes homerische Bild auch nicht in seiner
Verallgemeinerung dem Pheidias für diese Gruppe zum Vorbild
gedient haben, so dafs wir auch hier Aphrodite im Schofse Dionens
sehen dürften, weil, wie oben gezeigt, das Verhältnis der beiden
nicht das von Mutter und Tochter ist. Entscheidender ist, dafs
die Formen der Sitzenden, besonders der Brust, jugendlich und jung-
fräulich, entschieden jugendlicher als an der liegenden Aphrodite
sind. Eben darum kann natürlich auch an Amphitrite nicht gedacht werden, gegen welche freilich auch manches andre spräche.
Es fehlt aber auch nicht an wesensverwandten, aber untergeordneten Gefährtinnen, welche namentlich auf attischen Vasenbildern
die Aphrodite ähnlich umgeben[1]), wie die Satyrn und namentlich
die weiblichen Gestalten des Thiasos, Nymphen und Mainaden den
Dionysos. Ideale Bilder von Frauenliebe und Leben kann man
diese Darstellungen nennen, die natürlich mit der Zeit nicht unwesentlich ihren Charakter verändern, indem das sinnliche Element
mehr und mehr hervortritt. Aphrodite bleibt aber der Mittelpunkt,
sitzend oder gelagert, und meistens sind die andern bedacht, sie zu
schmücken mit Binden, Kränzen, Salben und Wohlgeruch, denn
der Schmuck ist der Aphrodite als Göttin der Schönheit eigenstes
Attribut. Auch wo sie allein ist, geht in den meisten Fällen entweder die ganze Handlung auf Schmückung hinaus, die Vorbereitung
zum Bade, das Bad selbst, das Anlegen von Arm- und Beinspangen,
das Salben oder Schmücken des Haares, das Ordnen des Gewandes,
oder es deutet wenigstens irgend ein Gegenstand Schmückung und
Verschönerung an. Solche Gegenstände sind namentlich Blumen,
der schöpferischen, Dionysos verwandten Frühlingsgöttin altes Symbol. Noch ein andres recht eigenthümliches Abzeichen Aphrodite's
ist der Spiegel, dieser Prüfstein und Rathgeber der Schönheit.
Den Gefährtinnen Aphrodite's leistet oft auch Eros Hülfe, allein
oder mit anderen wesens- und namensverwandten Liebesgöttern,
wie Pothos und Himeros[2]).

[1]) z. B. Stackelberg, Gr. d. Hell. 29 = Müller, DaK. II, 296; Elite céram.
IV, 62; Bullet. Napol. N. S. II, 2; 6.

[2]) Ein paar Beispiele Elite céram. IV, 33 A. B, auch 34, denn es macht

Unter den Gefährtinnen aber, denen individuelle Charakteristik fehlt, ragt eine hervor: Peitho, die Göttin der Ueberredung[1]). Schon aus ihrem häufigern Erscheinen auf den Vasenbildern können wir abnehmen, daſs sie den Griechen persönlicher war, als jene andern, und sie hat wie anderswo, so auch auf dem oben angeführten Vasenbilde eine charakteristische Beschäftigung, die freilich noch nicht ganz erkannt ist[2]). Nicht ein Vogelbauer, wie man gemeint hat, ist es mit dem sie sich zu thun macht, sondern eine Falle, deren Construction leicht zu erkennen[3]). Sie schmückt dieselbe mit grünen Zweigen, die den Vogel locken und die Falle verstecken sollen. Zart und behutsam berührt sie sie, damit die drei aufgerichteten Klappen nicht vor der Zeit zusammenschlagen. Der Vogel, den sie fangen will, ist Eros, welcher zuthulich auf Aphrodite's Schulter sitzt, und die ihn lockt, mit kluger List gewinnen will, ist Peitho. Ist Peitho nur eine andre beschränkte Aphrodite, so kann uns nicht wundern, daſs auf einem andern Bilde Aphrodite selbst eine ganz gleiche Falle auf dem Schoſse hält, in der zwei Liebesgötter gleich sich fangen werden, wenn nicht der eine schon mit seinem Beinchen darin steckt[4]). Nicht zu verkennen ist, daſs wir hier den Anfang haben[5]) zu den spätern Darstellungen des 'Wer kauft Liebesgötter'[6]).

Fallenstellend ist Peitho mehr von der listigen, berückenden Seite gefaſst, die δολιόφρων Πειθώ, die herzenfangende, gleich wie Aphrodite δολοπλόκος heiſst. Anmuthiger und einfacher stellt sich die herzgewinnende dar mit der gewöhnlichen Liebesgabe,

---

wenig Unterschied ob eine sterbliche Schöne an Aphrodite's Stelle gesetzt ist, die Eroten bleiben. IV, 72; 73. Stephani CR. IV, 73; Stark, Niobe Tf. II; besonders aber bei Darstellungen des Parisurtheils, Welcker AD. V, S. 379 ff. No. 49; 65. Jahn, Bemalte Vasen mit Goldschmuck.

[1]) Zu den von O. Jahn, Peitho, gesammelten Beispielen, sind etliche hinzugekommen; doch führe ich nur hierhergehörige an.

[2]) O. Jahn, Peitho S. 27; Arch. Beitr. S. 214. Vgl. Bem. Vasen mit G. 4, 10. De Wittes Erklärung Nuove Memorie II, S. 118 ist zu tiefsinnig.

[3]) Sehr ähnlich ist das Instrument, das auſser einem Vogelbauer auf der Vase mit Bildern des Frauengemachs an der Erde stehend vorkommt. Stephani CR., 1860, I.

[4]) Stackelberg, Gr. d. Hell. T. XXX.

[5]) Vgl. Peitho (?), den gefesselten Eros zu Aphrodite führend, die schon Eros' Köcher auf dem Schoſs hat, Annali 1866, t. d'agg. E F.

[6]) Jahn, Arch. Beitr. S. 211.

dem Kranze. So erscheint sie bei Hesiodos mit den Chariten zusammen, Pandora schmückend mit goldenen Ketten, und an der Zeusbasis die in den Himmel eintretende Aphrodite kränzend. Aber auch der Kranz erinnert ja noch an die Schlinge[1]) und die δολοπλόκος, zumal wenn wir uns der sagenberühmten Beispiele solcher berückenden ὅρμοι erinnern, besonders desjenigen der Eriphyle, bei Sophokles El. 853 χρυσόδετα ἕρκη genannt, oder wie Prokris durch einen goldenen Kranz von Pteleon gefangen ward[2]). Auch des Gürtels der Aphrodite gedenkt man:

ἔνϑ' ἔνι μὲν φιλότης ἐν δ' ἵμερος, ἐν δ' ὀαριστύς
πάρφασις[3]) ἥ τ' ἔκλεψε νόον πύκα περ φρονεόντων·

Wie nun aber mit dem Gürtel der Aphrodite, den Here leiht, auf diese der bezaubernde Liebreiz übergeht, so empfängt auch Aphrodite, nicht anders als Pandora, mit dem Kranze aus Peithos Hand die Macht die Herzen zu fesseln mit reizenden Banden, und wird beides zugleich in jener Kränzung ausgedrückt, sowohl Peithos Werben wie Aphrodites Macht, gleichwie Nike, wo sie Athena kränzt, zugleich ihr eigenes und der Göttin Wesen offenbart.

Hatten wir nun in unsrer liegenden Giebelfigur Aphrodite erkannt, so werden wir in der zärtlich sie umfangenden eine jener Freundinnen oder Gefährtinnen, die meist mit dem Schmucke der Göttin beschäftigt sind, erwarten; und betrachten wir nun die Arme der Liegenden wie der Sitzenden und erinnern uns des oben darüber Gesagten, so wird der Phantasie nichts leichter zu ergänzen sein, als daſs die Göttin, wie wir vorzüglich auf Vasenbildern häufig sehn, ein solches Blumengewinde zwischen ihren Händen gehalten[4]). Und denkt man sich nur den linken Unterarm in spitzem Winkel zurückgebogen, so wird man als möglich erkennen, daſs auch die linke Hand der Sitzenden den Kranz be-

---

[1]) Jahn Antiope (Arch. Zeitg. 1853) S. 40, 93 citiert ein Vasenbild, auf dem ein Eros ein Reh mit einem Kranze fangen will, wie auf einem andern (Gerh. AV. 153 f.) ein Satyr einen Hasen.

[2]) Apollodor 3, 15, 1 ἡ δὲ λαβοῦσα χρυσοῦν στέφανον Πτελέοντι συνευνάζεται.

[3]) Danach ist wohl die Paregoros bei Aphrodite und Peitho in Korinth (Paus. 1, 43, 6) zu verstehen. Anders Jahn S. 19.

[4]) So sitzt Aphrodite oft, z. B. oberhalb Io's Befreiung durch Hermes (Elite céram. III, 101) eine Tänie zwischen beiden Händen haltend. Zu einem solchen Kranze stände das von Michaelis erwähnte Bohrloch unter dem Gürtel in demselben Verhältnisse, wie der Bronzezapfen bei Nike zu deren Tänie.

rührte, so, als hätte sie ihn zum Schmucke der Göttin gegeben, grade so wie das Motiv auf dem schon angeführten Vasenbilde mit Peitho und der Falle sich findet bei zwei Begleiterinnen der Aphrodite, Eunomia und Paidia, jene an Peitho's Stelle, nur mit der Aenderung, dafs beide stehn. In ihrer Hand den Kranz zu sehen neigt sich die Sitzende vorüber, die ich jetzt Peitho nennen darf. Auch hier will diese nicht Aphrodite gewinnen, sondern ihr gewinnenden Reiz verleihen. Kann aber auch Peitho's Wesen: liebendes Werben und Ansichziehen schöner ausgedrückt werden, als durch diese aufmerksame, ja einschmeichelnde Dienstfertigkeit; kann Peitho, wo sie Liebe und Vertrauen heischt, schönern Sieg erringen als hier, wo sich die Liegende so sorglos ganz in ihre Arme giebt?

Dafs aber Peitho nur dient, Aphrodites Wesen zur Anschauung zu bringen, wie Nike dasjenige Athena's, ist auch in dem hier auf Peitho übertragenen, sonst gewöhnlich der Aphrodite eigenen Ziehen am Gewand über der Schulter zu erkennen.

Zu weiterer Bestätigung seien noch ein Paar Vasenbilder angeführt, welche Peitho und Aphrodite in ähnlichem Verhältnisse zusammen stellen. Auf einer Vase bester Zeit[1]) sehen wir als Zuschauer des bekannten Ringens zwischen Peleus und Thetis, wie einerseits Athena und Poseidon, so gegenüber Aphrodite sitzend und hinter ihr stehend Peitho, die ihre Arme um Aphrodite zu legen scheint[2]).

Leider ohne Beischriften ist eine Vase der Jatta'schen Sammlung[3]). Da sitzt Aphrodite wieder bequem hingestreckt und läfst von Eros sich die Sandalen binden oder lösen, während sie selbst mit zierlicher Gebärde den Gewandzipfel über der einen Schulter fafst. Hinter ihr steht eine andre, den linken Ellenbogen auf das aufgestellte linke Bein stützend, langt mit der Rechten an Aphrodite's Schulter vorbei und sieht dabei nach einer dritten weiter zurücksitzenden sich um, welche den offenbar für Aphrodite be-

---

[1]) Millingen, Anc. uned. mon. A, 1; Overbeck, Gall. VIII, 1; Jahn, Peitho, S. 23. Bem. Vasen m. G. S. 12, 21. Vgl. 17, B.

[2]) Aehnlich gruppiert sind die zwei Frauen, denen Liebesgötter zum Verkauf geboten werden, also aus derselben Sphäre, im pompejanischen Gemälde Millin. G. M. XLVI, 193* = Helbig 824.

[3]) Bull. Nap. N. S. VI, 4.

stimmten Kranz mit beiden Händen jener hinhält, so dafs hier zwischen zwei getheilt ist, was unsre Gruppe einer giebt¹).

Besonders treffend ist der Vergleich des oben auf das Parisurtheil bezogenen Vasenbildes (Stephani CR. 1860 II), in welchem aufser Zeus, Athena jedenfalls links Aphrodite unverkennbar ist. Mit nacktem Oberkörper sitzt sie bequem, geschmückt mit Halskette und Armbändern und zwischen den Händen ein feines Band haltend, das sie sich um Brust und Hals bindet. Wieder steht hinter ihr, die Hände um sie legend und aufmerksam sie anblickend, eine jungfräuliche Gestalt, wieder wie ich meine Peitho. An der Aphrodite zeigt sich auch hier wieder wie so oft, gleichwie bei Dionysos, dafs sie an der nicht ohne Lebhaftigkeit verhandelten Sache keinen Antheil zu nehmen scheint²).

Vielleicht aber meint man, dafs wenn des Kekrops Töchter und ähnliche Wesen nicht im Olymp unter den Göttern erscheinen durften, auch Peitho nicht dahin gehöre. Aber Peitho ist Göttin, auch bei der Aufnahme Aphrodite's ja von Pheidias in die Götterversammlung gesetzt, gewifs auch wie bei Hesiodos so an der Basis der Parthenos mit den übrigen olympischen Göttern bei Pandora's Geburt zugegen. Den Horen und Chariten mindestens gleich an göttlicher Würde, entbehrt sie auch des Cultus nicht, grade in Athen, wo sie in einem Tempel an der Burg mit Aphrodite verbunden war, desgleichen in Megara und Sikyon³). Die Ungleichheit ferner, dafs Aphrodite allein eine solche Gefährtin hat, ist nur scheinbar. Im Olympos, wo die Götter zu Hause sind, wo nicht eine bestimmte Zahl nur die Hauptgötter darzustellen verstattet, sondern Demeter ihre Tochter, Athena ihre Nike bei sich hat, da kann Aphrodite nach ihrem oben dargelegten Wesen nicht so gut wie die andern allein sein, denn zu ihrem Wesen gehört ja sich bedienen zu lassen, wobei sie halb als Herrin, halb Freundin erscheint. Auch im Friese werden wir neben ihr die Peitho wiederfinden, wie auch in der Götterversammlung des Frieses am Nike-

---

¹) Eine andre Vertheilung jener Motive zeigt die Vase Mus. Gregor. II, 5, wo bei Helena's Flucht vor Paris zugegen sind: Aphrodite, an ihrem Gewand über der Schulter beschäftigt, 'Peitho' mit einer Blume, endlich Eros mit einem Kranz auf Menelaos zufliegend. Vgl. auch R. Rochette Mon. Inéd. 49, a.

²) Aphrodite halb umfafst von Peitho stellt wohl auch die Terracottagruppe dar bei Stackelberg, Gr. d. Hell. T. LXIX.

³) Jahn, Peitho S. 18.

tempel an dem linken Ende mit Eros Aphrodite und sicher Peitho verbunden sind[1]). Eine letzte Bestätigung meiner Erklärung sehe ich noch darin, dafs der dem Dionysos gegenüber entsprechende Platz jetzt durch eine im innersten Wesen verwandte Gottheit ausgefüllt wird. Beide sind die Götter des Genusses, der Freude, des erregten Gefühles, eben dadurch aber auch unter allen Göttern von der Athena, der starken, ernsten, geisteshellen Jungfrau, die verschiedensten, ihr die fernsten[2]), darum, wie auf dem Niketempelfries[3]), so auch hier im Giebel gleich bei Athena's erster Erscheinung am weitesten von ihr getrennt.

Kürzer kann ich mich über die für sich sitzende Göttin (K) neben Peitho fassen, für deren Erklärung weniger Anhalt ist. Wir dürfen uns jetzt schon fragen, welche Göttinnen überhaupt in Betracht kommen können, um, wenn nicht positiv, so negativ die Erklärung zu fixieren. Artemis, die hurtige Jägerin, welche als jungfräuliche Schwester der Athena besonders nahe steht, wird niemand in dieser würdigen Gestalt erkennen, und jeder vielmehr unter den stehenden, bewegteren Göttern als unter den ruhig sitzenden erwarten. Dione wäre eine grofse Seltenheit, und da sie doch zunächst Aphrodite's wegen aufgenommen wäre, dürfte sie ja nicht von dieser getrennt sein; auch würden zwei Begleiterinnen der Aphrodite zu grofsen Vorzug geben. Nur drei Göttinnen können in Betracht kommen: Hera, Amphitrite, Hestia, alle drei auch bei Aphrodite's Aufnahme in den Olymp im Relief zu Olympia anwesend. Für keine der drei wäre die würdevolle Haltung und das vermuthete Scepter ungeeignet. Aber Hera ist wenigstens auf dem Friese des Parthenon, wo sie mit gröfster Gewifsheit zu erkennen ist, von unsrer Sitzenden höchst verschieden durch matronaleres Aussehn und durch den Schleier. So weit ferner von ihrem Gemahl und dem Mittelpunkt der Handlung sie, die Königin des Olympos zu sehen, müfste man sich aus ihrer Eifersucht wegen

---

[1]) Panofka, Sur les véritables noms des vases grecs, S. 40, Anm. 2, spricht von einer kürzlich ins Musée Blacas gekommenen Vase aus Corneto, etruskischen Stils, darstellend die Geburt Athena's aus Zeus' Haupt in Gegenwart von Hephaistos, Hera (?), einer andern Göttin, ferner Ares sitzend, neben Aphrodite, bei welcher Peitho stände.
[2]) Dionysos Ovid Met. 4, 32; Aphrodite Il. 5, 331; hymn. 4, 8.
[3]) Hier hat das auch Gerhard, Annali 1842, S. 68, bemerkt.

Athena's Geburt erklären. Gewifs würde Pheidias, selbst wenn er diese Eifersucht schon vor der Geburt wirksam gedacht und durch ein Fernesitzen passend auszudrücken vermeint hätte, einen so kleinlichen Zug nicht in sein grofsartiges Himmelsbild eingefügt haben. Sehen wir ja Hera auch im Friese in bester Eintracht neben ihrem Gemahle sitzen, Athena's Ehren zu schauen.

Ob Amphitrite überhaupt anwesend war, ist sehr zu bezweifeln. Freilich kann sie als leibhaftige, persönliche Göttin auch im Olympos erscheinen, ist aber so sehr an ihr eigenes Reich und Element gebunden, dafs sie im Olympos eine seltene Erscheinung ist. Weshalb bei der Aufnahme Aphrodite's am Zeusthron die Gattin des Poseidon gegenwärtig ist, wird sich theils später erklären, theils erklärt es sich daraus, dafs ja aus ihrem Elemente die schaumgeborne Aphrodite emporsteigt. Zu Athena's Geburt dagegen hat sie keine solche Beziehung. Unmöglich könnte sie ferner von Poseidon getrennt sein, schon weil nicht abzusehen, wie sie dann genügend hätte kenntlich gemacht werden können; ebenso unmöglich aber ist es, dafs der gewaltige Poseidon, Zeus ältester Bruder, der im Mittelpunkt des andern Giebels Athena streitend gegenüber steht, hier als erste stehende Figur der an Gröfse und Bewegung halbkindlichen Iris gegenüber gestanden hätte. Dafs diesen Platz neben der Sitzenden eine andre Gottheit einnahm, läfst sich auch sonst wahrscheinlich machen, und vielleicht sogar von dieser zu ergänzenden aus die Sitzende erklären. Man bringt hier gewöhnlich[1]) die Nike (J) an, von der ein bedeutendes und ein kleineres Bruchstück in London sich findet. Nur Falkener machte dagegen den triftigen Einwand, dafs Nike in entgegengesetzter Richtung sich bewege wie Iris, Nike zur Mitte hin, Iris von der Mitte weg, und so augenfällige Verletzung der Symmetrie ist allerdings mit den Gesetzen Pheidiassischer Composition unverträglich[2]). Zu dem ist

---

[1]) Auch Friederichs, Bausteine J, S. 144, stellt Nike der Iris gegenüber, und demonstriert aus der Verschiedenheit, 'dafs die eine abwärts nach der Ecke des Giebels, die andre sich aufwärts nach der Mitte zu bewegt', 'dafs die alterthümlich strenge Compositionsweise des äginetischen Giebels ... hier einer freieren Anordnung Platz gemacht hat'. Darüber spreche ich unten beim Fries. Overbeck sucht der Symmetrie durch Umdrehung der Nike gerecht zu werden (BdKSGdW. 1868, S. 106 f.), bringt aber damit Nike gegen den Brauch in die Rückenansicht, und giebt ihr statt des einzig passenden Berufs Athena zu grüfsen, den ihr nicht eigentlich zukommenden einer Botin.

[2]) Sie kann auch nicht, wie Welcker, S. 82, wollte, nach vorn d. h. doch

die Nike von bedeutend größeren, ausgewachsneren Formen als Iris[1]). Ja, wer in London die Nike neben der Sitzenden (K) aufgestellt gesehen hat, wird zweifeln, ob nicht vielmehr zwei Figuren als eine sie trennen mußten.

Ist also die der Iris entsprechende Stelle frei geworden, und lassen wir uns durch einen Blick auf den westlichen Giebel belehren, daß je energischer die Bewegung, desto strenger die Symmetrie wird, so empfiehlt sich alsbald mit Falkener hier Hermes anzusetzen. Mußte er jedenfalls zugegen sein, so konnte er hier und nur hier in seiner eigentlichen Bedeutung als Götterbote auftreten, er, der Chthonios, gen Abend wie Iris gen Morgen die Verkündigung tragend[2]). Er ist ja jugendlicher Gott, dem eben der Bart zu keimen beginnt; denken wir ihn aber auch ein wenig erwachsener als Iris dargestellt, so ließ sich das leicht ausgleichen, indem er sich etwas mehr vorüber neigte, so wie er es bei seinen Botengängen z. B. mit dem Dionysoskindlein auf dem Arme zu thun pflegt, während Iris durch Umwenden des Kopfes im Laufe möglichst aufgerichtet ist. Solche Haltung ihm zu geben, darauf werden wir auch von andrer Seite geführt. Während nämlich jenseits Demeter zu ihrer Tochter, Iris aber zur Mitte hin sich wandte, Beide also sich von einander abkehrten, ist hier durch die oben nachgewiesene Wendung der sitzenden, noch zu erklärenden Göttin (K) ein Entgegenkommen, eine gewisse Verbindung mit der nächsten Figur,

---

wohl aus dem Giebel heraus den Beschauer anblickend gestanden haben, würde so auch keinen Platz gehabt haben. Außerdem wäre dann ihre Bewegung ziellos gewesen, und ein bloßes Flügelschlagen vor Freude (Visconti) wunderlich.

[1]) Michaelis, S. 176, verkennt das nicht; um so weniger begreife ich, daß auch er Nike der Iris gegenüberstellt, in 'freierer Symmetrie'. Bötticher's Verirrung, Arch. Zeit. N. F. III, S. 60, übergehe ich. Burrows Elgin Marbles giebt von Iris und Nike, soweit sie erhalten, das Maß 5 Fuß 7 Zoll und 4 Fuß an und schätzt die Höhe der ganzen Iris unter 7 Fuß, der ganzen Nike 7 Fuß 6 Zoll, letztere bei richtiger Ergänzung des r. Armes zu niedrig.

[2]) Michaelis, S. 166, findet eine doppelte Botin, also wohl auch Hermes neben Iris eine Tautologie, ich glaube, mit Unrecht. Werden ja doch oft Boten 'nach allen Seiten ausgesandt', und sind ja im Olympos deren zwei, Hermes, namentlich in bildender Kunst, noch häufiger verwandt als Iris. Bei der Gleichgewogenheit der Giebelseiten wäre es vielmehr eine fühlbare Schiefheit, wenn nur nach einer Seite hin — ganz anders in der Poesie, wo dem Himmel die Erde als eine gegenüber stände — die Botschaft ausginge. Beide erscheinen als Boten Gerhard, Etr. u. Kamp. Vas. XIV.

nach unsrer Annahme Hermes, angedeutet. Diese Wendung der Sitzenden ist nicht schon durch Mittheilung des grofsen Ereignisses hervorgerufen, denn dazu ist sie zu ruhig, sondern nur so, wie man zu einem eilig Nahenden sich wendet, den Grund seiner Eile zu erfahren; sonst würde auch diese Figur der entsprechenden auf der andern Seite, Demeter, zeitlich zu weit voraus sein. Erkannten wir nun bei dem Versuch diese Sitzende zu nennen, dafs gegen Hera und Amphitrite aufser anderem auch die Entfernung von ihren Gatten sprach, so wird die übrig gebliebene dritte, Hestia, jetzt eben so sehr empfohlen durch die Verbindung mit dem der Iris gegenüber vorausgesetzten Hermes. Denn seit alten Zeiten sind diese zwei Gottheiten im Cultus, in Dichtung und Kunst verbunden, wie in den alterthümlichen Götterreihen so auch auf jener Basis zu Olympia[1]). War sie dort zugegen, obgleich im Hymnos als dritte nach Athena und Artemis genannt, über die Aphrodite keine Macht habe, so wird sie noch weniger bei Athena's Geburt gefehlt haben, sie, die nicht nur bei andern Dichtern, sondern auch bei Hesiodos als eine der ältesten Göttinnen des Olympos erscheint. Für sie, die Göttin des Herdes, häuslicher und staatlicher Gründung, ist das Sitzen bezeichnender als das Stehen[2]), es sei denn dafs sie, wie die schöne Giustinianische Statue, deren Deutung freilich nicht unanfechtbar ist, gleich einer Säule stehe. So aber konnte sie unter den stehenden Gottheiten dieses Giebels, die alle im Bereich der Wundererscheinung mehr oder weniger bewegt zu denken sind, nicht sich zeigen.

Der Eindruck der Festigkeit, den unsre Statue verglichen mit Kore und Demeter macht, durch den energisch aufgesetzten linken Fufs im Verein mit den kräftigen Falten des Mantels, ist dem Gefühle mehr als dem Verstande fafslich, aber jenes Aufstützen der linken Hand will verstanden sein. Zunächst ruft die Seitenwendung des Oberkörpers dieses Aufstützen hervor, aber das Aufstehen zu erleichtern kann sie nicht dienen. Beim Aufstehen auch mit den Armen nachzuhelfen mag für alte Leute mit zitternden Knieen passen, für eine so kräftige Gestalt pafst es nicht. Da-

---

[1]) Auch am Altar des Amphiaraos in Oropos, Paus. 1, 34, 2. Vgl. Paus. 7, 22, 2; Hymn. 29, 8 ff.

[2]) Dadurch scheint auch der Ausdruck des Euripides fr. 938 bestimmt καὶ Γαῖα μῆτερ, Ἑστίαν δέ σ' οἱ σοφοὶ βροτῶν καλοῦσιν ἡμένην ἐν αἰθέρι.

zu müfsten auch die Füfse nicht so seitwärts, vielmehr unter den Schwerpunkt der Gestalt gerückt sein. Festigkeit aber giebt jene Haltung, wie häufig in alten Darstellungen sitzenden, in einer Wendung des Oberkörpers begriffenen Personen so hier der feststehenden Göttin Hestia. Hestia entspricht also der Demeter äufserlich trotz aller Abweichungen, doch durch Majestät der Erscheinung und den erhobenen, gestützten Arm, auch innerlich, da beide miteinander identificiert werden konnten und durch gleiche Beziehung zu dem durch Ansiedlung gesitteten Leben der Menschen.

So sind wir nun, Hermes mitgezählt, auf beiden Seiten gleich weit vorgerückt, doch erst bis an die Gränze des Hauptbildes; denn richtig hat man bemerkt, dafs Iris und die ihr entsprechende Figur der andern Seite einen Abschnitt bilden, wie auch im westlichen Giebel und in beiden des Zeustempels zu Olympia eine ähnliche Gliederung in Centrum und Flügel sich nachweisen läfst[1]). Verwegen scheint es auch das verlorene Hauptbild der Geburt Athena's in Gedanken wieder herzustellen, und allerdings ist die Schönheit der Pheidiassischen Composition zu bewundern unmöglich, die Grundzüge aber wenigstens aufzufinden, leiten uns noch einige Spuren. Das Wichtigste sind die Reste zweier Figuren, welche durch ihre Stellung sofort als derselben Seite des Giebelfeldes, der rechten vom Beschauer aus, angehörig erkannt werden. Während wir mit diesen den Zusammenhang der einen Seite einigermafsen herstellen können, hilft uns die Symmetrie bei der andern. Dazu kommt zweitens, dafs über die anzubringenden Göttergestalten der Mythos selbst nicht viele Zweifel erlaubt. Aufser Nike, die wir durch Conjectur nicht so leicht gefunden hätten, fehlen noch grade die Hauptgötter: Zeus, Hera, Athena, Hephaistos, Ares, Poseidon, Apollon und Artemis[2]), von denen keiner fehlen darf, selbst Ares nicht, der als Schlachtengott einer Hauptseite Athena's zu nahe steht, und besonders am Gigantenkampfe nach allgemeiner dichterischer und künstlerischer Ueberlieferung einen wesentlichen Antheil nimmt. So fehlt er denn auch in den alterthümlichen Vasenbildern, welche Athena's Geburt darstellen, verhältnismäfsig selten

---

[1]) Michaelis, S. 153, nennt beide Giebelgruppen des Parthenon fünftheilig, was sich wohl mehr logisch als für die Anschauung bewährt.

[2]) Dafs Eileithyia anwesend sein mufste, wie Gerhard, Drei Vorlesungen, behauptet, gebe ich nicht zu.

und wird auch unter den sitzenden Göttern am Friese unten gefunden werden. Die genannten acht Götter bilden mit Nike grade die Anzahl, welche die Lücke im Giebelfelde ausfüllt[1]). Ein drittes Hülfsmittel für unsre Ergänzung wird sich später finden.

Nike (J) ist mit leichtem Chiton bekleidet, der durch einen breiten Gürtel aufgeschürzt ist. Mit leichtem Sprunge, wie er der geflügelten Göttin möglich ist, eilt sie herbei; den rechten Arm hatte sie sicherlich gehoben und Athena zugestreckt; ob der linke gehoben oder gesenkt war, konnte ich an dem Torso nicht erkennen[2]), ihr jubelndes Herbeieilen gilt natürlich Athena: die Siegesgöttin begrüfst gleich bei der Geburt die Lieblingstochter des höchsten Zeus, welcher sie hinfort als ständige Begleiterin zugethan sein wird.

In dieser Gruppe hat Pheidias vielleicht das Vorbild gegeben für die unzähligen leicht variierten Darstellungen der grüfsenden Siegesgöttin, welche laufend oder schwebend Palme, Kranz oder Binde, die herkömmlichen Abzeichen des Sieges, reichend naht. Wen sie also begrüfst, den bezeichnet sie als Sieger; als Sieger für alle Zeiten, als Herrscher und Herrn des Sieges, wen sie nicht nur flüchtig grüfst, sondern dem sie bleibend sich gesellt, wie vor allen andern Göttern Zeus und Athena. Darum haben die Künstler — ob Pheidias zuerst? — sie den Bildern dieser auf die Hand gestellt, nachahmend ältere Cultusbilder wie Hera mit den Seirenen von Pythodoros. Trägt auch die Parthenos im Tempel Nike auf ihrer Hand, und lenkt diese auch im westlichen Giebel und den Metopen Athena's Wagen, so sehn wir hier im vorderen Giebel den Anfang dieses unzertrennlichen Bundes, gleichwie die aus dem Meere aufsteigende Aphrodite sogleich von Eros empfangen

---

[1]) Die von Matz (Götting. G. A. 1871, S. 1948 — mir nicht zugänglich) erhobenen, von Michaelis, Arch. Zeit. N. F. IV. S. 192 vermehrten Bedenken gegen Nike's (J) Stellung im Ostgiebel, für ihre Identität mit der Begleiterin Poseidons (Westg. N) sind unbegründet. Gegen die Identität von J und N spricht: 1. die verschiedene Haltung des Oberkörpers, dort gehoben, hier geneigt; 2. der Shawl von N, welcher mit den Flügeln von J unvereinbar ist; 3. das Gewand lang und schwerfällig bei N, kurz und fein bei J; 4. die Unmöglichkeit hinter Amphitrite's Wagen noch eine Figur mit Flügeln zu stellen; 5. Nike im Westgiebel wäre unerklärlich; 6. endlich ist von den verschiedenen Angaben Visconti's jedenfalls die positivste die, dafs J im Ostgiebel gefunden sei. Mém. S. 42.

[2]) Auch Michaelis läfst es unentschieden.

und von Peitho gekränzt wird. Eins jener Abzeichen, vielleicht auch zwei zugleich, Kranz in der einen, Binde in der andern mochte auch unsre Statue halten; nach dem Brauche älterer Darstellungen, besonders auf Vasen, ist das Wahrscheinlichste und Schönste zugleich eine zwischen beiden ausgebreiteten Händen gehaltene Siegerbinde[1]).

Bewogen uns schon die Formen und Maſse der Nike sie durch mehr als eine Figur von Hestia zu trennen, so läſst sich noch andres dafür anführen. Hermes, ähnlich wie Iris, in eiligem Laufe vorübergeneigt, Nike womöglich noch stürmischer nach der entgegengesetzten Seite bewegt, würden unmittelbar bei einander gestellt einen zu starken Contrast und eine Lücke in der Composition abgeben, welche auch durch Nike's Flügel sich nicht füllen lieſse. Ich vermuthe also eine vermittelnde Zwischenfigur, die vorläufig noch nicht näher zu bestimmen ist.

Der andre Torso (H) gehört dem Hephaistos[2]). Es ist nur der nackte männliche Rumpf von kräftigen Formen, an dem von Hals und Armen grade nur so weit Ansätze erhalten sind, daſs sie die sehr ausgeprägte Bewegung und damit die Bedeutung des Hephaistos sicher stellen[3]). Beide Arme waren stark gehoben, und der Oberkörper lehnt sich ganz auf die linke Seite zurück, so daſs die Stellung mit gespreizten Beinen, das Zurücktreten vom rechten auf den weit zurückgesetzten linken Fuſs sich erkennen läſst. Das Motiv kehrt in einer Reihe von Vasenbildern wieder[4]), welche Athena's Geburt darstellen, dabei Hephaistos, von der wunderbar überraschenden Wirkung seines Schlages betroffen, mit starkem Schritt zurücktretend, noch gehoben die Arme mit der Axt, die den Schlag gethan.

---

[1]) So Lloyd, der für die Befestigung der Tänie einen Metallzapfen am l. Oberschenkel in Anspruch nimmt.

[2]) Grade Euripides (Ion 452) mit seiner Neigung zum Besondern und zur Theokrasie (Müller, Euripides deorum popularium contemptor, S. 39, 41) würde mich am wenigsten bewegen, statt des Hephaistos den minder populären Prometheus einzusetzen. Sollte da Hephaistos etwa ganz fehlen in der Götterversammlung, der Prometheus fremd ist?

[3]) Friederichs, Baust. S. 148, freilich, dem Michaelis D. P. S. 171 und 175 fast beistimmt, meint, der Gott erhebe vor Staunen die Arme. Für einen Satyr wäre so lebhaft ausgedrücktes Staunen passend, für einen Pheidiassischen Gott niemals.

[4]) Nach Benndorf a. a. O. in allen Darstellungen. An diesen Sinn der Stellung scheint Gerlach, Philologus 1872 S. 378, nicht gedacht zu haben.

Mit Hephaistos sind wir nun schon in nächster Nähe der Hauptpersonen, denn von Zeus, den er geschlagen, von Athena, welche durch den Schlag aus Licht getreten, entfernt ihn nur eben das bestürzte Zurücktreten. Hier stellt sich uns die Frage, wie Zeus und Athena zu denken seien, ob es wahrscheinlich, dafs Pheidias gleich den Vasenmalern die Geburt selbst aus dem Haupte des Zeus dargestellt habe, wobei Athena über dem Kopfe des, sei es sitzenden, sei es stehenden Gottes nur in puppenhafter Kleinheit erscheinen konnte[1]). Dafs Pheidias den Mythos selbst festgehalten hat[2]), zeigt die Gestalt des Hephaistos; weiter aber kann von dogmatischem Zwange nicht die Rede sein, am allerwenigsten konnte der Typus alter Vasenbilder oder auch andrer Kunstwerke für Pheidias mafsgebend sein[3]), da deren Darstellung ja nicht der Mythos selbst ist, sondern nur ein Versuch einen Moment desselben im Bilde darzustellen. Dieselbe Freiheit mufste auch Pheidias haben, und wenn für eine Bildkunst von beschränkten Darstellungsmitteln mit dem Streben mehr charakteristisch als schön darzustellen, der Typus jener Vasenbilder der nächstliegende Ausdruck war, so dürfen wir einem Meister vollendet freien Schaffens nur die Auffassung zutrauen, welche zugleich dem Mythos und der Schönheit gerecht wird[4]). In dem Mythos ist der Moment, wo Athena aus dem Kopfe in die Höhe fahrend erst theilweise sichtbar ist, nicht gültiger als der nächste, wo sie herabgesprungen von dem Scheitel des Vaters vor diesem und den andern Göttern steht als eine von ihnen. Im Mythos, d. h. der Dichtung, ist vom Wachsen der Göttin nicht die Rede, denn so grofs wie sie ist, kann sie aus dem Haupte hervorspringen, ja mit Rofs und Wagen herausfahren, denn die nur durch das Wort erregte Phantasie mifst nicht die Göttergestalten an einander. Soll aber im Bilde Athena aus Zeus' Kopf

---

[1]) Die verschiedenen Ansichten s. bei Michaelis, S. 169.

[2]) Welcker, S. 88, scheint in seinem Eifer auch dem Mythos vorzuwerfen, was nur den Künstler trifft, der ihn darstellt.

[3]) Es war nur wieder jene falsche Auffassung, einen typischen Ausdruck sogar einer untergeordneten Technik, aus hieratischem Zwange herzuleiten.

[4]) Uebrigens ist jenes auch in der Vasenmalerei nicht der einzige Typus; Benndorf a. O. zählt auch fünf, und was zu beachten, darunter zwei rothfigurige Darstellungen der völlig erwachsenen Göttin, die von der Götterversammlung angestaunt wird.

auffahren, so mufs sie im richtigen Verhältnis zur Gröfse des Kopfes stehen: Athena mufs gegen die andern Götter eine Puppe, oder Zeus ein Riese scheinen. Hätte Pheidias mit den Vasenmalern das erstere gewählt (das zweite ist ja unmöglich), so wäre das Staunen der anwesenden Götter, von dem der Hymnos spricht, nur dadurch motiviert, dafs überhaupt etwas Lebendiges aus dem Haupte des Zeus hervorgeht; nicht dieses Geborene selbst erregte das gröfsere Staunen, wie das Gedicht meint; denn eine puppenhafte Athena ist noch nicht die fertige Göttin.

Noch eins geht bei jener alterthümlichen Darstellungsweise theilweise wenigstens verloren, das Plötzliche, Ueberraschende. Wie ein Blitz fährt nach dem Mythos Athena hervor; von dem Schlage an, der das Haupt spaltet, bis zu dem Augenblick, da Athena unter den andern Göttern steht, ist eine Bewegung, die nur in ihrer Vollendung annähernd darstellbar ist. Die Bewegung selbst ist eben so wenig darstellbar wie die fliegende Lanze oder das geschwungene Schwert mitten auf der Bahn zu seinem Ziele. Denn welchen Punkt auch in der Bewegungslinie das Bild fixieren will, es vernichtet die Bewegung, indem es Stillstand zeigt, wo eben nur Bewegung ist. Athena mitten in der Bewegung aus dem Haupte des Zeus hervorragend gebildet, stockt in einem Augenblicke, der uns nicht befriedigt; wir verlangen die Fortsetzung, das Ganze statt des Halben[1]). Welcher Künstler giebt uns eine bessre Vorstellung von der blitzschnellen überraschenden Geburt, der, welcher vor dem mit noch erhobener Axt zurückweichenden Hephaistos die aus dem Kopfe hervorragende noch kleine Göttin zeigt, oder der, welcher Athena in voller Gröfse darstellt, dafs sie vom Haupt des Vaters herabgesprungen scheint? Gewifs der Letztere, der dabei auch dem Mythos vollkommen gerecht zu werden vermochte. Nicht blos durch ihre eigene Bewegung und die der übrigen sie umgebenden Götter, sondern namentlich auch durch die noch ungestörte Ruhe der andern Götter rechts und links, also durch die gleichzeitige Darstellung der schon berührten und der noch unberührten Zeugen hat der Meister die Spitze des Momentes zu erfassen gewufst, grade wie Rafael in seinem Heliodor, wo noch das Volk um den Hohen-

---

[1]) Nicht sehr zutreffend sind die Bemerkungen von Gerlach, a. O. S. 376 f., und die Ansicht, es sei der Moment vor der Geburt dargestellt, ist zwar sehr neu, aber nach allen Seiten hin unhaltbar.

priester das erbetene Wunder erwartet, während der himmlische Reiter mit seinen Engeln schon herabgefahren und der Räuber vor ihnen zu Boden gesunken ist[1]).

Es ist dies dasselbe Zusammenfassen des nächstvorhergehenden und des nächstfolgenden Momentes, wie in dem Faltenwurf plötzlich bewegter Figuren.

Ein paar, wenn auch schwache Stützen lassen sich noch beibringen. Des Pausanias Ausdruck, dafs die ganze Darstellung auf Athena's Geburt gehe, kann freilich nichts entscheiden. Aber im westlichen Giebel, der nach ihm den Streit um Attika's Besitz zwischen Athena und Poseidon darstellt, ist ebenfalls der Moment des schon entschiedenen Streites vom Künstler gewählt. Ferner sahen wir Iris (und Hermes) schon enteilen mit der Botschaft von dem grofsen Ereignis. Dieses also kann nicht halb, sondern mufs ganz vollendet sein. Endlich sehe man auf Nike, die zweifelsohne mit irgend einem Siegeszeichen der neuen Göttin zueilt. Können wir glauben, dafs ein Meister das Verhältnis, nach welchem zur grofsen Athena die kleinere Nike kommt, oder auf ihrer Hand steht, so umgekehrt habe, dafs er auf die puppenhafte Athena eine grofse Nike hätte zueilen lassen?

Nehmen wir also an, dafs Pheidias die neugeborene Göttin nach den Worten des Hymnus auf den Boden gestellt habe, so fragt sich nun, ob Athena zwischen Hephaistos und Zeus, oder Zeus zwischen Athena und Hephaistos gestanden habe[2]), danach ob Zeus oder Athena den Mittelpunkt eingenommen habe, oder beide zusammen, wie im andern Giebel Athena und Poseidon[3]).

---

[1]) Dies verkennt Michaelis, S. 167 (187): 'Der grofse Olymp ist weit genug, dafs die Götter an den Enden erst allmählich das erfahren, was auf den höchsten Höhen sich ereignet hat'. Dafs es im Westgiebel so ganz anders ist, beruht nicht, wie M. meint, auf der gröfseren Enge des Lokals, sondern darauf, dafs dort keine plötzliche Handlung, sondern die Entscheidung eines vor den Augen der dazu gekommenen Schauer sich entwickelnden Streites ist. Overbeck (s. oben S. 111) schlofs irrig aus der nicht allgemeinen Betheiligung, das Lokal sei nicht einheitlich.

[2]) Eine andre Gottheit hat natürlich zwischen Zeus und Hephaistos keinen Platz.

[3]) Die Hauptansichten bei Michaelis, S. 169.

[4]) Michaelis, S. 153, 170, entscheidet sich mit Lloyd für Athena in der Mitte: 'nur so überragt sie alle andern an Körpergröfse; nur so wird sie unbestritten zur Hauptperson, nicht Zeus, was er als colossale Mittelfigur, thro-

Ueber das letztere kann, wie mir scheint, kein Zweifel sein. In der Götterversammlung des Olympos ist Zeus der Mittelpunkt, wenn er nicht wie am Fries des Niketempels, an der Basis zu Olympia Zuschauer einer Begebenheit ist, die alsdann natürlich in die Mitte gehört. Da kann er höchstens unter den Zuschauern der Erste sein. Hier aber ist er nicht Zuschauer, sondern der Vater Athena's, der vor ihr da war, von dem sie ausgeht, die Hauptperson, selbst diese, der der Tempel gehört, überragend. Daſs sie seine, des Höchsten eigenste Tochter ist, erhöht nur ihren Ruhm. Sollen wir die erschütternde Begebenheit in die gewohnte Ordnung des Olympos hereinbrechen sehen, sollen wir das Vorher wie das Nachher mit erkennen, so kann weder vorher noch nachher ein andrer als Zeus die Mitte einnehmen. Auch theilen kann er sie nicht mit Athena, wie Poseidon als ihr Gegner im andern Giebel nicht nur kann sondern muſs.

Ob Zeus als Mittelpunkt des Ganzen thronend, oder von seinem Throne eben sich erhebend, oder ganz ohne Thron stehend dargestellt war, ist vorläufig nicht zu bestimmen. Daſs die Vasenbilder ihn thronend zeigen, obgleich ihn stehend zu bilden leichter war, ist wenigstens ein unmittelbarer Ausdruck hellenischen Gefühls[1]).

Nahm also Zeus die Mitte ein, so ist ferner aus verschiedenen Gründen wahrscheinlich, daſs Athena und Hephaistos nicht ihm zu beiden Seiten standen, wie Welcker sich dachte, sondern daſs beide auf einer, also der rechten Seite (vom Beschauer) waren. Erstens logischer, möchte ich sagen, ist es, daſs Athena die neugeborene zwischen dem Vater und dem steht, der sie ans Licht gefördert. Weit verständlicher ferner ist das Zurückprallen des Hephaistos, wenn die Ursache seiner Ueberraschung nicht jenseits, sondern diesseits vom Zeus, zwischen diesem und ihm selber sich befindet. Daſs ferner Athena und Hephaistos hier gleichen Rang einnähmen durch entsprechende Plätze zur Rechten und Linken

---

nend oder stehend, für den unmittelbaren Eindruck stets sein würde'. Daſs am Athenatempel auf Aigina, am Zeustempel zu Olympia und wahrscheinlich am Apollotempel zu Delphi der Gott des Tempels jedesmal die Mitte des Ostgiebels einnahm, beweist nichts. Dort waren überall irdische Scenen dargestellt, nicht wie hier der Olymp. Am Heraion konnte Hera schwerlich die Mitte des Ostgiebels einnehmen.

[1]) Zeus allein thronte unter allen Göttern im Bilde des Zeuxis (Plin. 35, 63) wie an der capitolinischen Ara (Millin, G. M. V, 19).

von Zeus, würde Athena's Würde nicht genügen; und doch sind aufser den Enden grade diese Plätze symmetrischen Gleichgewichtes vorzüglich bedürftig. Darum müfste auch Athena, wenn sie Hephaistos gegenüber stände, an der andern Seite des Vaters von diesem in ähnlicher Bewegung wie jener forteilen, wie es auch im Hymnos heifst:

> Sie sprang vor dem aegishaltenden Vater
> Von dem unsterblichen Haupte in jähem Sprunge hernieder.

Dächten wir sie dabei auch das Haupt mit freudigem Stolze zu dem grofsen Vater zurückwendend, so würde sie doch mit Nike, die sie begrüfsen will, nicht nur nicht auf derselben Seite sich befinden, sondern gar von ihr wegeilen. Welche Schwierigkeiten endlich aus dieser Anordnung für die Aufstellung der übrigen Götter sich ergeben würden, mag ein jeder aus eigenen Versuchen ermessen.

Nehmen wir dagegen die andre Aufstellung an, so schliefst sich hier Alles einfach und schön zusammen, und füllt sich diese Seite bis auf eine Stelle aus. Von Zeus zur Seite springt Athena, vor welcher Hephaistos erstaunt zurücktritt. In entgegengesetzter Bewegung eilt Nike heran, hinter welcher eine etwas ruhigere, wenngleich nicht theilnahmlose Figur den Uebergang zu Hermes bildete, der in seiner Richtung mit Nike contrastierend, mit Athena und Hephaistos harmonierend, zu den sitzenden Göttinnen hinüberleitet.

Für die noch übrigen fünf Götter bleiben uns nun nicht viele Variationen übrig, und mufs uns die Symmetrie und die Bedeutung dieser Götter vorzüglich leiten. Nicht nur, dafs die angeseheneren derselben dem Zeus näher standen, ist vorauszusetzen, sondern auch dafs die auf dieser Seite stehenden Götter denen der andern Seite nach ihrem innern Wesen entsprachen, wie nach dem Platze und nach der Bewegung. Denn wie wir nicht umhin konnten, der Iris gegenüber eine ähnlich bewegte Figur anzunehmen, so müssen auch Nike und Hephaistos Gegenstücke gleicher Bewegung gehabt haben. Dafs nun der Gattin und dem Bruder des Zeus, nämlich Hera und Poseidon der Vorrang vor seinen Kindern Apollon, Artemis und Ares gebührt, ist wohl selbstverständlich. An dritter Stelle kann der Nike unter jenen fünf Gottheiten wohl keine besser, ja keine überhaupt entsprechen als Artemis wegen ihres Verhältnisses zu Athena, durch Jungfräulichkeit, frische Jugendkraft und rasche Bewegung¹). Dann stünde freilich Apollon, der kaum von ihr zu trennen ist²), der Schwester nach, wie jenseits hinter Nike, der Siegesgöttin, Ares der Schlachtengott seinen Platz nimmt. Ist theologisch auch Apollon's Bedeutung gröfser, als die der Artemis, so ziemt doch hier das Voraneilen als Ausdruck lebhafteren Gefühles und lauterer Freude über die Geburt der Schwester mehr der Schwester als dem Bruder³). Dafs endlich von den zwei übrigen Plätzen der erste neben Zeus seiner Gattin gebührt, und für Poseidon auch der zweite noch würdig genug ist, brauche ich nicht auszuführen. Weit besser noch indessen stehen einander Hera und Athena neben Zeus gegenüber, und auf diese Anordnung⁴) lege ich mehr Gewicht als auf die von Poseidon, Apollon, Artemis, Ares. Jene beiden Göttinnen sind nach homerischer Auffassung nicht nur unter sich eng verbunden durch Feindschaft gegen Troja und Unterstützung der griechischen Helden, sondern auch Zeus persönlich die nächsten⁵). Der verwundete Ares wirft es in der Ilias ihm vor, dafs er Athena allein frei schalten lasse, während alle andern Götter in strengem Gehorsam gehalten würden. Sie bestimmt oft seine Entschlüsse und wagt allein dem Zürnenden Einwände zu machen. Aber auch Hera geniefst trotz aller harten Worte ihres Gatten die Stellung, die sie beansprucht sowohl wegen ihrer Geburt von Kronos wie als Gemahlin des Zeus. Keiner unter den Göttern, sagt Zeus selbst (Il. 1, 547), solle seine Rathschläge eher erfahren als sie, und wäre sie nur einig mit ihm, meint er (15, 51), so wäre aller übrigen Götter Widerspruch ohne Bedeutung. Demgemäfs haben sie in der homerischen Götterversammlung ihren Sitz zu beiden Seiten des Zeus⁶). Pheidias hätte also auch hier mit der oben

---

¹) So auch Falkener. Ich würde sie mir ähnlich der Artemis Colonna vorstellen, nur nicht in den Köcher greifend. Vgl. Clarac III, 286, 1214.
²) Callim. hy. in Dian. 169.
³) Ich bemerke, dafs für diese Ordnung die Mafse der Nike bestimmend waren. Könnte diese doch neben Hermes stehen, so tauschten Ares und sie die Plätze, wie drüben Apollon und Artemis, ohne weitere Folgen; und vielleicht wird in meiner Anordnung die Responsion zu streng erscheinen, insofern als ich immer Gott und Gott, Göttin und Göttin sich entsprechen lasse.
⁴) Auch Ronchaud, Phidias, läfst Zeus zwischen Hera zu seiner Rechten, Athena zur Linken sitzen.
⁵) Il. 5, 711; 8, 350; beide zusammen ziehn in die Schlacht 5, 765.
⁶) Aus Il. 24, 100 ging hervor, dafs Athena neben Zeus an der einen

angenommenen Gruppierung nur dem homerischen Kanon nachgebildet[1]). Dafs er es wirklich gethan, läfst sich auch auf andre Weise wahrscheinlich machen. Ich weise auf den Fries des Parthenon vorauf, da es gewifs ist, dafs in der Götterversammlung auf dem östlichen Theile desselben, also grade unter unserm Giebelfeld, in der Mitte, wenn man die beiden Göttergruppen zusammenrechnet, ebenfalls Zeus zwischen Hera und Athene sitzt[2]), und kein Grund ist, weshalb sie hier anders geordnet sein sollten als im Giebel.

Jeder wird sich ferner der schon berührten capitolinischen Götter, Juppiter zwischen Minerva und Juno erinnern, wie sie schon seit Tarquinius Priscus verehrt sein sollten, wenn auch aus älterer Zeit von Bildern der Göttinnen nichts verlautet[3]), wie sie später in den Seitencellen aufgestellt waren und demgemäfs auch im Giebel des Tempels, des dritten und vierten, alle drei dargestellt zu sein scheinen[4]). Kann auch die Anordnung der Götter hier aus derjenigen der Tempelbilder genügend erklärt werden, so läfst doch die schon erwähnte Einrahmung derselben im Giebel durch Sol und Luna[5]), wodurch die Götter im Olymp thronend erscheinen,

---

Seite safs, und aller Wahrscheinlichkeit nach auch, dafs Hera an seiner andern. Danach hat Aristarch auch 8, 444 das ἀμφὶς Διός gegen andre Deutung, wie mir scheint, richtig 'zu beiden Seiten des Zeus' gedeutet, weil sie sich eher gesetzt als Zeus und jetzt sich nicht umsetzen, so dafs οἴαι nur auf den Zusatz geht οὐδέ τί μιν προσεφώνεον u. s. w. Ebenso ist πλησία αἵ γ' ἥσθην 8, 458 und 4, 21 auf Zeus zu beziehen. Vgl. Scholl. zu den drei Stellen. An Zeus' rechter Seite läfst Pindar bei Schol. Il. 24, 100 Athena sitzen.

[1]) Am 'Theseion', im Ostfries sitzt Hera zwischen Zeus und Athena. Vgl. die schöne Vase Mus. Greg. I, 21. Im Phokikon, das schwerlich älter als der Parthenon, stand Zeus zwischen Hera und Athena. Paus. 10, 5, 1. Vgl. Welcker G. G. II, 281. Vielleicht erklärt sich auch die Lücke Paus. 5, 20, 1 bei der Beschreibung von Kolotes' Tisch am besten so, dafs hinter διδαχθῆναι etwa drei Götterpaare ausgefallen sind, deren letzte 'Ἀθηνᾶ war. Gleichsam Variationen sind: Demeter, Zeus, Athene von Sthennis, Plin. HN. 34, 90; Zeus, Aphrodite, Athena zu Aigai, Paus. 7, 24, 1; Artemis, Zeus, Athene in Argos, Paus. 2, 22, 2.

[2]) Man wird finden, dafs die gleiche Vertheilung der Götter an beiden Stellen sich auf noch mehrere erstreckt, und vielleicht auch in den Metopen einige Aehnlichkeit nicht verkennen.

[3]) Detlefsen, de arte Romanorum antiquissima 1, 6 (Progr. Glückstadt, 1867).

[4]) O. Jahn, Arch. Beitr. S. 82, 19. Vgl. Mon. ined. d. I. V, 36. Schulze, Arch. Zeit. N. F. V S. 2 stellt es als zweifellos dar.

[5]) Verbunden scheint damit die auf den Westgiebel des Parthenon zurückgehende Einrahmung durch lagernde Götter irdischer Localität; wie auch

zumal bei der bekannten Richtung der neuattischen Kunst, die auch den goldelfenbeinernen Juppiter nach Pheidiassischem Muster schuf[1]), an jenes grofsartigste Bild der olympischen Götterversammlung im Giebel des Parthenon denken. Freilich könnte auch ohne direkte Einwirkung des Parthenon die Darstellung jener drei — und vielleicht noch mehrerer (Jahn a. O.) — Götter mit der allgemein gültigen Einrahmung durch Helios und Selene sich verbunden haben, da die Figuren der Götter selbst, ausgenommen etwa Zeus, mit denen des Parthenongiebels keine Aehnlichkeit gehabt haben können[2]). Aber zwischen diese und jene Darstellungen fügt sich noch ein Bindeglied.

Durch mehrfache Publication bekannt ist das im Jahre 1859 in Athen gefundene nicht ganz fertige Marmorfigürchen, in welchem sofort eine Copie der Parthenos des Pheidias erkannt wurde[3]). Die Nachahmung geht so weit, dafs sogar aus dem Amazonenkampf, mit welchem Pheidias die äufsere Seite des Schildes geschmückt hatte, einige Gruppen — eben die nach der Sage für den Meister selbst verhängnifsvoll gewordenen und daher berühmten mit seinem und des Perikles Portrait — nachgebildet sind. Auch die Basis der kleinen Copie zeigt Figuren, wie an der Basis der grofsen die Erschaffung Pandora's dargestellt war. Von dieser können aber jene Figuren, wie ziemlich von Allen anerkannt wird, unmöglich eine wenn auch abgekürzte Darstellung enthalten, aber auch die Deutung auf ein der Athena dargebrachtes Opfer[4]) kann nicht befriedigen, da weder alle einzelnen Theile der Darstellung damit ihre Erklärung finden, noch auch die selbständige Wahl des Gegenstandes selbst zu dem Charakter der Copie passen würde; denn an eine Abkürzung des Frieses kann doch kein Mensch hierbei denken.

---

durch die anderen neben die Mittelgruppe gestellten Götter die Aehnlichkeit mit unserem Ostgiebel wächst. Die Auswahl derselben — Mercur, Vesta, Julus, Aesculapius nennt sie Schulze — wäre nach römischen Ideen modificiert.

[1]) Brunn, GdGK. I, S. 543 und Suphan, De capitolio Romano (diss.), Halle 1866, S. 14 f.

[2]) Anders wieder erscheinen die drei Götter beim Streit der Musen und Seirenen, Müller, DaK. II, 750; bei Ares' und Aphrodite's Liebesabenteuer, Gerhard, Ant. Bildw. CXVIII.

[3]) Michaelis, S. 273 u. 276, Tf. 15, 1.

[4]) So Conze, Annali 1861 S. 337.

Die Ausführung des kleinen Reliefs scheint von links her begonnen zu sein, da sie, je weiter nach rechts, desto undeutlicher wird. Am deutlichsten ist links eine männliche Figur als Lenker eines Wagens mit aufbäumenden Rossen, die ein andrer vorausschreitender Mann an den Zügeln zu fassen scheint. Keine Frage, dafs diese Gruppe sehr genau dem Helios mit seinem Begleiter mancher Darstellungen gleicht[1]).

Dieser Gruppe zunächst steht eine, wie die rohen Züge noch erkennen lassen, langbekleidete Figur mit einem langen Stab oder Speer in der Rechten und einem runden, schildähnlichen Gegenstande am linken Arme, also wohl Athena. Rechts stehen noch zwei Figuren, deren erste freilich in Conze's Abbildung noch weniger deutlich ist, als sie mir an einem Gypsabgufs erschien, beide wieder mit langen Sceptern. Ich wüfste nicht, was mit dieser Darstellung mehr übereinstimmen könnte, als jene römischen Darstellungen der capitolinischen Götter, d. h. der stehenden an den Sarkophagdeckeln, mit dem Sonnengott zur Linken; und auch in der allein übrigen Figur vermag ich eher die Andeutung einer reitenden Mondgöttin zu erkennen, als ein Opferschwein mit seinem Treiber. Dafs, nachdem einmal die Darstellung des Pandoramythos aufgegeben war, kein anderes Bild von dem gesammten Schmuck des Parthenon so sehr sich empfahl, als die hervorragendste von allen Darstellungen, die Gruppe des vorderen, des Hauptgiebels, darstellend Athena's erstes Erscheinen und die Einnahme ihres Ehrenplatzes unter den Göttern, statt Pandora's Geburt die Geburt Athena's, das brauche ich nicht weiter zu begründen. Oder sollte jemand wohl zugeben, dafs an der Basis des Figürchens Zeus zwischen Athena und Hera dargestellt sei, aber bezweifeln, dafs diese Darstellung aus dem östlichen Giebel hergenommen sei? Die Abweichungen, theils von den erhaltenen Stücken, theils von den oben reconstruierten Theilen der Giebelgruppe, können unmöglich Schwierigkeiten machen, zumal wenn wir — und dagegen scheint nichts einzuwenden zu sein — die Anfertigung der Copie der Zeit zuschreiben, wo jene römische Abkürzung des Parthenongiebels, oder sagen wir des capitolinischen, bereits ein bekannter

---

[1]) Dies erkennt auch Michaelis, S. 277, der an eine Abkürzung des Pandorabildes denkt, von welcher aber grade die Hauptsache, nämlich die Pandora von vorn herein natürlich ausgeschlossen gewesen wäre.

Typus geworden war. Helios und Selene mufsten natürlich sowohl des viereckigen Feldes als auch der Kleinheit wegen in voller Gestalt erscheinen, und nach andrer Tradition war es leicht sowohl den Begleiter des Sonnenwagens zuzusetzen, als auch Selene reitend statt fahrend darzustellen[1]).

Nachdem so durch Vermittelung der kleinen Copie der Parthenos jener Typus der von Sonne und Mond eingerahmten capitolinischen Götter aus des Pheidias Composition am östlichen Parthenonsgiebel hergeleitet und damit unsere Anordnung des Centrums mit Zeus zwischen Hera und Athena gestützt worden ist, überblicken wir nun noch einmal das Ganze. Es sei nur noch daran erinnert, dafs sicher nicht in modernem Sinne geistreiche und überraschende Bewegungen zu errathen bleiben, dafs nicht feines Gebärdenspiel noch gesuchter Gefühlsausdruck auszudenken sind, dafs vielmehr einfach, grofs und wahr die ganzen Gestalten durchdringend und damit das ganze Wesen ausdrückend die Bewegungen waren. Wir könnten sehr wohl das Richtige treffen, wenn wir nur mit wenigen Worten das Hauptmotiv jeder Figur angäben; es wäre verkehrt dagegen einzuwenden, dafs es zu einfach sei; aber um von unsrer Reconstruction nicht zu hoch zu denken, müfsten wir ebensowohl eingedenk sein, dafs wir mit einer kahlen Inhaltsangabe und kurzen Beschreibung der Hauptlinien, selbst deren absolute Richtigkeit vorausgesetzt, doch von der lebendigen Ausführung des Künstlers noch ebensoweit entfernt wären, als derjenige von dem Genusse der Antigone entfernt wäre, dem man die sogenannte Idee des Dramas und eine flüchtige Skizze seines Ganges angäbe.

Zwischen Helios, der aus den Fluthen herauffährt, und Selene, welche in dieselben mit ihrem Gespanne untertaucht, thut sich der Himmel auf, der Sitz der olympischen Götter. Ragend durch Majestät oder, was die Abwechslung empföhle sowie die auf eine aufserordentliche Belastung hinweisende Verstärkung der mittelsten Geisonplatte[2]), durch einen Thronsitz ausgezeichnet, bildet Zeus den Mittelpunkt. War auch sein Antlitz der Neugeborenen zugewandt, und die Hand vielleicht erhoben zu dem Haupt, aus dem

---

[1]) Selene reitend und beide Lichtgötter ohne Zweifel in ganzer Gestalt fanden sich ja an der Basis des Zeusthrones in Olympia von Pheidias.
[2]) Michaelis, Tf. 6, 7.

die Göttin herausgefahren war, weit überwiegend war gewifs die
würdevolle Ruhe in der Gestalt des Göttervaters, welche das Gleichgewicht herstellen mufste zwischen seiner bewegteren Umgebung.
Denn zur Seite hin springt Athena, die Waffen schwingend nicht
zum Angriff, sondern jubelnd über ihr Dasein, hinein in die Versammlung der Olympier[1]), und betroffen weicht vor ihr zurück
Hephaistos mit beiden Händen noch die Axt über dem Kopfe
haltend, die auf Zeus' Haupt den Schlag gethan. Auch an der
anderen Seite, dem Zeus zunächst, staunendes Zurückweichen von
Hera und Poseidon, deren Bewegung derjenigen der Athena und
des Hephaistos entsprochen haben mufs. Weiterhin aber nahen von
beiden Seiten jugendliche Göttinnen eilenden Laufes, die neue Göttin
und Schwester zu grüfsen, dort Artemis, hier Nike, schon bereit
ihrer Herrin die Siegerbinde zu reichen. Ruhiger folgen Apollon
hinter Artemis, Ares hinter Nike, und bilden den Abschlufs gleichsam des inneren Olympos, an dessen äufseren Enden gen Morgen
und Abend die Enden der Götterversammlung ruhig sitzen oder
lagern, noch unberührt von der neuen Erscheinung: Demeter und
Kore in traulichem Verein, bei ihnen sich selber hingegeben, ganz
abgewandt von der Mitte, Dionysos; gegenüber Hestia und endlich
Aphrodite im Schofse der liebenden Peitho. Doch alsbald ereilt
auch sie die Kunde, denn an ihnen vorüber fliegen, dort Iris, hier
Hermes, der Welt die neue Göttin zu verkünden.

---

[1]) Etwa wie die Athena des Musée Pie-Clém. II, 23 = Clarac III, pl. 463
n. 865. Die capitolinische Athena, welche Hirzel mit Myrons Satyr, Overbeck
mit dem vaticanischen Apollo und der Artemis von Versailles gruppiert, wird
man unten beim Westgiebel angeführt finden.

Der Westgiebel.

Im Westgiebel, für welchen Carrey's Zeichnung (Mich. Tf. 7, 3) mit den erhaltenen Bruchstücken die Hauptquelle ist[1]), dargestellt war nach Pausanias der Streit der Athena und des Poseidon um den Besitz des attischen Landes, ἡ Ποσειδῶνος πρὸς Ἀθηνᾶν ἐστιν ἔρις ὑπὲρ τῆς γῆς. Der Sieg in diesem Streite war ja der Anfang von Athena's vorzüglichen Ehren in diesem Lande. Auch in manchen andern Theilen Griechenlands erzählte man von solchem Götterstreit, in Troizen, Argos, Sparta, Korinth, in Ambrakia und auf den Inseln Sicilien, Naxos, Aigina, und meistens ist Poseidon einer der Streitenden und zwar gewöhnlich der Unterliegende[2]). Begreiflicherweise ist uns keine dieser Streitsagen so gut bekannt wie die athenische. Die Ueberlieferung über dieselbe ist aber keineswegs eine so übereinstimmende, wie man bisher angenommen hat[3]), vielmehr weicht der ausführlichste Bericht des Apollodoros 3, 14, 1 nicht unwesentlich von allen übrigen ab.

'Zur Zeit des Kekrops', sagt Apollodor 3, 14, 1, 'wollten die Götter Städte in Besitz nehmen, in denen ein jeder besondere Ehren haben wollte. Da kam nun zuerst Poseidon nach Attika, stiefs mit dem Dreizack mitten auf die Akropolis und liefs dort das Meer hervorsprudeln, welches man jetzt die Erechtheïs nennt. Nach

---

[1]) Warum ich die Zeichnung von 'Nointels Anonymus' (Mich., Tf. 7, 2) für eine Copie nach Carrey halte, habe ich Neue Jahrbb. f. Phil. u. Paed. 1872, S. 307, 25 gesagt.
[2]) Plutarch, Symp. qu. 9, 6.
[3]) S. Welcker AD. I, S. 101, 28, und Michaelis S. 178.

ihm aber kam Athena, und nachdem sie den Kekrops zum Zeugen ihrer Besitznahme genommen, schuf sie den Oelbaum, welcher jetzt im Pandrosion gezeigt wird. Als aber zwischen beiden ein Streit um das Land sich erhob, da trennte Zeus Athena und Poseidon und gab ihnen nicht wie einige sagten, den Kekrops und Kranaos, auch nicht den Erysichthon, sondern die zwölf Götter zu Richtern, und in deren Gericht wurde der Athena das Land zuerkannt, da Kekrops bezeugte, dafs sie zuerst den Oelbaum gepflanzt. Athena nannte nun die Stadt nach sich Athen, Poseidon aber überschwemmte von Zorn ergrimmt das Thriasische Feld und setzte Attika unter Wasser.' Fast alle Elemente dieser Erzählung, bald mehr bald weniger vollständig, finden sich auch in der zweiten Fassung: der Streit, die Wunderzeichen, Salzquell und Oelbaum, das Schiedsgericht, mit besonderer Hervorhebung des Zeus und des Kekrops, die Entscheidung zu Gunsten Athena's, endlich Poseidons Rache; aber der Zusammenhang ist ein anderer. Nicht die schon von Apollodor constatierte Abweichung hinsichtlich der Richter ist die Hauptsache, obgleich diese damit zusammenzuhängen scheint, sondern die Bedeutung der beiden Wunderzeichen für den Streit. Bei Apollodor liegen die Zeichen vor dem Streit, bei Herodot, um den ältesten Vertreter der anderen Fassung zu nennen, werden die Wunder gethan, um danach den schon entstandenen Streit zu entscheiden νηὸς ἐν τῷ ἐλαίη τε καὶ θάλασσα ἔνι, τὰ λόγος παρ' Ἀθηναίων Ποσειδέωνά τε καὶ Ἀθηναίην ἐρίσαντας περὶ τῆς χώρης μαρτύρια θέσθαι[1]). Auch der Künstler, welcher die von Pausanias 1, 24, 2 auf der Akropolis erwähnte

---

[1]) Diese Fassung finden wir sonst überall, wo Näheres über die Zeichen angegeben wird, so bei Kalimachos, Schol. Iliad. 17, 541; Polemon, wie es scheint, Schol. Aristid. Dind. III, 322, 6; Ovid, Met. 6, 70; Statius, Theb. 12, 632; 7, 184; Plinius, h. n. 16, 240; Pausanias 1, 26, 6; 27, 2; Plut. Them. 19; am ausführlichsten Geoponici 9, 1 und Aristides Panath. 1, 106; Himerius ecl. 22, 2, or. 2, 7; Procl. hym. in Minervam; in den Scholien zu Aristides 106; Mythographi Vat. 1, 2; 2, 19; 3, 5, 4 (Servius zu Verg. Georg. 1, 12). Die euhemeristische Darstellung, die nach Varro Augustinus civ. d. 18, 9 giebt, ähnelt mehr der Apollodorischen Fassung; aber der kurz nachher, 10, gewählte Ausdruck, cum prodigiorum ostentatione contenderent spricht für die andre Fassung.

Unentschieden lassen das Verhältnis der Zeichen zum Streite Xenophon Mem. 3, 5, 10; Hyginus Fab. 164; Scholia Aristoph. Eq. 562; Nu. 587; Eccl. 473; Plutarch Symp. quaest. 9; frat. am. 2, 489; Hesych. Διὸς θᾶκοι und θεῶν ἀγορά (Suidas Διὸς ψῆφος).

Gruppe: Athena, welche den Oelbaum, Poseidon, der die Welle hervorgehn läfst, verfertigte, dachte sich den Hergang offenbar wie Herodot, nicht wie Apollodor ihn darstellt. Was bei Apollodoros in drei Acte gleichsam auseinanderfällt, ist in der zweiten Fassung zu einem einzigen zusammengefafst, und es ist klar, dafs so wie Apollodors Darstellung für die Erzählung, oder allenfalls dramatische Behandlung[1]), so die andre für bildliche Veranschaulichung besser sich eignet.

Ferner ist die Bedeutung der Zeichen, wo sie von jedem der beiden Götter angesichts des andern vollbracht werden, von vorn herein fixiert, sie können nur den Zweck haben, die Macht und Weisheit des Gottes zu beweisen: es ist ein Wettstreit göttlicher Wunderkraft. Das ist es in dem andern Fall aber von vorn herein so wenig, dafs man eigentlich einen etwas andern Ausgang der Apollodorischen Erzählung erwartet. Wie Poseidon bei ihm zuerst das Land betritt, thut er sein Zeichen ja nur um seine Besitzergreifung zu beweisen, wofür es weder auf die Gröfse noch auf den Nutzen dieses Zeichens für die Menschen ankommt. Nicht anders scheint es denn wie später Athena kommt, und danach dafs sie vorsichtiger als der ungestüme Meeresgott für ihre Besitzergreifung einen Zeugen nimmt, erwartet man Poseidon darum geschlagen zu sehn, weil er seine Priorität nicht beweisen kann. Wenn dennoch bei Apollodor das die Entscheidung motivierende Zeugnis des Kekrops nicht lautet ὅτι πρώτη oder προτέρα (ἐλϑοῦσα) τὴν ἐλαίαν ἐφύτευσε, sondern ὅτι πρῶτον τὴν ἐλαίαν ἐφύτευσε[2]), und damit nicht auf die bezeugte Priorität, sondern auf die Güte des Zeichens Gewicht gelegt wird, so ist es klar, dafs weil eben die Priorität streitig war, von den Richtern der andre Gesichtspunkt, der Werth der Zeichen an sich und für die Menschen, deren Verehrung ja gewonnen werden sollte, als mafsgebend aufgestellt

---

[1]) Ein Stück des Euphron war betitelt ϑεῶν ἀγορά. Lucian de salt. 39 zählt τὴν ἔριν τὴν περὶ τῆς Ἀττικῆς unter den Stoffen des Balletmeisters auf. Die unten angeführte Wendung aus dem Streite, auf die Aristophanes und andre Komiker anspielen, dürfte schwerlich älter als die Komoedie sein und könnte ihr entstammen.

[2]) Nach der Uebereinstimmung von Hygins Worten quod primum in ea terra oleam sevit könnte man denselben mit Apollodor auf eine Seite stellen, aber bei Kallimachos, der den Streit vor den Zeichen beginnen läfst, sagt Kekrops als Schiedsrichter ὅτι ϑάλασσα μέν ἐστι πανταχοῦ, τὸ δὲ φυτὸν τῆς ἐλαίας ἴδιον Ἀϑηνᾶς.

wurde. Daraus folgt, dafs die Anwesenheit von Richtern bei diesem Verlaufe unentbehrlich ist, während die Gegenwart der Zeichen bei dem Streit vor Gericht nicht nothwendig, ja kaum möglich war, da die Zeichen auf der Akropolis, der Richtplatz der Götter aber, nicht die *Διὸς ψῆφος* oder *Διὸς θᾶκοι καὶ πεσσοί*, aber die *θεῶν ἀγορά*[1]), auf dem Areshügel gelegen zu haben scheint, wo ja dieselben Götter im Procefs des Ares und hernach des Orestes zu Gericht safsen, so dafs Ovid, welcher der andern Fassung folgend die Götter angesichts der Zeichen richten läfst, dadurch zu der wunderlichen Verbindung der Burg und des Areopag verleitet ist cecropia Pallas scopulum Mavortis in arce pingit.

Dagegen bei der zweiten Vorstellung des Streites sind vor allem die Zeichen unentbehrlich, da sie der unmittelbare Grund der Entscheidung sind, wie in der ersten Fassung die Zeugenaussage. Hier ist es ein Streit mit Thaten, während es dort ein Wortstreit geworden. Sind die Zeichen und die streitenden Götter hier in den Vordergrund getreten, so ist dagegen die Bedeutung der Richter abgeschwächt dadurch, dafs das, was dort einen Theil des Richterspruches gebildet haben mufs, nämlich die Bestimmung des Gesichtspunktes, hier von vorn herein feststeht, und dafs die so gegeneinandergestellten Wunder sich vielmehr selber beurtheilen. Sonst werden in der Ueberlieferung auch bei dieser Fassung die Richter genannt und zwar entweder die zwölf Götter (Ovid), oder die Bewohner Athens (Aristides, Himerius), oder ihr König (Kallimachos), oder beide zusammen (Scholl. Aristid.), mit der besonderen Wendung, dafs da die Männer für Poseidon, die Weiber für Athena gestimmt hätten, und so für beide eine gleiche Anzahl von Stimmen sich ergeben hätte, durch Herzuziehung des Königshauses die Entscheidung zu Gunsten Athena's gefallen wäre, da aus demselben den einen Kekrops seine drei Töchter überstimmt hätten. Dafs als Richter für diese zweite Fassung die Menschen natürlich auf Zeus' Anordnung passender sind, für die erste die Götter, scheint mir auf der Hand zu liegen, da in dem zweiten Fall nur über die Wunder[2]), im ersten aber über die Götter geurtheilt

---

[1]) Dafs beide zu scheiden, erkennt auch Jahn Nuo. Memorie II, 12.

[2]) Für die zweite Fassung ist wohl auch die bei Servius und den Mythogr. vatic. sich findende Einschiebung des Rosses statt des Brunnens als Zeichens des Poseidon geschehen, da, wo es galt, ein für die Menschen werthes Wunder zu schaffen, ein Salzquell auf dem Burgfelsen zu unpassend

wird, wie es denn auch klar ist, dafs Athena nach der ersten Fassung ihren Sieg mehr den Richtern, in der zweiten mehr sich selber verdankt. Darum denn wohl auch Apollodor's so nachdrückliche Versicherung, dafs kein anderer als die zwölf Götter gerichtet habe. Von diesen zwei Darstellungen können wir von vorn herein nur die zweite dargestellt zu sehn erwarten, da sie eben den praegnanten Moment bietet, der bei der anderen Fassung nur so zu gewinnen wäre, dafs bei dem Streit vor Gericht die schon früher gethanen Zeichen gegenwärtig wären, wobei aber doch weder die Betheiligung der streitenden Götter so lebhaft, noch der Eindruck der Zeichen auf die Richter so mächtig sein könnte, wie wenn die Zeichen eben erst hervorgebracht würden. In der That, Schiedsrichter, welche nach der Apollodorischen Fassung unentbehrlich wären, sind in der Pheidiassischen Composition nicht vorhanden; denn aufserhalb der beiden Gespanne in den Giebelecken, noch dazu unter theilweise abgewandten Figuren, kann man sie nicht suchen. Innerhalb der Gespanne finden sich aber nur die streitendem Götter, und da diese ohne Frage von einander gehn, also der Streit in diesem Augenblicke entschieden ist, so ist die auch an sich wunderliche Ansicht Welckers, die Richter wären abgetreten zu denken, durchaus unmöglich. Eben so unmöglich war desselben andre Entschuldigung der abwesenden Richter: sie seien, wie bei den sterbenden Niobiden die schiefsenden Götter, hinzuzudenken. Denn die Niobiden, sterbliche Menschen der Erde, stehn in einem ganz andern Verhältnisse zu den rächenden Göttern des Himmels, als die streitenden Götter des athenischen Mythos zu den richtenden Göttern oder gar Menschen: diese, Richter und Streitende, stehn durchaus auf demselben Boden.

In der andern Fassung haben allerdings auch die Richter ihren Platz, aber dafs sie entbehrlich sind, zeigt die von Pausanias erwähnte Gruppe und Statius, mag es auf eigene Rechnung des Statius und des unbekannten Meisters unbekannter Zeit gehören, oder eben durch Pheidias' Werk veranlafst sein. Ja am besten leuchtet die Untauglichkeit der Entscheidung durch Richterspruch für bildliche Darstellung vielleicht aus Ovids Versuch, eine

---

schien. Denn so wie Welcker das Zeichen auslegt, AD I, S. 500, legte nach Kallimachos, den Preller Gr. My. II, 137 nicht recht versteht, Kekrops es nicht aus.

solche Darstellung in Worten zu beschreiben, hervor. Richtig sah Ovid, dafs das blos ausgesprochene Richterwort nicht darzustellen wäre, er läfst also die Götter über Athenas eben vollbrachtes Zeichen staunen. Das wäre ja aber ein ungenügender Ausdruck für Athenas Sieg, wenn nicht auch schon in den Streitenden die Wirkung der Entscheidung sich ausdrückte, hier Sieg, dort Niederlage. Wäre aber dies ausgedrückt, so läge es wieder viel näher, Gefühl und Ausdruck der beiden Hauptpersonen ebenso unmittelbar wie bei den Richtern von den Zeichen herzuleiten, als auf dem Umwege durch die Richter hindurch, da ja auch den Richtern der unmittelbare Eindruck, nicht erst weitere Erwägung die Entscheidung hervorruft. Wie gesagt, die Zeichen entscheiden[1]), und ein Wunder, das Zeus staunen machte, konnte doch auch Poseidons Staunen erregen. Beugte er aber sich, erkannte er selbst sich überwunden, so war damit Athenas Wunder und Weisheit nur so viel höher gestellt. So mufs es Pheidias gefafst haben, da er die Entscheidung ohne Schiedsrichter dargestellt hat, und darin erkennt Michaelis mit Recht einen der genialsten Gedanken der Composition.

Dafs — zumal wenn die Richter weggelassen sind — die entscheidenden Zeichen nicht fehlen konnten, hatte Visconti bereits erkannt; aber dadurch, dafs sie bei Carrey fehlten, was doch wenig oder nichts bedeuten konnte, und durch die Bewegung Athenas von Poseidon fort, liefsen sich Müller[2]) und Lloyd[3]) zu unhaltbaren und höchst unglücklichen Combinationen treiben. Es ist kaum begreiflich, dafs Müller, welcher die eminent beglaubigte Streitsage gröfstentheils verwarf, um an deren Stelle eine selbsterfundene zu setzen, und diese in einer Weise vom Pheidias dargestellt glaubte, die den schwersten Tadel verdient hätte, auch nur bei einem Einzigen Anklang gefunden hat[4]).

Dafs Athena nicht, wie Müller gemeint hatte, die Rosse aufhalten wollte, sah Lloyd wohl ein, dafs sie vom Kampfplatz forteilte, schien ihm unmöglich — da liegt das $\pi\varrho\tilde{\omega}\tau o\nu\ \psi\varepsilon\tilde{\upsilon}\delta o\varsigma$ —, da sie

---

[1]) Michaelis, S. 182, 'der Baum ersetzt in unserer Darstellung die fehlenden Schiedsrichter'.

[2]) de signis olim in postico Parth. positis S. 73 ff. Kunstarch. Werke II S. 190.

[3]) Classical museum 5, 396 ff.

[4]) Z. B. bei Feuerbach, Gesch. d. gr. Plastik, S. 42 ff.; Beulé, l'acropole; Gerhard, Drei Vorless., verband sie mit der gewöhnlichen Auffassung und liefs Athena Oelbaum und Zügel schaffen.

ja doch den Sieg behalte und Poseidon eine gleiche Rückbewegung mache. Er erkannte also einen Moment völliger Unentschiedenheit dargestellt. Denn statt die dargestellte Handlung selbst aufzufassen, rechnet er mittelst einer eigenthümlichen Symbolik heraus, daſs beide Gegner einander gewachsen seien. Die körperliche Uebermacht des Poseidon, die doch, wo kein Kampf physischer Gewalt ist, nicht in Betracht kommt, soll dadurch aufgewogen werden, daſs sein Gewicht augenblicklich vorzüglich auf dem linken, also schwachen Beine ruhe, während Athena auf dem rechten Beine stehe; als ob der Mensch im Gehen zwischen Kraft und Schwäche wechselte[1]). Wie, wenn man die Vorstellung in einem Spiegel sähe, wo rechts und links vertauscht sind, sollte da Poseidon plötzlich doppelt stark und Athena doppelt schwach erscheinen? Fast möchte man glauben, Lloyd habe Poseidon mit dem lahmen Hephaistos verwechselt.

Jenen Moment unentschiedenen Gegeneinanderstehens, wenn es wirklich dessen bedurft, hätte Lloyd besser in dem Streit nach Erschaffung beider Zeichen Apollodorischer Fassung gefunden, als in der bei Apollodor erwähnten nachfolgenden Ueberschwemmung, denn da tritt dem Poseidon Athena gar nicht gegenüber, bei Hygin Hermes auf Zeus' Geheiſs, was insofern correkter war, als dieser Zornesausbruch ja eine Empörung gegen das von Zeus geleitete Richterurtheil war. Allerdings bei Statius und Proclus fand Lloyd, daſs Athena dem überschwemmenden Poseidon gegenübertritt, was Welcker anfangs (AD. I. S. 134) verkannte, später S. 499 zugab, indem er aber zugleich Lloyds Irrthum berichtigte, der nicht erkannt hatte, daſs diese Ueberschwemmung eben mit dem Erechtheusbrunnen, $\kappa \tilde{v} \mu \alpha$ und $\vartheta \acute{a} \lambda a \sigma \sigma a$ genannt, identisch ist und, weil durch Athenas Zeichen zurückgeschlagen, keine Unentschiedenheit walten läſst. Dabei hat aber Welcker wieder gewiſs Unrecht, wenn er nach dem zur Fluth und Ueberschwemmung angeschwollenen Zeichen Poseidons die folgende Ueberschwemmung bei Apollodor noch als einen späteren Act möglich denkt. Denn daſs Poseidon das einmal fehlgeschlagene Mittel einer Ueberschwemmung noch zum zweiten Male angewendet hätte, wäre doch zu sinnlos. Vielmehr ist bei Statius und Proclus der Erechtheusbrunnen und

---

[1]) Bei Falkener fand Lloyd mit dieser Seitensymbolik Anklang. Der macht Athena dadurch zur Siegerin, daſs er ihr den Speer in die Rechte, Poseidon aber den Dreizack in die Linke giebt.

die Zornfluth in eins zusammengeschmolzen¹). Veranlafst wurde diese Verschmelzung gewifs durch die Aehnlichkeit der beiden Machtäufserungen, welche in den Bezeichnungen des Quells als ϑάλασσα, κῦμα noch stärker hervortritt²). Nähert sich Statius damit wieder der Apollodorischen Fassung, indem eine Ueberfluthung als ein Wunderzeichen, berechnet der Menschen oder selbst der Götter Beifall zu finden, nicht passend scheint, so ist zu bedenken, dafs bei Statius wie bei Proclus durch das Fehlen der Richter die Auffassung des Wettstreites zurücktritt. Und im Grunde ist die Thriasische Fluth ja von dem Brunnen nicht verschieden. Dort wie hier will der Gott sich zum Herrn des Landes machen, dort wie hier ruft er sein Element hervor; nur durch die Verschiedenartigkeit der lokalen Anknüpfungspunkte, Brunnen und Dreizackmahl an der einen, kleine Salzwasserteiche an der andern Stelle³), hat derselbe Mythos an beiden Stellen verschieden sich gestaltet. Dafs dann beide ursprünglich identische Mythen zu fortlaufender Erzählung aneinandergereiht wurden, hat seine Analogie nicht nur an den gröfseren Mythenkreisen von Herakles, Odysseus, Demeter, Daidalos, sondern an dem ganz entsprechenden von Poseidons und Heras Wettstreit in Argos. Dort war durch Richterspruch der Flufsgötter Inachos, Kephisos, Asterion das Land der Hera zugesprochen⁴) worauf Poseidon im Zorn das Land überschwemmt, bis

---

¹) So auch Michaelis, S. 179; bei Augustinus und Hyginus findet sich die Umdeutung nicht. Statt der Ueberschwemmung lehren uns die Scholien zu Aristophanes, der darauf anspielt, Eq. 562; Eccles. 473; Nub. 587 eine andre Zornesäufserung des Poseidon kennen, den Fluch, dafs die Athener immer — wie bei der Entscheidung über das Land — schlecht sich berathen möchten; welches Fluches böse Wirkung Athena durch den Zusatz: 'und doch Erfolg haben möchten' entkräftet hätte. Eine Umdeutung jenes Zornausbruchs scheint die Erklärung der Scholien zu Aristid. Pan. 106, 16 οὐ μὴν κατέλυσε τὸν ἔρωτα] ἀντέστησε γὰρ τῇ Ἀττικῇ τὴν θάλατταν.

²) Welcker, S. 499. Wieder anders erscheint die Ueberschwemmung bei den Geoponici 9, 1, wo aus der Fluth, welche die ganze Erde bedeckt, zuerst Athen auftaucht und der beiden Götter Verlangen erregt. Poseidons Werk sind Häfen und Schiffswerfte, worin man denselben Realismus erkennt, wie in der S. 158, 1 angeführten Version.

³) Welcker, S. 103; Bursian, Geogr. v. Gr. I, S. 329.

⁴) Paus. 2, 22, 5 ἐνταῦθα Ποσειδῶνός ἐστιν ἱερὸν Προσκλυστίου. τῆς γὰρ χώρας τὸν Ποσειδῶνα ἐπικλύσαι τὴν πολλήν, ὅτι Ἥρας εἶναι καὶ οὐκ αὐτοῦ τὴν γῆν Ἴναχος καὶ οἱ συνδικάσαντες ἔγνωσαν. Ἥρα μὲν δὴ παρὰ Ποσειδῶνος εὕρετο ἀπελθεῖν ὀπίσω τὴν θάλασσαν. 15, 4 κρινάντων δὲ Ἥρας εἶναι τὴν γῆν, οὕτω σφίσιν ἀφανίσαι τὸ ὕδωρ Ποσειδῶνα. Vgl. 21, 5. Apollod. 2, 1, 4.

Hera sein Zurückweichen erwirkt. Also wieder zweimaliger Kampf, zweimaliges Unterliegen Poseidons, auch hier der erste Kampf in rein mythischer Fassung, der andre halb in gewöhnlicher Sprache und Benennung der Naturerscheinung. Hier die beiden Acte für Variationen desselben Themas zu halten, liegt schon darum nahe, weil, wie Polemon versichert[1]), Zeichen im Streit nicht hervorgebracht wurden, also Poseidon im Streite nur mit seinen Wogen das Land überziehend gedacht werden kann. Noch deutlicher wird es durch die Ueberlieferung, dafs Poseidon zur Strafe für das Urtheil den richtenden Flufsgöttern das Wasser entzogen habe; denn Ueberschwemmung und Austrocknung kann ja nicht gleichzeitig auf die Entscheidung gefolgt sein. So natürlich aber wie die Austrocknung mit dem durch das Urtheil erfolgten Abzuge des Wassergottes eintritt, ebenso natürlich geht der Entscheidung mit der Begehr des Landes die Ueberschwemmung vorher.

In einfacher Gestalt finden wir die Sage endlich in Lakonien, wo nach Pausanias[2]) Hera einen Tempel als Hypercheiria erhalten hat bei einer Ueberschwemmung des Eurotas. Denn was Pausanias verschweigt, sagen die Namen, dafs Hera — wem fiele nicht ihr Kampf mit dem Skamandros in der Ilias ein — dem Wassergott, der hier ein Flufsgott geworden, das Land entreifst.

Wie bei der ohne Richterspruch erfolgten Entscheidung, so werden wir uns auch bei dem Wunderzeichen Poseidons des Statius und seiner Verschmelzung beider Machtäufserungen des Poseidon zu erinnern haben.

Hatte Lloyd Athenas Forteilen vom Kampfplatz unpassend gefunden, so sieht Welcker eben darin Athenas Sieg geistreich ausgedrückt, indem Athena ihren Wagen zu besteigen eile, der von der Siegesgöttin Nike gelenkt werde[3]). Nike dem Sieger nahend, mit Kranz und Binde ihn zu schmücken, ist allerdings ein sehr verständlicher Ausdruck, aber er ist gleichwohl nur ein

---

[1]) Scholien zu Aristides Panath. Dind. III, S. 322, 6 λέγει δὲ ὁ Πολέμων ἐν τῇ Ἑλληνικῇ ἱστορίᾳ ὅτι ἤρισαν καὶ περὶ τοῦ Ἄργους Ποσειδῶν καὶ Ἥρα, καὶ ἡττήθη κἀκεῖ· σύμβολα μέντοι οὐκ ἔδειξαν οἱ (so ist statt οἱ zu schreiben) ἐν Ἀθήναις.

[2]) 3, 13, 6 Ἥρας δὲ ἱερὸν Ὑπερχειρίας κατὰ μαντείαν ἐποιήθη, τοῦ Εὐρώτα πολὺ τῆς γῆς ἐπικλύζοντος.

[3]) Auch Michaelis, S. 183, zieht Nike als Wagenlenkerin der Pandrosos deshalb vor, um 'Athena als Siegerin zu charakterisieren'.

symbolischer und daher in grofsartiger Darstellung eines Kampfes durchaus ungenügender Ausdruck, wenn nicht der Sieger auch an sich schon als solcher kenntlich ist. Athenas ganze Bewegung wäre aber nach Welcker nur auf jene Symbolik berechnet, und indem er ihre und Poseidons Bewegung S. 132 'völlig gleich' findet, wird ihm die Siegerin also nicht durch sich, sondern nur durch ihre Wagenlenkerin bezeichnet. Allerdings wem Nike den Wagen lenkt, der scheint damit zum Siege zu fahren, wie wir nicht an Diomedes' Siege zweifeln, nachdem Athena die Zügel seiner Rosse ergriffen; aber so wenig er blos dadurch schon, ohne eigenes Zuthun, den Gegner in die Flucht schlägt; so wenig Zeus gegen die Giganten seine Blitze sparen kann, weil Nike seinen Wagen lenkt; so wenig genügt hier Nike, Athena den Sieg zu verleihen; den dankt sie ja ihrem Zeichen. Sollen wir dies sehen, so mufs man uns nicht jenes weisen. Nike genügt dazu um so weniger, da sie, die Rosse hemmend, jetzt nicht zu Athena kommt, sondern Athena zu ihr. Kann man denn so jenen Ausdruck des zum Streiter eilenden Sieges umkehren, dafs der Streiter zum Siege liefe? Schaue man doch das Dargestellte als lebendige Handlung an: Athena ist mit Nike gekommen; sie hat den Wagen verlassen, mit dem Gegner zu streiten; seiner That hat sie die ihre gegenübergestellt. Noch sollte nichts entschieden sein; da liefe Athena davon, und weil glücklicherweise Nike hinter ihr, nicht hinter Poseidon hält, fiele ihr der Sieg zu! Nein! nicht aus der Wendung Athenas mufs die Entscheidung sich ergeben, sondern die Wendung aus dem Siege; wie wäre auch sonst möglich, dafs gleichzeitig Poseidon sich zurückzöge?

Ueberdies pafst Athenas Bewegung nicht einmal zu Welckers Auffassung. Nicht nur, dafs die Bewegung viel zu lebhaft ist, um dem nahen Wagen zu gelten: was sollten die Arme? Sollten sie etwa Nike zuwinken oder zujubeln? Wer auch eins oder das andre nicht für unwürdig der Göttin hielte, müfste doch zugeben, dafs dann in Nike ein Widerhall dieser Bewegung zu spüren sein müfste; sie müfste nicht grade die Rosse aufhalten.

Die Siegesgöttin (G) nehme ich mit Welcker an, ohne wegen der fehlenden Flügel auf die Nike Apteros mich zu berufen, die ja Athena selber ist. Vielmehr wenn man nicht annehmen will, dafs die ruhig herabhangenden Schwingen von beiden Zeichnern übersehen seien, darf man glauben, dafs sie durch eben den Unfall herabgeschlagen wurden, der die nächste Figur dahinter (F) des Kopfes beraubte. Und selbst von Anfang her flügellos[1]) Nike zu denken, wäre nicht unerlaubt, und wäre sowohl diese Abweichung von der Nike im Ostgiebel als auch die andre hinsichtlich des Gewandes aus dem Geschäfte des Wagenlenkens wohl zu erklären.

Nike also drückt nur Athenas Anlage zum Siege aus, und das thut sie, einerlei ob Athena neben ihr auf dem Wagen steht, oder herab vom Wagen gegen den Gegner, oder zurück von diesem zum Wagen eilt. So wenig durch das Forteilen vom Wagen in den Kampf ihre Siegesbestimmung abgeschwächt werden könnte, so wenig kann sie durch das Hineilen verstärkt werden[2]).

Diese Vorherbestimmung zum Siege wird auch durch den männlichen Begleiter neben Athenas Wagen (H) noch veranschaulicht, den man mit Unrecht Ares, oder noch verkehrter Erechtheus oder Erichthonios genannt. Alle attische Sagengeschichte hätte ja für Pheidias nichts gegolten, wenn er den, welchen Athena nach der Sage als neugeborenes Knäblein den Kekropstöchtern zur Pflege übergab und hernach in ihrem eigenen Tempel auf der Burg aufzog, hier bei Athenas erstem Erscheinen in Attika erwachsen ihr zum Begleiter gegeben hätte[3]). Und woher soll man sich denn Athena gekommen denken anders als aus dem Olymp, wie Poseidon aus dem Meere? So muſs doch auch Gespann und Begleiter hier aus dem Meere, dort aus dem Olympos mitgekommen sein.

Auch Welckers (S. 103) Gründe für Ares gelten nichts. Im Cultus ist Ares allerdings nicht selten mit Athena verbunden, wie die Athena Areia, die Zusammenstellung ihrer Bilder im Arestempel zu Athen, zu Olympia ihre Altarverbindung zeigt; aber in lebendig bewegter Handlung sind Cultusbeziehungen nur selten zu spüren, während sie in Darstellungen ruhiger Göttervereine wie

---

[1]) Welcker AD. V, S. 404, 18. Michaelis vergleicht Paus. 5, 26, 6 und Schol. Aristoph. Av. 573, letztere wohl nicht maſsgebend. Auch die Wagenlenkerin auf dem Erzgespann des Timon in Olympia, die Pausanias 6, 12, 3 für Nike hält, hatte offenbar keine Flügel.

[2]) Wenn überhaupt zu diesen Sculpturen, so sind auch wohl die beiden Füſse mit dem Baumstamme (Mich. Tf. 8, 4) dieser Figur mit Michaelis und andern zuzuweisen. Ich dachte früher an den Hephaistos im Ostgiebel (Mich. 6, 13).

[3]) Nicht viel besser ist Pandrosos als Wagenlenkerin der Athena angenommen.

am Parthenonsfries eher sich geltend machen können. In handlungsvollen Mythen scheint aber Athenas Verhältnis zu Ares eher ein feindliches zu sein, so bei Abenteuern des Herakles, Diomedes, Kadmos gegen Ares selber oder ihm verwandte Riesen und Ungeheuer, wie Kyknos, Diomedes, Amazonen und Drachen, vor Allem in der Götterschlacht der Ilias, wie ja Zeus auch sagt, dafs Athena am meisten dem Ares schlimme Schmerzen bereite, und Ares selber sich über Athenas bevorzugte Stellung beschwert[1]). Natürlich in der olympischen Götterversammlung, also bei Athenas und Aphroditens, gewifs auch bei Pandoras Geburt, beim Gigantenkampfe, bei Hephaistos' Rückführung in den Olymp, bei Herakles' Einführung ebenda und bei ähnlichen Gelegenheiten finden sich beide. Aber ein ganz anderer Fall ist hier, wo das Amt eines untergeordneten Begleiters bei einem Unternehmen zu Athenas Ehre nur aus ganz besonderer Freundschaft für Athena oder aus ganz besonderer Qualification für solchen Dienst sich erklären läfst. Das beides trifft bei einem ganz andren Gott als Ares zu, sowie auch ein andrer von Welcker geltend gemachter Grund: durch Ares' Gegenwart werde die Wirkung von Athenas Sieg verstärkt.

Den ersten concreten Anhalt giebt nicht die Körperform, die grade für Ares passend zu finden kein besonderer Grund vorlag, sondern ein Gewandmotiv[2]), welches ich am Torso in London deutlich erkannte. Den linken Fufs vor, schreitet der kräftige Jüngling (H, London) — Carrey hat den jetzt verlorenen Kopf bartlos gezeichnet — weitaus neben den Rossen her. Das Haupt wandte er, wie Carrey gezeichnet, und am Ansatze des Halses noch zu sehen ist, nach der Lenkerin des Wagens zurück, während der rechte Arm, nach dem Bruch an der Brust zu schliefsen, fast wagerecht vorgestreckt war. Den linken Arm dagegen hielt er an der Seite herab, den Ellenbogen etwas zurückgezogen. Die Chlamys, welche an dem Torso vorn abgestofsen ist, fällt auf dem Rücken von beiden Schultern in schönen Falten herab, welche nach der linken Seite hinlaufend da, wo der linke Arm anlag, abgebrochen sind. Wer diesen Bruch genau betrachtet, kann nicht zweifeln, dafs die Chlamys um den linken Arm gewickelt war,

---

[1]) Il. 5, 762 und 875. Nicht widersprechend sind 5, 29; 15, 124.

[2]) Auch Michaelis S. 184 erkennt mit Reuvens den Hermes, gestützt auf die Chlamys, deren charakteristisches Motiv ihm entgangen ist, und auf sein Geleitsamt, namentlich bei Götterprocessionen.

eine Tracht, welche rasche Bewegung erleichtert und daher namentlich bei unternehmenden Jünglingen und Helden wie Herakles, Perseus, Jason, Theseus, Orestes und Pylades, Diomedes, Odysseus, den Dioskuren sich findet, ganz vorzugsweise aber bei dem Gotte, dessen eigentliches Geschäft eilige Verrichtung ist, dessen Bildung für mehrere jener Helden das Muster gewesen zu sein scheint, bei Hermes[1]). Hermes mit der Chlamys um den linken Arm gewickelt oder wenigstens über den Arm geschlagen, findet sich in allen möglichen Kunstwerken, Statuen, Reliefs, Gemälden, Münzen, Gemmen, und bei allen möglichen Gelegenheiten[2]).

Hermes ist aber grade auch der, welchem die hier wahrgenommene Begleitung vor allen anderen zukommt. Denn er, der $\pi o\mu\pi \acute{o}\varsigma$ oder $\pi o\mu\pi a\tilde{\iota}o\varsigma$, $\dot{a}\gamma\acute{\eta}\tau\omega\varrho$, $\dot{\eta}\gamma\varepsilon\mu\acute{o}\nu\iota o\varsigma$, $\delta\iota\acute{a}\varkappa\tau o\varrho o\varsigma$, ist der Geleitsmann nicht nur abgeschiedener Seelen zum Hades, sondern auch lebender Menschen, Heroen und selbst der Götter. Das ist er aber nicht aus eigenem Antriebe. Mag auch ursprünglich seine Götterwürde selbständiger gewesen sein, so ist er doch in dem homerischen Götterstaate Diener des Zeus. Denn je mehr dieser selber sich zurückzieht von unmittelbarer Betheiligung an den Vorgängen auf Erden, denen er nur aus der Höhe zuschaut, desto mehr bedarf er eines Stellvertreters[3]). Als solche erscheinen auch die andern Götter mehr und mehr, namentlich Athena. Aber nicht nur oft neben dieser, sondern öfter auch allein erscheint Hermes bei bedeutsamen Vorgängen, in den seltensten Fällen, wie bei Argos' Tödtung, selber handelnd, meist nur Zuschauer oder durch Gebärde aufmunternd; aber seine Anwesenheit genügt auch, denn sie ist der Ausdruck von Zeus' Schutz, und wen er begleitet, der siegt. So sehen wir ihn schon bei Homer auftreten. Wie er dem Odysseus plötzlich bei Kirkes Palast erscheint und ihm das Zauberkraut weist, hören wir nur Odysseus erzählen; daher fehlt hier der Auftrag des Zeus. So auch Herakles sagt nur, dafs ihn beim

---

[1]) Wie Hermes so werden auch andere Boten durch dies Motiv charakterisiert, so bei Admetos' Hochzeit Arch. Zeit. 1863 S. 116; vor Aphrodite Müller-Wieseler DaK. II, 292.

[2]) Vgl. O. Müller, Handb. 380, 5. Müller DaK. II, 303; 305; 314; 318; 325; 247; 329; 858; 828; 860; 307.

[3]) Als solcher erscheint er namentlich Il. 2, 104: das von Hephaistos gefertigte Scepter hat erst Zeus, dann Hermes, dann Pelops und dessen Nachfolger.

Heraufholen des Kerberos Hermes und Athene geleitet, ohne Andeutung dafs er es in Zeus' Auftrag gethan; doch ist das aus andern Stellen zu entnehmen und liegt auch in der Verbindung von Athena und Hermes. So ist es ja auch Athena, welche den Zeus veranlafst, Hermes an Kalypso zu entsenden. Den Priamos aber geleitet Hermes auf ausdrücklichen Befehl des Zeus[1]. So sehen wir ihn auch auf Bildern bei den Abenteuern des Kadmos, Perseus, Peleus[2], Achilleus, Orestes, bei den vielen Thaten des Herakles und bei andern Helden, und wo er nicht eigentlich Begleiter eines Theils ist, da ist sein Erscheinen doch der Ausdruck, dafs hier Zeus' Wille sich geltend macht, gleich wie in Aeschylos' Prometheus bei der Fesselung, so bei dem Streit zwischen Apollon und Idas, zwischen Herakles und Apollon um den Dreifufs. Aber auch bei friedlicheren Scenen, namentlich bei Auszügen und Fahrten auch der Götter ist er in gleichem Sinne gegenwärtig. Wie in den Kyprien und bei späteren Dichtern Zeus den Hermes mit den drei Göttinnen zu Paris sendet[3], so sehen wir es oft dargestellt, nicht nur Hermes die Göttinnen führend und dem Paris sie vorstellend und ihn auffordernd zu richten, sondern auch vor dem Auszug im Olympos von Zeus den Auftrag empfangend, daher er auch bei Helenas Entführung den Wagen des Paris geleitet[4]. Wie Hades mit Zeus' Willen Persephone raubt, so sehen wir auf den vielen Reliefs Hermes dem Wagen des Unterweltgottes als Führer voraneilen, und denselben auch wieder Kore an die Oberwelt geleiten, wie ihm Zeus geboten und im Hymnos[5] beschrieben wird, indem er selber die Rosse anschirrt und lenkt oder begleitet, wie für Priamos[6]. Nur äufserlich etwas verschieden ist es, wenn wir ihn in vielen Darstellungen Kinder des Zeus — und durch Uebertragung auch andrer Götter — nach dem Willen des Zeus zu ihrem Bestimmungsorte bringen sehen, denn so wie er Erwachsene nur geleiten kann, so muss er Neugeborene tragen.

---

[1] Zu Deukalion sendet ihn Zeus, um jenen eine Gnade sich erbitten zu lassen. Apollod. 1, 7, 2.

[2] Oder dem Nereus die Nachricht bringend Gerh. Vas. T. CLXXXVIII f.

[3] Hygin. f. 92. Paus. 5, 19, 1.

[4] Stephani CR. 1861, V.

[5] Hy. V, 334; 375.

[6] Auch Helena entführt er so auf Zeus' Geheifs von Sparta nach Aegypten bei Eurip. Hel. 44.

So trägt er Dionysos, Herakles, nimmt Jakchos oder Erichthonios aus Gaias Händen in Empfang, während Zeus von oben zuschaut. Danach müssen wir wohl auch seine Gegenwart bei andern Gelegenheiten beurtheilen, wenn er bei Triptolemos' Aussendung gegenwärtig ist[1], oder bei Dionysos[2], oder bei Apollon, welcher einen Wagen besteigt, anwesend ist, oder ein andres Mal dem Wagen Apollons voraufeilt[3]). Auch neben einem Wagen, den Poseidon besteigt, zeigt er sich[4]). Besonders oft aber sehen wir ihn grade neben dem Wagen Athenas, auf dem sie den Herakles endlich in den Olympos führt, in zahlreichen älteren Darstellungen[5]), aber auch da wo sie zu andrer Unternehmung allein ausfährt.

Einige dieser Darstellungen erinnern geradezu an die Figur des Hermes in unserem Giebel, z. B. auf einer Archemorosvase[6]), wo er dem Wagen, den eine geflügelte Figur lenkt, voraufschreitet; mehr noch auf einer andern[7]), die sicher Herakles im Wagen der geflügelten Nike zeigt und voraufschreitend Hermes, den linken Arm von der Chlamys bedeckt, den rechten vorgestreckt mit seinem Botenstab und dabei nach der Lenkerin des Wagens zurückblickend, also in den wesentlichen Motiven übereinstimmend mit unserer Figur, die auch wahrscheinlich in der vorgestreckten Rechten den Botenstab gehalten hat. Dieser, von dem der Gott den Beinamen χρυσόρραπις empfangen hat, ist ja sein vornehmstes Abzeichen, den er bei Homer nicht mitzunehmen vergifst, wenn er ausgesandt wird, den nach ihm auch sterbliche Herolde tragen, und den wir auch in andrer Darstellung des Pheidias, wo der Gott viel weniger als hier in seinem Berufe erscheint, in seinen Händen anerkennen müssen. So passen alle Umstände, und wer wollte von den Körperformen das Gegentheil behaupten, vorzüglich auf Hermes, die Tracht der Chlamys, der rasche Schritt, die Begleitung des Wagens,

---

[1]) Gerhard, Auserl. Vas. I, 41 ff. Inghirami vasi fitt. 1, 15. Elite céram. III, 48 ff. Vgl. Overbeck Berr. d. Sächs. Ges. d. Wiss. 1861 S. 172, 9.

[2]) Gerhard A. V. IV. 253.

[3]) Elite céram. II, 50 und 50 A. Gerhard A. V. I, 21.

[4]) Elite céram. III, 16, Gerhard A. V. 10. Vergl. II, 26. 36, wo Hermes mit Leto und Artemis dem als Kitharoden libierenden Apoll zusieht. II, 44 sehen dieselben Götter dem von einem Greifen getragenen Apollon zu.

[5]) Vgl. O. Jahn, Arch. Aufs. S. 96.

[6]) Millin G. M. CLXIX, 611.

[7]) Millin G. M. CXXIII, 462. Auch neben Herakles in der Unterwelt, Müller, DaK. I, LVI.

zumal desjenigen der Athena, ganz besonders das ihm als Boten eigenthümliche und oben auch bei Iris des Ostgiebels gefundene und erklärte Motiv des umgewandten Kopfes, wobei die vorzeigende Hand sehr häufig wie hier das $πέμπειν$ oder $ἡγεῖσθαι$ ausdrückt, (Mon. Ined. d. Inst. IV, 14; V, 23); und wenn sich aus der Analogie anderer Mythen und Darstellungen ergab, daſs das Geleit des Hermes den Beistand des Zeus bedeutet[1]), so bestätigt auch das sich hier. Denn Zeus entscheidet ja entweder selbst zu Gunsten seiner Tochter, oder lenkt die Entscheidung dahin, indem er das Königshaus zur Abstimmung beruft[2]).

Wir haben gesehen, daſs der Streit nach der Herodotischen Fassung dargestelllt ist, doch ohne Richter. Von den Zeichen ist wenigstens der Oelbaum durch im J. 1830 gefundene Fragmente (Mich. Tf. 8, 15, Athen) längst sicher gestellt. Die Entscheidung ist gefallen, der Streit zu Ende. Sehen wir nun die Darstellung selbst an, deren erhaltene Reste zu den Zeichnungen, namentlich der Carrey'schen in dem umgekehrten Verhältnis stehn wie beim Ostgiebel. Denn hier sah und zeichnete Carrey vieles noch fast erhalten, wovon jetzt nur Splitter übrig sind.

Anders als im Ostgiebel nehmen Poseidon (M) und Athena (L) gleichmäſsig die Mitte ein, die Logik ist aber beide Male dieselbe. Wer verlangt, daſs Athena bei ihrer Geburt als Hauptperson die Giebelmitte einnehme, muſs dieselbe auch hier für die Siegerin verlangen, die jedenfalls weit eher Poseidon überragt an Bedeutung, als dort Zeus. Wie wir aber dort Zeus in die Mitte stellen muſsten, weil er sowohl nach, als auch namentlich vor Athenas Geburt im Olympus die Hauptperson ist, so haben auch hier die Götter noch ihre Stellung als Rivalen inne. Athena in dorischem Chiton, wie gewöhnlich in Werken dieser Zeit, ist trotzdem, daſs Kopf und Arme schon bei Carrey fehlen, sicher kenntlich an der Aegis, die nicht Brust und Schultern deckt, sondern von der einen Schulter unter dem andern Arm durchläuft. An dem erhaltenen Bruchstück (London, Mich. 8, 13) ist diese Anordnung so wie die Spuren der Aegis

---

[1]) Dasselbe drückt seltener das Erscheinen der Iris aus. Vgl. Welcker A. D. V. S. 370.

[2]) Bei Hygin intervenierte Zeus auch geradezu durch Hermes, indem er durch diesen seinen Boten Poseidon hindert aus Zorn über die ihm ungünstige Entscheidung das Land zu überschwemmen, Fab. 164. Ebenso Michaelis S. 184.

und der die Aegis umsäumenden Schlangen noch sichtbar. Selbstverständlich, auch in späteren Darstellungen der Göttin noch erkennbar, ist die Absicht dieser Tracht, den Gedanken an ernsten Kampf möglichst fern zu halten[1]). In lebhafter Bewegung eilt die Göttin von der Mitte und Poseidon fort nach links (v. B), den rechten Arm nach dieser Seite erhebend, während der Stumpf des linken gegen Poseidon gesenkt ist. Den Kopf sah Carrey nicht, aber der Ansatz des Halses scheint so gedreht, als wendete das Gesicht sich eben von Poseidon ab, zuletzt der Bewegung des übrigen Körpers folgend[2]), und solche Entsprechung scheint die Kopfwendung Poseidons gebieterisch zu fordern.

Denn wie Athena so tritt auch Poseidon (M) mit gewaltigem Schritt von dem eben behaupteten Kampfplatz ab. Die Gewalt ist wie in der ganzen Bewegung bei Carrey, so in dem erhaltenen Stücke der mächtigen Brust (Athen und London, Mich. 8, 16), für deren Beurtheilung aber die Colossalität nicht zu vergessen ist, noch wohl zu erkennen. Auch Poseidon hatte den rechten Arm gehoben, den linken gesenkt wie Athena, doch zu der nach rechts, statt wie bei jener nach links, gewandten Bewegung stehn die Arme im umgekehrten Verhältnisse wie bei Athena. Sein Antlitz war soweit noch gegen Athena gekehrt, dafs der Beschauer es reichlich in der Dreiviertelsansicht hatte, und dabei war der Kopf nicht etwa, der Seitenbeugung des ganzen Körpers folgend, zurückgeworfen, sondern stark gegen Athena hin gebeugt, so stark, dafs er selbst über völlig aufrechter Haltung noch eine merkliche Beugung behielte.

Hinter den Rivalen hielten ihre Wagen, auf denen sie zum Kampfplatz gekommen, wie bei den kämpfenden Heroen des Homer. Zu Wagen fahrende Götter sind uralt mythische, indogermanische Vorstellung, aus Homer hinreichend bekannt, namentlich auch so Athena und Poseidon, die speciell in Athen beide als Ἵππιοι verehrt wurden, dieser der Schöpfer des Rosses, jene die Erfinderin

---

[1]) Müller-Schöll, Mittheilungen S. 72. Overbeck BdSGdW. 1860 S. 8. Stark ebda. 1864 S. 196. Bernoulli, Ueber die Minervenstatuen S. 17, bestreitet die friedliche Bedeutung dieser schrägen Aegis eben mit Anführung unsrer Giebelfigur.

[2]) Auch Michaelis S. 179 denkt ihr Antlitz noch Poseidon zugewandt, und führt dafür auch als allerdings schwachen Beweis die Skizze Ciriacos (Tf. 7, 1) an.

des Zügels und der Rosselenkung. Namentlich aber zum Kampfe fahren die Götter, so gegen die Giganten, so auch die Göttinnen zum Wettstreit der Schönheit bei Paris[1]).

Athenas Gespann, namentlich die zwei bäumenden Rosse (IK, Trümmer in Athen) — für vier wäre natürlich nicht Platz gewesen — sah Carrey noch fast vollständig: sie wurden ja erst durch Morosini zerstört[2]). Die Lenkerin (G) setzt den linken Fufs auf den Wagen, den rechten auf die Erde und lehnt sich weit zurück, mit beiden Händen die Zügel haltend, den linken Arm vorgestreckt, den rechten zurückgezogen. Trotz dieses kräftigen Zurückhaltens aber ist sie ein Stückchen fortgerissen, wie das Zurückflattern des dorischen Chitons zeigt, aufser dem sie ein schmales Tuch trägt, dessen Falten über beide Oberarme nach vorn herabhängen[3]).

Neben dem Wagen tritt eiligen Schrittes Hermes (H) vor umblickend zur Lenkerin, und sie hinweisend wie es scheint auf die erfolgte Entscheidung.

Hinter Poseidon nun ist eine Wagenlenkerin in derselben charakteristischen Haltung wie Nike, mit ebenso zurückflatterndem Gewande von Carrey gezeichnet, und der Torso (O, London) erhalten. Neben ihr gleich Hermes voreilend, erscheint nur noch bei Carrey eine weibliche Figur (N), die gleich Hermes den einen Arm zurück, den andern vorgestreckt gehalten zu haben scheint, über beiden Armen die flatternden Enden des shawlartigen Tuches, also auch darin Hermes ähnlich[4]). An dem Wagen des Poseidon, den Müller freilich leugnen mufste, konnte also kein Zweifel sein, nur wie er bespannt gewesen, ist streitig. Waren schon von Verschiedenen Hippokampen behauptet worden, so hat Michaelis diese Behauptung durch die Wahrnehmung zu stützen geglaubt, dafs

---

[1]) Eur. Androm. 277; Stephani CR 1862 III.

[2]) Der Block unter ihnen dient natürlich als Stütze; ob die scheinbar reguläre Form desselben eine Nebenbedeutung gehabt, ist nicht wohl zu sagen.

[3]) Michaelis S. 184 meint mit Lloyd, sie wäre auf den Eindruck des Sieges herangesprengt, ziehe nun aber scharf die Zügel an. Damit scheint mir das Gefüge der Composition zerstört; und sehe ich nicht ein, warum Nike vorhin weiter entfernt gewesen sein sollte.

[4]) Vgl. die Figur vor Kastors Rofs auf der Talosvase Bullet. Nap. III, II, auch da wohl eine Meeresgöttin; ebenso die Nereide 'Kymodoche' neben Peleus' Wagen Overbeck GHB. VIII, 1. Den rechten Arm erkennt Michaelis wohl richtig 8, 26.

der Raum für Poseidons Gespann um eine Triglyphenbreite gröfser sei, als für Athenas Gespann, was sich nur aus der längeren Gestalt der Seerosse erkläre. Damit handelt es sich aber nun nicht mehr blos um das Gespann, sondern um die ganze Compositionsweise des Pheidias; denn ebenda, wo man einen Beweis für die Symmetrie seiner Compositionen gefunden, soll jetzt eine sehr auffallende Verletzung der Symmetrie sich zeigen, indem von den Wagenlenkerinnen, nächst den streitenden Göttern den markiertesten Figuren des Giebels, so die eine über der dritten Triglyphe von der Mitte, die andre erst über der nächsten Metope ihren Platz erhielte, und Michaelis hat nicht verfehlt daraus weitere Schlüsse zu ziehn. Sein Fundament, Dalton's Zeichnung[1]) hat allerdings den Schein grofser Sicherheit, es ist aber nicht so unerschütterlich, dafs ich darauf hin die an sich unwahrscheinlichen Aufstellungen annehmen kann.

Die unsymmetrische Aufstellung von an Form und Bedeutung gleichwiegenden Figuren wie die beiden Wagenlenkerinnen sind, hat ihres Gleichen nicht bei Phidias, über dessen Symmetrie ich beim Friese spreche. Auch was Michaelis für die ganze Darstellung aus jener Ungleichheit gewonnen glaubt, namentlich die gröfsere Ausdehnung von Athenas Gefolge, findet unten seine Beurtheilung, hier constatiere ich nur, dafs dies für die unmittelbare Wahrnehmung doch nur als Nebenzweck erscheinen würde, als Hauptzweck eben die Seerosse selbst sich geltend machen würden, wovon man an Michaelis Restitution (Hilfst.) sich überzeugen kann. Dies kann aber nicht die Absicht gewesen sein, da gewöhnliche Rosse auch für Poseidons Wagen in jeder Beziehung sich mehr empfahlen. Wer kann denn aber Dalton glauben, dafs während Kallirroe ungefähr zwei Spatien[2]) einnimmt, die nächsten vier Figuren oder zähle ich auch nur drei, darunter eine ausgestreckt gleich Kallirroe, gröfser noch als Aphrodite im Ostgiebel, sich haben auf nicht volle drei Spatien zusammendrängen können. Es müfste denn schon Pheidias seine Asymmetrie hier so weit getrieben haben, dafs er Poseidons Gefolge aus nur halb so grofsen Figuren gebildet hätte, was nach den erhaltenen Resten natürlich

---

[1]) S. die Hilfstafel in Michaelis' Textband.
[2]) Ein Spatium gleich einem Geisonblock, zwei Spatien so breit wie eine Metope und eine Triglyphe.

nicht der Fall war. Das Stück der Liegenden (T), die auf ihrem Schofse die fast Nackte (S) trägt, ist, da sie unmöglich den Oberkörper so aufrichten konnte, wie Michaelis (Hilfst. 2) angiebt, höchstens ein Viertel der ganzen Länge, die mithin etwa zwei Meter, also zwei Spatien in Anspruch nahm. Hätte Dalton, bei dem die Liegende halb weggebrochen scheint, das Fufsende richtig angesetzt, so bliebe für die zwei nächsten Figuren (UV), deren erste der Kore des Ostgiebels an Gröfse entsprochen haben mufs[1]), nur reichlich ein halbes Spatium! Zählen wir die Spatien beiderseits vom Ende her, und zwar als erstes das über der ersten Metope, so nimmt die erste liegende Figur beiderseits das dritte, vierte und ein Stück des fünften ein. Ueber dem Rest der fünften rechts hat grade die erhaltene knieende Figur (V) Platz, über dem sechsten hat links der knieende Bärtige (B), mufs rechts die Sitzende (U) ihren Platz gehabt haben; 7—9 müssen jederseits die drei weiblichen Gestalten, rechts mit zwei kleinen, links mit einem gröfseren Knaben (links C—F, rechts P—T) eingenommen haben, so dafs beiderseits über 10 die Lenkerin[2]), 11 der Begleiter und die Hintertheile der Rosse, deren Köpfe auf 12 und einem Theil von 13 gestanden haben müssen, womit die Lager der Eisenbarren, welche die Tragkraft des Gesimses stärkten, rechts sehr wohl stimmten (Mich. 7, 8); auch links, doch ist an dieser Seite offenbar ein Fehler, indem das vierte statt des fünften Spatiums abgebrochen erscheint, und in Folge dessen sowohl der Platz der liegenden Eckfigur auf 2—3 statt 3—4 und der nächsten Gruppe auf 5—6 statt 6—7 verzeichnet ist. Da nun aber jedes der Spatien von der ausgebrochenen 4ten bis zur 15ten Platte eine Marke trägt, so mufs auch hier noch ein Irrthum sein. Was Daltons Genauigkeit anlangt, so hat er jedenfalls auch den Bärtigen links (B) ein Spatium versetzt, denn wenn auch dessen verzeichneter Unterkörper bei ihm auf 6 ruht, so ist doch nicht zu leugnen, dafs der Oberkörper mit der Hand ganz über 7 hingreift, während er nach Ausweis der Photographien kaum über 6 hinausging[3]).

---

[1]) Sie ist sowohl von Carrey als von Nointeils Anonymus (Mich. 7, 2, 3) auch mit ebenso weit gestellten Knieen wie Kore gezeichnet.

[2]) Damit stimmt Carrey überein, bei dem erst von dem 12ten Spatium an die Theilstriche unsicher werden und dann ganz aufhören.

[3]) Noch ein ähnlicher Fehler ist mir nicht zweifelhaft: Die Aussplitterung im Epistyl über der vierten Säule von links erscheint auf den Photographieen

In der angeführten Recension von Michaelis' Werk habe ich gezeigt, wie Daltons Versehen dadurch namentlich erklärt wird, dafs er den Raum des Giebelfeldes ohne perspectivische Verkürzung nach rechts gezeichnet hat, die Figuren aber, namentlich Q S T wie auch die Steinschnitte, entschieden verkleinert gegeben und dadurch natürlich zu viel Platz übrig behalten hat. Der zwingende Grund für Hippokampen ist damit erledigt; aber da schwerlich geleugnet werden kann, dafs dieselben auch auf demselben Raum, wie ihn drüben Athenas Rosse einnehmen, Platz gehabt hätten, gilt es immer noch die Seepferde anzunehmen oder zu widerlegen.

Unter den Fragmenten ist kein Stück, das auf mehr als zwei Rosse hinwiese, natürlich die zwei der Athena, da die des Poseidon schon zu Carrey's Zeit nicht mehr existierten, ebenso wenig aber sichere Reste von Hippokampenbildung, denn das Stück einer fischartigen Windung (Mich. 8, 17) kann, wie Michaelis zugesteht, ebenso gut dem von Carrey gezeichneten Meerthier angehören; von den Flügeln (Mich. 10; 11) die übrigens, ihre Zugehörigkeit vorausgesetzt, zu gewöhnlichen Rossen so gut und besser pafsten als zu Hippokampen[1]), da diesen schon der Fischleib über's Meer zu fahren ermöglicht, ist weder die Zugehörigkeit zum Parthenon erwiesen, noch klar, wie sie hätten angebracht sein sollen, so dafs die Stütze getragen hätte, noch endlich wahrscheinlich, dafs Poseidons Seerosse grade Athenas Gespann gegenüber die Auszeichnung von Flügeln erhalten hätten. Michaelis S. 183 schliefst folgendermafsen: 'und da unter Amphitrites Wagen ein Delphin das nasse Element deutlich bezeichnet, .. so halte ich .. Hippokampen, ...' die auch gegenüber Athenas Rossen eine schöne Abwechselung bieten würden, für wahrscheinlicher'. Ich möchte eher umgekehrt daraus, dafs Pheidias den Wagen des Meeresgottes durch ein solches Seethier, dessen Erscheinung auf dem Burgfelsen durch Poseidons Salzquell genügend sich erklärt, unter demselben charakterisiert hat, schliefsen, dafs er nicht auch Hippokampen den Wagen ziehen liefs; denn neben diesen wäre jene bescheidene Andeutung eine nichtssagende Wiederholung. Die Abwechselung kann ich so

---

über der fünften, während er über der vierten noch fast glatt ist. Zur Beurtheilung von Dalton vgl. meine oben S. 31, 4 angeführte Recension, S. 305.
[1]) Gerhard AV. I, 10.

schön nicht finden; sie ist eben viel zu grofs, oder mit andern Worten, die Asymmetrie hier zwischen ganz symmetrisch componierten Theilen ist zu schreiend. Auf Michaelis' Hilfstafel ist sie allerdings theils durch die emporgereckten Flügel, theils durch die langen Hälse etwas verdeckt; aber dafür sind diese Ungethüme auch weder Hippokampen noch Rosse, verstofsen gegen das erste Gesetz solcher Bildungen [1]). Hippokampen sind vorn Rosse und nur der Hinterleib ändert seine Natur und geht in einen Fischschweif über. Der Vorderleib mufs also auch die Proportionen des Rosses haben, und da ferner die Hinterbeine fehlen, ruht der Leib auf der Erde, höchstens dafs das vordere Ende sich etwas emporkrümmt, doch nie zur Höhe von Rossen und gar sich bäumenden. Construierte man die Hippokampen danach, so würden sie Poseidon kaum bis an die Hüften reichen, und das würde gewifs jedem unerträglich sein.

Fragen wir endlich, ob Rosse oder Hippokampen vor Poseidons Wagen griechischer Vorstellung besser entsprechen, so ist die Antwort nicht zweifelhaft[2]): wie bei Homer schon, so sind auch später die Rosse dem Poseidon, dem $\mathring{\iota}\pi\pi\iota\sigma\varsigma$, vorzüglich eigen, und wenn auch Seerosse[3]) wie andre Mischbildungen schon alter Zeit angehören, so ist doch ein damit bespannter Wagen in älterer Zeit kaum oder gar nicht nachweisbar[4]), in späterer Zeit freilich sehr gewöhnlich, daher bei Vergil, Statius, Philostratus das Vorkommen desselben ganz in der Ordnung. Ich entscheide mich also für Rosse, für die auch die Höhe des Wagens und der Lenkerin, sowie deren energisches Anziehen allein zu passen scheint. Dem Kreise der Meerfrauen gehört diese Lenkerin so gut wie die Beiläuferin ohne Frage an, dafür spricht auch die Entblöfsung des Beines, wie wir unter Poseidons Gefolge noch eine mehr entblöfste Figur finden werden, und später ja Nacktheit bei den Wasserfrauen und -Fräulein gewöhnlich wird. Die Lenkerin kann wohl mit einiger Zuversicht Amphitrite benannt werden.

---

[1]) Paus. 2, 1, 8 ἵππος εἰκασμένος κήτει τὰ μετὰ τὸ στέρνον.
[2]) Welcker, Griech. Götterl. II, S. 671. Gerhard AV. I, S. 41.
[3]) Welcker zu Philostr. 1, 8, S. 251.
[4]) Jahn BdSGdW. 1854, S. 175. Das S. 174, 59 angeführte Vasenbild Elite cér. III, 1, 1A habe ich nicht nachsehen können. Aus den Cataloghi del museo Campana habe ich eins notiert No. 51 (schwarzf.) 'Nettuno tratto da un cavallo marino'.

Fehlt übrigens der letzteren jedenfalls eine so besondere Bedeutung, wie sie drüben der Beiläufer von Athenas Wagen besitzt, und ist die Zahl der im allgemeinen hierher passenden und nicht individueller charakterisierten Figuren in Poseidons Kreise sehr grofs, so ist es auch von keinem Interesse, die Figur näher zu bestimmen[1]).

Wenn nun nach entschiedenem Streite jede der beiden Gottheiten wieder ihrem Wagen zueilte, so müfste, wie gesagt, in ihnen selbst unmittelbar Sieg und Unterliegen sich aussprechen. Denn dafs durch die Persönlichkeit der Wagenlenker, oder ihrer Begleiter, oder gar der Rosse jene Hauptsache allein oder auch nur vornehmlich sich aussprüche, kann unmöglich angenommen werden, und ganz aufser den Bereich des Dargestellten und Darstellbaren fiele die von Preller bei Athena vorausgesetzte Absicht auf ihrem Wagen einen Triumphzug zu halten.

Wie hat man aber auch nur in den Gestalten der beiden Götter jenen Ausdruck von Sieg und Unterliegen verkennen können! Allerdings ist die Bewegung beider sehr ähnlich, aber durch diese Aehnlichkeit wird nur der daneben bestehende Contrast um so schärfer markiert. Geht ja doch Athenas ganze Bewegung aufwärts, Poseidons niederwärts, und nur dadurch ist es möglich geworden, dafs Athena nicht kleiner, sondern gleich hoch erscheint wie Poseidon. Dazu mufste Poseidon um so viel weiter ausschreiten, worin sich zugleich seine ungestüme Natur ausspricht, und darum ist sein rechter Fufs so weit über das Centrum hinausgesetzt[2]). Wäre das nicht der Fall, so würde ja sein Oberkörper, der vor Allem das Gleichgewicht der Composition herstellt, ganz unsymmetrisch nach rechts (v. B.) fallen. Am deutlichsten tritt der Unterschied des hinauf und hinab in den Schultern zu Tage, und es ist recht eigentlich unmittelbar veranschaulicht, dafs aus dem Streite Athena erhöht, Poseidon erniedrigt hervorgeht[3]).

---

[1]) So auch Michaelis.

[2]) Michaelis S. 179 spricht mit Lloyd mehrfach von einem Uebertritt Poseidons auf Athenas Gebiet, S. 154: 'er hatte als Angreifer sein Gebiet überschritten'. Er war aber nicht mehr Angreifer als Athena. Nur wenn man mit Lloyd eine Begegnung bei der zweiten Ueberschwemmung (Apollodor) annähme, was aber Michaelis nicht thut, könnte man so sprechen, wie auch Friederichs Baust. S. 149 'wo sie dem ihr Land beanspruchenden Meergott entgegentrat' und weiterhin. Poseidon erhebt ja zuerst Anspruch.

[3]) Fast möchte man denselben Contrast aufwärts und abwärts gehender

Ist denn nun aber wahr, dafs die Götter je ihrem Wagen zueilen. Welcker S. 131 sagte: 'auf dem Kampfplatze zu verweilen ist kein Grund, ihn schnell zu verlassen sind für die Siegerin verschiedene denkbar'. Handelte es sich um die Besiegung eines Gegners auf beliebig gewähltem Kampfplatze, dann wäre es richtig; da es aber den Besitz des Landes und grade der Stätte gilt, auf welcher der Streit ausgemacht wird, so ist allerdings weit mehr Grund zu bleiben für die Siegerin als davon zu eilen, während dagegen für den Besiegten nichts anderes übrig bleibt als den Platz zu räumen. Ganz richtig fühlte das Preller (Pheidias S. 201)[1]), der zwar Welcker beistimmt, aber meinte, Athena wolle ihren Wagen besteigen 'um in feierlichem Aufzug von dem ihr zugesprochenen Sitze auf der Burg Besitz zu nehmen'. In der Sache ändert das aber nichts, denn jene besondre Absicht Athenas wäre in der Darstellung unmöglich zu erkennen; vielmehr, wollte Athena den Wagen besteigen, so wäre der nächste und einfachste Gedanke, dafs sie dahin zurückkehrt, woher sie gekommen, wie das bei Poseidon anzunehmen ist. Dafs wir Athena nicht gleicherweise zum Wagen eilend zu denken haben, zeigt ihr gehobener rechter Arm, der, nach dieser Seite geht ja ihre Bewegung, der Siegerin angemessen fortgesetzte oder erneuete Energie bekundet, während Poseidons linker, in der Linie seiner Bewegung liegender Arm unthätig herabhängt. Dafs Athenas so lebhafte Armbewegung nicht dem nahen Gespanne gilt, ist schon gesagt; es ist bei Carrey klar, dafs der Arm über und wahrscheinlich diesseits der Pferdeköpfe sich ausstreckte, also ein ganz andres Objekt hat als den Wagen. Suchen wir Athenas Arme zu ergänzen, so war der rechte sicherlich etwas eingebogen, nicht so unschön und sinnlos grade ausgestreckt wie in Grosse's Restitution[2]); der linke, weniger erhoben als der andre, aber auch weniger gesenkt als Poseidons linker, mufste schon wegen Poseidons Nähe eingebogen sein, wofür auch die sorgfältig gezeichnete Bruchfläche bei Carrey spricht. Dafs Athena damit den Oelbaum angefafst, wie Michaelis mit Overbeck meint, kann ich nicht glauben, obgleich ich den Baum mit Over-

---

Bewegung auch an den Begleitern der beiden Wagen, Hermes und der Nereide wiederfinden.
  [1]) Aehnlich ist die Auffassung bei Michaelis S. 35.
  [2]) Bei Overbeck BdSGdW. 1868 S. 118.

beck und Michaelis in die Mitte setze, nur ohne dafs er durch krummen Wuchs und Seitenschüsse die Lücke zwischen Poseidons Beinen füllte. Hier mochte der Quell aufsprudeln, und nah demselben noch der lose in Poseidons linker Hand gehaltene Dreizack aufliegen. So jedenfalls wie Grosse's Restitution jenes Anfassen des Baumes zeigt, war es unmöglich. Denn welches Voreinander in dem nicht drei Fufs tiefen Giebelfelde: vor dem einen Rosse Athena und zwar die linke Schulter weiter vor als die rechte, vor der und zwar vor ihrem vorgebogenen Unterarm der Baum und davor Poseidon! Wie man dafür mit weniger als fünf oder sechs Fufs Giebeltiefe auskommen wollte, begreife ich nicht. Was ist aber auch nicht verkehrt in jener Restitution! Poseidon und Athena, jeder von beiden ist in zwei widerstreitenden Actionen begriffen. Poseidon weicht zugleich und stöfst mit gewaltig erhobener Rechten den Dreizack, — den er übrigens fast wie ein Steckenpferd hält, — in den Fels. Diese letzte Handlung ist aber so praedominierend, dafs das Zurücktreten fast als eine dazu erforderliche Bewegung erscheint. Wie kann man sich vorstellen, dafs Poseidon in demselben Moment besiegt sein soll, in welchem er das Wunder verrichtet, das ihm Sieg geben soll? Kaum weniger widerstreitend ist bei Athena das Forteilen und das Anfassen des Baumes, den sie ja doch nicht ausreifsen will. Den Widerspruch erkannte Michaelis, aber er irrte, wenn er Athena dadurch zum Stehen zu bringen glaubte, dafs er sie in der Rechten den Speer auf den Boden stützen und in dieser Stellung lebhaft triumphierend auf den Gegner blicken liefs. Vergebens ist es, noch eine Fessel mehr der lebhaft Bewegten anzulegen. Mag sie den Speer in der Linken gehalten haben, vielleicht auch den Schild (s. unten), wie der Helm sicherlich ihr Haupt deckte: frei ist die Bewegung, und wenn wir den l. Arm auf die einfachste Weise etwas tiefer als den rechten nach vorn eingebogen ergänzen, so ist zwar die Hervorbringung des Oelbaums nicht eigentlich veranschaulicht, wie im Grunde auch bei Overbeck-Grosse nicht, aber in der Göttin haben wir ja was wir gebrauchen, was auch Preller vermifste: mit ausgebreiteten Armen eilt die Göttin — wohin? Natürlich den gewonnenen Besitz gleichsam zu umfassen.

Da müfsten wir freilich diesen Besitz auf der linken Seite des Giebels dargestellt zu sehn erwarten. Ebenda hinter Athenas Wagen haben ja auch die meisten Erklärer Kekrops, den König des Landes mit seinen Töchtern gefunden, also die Vertreter des Volkes, auf dem eigenen Boden, dem Burgfelsen. Die Deutung halte ich auch gegen Michaelis' Einwendungen fest, und muſs dessen Erklärung: Asklepios und Hygieia und Demeter mit Kore abweisen. Zunächst daſs zwei Gruppen (BC und D—F) deutlich zu unterscheiden seien, ist nicht richtig. Carrey's Zeichnung kann allerdings eine Scheidung der Gruppen zu empfehlen scheinen, beachtet man aber, daſs die mittelste der fünf Figuren (D) nach der einen wie der andern Seite unbewegt erscheint; daſs die Verbindung von rechts eben nur durch den an sie lehnenden Knaben (E) hergestellt ist[1]); daſs ferner die weibliche Gestalt links (C), wie wir an dem Original oder Abgüssen genauer erkennen, erst in diesem Augenblicke in lebhafter Erregung an den bärtigen Mann (B) sich schmiegt den Arm um seinen Nacken legend, nach Ausweis der ganzen Haltung und namentlich des Faltenfalles, der ein ganz vorzügliches Beispiel jenes im Uebergang aus einer Lage in die andre, gleichsam in Bewegung begriffenen Faltenwurfs ist[2]): beachtet man dies genauer und sucht man sich die nächstvorhergehende Haltung des aufgeregten Weibes vorzustellen, so wird man auf der einen Seite ihre Verbindung mit dem Bärtigen (B), auf der andern die Trennung von dem zweiten Weibe (D) schwinden sehn. Wie ihr rechtes Knie, auf dem sie ruht, mehr vortritt als das linke, der linke Unterschenkel nicht grade zurück, sondern nach rechts (v. B.) gebogen, dabei aber doch das linke Bein stärker als das rechte aus dem Gewand hervortritt, gewinnt man die Vorstellung, daſs sie vorher gegen die Mitte gekehrt gesessen auf dem untergeschlagenen rechten Bein, das linke Bein gekrümmt zur Seite streckend, nun aber plötzlich auf die Knie erhoben sich umwendet zu dem Manne, dem sie vorher fast den Rücken zuwandte, mit der einen Hand ihn umfaſst, die andre lebhaft gegen die Mitte erhebt, wovon die Spange über der linken Schulter sich gelöst hat, so daſs das Ge-

---

[1]) Daſs derselbe, so wie bei Carrey deutlich die rechte Schulter gezeichnet ist, nicht den Arm auf den Schoſs der Frau legen konnte, ist klar. Da dem Knaben aber nicht nur Kopf und Arme, sondern deutlich beide Füſse fehlten zu Carrey's Zeit, so ist klar, daſs diese Stellung, mit der auch die nachlaufende Figur schwer sich fügt, rein zufällig beim Umfallen entstanden ist.

[2]) Diese Gruppe (BC) ist ja von den fünf Figuren allein erhalten, noch im Giebel.

wand über die Brust herabgefallen und noch im Fallen ist¹). Ginge ihre Bewegung nicht von der Mitte zu dem Manne hin, sondern von diesem zur Mitte hin, so würde nicht der Hauptzug der Falten von unten rechts nach links hinaufgehn, sondern von links nach rechts, und das linke Bein nicht vor-, sondern zurücktreten in den Gewandmassen.

Ob Jubel oder Entsetzen in dieser Bewegung zu lesen, ist an dem Torso wohl nicht leicht zu bestimmen; doch scheint mir, daſs Furcht oder Entsetzen die Wendung zu dem Alten noch vollständiger gemacht haben würde, so daſs die linke Schulter hoch gezogen und nur ein scheuer Seitenblick über die Achsel nach der Mitte zurückgeworfen wäre, während jetzt noch dem Gegenstande der Furcht möglichst die Vorderseite zugekehrt wird. Der Bärtige (B), dessen Kopf noch Stuart und Dalton sahen, den der Gegensatz der jugendlichen Formen jenes Weibes als ihren Vater erscheinen läſst, macht ungefähr die entgegengesetzte Bewegung wie jene, nur minder lebhaft; er saſs von der Mitte abgewandt, wendet aber eben jetzt den Oberkörper um und sieht nach der Mitte. Noch sitzt er und zwar auf den Windungen einer gewaltigen Schlange, die unter ihm hinten noch selbst im Gips unzweifelhaft erkannt wird²), und ebenso vorn, seit Lloyd, dem so manche Ergänzung verdankt wird, dem vorn abgebrochenen Fragment seine Stelle gewiesen. Auf diese Schlange stemmt er auch den linken Arm, der die Wendung des Oberkörpers unterstützt. Der ganze Oberkörper ist stark aufgerichtet, das linke untergeschlagene Bein hängt nicht und es berührt den Boden nicht mit dem Schienbein; das rechte ist kräftig, möglichst nahe dem Schwerpunkt, aufgesetzt. So scheint er im Aufstehn begriffen und stützte dabei vielleicht die stark erhobene Rechte auf einen Stab (Cockerell).

Die engere Verbindung des Alten mit dem Mädchen ist also von beiden Seiten erst eine neue; sie waren kurz vorher nicht mehr, nein weniger verbunden als das Mädchen (C) mit dem nächstfolgenden Weibe (D). Allerdings ist nun die aufgehobene Schei-

---

[1]) Das Motiv bei einer Hesperide Gerhard Ak. Abh. T. II. Michaelis schlieſst aus den Falten vor der Brust, daſs die erhobene Linke schon nach dem fallenden Gewande griff; vielleicht mit Recht, doch habe ich es am Gips noch nicht prüfen können.

[2]) Michaelis 8, 2a.

'dung der Gruppen nicht so sehr ein Grund gegen Michaelis' Erklärung, wie die erwiesene Scheidung ein Grund gegen die Deutung als Kekrops sein würde. Michaelis' Hauptbeweis für Asklepios ist die Schlange, und weiter schliefst er, dafs neben Asklepios und Hygieia als Göttern nur Götter sich finden könnten. Aufser der im Allgemeinen passenden Gestalt werden dann auch für diese, Demeter, Kore, Jakchos, Cultusbeziehungen zu Athena geltend gemacht.

Michaelis bezeichnet diese Götter als das Gefolge der Göttin. Dagegen spricht erstens das umgewandte Sitzen des einzigen Mannes darunter, welches in Asklepios' Charakter nicht etwa wie bei Dionysos eine Erklärung fände (s. oben S. 120); zweitens stehn die genannten Götter durchaus nicht in dem Verhältnisse eines Gefolges zur Athena, wie es Poseidon in den geringeren Göttern seines Reiches hat, wie es andrer Art Dionysos hat, und stellten ja die populärsten Mythen speciell Demeters Erscheinen in Attika in solcher Weise dar, dafs sie unmöglich als im Gefolge Athenas mitangesiedelt erscheinen könnte[1]); drittens, sollte Pheidias dennoch für gut befunden haben, aus den später neben Athena in Attika verehrten Göttern ein Gefolge derselben zu bilden, so hätte er doch wohl vor Allen die mit Athena näher verbundenen nehmen müssen, und wer hätte dann eher Berücksichtigung verdient als Hephaistos, statt dessen den Asklepios zu sehen uns höchlichst befremden müfste. Dafs Hygieia zur Athena in einem ähnlichen Verhältnisse stand wie Nike, bemerkt Michaelis ganz richtig, aber das schliefst Asklepios eher aus als ein.

Von diesen Einwendungen fiele die erste, wenn man die Götter nicht mit Athena gekommen dächte; aber da erhöbe sich sofort ein neuer Anstofs: es können ja keine Götter schon auf attischem Boden ansässig sein, wie Poseidon und Athena das Land zuerst in Besitz zu nehmen kommen.

Gegen Asklepios überhaupt möchte auch noch die eigenthümliche Verbindung mit der Schlange sprechen. Die Schlange steht bei Asklepios ja in Beziehung zu seiner Heilkunst, und wie sie

---

[1]) Michaelis' Darstellung S. 186, dafs dieser Dreiverein 'in Attika nächst Athena die heiligste Verehrung genofs und daher am meisten geeignet war Athenas Sache zu unterstützen' fafst überhaupt das Verhältnis der Seitengruppen zu den Hauptfiguren nicht richtig.

meistens seinen Stab umringelt, oder wie in der epidaurischen Statue der Gott die Hand über ihren Kopf hielt[1]), spricht sich ein, ich möchte sagen, geistigeres Verhältnis aus[2]), hier aber säfse Asklepios auf der Schlange! Wie so viele nicht gehörig beachtete Züge, so ist auch dieses Sitzen auf der Schlange ein charakterisierender Zug, der einzige jetzt noch deutlich erkennbare, aufser der Abwendung etwa, beides aber bei Asklepios, für mich wenigstens, nicht zu verstehn.

Dafs an den vorgeblichen eleusinischen Gottheiten keine genauere Charakteristik nachgewiesen ist, kann in der mangelhäften Ueberlieferung derselben in Carrey's Zeichnung begründet scheinen. Dafs der Jakchos wohl entweder etwas jünger, oder noch etwas erwachsener hätte sein müssen, will ich nicht betonen, zumal seine Figur ja auch von Carrey entschieden verstümmelt gezeichnet ist, aber an der vermeintlichen Persephone (F) scheint mir die lebhafte Bewegung und namentlich die dadurch verursachte Entblöfsung des rechten Beines, die theils unten am Fufs, theils an den Falten über dem Knie sich erkennen läfst, ein für die grofse Mysteriengöttin entschieden ungehöriger Zug. Die lebhafte Erregung in den meisten Personen dieser Seite hat Michaelis richtig betont, aber es ist schwerlich richtig, wenn er sie z. B. bei seiner Hygieia als Furcht auffafst, so auch den Jakchos angsterfüllt sein läfst, dafs er kaum von Kore gehalten werde. Dazu ist doch vor Allem für Götter kein Anlafs, da der Streit kein Kampf der Waffen ist und keine Gefahr bringt, und die Zuschauer ja doch nicht wider Willen Zuschauer sind, sondern zur Schau — und was liebte der Grieche mehr als Wettkämpfen zuzuschauen — sich eingefunden haben. Wäre die Aufregung ferner nur durch den Streit überhaupt hervorgerufen, dann müfsten wir allerdings, wie Michaelis vermuthet, erwarten, bei dem Gefolge Poseidons gleicher Aufregung zu begegnen, was doch offenbar nicht der Fall ist, abgesehen von den Knaben; denn die allein Sitzende (U) läfst selbst in Carrey's Verzeichnung nicht, wie Michaelis meint, lebhafte Bewegung erkennen. Beziehn wir aber die wahrgenommene Aufregung nicht auf den Streit überhaupt, sondern auf die so eben erfolgte Entscheidung durch Athenas Wunder, auf das Wunder selbst, und das müssen

---

[1]) Paus. 2, 27, 2. Vgl. Schöne, Griech. Rel. 102. S. 52.
[2]) Vgl. Welcker Gr. Gött. I, 65 f. Horaz Sat. 1, 3, 27.

wir, da die Aufregung deutlich als eine plötzliche sich darstellt, dann ist allerdings auf beiden Seiten entgegengesetzter oder wenigstens verschiedener Eindruck zu erwarten, vorausgesetzt, dafs jederseits der Anhang eines der beiden Streitenden sich befindet. Denn mit der Siegerin wird ihr Anhang jubeln, das Gefolge aber des Besiegten hat zu ebenso lauter Klage keinen Anlafs; sie haben ja nichts verloren, nichts gewonnen, still werden sie abziehn.

Was wir für Götter, speciell die vermutheten, ungehörig gefunden haben, das steht der Familie des Kekrops grade an; und nach der Ueberlieferung von dem Streite, nach einer wie der andern Fassung, sind die Bewohner des Landes gradezu unentbehrlich. Es ist den Göttern ja nicht um den Besitz des Landes zu thun, sondern um die Verehrung seiner Bewohner (Apollodor), daher die Entscheidung in der populäreren Fassung dem Volke übertragen war, und zwar mit besonderer Betheiligung der Königsfamilie; ja Kekrops selbst spielte auch beim Gerichte der Götter eine wichtige Rolle als Zeuge. Dafs ihre Anwesenheit hätte vermieden werden müssen, um nicht den Gedanken an das hier unstatthafte Schiedsrichteramt nahe zu legen, meint Michaelis mit Unrecht. Wenn der für Schiedsrichter einzig schickliche Platz die Giebelmitte gewesen wäre, wie Michaelis S. 184 richtig urtheilt, und wenn, wie wir gesehn, in die beiden Streitenden selbst unzweideutig die Entscheidung verlegt war, so brauchte der Künstler ein so grobes Mifsverständnis nicht weiter zu scheuen, durfte am allerwenigsten darum die Tradition verlassen. Auch von Michaelis' übrigen Gründen gegen Kekrops' Familie kann ich nur einem einige Bedeutung zuerkennen, den ich zuletzt bespreche.

Erysichthon als Knaben zu bilden, sei kein Grund ersichtlich, meint Michaelis. Mir war anfangs die geringe mythische Bedeutung des Erysichthon ein Bedenken; ich dachte daher an die Söhne von Pandrosos und Keryx, deren letzterer aber noch weit unbedeutender, nur ein fingierter Geschlechtsheros zu sein scheint, der erstere nur in bestimmten Sagen eine Rolle spielt mit Eos und Prokris. Erichthonios aber, dessen mythische Bedeutung allerdings hervorragend ist, kann eben wegen der positiven Ueberlieferung hier nicht anwesend sein. Vom Erysichthon sind doch immerhin einige positive Züge überliefert, so sollte er von Delos das älteste Bild der Eileithyia gebracht haben (Paus. 1, 18, 5); auf der Fahrt von Delos sollte er gestorben sein und dann in Prasiai bestattet sein, wo sein Grabmal gezeigt wurde (Paus. 1, 31, 2); und dafs er in der Attischen Königsliste keine Verwendung gefunden, möchte eben für seine mythische Echtheit beweisen. Hören wir dann wie Pausanias 1, 2, 5 erzählt, er sei nicht zur Regierung gelangt, da er bei Lebzeiten seines Vaters gestorben wäre, und berücksichtigen wir die Wendung der Ueberlieferung, dafs bei dem suffrage universel Athena dadurch die Majorität bekommen, dafs im Königshause drei Frauen den einen Mann überstimmt hätten, so scheint mir genügender Grund für die knabenhafte Bildung des Erysichthon vorzuliegen, zumal für jede andre Bildung desselben noch eher der Grund vermifst werden könnte. Dabei ist die Nöthigung zum Gleichgewichte mit der anderen Seite, wo zwei kleine Knaben dem einen gröfseren gegenüber stehen, noch gar nicht geltend gemacht; und schliefslich, wenn die Königsfamilie das Volk vertritt, das in allen Lebensaltern von Athena Heil und Segen zu erwarten hat, ganz besonders im Kindheitsalter von ihrer Gabe der παιδοτρόφος ἐλαία, so war, von dem Vortheil gröfserer Mannigfaltigkeit der Gestalten, namentlich dem Bedürfnis auch Stehende zwischen die Sitzenden zu mischen ganz abgesehen, grade die Verbindung des Knaben mit dem Manne und den Weibern sachlich wie künstlerisch geboten.

Die attische Königsfamilie dürfte kaum ein genügendes Gegengewicht gegen Poseidons göttliches Gefolge abgeben, meint Michaelis ferner. Für die Athener, auf deren Schätzung es doch allein ankam, kann der Urkönig und Heros und seine Töchter, von denen eine göttlich verehrt wurde, die andre ein Temenos hatte (ἱρόν, Herod. 8, 53), kaum an Bedeutung nachgestanden haben der Leukothea, der Thalassa, Aphrodite und einer Nereide, von denen Leukothea ja fast gleiches Schicksal gehabt wie Aglauros und Herse, und von den übrigen nur Aphrodite Bedeutung hat als Göttin; denn Eros und Palaimon sind, wenn auch Götter, doch nur Kinder, auch als solche in den Hintergrund gestellt, und verehrt wurden von allen diesen Meeresgöttern in Athen nur Aphrodite und Eros. War aber auch für die Athener noch ein minus geistiger Bedeutung auf der linken Seite, so wurde das durch zwei Umstände aufgewogen: erstens dadurch, dafs auf dieser Seite der Sieg ist; zweitens durch die überragende Bedeutung von Nike und Hermes gegen Amphitrite und eine beliebige Meeresgöttin. Dafs aber Athenas Seite, wie Michaelis S. 185 (vgl. S. 154) meint, über diejenige Poseidons von vornherein das Uebergewicht haben müsse, anders als durch den Sieg, sehe ich nicht ein. Das würde nach meiner Meinung Athena selber eher herabsetzen als erhöhen. Bleibt der letzte, schon von Welcker S. 143 erhobene, Einwand, daſs die Schlange bei Kekrops weder als Rest seiner ursprünglichen Gestalt noch sonst irgendwie zu erklären sei. Auch ohne daſs er eine tiefere Einsicht in die Geschichte des Mythos hatte, dächte ich, muſste doch dem alten Bildner das Erscheinen der Thiere neben Göttern analog erscheinen, so der Eule neben der γλαυκῶπις Athena, des Adlers neben Zeus, der gelegentlich selber Adler ist, wie Dionysos Panther. So war Poseidon selber Roſs, Artemis Hirsch gewesen, Hermes Widder, und was dieser mit dem Widder neben sich in getrennten Gestalten darstellt, ist in seinem Sohne Pan zu einer verbunden. Thetis, die sich in Leu und Schlange verwandelte um Peleus zu entgehn, pflegten griechische Bildner ja als Weib mit jenen Thieren neben sich darzustellen, und ein andrer Meergott, der alte Nereus erscheint bald mischgestaltig, halb Mensch, halb Seethier, bald ganz Mensch, dann aber mit dem Delphin in der Hand. Ganz besonders aber die verschiedenen Gestaltungen des Erichthonios, der doch nur eine Variation, jedenfalls die beste Analogie für Kekrops ist, dienen jene Spaltung des schlangenbeinigen, mischgestaltigen διφυής Kekrops[1]) in Mensch und Schlange zu rechtfertigen. Denn Erichthonios war ganz Schlange neben der Athena Parthenos (Paus. 1, 24, 7) schlangenfüſsig gleich Kekrops bei Hygin 166 und Etymol. M. unter 'Ερεχϑεύς[2]), endlich in dem geheimnisvollen Kasten von einer (Apollod. 3, 14, 6) oder zwei Schlangen (Melesagoras, Müller fr. hist. II, S. 22, 1) umwunden, selber aber offenbar menschengestaltig gleich Erechtheus, während Pausanias (1, 18, 2 ὡς εἶδον τὸν Ἐρι-

---

[1]) Statt zweier Schlangenbeine tritonenartig in einen schlangenartigen Leib ausgehend ist Kekrops auf einem athenischen Relief (Conze Bulletino 1861 S. 36) und auf der Vase Mon. Ined. d. I. III, 30.

[2]) Der mehrfach bei Statuen (Welcker AD. V, 1; Müller DAK. II, 231; Overbeck BdSGdW. 1860 S. 8) der Athena (vgl. die Münze Müller D. a. K. II, N. 232 und einen Candelaberfuſs bei Welcker a. O. S. 21, 8 angeführt) vorkommende Schildträger der Athena kann unmöglich ein Gigant, d. h. ein vertilgter (γιγαντολέτειρα) sein, sondern Kekrops oder Erichthonios, wie Böttiger nach Welcker a. O. ihn genannt. Overbeck Kunstmyth. II. S. 389. Anm. 160 widerlegt das nicht, so wenig wie die das. S. 389 besprochene Münze.

χϑόνιον) wahrscheinlich auch hier das Kind selber schlangengestaltig dachte, natürlich aber ohne besondre Schlangen daneben.

Dafs man auch Kekrops menschengestaltig dargestellt habe, ist gewifs, so in attischen Reliefs[1]) mit seinen drei Töchtern und ohne Zweifel unter den Eponymoi über dem athenischen Markte und in der Gruppe des Pheidias zu Delphi, wie er denn auch unter den Heroen der tragischen Bühne von Lucian[2]) genannt wird. Neben ihm die Schlange darzustellen war noch ein besondrer Grund, dafs diese Schlange zugleich als die nachmalige Burgschlange, der Hüter von Athenas Heiligthum, angesehen werden konnte.

Für Kekrops, den Autochthonen ist das Sitzen am Boden auf der Schlange, wie auf untergeschlagenen Beinen ebenso charakteristisch, wie es für Asklepios nichtsbedeutend oder unpassend wäre. Ja beachtet man die ganz eigenthümliche Haltung unsres Kekrops, wie die Beine theils durch die Haltung, theils durch Verhüllung nur bis zum Knie sichtbar sind, so wird man vielleicht die Absicht des Künstlers erkennen, den untenstehenden Beschauern den Glauben zu lassen, als sei Kekrops[3]), der hier jedenfalls nicht, wie unter den Eponymoi, mit dem zweiten Kekrops verwechselt werden konnte, schlangenbeinig gebildet. Sollte nun nicht bei Kekrops auch das abgewandte Sitzen sich erklären aus der Tradition, die ihn für Poseidon, seine drei Töchter aber für Athena stimmen liefs? In den zwei Figuren dieser Gruppe, dem Kekrops und seiner Tochter wiederholte sich dann im Kleinen der Gegensatz von Poseidon und Athena, nur mit dem entgegengesetzten Ausgange, dafs Kekrops von der Tochter, wie ich ihre Bewegung verstehe, auf Athenas herrliches Wunder aufmerksam gemacht und herübergezogen wird, wie er ja auch hernach sich fügte und Athenas Verehrer ward. Aufs feinste hat so Pheidias das überlieferte Schiedsgericht nicht einfach beseitigt, sondern so viel wie möglich con-

---

[1]) Michaelis Annali 1863 S. 332.
[2]) Somn. 26. necyom. 16.
[3]) Aehnlich ist der wirklich schlangenbeinige Heros Nouv. Ann. Mon. inéd. 1837 pl. VIII. so gestellt, dafs die Schlangenwindungen von vorn nicht sichtbar sind. Vgl. die Giganten der Vase von Ruvo Müller DaK. II, 843; Overbeck, Kunstmyth. II, S. 368; und was derselbe S. 379 über die Schlangenbildung eines Giganten an einem Vasenhenkel (Atlas d. GKM. V, 7a) sagt. So scheint mir auch Sophokles Aj. 15 durch das κἂν ἄποπτος ᾖς es absichtlich unbestimmt gelassen zu haben, ob in diesem Falle Athena für Odysseus unsichtbar sei oder nicht.

serviert. Die Personen, welche nach jener Tradition die Entscheidung gaben, sind geblieben; sie äufsern auch noch dieselben Gefühle wie dort, nur giebt diese Aeufserung nicht mehr die Entscheidung, diese erfolgt unabhängig davon: durch den überwältigenden Eindruck von Athenas Wunder wird hier Poseidon zum Weichen, dort Kekrops zur Umkehr genöthigt; hier Athena dort die ihr zugethanen Kekropstöchter zu Siegesjubel erhoben.

An den drei Weibern schien die gröfsere Lebhaftigkeit der beiden äufseren (BF) gegenüber der ruhigen Gesetztheit der mittleren der einzige bemerkenswerthe charakteristische Zug. Gradeso aber charakterisiert ja der Mythos die Töchter des Kekrops: Pandrosos allein bezähmt ihre Neugier, die andern lassen sich hinreifsen das Verbotene zu schauen, und danach — von Wahnsinn ergriffen, stürzen sie sich den Burgfelsen hinab.

Haben wir die Familie des Urkönigs an ihrer eigenen Charakteristik erkannt, so dient sie wieder meine Auffassung Athenas zu bestätigen, denn da nun die Bewohner, deren Verehrung gewonnen werden soll, anwesend sind, wird es noch unmöglicher sich die Göttin forteilend zu denken oder, wenn bleibend, blos bedacht Poseidon gegenüber als Siegerin zu imponieren. Weder der Göttin wäre das würdig gewesen, noch des athenischen Meisters, der vor Allem zeigen mufste, wie sehr Athena sein Volk geliebt hatte, wie selbst Proklos noch sagt: ἣ χθόνα βωτιάνειραν ἐφίλαο.

Die Figuren hinter Poseidons Wagen habe ich bereits nach der gewöhnlichen Ansicht als Gefolge des Poseidon bezeichnet. In der That ist von vorn herein kaum eine andre Möglichkeit. Denn andre Bewohner Attikas, die der Königsfamilie gegenüber gestellt werden könnten, giebt es nicht. Götter als Richter können es nicht sein; als blofse Zuschauer keine andern als eben angekommene, da in Attika damals ja noch keine ihren Sitz hatten. Ganz unparteiische Götter aber könnten füglich nur da am Platze sein, wo der Gegensatz der Parteien noch nicht angefangen hat die Composition zu beherrschen, also im Centrum, nicht auf der Seite der einen Partei. Ueberdies ist auf einen unverkennbaren Gegensatz zwischen dieser und der anderen Seite schon hingewiesen, der auch allein in Carrey's Zeichnung schon hervortritt, sowohl in der Stellung zum Centrum als auch in der Erregung. Während nämlich rechts eine sehr ins Auge fallende Figur ganz und gar gegen die Mitte gekehrt ist, alle übrigen wenigstens theilweise, so ist links keine völlig der Mitte zugewandt, zwei aber ganz oder gröfstentheils abgewandt. Ebenso sind links zwei der Erwachsenen so bewegt wie rechts keine, und selbst die dritte, Kekrops ist noch bewegter als hier die Nackte. Es ist auch bereits gesagt, wie die Natur dieses Kampfes es rechtfertigt, dafs die siegende Partei lebhaftere Erregung verräth als die besiegte, und wenn nun gar jene Menschen, diese Götter sind, so ist auf jener Seite erst recht die gröfsere Lebhaftigkeit, hier gröfsere Ruhe am Platze. Die verschiedene Stellung zum Centrum zweitens läfst erkennen, dafs die einen erst mit Poseidon gekommen sind, die andern vor Athena schon da waren.

Bei so grofsen Gegensätzen ist es nun kein Wunder, dafs neben dem allgemeinen Gleichgewicht der beiden Seitengruppen eine symmetrische Entsprechung der einzelnen Figuren nicht vorhanden ist, so wenig, dafs man sogar das Gleichgewicht der ganzen Gruppen bestritten hat. Dies freilich mit Unrecht; denn es sind beiderseits vier Erwachsene[1]), daneben links ein grofser in den Vordergrund gestellter, rechts zwei kleine zurückgestellte Knaben, die aber wie jener eine bei der Figur zunächst dem Centrum ihren Platz haben. Von den Erwachsenen ferner sind beiderseits zwei zu einer Gruppe vereint, zwei mehr vereinzelt, nur dafs die Gruppe rechts (BC) in der Mitte, links (ST) am Ende sich befindet.

Diese Unregelmäfsigkeit innerhalb der beiden Seitengruppen ist aber etwas ganz andres als die von Michaelis behauptete Unregelmäfsigkeit der ganzen Gruppen, so dafs links die Seitengruppe, rechts das Gespann gröfseren Raum eingenommen hätte. Dafs diese Verschiebung den lebhaften Charakter der Streitscene ausspreche, ist unrichtig. Denn die behauptete gröfsere Ausdehnung der linken Seitengruppe ist ebensowenig durch ein Auseinanderfahren wie die geringere der rechten Gruppe durch ein plötzliches Zusammendrängen entstanden; denn es hat ja von allen Personen, die zur Schau des Streites sich ruhig gelagert hatten, keine ihren Platz verlassen, mit Ausnahme etwa der schreitenden Figur (F) links, die aber nicht aus, sondern in die Gruppe hineinstrebt. In der Mittelgruppe aber ist bei der gröfsten Lebhaftigkeit doch völliges Gleichgewicht der Massen, so dafs schliefslich, wie oben gesagt,

---

[1]) Ich verstehe nicht, wie Michaelis S. 154 von besonders zahlreichem Erscheinen von Athenas Parteigenossen sprechen kann.

die längeren Schwänze der Hippokampen eigentlich die intellektuellen Urheber der Ungleichheit blieben.

Zunächst hinter Amphitrite safs offenbar ziemlich hoch auf einem schrägen Sitze eine Göttin [1]), um die namentlich nach unten zu ziemlich zusammengeschlossenen Beine das Himation; neben ihr ein Knabe (P), der augenblicklich lebhaft auf eine Erhöhung neben ihrem Sitz an sie herantritt [2]), die Rechte auf ihr Knie legend, wo noch einige Finger erhalten sind, dabei den Kopf und Oberkörper (Carrey) zur Mitte umwendend. Während die Verbindung des zweiten Knaben (R), den man trotz der Nacktheit für ein Mädchen nahm, hier Leto mit ihren Zwillingen (von so verschiedener Gröfse) sehen liefs, erkannte Welcker gewifs richtig Ino-Leukothea mit ihrem Sohne Palaimon, da unter den Meeresgöttern keine ähnliche Mutter mit ihrem Sohne zu finden ist.

Der zweite noch kleinere Knabe (R), der, wenn er nicht gradezu schwebte, doch in solcher Weise hoch, etwa auf dem höheren r. Knie der Liegenden, und frei stand, wie es kaum anders als durch Beflügelung zu erklären wäre, gehört zu der im Schofse der Liegenden fast nackt Sitzenden. Dafs dies ein Weib ist, ist, wie Michaelis richtig bemerkt, besonders durch das Sitzen im Schofse der andern und die Wendung des Körpers — namentlich das eingebogene r. Knie —, wie mir scheint auch durch den über den l. Oberschenkel gezogenen Gewandzipfel klar. Dafs dieses Weib nun wegen des Knaben, wegen der Unverhülltheit der Formen und des weichlichen Sitzens im Schofse einer andern, wodurch zugleich auch die Nacktheit noch besser motiviert ist, als Aphrodite, und danach der Knabe als Eros, klein wie am Friese des Niketempels, wie an einer Metope (Nord XXV), zu bezeichnen ist, kann nicht zweifelhaft sein, zumal keine Gottheit sich mehr empfahl für das Gefolge des Meergottes, vor allem durch ihre enge Beziehung zum Elemente Poseidons, durch ihre Bedeutung und persönliche Bestimmtheit, durch ihre Schönheit.

---

[1]) Im britischen Museum stand das erhaltene Stück, von den Hüften abwärts 1861 zu weit hintenüber gelehnt, auch links tiefer als rechts, wie mir schien (Michaelis Q 8, 19).

[2]) Daher die Falten des herabgeglittenen Himation straff um das linke Knie zurück nach dem tiefer stehenden r. Fufs hinablaufen. Die unruhigen Falten im Gewande der Mutter waren mir nicht verständlich. S. Michaelis S. 185.

Weil ferner bei ihr, der meergeborenen Göttin der Schönheit, am ersten Grund zur Entblöfsung war, so konnte sie auch am besten eine Abwechselung in das reichbekleidete Gefolge der Meerfrauen bringen, wie drüben Kekrops. Das auf felsigem Sitze lang hingestreckte Weib, das auf seinem Schofse Aphrodite trägt, ist wegen dieser beiden Charakterzüge wohl richtig Thalassa benannt[1]). Der rechte Oberschenkel ist erhalten (Mich. 8, 20, London), als solcher von Lloyd und Michaelis erkannt. Dafs es nicht der linke ist, beweist aufser der wohlerhaltenen Glätte und der mit Carrey übereinstimmenden Neigung, namentlich der Faltenzug, der wie auch bei Aphrodite im Ostgiebel um die Hüften herum nach vorn nicht hinauf, sondern hinabläuft, aber auch die wahrnehmbare Abnahme des Schenkels nach rechts, und der links oben eben so wahrnehmbare Ansatz des Schofses wie rechts unten der Kniekehle. Verschieden von der Aphrodite ist der Faltenzug des über den Felsen gebreiteten Tuches, das bei letzterer der rücklehnenden Richtung der Lagernden folgt, bei Thalassa aber nicht zurück, sondern vorwärts gezogen ist, worin noch die dem Niedersitzen vorausgehende Bewegung des ganzen Gefolges nachzuklingen scheint. Kaum kann die Figur für die Haltung des Oberkörpers einer Stütze entbehrt haben: sie lehnte vielleicht den Rücken oder einen Ellenbogen auf den Felsen.

Auch die nächste Figur (U) möchte man nach Carrey, wenn es nicht blofse Verzeichnung ist, angelehnt denken, denn durch innere Erregung kann schwerlich der Oberkörper so aus dem Gleichgewichte gebracht sein. Fehlt nun für eine genauere Bestimmung jeglicher Anhalt, so darf man sie als eine der Nereiden ansehen, bis für eine besondre Benennung Gründe vorgebracht werden.

Von dem 'Gefolge' beiderseits abgesondert wurden die letzten Figuren, rechts zwei, links eine, nicht sowohl wegen des bei Carrey sie absondernden Zwischenraumes, da dieser rechts offenbar auf Verzeichnung beruht, indem Carrey die Lücke bei Poseidon zu klein bemessend die Nereide und Amphitrite dem Gotte zu nahe gerückt hatte, und dadurch zuletzt einen freien Platz behielt. Links freilich irrte er sich nicht, da er mit allen übrigen Zeugen und

---

[1]) Es hiefse aber eine Nebenhandlung statuieren, wenn man, wie Bröndsted, Aphrodite aus dem Schofse von Thalassa aufsteigend dächte, was auch gar nicht indiciert ist.

namentlich dem Originale übereinstimmt. Michaelis hat aber unzweifelhaft Recht, wenn er eine solche Lücke für unmöglich erklärt und zur Ergänzung der Symmetrie mit Leake den Ausfall einer Figur annimmt, die von dem niederstürzenden Blocke des schrägen Geisons herabgeworfen wurde. So ist die Zahl der Erwachsenen auf beiden Seiten gleich. Denken wir nun aber auch rechts die Figuren aneinander gerückt, links die Lücke ausgefüllt, so erkennen wir doch weder hier noch dort eine Spur von Verbindung. Wir würden auch in der That weder in der Familie des Kekrops zwei weitere Personen unterbringen können, noch in Poseidons Gefolge den knieenden Jüngling, — doch unmöglich einen Triton — denn Weiber könnten allerdings mehr noch sich ihm anschliefsen. Und beachten wir die grofse Uebereinstimmung der beiden letzten Figuren (A W), so scheint der oben besprochene Gegensatz, der beide Gefolggruppen im Einzelnen so ungleichartig gestalten liefs, hier ein Ende zu haben. Wie wäre auch denkbar, dafs der Gegensatz der Streitenden ungebrochen die ganze Composition in zwei Hälften gespalten hätte. Das zusammenhaltende Band mufste hier, wo die Hauptpersonen eben auseinanderfahren, draufsen angebracht werden, während es bei den Aigineten, in dem Memnonskampfe des Lykios im Centrum sich fand, in Paionios' Streit des Pelops und Oinomaos drinnen und draufsen, weil die Hauptpersonen, die noch gegeneinander gekehrt waren, im nächsten Augenblick zur entscheidenden Handlung sich voneinander kehren mufsten. In unserem Giebel aber hielt Pheidias offenbar je eine Figur für zu schwach das Ganze zusammenzuhalten, und wir fühlen, mit welchem Rechte.

Die drei Figuren, die Carrey in den Ecken unsres Giebels sah, sind mehr oder weniger erhalten, am besten die wegen der aufserordentlichen Naturwahrheit ihrer Formen und Haltung berühmte männliche Figur der 1. nördlichen Ecke (A, London). Dieselbe ist gedacht als hätte sie eben vorher mehr auf dem Rücken oder auf dem Kreuze gelegen, den Oberkörper auf den 1. Ellenbogen stützend, ähnlich dem Dionysos des Ostgiebels[1]). Eben

---

[1]) So fafste ihn Feuerbach, Gesch. d. gr. Plastik II, 44, auf. Visconti, deux mém. S. 4 ' semble .. 'se lever avec impétuosité saisi de joie' fand Widerspruch bei Burrow, The Elgin marbles etc. I, 224 und Haydon, Erreur de Visconti rélative à l'action de la statue de l'Ilissus, Londres 1819, der ihn dans un repos parfait findet: 'aucun simptôme ne prouve qu'il est saisi de joie'.

aber, wie wir solche Wendung schon an Kekrops und seiner Tochter gefunden, legt er sich auf die l. Seite, so dafs das l. gekrümmte Bein den Unterkörper trägt, während den Oberkörper die ziemlich weit rechts hinaus gesetzte l. Hand stützte. Der Kopf war, wie am Bruche des Halses sicher zu erkennen, gegen die Mitte des Giebels gekehrt. Durch diese Bewegung ist das Gewand, das wohl vorher auf der Schulter ruhend zu denken ist, ins Gleiten gekommen und schiebt sich gegen den Unterarm zusammen. Das andre Ende zieht die rechte, ans r. Bein gelegte, Hand der Seitenbewegung nach.

Von Anfang an waren in dieser Figur und danach auch in den beiden entsprechenden der andren Ecke Flufsgötter erkannt: das weiche geschmeidige Fleisch, das wellenförmige Gefält des Gewandes — ähnliche Symbolik wie bei der Iris des Ostgiebels — die Ueberlieferung, dafs die in mancher Beziehung ähnliche Composition des Ostgiebels am Zeustempel in Olympia von zwei in den Ecken liegenden Flufsgöttern eingerahmt war, machten jene Deutung sehr wahrscheinlich[1]). Und jene Giebelgruppe in Olympia ist nur die nächstliegende Wiederholung desselben Gedankens, der wie es scheint, von Pheidias ausgehend, weithin sich verfolgen läfst, nämlich das Lokal selbst in die plastische Darstellung hineinzuziehn, nicht durch starre selbsterfundene Personificationen, sondern durch Anwesenheit oder Theilnahme der nach dem Volksglauben in der Natur lebenden göttlichen Wesen. So sind es namentlich die besonders hochgeehrten und mit den Bewohnern als Stammväter und Pfleger in inniger Beziehung gedachten Flufsgötter, die in späteren Darstellungen einen solchen Platz einnehmen, und an ihnen wie auch an den für sich dargestellten Bildern von Flufsgöttern bis zu den colossalen Statuen eines Tiber und Nil kann man in der Lage, der Nacktheit[2]) und den Formen die Nachwirkung des Pheidiassischen Vorbildes erkennen. Wie mit dem menschenförmigen Kekrops, so wich aber auch mit dem menschlich-

---

[1]) Eine andre zeitnahe Wiederholung, ja eine Copie unsrer Figur, böte das Vasenbild (Welcker AD. III. T. XXIII, 1) mit Kadmos' Drachenkampf, in der Figur unten links, wenn sie nicht Ares, sondern mit Welcker Ismenos, der Flufsgott, zu nennen ist. Dem ovalen Gegenstande neben demselben ist nichts ähnlicher als einige Schalen auf der Amazonenvase von Ruvo Gerhard Ak. Abh. I, S. 152. T. VI. 12.

[2]) Dio Chrysost. 4, 166 R.

gebildeten Flufsgott der Künstler von der volksthümlichen Vorstellung ab, denn diese stellte die Flufsgötter ursprünglich mischgestaltig dar, d. h. als Stier mit Menschenantlitz, wie am bekanntesten vom Acheloos[1]), dem vornehmsten aller Flufsgötter. Dieser ältern Vorstellung grade vom attischen Kephisos begegnen wir noch bei Euripides, dessen Ausdruck Ion 1261

ὦ ταυρόμορφον ὄμμα Κηφισοῦ πατρός

freilich einmal gewählt ist, um die Furchtbarkeit Kreusas noch mehr hervorzuheben, und zweitens unklar läfst, wie weit der Dichter sich die Stierbildung gehend dachte. Aelian (v. h. 2, 33) kennt ein in Athen verehrtes Bild des Kephisos mit Andeutung von Hörnern, die freilich nicht stärker gewesen zu sein braucht als an Dionysosköpfen, und die wir für Pheidias so wenig ableugnen wie behaupten können.

Eine weitere Bestätigung erhalten die Flufsgötter in dem Giebel durch die entsprechenden Figuren von Helios und Selene im Ostgiebel, sowie wiederum deren lokalbezeichnende Bedeutung durch die Analogie jener Flufsgötter noch besser erhellt. Diese Verwandtschaft und Beziehung der beide grofse Darstellungen einrahmenden 'Lokalfiguren' wird am deutlichsten durch die Verbindung beider in späten römischen Darstellungen, wo sie freilich des poetischen Lebens entkleidet, ganz symbolisch geworden sind, und an die Stelle der Flufsgötter beschränkten Lokales die allgemeineren Figuren von Meer und Erde getreten sind, so dafs beide miteinander das Weltall bedeuten und passend Juppiter umrahmen als den Herrn der Welt.

Einen positiven Beweis für die Flufsgötter hat endlich Michaelis entdeckt darin, dafs zunächst unter dem Einzelnen links (A) deutlich zweierlei verschiedene Flächen sich unterscheiden, nämlich eine flach erhobene, unebene, die in scharf abgeschnittenem Rande endet, und an diesen Rand anstofsend die tiefere ganz ebene Fläche des Giebelbodens. Während der Oberkörper und namentlich das Gewand auf dem höheren unebenen Grunde ruht, lag das l. Bein auf der glatten Fläche, ja es ist, als ob ein Theil des Beines unter der Fläche verborgen wäre. Selbstverständlich stellt diese glatte Fläche den Wasserspiegel dar und jener Rand das Ufer, und eben diese Ufernähe charakterisirt den Flufsgott. Auch versichert Mi-

---

[1]) O. Jahn, Arch. Zeit. 1862, S. 321.

chaelis, dafs man auf der Rückseite deutlich die Wellenbewegung des Wassers erkenne, welches den Uferfelsen bespüle.

Dasselbe Indicium, das Lagern unmittelbar auf wagerechter Fläche läfst auch drüben die zwei Figuren als Wassergötter erkennen. Das Weib (W, im Giebel) liegt auf der rechten Seite lang hingestreckt, den Oberkörper auf dem wenig erhobenen Uferhange, von dem untergeschlagenen rechten Beine und dem r. Ellenbogen getragen, so dafs der Oberkörper sich weniger erhebt als bei jenem männlichen Flufsgott, und auch das übergeschlagene l. Bein ruht unmittelbar auf dem rechten. Der Kopf erscheint bei Carrey — im Original ist der ganze obere Theil der Figur weggespalten — mehr hängend, und je nach der einen oder anderen Vorstellung würde der gehobene l. Arm schmerzliches oder freudiges Staunen ausdrücken. Das feine Gefält ihres Chitons schmiegt sich ziemlich eng an die Glieder, und schien mir, namentlich vor der Brust, dadurch, dafs es erst eben aus horizontaler in senkrechte Richtung übergeht, das Plötzliche ihrer Wendung zu verrathen[1]).

Neben ihr, mit dem Unterkörper mehr ihr zugekehrt, kniet eine sehr kräftige männliche Figur (V, Athen), die bis auf Kopf, Arme, Schultern und l. Bein erhalten ist. Er ruht auf dem rechten, untergeschlagenen Beine, welches von auffallender Bildung ist, von der einen Seite ganz anders gezeichnet als von der andern. Von aufsen gesehn nämlich, der dem Beschauer mehr abgekehrten Seite, ruht nur das Knie und die Zehen auf der glatten Fläche, so dafs hier der Gedanke an Wasser nicht nahe gelegt wird. Von innen, der vorderen Seite, gesehen aber liegt das Schienbein der Länge nach auf der Fläche derart, dafs man die vordere Hälfte des Fufses, der auf dieser Seite von Gewandfalten verdeckt wird, wie auch einen Theil des Schienbeines nur unter der Fläche, also dem Wasser, verborgen denken kann. Das l. Bein war offenbar mehr gehoben, und der Fufs wahrscheinlich etwas seitwärts aufgesetzt, als wollte er sich erheben, und dazu stimmt die Beugung des Oberkörpers theils vornüber, theils auf die linke Seite, wie um das rechte Bein frei zu machen. Der rechte Arm war gehoben,

---

[1]) Eine runde Marke neben ihr im Giebelboden (Mich. 7, 8) rührt nach Michaelis' Vermuthung vielleicht von einer Hydria her, und ein dem entsprechender Gegenstand war vielleicht der am andern Ende des Giebels in Photographien wie bei Dalton sichtbare Körper.

und da das Gewand von dem rechten Fuſs her über den Rücken hinauf in immer schmaleren Streifen läuft, vermuthet Michaelis mit Grund, daſs die Hand das Ende desselben empor- und seiner Bewegung nachgezogen habe, ähnlich wie der andre Fluſsgott. Der Kopf war gewiſs der Mitte zugewandt, wie bei Carrey annnähernd.

Daſs die beiden Fluſsgötter der Kephisos und Ilissos wären, hatte man schon erkannt, aber die Benennungen schwankten doch hin und her, bis auf Lloyd's Hinweis auf das natürliche Verhältnis, wonach der Kephisos nördlich, der Ilissos südlich von der Akropolis auf der Seite des Meeres, auf der daher auch Poseidon seinen Platz hat, flieſst, und daſs die Kallirroe eben in Wirklichkeit mit dem letzteren sich verbindet. Dieser schon von Leake betonte Umstand verliert freilich an Beweiskraft, wenn anzunehmen ist, daſs auch Kephisos noch eine Figur neben sich hatte und zwar, wie Michaelis meint, eine weibliche. Als Gefährtin des Kephisos scheint mir die Nymphe Moria freilich nicht glücklich erwählt, nicht blos weil sie erst bei Nonnus genannt wird und wahrscheinlich kein wirkliches mythisches Leben hat, sondern weil sie eine Art Widerspruch gegen Athenas Wunder wäre, da die $μορίαι$, als deren Vertreterin sie allein Bedeutung hätte, ja erst die Abkömmlinge des neugeschaffenen Oelbaums waren. Auch möchte ich der Symmetrie wegen eher noch eine Wassergottheit haben, und flossen ja neben dem Kephisos noch andre Bäche, wenn auch ein Name für sie nicht überliefert ist.

Michaelis findet, daſs das Knieen des Ilissos durch seinen Platz im Giebel genügend motiviert sei. Sollte aber nicht die eigenthümlich gewundene Haltung zugleich den Illissos charakterisieren, als den ihn sein Name ('Krummbach' bei Benseler) ja kennzeichnet[1]), so wie den graden Lauf des Kephisos sein langgestrecktes Lagern in der Giebelecke in Erinnerung bringt.

Stellen wir uns das ganze groſse Bild des Götterstreites, von dem wir so glücklich sind keinen wesentlichen Zug zu vermissen, an seinem ursprünglichen Platze vor, wie es der Athener schon unten in der Stadt erblickte und besonders wenn er durch die Propyläen in die Burg eintrat. Was er da sah im Bilde, das war an selbiger Stelle ja nach seinem Glauben einst hier vorgegangen zwischen Ilissos rechts, Kephisos links. Von rechts her, aus dem

---

[1]) Vgl. Paus. 5, 19, 7. Nonnus 47, 13.

nahen Meere, das er blinken sah, ist Poseidon gekommen, mit ihm sein Gefolge von Göttern des Meeres, um mit ihm hier Anbetung zu erlangen. Zur Linken aber, wo das attische Land und der gröfste Theil der Stadt lag, da sah er den Urkönig dieses Landes mit den Seinen, die über Athenas Sieg jubeln gleich ihm selber. Mufste ihm da nicht werden als wäre er selber, wie seine Urväter, Zeuge des Streites, der ihn, sein Volk und Land der lichtäugigen Göttin zu eigen gegeben hatte? Und sah er nun sie selbst von dem besiegten Gegner weg gegen ihn, gegen das attische Land und Volk, das wie im Bilde, so in Wirklichkeit, und mehr noch in Wirklichkeit zu ihren Füfsen lag, mit ausgebreiteten Armen sich wendend, mufste da nicht vollends das Bild mit der lebendigen Umgebung in eins zusammengehn, und er die Landesgöttin zu sehen glauben, wie sie den begehrten und nun gewonnenen Besitz, ihr geliebtes Athen in ihre schützenden Arme aufnahm?

Gegen dieses Einfügen des Bildes in die lebendige Umgebung, so dafs das Bild selbst mit lebendig zu werden scheint, wird man theoretisch wohl nichts einwenden. Es lassen sich übrigens mancherlei Analogieen dafür anführen, um so mehr, wenn man die wenig verschiedenen Fälle mit ins Auge fafst, wo nicht sowohl das Bild in lebendigen Zusammenhang mit der Umgebung tritt, sondern aufserhalb der Darstellung liegende Momente der Wirklichkeit in die Darstellung hineingezogen werden, wie auf einer Lampe, die ich bei S. Bartoli gesehen zu haben mich erinnere, die Aufrichtung einer Herme dergestalt angebracht war, dafs das Loch zum Eingiefsen des Oels zugleich für die Darstellung die gegrabene Grube vertrat. Aehnlich werden wir am Fries die wirklichen Tempelecken zugleich als Wendepunkte des dargestellten Zuges finden, und die Thür der Vorderseite für die Darstellung mit in Rechnung gebracht sehn. Analog wird man auch Lykios' Knaben mit dem Weihwasserbecken, so wie seinen puerum sufflantem languidos ignes finden, so wie des Styppax splanchnoptes neben dem Altar der Athena Hygieia nach Bergks Conjektur, ja auch die Athena Promachos als Wächterin der athenischen Burg, wie dann so manches freistehende Votivbild und im Grunde noch mehr das Tempelbild, dessen Wohnung das umgebende Tempelhaus ist, dem Speise dargebracht wird u. s. w. Näher verwandt ist die Niobe am Berge Sipylos, die Niobiden, wenn sie einst in einem Tempelgiebel aufgestellt waren, unter den Strahlen des Helios.

Auch das Drama weist ähnliche Verwischung der Grenzen zwischen Bild und Wirklichkeit auf, nicht nur die Parabasen, die Anspielungen auf Zeitverhältnisse, mit denen freilich arger Misbrauch getrieben ist, die Anrufungen der gewissermafsen vor den Augen der athenischen Schauspieler stehenden Göttin, der Νίκη τ' Ἀθάνα πολιάς und das τὰν αὔριον πανσέληνον im König Oedipus 1089[1]), sondern namentlich die bekannte Beziehung der beiden Bühneneingänge auf die Lage zu Land und Hafen.

Meine Ergänzung oder Auffassung von Athenas Bewegung zu stützen, will ich noch einige Werke anführen, welche die Göttin in wesentlich derselben Bewegung und Haltung darstellen. Auf athenischen Münzen der Kaiserzeit[2]) erscheint Athena mit ausgebreiteten Armen, das Haupt zurückgewandt, nach rechts eilend, in der Linken Schild und Speer, und zwar findet sich einmal ein schlangenumwundener Baum, also gewifs der Oelbaum neben ihr. Nur die Richtung der Bewegung ist umgekehrt.

Auch in diesem Punkte übereinstimmend ist die Göttin auf dem schönen Vasenbilde von Kertsch[3]), wieder weit ausschreitend mit ausgebreiteten Armen, wie um das Jakchoskind aufzunehmen, das eben Ge oder Kore-Persephone dem Hermes darreicht. Dabei hat Athena den Kopf wieder nach rechts zurückgewandt, ohne dafs man recht wüfste, ob dieser scheidende Blick der Tympanonschlägerin unten, oder Zeus und Demeter oben gilt. Nur die geringere Erhebung des Armes und die Anordnung der Aigis weicht von der Giebelstatue ab[4]).

---

[1]) Vgl. Mommsen, Heortologie S. 392.

[2]) S. Beulé, Monnayes d'Athènes S. 393. (Aehnlich auch auf Münzen der Lukaner bei Carelli-Cavedoni S. 124.) Vgl. die Titelvignette von Ancient Marbles of the Brit. Mus. VI.

[3]) Stephani CR. 1860, I, danach Gerhard Akad. Abh. II. Tf. LXXVI.

[4]) Vgl. auch die Terracottafigur etruskischer Arbeit Mon. Ined. d. I. VI, VII, 72; ferner die capitolinische, die von Hirzel mit dem 'myronischen' Satyr (Annali 1864. S. 235), von Overbeck (BdKSGdW. 1867. S. 144) mit Apollon und Artemis zusammengestellt wird, und die von Friedrichs Baust. No. 401 mit jener capitolinischen Statue einerseits, mit der Giebelstatue andrerseits verglichene Athena mit einer Fackel eines kleinen Reliefs, jetzt bei Schöne, Griech. Rel. 95.

Die Metopen.

Unter den Giebeln den nächsten bildlichen Schmuck bildet der Kranz der mit hohem Relief versehenen, wahrscheinlich auch einst gefärbten Metopen, einst je 14 an den Schmalseiten nach Osten und Westen, je 32 an den beiden Langseiten, zusammen 92. Von diesen haften die 28 der Schmalseiten sowie 12 der nördlichen Langseite (9 am westlichen, 3 am östlichen Ende) noch an ihrem ursprünglichen Platze, alle aber mehr oder weniger beschädigt, einige alles Reliefs beraubt. Besser erhalten sind die Metopen, welche von den Enden der südlichen Langseite nach London (1 nach Paris) gekommen sind; die mittleren beider Langreihen sind durch die Explosion meist ganz zerstört, nur einige stark beschädigt wieder aufgefunden. Auch hier dienen aber Zeichnungen einen Theil des Verlorenen, freilich sehr ungenügend, zu ersetzen.

Leider hilft uns bei der Erklärung dieser Metopenreliefs wie später des Frieses auch nicht mal ein Fingerzeig des Pausanias, und sind wir vor der Hand nicht nur über die Darstellungen der einzelnen Metopen ganz im Ungewissen, sondern auch das steht nicht fest, wie viele Metopen etwa zusammen ein gröfseres Ganze bildeten. Es ist hier also ganz besonders vorsichtiges Vorschreiten nöthig. Auf der südlichen Langseite stellen viele Metopen Kentaurenkämpfe vor, von denen weder auf der östlichen noch auf der westlichen Reihe irgend eine Spur vorhanden ist, woher vorläufig zu entnehmen, dafs die Reihen der vier Seiten jede für sich zu betrachten sind. Dann aber haben wir natürlich die östliche Reihe an der Front des Tempels zuerst ins Auge zu fassen, und zwar lege ich meiner Erklärung die Abbildungen bei Laborde, ergänzt oder corrigiert durch zwei Photographieen, und die Angaben von Stephani, Köhler und die nach Zeichnungen eines Feodor bei Stuart gemachten zu Grunde¹). Athena als Gigantenbesiegerin wollten Alle auf ein paar Metopen dieser Reihe erkennen; dazwischen dieselbe Göttin in andern Handlungen, z. B. als Erfinderin des Wagens, den Pegasos bändigend; aufserdem Abenteuer von Athena befreundeten Heroen, wie Herakles' Dreifufsraub, Theseus' Kampf mit dem Minotauros, so dafs in jeder Beziehung die Einheit aufgegeben wäre.

Aber schon die doppelte Darstellung Athenas an zwei weitgetrennten und doch nicht entsprechenden Stellen in wesentlich gleicher Handlung ist schwer zuzugeben. Bedenklicher, ja gradezu unbegreiflich wäre es, wenn an der Hauptseite lauter Einzeldarstellungen ohne Ordnung und Einheit angebracht wären, da doch an der westlichen, sowie an der südlichen Langseite schon auf den ersten Blick ein bedeutendes Mafs von Zusammenhang und Verbindung der Einzelbilder nicht sich verkennen läfst. Denn an der Nordseite hängen, mag es auch mit den mittleren Metopen, die nur den vierten Theil der ganzen Reihe ausmachen, stehn wie es will, mindestens die eilf oder zwölf Kentaurendarstellungen jederseits zusammen. An der Westseite bemerkt man aber sofort nicht nur durchgehends Kämpfe, sondern an dem stetigen Wechsel kämpfender Reiter mit kämpfenden Fufsgängern²) auch eine beabsichtigte Gleichartigkeit, sowie ja auch die Reiter beweisen, dafs es durchweg geschichtliche Kämpfe sind. Ja auch an der Nordseite, wo nur so wenig sich ermitteln läfst, ist wieder an einer Reihe von Kentaurenkämpfen kaum zu zweifeln. Für die Einheitlichkeit der ganzen östlichen Metopenreihe (Mich. Tf. 5) sprechen aber auch unverkennbare Spuren von Symmetrie innerhalb derselben, einer Symmetrie, welche unabhängig von aller Deutung, rein äufserlich schon wahrzunehmen ist. Darauf, dafs die Bewegung von beiden Enden nach der Mitte geht, lege ich kein Gewicht, da ein gleiches von der Westreihe sich nicht gradezu behaupten läfst. Unter den Gruppen selbst aber sind die drei Wagen über den drei mittelsten Intercolumnien entschieden durch die Linien der bäumenden Rosse

---

¹) Jetzt finden sich sämmtliche Metopen am besten bei Michaelis Tff. 3—5. Text S. 142 ff.

²) Dies wird freilich von Michaelis S. 148 bestritten. S. unten.

die markiertesten, und diese Wagen sind offenbar mit Beziehung auf einander componiert. Die beiden äufseren finden sich nicht allein auf den beiden entsprechenden Metopen 5 und 10 (von links her gezählt wie bei Michaelis), sondern sind auch gegeneinander gekehrt. Der mittelste, durch geflügelte Rosse ausgezeichnet, ist freilich nicht ganz genau in der Mitte, weil bei der geraden Zahl der Metopen nicht eine die Mitte bilden kann, aber doch soweit wie möglich: man mufs nur die beiden Metopen über dem mittelsten Intercolumnium, grade über der Thür zusammenfassen. Dazu nöthigt auch die gleichfalls von eigentlicher Erklärung unabhängige Wahrnehmung, dafs alle drei Wagen von Kämpfergruppen beiderseits eingefafst sind, während die Wagen und ihre Lenker, soweit ersichtlich, nicht direkt in den Kampf verwickelt sind, wodurch die natürliche Vermuthung entsteht, dafs nach heroischer Sitte die Wagen den Kämpfern gehören, welche sie verlassen haben und je auf einer der beiden nächsten Metopen zu suchen seien, dafs also die Metopen, welche einen Wagen haben, je mit einer andern zusammenzufassen seien. Mag nun auch bei den beiden äufseren Wagen leichter scheinen den Kämpfer des Wagens hinter demselben eben herabgesprungen zu erkennen auf den Metopen 4 und 11 als vor ihm auf 6 und 9, so ist doch bei dem mittelsten Wagen nichts natürlicher als den herabgesprungenen Kämpfer vor dem Wagen anzunehmen auf No. 8, zumal hier hinter dem Wagen eine solche Figur, wie dort auf 4 und 11, nicht vorhanden ist, ähnlich wie bei No. 14, die freilich sonst aufserhalb der Symmetrie steht. Diese Symmetrie erstreckt sich aber nach dem ebengesagten von der Mitte aus über die Metopen 5.4 einerseits und 10.11 andrerseits und hält diese, also doch wohl auch die eingeschlossenen 6 und 9 zusammen.

Endlich auch die drei äufsersten Metopen jederseits mit in den Zusammenhang der übrigen hineinzuziehn, gebietet nicht nur die Unwahrscheinlichkeit einer anderen Anordnung, sondern der Umstand, dafs die allgemeinen und einfachsten Grundzüge der Erklärung längs der ganzen Reihe Scenen einer und derselben Begebenheit erkennen lassen. Nicht nur Kämpfe sieht man, wie auf der mittleren so auch auf der ersten, dritten, vorletzten; sondern wie die Kämpfe der Westseite durch die eingemischten Reiter[1])

---

[1]) Reiterinnen, d. h. Amazonen würden freilich einen mythischen Kampf, aber doch einen einheitlichen annehmen lassen.

als geschichtliche, so werden diejenigen unsrer Ostseite durch die Wagen als heroische oder mythische gekennzeichnet. Zu den drei symmetrisch geordneten Wagen der Mitte kommt aber ein vierter auf der vierzehnten Metope, dessen Kämpfer auf No. 13 sich darstellt, so dafs auf dieser Seite die Gleichartigkeit des Kampfes bis zum Ende hin offenbar wird.

Es ist weiter klar, dafs die Wagen nicht beiden kämpfenden Parteien angehören, denn sie stehen einander nirgends paarweise gegenüber, sondern jederseits folgen zwei hinter einander und nicht einmal zwischen denen, welche einander zunächst gegenüber stehen, auf No. 7 und 10 sind die Kämpfer so geordnet, dafs man jedem der Gegner einen der beiden Wagen zuschreiben könnte, denn nicht eine sondern zwei Paar Gegner finden sich zwischen den Wagen. Aus der symmetrischen Anordnung der mittleren Wagen, also dafs die beiden symmetrisch gegeneinander gestellten Wagen auf No. 5 und 10 noch einen dritten als gemeinsamen Mittelpunkt haben, ergiebt sich ganz sicher, dafs die Wagen einer von beiden Parteien angehören, und zu eben derselben gehört natürlich auch der vierte (14), dem gar kein Wagen gegenübersteht.

Hierin ist aber schon nicht allein der Beweis für den Zusammenhang aller vierzehn Metopen enthalten, sondern zugleich das Abzeichen eines bestimmten Kampfes. Denn der einzige mythische Kampf nicht zwischen Einzelnen, sondern gröfseren Parteien, von denen nur eine Streitwagen besitzt[1]), nach dem Brauche griechischer Poesie und Kunst, ist die Gigantomachie, da die Götter sowohl im allgemeinen auf Wagen fahren, als auch speciell im Gigantenkampf, wenn nicht alle, doch zum Theil, während die Giganten ohne Wagen sind. Positiver ist ein zweites Argument. Gehören alle Wagen, wie gezeigt ist, einer der beiden streitenden Parteien, so gehört der Wagen in der Mitte über dem mittelsten Intercolumnium natürlich dem Haupte dieser Partei, und dieses Haupt selbst müssen wir auf der anderen Metope suchen, welche mit jener zusammen die Mitte bildet. Dafs dies wirklich der Fall ist, zeigt nun auch die schon bemerkte Beflügelung der Rosse oder genauer des einen erhaltenen Rosses, von dem aber das andere,

---

[1]) Wenn die 'Gigantengespanne' in den von Overbeck, Kunstmythologie II. S. 347 ff. N. 10 und 11 angeführten Darstellungen sicher sind, so sind diese Vasenbilder doch nicht mafsgebend; vgl. S. 355.

von welchem ich auf beiden Photographieen die unzweideutigen Spuren entdecke, nicht verschieden gewesen sein kann, vor diesem mittelsten Wagen. Die Flügel sind das Symbol der durch die Luft sich bewegenden Wesen, ein Symbol jedoch, dessen Anwendung die griechische Kunst in ihrem idealen Streben mehr und mehr beschränkt hat, so daſs von den Göttern nur wenige und untergeordnete oder dienende wie Nike, Iris, (Hermes), deren Hauptthätigkeit die Bewegung ist, sie behalten haben, und auch an den Rossen der Götter, die ja vorzugsweise die Bewegung durch die Luft vermitteln, die Flügel immer seltener werden und beständig nur dem Pegasos geblieben sind. An diesen ist daher auch bei unserer Metope gedacht, aber der Pegasos wird nicht vor den Wagen gespannt[1]) mit einem anderen Roſs, und zöge er hier auch allein den Wagen und dessen Lenkerin, so wäre doch darin nimmer die Bändigung des Pegasos als besondre That zu erkennen; oder man weise auch für die drei andern Wagen, deren Darstellung im wesentlichen gleich ist, drei andre mythische Rossebändigungen nach. Geflügelte Rosse kommen nun aber auch auſser dem Pegasos vor im Besitze und vor den Wagen von Göttern und göttlichen Wesen. Also ist das Haupt der zu Wagen in den Kampf ziehenden Partei in unsrer Metopenreihe ein Gott, also Götter auch die von ihm Geführten. Und wenn etwas so sind ja auch unter den Kämpfenden wenigstens zweimal weibliche Gestalten sichtbar, eben die zwei für Athena, die Gigantenbesiegerin, gedeuteten auf 4 und 12, und die auf 4 ist ganz unzweifelhaft im Kampf mit einem bewaffneten Gegner begriffen. Da beide weibliche Gestalten des langen Gewandes wegen unmöglich Amazonen vorstellen können, bleibt wieder nichts andres übrig als an die Gigantenschlacht zu denken, den einzigen Kampf, an welchem so gekleidete Frauen, d. h. Göttinnen Antheil haben[2]).

---

[1]) In der delphischen Metope bei Euripides sitzt Bellerophon auf dem Pegasos, was auf der unsrigen entschieden nicht der Fall ist.
[2]) Michaelis S. 142 ff. gründet seine Deutung der Gigantomachie wesentlich auf dieselben Beweise, die Symmetrie von 5 und 10, auf die Unzweifelhaftigkeit des Sieges der einen Partei, und daſs zweimal Frauen die Sieger seien, sodann auf die Dionysosgruppe. Die Einheitlichkeit hat er, der die Nord- und Süd-Metopen vorher behandelt, vorausgesetzt. Als weiteren Beweis für den Gigantenkampf macht er bei den Unterliegenden vorkommenden Attribute, neben Schilden namentlich Thierfelle, geltend.

Diese allgemeineren, mehr auf die Deutung der ganzen Reihe zielenden Argumente bekommen endlich noch eine erwünschte Stütze durch die Darstellung der zweiten Metope, die trotz starker Beschädigung doch völlig sicher, sowohl bei Laborde als in den Photographieen, eine der am meisten charakteristischen Gruppen des Gigantenkampfes, welche die griechische Kunst ausgebildet hat, erkennen läfst, nämlich Dionysos mit seinen Thieren, dem Panther und der Schlange auf einen weichenden Giganten eindringend. Ganz deutlich ist das r. Bein des stark zurückschreitenden Giganten, die Umrisse der Hinterbeine und Füfse, des Bauches und zum Theil noch der Vorderbeine des an denselben heranspringenden Panthers. Die bei Laborde gezeichnete Schlangenwindung um das Bein des Giganten glaube auch ich zu erkennen wie eine zweite gröfsere daneben, und nur ein Theil der Schlange war es offenbar was Leake für einen Bogen nahm, während die welche nach Stuart (deutsch I, S. 445) Herakles und Iolaos mit der Hydra beschäftigt zu sehen meinten, richtig den Schlangenkörper erkannt haben, in der Deutung aber irrten, durch Euripides' Ion 190 verführt. Dionysos ist am Gigantenkampf wesentlich betheiligt, aufser Athena und Zeus ist er allein namentlich hervorgehoben im Ion, vermuthlich auch als Gott des Theaters, und fehlte nicht in der Darstellung der Gigantenschlacht, welche Attalos über dem athenischen Theater hatte aufstellen lassen. Fehlt er auch in den umfassenderen Darstellungen auf Vasen meistens[1]), so sind doch einige kleinere[2]) erhalten, welche bei allerlei Variation im Einzelnen die Grundzüge bewahren, von links her gewaltig mit vorgestrecktem linken Arm und gezücktem Speer in der Rechten anspringend den Gott, nach rechts hin ebenso heftig zurückweichend den Giganten, der schon ins Knie sinkt oder gar gefallen ist. Dazu kommen nun die Thiere schon auf einer schwarzfigurigen Vase, wo der Gott nach älterer Art noch einen Schild trägt, während später mit zunehmender Individualisirung[3]) ein Pantherfell, ähnlich

---

[1]) Stephani CR. 1867. S. 182, wo aber meistens Dionysos nicht sicher charakterisiert ist. Jahn la Gigantomachia, Annali 1860. S. 176.

[2]) a) Gerhard Auserl. Vas. I, 63. schwarzfig. b) das. 51. rothfig. c) das. 64. rothf. d) das. 2, 85 rothf. e) Millingen, uned. monum. I, 25 rothf. f) Millin. GM. 88, 236*. g) Fröhner Choix de vases grecs V. u. h) daselbst S. 23 beschrieben. Vgl. Stephani CR. 1867. S. 186. Jahn a. O. S. 182.

[3]) Ebenso bei den andern Göttern: Zeus mit Helm, Schild und Schwert

der Aigis, seinen Arm deckt, oder wie triumphirend dem Feind der Becher entgegengehalten wird. Die Schlange umringelt den Gegner[1]; auf jener älteren Vase fallen aufserdem zwei Löwen ihn an; auf einer andern hält der Gott den Panther in der Linken dem Feind entgegen, und auf einer dritten ist das Thier diesem bereits auf die Schulter gesprungen. Beide Male ist der Panther winzig klein, wohl weniger in der Absicht Gott und Riesen soviel gröfser erscheinen zu lassen, als vielmehr um möglichst frei mit dem Thier schalten zu können. In unserer Metope ist seine Gröfse in richtigerem Verhältnis, und springt er daher von der Erde an. Dafs die Metope den Vasenbildern als Vorbild gedient, ist nicht wahrscheinlich, vielmehr dafs beide einem älteren im Mythos vorgezeichneten Typus nachahmen[2]).

Ist somit die Gigantomachie als Gegenstand der ganzen östlichen Metopenreihe nachgewiesen, so sei, bevor wir noch weiter einzelne sonst bekannte Züge hier wiederzufinden suchen, an andere Darstellungen desselben Gegenstandes an Tempeln und heiligen Gebäuden erinnert, dem Dargelegten zur Bestätigung[3]). Aufser einer Darstellung am Giebel des Schatzhauses der Megareer in Olympia aus unbestimmter Zeit sind namentlich drei[4]) in Metopen berühmter Tempel bekannt, des delphischen Apollotempels, des argeiischen Heraions und des Zeustempels in Agrigent, von denen mindestens die letzten beiden, wahrscheinlich auch der erste jünger als der Parthenon sind, und bei denen verschiedene Umstände direkte oder indirekte Nachwirkung des athenischen Vorbildes annehmen lassen. In Delphi arbeiteten Athener die Giebel, und Euripides stellt ja beide Tempel zusammen als Prachtwerke; auch befand sich ja in dem einen Giebel ähnlich wie im Ostgiebel

---

Mon. ined. d. Inst. VI. VII, 78, später blitzend; ebenda auch Hera mit einem Schwert, Artemis mit Helm und Schild und Speer Brit. Mus. Catal. 482, später bogenschiefsend. Overbeck, Kunstmyth. S. 350 erklärt jene Vase für parodisch.

[1]) Statt der Schlange umstrickt bei Euripides der Gott seinen Feind mit Reben, wie er es auch bei Telephos und Lykurgos macht; (Nonnus 12, 174 vergleicht den in eine Rebe sich wandelnden Ampelos mit einem ὄφις ἕρπων). Vgl. Gerhard, Trinkschalen AB.

[2]) Ebenso urtheilt über die Gruppe des Kaineus mit den Kentauren auf Vasen und in Reliefs O. Jahn, Annali 1860. S. 16.

[3]) Vgl. Stark, Gigantomachie auf antiken Reliefs und dem Tempel des Juppiter Tonans in Rom.

[4]) Die Metopen von Selinus beweisen aber, dafs es schon früher vorkam.

des Parthenon Helios, wenn gleich mit etwas veränderter Bedeutung. In Argos weist zunächst die Verbindung der Darstellungen in Giebel und Metopen nach Athen, da wie am Parthenon die Geburt der Athena im Giebel mit den Gigantenkämpfen in den Metopen, so hier die Geburt des Zeus und Gigantenkämpfe verbunden waren[1]). Es läfst sich aber auch vermuthen, wer der Träger dieser Vermittelung gewesen. Wer die Sculpturen am Heraion gemacht, wird zwar nicht überliefert, aber man wird geneigt sein hier dem Polykleitos, der das Goldelfenbeinbild der Hera machte, und seinen Genossen ähnliche Thätigkeit zuzuschreiben wie dem Pheidias in Athen. Nun kann man freilich Polykleitos' Aufenthalt in Athen nicht so nachweisen, wie Overbeck versucht hat[2]), aber es ist doch kaum denkbar, dafs Polykleitos, als ihm eine Aufgabe gestellt wurde, wie sie kurz vorher in Athen und Olympia von Pheidias glänzend gelöst war, verabsäumt haben sollte, beide oder wenigstens eins der beiden Goldelfenbeinbilder zu studieren. Jedenfalls aber ist von Polykleitos' Schüler oder Genossen Naukydes, der neben der Hera eine goldelfenbeinerne Hebe machte, Anwesenheit in Athen und Thätigkeit auf der Akropolis bezeugt[3]).

An das Heraion erinnert wieder der etwa gleichzeitig gebaute aber unvollendete Zeustempel im dorischen Akragas, denn wie jenes zeigte dieser in den vorderen Metopen Gigantenschlacht[4]), in den hinteren Troerkämpfe, so dafs zu vermuthen, für den einen

---

[1]) Overbeck B. d. S. G. d. W. 1866 S. 230 will trotzdem, dafs auf boiden Seiten deutlich zwei Gegenstände, die in umgekehrtem Verhältnis stehen, genannt sind, alles gesagte nur von den Metopen verstehen und findet den Uebergang zwischen zwei durch μέν und δέ verbundenen Sätzen so abrupt, dafs er eine Lücke dazwischen statuiert. Vgl. Kunstmyth. II, S. 323 f. Namentlich der offenbare Zusammenhang der Metopenreihen macht es unmöglich die Zeusgeburt mit der Gigantenschlacht in einer Frontmetopenreihe zu verbinden.

[2]) Gesch. d. gr. Plastik I, 302. Vgl. O. Jahn in Arch. Zeit. 1866 S. 254.

[3]) Eine Statue des Phrixos. Vgl. O. Jahn, Arch. Zeit. 1862 S. 306. Darauf dafs er wie Alkamenes eine Hekate, wie Myron einen Diskobol gemacht, ist kein Gewicht zu legen.

[4]) Dafs es die Metopen waren, zeigt Jahn, Annali 1863 S. 245. Holm, Sicilien I, S. 296 und Schubring, Histor. Topogr. von Akragas S. 55, denen es entgangen ist, denken nur an Giebelgruppen. Bursians (Gr. Kunst. S. 448 N. 66) Vorschlag ἀετῶν statt στοῶν zu schreiben, scheitert an μέρει. Overbecks Einwendungen (Kunstmyth. II, S. 359) scheinen mir nicht zutreffend.

Giebel sei die Geburt des Zeus bestimmt gewesen. Vor Hera und auch vor Apollon verdient aber ein Tempel Athenas mit dem Sieg über die Giganten geziert zu werden, da sie neben Zeus und Herakles die Hauptkämpferin ist; und dafs grade die Athener ihre Burggöttin wegen dieses Sieges feierten, zeigt ja die Darstellung desselben an dem Schilde der Parthenos, wie in dem alle vier Jahre auf die Burg gebrachten Peplos, dessen Zeichnung wohl am ersten den Vasenmalern Vorbild war.

Nach Athena werden wir uns nun zunächst umsehn, und die man an zwei Stellen dargestellt glaubte, voraussichtlich an einer von beiden finden, auf 4 oder 12[1]). Die kämpfende Göttin ist auf beiden angreifend, die von 12 so, dafs sie den linken Arm mit einer faltigen Masse zur Abwehr vorstreckt. Dafs dieses Gefältel bei Laborde so deutlich als ein Stück Gewand gezeichnet ist, spricht schon gegen Athena, der zu solcher Bedeckung nur die Aigis könnte gegeben sein. An der Göttin auf 4 ist freilich der ganze Oberkörper mit Kopf und Armen so entstellt, dafs positive Kennzeichen der Athena nicht zu entdecken sind. Dafs aber ihr Gegner schon halb am Boden liegt, während der Gigant von 12 wohl den Rücken wendet, aber noch aufrecht ist, mufs uns bestimmen dort, nicht hier Athena, die Gigantenbesiegerin zu erkennen, deren Gegner überall, namentlich auf den unzähligen Vasenbildern, niedersinkend dargestellt ist[2]). Auch das fällt ins Gewicht, dafs die Göttin auf 4 dem Mittelpunkte wenigstens um eine Stelle näher gerückt ist, als auf 12. Auf den ersten Blick könnte auch dieser Platz noch zu wenig angemessen für die Vorkämpferin unter den Göttern, die Göttin des Tempels erscheinen, aber giebt man zu, dafs die Mitte selbst so im Ostgiebel wie hier nicht ihr sondern ihrem Vater gebührt, so wird sich auch die Entfernung der Athena von dem mittelsten Metopenpaar und ihre Trennung durch die zwischengeschobenen Figuren auf eine für

---

[1]) Unmöglich kann ich Michaelis beistimmen, welcher S. 144 den passendsten Platz für Athena auf dem Wagen des Zeus sieht No. 7 wodurch sie, die im Peplos den Enkelados zu Boden streckend erschien, vom Kampfe selbst ausgeschlossen wäre, während andre Göttinnen mitstreiten, gegen die bildliche und schriftliche Tradition; denn auch Eur. Ion 1528 mufs ἅρμασιν der eigene Wagen Athenas sein. Nike, Iris, Leto bieten sich zu Wagenlenkerinnen besser dar.

[2]) S. Gerhard AV. I, 5. 92.

obige Entscheidung günstige Weise erklären. Auf beiden Seiten, zwischen 4 und der Mitte sowohl wie zwischen dieser und 12, findet sich je ein Wagen auf 5 und 10, jener unmittelbar hinter der Göttin auf 4, die ich für Athena erkläre, dieser durch eine andere Kämpfergruppe von der Göttin auf 12 getrennt, so dafs er nicht dieser zunächst angehören kann. Sind aber mehrere Wagen vorhanden, so mufs vor allen übrigen Göttern nach Zeus Athena durch einen solchen ausgezeichnet sein, welche im Peplos fahrend dargestellt war, in dem Gigantenkampf oder nach dem Siege, und auf athenischen Vasenbildern vom Wagen herab die Giganten bekämpfend erscheint[1]). Aufser dem Wagen stehn zwischen der Göttin von 12 und der Mitte noch zwei Kämpfergruppen auf 9 und 11; wer aber wüfste zwei Götter zu nennen, die mit ihren Gegnern passend zwischen Zeus und Athena eingeschoben wären. Auf der anderen Seite dagegen trennt die Göttin von 4 aufser dem ihr zugehörigen Wagen (5) nur eine einzige Gruppe (6), von der soviel wenigstens zu erkennen, dafs sie grade den Mitstreiter der Götter darstellen kann, dessen natürlicher Platz zwischen Zeus und Athena ist, nämlich Herakles. Diesen seinen Sohn liefs Zeus durch Athena, die Freundin und beständige Begleiterin desselben, zur Theilnahme an dem Kampfe rufen, da nur durch seine Waffen die Giganten getödtet werden konnten[2]), und demgemäfs erscheint Herakles in den Darstellungen des Gigantenkampfs auf Vasen bald auf dem Wagen des Zeus, bald auf dem der Athena[3]). Wo nun die Götter, wie in unseren Metopen, des Raumes wegen nicht von ihren Wagen herab kämpfen, sondern daneben stehend, liefs jene Kampfgenossenschaft des Zeus und der Athena mit Herakles sich nicht besser darstellen, als indem er zwischen beide Hauptgötter

---

[1]) Bei den Bewohnern des arkadischen Manthyrea hiefs nach Paus. 8, 47, 1 Athena Hippia ὅτι τῷ ἐκείνων λόγῳ γιγνομένης τοῖς θεοῖς πρὸς Γίγαντας μάχης ἐπήλασεν Ἐγκελάδῳ ἵππων τὸ ἅρμα, nicht als ob die Göttin nach dortiger Sage allein den Wagen in diesem Kampfe gebraucht hätte, sondern dafs sie den Enkelados niedergefahren war das Besondere.

[2]) Dafs nach andrer Ueberlieferung Herakles und Dionysos, zwei Sterbliche, zu Hülfe gerufen werden, kann aus verschiedenen Gründen, die jeder sieht, nicht benutzt werden, Athena doch auf 12 anzusetzen statt auf 4.

[3]) Mit Zeus z. B. Mus. Gregor. II, 7; Gerh. A. V, I, 5; München N. 719; Brit. Mus. Catalogue 557; Gerhard Etrusk. Trinksch. X. XI; Vatican Gerhard a. a. O. N. 23, b. Mit Athena: Gerh. a. a. O. N. 23, g; ebenda I, 61 und S. 26 N. 24, 1. Vgl. Overbeck, Kunstmyth. II, S. 353.

und ihre Wagen gestellt wurde, so dafs er mit einem oder mit dem andern Wagen gekommen sein könnte.

Sehen wir nun diese Gruppen selbst noch einmal an.

Der Gegner Athenas, den wir Enkelados nennen dürfen, sinkt vor dem Andrang der Göttin zusammen. Er scheint bekleidet mit einem grobfaltigen Stoffe. Seine Haltung gleicht sehr derjenigen des unterliegenden Lapithen auf der vierten Metope der Südseite; er sitzt noch nicht ganz am Boden, sondern hielt sich wohl durch die gegen den Boden oder auf eine Erhöhung[1]) gestützte Rechte etwas empor, während er mit hochgehaltenem linken Arm — das ist noch ganz deutlich — den Schild über sich erhebt, wie jener Lapithe. Die Göttin erhebt den einen Arm und da sie ja doch nur die Vorderseite gegen den Beschauer kehren kann, den linken, , also nicht mit der Lanze sondern nur mit dem Schild oder der Aigis. Nicht ganz deutlich ist mir in der Photographie ein Bekleidungsstück, welches sie über ihrem Chiton trägt, dessen Rand etwas unterhalb des Gürtels erscheint und das vor der Brust eine runde Erhöhung zeigt; man denkt an die Aigis, doch will nicht alles dazu passen.

Von dem Wagen der Göttin auf 5 ist der Wagenkasten deutlich, an dem Leibe des Rosses ist ein Stück der Deichsel zu erkennen, so dafs also das zweite Rofs freigearbeitet gewesen ist. Von den Armen des Lenkers oder der Lenkerin aber, die bei Laborde schwach angedeutet sind, kann ich nichts entdecken. Dagegen sehe ich von dem Wagenlenker auf 7 deutlich die beiden Hände übereinander gehalten, während die Figur wie auch der Wagen nur als undeutliche Masse erscheinen, ausgenommen den unteren Rand des Wagenkastens. Auf 7 sehe ich da, wo bei Laborde nur eine undeutliche Linie gezeichnet ist, vor dem Flügelrosse das Bein eines zweiten Pferdes, welches aber so viel weiter zurückgestanden haben müfste, wie es bei den Frieswagen fast regelmäfsig ist. Zwischen beiden bemerke ich das vordere Deichselende, vorn mit einem nach unten gekrümmten Haken. Ja auch

---

[1]) Vielleicht ein Stein, den der Gigant ergreift zum Wurf, wie der Lapith jener Metope und desgleichen der der 30ten Metope, dessen Lage vielleicht noch übereinstimmender ist; und wie in den Gigantenkämpfen auf Vasen grade Athenas Gegner öfters thut, z. B. schwarzfig.: Brit. Mus. Catal. 557. rothfig.: Müller-Wieseler D. a. K. II, 843. Dasselbe gegen Zeus: Elite céram. I, 3.

hinter oder jenseits des Flügelrosses finde ich mir kaum zweifelhaft Theile eines dritten Rosses, sowohl ein Vorderbein als Hinterbeine, mit dessen Annahme auch ein viertes[1]) nothwendig würde, wobei iudes die Beflügelung auf die beiden mittleren beschränkt gewesen sein könnte[2]). So gewaltig wie diese, bäumen die Rosse vor keinem andern Wagen, aber auch keine andern sind geflügelt, und vor diesen schleudert Zeus seinen Blitz. Zeus, welcher in den gröfseren Darstellungen des Kampfes auf Vasen selten fehlt[3]), läfst sich hier in der Mitte freilich noch weniger strict beweisen als vorhin Athena, aber zu dem aus der ganzen Composition hergenommenen Argument, dem Ehrenplatz in der Mitte, dem Vorzug der Flügelrosse[4]), ist doch erstens bei Laborde ein Mann[5]) der von dem Wagen herkommt sicher, und dieser Mann greift mit der Linken nach dem Schilde, hinter dem sich der nicht zu erkennende Gegner birgt. Nach aller Analogie ist, da nur ein Beschildeter vorhanden ist, in diesem der Gigant, der Gott in dem Unbeschildeten zu erkennen. Ich will nun nicht behaupten, dafs diese Art des Angriffs nicht für alle Götter pafst, sondern nur ein Vasenbild[6]) citieren, auf welchem Zeus, der meist den Wagen besteigend oder darauf stehend den Blitz gegen seine Feinde schleudert, wie auf

---

[1]) Eur. Herc. fur. 177 Διός — τέθριππα.

[2]) Am Gips sind allerdings nur Spuren von einem zweiten beobachtet, das Michaelis noch nicht mal sicher scheint, aber das Michaelis selbst auffallend hohe Relief des erhaltenen Pferdes, neben welchem man nur ein äufseres noch annehmen will, spricht für das Vorhandensein eines dritten im Hintergrund. Das vierte wäre dann ganz freigearbeitet gewesen und spurlos verschwunden.

[3]) Overbeck, Gr. Kunstmyth. II, S. 352; 371.

[4]) Darum sieht auch Michaelis hier Zeus. Vgl. die oberste Gruppe an dem Peplos der Dresdener Pallas, Overbeck Atlas dgKM. V, 5, wo allein das Gespann sich findet, und der Platz Zeus zukommt.

[5]) Auch in der unförmlichen Masse der Robert'schen Zeichnung bei Michaelis 5, VIII findet man die Labordesche Figur wieder.

[6]) Brit. Mus. Catal. 758, Elite céram. I, 3 (rothfig.). Die Bewegung des Zeus ist übereinstimmend, nur dafs er in der vorgestreckten Linken sein Scepter hält, auch auf einer schönen Schale (Gerhard Trinksch. II. III), wo Zeus, Hera, Athena, Ares (?), Poseidon, Apollon, Artemis kämpfend erscheinen. Es ist der alte Typus des Zeus, den Jahn Nuove Memorie S. 16 für den Zeus Polieus in Anspruch genommen, der aber auch sonst sehr verbreitet war. Vgl. Overbeck Kunstmyth. II, S. 19. 23 f. Auch wo er nicht den Gegner packt, streckt er doch die Linke nach ihm aus, Jahn a. O. S. 183.

unsrer Metope den im Fallen sich umdrehenden und noch einen Felsblock gegen Zeus mit beiden Händen erhebenden Giganten mit der Linken an der Schulter faſst, während die Rechte den Blitz schleudert. So läſst sich auch auf der Metope nach Laborde der rechte Arm leicht den Blitz erhebend ergänzen. Was nun auf 6 dargestellt ist oder war, wird nicht leicht einer ganz enträthseln, obgleich fast mehr Detail als auf einer der andern Metopen zu sehn ist. Soviel aber ist auch bei Laborde, der doch nicht genug giebt, zu erkennen, daſs auch hier gekämpft wird und zwar mit ganz besonderer Anstrengung. Von links; und wenn wir die Metopen verbinden, von dem Wagen der Athena her stürmt eine nackte männliche Figur, über am Boden liegende Gegenstände weg, auf die er mit stark gebogenem Knie seinen linken Fuſs setzt, mit dem linken Arm ähnlich wie Zeus vorgreifend nach Kopf oder Nacken seines Gegners, gegen den die Rechte den Streich führen muſste, oder (s. bei Michaelis) die Hand gegen ein Felsstück stemmend (vgl. den Helden rechts von der rechten Göttergruppe des östlichen Theseionfrieses), welches denn natürlich von dem Gegner her drohte. Der Gegner scheinen übrigens zwei vorhanden[1]), wie auf den Vasenbildern oft ein Gott mehreren Giganten begegnet, besonders so, daſs einem Gefallenen ein andrer zu Hülfe kommt. So scheint auch hier einer zu Boden gesunken, sitzend noch die Arme gegen den Sieger zu kehren, während der zweite bereits mit der Rechten dem Gegner unter die linke Achsel greift, mit der Linken aber entweder sich von dem Griffe desselben zu befreien sucht, oder, wenn vielmehr über ihm ein Felsblock sich zeigt, diesen gegen den Gegner zu schleudern[2]). Der unter solcher Last zusammengedrückte Leib des Giganten ist von sehr mächtigen Proportionen, wie mitunter auch auf Vasen die riesige Gröſse der Giganten sich zeigt, beständig beim Alkyoneus. Der Kampf mit diesem erscheint oft als Einzelabenteuer des Herakles[3]), ist aber auch eingereiht in die allgemeine Gigantenschlacht, und ist auch da eben dieser Gegner des Herakles, der bergesgleiche, wie ihn

---

[1]) Auch unter den Metopen der Südseite ist eine mit drei Personen (18).
[2]) Leake: 'ein Heros, vielleicht Herakles, der eine bärtige Figur erlegt; hinter ihm Felsen'.
[3]) O. Jahn, Abenteuer des Herakles auf Vasenbildern, Berr. d. Sächs. Ges. d. Wiss. 1853, S. 136.

Pindaros nennt, neben dem von Zeus selbst bezwungenen Porphyrion der furchtbarste [1]). Unsterblich in dem Lande, in welchem er geboren war, gleich Antaios, furchtbar besonders durch geschleuderte Felsen [2]), mufste er von Herakles auf den Rath Athenas aus Pallene fortgeschleppt werden, um zu sterben. So ist auch auf Vasen nicht allein dargestellt wie Herakles den schlafenden Riesen überfällt, sondern öfters auch, wie er mit ihm ringt, 'um ihn von dem heimathlichen Boden fortzuschleppen' (Jahn a. a. O.).

Alles zusammengehalten also scheint mit nicht minderer Wahrscheinlichkeit, als oben Zeus und Athena, hier zwischen beiden Herakles mit Alkyoneus angenommen werden zu können [3]). Ist unter Alkyoneus am Boden wirklich noch ein Gigant dargestellt, so müssen wir das wohl aus der Verbindung dieses Kampfes mit dem grofsen Gigantenkampf erklären. Dafs Herakles allein zwei Gegner überwindet, wäre eine ganz gute Andeutung seiner gedoppelten Arbeit in diesem Kampfe, indem er nicht nur seinen besonderen Gegner überwindet, sondern auch noch allen von den Göttern besiegten Giganten den Rest giebt [4]).

Die angreifende Göttin auf 12 fanden wir der Athena auf 4 ziemlich ähnlich, ausgenommen dafs sie mit dem l. Arm nicht die Aigis, sondern ein Stück Gewand schützend vorhält. Die bereits geltend gemachte Verschiedenheit der Haltung des Giganten ihr und der Athena gegenüber ist ähnlich derjenigen zwischen den zwei Metopen des mittleren selinuntischen Tempels (Müller D. a. K. I, 26. 27[a]), die gleichfalls je eine Göttin siegreich gegen einen Giganten zeigen, nur dafs diese beide um einen Schritt näher dem Verderben sind. Auch hier wird man dem völlig erliegenden

---

[1]) Apollod. 1, 6, 1 διέφερε δὲ πάντων Πορφυρίων τε καὶ Ἀλκυονεύς, ὃς δὴ καὶ ἀθάνατος ἦν ἐν ᾗπερ ἐγεννήθη γῇ μαχόμενος. Vgl. O. Jahn a. a. O. S. 144.

[2]) S. Jahn a. a. O. S. 136.

[3]) Am meisten gegen Herakles spricht das flatternde Gewand, das aber doch wohl auch das Löwenfell sein könnte. Jedenfalls erlaube ich mir die vom linken Arm herablaufenden Falten zu bezweifeln, da ich in den Photographieen hier vielmehr den unter die Achsel gestemmten Arm des Riesen wahrnehme.

[4]) Apollodoros 1, 6, 2 (vgl. Schoemann, Prometheus S. 140). Hier Poseidon unter dem Felsen einen Giganten begrabend zu sehen, wehrt mir die auch von Michaelis anerkannte dritte Figur; zweitens das allzu stürmische Vordringen, das für Herakles grade charakteristisch ist; drittens dafs der Gigant nicht niedergesunken ist, wie es bei Poseidon gewöhnlich ist.

gegenüber wegen der Gewandung Athena zu erkennen geneigt sein, für die andre an Hera, Artemis, allenfalls Demeter denken, letztere freilich seltener. Dafs auf unsrer No. 1 der Gigant die Göttin nicht antastet, wie Porphyrion die Hera, ist kein Beweis gegen Hera, die auch sonst gleich Athena ihren Gegner niederwerfend erscheint[1]), eher die Entfernung von Zeus, und dafs das für Hera charakteristische Motiv anderswo sich darbietet. Für Artemis, deren Waffe ja auch eine Fackel sein könnte, die Michaelis vermuthet[2]), spricht dagegen nicht nur, dafs sie räumlich fast der Athena gegenübersteht, sondern auch die Darstellung der nächsten Metope 11. Hier ist, deutlicher noch in der Photographie als bei Laborde, rechts der in die Knie gesunkene Gigant zu erkennen, links möglichst entfernt von ihm sein Besieger, zuweit als dafs ihn die ausgestreckten Hände jenes abwehren könnten, der in seiner Haltung, den linken Arm, wie es scheint, hintenüber hebend, ähnlich ist, wenn ich recht erinnere, dem von Artemis geschossenen Niobiden auf dem schönen Albanischen Relief. Und nach der Entfernung nicht nur, sondern, wie Michaelis anerkennt, der Apollon hier nicht sucht, auch nach der bei Laborde noch zu erkennenden Haltung seines männlichen Gegners, welche die gröfste Aehnlichkeit mit der gigantenschiefsenden Artemis eines vatikanischen Sarkophags[3]) und dem drachenschiefsenden Apollon einer Münze von Kroton[4]) hat, fällt er nicht durch eine Waffe des Nahkampfs, sondern durch Pfeile, so dafs wir auf 11 und 12 beieinander Artemis und Apollon haben[5]). Letzterem würde der Wagen auf 10 gehören, an dem noch deutlich ein Bohrloch[6]) zu sehn ist, einst vermuthlich zum Einsetzen des Rades bestimmt.

So bildeten also durch Wagen ausgezeichnet einen die ganze Reihe beherrschenden Dreiverein, Zeus mit Athena und Apollon, wobei wir jener homerischen Anrufung

$$Ζεῦ\ τε\ πάτερ\ καὶ\ \mathit{Ἀθηναίη}\ καὶ\ \mathit{Ἄπολλον}$$

mächtiger, schützender Götter gedenken.

---

[1]) Gerhard, Trinksch. III. IV. Brit. Mus. Catal. 482. Mon. ined. d. Inst. VI, VII, 78.
[2]) Wie auf einer unten angeführten Vase.
[3]) Müller-Wiesel. D. a. K. II, 848.
[4]) ib. II, 145.
[5]) Auf Vasenbildern erscheint Apollon, allerdings nicht wie bei Apollodor. 1, 6, 2 die Giganten mit Pfeilen erlegend. Overbeck Gr. Kunstmyth. II, S. 873.
[6]) Nicht so deutlich ist ein solches an dem Wagen des Zeus auf 7.

Auf 9 neben dem blitzenden Zeus wollte man den berühmten Dreifufskampf des Herakles und Apollon sehen, mit dem aber die dargestellte Gruppe nur das Ringen zweier Personen gemein hat. Nach Laborde würde man die Vorstellung von zwei männlichen Streitern gewinnen, doch ist auf beiden Photographieen die lange weibliche Bekleidung der rechten Figur völlig deutlich[1]. Auffallend ist nur das starke Hervortreten der Beine aus den zurückflatternden Falten, und besonders das unweibliche Heben des linken Knies, da doch der Oberkörper dieser Figur sich nicht vornüberlegt, als stürmte sie zum Angriff gleich Herakles, oder wie Athena und Dionysos oft den einen Fufs auf das Bein des weichenden Gegners setzen. Die Bewegung dieser Figur ist keine freiwillige, jene Hebung des linken Beines kann nur durch Anpacken und Zerren des Gegners bewirkt sein, und dazu pafst was von diesem zu sehn ist, energisches Zurücktreten nach links, ohne dafs er die Hand zum Schutz gegen den Gegner erhöbe, wie er doch müfste, wenn er vor überlegenem Angriff wiche. Vielmehr läfst sich der Arm des Giganten, über welchen Falten eines Thierfells[2] laufen, dessen herabhängender Schweif durch seine Schwingung[3] die starke Bewegung ebenso wie die Gewandfalten der Göttin versinnlicht, deutlich verfolgen bis an der Göttin gehobenes Bein, das demnach von dem Giganten gepackt war[4]. Somit hätten wir hier den Angriff des Porphyrion auf Hera, von dem Apollodoros spricht: Zeus habe dem Porphyrion Begier nach Hera eingeflöfst, und als er deren Gewand zerreifsen wollte, habe sie nach Hülfe gerufen, worauf Zeus ihn niedergeblitzt und Herakles ihn vollends mit seinen Pfeilen getödtet habe[5]. Da sich Porphyrions Angriff auf Hera und seine Bestrafung durch Zeus im Raume einer Metope nicht darstellen

---

[1]) Wäre es ein herabgefallener Mantel, so würde der gehobene Fufs schwerlich so von den Falten überdeckt sein. Dieser Fufs ist ferner nicht aufgesetzt, die Sohle ist bei Michaelis viel zu horizontal gezeichnet, und der schräg abfallende Rand des Gefälts unter dem Fufs läfst jede Stütze vermissen. Weiblich ist die Figur aber auch wegen der Locken, die für einen Apollo doch wohl unerhört wären in solcher Länge.

[2]) Ob die Wahrnehmung des Thierfells die Deutung auf Herakles veranlafst hat?

[3]) Vgl. Südseite Metope 28.

[4]) Man vergleiche die von dem Kentaur Südseite 12 gepackte Frau.

[5]) Aehnlich hatte Porphyrion Leto angetastet und wurde dafür von Apollon erschossen, was auf Vasenbildern dargestellt ist.

liefs, ist dem Zeus zunächst ein andrer Gigant gegenüber gestellt, nach dessen Vernichtung, über dessen Leiche weg er seine Blitze gegen den Frevler schleudern wird.

So fänden wir Zeus, Herakles, Athena, Hera, Apollon so nebeneinander gestellt im Kampfe, wie sie es in Apollodoros Erzählung sind.

Von den Göttern, die wir nach sonstiger Ueberlieferung noch dargestellt erwarten möchten: Poseidon, Hephaistos, Ares, Hermes, müssen wir einen aufgeben, da von den vier noch übrigen Metopen eine, die 14te, noch ein Gespann enthält. Da Hephaistos und Hermes gemeiniglich nicht fahren, und auch Poseidon grade im Gigantenkampf anders auftritt, bliebe nur Ares übrig, dessen Streitwagen schon aus Homer bekannt ist. Durch Constatierung jedoch der beiden schon von Leake gesehenen Fische an der Fläche, aus welcher die Rosse allerdings anders als bei den drei übrigen Wagen emporsteigen (s. Michaelis), fällt diese Deutung. Es wird mir nun aber überhaupt zweifelhaft, ob der Wagen einen Kämpfer bringt, da es eine wunderliche Verspätung wäre, überdies der Gegner fehlte. Der siegreiche Gott von 13 kann aber nicht wohl schon auf dem eben auftauchenden Wagen gekommen sein. Auch die unsymmetrische Erscheinung dieses einen Wagens hier am Ende scheint eine andre Erklärung zu verlangen.

Sollte es nicht vielleicht die Nacht sein, die hier an demselben Ende, wo darüber im Giebel Selene untertaucht, natürlich in entgegengesetzter Bewegung hervorfährt, zugleich das Lokal charakterisierend und an den Mythos bei Apollodor 1, 6, 1 erinnernd, wonach Zeus Eos, Selene und Helios zu scheinen verbot, damit Ge nicht das Zauberkraut fände die Giganten unsterblich zu machen, wie die Nacht mit einem Zweigespann fährt im Teppich: Eur. Ion 1150. Der siegreiche Gott der dreizehnten Metope könnte darum noch Ares bleiben, derselbe ist aber auch auf 1 möglich, wo ihn Michaelis sucht.

Diese ist eine der besterhaltenen Metopen: der Gigant ist nach rechts auf das linke Knie gesunken, ähnlich dem der ersten selinuntischen Metope (Denkm. d. a. K. 1, 26), und auf das ausgestreckte rechte Bein, scheint es, setzt der Gott seinen Fuſs. Wie dieser den rechten Arm hält, kann er wohl nur ein Schwert gefaſst haben; an Hephaistos läſst sich hier jedenfalls ebensowenig denken als an Poseidon, da bei jenem der Angriff mit glühenden

Metallklumpen, die er mit seiner Zange packt, bei diesem mit der Felsinsel, in schriftlichen wie bildlichen Quellen zu charakteristisch ist, als dafs wir es hier anders erwarten sollten. So bleibt Ares, oder Hermes, der nach Apollodoros den Helm des Hades sollte geborgt haben und der auch sonst mit dem Schwert kämpfend erscheint und für den die Chlamys am besten sich schickt. Ueber die dritte Metope wage ich kaum eine Vermuthung; zwei Figuren, wie bei Laborde, erkenne ich auch, die zur Linken gegen die andre anschreitend, anscheinend in ziemlicher Ruhe, und mit herabhängendem rechten Arm. Dennoch liegt der Gigant am Boden tiefer als bei Laborde, und sehe ich recht, so ist der Unterarm das was bei Laborde als Oberarm gezeichnet ist, erhoben zur Abwehr. Soll ihm die Linke des Gottes Gefahr drohn? Bei Stuart heifst es: 'ein Held mit einem grofsen Schild erschlägt einen bärtigen Gegner'. Bei Laborde, stärker noch bei Michaelis, sind sogar zwei Schilde angedeutet, die man sich so gehalten kaum vorstellen kann. Ich vermuthe hier den Felsblock, den Poseidon auf Vasenbildern stets auf dem linken Arm und Schulter trägt, um den sinkenden Gegner zu begraben[1]). —

Auf der Südseite fällt sogleich in die Augen, dafs die meisten, aber nicht alle Metopen eine Begebenheit darstellen. Eine Anzahl grofsentheils friedlicher Scenen wird beiderseits von sehr lebendigen Bildern des Kentaurenkampfes eingerahmt. Diesem letzteren zugehörig zählt man links, von Westen her, 12 Metopen, rechts 11. Das grenzt so nah an strenge Symmetrie, dafs man nothwendig sich versucht fühlt dieselbe vollständig herzustellen. Links aber läfst sich die Grenze nicht verrücken, fällt auch das Ende wenigstens mit dem Ende eines Intercolumniums zusammen. Anders rechts; und gelänge es hier die 22ste Metope von links mit dem Kentaurenkampfe zu verbinden, so hätte man diesen zu beiden Seiten je 6 Intercolumnien füllend, dazwischen 4 mit andren Scenen. Sehen wir jene Metope an. Wie alle mittleren dieser Seite, ist sie nur aus Carrey's Zeichnungen bekannt und zeigt da ein Götterbild zwischen zwei Frauen, das alte vom Himmel gefallene Holz-

---

[1]) Millingen, Uned. mon. 1, 7, 8 = Müller DaK. I, 208 = Elite céram. 1, 5; Millingen, ib. 9 = Elite céram. 1, 6; Mus. Gregor. II, LVI; Catalogue of vases (Brit. Mus.) 613; 645; Katalog Campana 462; Overbeck Kunstmyth. II, S. 354; 372.

bild der Polias Athena zwischen deren mythischen Priesterinnen, den Töchtern des Kekrops, so meinte man[1]). Das Bild hat aber nicht ein einziges der scharf bestimmten Merkmale der alten Athenabilder, speciell jenes hochheiligsten, weicht vielmehr durch ruhigen Stand und besonders durch die herabhängenden Arme so weit wie möglich von ihnen ab. Da aufserdem nicht zu errathen ist, was die beiden Kekropstöchter bei dem Bilde machten, kann diese Deutung wenigstens die Annahme gestörter Symmetrie nicht gebieten.

Gewifs sind die beiden Weiber nur durch Schuld des Zeichners so überaus steif geworden. Die linke mit Ermelchiton und Mantel bekleidet, den sie mit der Rechten aufnimmt, wendet nur schwach den Kopf nach der Seite des Bildes, das sie mit der Linken zu berühren scheint. Die andre legt die rechte Hand auf den Kopf des Bildes und fafst mit der Linken das auf den Schultern gelöste herabgeglittene Gewand, den Kopf nach rechts zurückwendend, von woher sie auf den Zehen geschritten kommt. Bei dieser Figur ist es fast noch weniger möglich an eine mit dem Bilde vorgenommene Cultushandlung zu denken[2]). Durch die Wendung des Kopfes in Verbindung mit dem Heranschreiten wird vielmehr dies Bild mit dem rechts folgenden verbunden, und es ist grade so viel deutlich, dafs man an die zehnte[3]) Platte des Frieses von Phigalia erinnert wird. In dem daselbst dargestellten Kentaurenkampfe findet man mehr als eine Gruppe aus den Parthenonsmetopen wieder, überall bekannte Motive. Im Phigaliafries wie in den Parthenonsmetopen sehen wir Frauen angefallen und davongetragen von den lüsternen vierbeinigen Hochzeitsgästen, und dort auf dem Fries am Ende der Kentaurendarstellung sehen wir das heilige Bild einer Göttin, welches mit jenem der 22. Metope

---

[1]) Bröndsted verwarf hier das Bild der Polias, weil es schon auf 17 erschiene, wo doch von einem Götterbilde keine Spur ist.

[2]) Bröndsteds unglücklicher Gedanke war, dafs eine junge Frau der Artemis Chitone ihr Gewand weihen wolle, während sie mit der Rechten die eine Nadel im Haar der Göttin befestige. Als ob eine Frau in solchem Falle mit dem zu weihenden Gewand bekleidet vor die Göttin träte, um hernach nackt davonzugehn.

[3]) In Ellis Elgin and Phigaleian marbles II, S. 197. Bei Stackelberg n. 23, und den Platz am Ende hat sie behalten in der neuen Anordnung von Iwanoff Bassorilievo del tempio di Basse, Annali XXXVII S. 38.

weit mehr Aehnlichkeit hat, als beide mit Pallasbildern. Auch dort zwei Frauen neben dem Bilde, in denen sich augenscheinlich jene zwei vermeintlichen Kekropstöchter wiederholen, nur dafs hier jedes Motiv in derselben Weise gesteigert ist, wie der Gesammtcharakter dieser Darstellung gegen die Kentaurenbilder, vorzüglich die Frauengruppen, der Parthenonsmetopen. Auch hier die Frau links von dem Bilde mit Chiton und Himation bekleidet; aber in lebhafter Erregung beide Arme ausbreitend, den Kopf mit dem Ausdruck der Angst zurückwerfend, eilt sie nach links. Die andre rechts von dem Bilde ist, dasselbe umfassend, auf die Knie gesunken, mit der Linken in gleicher Weise wie jene auf der Metope den Zipfel des Gewandes fassend. Doch hier ist die Entblöfsung schon vollständig und der Grund vor Augen: ihr reifst ein Kentaur das Kleid herunter. Es ist die Braut des Peirithoos und vielleicht ihre Mutter, die am Bilde der Göttin, der Ehegöttin Hera vielleicht eher als der Artemis[1]), Schutz suchen vor frechem Uebermuth. Dieselben sind es auf der Metope, die somit ein sehr interessantes Beispiel des Fortschritts der Kunst zu freier leidenschaftlicher Bewegung liefert[2]). Der Kentaur, der die Frauen schreckt, vor dem die eine mit von der Brust gerissenem Gewande zu dem Bilde eilt, konnte wieder auf derselben Metope nicht Platz finden. Der umgewandte Kopf der Braut weist uns nach der nächsten Metope, und da finden wir einen Kentaur, der ein junges Weib umfafst hat, welches mit der Linken das von der Schulter herabgeglittene Gewand zu halten sich bemüht, so dafs durch Wiederholung desselben Motivs zugleich die Verbindung beider Metopen und die Selbständigkeit jeder einzelnen angezeigt wird[3]).

So beschliefst also die Metope mit den Frauen beim Götterbild als 12te die Reihe der Kentaurenkämpfe wie am Phigaliafries, nur nicht so vollständig, da am Parthenon ja die Kentaurenkämpfe sich jenseits der 8 mittelsten Metopen fortsetzen. Augenscheinlich

---

[1]) Ebenso die Hera auf dem Iobilde, Müller DaK. II, 37.

[2]) Zwei Frauen, oder wenigsten eine, in ähnlicher Noth mit gleicher Gemessenheit der Bewegung und speciell gleicher Berührung des Götterbildes zeigt die Nordmetope XXV, von Michaelis verglichen und ins rechte Licht gestellt.

[3]) Die Entblöfsungen kehren auch bei den andern angetasteten Frauen auf 10; 12; 25 (?); 29 wieder. Auch Michaelis, Der Parth. S. 127; 135, vermuthet, dafs diese Metope zu dem Kentaurenkampfe gehöre.

werden diese beiden Hälften auch über die Kluft hinaus zusammengehalten nicht nur durch Gleichheit des Gegenstandes, sondern auch durch eine gewisse Responsion in der Anordnung, indem auch jenseits Frauen auf den der Mitte nächsten, d. h. der 10ten und 12ten Metope, weiterhin gar nicht vorkommen, während am rechten Ende auch auf 25 und 29 Gruppen mädchenraubender Kentauren wiederkehren, und zwar die letzte mit einem gewissen Fortschritt der Handlung, da hier der Kentaur seine Beute schon erhoben hat und mit ihr davonsprengt, während er sie dort erst ergreift. Es entsteht also leicht die Vorstellung, dafs die Mitte der Reihe, in welcher sich vorzugsweise die Frauen finden, und von woher sie auch auf 25 und 29 fortgetragen werden, einen inneren Raum darstelle, wofür namentlich auch das Götterbild anzuführen, wenngleich auf dem Phigaliafries nah bei dem Götterbilde ein Baum sich befindet. So sind diese zweimal zwölf Metopen ebenso wie die vierzehn der Ostseite zu einem künstlerischen Ganzen verbunden, dessen Gesetze freilich nicht dieselben sein können wie eines Frieses, weil hier jede Gruppe durch die äufsere Raumtheilung mehr ein Ganzes bilden mufs, und alle unter sich gleicher von Umfang sind. Es sind ja aber auch nicht blos lauter einzelne gleichartige Kämpfe, sondern durch die Frauen, namentlich durch die mehrfach statt der Waffen gebrauchten Gefäfse[1]) (4. 9. 23), ist angedeutet, dafs alle diese Gruppen zusammen den Hochzeitsschmaus des Peirithoos und der Hippodamia, also eine berühmte Begebenheit darstellen, die durch die Gruppe der Schutzflehenden einen ethischen Mittelpunkt erhält, der an Polygnotische Compositionen erinnert[2]).

Es trifft sich glücklich, dafs von so vielen Darstellungen dieses beliebten Gegenstandes grade drei erhalten sind, welche grofse Tempel schmückten und darum ohne Einschränkung verglichen werden dürfen. Und diese drei Tempel, das 'Theseion', der Parthenon, der von Phigalia sind wahrscheinlich durch ziemlich gleiche Zwischenzeiten getrennt.

Auf dem Theseionsfries ist freilich die Gruppierung nicht so beschränkt wie auf unseren Metopen, da nicht immer nur zwei

---

[1]) Vgl. Ovid. Metam. 12, 235. 242.
[2]) Z. B. im Bilde der Zerstörung Ilions zu Delphi Kassandra mit dem Bilde der Athena und das Gericht über Aias. Paus. 10, 26.

Figuren miteinander ringen, ja bis zu dreien, an einer Stelle wohl gar vier miteinander in Berührung treten; aber bei den Metopen war es ja nothwendig so beschränkte Gruppen zu erfinden, und vergleichen wir die zweifigurigen Gruppen unserer Metopen mit denen des Theseionfrieses, so werden wir meist jenen den Vorzug geben. Namentlich fehlen ihnen die dort nicht seltenen losen, fast müfsigen Zwischenfiguren. Ein wesentlicher Fortschritt ferner in den Metopen, eine Erweiterung so zu sagen des ethischen Gebiets, ist die Einführung der Frauen. Die Helden kämpfen nun nicht mehr um ihr eigenes Leben allein, sondern Frauen gilt es gegen rohe Gewalt zu schützen, frechen Räubern zu entreifsen. Zu der einfachen Leidenschaft kämpfender Männer, ohne dafs, wer Recht, wer Unrecht hat, anders als durch die halbthierische Natur der einen Partei angedeutet wäre, kommt hier der Kentauren lüsterne Begier, der Frauen Angst, ihr Bemühn sich zu bedecken, und namentlich durch die Gruppe der Schutzflehenden neben andern entführten Frauen ist hier veranschaulicht, auf welcher Seite der Frevel, auf welcher die Götter.

Aber auch innerhalb des Kampfes ist gröfsere Mannigfaltigkeit in den Metopen nicht zu verkennen. Leichen finden sich auch am Theseionsfries, auch in dem Kampf des Theseus mit den Pallantiden, der freilich in der Composition vor dem Kentaurenfries grofse Vorzüge hat, aber über die Leichen hin geht der Kampf weiter. Wie bedeutend ist dagegen die Metope 28, auf der ein siegreicher Kentaur triumphirend aufbäumt über dem erlegten Gegner, der am Boden noch im Todeskampf zu zucken scheint.

Soweit die kleineren Formen und die gröfsere Verschlissenheit derselben noch den Vergleich erlaubt, scheint auch der Gegensatz halbthierischer Wildheit und edlen Hellenenthums in den Formen der Köpfe wie in der Kampfesweise charakteristischer ausgebildet in den Metopen, wobei den Kentauren auch gröfsere Verschiedenheit unter sich gegeben ist, indem einer kahlköpfig, andre jugendlicher gebildet sind[1], hier einer menschliche Züge trägt, dort einer gräfslich thierische Wuth im Antlitz.

---

[1] Zu beachten, aber weder aus dem Altersunterschied noch etwa aus Verschiedenheit der arbeitenden Hände zu erklären ist, dafs der Ansatz von Mähne, der am Theseionsfries allen Kentauren gegeben ist, hier bald vorhanden ist, bald fehlt, ebenso wie am Phigaliafries. Man kann nicht sagen,

Am phigalischen Fries ist die Gruppierung wieder noch viel verschlungener; die Heftigkeit der Bewegungen, die Leidenschaft in den Gesichtern weit gröfser, besonders bei den Kentauren, die hier auch hintenausschlagen und gar mit den Zähnen kämpfen. Das Interessanteste aber ist, dafs wie in den Metopen zu den Kämpfern die Frauen[1]), so hier zu den Frauen noch die Kinder gekommen sind, wozu Alkamenes in dem westlichen Giebel des Zeustempels zu Olympia gewissermafsen das Vorbild gegeben hatte, der gleichfalls in die Mitte seiner Composition den Räuber der Hippodamia von Peirithoos bestraft, zur Seite einen Kentauren mit einem Mädchen, einen andern mit einem schönen Knaben gestellt hatte (Paus. 5, 10, 2). Noch etwas anderes ist es freilich, wenn ein Knabe, den, wie es scheint, keine Mutter bejammert, geraubt wird, und wenn, wie im Phigaliafries, Mütter mit Kindern, kleineren Kindern auf dem Arm von Kentauren angefallen werden, wo der Kentauren Frevel wie der Frauen Jammer doppelt ist, und dazu noch die Angst der Kinder kommt[2]). Ist dabei in vielen Dingen nicht nur weiter, sondern oft auch zu weit gegangen, so mufs man doch auch die unendliche Fülle reicher entfalteter Schönheit rühmen, nirgends mehr als in jener Gruppe der Schutzflehenden, die in den Metopen eine Knospe, im Phigaliafries eine herrliche Blüthe ist.

Einer durchgehenden Exposition der einzelnen Kampfscenen dieser Metopenreihe bedarf es nicht wie bei der Ostseite, wo an jeder einzelnen Metope womöglich die ganze Deutung Probe machen mufste. Aus den Abbildungen erkennt man im Grofsen und Ganzen leicht die Situation, wie sich die Kämpfer gefafst, wie dieser die Blöfse des Gegners erspäht, jener sich zu decken sucht, wer dem Siege, wer dem Verderben näher. Nur auf einen durchgehenden Zug will ich hinweisen, der so weder in den Giebelfeldern noch im Friese, wo doch stellenweis Gelegenheit dazu

---

dafs dieser Ansatz die bejahrteren, oder die wilderen Kentauren, oder endlich die älteren Stils auszeichne.

[1]) Dazu war ein Vorbild in den älteren Darstellungen des Nessos, welcher Dejaneira entführt, gegeben. S. Stephani C. R. 1865, S. 105.

[2]) Ich erinnere an Kephisodotos' Eirene mit Plutos, an Skopas' Leto und Ortygia mit den beiden Letoïden, Praxiteles' Hermes mit dem Dionysoskinde und Aehnliches, auch an Euripides' Neigung Kinder auf die Bühne zu bringen. O. Müller, Gesch. d. Gr. Litt. II, 147.

wäre, sich wiederfindet, ja nicht einmal in den acht mittleren Metopen derselben Reihe, soweit nach Carrey zu urtheilen, worin sich also eine besondere Künstlerindividualität zu verrathen scheint. Ich meine nicht die Ungleichheit der Ausführung im Stein, die auch innerhalb dieser Kentaurenkämpfe neben andrer Uebereinstimmung sich wiederfindet und nur die ungleiche Geschicklichkeit der ausführenden Arbeiter bezeugt[1]). Jene Eigenthümlichkeit unsrer Metopenbilder besteht in einer sehr genauen Berechnung und Abgewogenheit aller Bewegungen in jeder Gruppe. Sie greifen so ineinander und halten sich so in der Schwebe, dafs es in vielen Gruppen nicht wohl möglich ist einen Fufs oder eine Hand anders zu richten, ohne dem Ganzen seinen Halt zu rauben. Je mehr die Ringer, denn in jeder Metope wiederholt sich ja der Kampf auch bei den Frauen, äufserlich verflochten sind, desto deutlicher aber auch desto selbstverständlicher ist jene innere Spannung, man kann sagen Gebundenheit; aber auch da wo der äufseren Berührungspunkte zwischen den zwei Figuren weniger sind, ist sie vorhanden[2]), und so oft auch das Ausholen zu Schlag, Stofs und Wurf vorkommt, ist es doch verbunden mit wirklichem Ringen. Man wird diese Eigenthümlichkeit am besten durch Vergleich mit den schon vorher verglichenen Friesen dem älteren am 'Theseiron', dem jüngeren von Phigalia begreifen. Alle drei Darstellungen sind untereinander verwandt; möglich, dafs Zwischenglieder diese Verwandtschaft vermittelt haben, die aber für uns verloren sind. Im Theseionsfries zählt man acht Gruppen, in jeder der beiden Hälften bei Müller D. a. K. I, XXI vier, nur eine dreifigurige die des Kaineus, des Lebendigbegrabenen, die übrigen von zwei Figuren, darunter einige, die den Gruppen unsrer Metopen nahekommen oder nahezukommen scheinen, so die zweite, vierte, siebente; doch ist in allen dreien der Kampf schon mehr entschieden: es ist nicht mehr ein Moment der Spannung für den Kentaur der zweiten; für Kaineus und den andren Lapithen können wir nicht mehr hoffen, wie in den Metopen selbst bei den schwierigsten Lagen des einen Theils nicht alle Möglichkeit eines günstigen Umschwungs fehlt.

---

[1]) Michaelis hat sie nach der Stilverschiedenheit, die sich besonders in der Erfindung ausspricht, in vier Klassen getheilt; doch ist daneben auch das Gemeinsame nicht zu übersehen.

[2]) Einige Gruppen sind freilich durch Verstümmelung undeutlich geworden.

Die siebente vergleicht sich mit den Metopen 4 und 8, aber in beiden ist der Lapith schon dadurch besser gestellt, dafs er den Feind vor sich hat. Deutlicher noch als diese sind die erste, sechste, achte Gruppe des Frieses in den Metopen wiederzufinden, aber zum Theil mit charakteristischen Aenderungen. Vergleicht man mit der sechsten die Metope 7, so findet man den Fehler corrigiert, dafs ein knieender Mann einen hochbäumenden Kentauren an der Gurgel packt. Indem der Lapith auf die Füfse gestellt ist, ist das Uebergewicht auf seine Seite gelegt, der Kentaur macht nicht mehr den Versuch ihn umzuwerfen, aber was er mit der Rechten thut, ist freilich nicht mehr zu sehn. Die achte Gruppe hat in Metope 11 mehr Zusammenschlufs erhalten, indem der Kentaur dem Lapithen den deckenden Schild zu entreifsen sucht; während also dort der Lapith durch Ausweichen sich selber sichert, und so der Nachtheil auf eine Seite gelegt ist, wird hier die Furcht erregt, dafs auch den Lapithen noch der Streich des Kentauren treffe. Auch die erste Gruppe endlich ist auf dem Friese loser, ohne äufsere Berührung beider Kämpfer, wenn nicht des Kentauren l. Fufs den Lapithen trat wie in der Metope 4, wo auch der andre Vorderfufs des Kentauren noch mitarbeitet dem Hellenen die Deckung zu entziehen. Dieser, in der Theseionsgruppe wehrlos, ist in der Metope aufrechter, auch etwas höher auf einen Stein gesetzt; die rechte Hand gewährt ihm eine festere Stütze, und statt des schwachen Schutzes der vorgehaltenen Chlamys parirt er mit seinem Schilde, den freilich der Kentaur zu beseitigen sucht.

Aufser diesen Gruppen finden sich auf dem Friese noch zwei völlig gelöste, 3 und 5, derengleichen in den Metopen gar keine sind, endlich noch einige Zwischenfiguren, die lose den Gruppen 2, 4, 6 sich anschliefsen[1]).

Auch auf dem Phigaliafries finden sich noch einige solche lose Gruppen, so 14, 1 (nach Overbeck citiert), 18, 2, letztere mit Motiven von Met. 27 und 3, aber ohne die dort vorhandene Spannung; ebenso 21, 1 verglichen mit Metope 5, als lose Zwischen-

---

[1]) Die zweite, in einer Metope des Theseion (Müller D. a. K. I, 108) wiederkehrende, findet sich ohne Chlamys wieder Met. 32, und da erkennt man wiederum deutlich das noch ältere Vorbild; denn der Hellene, der bei Carrey noch seinen Kopf und linken Arm hat, gleicht genau dem jüngeren der beiden Tyrannenmörder von Kritios und Nesiotes. Vgl. Arch. Zeit. 1859, T. CXXVII.

figuren mehrere Frauen, 14; 20; 22, und einmal ein Kentaur, letzterer der Parthenonsmetope 28 ähnlich. Die Männer, die den Zwischenfiguren des Theseionfrieses entsprechen, sind hier mit den Hauptgruppen verbunden, aber meist auf eine ziemlich oberflächliche Art. Wie kleinlich ist die dem Kaineus gebrachte Hülfe, dafs einen der ihn begrabenden Kentauren ein Hellene am Ohre reifst! Wie müfsig der mit beiden Händen seinen Schild vorhaltende Lapith hinter dem ausschlagenden Kentauren (15); wie sinnlos die Häufung auf 16: zwei Helden wollen dem völlig besiegten Kentaur den Todesstreich versetzen! Den zweiten hemmt ein Kentaur, seine erhobene Rechte zugleich und seinen Schild packend. Das ist auch Gebundenheit, aber dauernde, wir erwarten keinen Umschwung; der erste Lapith kann ungestört den besiegten Feind durchbohren, dem andern kann der Kentaur jetzt so wenig anhaben als er dem Kentaur. Vergleiche man damit Met. 26: aufbäumend hebt der Kentaur einen wuchtigen Gegenstand, den Lapithen zu zerschmettern, da thut ihm dieser doppelt Einhalt, stemmt gegen seinen Bug den Fufs, die Linke gegen den einen der drohend gehobenen Arme und hält in der freien Rechten sein Schwert, das wie andre Dinge vermuthlich von Metall angesetzt war, zum Stofse bereit. Auch hier ist augenblickliche Gebundenheit, denn jetzt kann der Kentaur nicht werfen, aber der Lapith ebensowenig sein Schwert gebrauchen, ohne den Gegner loszulassen. Wird er den Stofs so rasch und sicher führen können, dafs dem Kentaur nicht Zeit bleibt, oder wird er durch die Schwierigkeit seiner Stellung — und wie geringen Halt nur hat sein linker Fufs — sie aufzugeben genöthigt werden? Hier mufs im nächsten Augenblick Entscheidung nach einer oder der andern Seite folgen. In jener Gruppe vom Phigaliafries dagegen: hält der Kentaur fest, nun so hält er eben fest und nichts geschieht, läfst er nach, so trifft den schon verlornen Kentaur noch ein zweiter Streich. Auch die Gruppe 22, 2 ist ohne Spannung: Der Kentaur ist niedergeworfen, er ist blos leidend, kann keine Hand mehr rühren; dafs aber der Lapith sich begnügt ihn im Haar zu zausen, ist wieder ein Zug wie jenes Ohrreifsen. Platte 15, 2 findet sich das Motiv vom Theseion 8, Metope 11 wieder, geistreich variiert, aber der Kentaur droht nicht mehr, er beifst, und damit sind wir wieder über die letzte Spannung hinaus.

Am nächsten kommt den Metopengruppen 18, 1, wo sich

einige Züge von Met. 31; 1; 2 wiederfinden, zu einer kühn balancierten Gruppe verarbeitet; auch 19, 2 und 22, 2, welche Gruppe verschlechtert noch 17, 2 wiederkehrt. Ganz herübergenommen ist 23, 2 von Metope 2, nur umgedreht. Zeigt sich hier der Einfluſs der Parthenonsmetopen, so wird man den Unterschied wieder recht gewahr an den Gruppen der beiden Frauenräuber 17, 1; 19, 1, verglichen mit Met. 10; 12; 22; 25; 29. Denn während in diesen jede Bewegung der Frauen dahingeht, den Griffen der Halbmenschen sich zu entziehen, wobei Hände und Füſse thätig sind, die Kentauren dagegen wieder jeder Bewegung der sich sträubenden entgegen arbeiten, scheint auf dem Phigaliafries das eine Mal nur ein Aufhalten im eiligen Laufe dargestellt. Das andre Mal hält sich die Getragene mit der einen Hand an ihrem Räuber fest und macht mit der andern statt eine Anstrengung sich zu befreien nur eine hülfeflehende Geberde, auch ein Beleg für den allgemeinen Uebergang von der Energie des Ethos zur Schwäche des Pathos.

Es kann nicht fehlen, daſs bei solcher Vorliebe für gesuchte künstliche Situationen auch gekünstelte zum Vorschein kommen, wie in 26; 30; 31[1]), aber eben diese lassen jenes Streben am besten erkennen, ein Streben, das nah an das distortum und elaboratum des doctus und operosus Myron zu streifen scheint, wie auch der sehr charakteristische Gesichtsausdruck einiger Kentauren (2; 26; 31) an den Kopf des Myronischen Satyrs erinnert[2]).

In den Zusammenhang der Kentaurenschlacht gehören nun die acht mittelsten Metopen jedenfalls nicht. Auf der letzten freilich (20), der nächsten vor der Gruppe der Schutzflehenden, sind zwei Frauen dargestellt, von denen eine nach rechts, also jener Gruppe sich zuwendet, ohne aber sonst im Geringsten durch den Vorgang afficirt zu sein; und auf der ersten jener acht sind beide Personen von den Scenen links abgewandt. Auch der Gedanke, daſs hier in der Mitte etwa Hochzeitsgebräuche dargestellt wären, paſst

---

[1]) Met. 31, eine Variation von 26, aber hier hat auch der Kentaur eine Hand frei, die rechte gegen des Lapithen linke. Wer von seiner freien Hand zuerst nachdrücklichen Gebrauch machen könne, hängt von der Wirkung des Griffes mit der andern ab. In 30 ist allerdings des Lapithen Lage sehr mislich, aber noch ist doch jede Sehne angespannt sich zu erheben und den ergriffenen Stein gegen seinen Feind zu schlendern.

[2]) An Myron wurde auch Brunn erinnert Annali 1858, S. 381, was Michaelis billigt S. 128.

nicht. Es ist also zunächst nur die Verbindung ersichtlich, dafs auf diesen acht Metopen die Frauen in der Mehrzahl sind, auf den letzten drei (18; 19; 20) nur Frauen, auf einer sogar drei, wie auch auf einer der Ostmetopen drei Personen sich fanden. Frauen zeigten aber von den Kentaurenbildern hauptsächlich die der Mitte nächsten, die also einen Uebergang bilden zu den mittleren.

Diese mittleren zu deuten haben namentlich O. Müller[1]) und Bröndsted versucht, doch ist von ihren Erklärungen keine recht schlagend; von mancher Handlung, die sie dargestellt glauben, darf man behaupten, dafs griechische Kunst sie plastisch, auch im Relief, überhaupt nicht, von andern, dafs sie sie wenigstens so nicht dargestellt haben würde, z. B. dafs Demeter den Triptolemos so das Säen lehre (13); zum Theil sind es so unbestimmte Handlungen, dafs sie isoliert ohne Bedeutung wären, z. B. dafs auf 19 eine Priesterin ein andres Weib unterweise. Was kann uns veranlassen, wenn auf 15 ein junger Mann ein Gespann lenkend erscheint, in diesem Erichthonios als ersten Wagenlenker zu erkennen, statt irgend eines andern. Liegt es nicht näher, wie in den Ostmetopen mehrmals, den Wagen mit der Kämpfergruppe nebenan (16) zu verbinden[2]). Aber wer sind die Kämpfer? Sollten wirklich attische Mythen dargestellt sein, so mag die Schwierigkeit, sie zu erkennen, mit an der Seltenheit solcher Darstellungen liegen, ein andres Hindernis liegt aber in der Unsicherheit unsrer Grundlage, denn grade da wo besondre Attribute vorhanden scheinen (14; 17; 20), ist an der undeutlichen Zeichnung zu sehn, dafs der Zeichner die Dinge selber nicht erkannte, und auch wir müssen sagen, es kann ebenso gut eins wie das andre sein; so dafs nur dann eine gewisse Sicherheit der Erklärung zu hoffen wäre, wenn alle oder doch mehrere Metopen als zusammengehörig erwiesen würden, und das Zusammenpassen der Theile den Beweis der Richtigkeit lieferte. Nun scheinen allerdings die Gruppen von 17 bis 20 sich wohl zu verbinden[3]), aber eine Erklärung habe ich nicht; dafs aber die dargestellten Begebenheiten mythische sind, dafür spricht aufser

---

[1]) In den Zusätzen zur Uebersetzung von Stuarts Antiquities I, 657.
[2]) So auch Michaelis, Der Parth. S. 133.
[3]) Michaelis S. 134, Met. XVIII möchte sie paarweis verbinden; doch ist an der Nordseite bei XXIV und XXV der Zusammenhang über das Intercolumnium noch stärker.

der beiderseitigen Einfassung von mythischen Darstellungen das Gespann neben der Kämpfergruppe[1]) und wohl auch das Vorkommen der Frauen. —

Auch von der nördlichen Metopenreihe ist die Mitte durch die Explosion vernichtet, während an den Seiten links oder östlich drei, rechts neun haften geblieben sind. Was über diese Stephani mitgetheilt hat, läfst höchstens eine gewisse Aehnlichkeit mit den mittleren Gruppen der Ostreihe erkennen, hinsichtlich der Mannigfaltigkeit des Dargestellten: auch hier einmal ein Wagen, Spuren von Kämpfen oder wenigstens Kämpfern, Männer neben Frauen[2]) oder zwei Frauen.

Auch auf der letzten gegen Westen (32), die besser erhalten und durch eine ältere Zeichnung wie durch Abgufs bekannt ist, sieht man rechts, auf einem Felsen sitzend, eine weibliche Figur im Chiton und Himation. Ihr rechter Fufs ist hoch aufgesetzt, und auf das rechte Knie stützt sich der rechte Ellenbogen, während der linke Arm gehoben und etwas zurückgebogen war. Dieser naht von links ein andres Weib in gegürtetem dorischem Doppelchiton, darüber das Himation, welches über den linken Arm gelegt ist und an der andern Seite an der Hüfte gefafst wird. Erinnert auch manches Motiv an die eine Reliefplatte von Olympia oder an die sitzenden Götterfiguren im vorderen Theseionfries, so kann man doch nicht entscheiden, ob Göttinnen, ob heroische oder sterbliche Weiber, geschweige welche Begebenheit dargestellt ist, nur dafs der Felsensitz für eine mythische Begebenheit zu sprechen scheint. Sah Stephani auf 25 richtig einen Altar oder eine Statuenbasis und derselben zugewandt zwei weibliche (?) Figuren in langem Chiton, so scheint hier wieder eine Beziehung zwischen dieser und der nördlichen Reihe, speciell zu deren 21ster Metope vorzuliegen.

Diese Beziehung ist durch Michaelis' Publication T. 4, XXV noch viel einleuchtender geworden schon äufserlich, indem an die Stelle des Altars eine Basis mit einem Götterbilde neben den zwei weiblichen Gestalten getreten ist; noch mehr aber innerlich,

---

[1]) Wären nicht beide Kämpfer bekleidet, so könnte man an einen Agon, hier etwa des Faustkampfes, daneben des Wettfahrens denken.

[2]) Die herabgestürzte Platte, welche gegenüber der fünften Säule von Westen her gefunden ist, hat grofse Aehnlichkeit mit 14 und besonders 17 der Südreihe. (Nach den Angaben bei Michaelis S. 127 (vgl. T. 4 D) wäre es die gegenüber der dreizehnten Säule gefundene.)

da Michaelis glücklich und kaum anzuzweifeln neben dem Götterbilde die schutzsuchende Helena und Aphrodite mit Eros und auf der anstofsenden Metope 24 den verfolgenden Menelaos mit einem Begleiter, also eine, auf Vasen ganz ähnlich dargestellte, Scene aus Trojas Zerstörung erkannt hat. Er vermuthet denn mit Grund, dafs auch die übrigen noch nicht gedeuteten Metopen, mit Ausnahme der gleich zu besprechenden mittleren, ebenfalls den Untergang Trojas betreffen, schlägt auch für 25 die nicht unpassende, wenn gleich nicht zwingende Deutung auf Aithra, die von Demophon weggeführt wird, vor. Die Annahme von Amazonenkämpfen auf dieser Seite weist auch er als unbegründet ab. Ist in dieser Reihe die Erscheinung Aphrodites sicher, so wird nun auch, besonders durch die Nähe der Flügelfigur, etwa Nike oder Iris, die Erklärung der beiden Frauen auf 32, sowie der dritten auf 31 für Göttinnen empfohlen, und zwar denkt man zunächst an Hera und Athena. Die unerklärten Metopen zu beschreiben unterlasse ich natürlich.

Eine andre Beziehung beider Langreihen wird hergestellt durch die Wiederholung von Kentaurenkämpfen auf der nördlichen Seite. Denn die flüchtigen Skizzen von zehn oder, wie ich auch nach Bröndsted voy. et rech. II, S. 274 hätte sagen müssen, neun[1]) in Umfang und Art denen der südlichen Reihe entsprechenden Kentaurenbildern im Pariser cabinet des Estampes, sind laut der Beischrift vom Tempel der Athena mitten auf der Burg entlehnt, und da drei mit denen der Südseite nicht identisch sind, können diese nur aus der Mitte der Nordreihe genommen sein[2]). Da erscheint doch wohl die Annahme geboten, dafs gleich wie an der Südseite ein Centrum von anderen mythischen Scenen jederseits vom Kentaurenkampf eingerahmt war, so hier umgekehrt die Kentaurenbilder im Centrum eingefafst waren von andern mythischen Scenen. Waren also auf beiden Langseiten wesentlich dieselben Stoffe dargestellt[3]), nur mit der Abwechselung, dafs das eine Mal der eine, das andere Mal der andere mit gröfserer Ausführlichkeit behandelt wäre,

---

[1]) Denn die eine (Mich. 4, D) dazwischengeschobene stellt etwas andres dar.

[2]) Vgl. Michaelis S. 98.

[3]) Das wäre vollständig der Fall, wenn Michaelis Recht hätte mit der Vermuthung (S. 127), dafs die acht Mittelmetopen der Südseite auch troische Begebenheiten [etwa auf Il. VI bezüglich] darstellten.

so könnte man dabei nur die Absicht voraussetzen, dem Beschauer den Ideengang des gesammten Bilderschmucks schon aus einer der beiden Langseiten, ohne Betrachtung auch der entgegengesetzten, offenbar werden zu lassen, so dafs er, um das Ganze zu verstehn, nicht um alle vier Seiten des Tempels herumzugehn brauchte, sondern nur von vorn an einer Langseite nach hinten. Dieselbe Absicht werden wir aufs klarste auch der Anordnung des Frieses zu Grunde liegend finden. In der That ist die Anordnung beider Reihen gleichmäfsig durch die Rücksicht auf den Bau, den sie schmücken, hervorgerufen worden. Ost- und Westseite vorn und hinten, das sind die beiden entgegengesetzten Enden des Tempels, durch die Giebel mächtig hervorgehoben. Sollten die Bilderreihen nicht ohne Einheit und Zusammenhang mit dem Bau diesen an allen Seiten umschlingen, so mufste auch in diesen derselbe Gegensatz herrschen. Anfang und Ende der dargestellten Reihen konnten unmöglich an einer der vier Ecken des Tempels aneinander stofsen, sondern mufsten nach vorn und hinten, nach Anfang und Ende des Tempels sich richten. Da aber zwischen beiden Enden der Ost- und Westseite zwei Langseiten als doppelte und gleichmäfsige Verbindung liegen, so ergiebt sich, dafs auch die Bilderreihen dieser Langseiten beide Mal einen wesentlich gleichartigen Uebergang machen mufsten. An dem Friese, der eine Procession darstellt, liegt dieser Gedanke so klar vor, dafs ich ihn vorgreifend zum Beweise anführen darf. Die Enden des Festzuges stellen sich an der Ost- und Westseite dar: dort hält eben der feierlich geordnete Zug, an seinem Ziele angelangt, still, hier sehen wir die Theilnehmer noch in den Vorbereitungen begriffen oder eben in Reihen zusammentretend, an den Langseiten aber hüben wie drüben bewegt sich wesentlich gleichartig der Zug vom hinteren Ende dem vorderen zu.

Von den Metopen läfst sich mit ziemlicher Sicherheit dasselbe behaupten. Die Darstellung des Kampfes der Götter und Giganten an der Ostseite darf wohl als erwiesen gelten. Gegenüber in der westlichen Metopenreihe hat man historische Kämpfe, Kämpfe von Hellenen oder speciell Athenern mit Persern erkannt. Den Uebergang von den Kämpfen der Götter zu denen geschichtlicher Menschen bilden, ebenfalls meist Kämpfe, die mythischen oder heroischen Scenen, wie auf der südlichen Langseite durchgängig, auf der nördlichen wenigstens da zu erkennen waren, wo überhaupt

Erkenntnis zu gewinnen war[1]). Ueber diesen Ideengang wird unten noch zu handeln sein, und bei Besprechung des Frieses wird sich zeigen, wie diese dem Bau selbst angepafste Anordnung des Bilderschmuckes auch der natürlichen Bewegung und dem Interesse des Beschauers entsprach. — Jetzt ist nur noch ein Blick auf die westliche Metopenreihe zu werfen, von deren vierzehn Metopen noch eilf — ganz zerstört sind 6; 7; 10 — die gröbsten Umrisse der dargestellten Begebenheiten einigermafsen erkennen oder errathen lassen. Schon erwähnt ist die Gleichartigkeit der ganzen Reihe, indem über jedem Intercolumnium eine Metope einen Reiter, die andre nur Fufsgänger im Kampfe zeigt[2]). Reiter sind sicher auf 1; 3; 5; [7 ist ja zerstört] 9; 11 (wenigstens ein Pferd); 13; Fufsgänger erkennt man deutlich auf 2; 4; 14; zerstört sind 6 und 10; auch 8 ist ziemlich undeutlich, von einem Rosse ist aber wenigstens keine Spur vorhanden; von 12 endlich ist nur eine Hälfte mit einem Fufsgänger erhalten, neben dem aber Theile des Rosses erscheinen müfsten, wenn sein Gegner ein Reiter wäre. Es ist bei diesem regelmäfsigen Wechsel nicht wohl denkbar, dafs lauter einzelne Kämpfe oder Abenteuer, sei es verschiedener Personen, sei es derselben zu verschiedenen Zeiten, dargestellt seien; es werden vielmehr die Reiter einer Partei angehören, und da die Kämpfer zu Fufs zwischen sie eingeschoben sind, so müssen auch von diesen die einen zu den Reitern gehören, die andern zu den gleichfalls zu Fufse streitenden Gegnern der Reiter.

Es läfst sich aber auch aufserdem noch hie und da ein Zug erkennen, der die Zusammengehörigkeit der einzelnen Bilder andeutet. So erscheint gleich auf 1 nur ein Reiter[3]) ohne Gegner

---

[1]) Dies würde sich nur wenig modificieren, wenn Michaelis in der Südseite sich mit Recht für Amazonenkämpfe entschieden hätte.

[2]) Michaelis S. 148 scheint mir nur insofern mit seiner Einschränkung von Leake's Behauptung Recht zu haben, als er geltend macht, dafs die Reiter keineswegs überall einen Fufskämpfer, sei's liegend, sei's stehend, neben sich haben. Davon aber, dafs Rosse nur an den ungraden Stellen 1, 3, 5 u. s. w. vorkommen, abzugehn, veranlafst mich der Knäuel von 8 nicht, denn wenn hier etwas deutlich ist, so ist es rechts der Umrifs von Arm, Kopf, Schultern und Bein eines Fufskämpfers, links der Umrifs eines Ellenbogens, abermals von einer stehenden Figur. In der liegenden Masse ist ein Rofs unmöglich anzunehmen.

[3]) Die Richtung seines Kopfes liefs mir der Gips des britischen Museums zweifelhaft.

vor ihm, dem der gehobene rechte Arm drohen könnte; auch nicht unter dem Rosse liegt einer wie auf 3; 5; 9; 13, daran läfst diese auch durch Abgufs bekannte Platte keinen Zweifel. Können wir nun nicht wohl einen Reiter für sich ohne besondere Handlung für einen passenden Inhalt solcher Metope halten, so müssen wir ihn dem Kampfe, der in den andern tobt, zusprengend denken. Deutlicher noch wäre die Nöthigung die Metopen miteinander zu verbinden, wenn bei Laborde auf 11 richtig[1]) nur ein sprengendes Rofs gezeichnet ist, und meine Photographieen lassen mich aufser von dem Rosse keine sicheren Spuren erkennen[2]). Auf 9 ferner zielt die Bewegung des Reiters, unter dessen Rofs ein Gegner am Boden liegt, auf den linken Arm sich stützend, den rechten mehr wohl zur Abwehr als zum Angriff erhebend, nicht auf diesen sondern auf die vorhergehende Metope. Etwas über die Horizontale hinaus erhebt er einen Arm nach hinten höher als der Reiter auf 1, der Arm ist aber nicht blofs, sondern gedeckt, allem Anschein nach, mit einem kleinen Schild. Danach wäre dies der linke Arm, und zeigte der Reiter seinen Rücken, nicht seine Vorderseite, was freilich, auch nach der Zeichnung, kaum denkbar. Was aber auch die Bewegung im einzelnen bedeuten mag, sie geht jedesfalls über den Raum dieser Metope hinaus auf die vorhergehende Gruppe.

Auf 8 erblickt man zuerst nur einen wirren Haufen, der dann aber doch ahnen läfst, dafs über einem Gefallenen zwei andre Fufsgänger kämpfen; eine Häufung, die, weil sonst nirgend in dieser Reihe bemerkbar, wohl die Absicht hat, das mittelste Intercolumnium hervorzuheben.

Um nun die Nationalität der Kämpfer bestimmen zu können, ist Bewaffnung und Tracht der Kämpfer nicht mehr deutlich genug. Von den Fufskämpfern scheint allerdings die eine Partei durch Nacktheit und den viermal, 2; 4; 12; 14 (auch 8?), sichtbaren runden Schild als Hellenen kenntlich, und nackt scheinen auch die Gegner der Reiter oder mindestens (13) nicht anders bekleidet als die hellenischen Streiter des Niketempelfrieses. Bei der andern Partei Fufsgänger entdeckt man keine Schilde, doch könnte dies Moment höchstens bei 2 und 14 eine schwache Geltung haben, wo

---

[1]) Michaelis bestätigt es.
[2]) Auf dem Fries des Niketempels sprengen zwei ledige Rosse dahin, die ihre Reiter, am Boden liegend den einen, den andern stehend, dahinten lassen, bei Ross und Schaubert auf dem mit m bezeichneten Stücke.

doch wohl eine Spur von dem zweiten Schilde erhalten sein müfste, wenn er je vorhanden gewesen wäre[1]). Auf der letzten Metope hat nun die schildlose Figur[2]), welche am Boden knieend vergebens sich vor dem Gegner zu schützen sucht, der mächtig anschreitend mit der Linken jenen am Kopfe vorüberzieht, um mit der Rechten ihm den Todesstreich zu geben, hat diese Figur des Besiegten nicht nur in der Lage grofse Aehnlichkeit mit der Figur eines unterliegenden Persers am Niketempelfries[3]), sondern scheint auch durch die Tracht von seinem Gegner ebenso unterschieden, wie dort der Perser von seinem hellenischen Gegner. Von gleicher Tracht scheint der Kämpfer zur Rechten auf 4; an dessen Arm bei Laborde zwar Spuren eines Schildes zu sehn sind, aber namentlich als hellenischer Hoplitenschild — denn es könnte auch ein persischer sein — zu undeutlich, um hier anders als auf 2; 12; 14 den rechten Platz dem Hellenen und nicht vielmehr seinem Gegner zu geben[4]). Auf 2 sehen wir dem Hellenen gegenüber bei Laborde zwar einen Nackten, die Photographie aber läfst mich sehr zweifeln, ob er nicht bekleidet sei.

Der Reiter Tracht ist nur auf 1 etwas deutlicher zu erkennen; da ist's ein ärmelloser Chiton und eine zurückflatternde Chlamys[5]). Pafst dies auch besser für einen Hellenen, so ist doch vor der Zeit des Parthenon kein Kampf mit hellenischen Reitern zu nennen, der hier füglich abgebildet sein könnte. Eben die Reiter lassen nur an Perserkämpfe denken, die auch sonst die einzigen historischen Kämpfe sind, welche man damals an einem athenischen Tempel darstellen konnte, ganz abgesehn von den oben berührten Beziehungen des Parthenon zur marathonischen Schlacht. Dafs wenn auch an diese als der Athener glänzendste That der Künstler dachte, doch ein auch nur annäherndes Bild dieser Schlacht statt

---

[1]) Auf 10 hält ein Knieender einen länglich runden Schild empor wie ihn Amazonen tragen, aber auch Perser, so einer in gleicher Lage am Niketempelfries, Ross und Schaubert g.

[2]) Der Köcher neben ihr, den Michaelis giebt, gehört Persern wie Amazonen.

[3]) Platte c, am rechten Ende, und umgekehrt am linken.

[4]) Auf 10 ist allerdings der Feind links.

[5]) Die persischen Reiter auf dem Niketempelfries haben wie die Fufsgänger Hosen und einen Rock, meistens mit Aermeln; einen Ueberwurf aber, die Kandys, findet man da nur bei solchen die zu Fufs kämpfen.

einzelner Gruppen darzustellen, nicht seine Absicht sein konnte, versteht sich von selbst; genug dafs die Verbindung von Reitern und Fufsgängern den Hellenen gegenüber, die auf dem Niketempelfries sich wiederfindet, mit dem Unterschiede, dafs dort die Reiter minder siegreich sind als hier, nicht dawider streitet. Sind freilich die Gegner der Hellenen Weiber, dann haben wir hier selbstverständlich den Amazonenkampf, der in den Zusammenhang des Ganzen reichlich so gut passen würde wie die Perser. Michaelis glaubt das weibliche Geschlecht sicher erwiesen durch den Schopf der unterliegenden Figur auf 14, und natürlich wiegt ein positives Indicium wie dies weit mehr als zwei negative; ich kann aber doch nicht umhin, einige Bedenken zu äufsern. Der Schopf ist auffallend schlicht, auch finde ich unter so vielen Beispielen ähnlichen Anpackens bei Amazonen, die natürlich in dem langen Haar ihren Grund hat — aber doch auch bei Persern sich findet — keine ähnliche, wo nämlich das Haar derartig herabhinge; überdies fällt nach dem deutlich gezeichneten Umrifs der Schopf gar nicht von der Stelle herab, wo ihn die Faust des Hellenen packt.

Ferner müfste man bei aller Verschlissenheit der Formen doch stellenweis an der Brust weibliche Formen wahrnehmen, so eben an der rechten Brust des Gefallenen 14, an der linken des Knieenden 10, namentlich aber habe ich angesichts des Reiters 1 im Gipsabgufs, wohl das Bohrloch für den Zügel in der linken Hand, auch den ärmellosen Chiton, der beide Schultern blofs läfst, gesehn, aber ausdrücklich bemerkt, dafs bei dem starken Heraustreten der linken Schulter von weiblicher Brust keine Spur ist.

Die Schwierigkeit, auf 2 eine Amazone zu erkennen, giebt Michaelis zu, dafs aber beide Kämpfer — und gar Herakles mit einem Helfer — der Amazone von 1 gegenüberträten, eine solche Verbindung zweier Metopen ist am Parthenon nicht nachgewiesen, am Theseion durch die Dreileibigkeit des Geryon entschuldigt, wie es hier nicht der Fall ist.

Erkenntnis zu gewinnen war[1]). Ueber diesen Ideengang wird unten noch zu handeln sein, und bei Besprechung des Frieses wird sich zeigen, wie diese dem Bau selbst angepaſste Anordnung des Bilderschmuckes auch der natürlichen Bewegung und dem Interesse des Beschauers entsprach. — Jetzt ist nur noch ein Blick auf die westliche Metopenreihe zu werfen, von deren vierzehn Metopen noch eilf — ganz zerstört sind 6; 7; 10 — die gröbsten Umrisse der dargestellten Begebenheiten einigermaſsen erkennen oder errathen lassen. Schon erwähnt ist die Gleichartigkeit der ganzen Reihe, indem über jedem Intercolumnium eine Metope einen Reiter, die andre nur Fuſsgänger im Kampfe zeigt[2]). Reiter sind sicher auf 1; 3; 5; [7 ist ja zerstört] 9; 11 (wenigstens ein Pferd); 13; Fuſsgänger erkennt man deutlich auf 2; 4; 14; zerstört sind 6 und 10; auch 8 ist ziemlich undeutlich, von einem Rosse ist aber wenigstens keine Spur vorhanden; von 12 endlich ist nur eine Hälfte mit einem Fuſsgänger erhalten, neben dem aber Theile des Rosses erscheinen müſsten, wenn sein Gegner ein Reiter wäre. Es ist bei diesem regelmäſsigen Wechsel nicht wohl denkbar, daſs lauter einzelne Kämpfe oder Abenteuer, sei es verschiedener Personen, sei es derselben zu verschiedenen Zeiten, dargestellt seien; es werden vielmehr die Reiter einer Partei angehören, und da die Kämpfer zu Fuſs zwischen sie eingeschoben sind, so müssen auch von diesen die einen zu den Reitern gehören, die andern zu den gleichfalls zu Fuſse streitenden Gegnern der Reiter.

Es läſst sich aber auch auſserdem noch hie und da ein Zug erkennen, der die Zusammengehörigkeit der einzelnen Bilder andeutet. So erscheint gleich auf 1 nur ein Reiter[3]) ohne Gegner

---

[1]) Dies würde sich nur wenig modificieren, wenn Michaelis in der Südseite sich mit Recht für Amazonenkämpfe entschieden hätte.

[2]) Michaelis S. 148 scheint mir nur insofern mit seiner Einschränkung von Leake's Behauptung Recht zu haben, als er geltend macht, daſs die Reiter keineswegs überall einen Fuſskämpfer, sei's liegend, sei's stehend, neben sich haben. Davon aber, daſs Rosse nur an den ungraden Stellen 1, 3, 5 u. s. w. vorkommen, abzugehn, veranlaſst mich der Knäuel von 8 nicht, denn wenn hier etwas deutlich ist, so ist es rechts der Umriſs von Arm, Kopf, Schultern und Bein eines Fuſskämpfers, links der Umriſs eines Ellenbogens, abermals von einer stehenden Figur. In der liegenden Masse ist ein Roſs unmöglich anzunehmen.

[3]) Die Richtung seines Kopfes ließ mir der Gips des britischen Museums zweifelhaft.

vor ihm, dem der gehobene rechte Arm drohen könnte; auch nicht unter dem Rosse liegt einer wie auf 3; 5; 9; 13, daran läfst diese auch durch Abgufs bekannte Platte keinen Zweifel. Können wir nun nicht wohl einen Reiter für sich ohne besondere Handlung für einen passenden Inhalt solcher Metope halten, so müssen wir ihn dem Kampfe, der in den andern tobt, zusprengend denken. Deutlicher noch wäre die Nöthigung die Metopen miteinander zu verbinden, wenn bei Laborde auf 11 richtig[1]) nur ein sprengendes Rofs gezeichnet ist, und meine Photographieen lassen mich aufser von dem Rosse keine sicheren Spuren erkennen[2]). Auf 9 ferner zielt die Bewegung des Reiters, unter dessen Rofs ein Gegner am Boden liegt, auf den linken Arm sich stützend, den rechten mehr wohl zur Abwehr als zum Angriff erhebend, nicht auf diesen sondern auf die vorhergehende Metope. Etwas über die Horizontale hinaus erhebt er einen Arm nach hinten höher als der Reiter auf 1, der Arm ist aber nicht blofs, sondern gedeckt, allem Anschein nach, mit einem kleinen Schild. Danach wäre dies der linke Arm, und zeigte der Reiter seinen Rücken, nicht seine Vorderseite, was freilich, auch nach der Zeichnung, kaum denkbar. Was aber auch die Bewegung im einzelnen bedeuten mag, sie geht jedesfalls über den Raum dieser Metope hinaus auf die vorhergehende Gruppe.

Auf 8 erblickt man zuerst nur einen wirren Haufen, der dann aber doch ahnen läfst, dafs über einem Gefallenen zwei andre Fufsgänger kämpfen; eine Häufung, die, weil sonst nirgend in dieser Reihe bemerkbar, wohl die Absicht hat, das mittelste Intercolumnium hervorzuheben.

Um nun die Nationalität der Kämpfer bestimmen zu können, ist Bewaffnung und Tracht der Kämpfer nicht mehr deutlich genug. Von den Fufskämpfern scheint allerdings die eine Partei durch Nacktheit und den viermal, 2; 4; 12; 14 (auch 8?), sichtbaren runden Schild als Hellenen kenntlich, und nackt scheinen auch die Gegner der Reiter oder mindestens (13) nicht anders bekleidet als die hellenischen Streiter des Niketempelfrieses. Bei der andern Partei Fufsgänger entdeckt man keine Schilde, doch könnte dies Moment höchstens bei 2 und 14 eine schwache Geltung haben, wo

---

[1]) Michaelis bestätigt es.
[2]) Auf dem Fries des Niketempels sprengen zwei ledige Rosse dahin, die ihre Reiter, am Boden liegend den einen, den andern stehend, dahinten lassen, bei Ross und Schaubert auf dem mit m bezeichneten Stücke.

doch wohl eine Spur von dem zweiten Schilde erhalten sein müfste, wenn er je vorhanden gewesen wäre¹). Auf der letzten Metope hat nun die schildlose Figur²), welche am Boden knieend vergebens sich vor dem Gegner zu schützen sucht, der mächtig anschreitend mit der Linken jenen am Kopfe vorüberzieht, um mit der Rechten ihm den Todesstreich zu geben, hat diese Figur des Besiegten nicht nur in der Lage grofse Aehnlichkeit mit der Figur eines unterliegenden Persers am Niketempelfries³), sondern scheint auch durch die Tracht von seinem Gegner ebenso unterschieden, wie dort der Perser von seinem hellenischen Gegner. Von gleicher Tracht scheint der Kämpfer zur Rechten auf 4; an dessen Arm bei Laborde zwar Spuren eines Schildes zu sehn sind, aber namentlich als hellenischer Hoplitenschild — denn es könnte auch ein persischer sein — zu undeutlich, um hier anders als auf 2; 12; 14 den rechten Platz dem Hellenen und nicht vielmehr seinem Gegner zu geben⁴). Auf 2 sehen wir dem Hellenen gegenüber bei Laborde zwar einen Nackten, die Photographie aber läfst mich sehr zweifeln, ob er nicht bekleidet sei.

Der Reiter Tracht ist nur auf 1 etwas deutlicher zu erkennen; da ist's ein ärmelloser Chiton und eine zurückflatternde Chlamys⁵). Pafst dies auch besser für einen Hellenen, so ist doch vor der Zeit des Parthenon kein Kampf mit hellenischen Reitern zu nennen, der hier füglich abgebildet sein könnte. Eben die Reiter lassen nur an Perserkämpfe denken, die auch sonst die einzigen historischen Kämpfe sind, welche man damals an einem athenischen Tempel darstellen konnte, ganz abgesehn von den oben berührten Beziehungen des Parthenon zur marathonischen Schlacht. Dafs wenn auch an diese als der Athener glänzendste That der Künstler dachte, doch ein auch nur annäherndes Bild dieser Schlacht statt

---

¹) Auf 10 hält ein Knieender einen länglich runden Schild empor wie ihn Amazonen tragen, aber auch Perser, so einer in gleicher Lage am Niketempelfries, Ross und Schaubert g.

²) Der Köcher neben ihr, den Michaelis giebt, gehört Persern wie Amazonen.

³) Platte c, am rechten Ende, und umgekehrt am linken.

⁴) Auf 10 ist allerdings der Feind links.

⁵) Die persischen Reiter auf dem Niketempelfries haben wie die Fufsgänger Hosen und einen Rock, meistens mit Aermeln; einen Ueberwurf aber, die Kandys, findet man da nur bei solchen die zu Fufs kämpfen.

einzelner Gruppen darzustellen, nicht seine Absicht sein konnte, versteht sich von selbst; genug dafs die Verbindung von Reitern und Fufsgängern den Hellenen gegenüber, die auf dem Niketempelfries sich wiederfindet, mit dem Unterschiede, dafs dort die Reiter minder siegreich sind als hier, nicht dawider streitet. Sind freilich die Gegner der Hellenen Weiber, dann haben wir hier selbstverständlich den Amazonenkampf, der in den Zusammenhang des Ganzen reichlich so gut passen würde wie die Perser. Michaelis glaubt das weibliche Geschlecht sicher erwiesen durch den Schopf der unterliegenden Figur auf 14, und natürlich wiegt ein positives Indicium wie dies weit mehr als zwei negative; ich kann aber doch nicht umhin, einige Bedenken zu äufsern. Der Schopf ist auffallend schlicht, auch finde ich unter so vielen Beispielen ähnlichen Anpackens bei Amazonen, die natürlich in dem langen Haar ihren Grund hat — aber doch auch bei Persern sich findet — keine ähnliche, wo nämlich das Haar derartig herabhinge; überdies fällt nach dem deutlich gezeichneten Umrifs der Schopf gar nicht von der Stelle herab, wo ihn die Faust des Hellenen packt.

Ferner müfste man bei aller Verschlissenheit der Formen doch stellenweis an der Brust weibliche Formen wahrnehmen, so eben an der rechten Brust des Gefallenen 14, an der linken des Knieenden 10, namentlich aber habe ich angesichts des Reiters 1 im Gipsabgufs, wohl das Bohrloch für den Zügel in der linken Hand, auch den ärmellosen Chiton, der beide Schultern blofs läfst, gesehn, aber ausdrücklich bemerkt, dafs bei dem starken Heraustreten der linken Schulter von weiblicher Brust keine Spur ist.

Die Schwierigkeit, auf 2 eine Amazone zu erkennen, giebt Michaelis zu, dafs aber beide Kämpfer — und gar Herakles mit einem Helfer — der Amazone von 1 gegenüberträten, eine solche Verbindung zweier Metopen ist am Parthenon nicht nachgewiesen, am Theseion durch die Dreileibigkeit des Geryon entschuldigt, wie es hier nicht der Fall ist.

Der Fries.

Aufsen um die Mauer der mit dem Opisthodomos verbundenen Cella¹) lief als obere Bekränzung wie ein Saum der einen Meter hohe Fries, dessen flachgearbeitete Figuren einst wohl durch Färbung des Grundes²) gehoben und mit mancherlei Zuthaten von Bronze auch mit Vergoldungen wahrscheinlich versehn waren. Hier auf der ununterbrochenen Wandfläche haben wir nun zuerst eine zusammenhängende Darstellung von durchaus einheitlicher Composition.

Freilich hat man grade die Einheit derselben bestritten. Chr. Petersen³) hat statt einer sogar drei Darstellungen nachzuweisen versucht, zwei Festzüge, den der Arrephorien und der Plynterien, je an einer Langseite und der halben Ostseite, drittens an der Westseite die Musterung der attischen Reiterei. Er findet eben in der Mitte der Ostfront eine durchgehende Spaltung der Composition und leugnet nicht nur, dafs charakteristische Merkmale des grofsen panathenäischen Festzugs vorhanden seien, sondern behauptet, dafs auch solche fehlten, deren eine Darstellung desselben nicht entbehren könne. Diese stattlichste und berühmteste aller athenischen Processionen in schönster Entfaltung auf allen vier Seiten des Frieses dargestellt zu glauben, war nämlich seit

---

¹) S. Michaelis T. 6, 1. Nach ihm zähle ich die Figuren.

²) Michaelis S. 226 zeigt, dafs es Beweise dafür nicht giebt, macht aber wahrscheinlich, dafs Gewänder und andre Zuthaten, auch Augen und Haare durch Farbe markiert waren.

³) Die Feste der Pallas Athene in Athen und der Fries des Parthenon, Hamburg 1855 und in der Zeitschr. f. d. Alterthumswiss. 1857, No. 25—28.

Stuart die herkömmliche Ansicht, die auch gegen Petersen wieder lebhaft vertheidigt ist[1]).

Noch anders hob Bötticher[2]) in consequenter Durchbildung seiner Agonaltempeltheorie die Einheit des Kunstwerks auf: hatte er den Tempel zum Schatzhaus und zur Rüstkammer der Processionen gemacht, so konnte nicht mehr die Procession, sondern nur die Zurüstung derselben, 'die Vorübungen und Exercitien aller einzelnen Chöre und Abtheilungen zur Aufführung der attischen Staatspompen, insbesondere der Pompe der Athena' dargestellt sein[3]).

Petersen wie Bötticher werden durch die Erklärung widerlegt werden.

Die Darstellung selbst leitet den Beschauer nach der Ostseite, wo alle Bewegung zu Ruhe und Abschluſs kommt; hier am Ziel- oder auch Mittelpunkte mag die Erklärung beginnen, gleich wie bei den Giebeln und Metopen an der Stirn des Tempels.

Von beiden Seiten naht ein feierlicher Zug, dessen Spitzen hier wie dort schon in ruhige bequeme Stellung übergegangen sind, weiter nach der Mitte beiderseits eine Gruppe Sitzender, jede nach auſsen dem ihr nahenden Zuge entgegengekehrt. Zwischen diesen Sitzenden füllen fünf mit Uebergabe gewisser Gegenstände beschäftigte Figuren das Centrum aus.

Unstreitig am meisten in die Augen fallen die Sitzenden durch das Sitzen, durch die weitläuftigere Gruppierung zwischen den dichteren Reihen der Stehenden, endlich durch ihre gröſseren

---

[1]) Namentlich von Overbeck Rhein. Mus. 14, 161.

[2]) Tekt IV, 53 war ihm die Bedeutung des Parthenon als Festtempels 'klar bezeugt' durch den Fries, die panathenäische Pompe darstellend. Ph. 18, 45 statuiert er, die bloſse Darstellung einer Pompe als solcher (?) sei nie ein Vorwurf für die hellenische Kunst gewesen, selbst für Thesauren und agonale Festtempel könnte sie kein Motiv der Charakteristik werden. Daſs vor ihm J. D. Weber wesentlich dieselbe Erklärung des Frieses gab s. bei Michaelis S. 205 und 262 f.

[3]) Ihm folgt Curtius Griech. Gesch. II, S. 752 Anm. 100 (2. Aufl.), dem schon 'zweierlei feststeht': erstens daſs der Fries auf die Panathenäen gehe; zweitens daſs er nicht den wirklichen Festzug darstelle, und das führe auf den προάγων. Dagegen findet er S. 293, daſs für den Fries nichts angemessener gewesen sei, als ein langer Zug, 'welcher einen ununterbrochenen Zusammenhang hatte', und verwahrt sich nur dagegen, daſs es eine treue Copie sei.

Maſse. Sie sind denn auch für die abweichenden Erklärungen des Ganzen von entscheidender Bedeutung. Wie die meisten erkannte auch Petersen Götter in ihnen, aber er zwei ganz getrennte Göttervereine, nicht zwei Hälften eines Vereins; Bötticher dagegen erklärt sie für sterbliche Aufseher der Exercitien. Dieser äuſserste aber nicht unwichtige Posten seiner Lehre ist freilich sehr unbefestigt und unhaltbar. Auſser der später nachzuweisenden inneren Charakteristik der einzelnen Götter, auſser den äuſserlichen Abzeichen, wie die Flügel des am rechten Ende stehenden Knaben, des bald links von der Mittelgruppe stehenden Mädchens, ist die übermenschliche Gröſse dieser Figuren ein unanfechtbarer Beweis ihres übermenschlichen Wesens. Man hat freilich behauptet, daſs die gröſseren Proportionen an sich nichts bedeuteten, sondern allein aus dem sogen. Isokephalismus, dem 'grade an diesem Friese so deutlichen Gesetz sich erklären, stehenden, sitzenden, reitenden Figuren dieselbe Höhe zu geben'[1]). Aber bei dem unverkennbaren Streben den Reliefstreifen überall gleichmäſsig zu füllen, nehmen wir doch auch das andre Bestreben zu unterscheiden wahr, und ragen sowohl die auf den Wagen stehenden Lenker über die daneben stehenden Bewaffneten S(üd) 60—63; 75—77; N(ord) 56—58; 59—60; 64—65; 67—68, als auch die Reitenden über die Gehenden W(est) 9—11; 88—89; S. 1—2, als auch Erwachsene neben Kindern W. 6; 24; N. 134; O. 31; 32; 35; 42, ja sogar Männer über Frauen O. 33—34; 49—50 f.; 52—53 und die ganze Reihe bis 63 hervor. Solche Zusammenstellungen also, wie Michaelis S. 223 getadelt hat wie z. B. W 3 und 4, sind nicht als ein Nothbehelf dem Gesetz zu Liebe aufzufassen, sondern dem Ungeschick der ausführenden Hände zur Last zu legen. Am Niketempelfries vorn sind unter lauter stehenden Göttern zwei sitzende, um gleich an Höhe zu sein, auf hohe Sitze gesetzt, eine dritte wird von den stehenden überragt. Am Lysikratesmonument sind die sitzenden Satyrn weit niedriger als ihre stehenden Genossen, der sitzende Gott aber ist durch hervorragende Gröſse diesen gleich hoch. Am Theseionsfries hätten die hohen Sitze genügt, um die nöthige Höhe zu erreichen; zur Charakteristik der Götter sind aber, wie auf griechischen Votivreliefs so gewöhnlich, auch noch gröſsere Formen gewählt.

---

[1]) Friedrichs Baust. S. 163, dem Michaelis S. 222 nicht genügend widerspricht.

Die Bedeutsamkeit des Gröfsenunterschiedes an unsern Friesfiguren tritt namentlich bei 28 hervor, die nicht vollzählig nach ihrer Stellung, wie nach ihren Formen nicht vollerwachsen in dieser Versammlung, doch nicht blos die unerwachsenen Mädchen 31; 32, sondern auch die erwachsenen Frauen: und Mädchen des Zuges etwas an Gröfse übertrifft. Dazu kommt der andere nicht schwächere, dafs, obwohl diese Sitzenden auf beiden Enden mit den stehenden Theilnehmern des Zuges oder den Exercitien so eng verbunden sind, wie diese unter sich, doch diese von jenen auf beiden Seiten nicht die geringste Notiz nehmen, vielmehr ihnen den Rücken zukehren. Sind also die Sitzenden ganz und gar auf die vor ihnen Stehenden und weiter auf die Züge hingewandt, ohne von diesen beachtet zu werden, so müssen sie wohl ihnen unsichtbar sein. Was sollten auch Bötticher's Frauen und Kinder unter den Aufsehern; was sollten diese an einem Platz versammelt, wo es gälte lauter einzelne Exercitien zu überwachen; wie verhielten sich zu jenen Aufsehern die ihnen zunächst stehenden Männer, die nicht zu jenen gehören und doch auch selber nicht exercieren? Was sollte denn exerciert werden, das Hintereinandergehn, das Führen der Rinder, das Reiten oder das Fahren? Von den einzelnen Handlungen, namentlich denen, die den 'Aufsehern' zunächst geschehn, eine Probe oder Vorübung vorzunehmen, wäre gradezu lächerlich; ist auch nicht überliefert, dafs man es in Athen gethan, und sollte es Bötticher schwer fallen, anzugeben, wo denn die einzelnen Exercitien sich scheiden. Aber auch eine Probe des ganzen Zuges ist weder denkbar, noch überliefert, noch wäre sie in der Darstellung von dem Zuge selbst zu unterscheiden, es sei denn durch Ungeschicklichkeiten, die nachzuweisen wären.

Mit der Deutung der einzelnen dargestellten Götter kann man erwarten, auch eine Entscheidung für oder wider Petersen zu erhalten. Dafs es zwei getrennte Gruppen sind, kann zunächst nicht gegen die Einheit sprechen, vielmehr spricht die gleiche Anzahl, jederseits vier männliche, drei weibliche, dafür. . In zwei gleiche Hälften getheilt sind auch die zuschauenden Götter auf dem Theseionsfries[1]), sowie an der Basis zu Olympia jede rseits sechs, aufser

---

[1]) Dafs die Götter hier wie in der Ilias zu trennen, die linken der einen, die rechten der andern kämpfenden Partei Schutzgötter seien, wie Friederichs Bausteine I, S. 137 meint, ist an den Figuren selbst nicht zu erkennen, und

Helios und Selene, bei Aphrodites Aufnahme sich fanden, und ähnlich war vermuthlich die Anordnung der bei Pandoras Geburt an der Basis der Parthenos gegenwärtigen Götter, deren wenigstens eine grade Zahl (20) war. Allerdings sind in diesen Beispielen die Göttergruppen gegeneinander gekehrt, indem der Vorgang zwischen sie gerückt ist. Wie aber dort die Zusammengehörigkeit der getrennten Hälften durch die Theilnahme beider an einem und demselben Gegenstand ausgedrückt ist, so ist hier, wo die beiden Göttergruppen auseinander sich kehren mufsten, ihre Einheit doch dadurch deutlich angezeigt, dafs die scheinbar getrennten beiden Züge rechts und links einmal durch ihre äufsere Gleichförmigkeit sich als einen erweisen, und zweitens die Spitzen beider zwischen den sitzenden Göttern in der Mitte thatsächlich zu einer Gruppe verbunden sind. Diese Sätze bedürfen aber noch einer Erörterung.

Dafs die Göttergruppen sich auseinander kehren mufsten, nicht hier der Mittelgruppe von fünf Personen zugewandt sitzen konnten, leuchtet ein: was jene fünf Personen auch vorhaben, es ist nichts was etwa mit der Geburt Aphrodites oder Pandoras sich vergleichen liefse, nichts was grade des Schauens vorzüglich würdig wäre, da es sonst auch den Blicken der Procession nicht entzogen sein dürfte. Diese vielmehr ist das rechte Schauspiel, und das andre haben die Sitzenden geschaut, denn die übergebenen Gegenstände sind ja an ihnen vorbeigetragen.

Nun könnte man meinen, dafs die Götter überhaupt nicht hätten getrennt werden müssen, dafs der Künstler, wenn er einen Zug und eine Götterversammlung hätte darstellen wollen, diese an das linke Ende dieser Friesseite gerückt haben würde, damit ihnen entgegen von rechts längs der andern Hälfte dieser Seite und den übrigen drei der Zug sich heranzöge: versucht man aber eine solche Composition sich vorzustellen, und vergleicht man dieselbe mit der vorliegenden, dann wird man die Schönheit, ja die Nothwendigkeit dieser erst recht begreifen.

---

scheint mit Friederichs' Auffassung der Darstellung, als eines Kampfes gegen den Kentauren ähnliche Unholde, nicht verträglich. Denn obwohl manchen Göttern verwandt, sind solche Unholde doch, den Mythen zum Trotz, durch das sich klärende religiöse Bewufstsein zu Feinden aller hohen Götter geworden (aufser etwa des Ares).

Denke man sich die Götter alle dem Festzuge von links her entgegenschauend, so würden sie diesem äufserlich das Gleichgewicht halten; so wie äufserlich, würden sie aber nothwendig auch innerlich dem Festzuge entgegenzusetzen sein, und sie müfsten vom Beschauer als das Ziel des Festzuges aufgefafst werden. Daran würde auch die zwischen beide Theile gestellte Mittelgruppe der fünf, — denn dafs sie nicht auch dann hinter die Götter gerückt sein könnte, leuchtet ein, — nichts ändern. Diese könnten nur als die Vermittler zwischen den beiden Hauptmassen erscheinen. Sie würden weder von dem Festzug, noch von den Göttern zu trennen sein, weil sie unmittelbar vor dem einen wie dem andern ständen; man müfste alle drei Theile eben an demselben Raume denken. Nun scheint allerdings natürlich den Festzug und die Götter im Freien zu denken, ebenso natürlich aber gehört der in der Mittelgruppe dargestellte Ueberlieferungsact nicht ins Freie, sondern in geschlossenen Raum, und in der vorliegenden Composition werden wir das alles auf die einfachste Weise ausgedrückt finden. In jener vorausgesetzten Anordnung würden ferner nicht zum Vortheil der Symmetrie die sitzenden Götter — stehen wie am Niketempelfries oder an der Basis der Parthenos konnten sie hier aus leicht begreiflichen Gründen nicht — den stehenden Sterblichen entsprechen, und noch unsymmetrischer würde es sein, dafs die Menschen hintereinander folgten, die Götter aber als nebeneinander sitzend dem Beschauer sich darstellen müfsten. Und nun denke man sich nicht sechs, sondern zwölf Götter, und der Symmetrie wegen jedenfalls eher mehr als weniger, so hintereinander gerückt, wie es jetzt jederseits sechs sind, von denen auch höchstens bei vieren das Nebeneinander äufserlich darzustellen versucht ist. Wäre das nicht ein arger Verstofs gegen den Reliefstil?

Das Schlimmste aber wäre noch, dafs die beiden Enden der Darstellung an der Südostecke zusammenstofsen würden und zugleich auseinanderklaffen, wie jetzt an keiner der vier Ecken wahrzunehmen, so dafs der Beschauer zu Genufs und Würdigung des Ganzen erst an zwei Seiten des Tempels entlang zu gehn und den halben Zug suchend zu mustern hätte, bis er den Ausgangspunkt seiner Betrachtung fände. So hätte man freilich nur einen Zug gehabt, aber man hätte nicht umhin gekonnt, die Hälfte desselben doppelt zu sehn, erst entgegenkommend, hernach mitgehend; dagegen ist jetzt zwar der Zug doppelt dargestellt, aber man sah ihn nur einmal, ohne den Anfang suchen zu müssen, vielmehr von selber auf ihn zugeführt, sowohl durch die Lage des Tempels, als auch durch die Architektur. Denn wenn man von den Propyläen her dem Tempel nahte, fand man an dem hintern Ende des Tempels auch des Zuges hinteres Ende und zwar, wie wir sehen werden, deutlich als solches durch die noch nicht vollendete Bildung und Organisierung charakterisiert. Ging man dann mit dem Zuge weiter nach dem vorderen Ende, so sah man da des Zuges Spitze, und ging man nun weiter an der Südseite herum wieder nach dem Westende, so durchlief man denselben Zug noch einmal von der andern Seite. So also sah man den ganzen Zug zweimal, wenn man den Tempel ganz umging, und zwar in richtiger Folge entweder vom Anfang bis zum Ende oder rückläufig vom Ende zum Anfang, einerlei ob man im Westen oder Osten seinen Ausgangspunkt nahm und einerlei ob man von jedem dieser Punkte rechts oder links herumging; aber das Ganze sah man auch schon bei dem halben Umgang, wie ihn wahrscheinlich der lebendige Festzug machte. Wie aber dem Gegensatze von Vorder- und Rückfront des Baus Anfang und Ende des Zuges entsprechen, so sind die, rein architektonisch betrachtet, einander gleichstehenden Langseiten mit dem gleichen, nach vorn hinleitenden Zuge geschmückt. Der einzige Punkt aber, wo das Auge den doppelten Zug gewahr wird, ist die Ostseite, aber indem es zugleich die Gleichheit und Symmetrie beider Züge sieht, die mit den Göttern bis in die Mitte, trotz so vieler Abweichungen im einzelnen, als überall die Symmetrie Pheidiassischer Compositionen beleben, wie zwei auseinandergeschnittene Hälften erscheinen[1]), fafst es beide leicht zur Einheit zusammen. Man könnte sich auch vorstellen, dafs der Zug in der That vor dem Tempel sich gespalten und halbkreisförmig aufgestellt habe, so dafs die Erscheinung des wirklichen Zuges eine gewisse Aehnlichkeit mit dem dargestellten gehabt hätte; aber besser man beseitigt diese Vorstellung, nicht nur weil sie jedes positiven Grundes entbehrt, sondern auch weil sie neben jenem andern Grunde durchaus müssig ist, und nur zu leicht zu der jedenfalls verwerflichen Vorstellung verführt, dafs der Zug in der Wirklichkeit sich auf dem Burgfelsen angekommen ge-

---

[1]) Gleichwie ein Symbol dieser Composition ist die zweileibige Sphinx im Giebel bei Schöll, Mittheilungen VI.

spalten und halb rechts, halb links den Tempel umzogen habe, so
dafs sich vorn beide Züge entgegen gekommen wären. Aber diese
Ansicht über den wirklichen Zug, die in der That ausgesprochen
ist, war nur eine schlechte Voraussetzung[1], um die gewählte Composition, deren einzige Vortrefflichkeit man nicht verstand, sich
erklärlich zu machen.

Die Einheit der Götterreihen ist durch die Trennung in der
Mitte sogar deutlicher als ohne dieselbe. Hätte der Reliefstil erlaubt, dafs von beiden Seiten her die Sitzenden allmählich aus der
reinen Seitenansicht in die Vorder- oder mindestens Dreiviertel-
Ansicht übergeführt wären, so dafs in der Mitte etwa einer oder
zwei Götter nebeneinander, nicht Rücken an Rücken, gesessen
hätten, so wäre allerdings die Einheit der Göttergruppe auch dem
Phantasielosen greifbar, aber durch die Ausscheidung der Mittelgruppe neuer Mangel entstanden. Aber solche Darstellung war
auch in diesem Relief nicht möglich; doch was dargestellt im Relief unschön gewesen wäre, das ergänzt die Phantasie leicht, zumal
sie durch die stehenden Mittelfiguren geleitet wird, denn in diesen
setzen sich die Linien der beiden Züge und der beiden Götterreihen fort, um endlich verbunden zu werden. Das erste beweifelt
kaum jemand, ist auch durch die Wendung des zweiten Mädchens
dargestellt, welche, bis auf die hier nicht zum Winken erhobene
Rechte, genau mit derjenigen des Zugführers am linken Ende der
Ostseite (1) übereinstimmt. Die Verbindung zweitens und Zusammengehörigkeit der zu den zwei Mädchen gewandten Frau und
des dem Knaben zugewandten Mannes ist zwar bezweifelt, aber
in einfachster und schlagendster Weise ausgedrückt, erstens dadurch, dafs die fünf Figuren nicht nur unmittelbar aneinander
gestellt, sondern auch durch die Sitzenden zusammengeschlossen
sind, da der mittlere Raum zwischen der beiderseits gleichartigen
Einfassung als ein ungetheilter gefafst werden mufs. Dazu sind
zweitens der Mann und die Frau soweit in die Vorderansicht gestellt, als es möglich war bei der Auseinanderwendung nach links

---

[1] Zum Ueberflufs sei noch dagegen bemerkt, dafs erstens die Wagen
und Rosse sicher nicht mit auf die Burg gezogen sind, dafs zweitens an der
Westseite und deren Ecken durchaus nicht die Vorstellung erweckt wird,
dafs hier der Zug am Tempel angekommen sich theile; dafs drittens unter
jener Voraussetzung die beiden Zughälften auch in der Stärke der einzelnen
Abtheilungen genau sich entsprechen müfsten.

und rechts. Was bei den Sitzenden nicht wohl hätte geschehn können, ist hier bei diesen Stehenden erreicht, dafs sie nicht Rücken an Rücken haben, sondern Schulter an Schulter, und gar das nachgezogene rechte Bein des Mannes macht so augenscheinlich wie möglich, dafs er eben vorher an der Seite der Frau stand.

Ein dritter Beweis der Einheit dieser Gruppe ist ihre symmetrische Anordnung, — auch diese freilich verkannt. Wir dürfen annehmen, dafs die hier dargestellte Handlung am meisten der Wirklichkeit nachgebildet ist, dafs auch die Zahl der handelnden Personen gegeben war. Meint man nun aber die vorliegende Composition sei unsymmetrisch, weil sie in zwei ungleiche Hälften von drei und zwei Personen zerfalle[1]), so giebt dafür jene Annahme der nachgebildeten Wirklichkeit keine Entschuldigung ab, denn wie leicht hätten die zwei Mädchen der Frau gegenüber so hintereinander gestellt werden können, dafs sie, zumal bei gleicher Beschäftigung, in der Composition nur Geltung einer einzigen gehabt hätten. Dann aber hätte die Zweitheilung sich eben auch in der Mitte wiederholt, wenn auch die Zusammengehörigkeit der beiden Theile sonst noch so ersichtlich gewesen wäre. Dagegen halten jetzt die beiden Mädchen dem Manne mit dem Knaben das Gleichgewicht, und verbindet die Frau im Centrum die beiden symmetrischen Hälften zu einem Ganzen[2]). Dafs wir daneben verstehen, dafs innerlich die Frau dem Manne, die Mädchen dem Knaben nach Alter, Bedeutung und Thätigkeit entsprechen, vermag den rein äufserlichen aber um so direkter wirkenden Eindruck jener Figurenvertheilung nicht aufzuheben, sondern nur zu modificieren.

Endlich ist auch die Gleichartigkeit der Handlung[3]) und mehr noch vielleicht die Ergänzung der Geschlechter von Bedeutung für die Einheit der Gruppe, indem das weibliche links, das männliche rechts, jedes für sich ein halbes, zur Einheit zusammengefafst zu werden verlangen.

So stellt also diese Mittelgruppe die Einheit der beiden Züge wie der beiden Götterreihen her, und ähnliches wie bei Bespre-

---

[1]) Friederichs, Baust. S. 167 f.
[2]) So auch Michaelis S. 222.
[3]) Overbeck, Gesch. d. Gr. Pl. II S. 266 läfst freilich den Knaben den Peplos bringen, die Mädchen etwas holen.

chung der Aphrodite und Peitho im Ostgiebel läfst sich hier über die Genialität der Erfindung sagen, die sich eben darin zeigt, dafs Alles mit einem Schlage sich ordnet und fügt. Die Mittelgruppe wird eingeschlossen und geeinigt durch die beiden Götterreihen, aber wiederum werden die Götterreihen von den beiden entsprechenden Zughälften und deren gemeinsamer Spitze eingeschlossen und geeint, gleichsam durch eine Schleife, nach Overbecks treffendem Ausdruck. Noch ein andrer Sinn, der in der Absonderung der Mittelgruppe durch die Götter von dem Zuge liegt, kann erst später ausgelegt werden.

Ueber diese Handlung selbst aber giebt es noch widerstreitende Ansichten[1]). Empfangen der Mann und die Frau, oder theilen sie jene Gegenstände aus? Jenes meinen die meisten, dieses behauptete früher Müller, neuerdings Bötticher[2]), der für sich als 'nachzeichnender Künstler' nicht geringe Autorität beansprucht. Auch hier ist wahrlich nicht der Künstler d. h. der vorzeichnende schuld.

Wenn die beiden Mädchen die Gegenstände auf Kopf und Hand nicht brächten, sondern holten, so hätte die zweite (31) ihre Bürde schon erhalten, während sie der andern (32) eben aufgelegt würde. Dann aber müfste diese letzte entweder ruhig stehn, oder da auch sie schon fast absolviert wäre, statt jetzt noch zu der Frau hintretend, schon im Wegschreiten dargestellt sein; und vielmehr noch müfste die andere grade die entgegengesetzten Bewegungen machen. Nicht nach dem Zuge, den sie verlassen, rückblickend, müfste sie auf die Frau zuschreiten, sondern nach aufsen, zu den Draufsenstehenden schreiten, und dabei nach der Frau, die sie verläfst, und der Gefährtin, die ihr folgen soll, zurückblicken. Ebenso ist auch an dem Knaben das nachgezogene rechte Bein Rest der vorhergegangenen Bewegung, nicht Anfang des Fortgehens, und seine linke Hand nicht zum Aufnehmen unterbreitet, sondern

---

[1]) S. Michaelis S. 264. Centrum und Götter in London und Athen.

[2]) Phil. 18 S. 27 von der Verwendung der Peplen zur Ausschmückung des Panathenäenfestes sprechend. 'Wer konnte auch wohl hieran zweifeln, wenn die Verausgabung von Peplen und Polstersitzen im Zophoros dieses Tempels handgreiflich dargestellt ist'. Wenn er aber ebenso energisch versichert, dafs er nie behauptet habe, wie 'alle ihm vorangehenden Erklärer', dafs hier die Einführung und Uebergabe des grofsen Festpeplos dargestellt sei, so möchte ich wohl fragen, was er denn gedacht, als er Tekt. IV, S. 53 erklärte, der Fries stelle die panathenäische Pompe dar. Overbeck s. oben.

deutlich loslassend gezeichnet¹). Der Mann ferner kann das zusammengefaltete Zeug unmöglich in dieser Weise dem Knaben auf die Arme legen, denn wo sollte dieser es anfassen; nicht der Knabe könnte es, nachdem er es empfangen, in die richtige Lage bringen, sondern müfste es zum Tragen zurechtgelegt empfangen. Endlich die Frau würde sicher ihre rechte Hand nicht unter den getragenen Gegenstand, sondern auf denselben gelegt haben, wenn sie ihn nicht abhöbe, sondern auflegte²).

Was sind denn nun das für Gegenstände, welche die Mädchen und der Knabe überbringen? Was dem Knaben abgenommen wird, erkennt ein jeder gleich als ein grofses faltiges, vielfach zusammengelegtes Stück Zeug, an dem der gleiche Saum oder Borte sich zeigt wie an den getragenen Gewändern des Frieses. Die Mädchen dagegen tragen auf dem Kopfe vierbeinige Sessel von fast derselben Form, wie sie unter vieren der sitzenden Götter links und rechts sich finden, aber mit Polstern, derlei nur bei einem der Götter zu sehn ist. Die Mädchen haben auf dem Kopfe der Last das in alten und neuen Zeiten gebräuchliche Polster untergelegt, und fassen je eins der Stuhlbeine mit einer Hand, die eine dicht unter dem Sitzbrett, die andre tiefer³). Von den Stuhlbeinen ist

---

¹) Michaelis S. 257 will, wie Lenormant, nur das Zusammenfalten dargestellt sehn, damit es nachher weggelegt werde, also doch auch dafs es gebracht ist. Insofern käme es auf eins hinaus. Aber die augenblickliche Drehung des Mannes gegen den Knaben spricht doch gegen jene Auffassung. Dafs der Mann das Gewand so nimmt, bezweckt die Bedeutung des sonst leicht und selbst so noch verkannten Gewandes zu veranschaulichen.

²) Vgl. die sehr ähnliche Figur der 'Phyle', welche Nike einen Dreifufs abnimmt auf einem attischen Relief. Arch. Zeit. 1867, T. CCXXVI, 3.

³) Tische oder Sessel erkannte Hawkins im Text zu den Ancient marbles, nach ihm andre. Die dagegen gekehrte, scheinbar sehr scharfe Kritik Overbecks im Rhein. Mus. 14, S. 191 ist durchweg unglücklich. Die von ihm angefochtenen Urtheile Böttichers sind alle richtig. Solche Sessel giebt's aufser auf dem Fries noch oft, z. B. zwei aufeinander getragen im Vasenbild, Welcker A. D. V. t. 19; andere Beispiele Mon. Ined. d. Inst. I, 53; Gerhard AV. T. 229; 295; 302 und oft, mit einem Polster sogar und ebenso auf dem Kopf getragen und bei einem Bein gefafst auf der Vase des Exekias Mon. d. Inst. II, 22, wie sonst Tischchen getragen werden Mon. inéd. zu Nouvelles Annal. 1836 pl. V = Gerhard Ak. Abh. T. 1, oder ein Dreifufs Gerhard AV. IV, 247. Ganz wundersam sind Overbecks eigene Aufstellungen. Was die Hand fasse, sei nicht ein Stuhlbein, sondern eine Fackel, und auf dem Kopfe eine Platte mit einem grofsen Brot. Damit soll Pheidias die Arrephoren charakterisirt

jetzt allerdings nur eins noch ganz sichtbar, von dem andern desselben Stuhles nur ein Ansatz oben wie unten und ein Bohrloch, ebenso eins an dem zweiten Stuhl zum Beweis, dafs die jetzt fehlenden Beine wahrscheinlich angesetzt waren; mehr als zwei waren aber von diesen Stühlen ebenso wenig zu sehn, wie an denen der Götter. Was das zweite Mädchen auf der andern Hand trägt, und gewifs trug die erste dasselbe, ist allerdings sehr undeutlich; weil aber doch wahrscheinlich, dafs dieser Gegenstand zu dem Hauptstück, dem Stuhle, etwas secundäres, zugehöriges gewesen, und weil auch die Form[1]) dafür spricht, möchte ich glauben, dafs es ein Fufsschemel sei.

Weiteres ist über diese Gegenstände und deren Zusammengehörigkeit noch nicht zu sagen, ebensowenig wie über die betheiligten Personen, aufser dafs die Ueberbringer unerwachsen sind, die Mädchen etwas gröfser als der Knabe, dieser etwa zehn- bis zwölfjährig; dafs alle drei stattlich bekleidet sind, der Knabe mit Himation, die Mädchen mit Chiton und Himation gleich der Frau, während der Mann, eine würdige Erscheinung im Barte, einen einfachen Chiton ohne Ueberwurf trägt.

Danach untersuchen wir die beiden Götterreihen[2]), beginnend mit der linken. Der erste links von der Mittelgruppe (30) ist ein

---

haben, von denen bezeugt wird, sie hätten während der Arbeit an dem Peplos eine besondre Art Brot gegessen, und hätten zum Schlufs eine nächtliche Procession gemacht. Aber was sollen die Fackeln, die sie dabei nach Overbecks Meinung vielleicht brauchten, hier an hellem Tage? was die Brote anders als den Archäologen einen Wink geben, den auch nicht jeder verstanden hätte? Auch in der Gesch. d. Plastik S. 266 scheint er sich von der alten Erklärung noch nicht ganz losgemacht zu haben, da er noch von verdeckten Gegenständen auf dem Kopfe der Mädchen spricht, und wiederholt sie noch einmal BdKSGdW. 1868 S. 126. Wegen des Ansatzes der fehlenden Theile vergleiche Zeus' Scepter, Ares' Lanze, Paus. 8, 37, 2 und überhaupt Michaelis S. 255. S. unten die Erklärung.

[1]) Nach oben erscheint der Gegenstand als oblonge Platte, nicht so unten, da ja der tragende Arm des Mädchens kaum darunter vorspringt, sondern in eine Vertiefung eingesenkt ist. Diese Vertiefung bilden zwei Leisten unter den beiden Schmalseiten angebracht, so dafs die Platte etwas drüber hinausreicht. Stephani CR. 1860, II, und oft findet man Schemel ähnlicher Art.

[2]) Die früheren, sehr auseinandergehenden Erklärungen s. bei Michaelis, (di due figure alate sul fregio del Partenone, Memorie dell' Inst. di corr. arch. II), DP. S. 254 ff. 261. 183 ff. der vorzüglich Nike und Eros nachweist und

bärtiger Mann, dem Beine und Leib vom Himation umhüllt sind, das, weiter über die Rücklehne seines Sitzes gezogen, dem dort aufgestützten Arm eine Unterlage bereitet. Hier sind uns untrügliche äufsere Abzeichen gegeben. Von allen zwölf sitzenden Göttern hat dieser allein den Vorzug eines stattlicheren Sitzes mit breiterem Sitzbrett, Querleisten zwischen den Beinen ($\varkappa\alpha\nu\acute{o}\nu\varepsilon\varsigma$) und vor allem mit Rück- und Seitenlehnen, letztere vorn von Sphinxen gestützt. So findet man Sphinxe öfters an Thronen von Herrschern oder Göttern verwandt, und hatte sie, nach Pausanias, Pheidias auch an dem Zeusthron zu Olympia angebracht. An dem rechten Arm sieht man einen Stab, der nach oben durch Schulter und Rücken verdeckt ist, nach unten zwischen Daumen und Zeigefinger durch, wo ein Bohrloch die einst angesetzte Verlängerung verräth, bis zur Erde reichen mufste, denn die Hand umschliefst ihn so lose, dafs er nicht hier, sondern nur am Boden Widerhalt finden konnte[1]). Es ist also weder ein kurzer Stecken, wie ihn einst 24 gehalten hat, noch ein Stab zum Stützen, wie solchen 37 gebraucht, und da es eine Lanze nicht sein kann, weil der Träger jedenfalls nicht Ares ist, bleibt nur das Scepter. Wir haben also Scepter und Thron, die namentlich bei den attischen Tragikern so oft zusammen als die Symbole der Herrschaft genannt werden, z. B. Soph. O. C. 425; 448; 1354, die hier den fast von niemand verkannten Herrscher im Olympos auszeichnen. Der Schemel fehlt wohl deshalb, weil eine räumliche Erhebung des Gottes hier nicht wohl pafste, wie ja auch sein Thron die Sessel der übrigen nicht überragt. Aber auch durch edle Formen und würdevolle Haltung ist dieser Gott vor den andern ausgezeichnet. Sein Haar ist reicher, länger sein Bart[2]) als bei 37 und 38, alle Formen, nament-

---

sonst fast zu denselben Resultaten gekommen ist wie ich. Was ich daraus meiner damals schon geschriebenen Arbeit zuzusetzen gefunden, verweise ich in die Anmerkungen, oder hebe es sonst hervor.

[1]) Vgl. den Triptolemos der Vase von Altamura Mon. Inéd. d. I. VIII, IX, der bis auf die Kopfwendung und Vertauschung der Beine unsrer Figur gleicht; ebenso, nur ganz umgedreht, sitzt der Zeus Stephani CR. 1860, 2.

[2]) Nur übertriebenes Streben, Reste alterthümlichen Stiles auch am Parthenon nachzuweisen, kann Friederichs (so auch Michaelis S. 255) veranlafst haben, Bausteine S. 165 zu sagen: 'der hier dargestellte Zeus mit dem alterthümlich knappen und spitz zulaufenden Bart hat noch deutliche Verwandtschaft mit dem alten Stil'. Denn da bei besser erhaltenen Köpfen (wie 38; 45; 46) durchaus freie Behandlung des Haares und Bartes, gleich-

lich auch der Kopf, gröfser und kräftiger und die Haltung der von 24 und 38 am meisten ähnlich, doch beiden an Grofsartigkeit überlegen, jenem besonders durch die aufrechtere Haltung, durch den ungezwungen aber gebieterisch auf die Rücklehne gestützten Arm. Die Wirkung dieses Motives wird am deutlichsten, wenn man den herabhangenden Arm jenes andern (38) vergleicht: hier schlaffe, dort kraftvolle Ruhe, und wieder der andere Arm hier weniger ungezwungen als dort. Gewifs, von allen Zeusbildern hilft keins besser von dem Zeus in Olympia uns eine Vorstellung zu bilden als dieses. Ist an demjenigen des Frieses bei aller Würde etwas von Bequemlichkeit nicht zu verkennen, namentlich in der Haltung des rechten Armes, welche an dem von Olympia nicht so gewesen ist, so ist auch der Unterschied wohl zu bedenken, dafs dort der Gott allein, in seinem Tempel den Anbetenden sich darstellt, hier aber in vertraulicher Gesellschaft der andern Götter, den Sterblichen unsichtbar, weilt.

Neben ihm sitzt eine Göttin, wie die meisten mit dorischem Chiton bekleidet. Den Schleier, der ihr Haupt bedeckt, fafst sie mit beiden Händen und hebt ihn mit der Linken zurück, um Zeus, dem sie das Antlitz zuwendet, anzuschauen[1]). Dies Lüften des Schleiers macht nicht nur den Schleier bemerklicher, sondern auch das Anblicken bedeutsamer, das so in der That nur der Gattin gegen den Gatten ziemt, und Hera ist ja die Frau und Gattin, im Cultus Νύμφη beigenannt, und Vorsteherin der Ehe. Und so matronal sie erscheint im Vergleich mit der jungfräulichen Göttin 36, so königlich gegen die beiden 40; 41 und die dritte links (26). Nach Homer's Ἥρης πόσις ἠυκόμοιο endlich ringeln sich volle Locken um ihre Schläfen, wie bei keiner der übrigen Göttinnen, während die Bohrlöcher im Haar, auf welche Hawkins

---

weit entfernt von Lysippischem Effekt wie von alterthümlicher Convention, sich findet, und Zeus nicht durch Alterthümlichkeit sich ausgezeichnet haben kann, so müssen wir der Verschleifsung die Schuld geben.

[1]) Aehnlich steht Hera gegen den thronenden Zeus gekehrt, in der R. das Scepter, mit der L. den Schleier fassend Gerhard, Akad. Abh. T. VI, 3 = Mon. I. d. Inst. II, 31. Förster, Hochz. d. Zeus u. d. Hera S. 12. Es ist eine Weiterbildung des ἄντα παρειάων σχομένη λιπαρὰ κρήδεμνα, dem am genauesten wohl die Gebärde der Pudicitia entspricht. Vgl. Penelope bei Overbeck Pomp. II, 208. Denn jener homerische Ausdruck soll gewifs nicht eine Verhüllung, sondern eine theilweise Enthüllung bezeichnen.

aufmerksam macht, die Stirnkrone der Königin zu bezeugen scheinen¹). Sollte aber der Meister, da er bei jenem bedeutsamen Lüften des Schleiers die Arme der Göttin in ihrer ganzen Schönheit der Form wie der Haltung²) so sichtbarlich hervorhob, nicht an den Namen gedacht haben, den Homer der Göttin am häufigsten giebt, indem er sie die 'weifsarmige Göttin' nennt³)?

Bei Hera steht von kleinerer Gestalt und noch unausgewachsenen Formen ein Mädchen, gleichfalls dorisch gekleidet und geflügelt. Der Kopf ist leider weggebrochen, wie auch zur Hälfte die bis zum Kopf erhobene rechte Hand, deren Bewegung mit der andern Hand vor der Brust zusammenhängt, und in der gewifs richtig das so oft und ganz ähnlich dargestellte Motiv eines zwischen beiden Händen gehaltenen Kranzes oder einer Tänie und damit Nike erkannt ist, der dieses Motiv, wie wir auch im Ostgiebel gesehn, ebenso ureigenthümlich ist, wie die Flügel⁴). Der Iris dagegen, an welche man wie auch an Hebe gedacht hat, sind im Ostgiebel eben keine Flügel gegeben, und umgekehrt fehlt hier die dort derselben gegebene so charakteristische Bewegung, wie ihr auch, so zu sagen, der Zweck, die Bedeutung fehlt, die für Nike unten angegeben werden soll⁵).

Während bei Zeus und Hera das Nebeneinandersitzen dadurch veranschaulicht ist, dafs ein Theil der Göttin und ihres Stuhles durch Zeus verdeckt wird, ist der nächste Gott wieder ganz frei dargestellt, mit ihm aber sind die folgenden drei enger verbunden. Jener ist ein kräftiger Jüngling⁶) ohne Bart, in eigenthümlicher

---

¹) Michaelis S. 255 spricht von einem Kranz mit länglichen Blättern.

²) Förster, Hochzeit des Zeus S. 10 n. 3 macht auch die Gürtellosigkeit geltend, die sie hier freilich nicht unterscheidet.

³) Die Hera des Polykleitos, deren Arme durch Halten von Scepter und Apfel hervortraten, erhält von Maximus Tyrius diss. 14, 6 dies Beiwort zuerst, dazu noch $\dot{\varepsilon}\lambda\varepsilon q\alpha\nu\tau\acute{o}\pi\eta\chi\upsilon\nu$. Die Armhaltung liefs schon Ronchaud an die $\lambda\varepsilon\upsilon\kappa\acute{\omega}\lambda\varepsilon\nu o\varsigma$ denken; doch verwarf er es, und wollte lieber Nemesis daran erkennen mit Helena neben sich!

⁴) Die von Visconti erkannten Flügel bestätigt Michaelis, der auch, wie Conze, die Tänie ergänzt. Gegen Hebe macht er die Beflügelung geltend, gegen Iris das Fehlen des Botenstabs.

⁵) Vgl. Nike (?) als Schenkin mit Apollo zwischen Zeus und Hera, die einander gegenüber sitzen. Mon. Ined. d. Inst. II, 58 = Welcker, AD. V, 24.

⁶) Michaelis S. 254 Urtheil, 'die Figur sei zu jugendlich zart für Ares' begreife ich nicht. Was er ebenda über die Zusammenstellung sagt, davon später.

Haltung, ein bekanntes Motiv so naturwahr wie feinsinnig variierend. Er lehnt sich zurück und ersetzt den Mangel einer Rücklehne gewissermaſsen, indem er mit zusammengefalteten Händen das heraufgezogene rechte Knie umschlieſst. So balanciert er den Oberkörper durch das Gewicht des Beines, während das andere über einen Stab geschlagen, auf diesem schwebend erhalten wird.

Aufser diesem sehr charakteristischen Motiv ist noch der Stock ein Mittel der Erklärung. Als drittes hat man die Verbindung mit der nächsten Göttin geltend gemacht, in welcher man allgemein und richtig Demeter erkennt. So ist man dazu gekommen, in jenem Jüngling den im attischen Cult mit Demeter so eng verbundenen Triptolemos zu sehen, indem man jene Art zu sitzen vorzugsweise bäurisch und somit für den Heros des Ackerbaus bezeichnend fand. Zugegeben aber auch, daſs die Figur für einen Triptolemos nicht zu derb wäre, obwohl er in den meisten Darstellungen zarter, mitunter sogar knabenhaft erscheint[1]), so wäre doch diese Haltung für den Triptolemos am wenigsten schicklich. Denn verkehrt und ganz widersprechend den Darstellungen ist es, den Triptolemos, der ja ein Königssohn war, der öfter ein Scepter führt und in der Unterwelt als Todtenrichter erscheint, sich bäurisch gesittet vorzustellen, weil er die Gabe der Göttin verbreitete. Am allerwenigsten in der Gesellschaft der Götter würde ihm solche Haltung geziemen, denn eine gewisse Lässigkeit und Ungeniertheit ist vorerst in derselben anzuerkennen. Wie käme aber Triptolemos überhaupt in die Gesellschaft der Götter? Daſs er in Attika mit Demeter und Kore zusammen Cultusehren genoſs, macht ihn nicht zum Gesellschafter der Götter, so wenig wie die Kekropstöchter oder die attischen Horen. Denn wenn auch die Götter zunächst hier zuschauen, welche zu dem Fest und dem Lokal eine Beziehung haben, so sind es doch darum nicht Lokalgötter. Durch solche Beschränkung wäre ja die Ehre des Festes und der gefeierten Gottheit, wenn auch nicht absichtlich herabgesetzt, doch ungeschickt erhöht.

Mit 26 ist unser Jüngling allerdings dergestalt verbunden, daſs er neben ihr sitzt, und, da dem ersten Blick die Götter hüben wie drüben paarweis geordnet erscheinen müssen, mit ihr das zweite Paar bildet. Aber unverkennbar ist die Absicht, diese

---

[1]) Erwachsener z. B. Stephani CR. 1862, II; III.

Verbindung zu einer möglichst äufserlichen, blos räumlichen zu machen. Durch das Zurücklehnen von 27, das Vorbeugen von 26 sind die Oberkörper möglichst weit voneinander entfernt, und die Gesichter sind nicht einander zugekehrt wie bei 38 und 39 drüben. Dagegen mit dem ersten Jüngling des folgenden Paares 25 ist jene Göttin 26 in augenfälliger Weise dadurch verbunden, dafs er zwar den Kopf augenblicklich von ihr ab-, dem kommenden Zuge entgegenkehrt, aber mit dem ganzen Körper ihr zugewandt sitzt, er allein der Richtung der andern Götter entgegen, und mit seinen Füfsen die der Göttin umschliefst. Dazu kommt ein äufseres Anzeichen, das verstohlen scheint, aber einmal bemerkt desto wirksamer ist, dafs nämlich bei allen drei Paaren drüben und dem ersten diesseits die Sitze der äufserlich, und wie wir theils sahen, theils sehen werden, auch innerlich zusammengehörigen Gottheiten gleichförmig sind, mit alleiniger Ausnahme, dafs der Sitz des Zeus vor demjenigen Heras oberwärts die Lehnen voraus hat. Diese Gleichförmigkeit ist nun hier am linken Ende keineswegs aufgegeben, sondern zwei und zwei Sitze sind sich gleich, aber die beiden äufseren und die beiden mittleren, so dafs in jeder Beziehung die Göttin mit dem ihr gegenübersitzenden inniger verbunden ist, und der sein Knie umfassende Gott innerlich dem letzten der Reihe näher stehen möchte.

Nun hat man wegen der Aehnlichkeit unserer Figur mit der bekannten Ludovisischen Statue, die jetzt ziemlich einstimmig für Ares erklärt wird[1]), auch jene als Ares gedeutet. Diese Deutung scheint auch mir die rechte, aber nicht der Beweis, denn die Aehnlichkeit besteht doch vornehmlich in der Haltung; die aber kehrt noch bei andern Figuren wieder, welche jedesfalls nicht Ares sind. Man müfste also erst zeigen, was in dieser Haltung sich ausspricht, bei dem Ares Ludovisi sowohl wie bei den andern Figuren, und danach zeigen, dafs ein gleiches unter den Göttern bei dieser Gelegenheit nur, oder vorzüglich für den Ares passe. Bei Erklärung jenes Motivs ist aber zunächst das zu beachten, dafs es, auch abgesehn von der oben berührten Besonderkeit unsrer Figur, nicht wenig im einzelnen variiert.

In den alten Erklärungen[2]), die man herbeigezogen, wird ganz

---

[1]) S. Stark, BdKSGdW. 1864, S. 173.
[2]) Vgl. Raoul-Rochette, Mon. Inéd. II. S. 413. Paus. 10, 31: Hektor in

besonderes Gewicht auf die ineinander gefalteten Hände gelegt, wie sie an unsrer Figur sich finden, aber nicht an der Ludovisischen, welche die Hände übereinander hält; während sie doch in dem zweiten Punkte grade übereinstimmt, darin nämlich, dafs beide sich hintenüber lehnen, während andere, z. B. Achilleus, Elektra, Orestes, sich vornüber beugen; und ein drittes wiederum haben jene beide nicht, das doch sonst häufig, auch bei Ovids Eileithyia sich findet, das übergeschlagene Bein. Es liegt ferner auf der Hand und ist lange bemerkt, dafs die auf Stellen der Alten gegründete Erklärung[1]) jenes Motivs als Ausdrucks der Trauer[2]) nicht auf alle Beispiele pafst, wohl auf Achilleus, Orestes[3]), Elektra, auf eine Mänade, die gesühnt wird, vielleicht auf Parthenopaios, nicht aber auf den Satyr rechts vom Dionysos des Lysikratesmonuments und Odysseus nach Ilias IX dem Achilleus gegenübersitzend, noch auf Aphrodite bei Helenas Verfolgung durch Menelaos, oder eine 'Poina' in der Unterwelt, noch endlich bei unserem dem Festzuge zuschauenden Gotte. Stimmt doch auch die Bedeutung bei Pausanias und Ovid keineswegs überein, bei Hektor, der in der Unterwelt trauert, und der auf Heras Geheifs hemmenden Geburtsgöttin. Wir müssen also wohl nicht Trauer selbst in jener Haltung ausgedrückt finden, sondern etwas, das zwar häufig zur Trauer hinzukommt, aber auch bei andrer Gemüthsverfassung sich findet, und um dies zu erkennen, gehn wir von der Eileithyia aus[4]). Der hier in den Gestus hineingelegte Sinn, die Absicht einen Vorgang zu hemmen, der namentlich den gefalteten Händen auch sonst beigelegt wird[5]), scheint in der That einfach und unmittelbar in solcher Verschränkung und Bindung aller Glieder und Kräfte durcheinander sich auszusprechen, zunächst freilich nur die Hemmung eigener Kraft; aber dafs durch

---

Polygnotos' Unterwelt; (Apoll. Rhod. 3, 706: Medeias Schwester;) Apul. Metam. 3, 13. Ovid. Metam. 9, 297.

[1]) S. R. Rochette, S. 47; 58.

[2]) S. die 'Funerac' beim Todtenbett, Mon. Inéd. d. I. V, 6.

[3]) Auf einer Vase des cabin. Pourtalès, die ich nicht genauer mehr nachweisen kann als durch Anführung v. R. Rochette, Mon. Inéd. S. 66.

[4]) Ovid Metam. IX, 297 subsedit in illa ante fores ara, dextroque a poplite laevum pressa genu et digitis inter se pectine junctis sustinuit partus. So waren wohl auch die $\varphi\alpha\rho\mu\alpha\kappa\iota\delta\epsilon\varsigma$ Paus. 9, 11, 2 dargestellt.

[5]) S. Hermann (Stark), Gottesdienstl. Alterth. 21, 10.

eigene Andeutung, Nachahmung oder vielmehr Vorbildung einer Handlung, diese anderswo hervorgerufen werden könne, ist eine bei der Sympathie lebhafter Empfindung natürliche Symbolik.

Dasselbe scheint auf einem schönen rothfigurigen Vasenbilde[1]) der Fall zu sein, wo Menelaos in bekannter Weise Helena verfolgt, vor der erschreckte Frauen einherlaufen und Apollon am einen Ende steht, während am andern Ende eine Frau, welche wegen dieser Ruhe und weil dem Apollo gegenübergestellt wohl nur eine Göttin, und dann nur Aphrodite sein kann, in jenem Schema sitzt; denn sie ist es, welche dem Zorn des Menelaos Einhalt thut und ihn entwaffnet[2]). Das entgegengesetzte wird es bedeuten, wenn nicht die Göttin der Liebe, sondern ein Dämon der Rache, den Erinyen ähnlich, oberhalb der durch Medeas Gift getödteten Kreusa dasselbe Schema, und zwar auch mit übergeschlagenem Beine, zeigt[3]). Kreusa sucht sich noch loszumachen, ihr Vater eilt zu Hülfe, die Kinder Medeas flüchten unter dem Schutze des Paedagogen, aber alle Versuche zu retten und zu fliehen sind vergebens, hier hemmt der Rachedämon die Rettung, wie dort die Liebesgöttin Hafs und Verderben.

Dafs diese Haltung aber ursprünglich nicht äufsere, sondern innere Gewalt und Drang zu hemmen bestimmt ist, scheint mir schon in der Sache selbst zu liegen. Um es aber auch darzuthun, so ist zunächst bedeutungsvoll, dafs es nicht ein Gestus schwächlicher Wesen ist, denn vorzugsweise findet er sich an Heroen und grade an den energischen wie Hektor, Achilleus, Odysseus und an Weibern wie Elektra, Persephone, einer Rachegöttin — von den Fällen, wo äufsere Gewalt gehemmt werden soll, sehe ich hier ab — und einer ähnlich gebildeten Mainade.

Dafs dem Odysseus als Sprecher der Gesandtschaft an Achilleus nach Ilias IX dies Schema des übergeschlagenen und mit gefalteten Händen umfafsten Beines von einem bedeutenden Meister gegeben sei, hat Brunn[4]) aus der öfteren Wiederholung desselben

---

[1]) Desvergers Étrurie Atl. F. XXXIX.

[2]) Ein andermal, Mus. Greg. II, 5, 2, ist Aphrodite zwischen Menelaos und Helena getreten, und zur Versinnlichung ihrer Macht Peitho zugegen.

[3]) S. Arch. Zeit. 1867, S. 59 f.

[4]) Annali 1858, S. 365. Vgl. Monum. Inéd. d. Inst. XX. XXI. Annali 1849 tav. d'agg. I. R. Rochette Mon. Inéd. Pl. XIII. Vgl. den Schild des Scipio Millin. G. M. CXXXVI, 587. Gerhard, Auserl. Vas. III, p. 162 n. 12.

Bildes auf Vasen des fünften Jahrhunderts geschlossen, und erklärt es, wie mir scheint, richtig: Odysseus habe die Bewegung aller Glieder gebunden, seinen ganzen Körper straff gefafst, um seinen Geist desto freier zu haben[1]). Wohl war Odysseus schwer bekümmert um die Noth der Achaier, aber jetzt soll er ja überreden, soll alle Kraft zusammen nehmen, und Selbstbeherrschung, Unterdrückung aller Gefühle, das ist ja Odysseus' Charakter, Odyss. 19, 209 ff.; so wird er auch als Sprecher in Troja, mit Menelaos gesandt, von Antenor geschildert, wie er regungslos gestanden, die Blicke auf den Boden geheftet, während die Worte gleich Schneeflocken ihm aus dem Munde flogen (Il. 3, 216).

Ein Ansichhalten und Niederkämpfen, ein Ringen mit sich selbst offenbart sich in jener Haltung, verschieden nach der Gefühlsregung, die niedergehalten werden soll, so bei Hektor, den der weichliche Paris um seines eisenharten Sinnes schilt, bei Elektra, die nicht im Schmerz zerfliefst, sondern grofse Entschlüsse fafst[2]), bei Helenos, der den Seherblick offen behält[3]), bei einer Mainade, die von irgend welcher Schuld sich sühnen läfst, die also innerlich und äufserlich bekämpft was ihr Schmerz bereitet[4]).

Vergleichen wir mit diesen Figuren andre mit dem häufigen Motiv des gestützten Kopfes[5]) bei gleichfalls übergeschlagenem Bein, so scheint die gröfsere Empfindsamkeit hier in die Augen zu springen, und das grade Gegentheil bilden die leidenschaftlichen Ausbrüche des Schmerzes mit Haarausraufen und Brustzerschlagen. Diese Ausbrüche der Leidenschaft sollen eben durch jene Selbstfesselung gehemmt werden, wofür das κρατοῦσαι τὰς χεῖρας bei Antoninus Liberalis 29 ein bezeichnender Ausdruck ist. Achilleus

---

[1]) So scheint auch Lionardo da Vinci im trattato C. 254 (wie ich aus Droysens Aufsatz in Preuss. Jahrb. 1867, S. 529 erfahre) die Haltung zu fassen, wenn er den Eindruck einer Rede auf eine horchende Versammlung darzustellen angiebt: 'andere wieder sitzen da und umfassen mit verschlungenen Händen ihr linkes Knie'.
[2]) R. Rochette, Mon. Inéd. T. XXI, a. Millingen, vas. gr. XIV. Inghirami vasi fitt. 137.
[3]) Unter gefangenen Troerinnen (vgl. Quint. Smyrn. 14, 386) auf der tabula Iliaca, Millin. G. M. CL.
[4]) Mon. Ined. d. Inst. VI, XXXVII. Vgl. Annali 1860, S. 8.
[5]) Auf dem Carneol mit den fünf Helden zeigen Polyneikes und Parthenopaios diesen Contrast. Denselben bildete vielleicht Quintus Smyrn. 14, 386.

ferner[1]) vor dem flehenden Priamos mit umfafstem Knie sitzend, wie durch die Umhüllung zu sehen, ringt mit dem Schmerz um seines Freundes Verlust, wie er bei Homer die Hand des Greises zurückschiebt, und in andern Darstellungen das Antlitz abwendet; er giebt ja endlich dem Mitleid Gehör[2]).

Was nun die Ludovisische Statue[3]) angeht, so ist schon durch den Contrast der Waffen, die den Jüngling umgeben, mit dem schelmischen Liebesgott, der vor und zwischen seinen Füfsen sitzt, der Gegensatz der in seinem Innern streitenden Gefühle angedeutet. Die Waffen, das Schwert, das er bereits gefafst, sie mahnen an Thaten, wie sie den Achilleus begeistern aus der Mädchenschaar sich loszureifsen, und mit dem Blick schweifen auch diesem Jüngling die Gedanken hinaus zu Kampf und Sieg, aber ihn fesselt etwas andres, das äufserlich durch den Liebesgott dargestellt ist, einst wahrscheinlich noch kräftiger durch eine Figur ihm zur Seite, die seine Schulter berührte. Das Ringen dieser beiden Gewalten, der Liebe, die ihn hält, des Thatendranges, der ihn forttreibt[4]), das spiegelt sich in dem Ringen des Knies gegen die Hände ab[5]).

So kann dieses Schema allerdings ein Ausdruck der Ruhe sein, aber nicht absoluter Ruhe, sondern derjenigen, welche durch das Gleichgewicht entgegengesetzter Strebungen entsteht, einer

---

[1]) Overbeck H. Gall. XX, 2. Achilleus in solcher Haltung am Strande, als die Nereiden mit den Waffen kommen, auf einer Vase im Bull. arch. Napoletano. Derselbe zwischen Waffen nach Ilias 1, 360, ebenso sitzend wie die Ludovisische Figur bei Overbeck, S. 408, der ihn aber nicht so verstehn will.

[2]) Gleich dem Achilleus unter dem Gewande die Kniee zu umschlingen schien mir auch die 'Perophatta' bei Desvergers Étrurie Atl. X, vor der Hermes steht, und dachte ich Hermes solle vielleicht Adonis oder Persephone selber holen, deren Trauer und Zorn dem ihrer Mutter nachgebildet wäre. Doch s. Jahn, Arch. Zeit. 1867, S. 68.

[3]) Vgl. Friederichs, Bausteine S. 255. Müller-Wiesel. D. a. K. II, 250.

[4]) Starks Auslegung, Archaeol. Studien S. 80, scheint mir wenig glücklich, namentlich durch falsche Auffassung der gegebenen Motive. Wenn auch ich die Figur Ares deute, so erhellt doch, dafs ich weder mit Friederichs a. a. O. noch mit Overbeck Gesch. d. Gr. Pl. II, S. 16 einverstanden bin, auch in dem fraglichen Gestus weder Behaglichkeit noch Versunkenheit ausgedrückt finde.

[5]) Vgl. einen Jüngling in einer Schale Mus. Greg. II, 87 und sehr ähnlich, nur das Motiv etwas undeutlich, Vestigi Terme di Tito n. 25. Ein paar Epheben vor oder nach dem Bade scheinen unter der Umhüllung das Knie zu umfassen, Gerhard, Auserl. Vas. IV.

gespannten, so zu sagen, unruhigen Ruhe, und ist es eine passende Art zu ruhen für Wesen, deren Natur eigentlich der Ruhe widerstrebt. So ruht eine Rachegöttin 'Poina' in der Unterwelt, die auf einem anderen Unterweltsbilde den Sisyphos peitschend gesehn wird[1]). Diese Art der Ruhe scheint mir auch an dem Gotte des Parthenonfrieses ausgedrückt, hier noch wesentlich verdeutlicht durch das über den Stab gelehnte Bein, indem die Figur so ohne feste Stütze schaukelnd balanciert, so dafs sie in der Ruhe noch möglichst ihre Kräfte braucht. Können hier, wie ich meine, nur Götter des Olympos dargestellt sein, so ist, da überhaupt nur von Ares, Dionysos, Apollon und Hermes die Rede sein könnte, Ares, der ungestüme und unbändige, dem immer Streit und Kampf gefällt, der unbeständige $\dot{\alpha}\lambda\lambda o\pi\varrho\acute{o}\sigma\alpha\lambda\lambda o\varsigma$ nicht zu verkennen[2]), zumal er seinen Aeltern hier zunächst sitzt[3]). Zur Bestätigung dient noch der Stock. Dafs ein Scepter, mit welchem Triptolemos auf Vasenbildern erscheint, ein Abzeichen seiner königlichen Würde, nicht so gehalten werden könnte, ist selbstverständlich; einen Stab zum Stützen, wie jüngere und ältere Männer in dem Festzuge ihn brauchen, trägt unter den jüngeren Göttern keiner, so dafs nur eine besondere Art Stab, wie Thyrsus oder Lanze übrig bliebe. Wenn nun auch ein Thyrsus je so gehalten würde und so biegsam wäre wie dieser Stab, so ist doch von einem Dionysos in Haltung und Barfüfsigkeit grade das Gegentheil zu erkennen. Die Lanze aber, die nicht wie Scepter und Thyrsus ein Abzeichen der Würde ist, sie konnte am ersten so benutzt werden, auch wegen der Länge. Denn wenngleich weiter oben, namentlich an den

---

[1]) Vase von Altamura, Mon. Ined. d. Inst. VIII, T. IX. Vgl. die entsprechende Gruppe Arch. Zeit. 1843, T. XI. Wer den Orpheus in der specielleren Bedeutung als bittend um seine Gemahlin dächte, könnte freilich auch hier die Gebärde der Rachegöttin als abwehrend fassen, gleichwie sich einmal eine ähnliche Figur der Entführung des Kerberos durch Herakles zu widersetzen scheint. Müller-Wiesel. D. a. K. I, T. LVI.

[2]) Wäre es auch nicht richtig, weder von der Parthenonsfigur her die Ludovisische zu bestimmen noch umgekehrt, so liegt doch, nachdem jede für sich begriffen ist, nahe, in der jüngeren, wohl mit Recht auf Lysippische Kunst zurückgeführten, Figur das Phidiassische Vorbild wirksam zu erkennen, nur aber um zugleich das neu hineingelegte, für die spätere Epoche so bedeutsame, Element der Liebe wahrzunehmen.

[3]) Ares bei seiner Mutter an der Basis Pamfili Mon. Ined. d. I. VI. VII, 76

Gewandfalten, keinerlei Spur von ihr zu finden ist, kann sie doch nur zwischen den Beinen durch über eine, wahrscheinlich die linke, Schulter fortlaufend gedacht werden[1]). Scheint die Verlängerung nicht dahin zu führen, so ist die Biegung zu bedenken. Zur Rechten neben Ares wie Hera neben Zeus, nur ohne nach ihm umzublicken, sitzt eine Göttin mit ungegürtetem dorischem Doppelchiton bekleidet, worüber nach vorn über beide Schultern noch Zipfel eines Ueberwurfs gezogen sind. Ihre ganze Haltung zeigt etwas Lässiges; den rechten Fuſs setzt sie auf irgend welche nicht sichtbare Erhöhung, vielleicht ein Querholz zwischen den Vorderbeinen des Stuhles, auf welchem ihr Gegenüber sitzt, und auf den so gehobenen rechten Oberschenkel stützt sie den rechten Elbogen und berührte mit dem Zeigefinger und Daumen das Kinn[2]). Die Linke hält die grofse Fackel, lang wie ein Scepter, die in solcher Gröſse vorzüglich der Demeter, auch Kores, seltener Artemis' Abzeichen ist. Demeter hat man nach Visconti ziemlich allgemein erkannt. Braun wunderte sich, daſs niemand hier Artemis und Apollon gesehn, obgleich er selbst anders deutet. In der That aber kann die Wahl nicht schwanken: von der jungfräulichen Frische und Spannkraft der Artemis hat diese Figur nichts; ihr Gewand ist zu schwer und ungeordnet, weder von Gürtel noch Köcherband zusammengehalten, und das über den Nacken herabhangende Haar, das deutlich wahrzunehmen ist, ist für Artemis mindestens sehr ungewöhnlich. Derartige Vertraulichkeit ferner, wie sie zwischen dieser Göttin und ihrem Gegenüber obwaltet, wird man auch nicht zwischen Artemis und Apollon finden. Von Apollon aber, den wir mit ziemlicher Sicherheit auf der andern Seite des Ostfrieses erkennen werden, sind die beiden der Göttin zunächst sitzenden Götter gleich verschieden, da jeder in anderer Weise von dem würdevollen Anstand desselben sich entfernt. So müssen wir sie Demeter nennen, für die keiner der hervorgehobenen Züge unpassend ist, während die volle Ge-

---

[1]) So hält ihren Speer die schon angeführte Poina, welche mit übergeschlagenem Beine und umfaſstem Knie sitzt, und auch Odysseus hat auf zweien der oben angeführten Bilder, wo er in gleicher Weise vor Achilleus sitzt, zwei Lanzen im Arm. R. Rochette Mon. Inéd. T. XIII. und Mon. Ined. d. Inst. VI, T. XX.

[2]) Sehr ähnlich ist eine Figur der Triptolemosvase, Stephani CR. 1859 = Gerhard Ak. Abb. Tf. LXXVII.

wandung, eine gewisse breite Art zu sitzen grade bei ihr öfter wiederkehrende Züge sind, wie auch die Bewegung der rechten Hand als ein Zeichen gedankenvollen Sinnens der grofsen Mysteriengöttin wohl angemessen ist. Mit ihr, wie schon bemerkt, in eigenthümlicher Weise verbunden ist der nächste Gott, unbärtig aber an Gröfse der Formen den Ares wie den letzten Jüngling der Reihe überragend und nach dem welligeren Umrisse seines Hauptes, an welchem auch Kranz oder Binde noch deutlich zu sehen ist, gelockten Haares. Sein Gewand ist ähnlich, aber nicht ganz gleich wie bei diesen beiden umgelegt, denn während es bei diesen mehr herabgeglitten scheint, hat jener es mit offenbarer Sorgfalt um Hüften und Oberschenkel geschlungen, so dafs es zugleich zur Unterlage dient. Aber aufserdem hat er auch noch ein Polster, und zwar er allein von allen Göttern, was also gewifs von Bedeutung ist, wenngleich das Zumvorscheinkommen des Polsters geschickt durch die halbe Drehung auf dem Stuhle motiviert ist. Auch die Sandalen sind zu beachten, da Ares barfüfsig ist und der Letzte in der Reihe Stiefel hat. Nehmen wir dazu das Anlehnen an seinen Nachbar, die gleichfalls bei ihm allein sich findende Abkehr von dem, dem alle sich zuwenden[1]), deren Wirkung hier nur theilweise durch das Umwenden des Kopfes wieder aufgehoben wird, endlich die Verbindung mit Demeter, so haben wir hier fast alle die Züge wieder, an denen wir den Dionysos[2]) im Ostgiebel erkannten, in einem Worte: das weichlich bequeme Dasein. Die charakteristische Unbekümmertheit konnte hier nicht so weit gehn wie in dem Giebel, da er wie die übrigen Götter ja nur der Schau wegen anwesend ist. Statt des ausgestreckten Lagerns, das hier gleichfalls

---

[1]) Umwenden des Kopfes als charakteristisch für Dionysos bemerkte Gerhard (A. V. I, S. 18) auf Vasenbildern.

[2]) Bacchus deutete ihn schon Leake; an ihn dachte Petersen, Feste der Pallas S. 24, und so erklärte ihn Michaelis di due fig. al. S. 24. Die Dioskuren, die ebensowenig wie Triptolemos unter die olympischen Götter gehören, in diesem und dem nächsten Jüngling zu erkennen, veranlafste zuerst Stuarts Irrthum, welcher durch die Spuren von Kopfbinden verleitet, ihnen die eiförmigen Kappen gab, obgleich der letzte ja seinen Hut im Schofs hat. Aufserdem hat man natürlich auch kein sicheres Merkmal anzeigen können, denn was man in das abgekehrte Sitzen legte, war selbsterfundene, nicht zutreffende Symbolik; die Auslegung der erhobenen Linken des Dionysos als Andeutung des Faustkämpfers Polydeukes sehr unpassend.

unangebracht war, ist das bequeme Auf- und Anlehnen eingeführt, ein Motiv das später namentlich bei dem stehenden Dionysos vielfältig wiederholt ist von berühmten Meistern, indem Satyrn ihm zur Stütze gegeben werden.

Ich zweifle nicht, dafs auch die erhobene linke Hand irgend ein Abzeichen des Gottes gehalten; um so mehr, da sie so frei aus dem Grunde herausgearbeitet war. Es könnte wohl der Thyrsos gewesen sein, vielleicht aber auch sein Becher, den er nach innen, d. h. dem Kopfe zu gehalten hätte, etwa wie der Satyr naxischer Münzen[1]) und der Gott selbst.öfters[2]).

Den Schlufs der Reihe bildet ein Jüngling, dem Ares an Körperformen gleich, in schlichter Haltung sitzend. Beide Hände ruhn ihm im Schofse, querüber der rechte Arm, so dafs die Hand ähnlich der des Zeus auf dem linken Knie liegt, deutlich etwas fassend, wovon auch ein Bohrloch im Winkel zwischen Daumen und Zeigefinger noch Zeugnis ablegt. Der linke Unterarm ist von der herabgeglittenen Chlamys bedeckt. Hier ist nämlich die Chlamys durch den sichtbaren grofsen Knopf, wie auch durch den herabfallenden schmalen Zipfel bestimmt angegeben, während die Gewänder des Ares und mehr noch des Dionysos auch Himatia sein können. Dazu ruht, von der verdeckten Hand vielleicht gefafst, der Reisehut Petasus mit breiten eckigen Krämpen auf dem Schofse, und an den Füfsen trägt er Stiefel, die fast bis an die Waden reichen. Kein Zweifel, dafs es Hermes ist, von Leake schon erkannt, der Götterbote, dessen natürliche und ständige Attribute Chlamys, Hut und Stiefel sind, und ebenso gewifs ist es, dafs in dem Bohrloch, wie bei Zeus an gleicher Stelle die Verlängerung des Scepters, so hier der schlangenumwundene Botenstab angesetzt war.

Jenseits der fünf Mittelfiguren gehn wir wieder von dem innersten und vornehmsten Platz aus, den an der andern Seite der Götterkönig inne hat. Ist Athena überhaupt anwesend, und wie wäre es denkbar, dafs sie grade fehlte, so mufs sie eben hier, dem Hauptzuge gegenüber, den vornehmsten Platz haben, und sie ist es in der That nach der ganzen Gestalt, nach ihren Attributen und nach der Nähe des an sich eben so deutlich erkennbaren

---

[1]) Müller-Wies. II, XL, 477; ein andrer ebenso, 585.
[2]) z. B. ebenda XXXVI, 424.

Gottes, ohne Zweifel. Bekleidet mit einfachem dorischem Chiton, wie Athenabilder dieser Zeit gewöhnlich, wie auch die Parthenos im Tempel, ist sie eine Jungfrau von überaus edler, würdiger Haltung, dadurch die Göttinnen mit Ausnahme der Hera, von der sie wieder als Jungfrau deutlich sich unterscheidet, alle überragend. Ihre rechte Hand ruht halb auf dem Sesselrand; die Haltung der Finger aber, fast wie an einer schreibenden Hand, beweist, dafs sie etwas fafsten, dessen einstiges Vorhandensein und Richtung sicherer noch durch drei Bohrlöcher in der Linie des Unterarmes erwiesen wird[1]). Nur an ein Scepter oder eine Lanze läfst sich denken, und dafs es die Lanze war, und die Göttin Athena ist, wird durch ein andres Attribut offenbar, dessen nicht undeutliche Spuren zum Theil früher bemerkt aber ganz verkehrt gedeutet wurden. An der linken Handwurzel gewahrte man nämlich eine kleine ringelnde Schlange, die in der That so deutlich ist, dafs man den dickeren Kopf von der Windung auch in guten Abbildungen deutlich unterscheidet. Darum aber an Hygieia zu denken, der nur eine grofse Schlange gegeben wird, war ein Misgriff; und ebenso verkehrt war es, an ein Armband in Schlangengestalt zu denken, da solche mit frei vom Arm sich losringelnden Schlangen, weil sie eben höchst unzweckmäfsig wären, nicht vorkommen, überdies hier ein Armband sicher in Bronze zugefügt wäre. Was hätte auch ein solches Armband bedeuten sollen? Wäre nur diese eine kleine Schlange zu erkennen, so müfste doch nach dem Brauche alter Kunst das Wahre erkannt werden, denn Schlangen werden in dieser Kleinheit nur dargestellt, wenn deren mehrere zusammen sind, in den Schlangenhaaren der Medusa, der Erinnyen [2]) und noch viel gewöhnlicher an der Aigis der

---

[1]) Auch Conze hatte Athena und den Gott neben ihr erkannt. Michaelis macht die Bohrlöcher, den Ehrenplatz, die Aehnlichkeit mit der Athena am Theseionsfries und mehr noch auf einem kleinen Relief bei Lebas voy. arch. mon. fig. T. 35, 1 für Athena geltend. Sehr ähnlich nach rechts sitzend mit der Lanze, ohne Aigis, die Linke im Schofs, findet man die Göttin auf einer unteritalischen Vase R. Rochette Mon. Inéd. T. LXVI. Ronchaud, Phidias beruft sich für dieselbe Deutung auf Lenormant, der aber in der Einleitung zum trésor de glyptique Athena und Hephaistos nur unter der Gestalt von Hygieia und Asklepios erkennen will.

[2]) Die von diesen in den Händen gehaltenen sind begreiflicherweise schon gröfser.

Athena[1]). Bei genauerer Prüfung des Originals fand ich nun auch zwischen Daumen und Zeigefinger der Göttin eine zweite etwas mehr verschlissene Schlange und eine dritte zwischen dem Zeige- und Mittelfinger, alle von gleicher Kleinheit und sich ringelnd. Den Fingern ferner, die ganz deutlich sind, kann es ein jeder ansehn, dafs sie nicht schlichtweg ruhn im Schofse, sondern — namentlich die Krümmung von Zeige- und Mittelfinger und ihre Spreizung zeigt das — etwas packten. Weiter konnte ich auch sehen, dafs diese Schlangen umsäumend sich ablösen von einer faltigen Masse, die theils von der Hand bedeckt wird, theils mit einem Zipfel — was gleichfalls in den Abbildungen zu sehn — um den Unterarm sich schlingt, und jedesfalls von dem Chiton, dessen Faltenwurf auf dem Schofse ungestört ist, kein Theil ist[2]). Ist nun dies sicher die Aigis, so ist die Göttin sicher Athena, die schon ohne Helm erschienen und auch den grauenerregenden Brustpanzer abgenommen hat, um ihrem zur Verehrung nahenden Volke nicht Schreck und Verderben zu bereiten[3]).

---

[1]) Aehnlich wurde eine Schlange an der Aigis einer sitzenden Athena auf einem Vasenbilde von Welcker misverstanden, Welcker A. D. V, S. 303.

[2]) Michaelis a. a. O. S. 20 N. 21 erklärt die von Visconti gesehene Schlange für eine Falte des Gewandes, wie mir scheint mit getrieben durch die Verlegenheit aus der Schlange, die weder eine wirkliche Schlange noch ein Armband sein könne, etwas andres zu machen. Doch die kleinen Schlangen durchschneiden scharf die Falten des Chiton. — Als faltige gewandartige Masse denken wir uns die Aigis ja nach ihrem mythischen Ursprung als abgezogene Haut, und sehen sie so in der verschiedenen Art sie zu brauchen als Kragen, Mantel, um den Arm gewickelt, zu Aufnahme eines Kindes ausgebreitet u. s. w., s. Stark Ares Soter BdKSGdW. 1864 S. 187 ff. Mit der Hand gepackt, aber zu entgegengesetztem Zwecke, nicht sie zu bedecken, sondern schreckend sie vorzuhalten, kennen wir sie jetzt an dem Typus des Apollo Belvedere; auf dem Schofs bei Caesar (?) Müll.-Wies. II, 378, um Zeus' Arm auf dem Stein des Neisos Millin. G. M. 11, 38.

[3]) Friederichs, Baust. S. 166: So schlicht friedlich, 'ohne Aigis', sei sie, weil sie unter ihrem feiernden Volke erscheine. So hatte man andere Bilder der Göttin ohne Aigis gefafst (Stark, Ares Soter S. 197). Die Aigis ist aber so ständiges Attribut, dafs das momentane Abnehmen natürlicher und jedenfalls viel ausdrucksvoller ist. Entsprechend ist der abgenommene Helm, den auch Nike, die Göttin des glücklich beendeten Krieges, in der Hand hält, wie sehr häufig Athena neben dem siegreichen Herakles; den die von Michaelis mit unsrer Göttin im Fries verglichene Statue derselben im Schofse hat. Athena ohne Aigis, ruhig Gerhard Ant. Bild. LXXXVI, 1, ohne Aigis,

Neben Athena sitzt, zu ihr sich umwendend, wie drüben Hera zu Zeus, ein bärtiger Gott von derbkräftigen Formen, namentlich der Schultern und Arme mit stark geschwollenen Adern. Der Haupteindruck, den diese Figur macht, ist der mangelnder Hoheit. Auch Ares und Dionysos, sahen wir, zeigten mehr ungenierte und lässige als würdevolle Haltung, aber bei alledem doch Adel und Schönheit der Formen wie der Bewegung, wogegen dieser hier von gröberem Stoff zu sein scheint. Schon durch die Seitenwendung, durch welche die Füfse übereinander gesetzt scheinen, bekommt er etwas Verdrehtes, mehr aber noch durch die Unterstützung der Schulter, die, also hinaufgeschoben, den kurzen Hals noch kürzer scheinen läfst. Die Stütze selbst, ein stämmiger Knotenstock, ist kein Scepter, kein Abzeichen der Würde, sondern wie der augenblickliche Gebrauch lehrt, wirklich Stütze, und eben dieser Gebrauch macht nothwendig den Eindruck menschlicher Schwäche. Asklepios, der stehend so oft sich auf einen schlangenumringelten Stab stützt, hat doch dabei vielmehr Zeusähnliche Würde, und sitzt er, so führt er den Stab wie ein Scepter. Aufserdem hat Asklepios wiederum keine Stelle unter diesen Göttern; und der Athena beigesellt würde er sie unpassend in dem beschränkten Sinne einer Athena Hygieia erscheinen lassen. Nein, wer Athena[1]) erkennt, wird neben ihr den schon von mehreren vermutheten Hephaistos suchen auch ohne die feine Charakteristik dieses Gottes schon ganz verstanden zu haben[2]). Er ist es aber, wie ihn das achtzehnte Buch der Ilias schildert, der lahme Handwerksmann, der, wenn er einen Besuch zu begrüfsen die Werkstatt verläfst, erst den Rufs sich vom Gesichte wäscht und dann mit dickem Stocke herbeihumpelt; und derselbe derbe Realismus auch in Beschreibung seiner Formen, des gedrungenen Nackens und der zottigen Brust. Zu schwach sind die Beine für den kräftigen Oberkörper, so scheint es auch hier am Fries, wo namentlich das rechte Oberbein doch nicht blos perspektivisch so verkürzt sein

---

aber mit Waffen beim Parisurtheil ebenda XLIII; mit der Lanze R. Rochette M. I. LXI.

[1]) Die aber auch eher mit der Tochter des Asklepios als mit diesem selbst verbunden sein müfste. Paus. 1, 23, 4.

[2]) Lenormant wollte unter der Form von Asklepios und Hygieia Hephaistos und Athena dargestellt sehen!

möchte¹). Seine Tracht ist das Himation, das wie bei Zeus und Poseidon die Beine bis zu den Füfsen verhüllt und unter der Achsel über den Stab gezogen ist. Die Füfse scheinen beschuht. Die im Schofse ruhende Hand hat in der Haltung eine gewisse Aehnlichkeit mit der Linken Athenas, doch sind die Finger weniger gespreizt, und die Krümmung derselben ist durch die Lage an dem Abhang des Schofses motiviert. Man könnte denken, die Hand hielte das Handwerksgeräth, die Zange gefafst, da wir mehr und mehr erkannt haben, dafs die Kunst des Pheidias keineswegs aus idealem Streben die Darstellung der realen Attribute der Götter verschmäht hat. Aber die Zange des Hephaistos ist doch von dem Botenstab des Hermes, Thyrsos oder Becher des Dionysos, von Ares' und Athenas Lanze und Aigis, von Zeus' Scepter noch etwas verschieden, indem diese mehr allgemeiner Ausdruck des Wesens, Abzeichen der göttlichen Eigenthümlichkeit, ja ihrer göttlichen Macht und als solche zugleich Zeichen der Würde sind, die Zange aber mehr ein besonderes Instrument für den momentanen Gebrauch, für den charakteristischsten, aber auch den niedrigsten Theil seines göttlichen Daseins. Es kommt eben auf den Unterschied ehrenvoller Thätigkeit und banausischen Handwerks hinaus, und wie die Menschen der Wirklichkeit, so machens die homerischen Götter. Athena hat ihre Lanze bei sich wie Hermes den Stab, und vergifst nicht sie mitzunehmen, wenn sie vom Olympos auf die Erde hinabsteigt; aber wie Hephaistos aus der Werkstatt ins Besuchzimmer geht, seine alte Freundin Thetis zu begrüfsen, da hat er mit dem Rufs auch sein Handwerksgeräth abgethan und es hübsch in einen Kasten gepackt. Die archaische Kunst und die Vasenmalerei, die an Mitteln zu wahrer Charakteristik so viel ärmer ist, die geben den Göttern Attribute ohne jenen Unterschied zu beachten, Pheidias aber hat dem Hephaistos die Zange nicht gegeben, wenigstens ist keinerlei Spur davon zu sehn. Wenn die Hand des Gottes aber dennoch wie zugreifend schien, so ist es ja einer Hand auch anzusehn, ob sie für gewöhnlich mit Hammer und Zange arbeitet, oder die Saiten rührt.

---

[1] Michaelis a. a. O. S. 21 (DP. S. 258) findet, wir mir scheint, ganz richtig, eine Andeutung des Hinkens in der Art, wie der rechte Fufs aufgesetzt sei, der nicht mit der Sohle, sondern nur mit dem äufseren Rande lose aufliege.

Dafs die Charakteristik der Darstellung sogar bis in die Fingerspitzen sich erstreckt, wird Niemand leugnen der die Hand des Hephaistos mit denen des Zeus, oder gar mit der feinen Hand des dritten Jünglings (39) an der rechten Seite vergleicht.

Auf dem nächsten Stück (Athen), das später entdeckt, durch gute Erhaltung uns allein auch Gesichter erkennen läfst, folgen wieder zwei verbundene Götter: zuerst ein älterer bärtiger, dann zu jenem umblickend der jüngere mit der zarten Hand. Jener sitzt auffallend ruhig, aufrechter sich haltend als Hermes, aber ohne die Kraft des Zeus, mit dem er sonst, wie schon bemerkt, am meisten Aehnlichkeit hat, gleich ihm auch von den Hüften bis zu den Füfsen ins Himation gehüllt. Die rechte Hand hängt regungslos herab, während die linke bis zur Höhe der Schulter gehoben, nach der Haltung der Finger wie nach einem Bohrloch in der Biegung des Daumens zu schliefsen, einen Schaft umfafste. Da von den drei bärtigen Göttern dieser Versammlung Zeus und Hephaistos bereits erkannt sind, bleibt nur, wie Visconti deutete, Poseidon, der wegen seiner hohen Bedeutung für Athen und seiner Verbindung mit Athena in Mythos und Cultus am wenigsten gefehlt haben kann. Dazu pafst nun allerdings der von ihm gehaltene Schaft, welchen wir zum Dreizack leicht ergänzen können. Wer freilich den Pheidiassischen Zeuskopf nach der Büste von Otricoli, und nach Statuen und Büsten gleichen Stiles den Poseidon sich vorstellt, wird verwundert fragen, wo denn hier eine Spur von der dort so scharfen realistischen Charakteristik im Kopf zu finden sei, wo eine Spur der Wildheit in Haar und Bart, in Stirn, Augen und Mund. Der Fehler liegt eben in jener Vorstellung von Pheidiassischer Charakteristik, und der durchaus willkürlichen Annahme, die Büste von Otricoli stelle uns den Stil des Pheidias dar. Einen Zeus von ihm haben wir ja unzweifelhaft zur Hand zum Vergleich. Zeus' Haupt ist gröfser, voller sein Haar und Bart, die Arme kräftiger und die Haltung majestätischer. Ist da ein Zug, der nicht dem grofsen Kanon der Künstler, dem Homer entspräche, der Zeus' gewaltiges Haupt hervorhebt, der ihn stärker, gewaltiger und älter schildert? Allerdings tritt schon bei Homer der Trotz des Poseidon auch gegen seinen Bruder hervor; doch läfst er denselben wie z. B. Il. 15, 205 rasch wieder fahren und fügt sich. Hier aber in ruhiger Versammlung der Götter konnte nur das allgemeine Verhältnifs der Brüder zueinander berücksichtigt werden, und mufste Poseidon dem Zeus in Allem nachstehen[1]).

Nach Poseidon um blickt ein junger Gott in ähnlicher Wendung wie Hephaistos zur Athena. Es scheint als hätte der Künstler dieselbe Wendung wiederholt, um den Gegensatz dieser ideal schönen und jener handwerksmäfsig derben, arbeitskräftigen Formen recht ins Licht zu stellen[2]). Auch er hat das Himation um Hüften und Beine geschlungen, aber zugleich einen Zipfel über die rechte Schulter und den erhobenen Oberarm gezogen, wie es vornehmlich Zeus zu thun pflegt, der hier am Fries nur den Zipfel über die Rücklehne gelegt hat. Dafs der bis zur Höhe des Kopfes erhobene linke Arm, dessen Hand leider weggebrochen, nicht momentan zum Ausdruck des Staunens gehoben ist, zeigen alle begleitende Umstände: einmal das Bohrloch am linken Arm, sodann der ruhige Faltenfall des Zipfels, auch die ruhige Haltung des Gottes, die namentlich in den übereinander gelegten Füfsen sich offenbart; drittens die Ruhe der umgebenden Figuren, namentlich des angeblickten Poseidon. Man würde auch vergeblich den Grund solch plötzlichen Staunens suchen. Poseidon, den er ansieht, müfsten wir zuerst für die Veranlassung halten, aber wie wäre es denkbar? Ebensowenig aber giebt der Festzug, der ja langsam sich genaht hat, und in dem nichts neues unerwartetes zum Vorschein kommt, einen Anlafs.

Dies alles und dazu, wie mir scheint, die an dem Arme sichtbaren Adern zeigen, dafs dieser nicht frei gehoben war. Hier läfst sich wohl erst der Gott und dann das Attribut bestimmen. Sehn wir nämlich auf die edle Schönheit des Körpers, der Brust, der Arme, vor allem des Antlitzes, das durch die Wendung noch besser sich zeigt, auf die lockigen bekränzten Haare, denn sichtbar umschlingt sie ein feiner Zweig, an dem jederseits eine Reihe von Bohrlöchern sich findet, unzweifelhaft zur Anheftung erz- oder goldgebildeter Blätter; sehen wir endlich auf die fast feierliche Anordnung seines Gewandes, so ist kein Zweifel, es ist von den jüngeren Göttern der erhabenste und zugleich der einzig noch

---

[1]) Aehnlich verhalten sich Zeus und Poseidon auf der Vase, Mon. Ined. d. I. V, 49.

[2]) Auch Michaelis di due fig. al. S. 18 hebt die idealen Formen hervor, er besonders im Gegensatz zum Poseidon.

übrige, Apollon, wie ihn zuerst Gerhard genannt. Dem könnten wir nach Analogie mancher Darstellung einen Lorbeerzweig in die Linke geben[1]), wenn über der Hand ein wenig mehr Raum wäre, und nicht ein andres überhaupt und hier vornehmlich schöneres Abzeichen des Gottes wäre, mit dem auch die Haltung der rechten Hand sich erklärte, die Leier, mit der er bei Homer die froh versammelten Götter erfreut, mit der er so oft feierliche Aufzüge der Götter, namentlich der Athena, geleitet, und die zu dem Festzug, in welchem sterbliche Leierspieler einherschreiten, ganz besonders stimmt. Dafs keine Spur eines Ansatzes, kein Eindruck am Gewande ist, kann nicht dagegen beweisen, wenn man an die Fackel der Demeter oder Ares' Lanze denkt. Die linke Hand konnte sehr wohl das Querholz ($ζυγόν$), das die beiden Hörner der Leier verbindet, fassen; bezeichnend scheint mir aber die Haltung der rechten, die nicht ruht, auch nichts mit dem Gewand zu schaffen hat. Grade so findet man sie öfters an Leierspielern[2]), wenn sie eben die Saiten berührt hat, und dann losgelassen, damit sie klingen, um gleich wieder hineinzugreifen. Hier ist das Zurückziehn der Hand auch durch das Umblicken herbeigeführt, aber die Hand weist gleichsam noch dahin, wo ich die Leier annehme, und die Finger, mit Ausnahme des kleinen, sind noch gekrümmt vom Griff in die Seiten.

Den Beschlufs[3]) bilden zwei Frauen mit einem Knaben, alle drei durch Berührung innig verbunden, wie es in andrer Weise auch die letzten drei linkerseits sind. Die Hauptfigur ist die mittlere, von der im Original kaum eine Spur der linken Hand erhalten ist, die auf der Schulter des an sie gelehnten Knaben ruht und diesen auf den Festzug hinweist. Beide Frauen tragen

---

[1]) So meint Michaelis S. 258.
[2]) Auf einer Vase Millin. G. M. CXXXVI, 499 bei Apollo, der ähnlich wie am Fries sitzt, die Linke an der Leier hat, die Rechte, hier mit dem Plektron, mit genau derselben Armbiegung an derselben Stelle hält und dabei auch ebenso sich umsieht. Auf einer andern Vase Müller-Wies. II, 140 ist es eine Frau, die mit wesentlich gleicher Haltung der rechten Hand (wieder mit dem Plektron) nach dem schwanengetragenen Apollo umblickt. Vgl. 'Olompos' auf einer dritten Vase ebenda II, 488.
[3]) Die interessante Geschichte dieses jetzt aus Marmor, Gyps, Zeichnung glücklich combinierten Stückes s. bei Michaelis, di due figure alate sul fregio del Partenone S. 3 ff.

nicht, wie Hera, Demeter, Athena, den ärmellosen dorischen, sondern den weichlicheren ionischen Chiton mit Aermeln bis zum Elbogen. Darüber haben beide noch das Himation, an den Füfsen Sandalen, auf dem Kopfe die Eine eine Art Haube, die Andre einen Schleier, der ihr matronale Würde verleiht, wie sie auch jeder als des Knaben Mutter auffassen wird[1]). Der Knabe, der nur ein schmales um den Rücken und über beide Unterarme geschlungenes Tuch hat, lehnt mit der Hüfte und rechten Hand an seiner Mutter Knie und sieht mit leise geneigtem Haupte, wohin sie weist. Seine linke hält einen Stab, der nach oben auf eine Masse zuläuft, in welcher keiner, nachdem Michaelis ihn scharfsinnig erkannt, den Sonnenschirm verkennen kann. Unterhalb des Schirmes, hinter dem aufgelegten Arm der Mutter, sind im Gypsabgufs und danach auch am Original noch ganz deutlich Flügel zu erkennen, wonach schon O. Müller in dem Knaben Eros und in den Frauen Aphrodite und Peitho erkannte. Letztere, wie im Giebel verbunden, wiederholen gleich Dionysos die dort ihnen gegebene Charakteristik, aber durchaus frei, nach den Umständen neugeschaffen. So weichlich bequem wie im Giebel kann Aphrodite, so wenig wie Dionysos, hier lagern, aber die dienende Gefährtin hat sie auch hier bei sich, auf deren Schofs sie wie dort den rechten Elbogen stützt, während sie den linken Arm auf Eros' Schultern ruhen läfst, und nicht nur die weichlichere Kleidung hat sie wie dort, sondern auch über ihren Sessel noch ganz wie im Giebel eine Decke zu gröfserer Bequemlichkeit ausgebreitet. Den Sonnenschirm aber trägt Eros gewifs nicht für sich, sondern für Aphrodite[2]), wie ein solcher meist nicht von der Herrin selbst getragen

---

[1]) Aphrodite mit Schleier und Scepter, neben ihr Eros: Stephani CR. 1862, III; auf der Niobidenvase von Ruvo bei Stark, Niobe T. II.

[2]) Aphrodite selbst hat den Sonnenschirm beim Parisurtheil, Welcker AD. V n. 63. Auch Friederichs Bausteine S. 164 läfst für sie, Michaelis di due fig. al. S. 12 läfst Eros den Schirm für sich halten, weil er allein ganz nackt (?) und von zartester Natur sei. Dieser Eros ist aber gar nicht so überzart, das zeigt auch oben seine Nacktheit. Dagegen sind die Männer mit Sonnenschirmen — den nackten Jüngling mit Schirm bei Paciaudi habe ich nicht vergleichen können — die Michaelis citiert, grade ganz als Weiber costümiert, wie auch die Skiadiske des Artemon als Zeichen seines weibischen Wesens citiert wird. Eine solche Auffassung des Eros in solchem Werke wie der Fries und in solcher Zeit scheint mir nicht begründet.

wird¹). Eros aber ist ja ganz gewöhnlich einzeln oder in der Mehrheit gleich den weiblichen Gefährtinnen im Dienste der Göttin, Sandalen lösend oder anders, und dafs er den Schirm nicht über die Göttin hält, kann wohl dagegen nicht beweisen, da augenblicklich beider Aufmerksamkeit anders in Anspruch genommen wird. Die Entblöfsung der Schulter ist hier auf die verwandte und wesensergänzende Peitho übergegangen, so wie derselben im Ostgiebel ein andrer oft an Aphrodite selbst bemerkter Zug gegeben ist, nämlich das Heraufziehen des Gewandes über die Schulter, und auch das Kopftuch sieht man sonst oft an der in reizender Nachlässigkeit sich gefallenden Aphrodite selbst²). Als leichtverständliches Abzeichen der durch Liebe und Huld gewinnenden Peitho lernten wir oben Kranz und Blume kennen. Auch darin gleicht sie wieder der Aphrodite, nur dafs diese die Blume für sich behält, Peitho dagegen sie darreicht, entweder um damit zu gewinnen oder andern gewinnenden Liebreiz beizulegen³). So kränzte sie an der Basis zu Olympia Aphrodite; im Giebel dagegen hatte nach unsrer Ergänzung Aphrodite den Kranz bereits genommen und war dabei sich selber damit zu schmücken: dort ein feierlicher Weiheact, im Giebel ein anmuthiges Spiel der Vertraulichkeit. Auch hier am Fries hat Peitho höchst wahrscheinlich wieder den Kranz, den langen nicht zum Ring zusammengebundenen gehalten. Die Haltung des erhobenen rechten Armes und der Finger wie ein Bohrloch im Winkel des kleinen Fingers lassen kaum etwas anderes annehmen⁴). Der Kranz reichte denn gewifs nach der andern durch Aphrodite verdeckten Hand. Nicht dieser aber gilt hier der Kranz; Peitho blickt über sie hinaus ebendahin,

---

¹) z. B. auf dem von Pausanias 7, 22, 6 beschriebenen Grabrelief, auf Vasenbildern Mon. Ined. d. Inst. IV, 15. Arch. Zeit. 1853 T. LIII. Auf dem Grabrelief Expéd. de Morée III, 18, 2 steht neben der sitzenden Herrin ein Knabe mit dem Fächer.

²) Gut macht Michaelis darauf aufmerksam, dafs auf so vielen Grabreliefs so die Haube das Abzeichen der Dienerin sei, wie der Schleier dasjenige der Herrin. Vgl. DP. S. 258.

³) Vgl. 'Amore sagro e profano' von Tizian. Natürlich leugne ich nicht, dafs Aphrodite auch mitunter einen Kranz reicht gleich Peitho, da sie doch auch Peithos Wesen in sich fafst, z. B. Stephani CR. 1863, I.

⁴) Michaelis, der das Bohrloch nicht übersieht, läfst dennoch die Hand beschäftigt sein, das gleitende Gewand zu halten, schon deshalb verkehrt, weil sie es grade da, wo es geglitten, nicht fafst.

wohin auch Aphrodite weist: der Jugend Athens, die dort herangezogen kommt, hat Peitho den Kranz zugedacht.

Erinnern wir uns nun des oben berührten Gegensates wie von Athena und Aphrodite, so von Nike und Peitho, der mit geringen Variationen überall wiederkehrt auch in den beiden Göttinnen, deren sich Themistokles gegen die Andrier rühmte, Bia und Peitho, und der später in noch allgemeinerer Bedeutung uns beschäftigen wird, so werden wir wohl auch die Siegerbinde, welche neben Zeus und Hera Nike hält, dem Volke der Athener[1]) zugedacht verstehn, denn die Wendung ihres Oberkörpers geht mehr nach links als nach rechts. So drückte beides Verherrlichung der athenischen Jugend zugleich und ein Gebet an die Götter aus, siegreiche Kraft und Herrlichkeit den Männern zu verleihn und den Frauen Schönheit und Liebreiz[2]).

Doch über den Sinn dieser Götterversammlung in dieser Zusammensetzung und Ordnung kann erst nach Musterung des ganzen Festzuges ein Wort gesagt werden. Vor der Hand genügt es die Götter erkannt zu haben, und damit wie vorhin der beiden Festzüge, so nun der beiden Götterreihen Einheit erwiesen zu haben. Dafs mehrfach, wie bei Poseidon und Apollo, neben Auslegung der vorhandenen Charakteristik auch ein Schlufs von den schon gefundenen Göttern auf die noch fehlenden, also vom Ganzen auf die Theile angewandt wurde, darf nicht als Zirkelschlufs angefochten werden, weil die betreffenden Götter ja auf den ersten Blick als von den schon erklärten verschieden sich zeigten, und mithin andre aus dem bekannten Kreise sein mufsten.

Unmittelbar vor Eros stehn vier Männer (43—46 im Gyps erhalten wie 47 und 48), auf die noch heut im Süden üblichen Stäbe, die gegen die Schulter oder unter die Achsel gestemmt werden, sich stützend und wie die meisten Fufsgänger im Zuge mit dem Himation bekleidet. Die Mitte der Gruppe bildet ein schöner Jüngling, auf dessen Schulter ein Mann — das sei die allgemein unterscheidende Bezeichnung der Bartlosen und Bärtigen — sich stützt. Zu diesen vier tritt ein Jüngling (47) mit ziemlich individuellen Gesichtszügen und hält die erhobene rechte Hand so, als

---

[1]) Michaelis S. 255 denkt noch specieller an die Sieger der Wettkämpfe.
[2]) Auf einer Vase bei Stephani, Compte rendu 1862 T. III Hera mit Hebe und Aphrodite mit Eros, ähnlich gegenübergestellt.

habe er etwas darin gehalten[1]). Schon der Handhaltung wegen
können wir nicht ein Zeichen darin sehen[2]), wie wir deren weiterhin bei den Reitern und Wagen öfter gemacht sehen von Personen, die Ordner des Zuges scheinen[3]); wie ja auch das schon
dawider spricht, dafs jene lebhaften Anweisungen alle in den Theilen des Zuges gegeben werden, wo wegen der Rosse die Ordnung
schwerer innezuhalten ist. Und hier wäre das Zeichen um so
seltsamer, weil ja nur vier Personen unmittelbar vor ihm sich befinden alle in Ruhe, denen ja weder anzuhalten noch weiterzugehn
bedeutet werden kann. Endlich ist auch Haltung und Bewegung
des Körpers, anders als bei jenen Anordnern, kein lebhafter Schritt,
der Oberkörper nicht in natürlicher Hast vorgebeugt. Nur eine
Figur läfst sich vergleichen auf dem Westfries (22), welche fast
ganz übereinstimmt, namentlich auch in Haltung der erhobenen
Hand, nur dafs hier auch der Zeigefinger miteingebogen, und das
Festhalten eines Gegenstandes noch gewisser ist. An eine Drohung oder ein Zeichen zu denken ist ganz unmöglich, weil keiner
ist dem es gelten könnte, auch dieser Jüngling seiner Tracht und
Ausstattung nach kein Zugordner. Mir scheint an beiden Stellen
nichts passender, als dafs die Hand einen Kranz gehalten, das
nächste Haupt, dem sie sich nähert, zu schmücken. So würden
wir diese beiden Figuren mit denen zusammen halten, die sich
selber den Kranz, den sie als Theilnehmer des Festzuges tragen,
aufsetzen oder fester drücken. Denn dafs die sehr häufige Gebärde des mit einer oder beiden Händen sich an den Kopf Fassens[4]) dies bedeute, wie schon Visconti verstand, ist augenscheinlich, wie auch an vielen Köpfen die Binde im Haar oder wenigstens der Eindruck derselben unzweifelhaft dargestellt ist[5]), so
dafs es mit Böttichers aus dem Fehlen der Kränze hergenommenen

---

[1]) Aehnlich vor einem scheidenden Krieger ein Knabe in erhobener
Rechten etwas darbietend, Gerhard A. V. IV, 267.
[2]) So fafst es Michaelis.
[3]) z. B. Nordfries 9? 44? 45. 58? 62? 84. Südfries 63. 66? 69. 80. 83.
Westfries 5.
[4]) Bei Michaelis Westfries 2. Nordf. 38. 92. 121? (vgl. Stuart) 127.
Südf. 121.
[5]) Bei Michaelis Nordf. 1; 14; 24; 39; 41; 45; 46; 51 (St.); 117 Südf. 33;
35; 36? 123; Ostf. 14, wo wir Stuarts Angabe am Original controlieren können; 16; 17; 18; 23; 33; 35? 58; 60; 62; 63.

Argument gegen die Deutung des Zuges als des panathenäischen, ebenso schlecht steht wie mit den übrigen[1]).

So einfach nun freilich wie jene Erklärung bei der Figur des Westfrieses ist, weil dort eben die Personen noch mit ihrer Ausrüstung und Schmückung beschäftigt sind, ist sie bei unsrer Figur am Ziel des Zuges nicht. Es scheint aber wohl denkbar, dafs der bärtige Mann, dessen Haupt der ergänzte Kranz fast schon berühren würde, seinen eigenen verloren oder vergessen, oder auch, dafs dem Aelteren der Jüngere huldigend, wie bei anderer Gelegenheit Alkibiades dem Sokrates einen Kranz aufsetzte, dasselbe Motiv praktisch ausgeführt, das in idealer Allgemeinheit die Göttin Peitho zeigte. Der Kränzende vermittelt zwischen der entgegengesetzten Richtung jenes nach links gewandten Mannes (46) und der nächsten zwei dem Zuge zugekehrten, von denen der erste (48) ruhig wartend, der zweite (49 Paris bis 56) mit beiden Händen, deren Fingerhaltung zu beachten, einen teller- oder schalenähnlichen Gegenstand hält. Vor ihm stehen ganz ruhig, nur den rechten Fufs ein wenig vorgesetzt, zwei Jungfrauen (50; 51), gleich den nächsten vier (53—56) mit Doppelchiton und einem Tuch, dessen Zipfel nach vorn über die Schultern gezogen sind. Vor diesen zwei Jungfrauen hält jener Mann das Gefäfs so, dafs ihre Beziehung zu demselben offenbar wird: er mufs es ihnen geben oder von ihnen empfangen. Jenes pafst schon zu der Situation nicht, da wir am Ziele sind, nicht am Ausgang, und da ja auch die andern Weiber fast alle etwas bringen. Empfängt er das Gefäfs, so kann er es nicht aus ihren Händen genommen haben, da ihre Hände ruhn, und er es zu hoch hält, also von dem Kopfe der einen, und kein Zweifel dann, dafs die andre ein gleiches noch

---

[1]) Mommsen Heort. S. 15 ist also auch hinfällig. Michaelis erinnert mit Recht S. 207, dafs man nicht die Praxis der Vasenbilder, sondern der Reliefs vergleichen müsse, in denen Kränze und Nebendinge gewöhnlich fehlten, und dafs Pheidias sich damit begnügt habe, Kränze an einigen Stellen darzustellen, an manchen, wie auch manches andre Detail, anzudeuten durch Bewegung oder Haltung; gleichwie die Tragiker ihre Personen immer vom Mienenspiel und Gesichtsausdruck anderer sprechen lassen, der in Wirksichkeit (auf den Masken) nicht vorhanden, sondern nur vorausgesetzt war.

[2]) Vgl. Gerhard A. V. IV, 273, wo auch ein Jüngling auf einen Stab sich stützend einen Kranz hoch hält, man weifs nicht ob für den zunächst aber abgewandt stehenden Knaben oder für zwei Jünglinge hinter diesem.

auf dem Kopfe hatte, was an dem grade über den Köpfen zerbrochenen Original nicht mehr zu erweisen ist und selbst bei Erhaltung der Platte, wie so viele Zuthaten, jetzt keine Spur hinterlassen zu haben brauchte. Dieselbe Gruppe eines Jünglings (52 Carrey hat den Kopf bartlos gezeichnet) mit zwei Jungfrauen (53; 54), deren Hände ruhig herabhangen, wiederholt sich, abweichend nur darin, daſs die Handlung etwas weiter zurück ist: die Umkehr des Jünglings gegen den Zug ist noch nicht so fertig, er steht noch etwas mehr in der Vorderansicht, hält auch noch kein Gefäſs, aber die linke Hand[1]) hat schon dieselbe Haltung wie dort unter dem Gefäſse, und nach der sonstigen Aehnlichkeit sind wohl auch hier die Gefäſse auf den Köpfen der beiden Jungfrauen zu ergänzen[2]). Was wir an diesen zwei den Jungfrauen zugekehrten Männern gewahren, nehmen wir auch an dem ganzen Processionsstück dieses Ostfrieses und deutlicher noch an dessen linkem Ende wahr, daſs nämlich je näher dem Centrum, desto mehr schon die Bewegung des Zuges in Ruhe übergegangen ist. Ich halte daher die ganz vorn stehenden Männer nicht für schon vorher dort anwesende Ehrengäste, wie Friederichs Baust. S. 168 und Michaelis S. 221, sondern für die zuerst angekommenen Spitzen. So passend in diesem Falle, so unpassend wäre in jenem die geringe Aufmerksamkeit auf den Zug. Es folgen noch neun Weiber, davon die ersten zwei, die dritte und vierte, vielleicht die achte, gleich jenen vorderen gekleidet sind, die übrigen das Himation über dem Chiton haben, darunter eine mit einer Haube, so daſs wir an der Tracht wohl, mit Visconti, Frauen und Jungfrauen unterscheiden können[3]). Mit Ausnahme der ersten 55, die für sich geht, und auch durch die Schale, die sie trägt, isoliert ist, scheinen die übrigen paarweis, doch etwas loser als die vorderen zu schreiten; die letzten zwei Paare mit flachen Schalen, in deren

---

[1]) An der Rechten notiert Michaelis S. 260 zwei Bohrlöcher, die auf einen Stab schlieſsen lassen.

[2]) Michaelis S. 215 zieht vor, sie nicht zu bezeichnen. Daſs Frauen ohne bestimmte Thätigkeit mitgezogen wären, wissen wir nicht, am leichtesten zu ergänzen sind Körbe, wie doch nach Carrey auch bei 50 oder 51 zu ergänzen wäre.

[3]) Ich kann nicht mit Michaelis S. 215 glauben, daſs nur zwei links 16 und 17, vier rechts 50; 51; 53; 54 Bürgerinnen, alle andren Metökinnen seien, was auch Visconti ablehnte. 57—61 in London.

Mitte der Buckel zum Einsetzen des Fingers deutlich bezeichnet ist, davor ein Paar mit Kannen, so gehalten, als ob sie leer wären. Das erste Paar 56; 57 trägt zusammen einen Gegenstand, bestehend aus einem schlanken Schaft, welcher unten zu einem Fufse sich erweitert, oben einen konischen Kopf trägt, das ganze etwa vier Fufs hoch nach dem Mafse der Personen. Der Schaft hat in der Mitte eine Anschwellung mit den Henkeln, an denen er getragen wird. Es hat offenbar einige Schwere, wie auch die erste Trägerin durch Andrücken der linken Hand an die Hüfte zu verrathen scheint, und richtig ist ein Räuchergefäfs ($\vartheta υ μ ι α τ ή ρ ι ο ν$) darin erkannt, derlei bei Opfern und Opferprocessionen ganz ähnlich vorkommen. Sie sind, da sie ja etwas brennendes tragen, nach der Analogie von Leuchtern gemacht, die Kapsel mit dem glimmenden Weihrauch der Flamme nachgebildet[1]). Alle diese Geräthe finden wir in gröfserer oder geringerer Vollständigkeit auf den unten angeführten Vasenbildern, welche Darbringungen oder Vorbereitungen von Opfern darstellen, aufser den Thymiaterien, Eimer (6), Kannen (4; 5), Schalen, endlich Körbe ($κ α ν ᾶ$), letztere auf dem Kopf getragen, dem Gefäfs, das wir einer der vordersten Jungfrauen unsres Zuges abgenommen sahen, und, dessengleichen auf den Köpfen dreier anderer angenommen wurden, auch in der Form sehr ähnlich auf 1, so dafs ich auch jenes Gefäfs im Fries für einen Korb erkläre und dessen Bohrlöcher nach Anleitung von 5, wo der mehr schalenförmige Korb mit Zweigen

---

[1]) Solche Thymiateria auf Vasenbildern z. B. 1) Stackelberg Gräber d. Hell. XVI (schwarzfig.) mit ganz glattem Schaft. 2) Elite céramogr. I, 93 von Nike getragen (vgl. das Florentiner Relief der stieropfernden Niken, Michaelis Arch. Zeit. 1862, S. 255); der Schaft erweitert sich über der Mitte zu einer Kugel zwischen zwei horizontalen Scheiben. Mehr Scheiben und andre ähnliche Verzierungen: 3) Stackelberg Gr. d. H. XXXV. 4) Mon. Incd. d. Inst. IV, XV. Noch andre Beispiele: 5) Stackelberg XXXXIII. 6) Hamilton Collection IV, 42; 7) endlich dem unsres Frieses sehr ähnlich Bullet. arch. Nap. N. S. I. T. III. Der Kopf besteht bei 1; 2; 4; 7 aus zwei Theilen, die bei 2; 7 zusammen einer mit der Spitze nach oben gekehrten Eichel gleichen; bei 3; 5 ist der untere schalenförmige Theil, die Pfanne allein sichtbar, die bei 4 eine flache Platte ist. Der Deckel ist bei 4; 7 deutlich durchlöchert. Den Gebrauch illustrieren 3, wo eine Frau Weihrauch aus einem Kästchen in die offene Pfanne thut, und 4, wo aus der Pfanne die Flamme auflodert, wie es scheint durch einen flachen Deckel hindurch. Eine gröfsere Sammlung s. Stephani CR. 1860, S. 30, 4.

bedeckt ist, zu verstehn glaube. Alles dies Opfergeräth, so wie das sonst noch in diesen Bildern hin und wieder vorkommende, das wir auch im Friese weiterhin noch sehen werden, findet sich schon in dem ältesten Verzeichnis der im Parthenon aufbewahrten heiligen Kostbarkeiten vor.

Von der ersten und wichtigeren Hälfte der Nordseite liegen uns im Original nur zersprengte, unzusammenhängende Trümmer vor, die wir aber mit Hülfe von Carreys und Stuarts Zeichnungen ergänzen können, wenn auch im einzelnen manches unsicher ist[1]). Voran kommen vier Rinder, nach der Form des Kopfes und Halses Kühe, jede von zwei Jünglingen geleitet, einem an jeder Seite. Diese sind in auffallender Weise, mit Ausnahme derer bei der dritten Kuh, sämmtlich vom Hals bis an die Füſse in ihr Himation eingehüllt, so daſs kaum eine Hand — das ist namentlich an den diesseits gehenden ersichtlich — um das Leitseil zu halten blos wird. Daſs auch die jenseits Gehenden die Thiere am Strick halten, ist nicht sichtbar, bei dem ersten 1, der mit übereinandergelegten Händen und geneigtem Kopfe seine Kuh wehmüthig zu betrachten scheint[2]), ist wohl das Gegentheil gewiſs. Die dritte Kuh aber, die nicht wie die übrigen ruhig geht, sondern einen mächtigen Satz macht, wird von beiden Begleitern zurückgerissen, so daſs mit schöner Naturwahrheit die Schnauze hochgehoben wird. Die Stricke, deren Dasein wir sonst nur aus der Handhaltung der Begleiter abnehmen, waren, wie hier zu erkennen, um die Hörner der Thiere geschlungen, an denen also auch noch andre Bänder oder Binden dargestellt sein konnten, ohne daſs davon heut etwas zu sehn ist. Die beiden Führer dieser Kuh werden von derselben zu einem starken Schritte vorwärts gerissen, und dadurch scheint dem einen sein Gewand von den Schultern herabgeglitten zu sein.

Drei Schafe, (Michaelis) nicht Widder[3]), werden von je einem

---

[1]) Michaelis' Zusammenstellung und Berechnungen S. 233 und 248 ergeben das günstige Resultat, daſs nur vier, oder wenn das S. 241 angegebene Maſs des Frieses auf der Tafel um 0,07 M. zu hoch wäre, und Platte III. nach Carrey etwas zu lang, höchstens fünf Platten und zwar aus dem Reiter und Wagenzug fehlen. Die Fragmente meist in Athen, einige in London.

[2]) So diese Haltung wie die Tracht läſst Michaelis' Deutung eines Festordners unrichtig erscheinen.

[3]) Michaelis erinnert, daſs andre Opferthiere als Kühe, wahrscheinlich

wieder verhüllten Jüngling geleitet¹). Unmittelbar dahinter steht wieder ein Jüngling 12 mit derselben Wendung wie Ostfries 52, offenbar auch ein Festordner, ruhig die Ankunft der Folgenden erwartend. Es sind voran drei Jünglinge, — die Tracht brauche ich nur anzugeben, wo sie nicht wie hier das Himation, in gewöhnlicher Weise umgeworfen ist — jeder mit einem Gefäſse auf der linken Schulter, dessen Form bei dem ersten 13 (Lond.) erst durch Michaelis genauer verzeichnet ist, als eine Mulde, die nach dem höher getragenen Ende ohne Rand ist, an dem vorderen tieferen einen gekrümmt aufsteigenden Rand wie ein Schiffsbug hat²); von dem Inhalt jedoch, den Stuart bei diesem wie den folgenden beiden gezeichnet hat, ist nichts zu sehn. Folgen wieder vier Jünglinge (Athen) mit bauchigen Amphoren, welche die ersten drei auf der linken Schulter tragen; und so wie die ersten beiden 16; 17 nicht blos mit der Rechten den einen Henkel fassen, sondern auch mit der Linken noch unter den Fuſs des Gefäſses fassen sowie aus der stark gepressten Schulter erhellt, daſs diese gefüllt sind. Drum hat auch der vierte 19 die seine einen Augenblick auf den Boden gesetzt, und ist nun eben im Begriff sie wieder aufzuheben. Danach kommen voller bekleidet mit gegürtetem Chiton und Himation³), so viel aus Carreys mangelhafter Zeichnung zu erkennen, zu der nur einige Stücke des Originals hinzugekommen sind⁴), vier Pfeifer und ebensoviele Leierspieler. Zur Vermeidung der

---

Schafe, nur von den Colonieen geschickt vorkommen, also hier wohl die Theoren nach Schol. Arist. Wo. 386 und den Urkunden Der Parth. S. 333, 222 f. zu erkennen sind.

¹) Der vorderste, dessen gröſster Theil nur bei Carrey erhalten ist, macht eine daselbst nicht deutliche Bewegung mit dem verhüllten rechten Arm.

²) σκάφη verwandt mit σκάφος, wie unser 'Schipp', oder vaisseau mit vas(cellum).

³) So gewöhnlich: Mon. Ined. d. Inst. V, 10 Flötenbläser mit Jacke und langem Chiton; Gerhard Etr. u. Camp. Vas. III, wo auch an dem einen Kitharspieler ein weiſses Unterkleid deutlich ist. Die Doppelflöte bei 20 constatiert Michaelis.

⁴) Vom ersten Pfeifer und den Leierspielern nur kleine Stückchen, der vierte gröſstentheils mit dem ersten der folgenden Männer. Weitere Vermuthungen s. bei Michaelis S. 244. Unterschied des Alters zwischen Pfeifern und Leierspielern, wie sonst Gerhard Etr. u. Camp. Vas. 56, ist nicht zu erkennen.

Einförmigkeit sind der dritte und vierte Pfeifer 22; 23 so gestellt, dafs sie einander aufser dem Kopfe fast decken, der dritte Leierspieler 26 dagegen durch elegante Umwendung nach dem vierten 27 sich von diesem wohl abhebt. Die Wendung bedeutet hier nicht ruhiges Zuwarten; die Bewegung geht ja vorwärts, während der Oberkörper sich dreht, um auf den ferneren Zug einen Blick zu werfen, ein Motiv, das so naturwahr ist wie künstlerisch wirksam auch blos der Linien wegen, und das wir daher oft angewandt finden. Dafs die Leierspieler auch sangen, verräth ihr Mund nicht, und auch die Kopfhaltung ist nur bei dem letzten 27 mehr hintüber als vorgebeugt. Den Musikern schliefst sich unmittelbar ein dichtes Gedränge von Männern an; denn scheinen auch in dem Stücke, welches nur Carrey giebt, zwei Köpfe bartlos, so ist doch wahrscheinlich, dafs hier nicht so verschiedene Lebensalter gemischt waren, weil bis hier alle auf dieser Seite jugendlich waren, und auf dem erhaltenen Originalstück alle sechs sicher bärtig sind. Einige der vorderen sogar für kahlköpfig zu halten, genügt Carreys Autorität nicht, zumal die Glatze am deutlichsten bei einem solchen scheint, den er auch bartlos gezeichnet (29); aber an dem Gypsabgufs schienen mir die mittleren älter als die letzten. Bei genauerer Prüfung erkennt man, dafs sie ungefähr reihenweis gehn, zweimal drei (28; 29; 31 und 30; 32; 33), dann vier (34 bis 37), endlich sechs (38 bis 43), von denen aber einer 39 zurückgeblieben ist. Bei mehreren (31; 35; 37; 41; 42) verlangt die Haltung der rechten Hand, dafs wir etwas darin ergänzen. Bei dem vierten, achten, zehnten, vierzehnten (31; 35; 37; 41) würde ein langer Stab zur rechten Hand wohl passen, bei dem vorletzten aber, der die Hand nach unten hält, gleich der Rechten des Hermes, können wir wohl nur einen kürzeren leichteren Gegenstand ergänzen, wie bei Hermes den Schlangenstab[1]). Die linke Hand dagegen scheint nur durch Festhalten des Himations geballt zu sein und keiner Ergänzung zu bedürfen.

Die letzten dieser Gruppe sehen wir mit umgewandtem Haupte eiliger vortreten, und ebenso, doch der gröfseren Gefahr wie dem jugendlichen Alter entsprechend, viel schleuniger und energischer ihnen einen Jüngling 44 folgen[2]), denn daher kommen in glänzender

---

[1]) Dafs trotzdem keine Bohrlöcher vorhanden, erklärte sich oben.
[2]) Der Anschlufs dieser Platte XI steht durch Vergleich von Südfr.

Reihe die Viergespanne gesprengt, und die gewaltig bäumenden
Rosse des ersten gehn fast schon über den Jüngling hin. Wie
er die Linke erhebt, dem Lenker zu gebieten, fällt ihm das Himation vorn herunter. Soweit gleicht diese Figur dem Jüngling 58
vor dem siebenten Wagen ziemlich genau; während dieser aber auch
den rechten Arm hoch hebt, und mehr die Rosse als den Lenker zurückzuscheuchen scheint, hält jener mit der Rechten noch das fallende Gewand an der Hüfte fest. Noch mehr variiert ist dasselbe
Motiv beim zweiten und achten Wagen 48; 62. Der Wagen lassen
sich hier nicht mehr als neun nachweisen, wesentlich von gleicher
Form. Zweirädrig mit Diphros zum Stehen, dem Rand dran sich
zu halten, gleichen sie den Götterwagen in Westgiebel und Ostmetopen und den homerischen Streitwagen, wie auch ihr Gebrauch
durchaus an heroische Sitte erinnert. Denn jeder Wagen trägt
zwei, den Rosselenker und den Kämpfer, und wie der homerische
Held zum Kampfe meist von dem Wagen herabspringt, so zeigen
hier die Jünglinge, welche über dem hochgeschürzten Chiton einen
Panzer, auf dem Kopf den roſshaarbuschigen Helm, und den runden
Schild am Arm haben, ihre Gewandtheit den rollenden Wagen im
Sprung zu verlassen und wieder zu erreichen[1]). Die Lenker stehn
rechts im Wagen, weniger wohl, um wie unsre Kutscher den rechten Arm mit der Peitsche frei zu haben als um einmal Ab- und
Aufspringen des Kämpfers zu erleichtern, der ja mit der Rechten
sich hält, und hauptsächlich weil der Schild des Kämpfers sonst
keinem, jetzt beiden zu gute kommt. Die Wagenlenker sind mit
langem, gegürtetem[2]) (zwei 52; 60 mit langärmeligem) Doppelchiton, gleich Frauen bekleidet, wie aber die Wagenlenker in heroischen wie agonistischen Darstellungen und danach auch der

---

XXXIV und XXXV auſser Zweifel, obgleich die authentische Beglaubigung
fehlt, da Carrey XI ausgelassen hat.

[1]) Diese auch im Wettkampf geübte Kunst des Apobaten sollte von
Erichthonios erfunden sein: Hermann-Stark GA. 54, 23; Michaelis Zeugn. 80
bis 87. Dieses Spiel hier in dem Festzug möchte ich aber nicht mit Müller
und Michaelis S. 215 für Erinnerung an die Agonen halten, sondern zweifle
nicht, daſs man auch im Festzug die Gelegenheit, seine Kunst zu zeigen,
nicht vorüber lieſs.

[2]) Einer, der erste 46, hat auch die Kreuzbänder über der Brust wie
Selene im Ostgiebel und Männer auch sonst, z. B. das Brustbild des Helios
in der Sonne, Gerhard Ak. Abh. V, 1 = Mon. Ined. d. Inst. II, 55.

wagenlenkende Sonnengott auf schwarz- und rothfigurigen Vasenbildern[1]) und wie sie auch noch auf den Reliefs vom Maussoleum erscheinen[2]). Obgleich an den Originalstücken bei vieren dieser Lenker die Formen der Brust, auch der muskulösen Arme und des Kopfes durchaus männlich sind, ist doch die Behauptung, es seien weibliche Wesen, immer wieder aufgetaucht[3]) und hat eine Anzahl von wunderlichen Deutungen, zum Theil von nicht geringer Tragweite, erzeugt, die natürlich sämmtlich nichtig sind. Von den vier Rossen scheinen immer nur die beiden mittleren angespannt, die äufseren blofse Beiläufer zu sein, wie auch an ihrer freieren Bewegung zu sehn ist. Das aufgebogene Deichselende mit dem Joch daran und etwas von dem Riemenwerk ist bei mehreren Wagen aus dem Stein gebildet zu sehen, die Zügel aber nach Haltung der Arme und Hände, die sie hielten, und nach Bohrlöchern in den Mäulern der Rosse und bei den Händen aus Metall zu ergänzen[4]). Neben oder vor fast jedem Wagen einher schreitet ein Jüngling, Ordnung zu halten, wie wir schon einen vor den Muldenträgern, den zweiten vor dem ersten Wagen, in Bedrängnis gesehn, später noch andre sehn werden. Hier bei den Wagen haben sie am meisten zu thun. Aufserdem aber, dafs sie

---

[1]) Sfg. panathenäisches Preisgefäfs Mus. Greg. II, 42; rfg. Millin. peint. de vases II, 60; Des Vergers Étrurie Atl. T. XXXVIII = Vase des Midias, Gerhard Ak. Abh. T. XIII, dabei mehrere an den Fries erinnernde Motive; Mon. Ined. d. Inst. VI, T. XII; Aunali 1860 B.

[2]) So auch der bärtige Wagenlenker auf dem oropischen Votivrelief, das gleich dem herkulanischen Monochrom hier am Fries wohl sein Urbild hat, und von Welcker fälschlich auf Amphiaraos' Niederfahrt gedeutet ist in A. D. II, S. 176 T. IX, 15; X, 16.

[3]) Nach Visconti, O. Müller, jetzt wieder Overbeck, Petersen, Beulé, Stark Philol. 16, 114. Nach Müller Hamillae, nach Petersen Personificationen der Phylen, nach Overbeck wieder Siegesgöttinnen, die zusammen mit den anwesenden Göttern die Darstellung zu idealer Höhe erheben sollen. Aehnlich hatte Sauppe (s. Verhandl. d. 23sten Philologenversammlung S. 184 f.) das vermeintliche Fehlen der Kränze erklärt als ein Zurückgehn auf homerische Sitte. Gottlob werden alle diese angesichts des Kunstwerks unbegreiflichen Meinungen durch die Thatsachen widerlegt, dafs Kränze da sind, Männer die Rosse lenken, und die Götter unsichtbar sind. Durch die behauptete Idealität sollte den Einwürfen gegen die Deutung des Zuges als panathenäischer Pompe der Boden entzogen werden.

[4]) Ueber die ungleiche technische Behandlung des Nord- und des Südfrieses s. Michaelis S. 225.

durch ihre ausdrucksvollen Gesten ganz vorzüglich die lebendige Bewegung, hier das zu schnelle, dort das zu langsame Fahren veranschaulichen, erfüllen sie auch rein äußserlich den künstlerischen Zweck, den leeren Raum zwischen den Pferdeköpfen und den Personen im Wagen zu füllen, während sie weiterhin bei den Reitern selten Platz finden. Den vor dem ersten Wagen (44) sehen wir eiligst zurücktreten und neben demselben, dessen Wagenlenker, kräftig die Zügel fassend, weit sich zurücklehnt, schreitet ein zweiter Zugordner (45) eilenden Schrittes mit vorgestreckter Rechten nach rechts, denn wenn die nachfolgenden den Ungestüm ihrer Rosse nicht mäfsigen, so werden auch die vorderen nicht halten können. Aber auch der Bewaffnete des Wagens, nach dem sich der Lenker (46) umsieht, ist herabgesprungen, mit vorgehaltenem Schilde die Rosse des zweiten Wagens abzuwehren. Ihr Lenker 49 lehnt sich auch noch ziemlich zurück, und der Ritter 50 will, wie der weit unter den Wagen vorgesetzte Fuß zeigt, gleich 47 herabsteigen. Der Zugführer 48 daneben wendet sich, wenn ich die von Carrey gezeichnete Beinbewegung recht verstehe, eben von dem hinteren Wagen, dem er gewinkt, nach vorn und scheint dem von dort herbeieilenden Zugordner, indem er ihn anblickt und mit der Linken zurückweist, zu bedeuten, daß die da hinten schuld gewesen seien an dem zu raschen Vordrängen. Nach der Hand scheint er freilich, wie Michaelis meint, das Gewand festzuhalten, wozu aber dieses selbst nicht recht stimmt. Vgl. 62. Jetzt aber ist der folgende Wagen schon in ziemlich gemäfsigter Bewegung: der Lenker (52) steht noch grader als der vorige, der Bewaffnete (53) scheint eben wieder aufsteigend den linken Fuß noch nachzuziehn, welcher mit den Zehen noch einen Stein berührt. Solche Steine, Unebenheiten des Bodens, finden sich oft, meist, wie es scheint, durch die Anlage der Figuren hinterher gefordert, wo die einmal entworfene Figur bei der Ausführung nicht den Boden erreichte, untergeschoben, mitunter aber auch im voraus bedacht und durch das ganze Motiv gefordert, z. B. W. 12. 29.

An dem Zugordner 51 sehen wir die Erregung der vorigen vorläufig auf den niedrigsten Grad herabgedämpft; er schreitet neben dem Wagen her, die umwickelte Linke in die Seite gestemmt; aber der zu den beiden im Wagen umgewandte Blick scheint doch eine Mahnung zu enthalten. Das nächste Gespann ist in gleicher Bewegung, ohne Begleiter; Lenker 54 und Ritter 55, letzterer hier allein bärtig, in gleicher Haltung wie auf dem vorigen Wagen. Dagegen wiederholen die Inhaber des nächsten Wagens die Haltung von denen des zweiten 49; 50. Nach diesem kurzen Stücke mehr geregelter Bewegung, wo daher auch ein Zugordner weniger erscheint, wird es nun nochmals lebhafter, und wiederholt sich mit den schon angegebenen Veränderungen die Figur des von dem nachfolgenden Gespann bedrohten und fast entblöfsten Zugführers. Wie dieser 58 dem ersten 44 entspricht, so die nächsten 59 und 62 den jenem folgenden 45 und 48, doch nahm die Bewegung vom zweiten zum dritten bei den letzteren ab, so ist hier 62 bewegter als 59. Ruhig steht der letztere neben den Rossen, die 58 zurückscheucht und die der Lenker 60 mit leichter Mühe zu halten scheint, während der Ritter, von dem nur der den Wagenrand fassende rechte Arm und das aufsteigende rechte Bein mit einem Theile des Gewandes erhalten ist, aufsteigt. Der nächste, fehlende Wagen[1]) fuhr also wohl in regelmäfsigem Galopp, wie auch noch der folgende von Platte XIX thut, dessen Rosse auffallend schmächtig sind, und dessen Lenker 63, von dem nur der rechte Arm erhalten ist, noch weniger zu halten hat, nach der starken Vorbeugung der Schulter vielleicht sich umwandte. Sehen wir nun den Geleitsmann 62 genauer an, so läfst die Bewegung seiner Beine und die Haltung der Arme, wie mir scheint, einen Moment erkennen, der bei 58 sogleich eintreten wird, bei 48 eben vorhergegangen ist. Auch 62 tritt erschreckt zurück und ist schon ein paar Schritte zurückgetreten, natürlich vor dem nachfolgenden Wagen, aber er ist schon wieder dabei sein Gewand zu ordnen: den einen entglittenen Zipfel hat er über den rechten

---

[1]) Nach dem sechsten Wagen sind wir zuerst genöthigt eine Lücke anzunehmen, da, wo Carrey abbricht, nach den Rossen des fünften, sich erhaltene Stücke anschliefsen. Nach Michaelis' Berechnung S. 241 dürfen wir im ganzen Nordfries nur vier Platten ausgefallen setzen, davon zwei im Wagenzug, da zwei für den Reiterzug nöthig sind. Da nun zwischen XIX und XXII nur eine Platte nöthig ist, welche (XXI möchte ich wie Michaelis mit XVI identificieren) die stärker bäumenden und dichter gegen den Wagen zurückdrängenden Rosse mit dem Reste des vorauffahrenden Wagens enthalten konnte, ziehe ich den von Michaelis zu XIX und XX vorgeschlagenen Combinationen vor, nach XVIII zwei Platten mit einem ganzen Gespanne zu ergänzen, da sich sonst wahrscheinlich zu viel Wiederholungen des Motives von XVII ergeben würden.

Unterarm gesammelt und wird ihn wieder über die linke Schulter werfen, wie 48 eben gethan hat, wenn erst die Linke den andern Zipfel weit genug wieder nach vorn herüber gezogen haben wird. So haben wir auch in den einzelnen Figuren dieselbe Darstellung der verschiedenen Entwickelungsstadien wie im Grofsen und Ganzen. Wir werden danach die folgenden Rosse wieder in ungestümer Bewegung zu sehn erwarten, und ist aus der Haltung des Lenkers 64, dem weiten Schritt des aufspringenden Gewappneten 65 zu schliefsen, dafs die Rosse stark anzogen, und das würde hier bei dem ersten sich in Bewegung setzenden Gespann überall am Friese, wo Rosse sich eben in Bewegung setzen, seine Analogie haben.

Der letzte Wagen hält noch ruhig; ein Diener in der Chlamys fafst mit der Linken den Zügel des einen Pferdes, während die abgescheuerte Rechte eben unterhalb des Pferdemaules so gehalten wird, als trüge die Handfläche etwas — zu fressen, denke ich. Der Lenker hält die Zügel, schaut aber ruhig um, gleich wie der Bewaffnete, dessen Ruhe sich namentlich in dem bequem auf den Wagenrand gestützten Arm ausspricht. Doch scheint er bereits einen Fufs auf den Wagen gesetzt zu haben. Diese Ruhe ist unmöglich als ein Ausruhn oder Anhalten während des Zuges aufzufassen, denn undenkbar wäre, dafs die Wagen vor den Reitern einen so grofsen Vorsprung bekommen hätten, auch wären dann die Rosse nicht so ruhig, noch der futternde Diener angebracht; vielmehr soll dieser Wagen sich überhaupt erst in Bewegung setzen. Danach hätte dieser Theil des Zuges, die Viergespanne, sich selbständig organisiert, und dem vorausgegangenen unterwegs angeschlossen, also nicht der ganze Zug sich fertig aufgestellt und dann mit einem Male in Bewegung gesetzt. Das mächtige Zufahren der ersten, die den Anschlufs gewinnen wollen, würde gut dazu passen. Ganz dasselbe finden wir gleich bei den Reitern, wenn wir nur über den Rest des Nordfrieses, der bei Michaelis auf Taf. 13 zusammengestellt ist (Lond. 14, Athen 4 Platten), nur nach Platte XXVI und XXIX noch ohne genügenden Zusammenhang, einen flüchtigen Blick werfen. Auch hier haben wir am Ende, nur viel unverkennbarer noch, die Vorbereitungen, davor dann zunächst dichtes Gedränge: das allzu grofse Feuer der kaum losgelassenen Rosse macht sich, wie am Westfries, noch in gewaltsamen Sätzen Luft, bis allmälich weiter nach vorn der Gang der

Rosse in geregelten Paradegalopp übergeht. Die vordersten haben offenbar freie Bahn vor sich gehabt, sie sprengen rascher dahin; man sehe nur wie der zweite in der ersten Reihe dem Flügelmann vorbeireitet; zwischen den einzelnen Reihen ist hin und wieder freier Raum, so dafs einmal ein Zugordner 89 zu Fufs dazwischen gestellt ist, der nach rechts sich umdreht und mit unzweideutigem Gestus der erhobenen Rechten die Reiter heranwinkt. Wie weit diese Darstellung des Zuges als eines erst während der Bewegung aus gesondert gebildeten Abtheilungen zusammenwachsenden, je weiter nach hinten, desto deutlicher, der Wirklichkeit entsprochen, ist nicht auszumachen[1]), es ist aber auch aus rein praktischen Gründen schon wahrscheinlich, dafs die Wirklichkeit ähnlich gewesen. Jedenfalls gewann der Künstler aus dieser Anordnung unendlichen Vortheil, indem er die ganze Fülle von Motiven, die verschiedenartige Bewegung nicht blos einmal durch die ganze Länge des Zuges, sondern auch innerhalb der einzelnen Abtheilungen entfalten konnte; und so erst gewann er die Möglichkeit, hinter den langsam schreitenden Männern die Wagen und Reiter in so mächtiger Bewegung zu zeigen, ohne sich dem Vorwurf auszusetzen, dafs es ja unnatürlich sei, hinter Fufsgängern Viergespanne einherspringen zu lassen.

Wahrhaft unendlich ist nun aber auch die Abwechselung im Einzelnen. Reihenweis gliedern sich die Reiter, so dafs die linken Flügelmänner ganz sichtbar sind, während die übrigen mehr oder weniger durch ihre Nebenmänner verdeckt sind. Schon die Zahl der Reiter in den einzelnen Reihen wechselt, die erste zählt sechs 72—77, danach kommen deutlich zwei bei einander 78—79; die nächsten Reihen lassen sich wegen der Lücken nicht mehr bestimmen; weiterhin folgen fünf 95; 97—100, sechs 101—106, fünf 107—111, sieben 112—118, sechs 119—122; 124; 125, weiterhin bildet sich noch die Reihe, denen 123, von Michaelis dem vorigen Gliede zugezählt, vorbeigeritten ist. Drei 126; 127; 129 sind schon im Gliede, drei andre 128; 130; 132 sind zurück, und zwei 131; 133 stehen noch neben ihren Rossen. Sättel und Decken haben die Reiter nicht, Zäume aber, für deren Erfindung die Athener Poseidon und Athena priesen, fehlten nicht, wie die zu ihrer Befestigung dienenden regelmäfsig angebrachten Bohrlöcher, im Maul

---

[1]) Mommsen, Heortol. S. 192**.

und hinter dem Ohre des Pferdes, und an der Hand des Reiters, zeigen[1]). Der Zaum wird gar verschieden gehalten, und zeigt sich darin vorzüglich die Herrschaft über das Thier, Freiheit und Sicherheit des Reiters. Viele halten mit jeder Hand einen Riemen, oder eine hält beide, und da macht denn die andere allerhand mehr nothwendige oder mehr elegante Bewegungen, legt sich über die andere, rückt den Kranz zurecht, schwingt die Geifsel[2]) oder streichelt die Mähne des Thiers, streicht die losen Enden des Zaumes aus, fafst den Zipfel des Gewandes oder hängt auch ungezwungen herab. Namentlich sind es natürlich die linken Flügelmänner, die es wissen, dafs sie ganz gesehn werden und mit reizender Ungezwungenheit zugleich und adligem Anstand auf den feurigen Thieren sitzen, oft um und zur Seite blicken auf die schauende Menge.

Auch die Tracht der Reiter ist nichts weniger als uniform. Da wechselt in einer Reihe Aermelchiton und ärmelloser, darüber auch einmal Brustharnisch oder Koller, Chlamys und beides verbunden, Barfüfsigkeit, Schuh oder Sandalen und ans Knie reichende Stiefel, letztere mit oder ohne ausgezackten ledernen Ueberschlag, blofser Kopf mit lederner Sturmhaube mit zurückflatterndem Zipfel, breitkrämpiger, im Nacken hangender Filzhut und buschiger Helm. Von den zwei stehenden Jünglingen am Ende dieser Seite hält der erste 131, fertig zum Aufsitzen, sein bäumendes Rofs am Zügel und wird von ihm etwas fortgerissen, so dafs er mit der Linken nach seinem Kopf greift, Kranz oder Binde, die eben dadurch angedeutet ist, festzuhalten, indem er sich nach seinem Kameraden umsieht. Der aber, dessen Rofs ruhig daneben steht, ordnet erst die Falten seines Chiton mit Hülfe eines hinter ihm stehenden Knaben, und will gewifs auch die Chlamys noch umhängen, die der Knabe über seine Schulter geworfen hat.

Gehn wir nun um die Nordwestecke[3]), so finden wir die allerreichste Abwechselung, da hier in kleineren Gruppen schon fertige Reiter und noch sich rüstende durcheinander gemischt sind.

---

[1]) Michaelis S. 248.
[2]) Bei 122 und 127 auf dieser Seite ist der Peitschenstiel zu sehn, ohne denselben findet sich aber die nämliche oder ähnliche Handhaltung noch oft. Einmal ist eine Hand gehoben, als schwänge sie die Peitsche 118.
[3]) Vgl. Lüders' Nachträge zum Westfries. Arch. Zeit. NF. V, S. 31 ff.

An der linken Seite, zunächst dem Nordfries, finden sich zwei
ledige Rosse nebst mehreren stehenden Personen, auf dem mittleren
Stücke nur ein einziges, am rechten Ende dagegen hat noch keiner
sein Rofs bestiegen. Hier haben denn nun auch die Zugordner
wieder zu thun[1]). Gleich vorn schreitet einer (1) in ruhiger Würde,
die umwickelte Linke an die Hüfte gestemmt, in der Rechten den
Stab, der in der hohlen Hand zu ergänzen ist. Er sieht sich um[2]),
schon aus dem rein äufserlichen Grunde, weil er unmöglich grad
aus auf die Ecke losgehn kann; da würde er, wie es bei Selene
im Ostgiebel bemerkt ist, aus der Composition herausrennen; er
hat aber auch als Ordner zu sehn, ob man ihm folge, und wie
solches Rückblicken in Wirklichkeit an den Ecken, wo der Zug
eine Biegung zu machen hat, vor wie hinter der Ecke angebracht
ist, so ist es hier und noch einmal an einer Ecke des Tempels,
Südecke des Ostfrieses, geschehn, so dafs ein eigentlich aufserhalb
der Darstellung liegendes Moment — denn die Ecke ist ja nicht
eine dargestellte, sondern eine wirkliche — in dieselbe hereingezogen
ist, gewissermafsen analog der im westlichen Giebel bemerkten
Bewegung Athenas auf das aufser der Darstellung liegende Attika.
Ihm nach gesprengt kommen zwei Jünglinge, der erste (2) an den
Kranz (jetzt Bohrlöcher, fünf nach Hawkins) im Lockenhaare die
Linke legend, indem er gleich dem Zugordner umblickt. Wie sein
Haar flattert auch seine Chlamys, aufser Sohlen die einzige Bekleidung. Der andre (3) mit Stiefeln, Chlamys, Harnisch achtet
nur auf sein Rofs, dessen Zügel er straff mit beiden Händen hält.
Der zweite Zugordner (5), hier zum ersten Mal ein bärtiger, wie
aber auch bärtige Reiter erst hier an der Westseite uns begegnen,
kommt von hinten her zu dem nächsten noch stehenden Jüngling 4,
der seinem Rosse das Gebifs ins Maul geschoben hat (Bohrloch)
und ihm eben den Zügel mit dem Geschirr über den Kopf schieben
will[3]), und dabei zwei eben an ihm vorbeisprengenden Reitern
nachsieht. Diesen säumigen[4]), der sein Geschäft mit aller Ruhe

---

[1]) Wie ein Stück aus diesem Zuge, auch mit den Zugordnern, sieht das
Bild an Euphronios' Schale aus, 'Wettrenner' von Gerhard erklärt, Trinksch.
u. Gef. T. 14.

[2]) Vgl. Michaelis S. 220, 171. Vgl. unten.

[3]) Nach Lüders a. a. O. sind die Bohrlöcher am Kopf so angebracht,
als wären die Zügel schon angelegt.

[4]) Nicht den Burschen, wie Michaelis meint, über den sein Blick hin

besorgt, und dessen Ruhe in dem Burschen 5 sich abspiegelt, welcher hinter dem Rosse mit gekreuzten Beinen steht[1]), will der eilige Zugordner antreiben, und weshalb, zeigt er durch das Zurückblicken nach den schon fertig dahergaloppierenden Reitern. Was aber der Bursche in oder zwischen den Händen gehalten, ist nicht ganz klar[2]). Unzweifelhaft gehört es zur Ausrüstung des Herrn, für Kopfbedeckung oder Schuhe will die Haltung der Arme nicht recht passen; der noch nicht zusammengebundene Kranz könnte es sein, dessen eines Ende unten in der hohlen Hand ruhte, während das andere Ende oben gleichfalls durch die Hand ginge, ähnlich wie ja Binden oft gehalten werden, nicht blos mit den Fingerspitzen, sondern auch mit der vollen Hand. Anders dürfte man vielleicht an die Peitsche[3]) denken, denn Speere (Xen. Hipparch. 3, 3) kommen ja bei den Reitern des Frieses nicht vor, sonst möchte ein zweiter Stützpunkt bei der Stellung passend scheinen. Die Reiter sind alle paarweis verbunden, und bis zur Mitte hin die einzelnen Paare, die also bis auf die Verbindung zu gröfseren Reihen fertig sind, jedesmal durch Gruppen und Figuren noch rüstender getrennt. Zwischen dem ersten und zweiten Paar befindet sich die eben besprochene mit dem treibenden Zugführer. Das zweite Reiterpaar bildet ein Jüngling 7 mit Chiton und Harnisch und ein Bärtiger 8 mit Chiton, Chlamys, Stiefeln und Lederkappe. Beider Rosse sind, wie bei den meisten Reitern dieses Frieses, sowie es wohl am Anfang geschieht, noch etwas ungestüm, daher der Bärtige dem seinigen mit der Hand besänftigend über den Schopf streicht. Zwischen diesem und dem nächsten Paare steht ein Jüngling 9, ohne andre Bekleidung als die Chlamys und sieht sich um, indem er die Peitsche (Lüders S. 32) in der Rechten, mit der Linken ein Rofs am Zügel hält und einen andern zu erwarten scheint. Das müfste der sein, der mit Helm und Chlamys wie-

---

zu den Nachfolgenden geht. An dem Jüngling (4) habe ich den Petasus im Nacken notiert, der bei Michaelis fehlt. Beides bestätigt Lüders S. 32.

[1]) Es liegt fast Humor in dem Gegensatz des eilenden Zugordners und des ruhigen Burschen.

[2]) Carrey hat sich offenbar versehn; was er dem Burschen in die Hände giebt, ist der umwickelte Arm des Zugordners. Den Zügel (Mich.) kann er nicht gehalten haben: er hält noch. Wie Lüders meinen kann, er hielte noch die Zügel, begreife ich nicht.

[3]) So Lüders S. 32.

derum zwischen dem dritten und vierten Reiterpaare steht, mit Festbinden der zweiten Sandale beschäftigt (12), und dabei selber nach rechts den herankommenden oder seinem Rosse entgegensieht; denn bei ihm steht keins[1]). Oder wir müfsten jenes ruhig am Zügel gehaltene Rofs für das seine und den, der es hält (9), für einen Diener, wie 22 und 28, des Sandalenbinders halten.

Das dritte Paar sind wieder zwei Jünglinge. Der erste 10 gekleidet wie 7, giebt seinem bockenden Rofs die rechte Ferse[2]). Das Rofs des folgenden springt dagegen mit allen vieren in die Luft. Der Reiter (11) hat über dem Chiton einen reichverzierten Panzer, mit einem Gorgoneion auf der Brust, in Pantherköpfe auslaufende Schulterklappen und unten mit dem Schurz von Lederstückchen; den buschigen Helm schmückt ein Adler. Mit weniger Sorgfalt sind die Vorderbeine des Rosses gezeichnet, da das rechte offenbar fehlerhaft ist, wie auch bei dem vorhergehenden Reiter (10) das Zusammentreffen seines linken Beines mit dem Schweife des vor ihm stehenden Rosses ungeschickt ist.

Das nächste, vierte Paar galoppiert ziemlich gleichmäfsig. Der Erste war, wie ich mir notiert, bärtig und trägt über dem Chiton die Chlamys, der Zweite ein wehendes Fell, von einem erlegten Raubthier, wie es scheint.

Hinter ihnen steht ein Bärtiger mit Sandalen, Chiton und Lederkappe. Wie deren Zipfel und das Haar, so fliegt auch die Chlamys und der etwas derangierte Chiton von der kräftigen Be-

---

[1]) Das Motiv wiederholt sich am Ende. In gleicher Stellung erscheint ein sich rüstender Krieger auf einer Vase R. Rochette M. I. XVI, der bekannte Hermes (Jason) und bei Lambeck de Mercurii statua vulgo Jasonis habita Bonn. Diss. S. 9 mehr Beispiele.

[2]) Michaelis irrt, wenn er ihn sein Rofs anhalten läfst, und ihn als den Gefährten von 10 ansieht. Die Widerspenstigkeit des Rosses ist wie bei 7 und 16, wo Michaelis mit Unrecht den Reiter wegen des angetroffenen Hindernisses halten läfst. Hätten wir die Stehenden und Reitenden so hintereinander zu denken, dann wäre überhaupt nicht zu begreifen, dafs die Reiterpaare sich in Bewegung setzten, ehe alle fertig. Dafs aber die Reiter neben den Haltenden vorbeisprengend zu denken sind, sieht man bei 10; 13; und auch vor der Gruppe 4—6 müfste eher 8 als 7 und vor 15 eher 17 als 16 anhalten. Wäre endlich 6 ein Hindernis für 7, so könnte man sich den Burschen nur taub denken. Der Grund der Hemmung ist vielmehr überall Widerstreben des eben bestiegenen Pferdes gegen seinen Herrn, das bei 16 durch Scheuen vor der Peitsche von 15 vermehrt sein mag.

wegung; denn den rechten Fuſs gegen eine mäſsige Erhöhung stemmend, hält er mit der Rechten das hoch bäumende Roſs am Zügel, während die hochgehobene Linke wahrscheinlich die Peitsche schwang[1]).

Der Gegensatz der Fertigen und Unfertigen, die bisher in kleineren Gruppen viermal abwechselten, wiederholt sich auf den letzten acht Platten nur einmal. Bei der allmählichen Entwickelung des Festzuges muſsten den Beschluſs lauter Unfertige bilden; denen ist aber auch wieder eine längere Reihe Fertiger gegenüber gestellt. Dieser Wechsel in der Anordnung tritt, wie angedeutet, grade in der Mitte des Frieses ein, und das Gleichgewicht der beiden Frieshälften ergiebt sich bei genauerer Betrachtung noch deutlicher: eilf Pferde mit fünfzehn Personen links stehn gegen zwölf und fünfzehn — darunter wie links ein Unerwachsener — rechts, und ist innerhalb jeder Hälfte das Verhältnis der Gruppen Fertiger und Unfertiger ein gleiches, links vier gegen vier, rechts eine gegen eine; insofern findet aber ein Gegensatz beider Hälften statt, als rechts an Ausdehnung die Unfertigen eben so sehr überwiegen, als links die Fertigen, im Verhältnis von vier zu drei, Platte I und XVI nicht mitgezählt. In der Zeichnung aber wird man höchstens gegen die Enden einige Entsprechung zwischen beiden Hälften finden.

Sehn wir nun noch die einzelnen Motive der drei Reiterpaare 16—21 an, so wird man bei denselben zwar wieder alles neu aber doch nichts neues finden. Alle Stücke der Ausrüstung, Chiton, Chlamys, Harnisch, Sandalen, Stiefel, Petasus, Zipfelkappe[2]), Helm, kehren hier wieder; alle drei Paare reiten ziemlich gleichmäſsig; die Rosse sind auch hier noch etwas unbändig und auch das Streichen des Schopfes kommt (13) wieder vor. Aus der nächsten Gruppe ist die Mittelfigur (23) mit der erhobenen Hand schon besprochen. Meine Vermuthung, daſs er dem andern einen Kranz aufsetzen wollte, würde allerdings nöthigen auch in diesem einen Theilnehmer des Zuges zu sehn, der denn offenbar für sein eigenes noch ungezäumtes Pferd das Geschirr in den Händen

---

[1]) Vgl. den sogen. Kastor des Reliefs Müller, DaK. I, 50, welcher auch einen Stecken in der Linken hält.
[2]) Lüders S. 33 constatiert die Kopfbedeckung von 19 als einen Thierkopf.

zurecht machte, um es im nächsten Augenblick (gleich 4 dieser Seite) dem Thier anzulegen¹). Dann würde 23, wie vielleicht 12, sein Rofs noch gar nicht in der Nähe haben, und 24 endlich, der Bursch von 22, trüge den Chiton, den sein Herr, gleich 30, noch anlegen würde, nachdem er das Rofs gezäumt hätte.

Gehörte aber das Rofs 23, so hätte dieser sogar zwei Diener, seine Bewegung könnte nur eine — ich weifs aber nicht ob für den feinen Jüngling schickliche — Drohung sein, und das Gewand, das der kleine Bursch trägt — eine Pferdedecke mit Hawkins anzunehmen, fände sonst am Fries keine Analogie — hätte keine ersichtliche Bestimmung. Die Gebärde des kleinen Burschen gilt offenbar dem Rosse. An diesem hat man²) unbedacht getadelt, dafs die Mähne des Rosses trotz des geneigten Kopfes ihre horizontale Lage behalte. Dafs der Künstler hier nicht etwa nachlässig oder in alterthümlichem Stile befangen gewesen, konnte man schon daraus ersehn, dafs die eine Seite der gescheitelten Mähne ja wirklich herabfällt. Eben dies, sowie dafs man den Kopf nicht im Profil, sondern oben darauf und auf den Scheitel sieht, ferner auch die untere Halslinie und die gespreizte Stellung der Beine läfst uns deutlich sehn, dafs das Thier seinen Kopf nicht grad vornüber, sondern seitwärts mit einer Krümmung nach oben hält, so dafs die linke Mähne auf dem Halse ruht.

Das nächste Rofs hält ein Jüngling (25), dem der Hut im Nacken hängt, am Zügel, und steht davor als wolle er aufsteigen. Dazu dient auch die Bewegung seines rechten Fufses, mit dem er das Rofs antreibt, auch den rechten Vorderfufs gleich dem linken, und wie die Hinterfüfse schon zurückgestellt scheinen, vorzusetzen, ein auch bei uns gebräuchliches Mittel, um leichter aufzuspringen³). Hinter diesem bäumt ein andres freies Rofs auf; es scheint, dafs es derjenige (26) eben losgelassen, der rechts dem

---

¹) So auch Lüders S. 33, der aber 23 für einen Herold hält, gleich Ostfr. 47, indem er durch Broncelöcher an beiden Enden die Verlängerung des Stäbchens durch Ansätze erweist.

²) Friederichs Baust. S. 170. Auch Michaelis misversteht die Bewegung des Thiers, wenn er S. 224 von heftigem Widerstand spricht; und S. 231: 'das mit sehr charakteristischer Bewegung den Kopf zwischen seine Vorderbeine steckt, und zwar so rasch und heftig, dafs die Mähne noch nicht einmal ganz heruntergefallen ist'.

³) Hawkins citiert dafür Xen. Hipp. 6, 10; Michaelis Pollux 1, 213.

Jüngling (27) zu Hülfe eilt, um dessen mächtig aufbäumendes Rofs zu bändigen. Um so ruhiger stehn die nächsten zwei Rosse von besonders kleinen und dürftigen Formen. Dem ersten hat eben ein Diener (28)[1]) das Gebifs angelegt, und befestigt nun den Riemen hinter den Ohren, da wo wir oben die Bohrlöcher bemerkt haben. Neben dem zweiten wiederholt sich die Figur des Sandalenbinders (29), nur dafs dieser etwas zierlicher und statt des Helmes den Filzhut im Nacken hängend hat. Zuletzt der Jüngling (30), der seinen Chiton über den linken Arm geworfen hat und mit der Rechten drunter fassend das Halsloch sucht, um es sich dann über den Kopf zu heben[2]). Dieser wie der vorige sind nach rechts gewandt, als ob sie von dort noch mehr Theilnehmer kommen sähen.

Kehren wir jetzt nach der Ostseite zurück, um den von Süden her nahenden Festzug zu prüfen. Neue Elemente finden wir in demselben so gut wie keine, vielmehr einige weniger, dafür andere in gröfserer Zahl.

Den Göttern zunächst stehn drei Männer 18; 20; 23 und drei Jünglinge 19; 21; 22 mit langen Stäben, auf welche sie sich stützen, welche aber nur bei 22 und 23 in Marmor ausgeführt sind. Danach folgen paarweis oder einzeln Jungfrauen und Frauen, je ferner von den Göttern, desto entschiedener noch schreitend. In ihren Händen finden wir die Kannen und Schalen wieder und schon nach der Art des Tragens jenem Thymiaterion ähnliche Gegenstände. Den Schlufs bildet der Zugführer an der Ecke, sich umsehend und nach Carrey mit der Rechten winkend, deutlich auf die Fortsetzung des Zuges an dem Südfries uns verweisend. Durch dichtere Gruppierung haben an der linken Seite des Ostfrieses ein paar Figuren mehr Platz gewonnen. Gegen acht Männer und dreizehn Weiber rechts stehn hier sieben und sechzehn. Die Männer sind paarweis, je ein Mann und ein Jüngling, gegeneinander gestellt, nicht wie rechts in einer gröfseren Gruppe mit einigen Einzelnen[3]). Unter den Weibern gehn wieder die Jung-

---

[1]) Lüders S. 34 hebt das Weiberhafte in den Formen und der Kopfbedeckung hervor.

[2]) Für einen Festordner würde die Vorbereitung wohl weniger passen.

[3]) Michaelis sondert 18 ab, um die neun Archonten zu bekommen, aber so abweichend dieser von 19; 21—23 ist, so sehr gleicht er durch die Dre-

frauen (ohne Himation) vorn, weiterhin Frauen und Jungfrauen durcheinander, und auch die Reihenfolge der Gegenstände ist die nämliche: voran zwei Jungfrauen, die gleich den ersten drüben nichts in den Händen tragen, auf deren Köpfen die Körbe wie bei jenen ergänzt sein konnten. Sind von diesen hier nur zwei gegen vier drüben, so stehn dagegen dort einem Paar mit Thymiaterion hier zwei gegenüber. Für was alles sind aber nicht die hier getragenen Gegenstände ausgegeben! Je zwei tragen so einen zwischen sich, aber hier nicht an Henkeln, sondern offenbar an Binden, die drumgeschlungen zu denken sind. An Henkel läfst sich deshalb nicht denken, weil diese doch wohl gleich hoch und von gleicher Form ansetzen müfsten, die eine Hand aber höher trägt als die andre. Der getragene Körper selbst gleicht dem unteren Theile des Thymiaterion, gleich dem er sich nach unten fufsartig erweitert; nur ist hier der Schaft minder schlank, schwillt allmählicher an, dabei läfst er am Original sich als gerieffelt erkennen. Den Schaft des ersten[1]) krönt oben eine doppelte Anschwellung, und über der zweiten kleineren erhebt sich ein ringförmiger Ansatz, dessen Höhlung sehr wahrnehmbar ausgebohrt ist[2]). Dafs an Trompeten, Fackeln, Deckel, Sonnenschirme nicht zu denken ist, ergiebt sich einfach aus der tektonischen Form, der Tragweise und dem daraus erkennbaren Gewicht. Es ist aber leichter zu sagen, was diese Gegenstände nicht sind, als was sie sind. Wäre der Ring oben zum Einfassen bestimmt, so müfste er so gebraucht sein.

Wahrscheinlich sind es Leuchter, wie Visconti meinte, die gleichfalls zum Opfergeräth gehören, wie das oben S. 274, Anm. 1 als 6 angeführte Vasenbild zeigen mag, wo dieselbe Frau in der Rechten ein Thymiaterion, in der Linken einen grofsen Leuchter trägt, und wie solche auch unter dem heiligen Geräth des Parthenon

---

hung und freieres Stehen 20, nur dafs dieser — wie das der ganze Fortschritt von 1 bis 23 ist — schon etwas mehr in Ruhe übergegangen ist. Sehr wohl konnte 18 den Stab in der hohlen Rechten halten, während die Linke die Rede gesticulierend begleitet (vgl. 52).

[1]) An dem zweiten ist der obere Theil unsichtbar, und kann plastisch schwerlich ausgebildet gewesen sein.

[2]) Michaelis' Bemerkung S. 253, der Ring sei theilweise verdeckt, ist nach einer Zeichnung, die ich mir gemacht, nicht richtig, aber etwas abgescheuert ist er.

(Proneion) verzeichnet sind. Dafs das Bohrloch zur Einfügung eines andern Theiles bestimmt ist, läfst schon die geringere Höhe erkennen¹). Nach Form und Tragweise also und gewifs auch nach dem Gebrauch, wie nach dem Platz unter den übrigen Geräthen, entsprechen die eben besprochenen dem Thymiaterion rechts; denn auch hier folgen die Trägerinnen der Kannen und dann der Schalen, von jeden fünf.

Jenseits der Ecke, um die der Zugführer ihm zu folgen winkt, und so den Beschauer anweist herumzugehn, folgen wieder zuerst die Rinder, hier deutlich als Kühe zu erkennen. Noch sind in den Fragmenten zehn ganz oder theilweis erhalten, die meisten gelassen einherschreitend; eine aber sucht sich mit gewaltigem Sprunge loszureifsen, so dafs der Führer 109, welcher den Strick in beiden Händen hält, mitspringen mufs, jetzt aber an einem grofsen Stein gelegenen Widerhalt für seinen Fufs findet, während auch zwei andre Begleiter 110; 111 die Kuh an den Hörnern packen. Durch diese Bewegung wird auch die voraufgehende Kuh unruhig, wird aber an dem Strick gehalten. Der Begleiter 114, welcher mit umgewandtem Kopfe so eilig neben ihr vorschreitet, scheint vorn um sie herum zur Bändigung jener wilden Kuh eilen zu wollen, denn auf jener Seite könnte er ja nicht mehr ankommen. Begleiter sind hier einige mehr als am Nordfries, bei den meisten Kühen kann man drei zählen; doch sind auch hier alle jugendlich, so weit es zu erkennen, und wie am Nordfries gekleidet, namentlich fallen wieder die ganz eingehüllten auf, deren mindestens einer ist neben jeder Kuh, aufser bei der wilden, wo das Anpacken eine Entblöfsung veranlafst. Geführt werden die Kühe wie dort an einem um die Hörner gewundenen Strick, meist von einem, der nur einmal (bei der ersten 130) nicht auf dieser (der rechten) Seite der Kuh geht.

Carrey hat das östliche Ende dieses Frieses nicht mitgezeichnet, nichts von den Kühen, und da auch im Original die Verbindung abgebrochen ist, bleibt ungewifs, wie viel genau zwischen der letzten im Original vorhandenen Kuh und den Fufsgängern, bei denen Carrey abbricht, fehle²). Diese Fufsgänger, in deren Gruppe

---

¹) Beide als auseinander genommene Theile eines Kandelabers fafst Michaelis S. 253, schliefst aber auch andre Möglichkeiten nicht aus, dafs es z. B. Untersätze wären, oder Geräthe zur Aufnahme der Opferbratspiefse.

²) Nach Michaelis' Berechnung S. 241 kann hier keine ganze Platte

sich zwei Originalstücke einfügen, entsprechen in ihrer ganzen Erscheinung denen, welche am Nordfries zunächst vor den Wagen einherschreiten. Dieselbe Gewandung, bei mehreren dieselbe Haltung der einen Hand, die einen Stock ergänzen läfst 84; 88; 90; 91; 97; 100, an den Köpfen, deren leider keiner im Original erhalten ist, meist deutlicher Bart, dasselbe dichte Gedränge, das aber doch sich reihenweis zu ordnen scheint; endlich auch hier dahinter die Wagen. Aber vor diesen Männern finden sich bei Carrey noch zwei oder drei und eine undeutliche halbe 102—105 abweichende Gestalten, deren letzte 102 zum grofsen Theil auch auf dem Fragment enthalten ist[1]). Diese sind nämlich alle drei ohne Spur von Bart, und namentlich der Kopf der hintersten hat ein entschieden jugendliches Gepräge. Sodann sind diese nicht mit dem Himation allein bekleidet gleich den andern, sondern haben darunter den langen Chiton, wie es scheint mit kurzen Aermeln; und endlich tragen drei von ihnen[2]) — von dem vierten fehlt ja die vordere Hälfte — viereckige tafelförmige Gegenstände vor sich, die aber als Tafeln, es müfsten denn solche zum Zerlegen des Fleisches sein, keinen Sinn haben, und Kasten würden anders gehalten sein. Es ist nicht wohl möglich Leiern zu verkennen[3]), deren unteren viereckigen Kasten Carrey auch an der Nordseite ebenso gezeichnet hat, und auch dort fehlt zweimal mindestens jede Andeutung der Hörner. Fehlen die Hörner hier durchweg, so waren sie wohl hier alle von Metall angesetzt, wie auch bei den Leiern des Nordfrieses zum Theil. Ebenso sind bei den Viergespannen des Nordfrieses Joch und Deichsel aus dem Stein herausgearbeitet, während sie am Südfries mittelst der Bohrlöcher angefügt waren[4]). Die linken Arme sind durch die Leiern verdeckt, und dafs, wenn auch die linke Hand, wie bei den nörd-

---

fehlen, so dafs weitere Ergänzungen nach Anleitung des Nordfrieses nicht statthaft sind.

[1]) An dieser ist kein deutliches Zeichen der Weiblichkeit, die Umrisse des Kopfes und die dichte Verbindung mit den Männern verbietet an Frauen zu denken.
[2]) An dem hintersten 102 ist im Original grade dieser Theil verschlissen.
[3]) So auch Michaelis S. 239.
[4]) Michaelis S. 245 bemerkt, dafs am Nordfries bei den Gespannen nur wenig Bohrlöcher sich finden. Ueber die verschiedene Technik in dieser Beziehung für den ganzen Fries ebenda S. 225.

lichen Leierspielern, über den Leierkasten hervorragte, natürlich in sehr flachem Relief, Carrey sie nicht gezeichnet, kann uns nicht wundern. Eher könnte die verschiedene Haltung der sichtbaren rechten Hand befremden, die bei dreien ruhig herabhängt, statt dafs sie bei den nördlichen jedesmal an der Leier zu schaffen hat. Sehen wir freilich genauer zu, so scheint auch dort das Spielen der Linken überlassen und ist auch sonst bei Leierspielern, welche die Linke an der Leier haben, die Rechte fast häufiger herabhängend wie hier, als mitspielend. Zudem scheint es als hielte die Rechte des letzten 102 hier etwas, das grad wie ein Plektron aussieht, und die Hand eines andern 103 fafst den Leierkasten unten just so wie der sich umwendende Leierspieler am Nordfries. Sind endlich die Leierspieler dichter an die Männer gerückt und auch unter sich gedrängter als die nördlichen, so ist dasselbe bei den Kühen und Wagen zu bemerken.

Hinter den Männern, welchen diese Leierspieler voraufschreiten, folgen wie am Nordfries Wagen, ungefähr ebenso viel, von gleicher Form, mit gleicher Bespannung und Bemannung wie dort und ebenso begleitet von Ordnern des Zuges, und hinter den Wagen ein ähnlicher Reiterzug. Der Reiter sind ebensoviel auf dieser Seite wie auf der nördlichen. In dem ganzen Zuge also kein Bestandtheil, der nicht in dem andern dagewesen, und wenn in dem andern noch einige Elemente mehr sich fanden, nämlich die Pfeifer, die Träger von Amphoren und Mulden und die Widder, so haben dafür hier die Rinder und die Fufsgänger gröfsere Ausdehnung.

Die Wagen sind vierspännig, weil aber zwei und zwei Rosse die gleichen Bewegungen machen, die beiden äufseren den Kopf vor, die mittleren ihn zurückbeugen, hat Carrey nur je-zwei gezeichnet. Die Wagen sind nirgends so vollständig erhalten wie an der Nordseite; der schön gebogene Rand, an dem sich der Ritter hält beim Auf- und Abspringen, ist bei dem vierten theilweis erhalten; wie hier der Rest, mag er bei andern ganz angesetzt gewesen sein, und die gradlinigen Kasten bei Carrey sind nicht viel unförmlicher als er sie am Nordfries gezeichnet hat[1]). Die Lenker, wie die Ritter, sind auch hier jugendlich; an letzteren ist die Tracht etwas verschiedener, einige haben den aufgeschürzten

---

[1]) Es ist derselbe Unterschied zwischen Nord- und Südfries, wie wir eben bei den Leiern gefunden haben.

Chiton, andre die blofse Chlamys, ein Panzer ist nirgends zu sehn, wie auch die Helme bei mehreren zu fehlen scheinen, und bei dem ersten der Schild; wobei aber der Totaleindruck doch der gleiche ist. Bei mehreren Wagen schreiten die Ritter ruhig nebenher, der achte hielt vielleicht seinen Helm noch in der Rechten. Michaelis macht drauf aufmerksam, dafs die eigentliche Charakteristik des Apobaten, das Ab- und Aufspringen während der Fahrt hier fehlt, denn entweder stehen sie ganz auf dem Wagen, oder gehn 59; 62; 81 (nicht stehn) nebenher. Auch in dem Anzug dieser Bewaffneten ist ein Unterschied, Helm und Panzer sind seltener; aber es ist nichts im Anzuge, was im Nordfries nicht auch vorkäme, und sieht man keinen eigentlichen Hopliten, wie sie zu den πολεμιστήρια ἅρματα, die Michaelis hier sehen möchte, gehören. Ich glaube, dafs diese Verschiedenheit vor allem ein künstlerisches Motiv bewirkt hat. Am Nordfries, wo der Apobat vor oder diesseits des Lenkers steht, kommen beide am besten zum Vorschein, wenn der Apobat eben aufspringend mit dem einen Fufs fast noch den Boden berührt, also minder hoch ist als der Lenker. Auf dem Südfries dagegen steht der Lenker diesseits, der sich wohl vorüberbeugen und zurücklehnen kann — beide Motive sind angewandt — aber an Höhe nicht viel einbüfst. Hier nun würde von dem Apobaten in der am Nordfries beliebten Haltung grade der Theil des Körpers, der am Friese nie verdeckt wird, der Kopf, vom Lenker verdeckt werden. — Die Begleiter lassen es auch hier an Anweisungen nicht fehlen, zwei 66; 69 scheinen auf eine Unordnung am Wagen aufmerksam zu machen, und beugt sich auch der Wagenlenker 68 einmal vorn über den Wagenrand danach zu sehn.

Bei den Reitern ist anders als bei den Rittern von den Wagen auf dieser Seite eine gröfsere Uniformität ziemlich bemerklich, sowohl in der Tracht wie in der Gruppierung. Die Hauptmasse reitet in Reihen von je sechs, und nur die ersten sind aus dieser Ordnung augenblicklich heraus, die letzten noch nicht hineingekommen, und dem entsprechend ist hier auch die Kleidung und Ausrüstung in den einzelnen Reihen gleich; die Theile der Ausrüstung aber sind die schon bekannten, der Chiton allein mit der Chlamys darüber, oder dem Harnisch, oder dem leichteren und schmuckloseren Koller, an den Füfsen Schuhe oder die Stiefel mit der flatternden Krämpe, der Kopf meist unbedeckt, aufser dafs eine Reihe den Petasus hat, eine andre die einfache Sturmhaube, während die letzten, ungeordneten meist die Lederkappe mit Ohrenklappen und Zipfel im Nacken tragen[1]). Die Gleichförmigkeit erstreckt sich aber weiter auch auf den Gang der Rosse, die Haltung der Reiter. Wieder abgesehn von den ersten und letzten gehn die Rosse in gleichmäfsigem, ebenem Galopp dahin, selten hebt mal eins sich vorn etwas höher, und wirft den Kopf hintenüber. Daher treten denn auch Rosse und Reiter der einzelnen Reihen vom linken Flügelmann bis zum rechten — hier ist natürlich der rechte ganz sichtbar — in gleichen Abständen vor: meist ragt über den Kopf des rechten Rosses der Kopf des linken Nebenreiters hervor, und findet sich selbst bei den weniger geordneten Reitern zu Anfang und Ende kaum, was am Nordfries nicht selten, dafs ein paar Reiter so dicht zusammengerückt sind, dafs sie fast sich decken. Wie gleichmäfsig halten sie die Hände: von der Linken, die die Zügel hält, entfernt die Rechte sich nur selten ein wenig nach oben oder unten, ohne die freien und eleganten Bewegungen, die wir am Nordfries bemerkten, und statt der verschiedenartigen Wendungen seitwärts gegen den Beschauer oder nach den Kameraden im Zuge, die vornehmlich bei den ganz sichtbaren Flügelmännern auffielen, finden wir hier nur ab und zu eine halbe Seitenwendung und in dem letzten Theil einmal einen ganz umgewandten Kopf. Nehmen wir dazu auch noch gewisse Mängel in den Formen und Verhältnissen der einzelnen Reiter, so drängt sich die Vermuthung auf, nicht nur dafs die Ausführung dieses minder ins Auge fallenden Südfrieses den schwächeren Kräften anvertraut worden sei, sondern auch dafs die Vorlage des Meisters nicht so bis ins Einzelne ausgeführt gewesen, dafs sie nicht den ausführenden Arbeitern Raum gelassen habe, gröfsere oder geringere Tüchtigkeit zu beweisen[2]).

---

[1]) Der Zipfel, welcher bei 36 im Nacken flattert, ist deutlich verschieden; und die unzweifelhaften Spuren der Bekränzung an seinem Nebenmanne lassen nur an die Binde denken.

[2]) Michaelis vermuthet, hier am Südfriese sei die reguläre Reiterei zu sehen, am Nordfries andere Vertreter der rossefrohen Jugend, also private Reiterei. Doch ist mit Theophr. Char. 21 (dem Gecken, der kein 'Jüngling' zu sein braucht) und Xenoph. Hipp. 11, 1 nichts zu beweisen, da dort das $\mu \varepsilon \tau \grave{\alpha}$ $\tau \tilde{\omega} \nu$ $\mathit{i} \pi \pi \acute{\varepsilon} \omega \nu$, hier der ganze Zusammenhang und besonders § 10 das $\varphi v \lambda \alpha \varrho \chi \tilde{\eta} \sigma \alpha \iota$ $\tilde{\eta}$ $\mathit{i} \pi \pi \alpha \varrho \chi \tilde{\eta} \sigma \alpha \iota$ an die reguläre Reiterei denken heifst. Die hippi-

Daneben haben wir aber grade hier den offenbaren Beweis, dafs der ganze Tempelfries aus einem Gedanken heraus geschaffen ist. Es ist nämlich auch hier unverkennbar dargestellt, dafs der Wagenzug wie der Reiterzug sich jeder selbständig organisieren und danach sich den vorausgegangenen fertigen Theilen anschliefsen. Wenn die ersten und die letzten Wagen sowohl als Reiter still halten, oder in gemessener Bewegung vorschreiten, die mittleren dagegen rascher, lebendiger dahineilen, so ist eine so ungleiche Bewegung, wie schon gesagt, bei einem schon als fertiges Ganzes sich fortbewegenden Zuge nicht denkbar, vielmehr stellt jede der beiden Abtheilungen besonders Anfang und Ende der Bewegung dar und dazwischen den Uebergang erst von ungeordneter Bewegung zu geordneter rascher, und dann von dieser zu bedächtigem Schritt. Ist hier nun einerseits dieselbe Auffassung wie im Nordfries zu erkennen, so zeigt sich doch auch der Unterschied, dafs im Südfries die vordersten Wagen sowohl wie Reiter den voraufgehenden Abtheilungen sich schon angeschlossen haben, die Reiter den Wagen, diese den Fufsgängern und bereits der langsameren Bewegung der Vorausziehenden sich accomodiert haben, während im Nordfries der Anschlufs selbst oder genauer der nächstvorhergehende Moment mit möglichster Schärfe aufgefafst ist, indem die vordersten Wagen wie Reiter noch in vollem Galopp angesprengt kommen, so dafs vor den zurückbäumenden Rossen des ersten, wie von plötzlichem Anprall überrascht, der Zugführer hastig zurücksprang, und die andern Männer besorgt vordrängten, während von den Männern, die auf dem Südfries den Wagen voraufschreiten, grade die letzten nicht nach dem Wagen umblicken. Denken wir uns den Zug des Nordfrieses lebendig, so ist es klar, dafs er in den nächsten Augenblicken eben die Gestalt annehmen mufs, die jetzt der des Südfrieses zeigt: die vordersten Wagen müssen halten und langsam den Fufsgängern nachfahren; dadurch werden die nächsten dichter aufeinander drängen, wie wir am Südfries neben jedem Wagen schon die Vorderhufe des folgenden Gespannes sehen, und ebenso die Reiter. Sobald die vordersten, die wegen des freien Raumes, welchen sie vor sich hatten, rascher dahinsprengen konnten, so dafs ihre Reihen lichter wurden, sobald diese vordersten

---

schen Agonen von bürgerlichen Reitern beweisen auch nichts, da auch wer zur Reiterei gehörte doch gewifs in ihnen auftreten konnte.

auf die letzten noch im Schritt fahrenden Wagen gestofsen sein und ihre Bewegung hemmen werden, wird jene wahrgenommene Lichtung, da sich immer die vordersten anschliefsen, weiter zurück sichtbar sein, wie im Südfries.

So ist der ganze südliche Zug, von den letzten Fufsgängern an, in einem späteren Moment dargestellt, als der nördliche; denn auch die letzten Wagen und die letzten Reiter zeigen auf beiden Seiten dasselbe Verhältnis. Wurde dort das letzte völlig ruhig stehende Gespann noch gefüttert, so sind hier die Rosse, wie an den Hinterbeinen zu sehn, eben im Anziehn begriffen, der Apobat schreitet bereits zu, und von den Reitern ist hier keiner noch nicht aufgesessen, geschweige denn noch mit Ordnen seiner Kleidung beschäftigt.

Haben wir nun oben schon aus der Lage des Tempels und aus der Bewegung des Südfrieses, dazu auch aus den Zugordnern die an der linken Ecke des West- und ebenso des Ostfrieses hinüberleitend auf die folgenden Langseiten sich finden, klar erkannt, dafs der Nordfries vor dem Südfries gesehn werden sollte, so sehen wir jetzt auch die Composition der beiden Zugbilder für diesen Umstand fein berechnet, so dafs der Beschauer, wie er zum zweiten Male denselben Zug, d. h. nach dem Nordzug den Südzug, überschaut, ihn nicht mehr auf derselben Stufe der Entwickelung findet, wie einer der den wirklichen Zug erst von einem Punkte aus hat sich in Bewegung setzen sehen, dann auf einem graderen Wege vorauseilend ihn anderswo zum zweiten Male mustert. Danach dürfte wohl auch die oben nachgewiesene Gleichförmigkeit des Reiterzuges zum Theile vom Meister beabsichtigt sein, um die Vorstellung eines späteren Momentes zu erwecken, und somit die Differenz zwischen dem ausgeführten Marmorfries und der angenommenen Vorlage noch etwas sich verringern.

Die bestrittene Einheit der beiden Züge ist durch die Betrachtung der Composition unzweifelhaft geworden[1]), vor allem an

---

[1]) Auch die Ansicht von Mommsen Heortol. S. 193, dafs der Ostfries in drei abgesonderte Theile zerfalle, links das Voropfer auf dem Areopag, rechts das Voropfer vor Athena Hygicia und in der Mitte die Uebergabe des Peplos darstelle, ist mehr durch antiquarische Rücksichten als durch das Kunstwerk eingegeben, und von keiner Seite begründet. Denn nicht nur die Sonderung der beiden Züge und Göttergruppen von einander und von der Mittelgruppe ist unmöglich, und falsch die Erklärung der Götter; son-

der Ostfront, sodann aber auch durch die eben nachgewiesene Beziehung der beiden Langseiten. Sowie aber vorn bei ihrem Zusammentreffen beide Züge durch die Göttergruppe und die davon eingeschlossenen Spitzen 'gleichwie durch eine Schleife' verbunden sind, so erkennt man auch an dem entgegengesetzten Ende das Streben, die Fuge, welche nothwendig entstehen mufste, möglichst zu verdecken. Die Fuge ist deshalb nicht in die Mitte der Westseite, sondern an die Südwestecke verlegt, und der ganze Westfries an den nördlichen angeschlossen. Indem aber hier die Bewegung durch ruhende Gruppen gebrochen, ja gegen das südliche Ende, so zu sagen, umgebogen ist, schliefst dieses auch an den Südfries an. Mochte man so oder so um die Ecke gehn, über das wirkliche Ende eines wie des andern Zuges wurde man hinweggetäuscht, da die Enden auch hier ineinander geschlungen sind. An die letzten Reiter des Südfrieses, welche noch ungeordnet sich eben in Bewegung setzen, schliefsen die ersten rechts gewandten neben ihren Rossen stehenden Jünglinge jenseits der Ecke, und auch die folgenden noch sich ebenso an, wie die entsprechenden in der Zurüstung begriffenen Jünglinge am Ende des Nordfrieses an die Voraufreitenden. Weil aber diese Verbindung nur eine scheinbare sein soll, und der Westfries in der That keine Fortsetzung des Südfrieses enthält, hat der Künstler sich auch wohlweislich gehütet, auch am Ende des Südfrieses schon ein oder zwei solche vorbereitende Figuren anzubringen. Denn dadurch wäre die Verbindung eine nothwendige geworden. Für die Täuschung dagegen genügt die stehende Figur des Zugführers, der aber hier, wohlgemerkt, nicht sich umwendet, wie an der Südostecke.

Nicht minder übereinstimmend in beiden Zügen fanden wir ja auch Auswahl und Reihenfolge der Betheiligten. Dem südlichen fehlten nur die Widder, die Träger von Mulden und Krügen und

---

dern unbegreiflich auch die Trennung des Ostfrieses von den Langseiten, da auf die südliche ja so deutlich der Zugführer hinweist, und da nur beide Seiten zusammen das zu einem Opfer, also auch zum Voropfer Nöthige enthalten. Endlich ist die Reihenfolge der einzelnen Opfer und ihr Verhältnis zur Procession aus der bezüglichen Urkunde keineswegs ganz deutlich. Jedenfalls widerspricht sich Mommsen, wenn er am Ostfries jene Voropfer gleichzeitig mit der Peplosüberreichung dargestellt sieht, und S. 194** meint: der Peplos sei nicht gleich mit dem 'Voropfer' auf die Burg gebracht.

die Pfeifer. Die Reihenfolge dieser Theile ist aber eine durchaus natürliche. Nach Absonderung der in den Tempel Vorausgegangenen bilden Männer die Spitze, ähnlich denen, welche überall ordnend den Zug begleiten, dann folgen Jungfrauen und Frauen mit den zum Opfer gehörigen Instrumenten, diese beidemal in gleicher Folge: Körbe (?), Thymiateria, Schalen, Kannen; hinter den Instrumenten folgt das Material zum Opfer, erst die Thiere, dann die heilige Gerste oder ähnliches, zuletzt die Krüge, sei's mit Wasser, sei's mit Wein, sei's mit beidem, da ja beides zum Opfer gehörte; und durch die selbstverständliche Folge dieser Materialien scheint auch die Ordnung der voraufgetragenen Instrumente bestimmt zu sein, da die zum Schlachten der Thiere nöthigen Messer in jenen Körben gesucht werden müssen[1]), zu den Amphoren aber jedenfalls die Kannen und Schalen gehören, und endlich dem Gebrauch der Thymiateria am ersten der Inhalt der Mulden entspricht. Dem Opfer folgt dann die Pompe[2]), das Gefolge der Bürger, welche das Opfer darbringen und zum Tempel geleiten, und passend bilden Musiker den Uebergang zu diesem Geleite, da sie zwar beim Opfer auch thätig zu sein pflegen, augenblicklich aber mehr zu der folgenden Pompe bezogen werden müssen, indem sie entweder allein für diese das Loblied erschallen lassen, oder dem singenden Chore vorspielen. An dem Geleite ist nun allerdings die geringe Anzahl sowohl als auch der Platz der Fußgänger etwas auffällig. Die Ritter und Reiter zu Rofs und Wagen sind die Blüthe der adligen und reichen Jugend, denen die bürgerliche Menge des Volkes wie an Zahl überlegen, so an Rang nachstehen mußte.

Doch um dies zu erklären, müssen wir erst fragen, welcher Zug denn dargestellt sei; und da sei es denn gleich vorangestellt, dafs die seit Stuart hergebrachte Ansicht: es sei der panathenäische Festzug, unzweifelhaft richtig ist. Damit dafs die von Bötticher

---

[1]) Schol. Arist. Frie. 733 mit dem Fragment des Platon, Meineke 2, 647 (ed. min. 374).

[2]) Aristoph. Plut. Ende. Vgl. das sorgfältige sfg. Vasenbild mit dem Opfer der Athena Polias (Jahn de ant. Min. sim. att. p. 14 T. II) von Gerhard Etr. u. Camp. Vas. II. III als panathenäischer Festzug erklärt: voran die Priesterin, dann die von drei bekränzten Männern geführte Kuh, danach zwei Flötenbläser und zwei Kitharisten. Heydemann Vasenbilder XI, 2 (sfg.) ein Opferzug — 'man werde an den Parthenonsfries erinnert' —, vorangetragen wird das κανοῦν, folgt das Thymiaterion, zuletzt das Rind.

vermifsten Kränze und Binden zur Genüge nachgewiesen sind, ist nur ein Haupteinwand gegen jegliche Festpompe gehoben, nicht ein Merkmal einer bestimmten gegeben. Anders steht es mit einem andern abgeleugneten oder weggedeuteten aber kaum zweifelhaften Indicium, dem Peplos. Die Bedeutung des Zuges wird sich natürlich zuerst in dem aussprechen, was er überbringt; das ist hier ein zweifaches, einmal das minder charakteristische Opfer mit Zubehör vor dem Tempel, sodann in demselben die von den beiden Mädchen der Frau übergebenen Stühle und das dem Knaben abgenommene mehrfach zusammengelegte Tuch mit sichtbarer Borte[1]).

In dem Tempel, sage ich, denn so hat man seit H. A. Müller die Absonderung der fünf Mittelfiguren 31—35 verstanden, und ist nur darüber uneins gewesen, an welchen Tempel man denken sollte, wobei denn natürlich die Ansicht, welche ein jeder von der Bestimmung des Parthenon und seinem Antheil an den Panathenäen hatte, mafsgebend war. Hatten die einen den Poliastempel, die andern den Parthenon verstanden, so will Michaelis S. 221 weder den einen noch den andern erkennen, 'sondern entsprechend der idealen Götterumgebung ein ideales Heiligthum, das sowohl den Kultustempel der Polias als ihr Schatzhaus, den Parthenon in sich schliefst'[2]). Auch für den ganzen Zug habe der Künstler ja 'einen idealen Raum geschaffen'. Das ist zuviel gesagt, Pheidias hat nur unterlassen, eine direkte Andeutung des realen Lokals in die Darstellung aufzunehmen, er hat ganz allein den Zug selbst dargestellt, diesen aber auch in allen wesentlichen Zügen realistisch, und nur in der Verbindung derselben zu einem Ganzen, derart dafs er ihn nicht blos nach seiner räumlichen Ausdehnung, sondern nach seiner zeitlichen Entwickelung von der ersten Vorbereitung und Organisation durch alle Stadien hindurch bis zur Ankunft vor dem Tempel dargestellt hat, darin besteht die Idealschöpfung des Künstlers.

Auch die Götter kann man keine ideale Umgebung nennen, wenigstens nicht in dem Sinne, dafs sie auch die umgebenden Menschen über den Boden der Realität hinausrückten, denn sie sind

---

[1]) Warum es nicht 'einem solchen Peplos' gleiche, wie Friederichs Baust. S. 167 meint, sehe ich nicht ein. Dafs dieser als Segel einhergeführt wurde, zeigt ja die viereckige Gestalt desselben.

[2]) Aehnlich Lübke, Gesch. d. Plastik S. 139.

ja als unsichtbar den Menschen dargestellt, was nach griechischem Glauben etwas reales. Etwas anderes wäre es mit Siegesgöttinnen oder andern Dämonen als Lenkerinnen der Wagen gewesen. Statt das Ganze in einen idealen Raum zu versetzen, dienen die beiden Göttergruppen vielmehr, eine ganz concrete Raumvorstellung zu erwecken. Denn indem der Festzug, der von dem hinteren Ende des Tempels an den Langseiten nach dem vorderen zu sich bewegt, grade hier an der Front Halt macht, nicht zu einer vorübergehenden Pause, sondern, wie das Abnehmen der Körbe von den Köpfen der Jungfrauen zeigt, an seinem Ziele angelangt, so drängt sich die Vorstellung auf, dafs vor eben diesem Tempeleingang, vor welchem der dargestellte Festzug Halt macht, in gleicher Weise auch der wirkliche anhielt, so dafs ein phantasievolles Auge mit dem Tempel zugleich den vor demselben haltenden Zug in seiner idealen Gestalt sehen mufste. Diesem Zuge gegenüber nun sitzen zuschauend in breiter Reihe die Götter vor und zu beiden Seiten der Mitte. Diese selbst, grade die Breite des Eingangs lassen sie frei, und dafs wo in Wirklichkeit ein Durchgang ist, auch im Bilde ein solcher zu verstehen ist, ist klar, denn eben sind da zwischen den Göttern durch der Knabe und die beiden Mädchen gegangen, um die Dinge abzuliefern, die selbstverständlich von dem Festzug überbracht sind und nur in einem bedeckten Raum abgeliefert werden können. Vor sich also haben die Götter den Zug dr a u fs e n v o r, hinter sich die Uebergabe dr innen in dem Tempel befinden sich also zwischen drinnen und draufsen, wo anders wohl als auf einer der Tempelstufen. So hat hier im Kleinen, wie im Westgiebel im Grofsen, die Darstellung aus ihrem Rahmen heraustretend die umgebende Wirklichkeit mit in ihren Bereich gezogen. Das ist aber klar, dafs diese ganze Lebendigkeit der Darstellung, in der wir den genialen Künstler bewundern, sofort zerstört wird, wenn man nicht den Parthenon als den Tempel erkennt, vor dem der Zug hält, auf dessen Stufen die Götter sitzen, in dessen Cella jene Gegenstände übergeben werden. Dann begreift man aber auch nicht mehr, wie diese Darstellung an den Parthenon gekommen ist.

Wenn man ferner annimmt, dafs der Uebergabeact der Wirklichkeit entsprochen hat, so mufs man auch annehmen, dafs er an einem realen Orte vor sich gegangen, also entweder im Poliastempel oder im Parthenon, oder der eine Theil in dem einen, der andere in dem andern¹). In dem letzten Falle würde es aber für einen damit bekannten athenischen Beschauer um die Einheit der Handlung geschehen sein, ja dann würden auch die beiden Züge nicht mehr zu einem zusammengehn.

In dem an der Spitze der Procession überbrachten Gewand nun nicht den allbekannten Peplos zu erkennen, das einzige Stück Zeug von dem eine so feierliche Darbringung bekannt ist, sondern irgend ein andres Stück Zeug, dessen vereinzelte²) Benutzung und Ueberbringung in Procession weder bezeugt ist noch wahrscheinlich, ist unerlaubte Willkür. Denn was gegen den Peplos geltend gemacht ist, ist völlig nichtig. Wenn er wohl auch schon bei Einweihung des Parthenon in Gestalt eines Segels an dem Processionsschiff in der Procession einhergeführt wurde, so ist doch gewifs, dafs dies Schiff am Fufs der Burg blieb, dafs also hier der Peplos abgenommen und auf andre Weise weiter getragen wurde. Dafs dazu ein Knabe, ein makelloser, dem beide Eltern noch lebten³), erwählt worden, wäre antiker Sitte gemäfs. Gewifs aber war der Peplos für einen solchen Knaben nicht zu schwer, noch für das am Fries dargestellte Gewand zu grofs⁴). Die Schautragung in Gestalt eines Segels läfst die Gröfse ganz unbestimmt und den einzigen Anhalt giebt die Verwendung zur Bekleidung des alten Holzbildes der Polias⁵). Denn da dieses gewifs nicht mehr als menschliche Gröfse hatte, kann auch der Peplos nicht exorbitant gewesen sein⁶), und geben wir ihm selbst eine für jene Bestimmung exorbitante Gröfse von sechzig Quadratellen, so brauchte er nicht mehr als fünfzehn Pfund gewogen zu haben, wenn wir nicht zu grobes Gewebe und zu schwere Stickerei annehmen.

Dafs der Peplos, mit dem später, gewifs nicht gleich am Feste der grofsen Panathenäen, das Bild der Polias bekleidet wurde, von

---

¹) So wollte O. Müller mit Leake den Peplos zur Polias, die Gefäfse in den Parthenon getragen wissen.
²) Dafür ist der eine Knabe gegenüber den zwei Mädchen bezeichnend.
³) Ein solcher παῖς ἀμφιθαλής trug die Eiresione Hermann GA. 56, 9.
⁴) Bötticher Ph. 18, S. 28.
⁵) Bekleidet mit dem Peplos zeigt sie ja die Dresdener Pallas nach Jahn de ant. Min. sim. att.
⁶) Wie können dieselben Peplen als Vorhang vor dem vierzig Fufs hohen Bilde der Parthenos und zur Bekleidung des etwa sechs Fufs hohen Bildes der Polias gedient haben?

der Procession zuerst in den Parthenon getragen werden konnte, habe ich oben dargethan.

Ist mit dem Peplos, der ja einzig in seiner Art war, der dargestellte Festzug als der grofse panathenäische, der berühmteste, herrlichste und darstellungswürdigste, bezeichnet, so gilt es nun, den ganzen Zug mit den schriftlichen Nachrichten über jenen Festzug übereinstimmend zu zeigen. Da haben wir zunächst die andre Hälfte der Mittelgruppe zu betrachten, deren Bedeutung äufserlich schon festgestellt ist, da nur was die Mädchen in den Händen halten undeutlich blieb, aber jedenfalls secundär erschien. Einer solchen Handlung, wie die dargestellte, wird allerdings bei den Panathenäen nicht Erwähnung gethan; denn an die πλακίς, ein blumengeschmücktes Lager, das man der Athena an diesem ihrem Feste bereitete, kann unmöglich gedacht werden, da dieses gewifs nicht aus zwei Stühlen zusammengesetzt war, und schwerlich erst in der Procession zum Tempel gebracht wurde[1]).

Dafs nun unsere Ueberlieferung unter den panathenäischen Festacten keinen entsprechenden nennt, würde gegen die ausgesprochene Deutung erst dann geltend zu machen sein, wenn entweder bewiesen würde, dafs unsere Ueberlieferung von den Panathenäen vollständig sei, oder dafs bei einem andern Feste grade ein solcher Act sich darbiete, oder drittens, dafs der dargestellte Act mit den Panathenäen unvereinbar sei. Das erste denkt selbstverständlich niemand; aber auch bei einem andern Feste hat man weder den Act der Stuhlüberlieferung allein, noch, wie wir es verlangen, verbunden mit der Uebergabe eines Gewandes nachweisen können. Thut aber die Ueberlieferung nirgend solches Actes Erwähnung, dann ist fürwahr nicht abzusehn, weshalb dieselbe Zusammenstellung für ein anderes Fest wahrscheinlicher sein soll, als für das panathenäische, das uns doch wenigstens über die eine Hälfte der Gruppe Aufklärung giebt, und nicht blos das. Wo finden wir denn im athenischen Cultus überhaupt und speciell in demjenigen Athenas, an welchen hier jeder zu denken gehalten ist, halberwachsene Mädchen[2]), wie die beiden Stuhlträgerinnen

---

[1]) Vielleicht war eine in den Inventarlisten genannte κοίτη oder κλίνη (so grade erklärt Hesychius die πλακίς) zur Herstellung jenes Lagers bestimmt.

[2]) Die thatsächliche Unausgewachsenheit — denn namentlich an den Mädchen erkennt man, dafs sie nicht blos kleiner sind — beseitigt Michaelis

offenbar sind, die bei hohem Feste eine so bevorzugte Rolle spielen könnten? Es giebt keine aufser den Arrephoren. Auf diese aber pafst alles; denn sie sind aus edlem Geschlecht, zu besonderem Dienste der Athena erlesen, zwei, und gewählt im Alter von sieben bis eilf Jahren, welches Alter, wie schon aus dieser Vorschrift zu errathen, bis an die Grenzen der Mannbarkeit reicht, so dafs sie Jungfrauen ($\pi\alpha\varrho\vartheta\acute{\epsilon}\nu o\iota$) genannt werden. Dafs aber der Künstler lieber eilfjährige als siebenjährige darstellte, leuchtet wohl ein[1]). Der heilige Dienst der Arrephoren war aber eben dem Peplos geweiht. Von den vier durch den Archon König erwählten wurden wieder zwei auserlesen, man weifs nicht wann, auf die Burg geführt, woselbst sie nah dem Tempel der Polias wohnten, wie Pausanias sagt, und eine Zeit lang bei der Göttin lebten ($\chi\varrho\acute{o}\nu o\nu\ \mu\acute{\epsilon}\nu$ $\tau\iota\nu\alpha\ \delta\acute{\iota}\alpha\iota\tau\alpha\nu\ \ddot{\epsilon}\chi o\upsilon\sigma\iota\ \pi\alpha\varrho\grave{\alpha}\ \tau\tilde{\eta}\ \vartheta\epsilon\tilde{\omega}$) von besonders gebackenem Brote, weifs gekleidet, und so geheiligter Würde, dafs das Geschmeide, welches sie etwa während der Zeit trugen, hernach geweiht wurde, und vielen, gleich Priesterinnen, Ehrenbildsäulen errichtet wurden, doch aber auch kindlicher Spiele nicht beraubt, wie ein Platz zum Ballspiel bezeugt. Am Handwerker- und Künstlerfest der Chalkeia zu Ehren des Hephaistos und der Athena im Herbstmonat Pyanepsion begannen sie mit Priesterinnen das heilige Gewebe des Peplos[2]). Im heifsen Skirophorion aber, dem Monate vor dem Hekatombaion, in welchen das Panathenäenfest fällt, beschlossen sie in einer heiligen Festnacht ($\pi\alpha\varrho\alpha\gamma\epsilon\nu o\mu\acute{\epsilon}\nu\eta\varsigma\ \tau\tilde{\eta}\varsigma\ \acute{\epsilon}o\varrho\tau\tilde{\eta}\varsigma$) mit einem geheimnisvollen

---

S. 223; 256 willkürlich durch die Hypothese, dafs die Kleinheit hier nicht wie sonst (O, 42; 28 N, 134 W, 6. 24) jugendliches Alter bezeichne, sondern die sitzenden Götter desto gröfser erscheinen lassen solle. Diese Wirkung würden sie aber ja zuerst an den Mittelfiguren 33; 34 ausüben, an denen ihre Gröfse zunächst mefsbar wird. Vgl. die Oschophorien Hermann GA. 56, 7; die Thargelien 60, 13; die $\dot{\alpha}\varrho\kappa\tau\epsilon\nu\acute{o}\mu\epsilon\nu\alpha\iota$ der Braunonien 62, 19.

[1]) Vielleicht auch könnte die verschiedene Gröfse das verschiedene Alter andeuten, und wäre es kein unfeiner Zug, dafs die ältere vorangetreten, während die jüngere in kindlicher Scheu nach dem Gefolge draufsen zurückblickt bei dem Eintritt in den erhabenen Tempel.

[2]) Da nur alle vier Jahre ein Peplos dargebracht wurde, konnte natürlich nicht an den Chalkeia jedes Jahres ein neuer angefangen werden. War das Gewebe an den ersten Chalkeia begonnen, so begannen vermuthlich an den zweiten, dritten und vierten die neuen Arrephoren nur die Fortsetzung der angefangenen Arbeit, welche in der Zwischenzeit darum nicht zu ruhen brauchte.

Act ihren Dienst. Von der Priesterin Athenas empfingen sie etwas, das jener wie ihnen unbekannt war, trugen es in Kästchen (ἐν κίσταις Schol. Arist. Lys. 642) auf dem Kopfe durch einen unterirdischen Gang hinab ins Heiligthum der Aphrodite in den Gärten (ἐν κήποις). Dort liefsen sie jene Geheimnisse und brachten andere, verhüllt, gewifs auch auf dem Kopf und desselbigen Weges zurück auf die Burg. Danach wurden sie entlassen. Wollte man diesen von Pausanias also beschriebenen Act der Arrephorie[1]) in unsrer Friesgruppe wiederfinden, so irrte man allerdings bedeutend; denn diese stellt weder einen nächtlichen Vorgang dar, noch kann man mit dem besten Willen die Stühle für verhüllte, geheimnisvolle Dinge oder Kisten erklären; und zu dem Berichte des Pausanias pafst die folgende Procession[2]) eben so wenig wie die danebengestellte Gewandübergabe. Wird aber die Theilnahme der Arrephoren an irgend einer bestimmten Procession nicht besonders bezeugt, so können wir sie am ehesten an der panathenäischen betheiligt denken, neben oder vor so vielen edlen Jungfrauen gewifs auch sie, die zu besonderem Dienste der Göttin geweiht und an dem Hauptstück der Pompe, dem Peplos, thätig waren[3]). Zweifelhaft aber kann nun sein, weshalb die beiden Arrephoren Stühle tragen, und ob es die schon im vorigen Monat entlassenen Arrephoren sind, welche an dem überreichten Peplos zuletzt thätig waren, oder schon die neuerwählten, welche erst einige Monate später den neuen Peplos anfangen sollten. Wäre bezeugt, wann die neuen Arrephoren auf die Burg geführt wurden, so könnten wir danach entscheiden; denn wenn das erst nach den Panathenäen geschehen wäre, so könnten wir an diesen nur die gewesenen noch theilnehmen lassen. Jetzt, da wir die Einführungs-

---

[1]) S. Hermann-Stark Gottesd. Alt. 61, 13. Mommsen, Heort. 443.

[2]) Auch Istros' Notiz in den Schol. Aristoph. Lys. 642 τῇ γὰρ Ἔρσῃ πομπεύουσι geht zunächst auf den geheimnisvollen Gang der beiden Arrephoren selbst, der allerdings ganz ohne Geleit kaum ausgeführt werden konnte, aber ebenso wenig mit grofsem, geschweige mit Wagen und Reitern. Das παρθένους ἄγουσιν des Pausanias, woraus Stark a. a. O. die Pompe bei jener Arrephorie annimmt, geht ja gar nicht auf diese, sondern auf die Einführung der neuen Arrephoren.

[3]) Michaelis denkt bei O 16; 17 an die Ergastinen. In der Panathenäeninschrift Rangabé ant. hell. 814 (Michaelis S. 332) sind die Arrephoren ja wohl mit Unrecht ergänzt. S. Mommsen Heort. 179.

zeit der neuen nicht wissen, sondern nur die Entlassung der alten vor den Panathenäen, so haben wir vor der Hand eher an die neuen zu denken, deren Einführung eben mit der panathenäischen Pompe sehr wohl verbunden sein konnte, und nach dem Ausdruck des Pausanias allerdings in Procession geschah[1]). Denn wäre die Einführung der Arrephoren später als die Panathenäen (grofse wie kleine), so würden sie von diesem Feste ja gänzlich ausgeschlossen, da sie vor den nächsten schon wieder entlassen wurden. Hat das keine Wahrscheinlichkeit, so ist wiederum zwischen dem Arrephorienfest und den Panathenäen kein Festtag, der so gut zur Einführung pafste als diese selbst.

Die beiden Stühle könnten wir dann entweder auf den Priester und die Priesterin oder auf die beiden Mädchen selbst beziehen. Wenn nämlich Priester und Priesterin mit der Procession gekommen, dem Knaben und den Mädchen vorauf in den Tempel geschritten wären, so dafs sie jetzt eben sich umwendeten, die nachgetragenen Gegenstände ihnen abzunehmen; dann wäre denkbar, dafs, wie den Kanephoren von Metoikenweibern Stühle nachgetragen wurden, um bei Pausen sich zu setzen, so den beiden vornehmsten priesterlichen Personen von Cultusdienern derselbe Dienst geleistet worden wäre. Weil aber an dem Manne und der Frau in Tracht und Stellung jede Andeutung fehlt, dafs sie mit dem Zuge gekommen seien, und auch an sich, scheint mir natürlicher die Vorstellung, dafs jene beiden den Zug im Tempel erwartet haben. Aufserdem würden nach jener Deutung die beiden Arrephoren mehr im Dienste von Menschen erscheinen als der Göttin, und die Ueberreichung von Dingen, zu menschlicher Bequemlichkeit bestimmt, zu unpassend derjenigen des Gewandes für die Göttin gegenüber gestellt sein[2]). Und sah ich richtig, dafs die beiden Arrephoren in der

---

[1]) Das καὶ τὰς μὲν ἀφιᾶσιν ἤδη τὸ ἐντεῦθεν, ἑτέρας δὲ ἐς τὴν ἀκρόπολιν παρθένους ἄγουσιν ἀντ' αὐτῶν ist so von Stark richtig verstanden, nur dafs er es falsch bezog. S. oben.

[2]) Noch viel unpassender scheint mir Michaelis gewöhnliche Diphrophoren in den Mädchen zu sehn, indem er ihre Kleinheit nicht als wirklich gelten läfst (s. oben S. 304, 2) und die Rückgabe der von den Kanephoren gebrauchten Sessel der Uebergabe des Peplos gleichstellt, obgleich jene Sessel schwerlich aus dem Inventar entliehen waren, in welchem allerdings schon Ol. 86, 3 drei Diphroi neben zwölf Thronen und neun Klappstühlen verzeichnet sind, aber nicht die in den Pompen zugehörigen (Aristoph. Vö. 1549) Schirme,

Hand auch einen Schemel tragen, so können wir kaum annehmen, dafs die Sessel zu kurzer Rast und nicht vielmehr zu dauerndem Gebrauche bestimmt sind. Wie dem eintretenden Gast bei Homer ein Sitz angeboten wird, so sehen wir auf Vasen, z. B. bei Darstellung der heimkehrenden Dioskuren[1]), eines von einem Könige aufgenommenen Schutzflehenden[2]), bei dem Empfang des jugendlichen Apollon von dem älteren Dionysos in Delphi[3]) Stühle von Dienern oder Dienerinnen herbeitragen, offenbar dem Ankömmling zum Sitze. So erscheint namentlich in der letztgenannten schönen Darstellung der Stuhl als ein Symbol gastlicher Aufnahme, dauernden Sitzes. Den Sterblichen aber, welche dem Gotte zu dienen für eine Zeit in dessen Haus einziehn, kann nicht der Gott einen Sitz anbieten, so wenig wie der Herr dem Diener, ihnen ziemt's den Sitz sich mitbringen. Sehen wir nun die Arrephoren, von denen ja der längere Aufenthalt bei der Göttin bezeugt ist, eine jede mit einem Stuhl und Schemel in das Heiligthum einziehen[4]), so ist damit einfach genug der Einzug zu jenem Aufenthalt dargestellt. Und warum könnte es nicht im Leben so gewesen sein?

Die Mädchen, welche zum Dienste der Göttin und besonders zur Aufertigung des Peplos eintreten, scheinen mir nun auch erst ein passendes Gegenstück zu dem Peplos zu sein, da die neuen Arrephoren auch die alten gleichsam vertreten, und ebenso ja die eingezogen waren, welche an dem jetzt überreichten Peplos gearbeitet hatten. Ist aber doch diese fertige Gabe in der Pompe

---

und wenn irgendwo hier in der Mittelgruppe die Zahlen wörtlich zu nehmen sind. Und sollte nicht auch grade jetzt der Augenblick kommen, wo die Sessel besonders nöthig? Er sagt 'die Frage, warum grade sie und nicht andre Gabenbringerinnen im Inneren des Tempels erscheinen, würde sich bei jeder anderen Figur mit gleichem Unrecht erheben lassen'. Bei Gabenbringerinnen würde man eben nicht so fragen.

[1]) Mon. Ined. d. Inst. II, 22 = Mus. Gregor. II, 53. Brunn, Gesch. d. Gr. Künstler II, S. 690. Dafs die Heimkehr, nicht der Abschied gemeint ist, zeigt der den Polydeukes begrüfsende Hund.

[2]) Welcker A. D. V, T. XIX, S. 298. Die Deutung als 'Gesuch um Expiation' scheint mir durch das Mädchen mit der Hydria nicht begründet. Wie die Stühle, welche Welcker auch etwas künstlich erklärt, den Sitz des Gastes, so soll das Wassergefäfs gewifs das Bad bedeuten.

[3]) Stephani Compte rendu 1861.

[4]) Der Parthenon statt des Poliastempels ist wieder wie bei dem Peplos zu erklären.

jedesfalls das wichtigere, so ist sie auch auf die bevorzugte rechte Seite gestellt, als von dem rechten Zuge gebracht, welchem Athena zuschaut, und den auch der Beschauer zuerst sah. Wie aber die Priesterin, vermuthlich die der Athena Polias unter der die Arrephoren bezeugtermafsen arbeiteten, die Mädchen empfängt, so der Priester oder Schatzmeister (Bötticher) den Knaben mit dem Peplos. Was hat man denn nun weiter vermifst an unserer Darstellung des Panathenäenzuges? Da sollen einmal die dargestellten Abtheilungen zu dürftig, dem Glanze des gröfsten athenischen Festes nicht entsprechend sein, zu wenig Jungfrauen, zu wenig Opferthiere für eine Hekatombe, auch Wagen natürlich und Reiter zu wenig; sodann seien viele nothwendige Theile ganz weggelassen, wie die Theorien, die Sieger der verschiedenen Wettkämpfe, die Thallophoren und Kanephoren, Metoikenweiber mit Schirmen und Sesseln, Epheben in schwarzen Mänteln, endlich das ganze athenische Fufsvolk in Waffen. Hält man beide Vorwürfe zusammen, dafs die dargestellten Theile zu dürftig, und doch viele Theile noch gar nicht dargestellt seien, so ergiebt sich ja, dafs für eine Darstellung jenes Festzuges der 528 Fufs lange Fries überhaupt nicht ausgereicht hätte, auch eine vierfache Länge noch nicht. Dafs eine solche Forderung des quantitativen Realismus griechischer Kunst gegenüber am allerwenigsten angebracht ist, brauche ich kaum zu erinnern. Wie sollten gar Darstellungen der Marathonsschlacht und so mancher andrer Schlachten möglich gewesen sein! Waren doch in der einen Stoa Poikile vier Schlachtenbilder, darunter eine Marathonsschlacht und die Einnahme Trojas! An der Polygnotischen, dem Pheidias gleichzeitigen Zerstörung Trojas, so wie an desselben Meisters Unterwelt in Delphi, haben wir durch Pausanias' Beschreibung ja bewundernd kennen gelernt die Kunst durch geringe Mittel grofses zu wirken: 'ein Baum bezeichnet den Hain der Persephone, ein Schiff die griechische Flotte, zwei Zelte das Lager, ein Haus, ein Stück Mauer die Stadt'. Und von den Schlachtenbildern jener Zeit kann man nicht sagen, was von der Alexanderschlacht gilt und vielleicht von der Perserschlacht des Malers Aristeides mit 100 Figuren galt, dafs sie nicht ganze Schlachten, sondern einzelne bedeutungsvolle Momente daraus zur Anschauung gebracht, und deshalb mit einer Darstellung der panathenäischen Pompe keine Aehnlichkeit gehabt hätten. Denn dafs jene Polygnotischen Schlachtenbilder nicht den dramatischen Charakter der späteren hatten, beweist schon die Zerstörung Trojas, und mehr noch was Pausanias von jener Marathonsschlacht sagt, die Anfang, Mitte und Ende des Kampfes zeigte[1]). An unserer Friesdarstellung wäre danach eher Fülle als Dürftigkeit anzuerkennen, wenn wir auch nicht ohne weiters die einzelnen Abtheilungen beider Züge zusammenzählen, was nach der oben entwickelten Auffassung des Zuges als eines nur von zwei Seiten gesehenen nicht angeht[2]). Dafs aber bei Betrachtung des Südfrieses die Vorstellung von dem Rinderzug und den Alten zu Fufs nachträglich anwächst, verträgt sich wohl damit, und scheint Pheidias, eben um dies zu erreichen, hier die Pfeifer u. s. w. weggelassen zu haben. Diese Fülle aber, die hier, wo nicht Kämpfergruppen, deren jede einzelne schon ein Abbild des Ganzen ist, in Spannung halten, sondern alles hintereinander herzieht, nothwendig war, konnte der Künstler nur dadurch erreichen, dafs er einmal sich auf die nothwendigen Theile beschränkte und sodann auch eines bedeutenden Theiles, der zu einer vollständigen Darstellung der panathenäischen, wie jeder anderen grofsen Procession, nothwendig gehörte, aber für die Darstellung ungünstig war, geschickt entledigte, das ist das Gefolge der Bürger zu Fufs. Dafs diese, die eigentliche Gemeinde, bei einer Pompe, wie die dargestellte, nicht fehlen konnten, versteht sich von selbst; sie bilden nicht nur als Fufsgänger zu den Wagen und Reitern die nothwendige Ergänzung, sondern auch als die grofse Masse zu den Vornehmeren, und endlich als die Aelteren zu den Jüngeren, denn unter dem ganzen dargestellten Gefolge sind nur einige der Vordersten und, wie es schien, die Fufsgänger vor den Wagen bärtig, alle übrigen aber, nicht nur die Träger des Opfermaterials und Führer der Thiere, sondern auch deren Begleiter, die Zugordner, Wagenlenker und Ritter, auch sämmtliche Reiter bis auf einen des Westfrieses, alle diese sind unbärtig, jugendlich. Zu dieser Masse von Jüngeren stände jene kleine Schaar[3]) vor den Wagen, als einzige Abtheilung

---

[1]) Brunn, Gesch. d. Gr. Künstl. II, S. 21.

[2]) Auch bemerken wir, dafs, indem die Ecken NO u. SO grade die Frauen und die Opferthiere scheiden, die Erkenntnis der wahren Zahl beider leicht etwas weggetäuscht wird.

[3]) Friederichs Baust. S. 159 nennt sie freilich einen langen Zug der Fufsgänger, und scheint damit anzudeuten, dafs er andre nicht vermifst.

Aelterer, in einem schlechten Verhältnis; wir haben aber auch oben schon aus ihrer Zahl und der natürlichen Rangfolge geschlossen, dafs diese Schaar nicht die Masse der Bürger zu Fufs, sondern nur eine kleine ausgezeichnete Abtheilung vorstellt. Eine solche ist aber grade für den panathenäischen Zug nachweisbar. Unter den panathenäischen Wettkämpfen gab es nämlich auch einen der männlichen Schönheit εὐανδρίας ἀγών[1]), indem alle oder auch nur mehrere[2]) Phylen die schönsten Männer erlasen, deren Kleidung und Schmückung, gleich wie die eines Chores, Sache je eines Phylengenossen war und eine Leiturgie ausmachte. So wurden wahrscheinlich die Alten für sich und die Jüngeren für sich gegeneinander gestellt, und aus jedem Alter einer Abtheilung der Preis eines Rindes zum Opfern zuertheilt, und die Aelteren, sei es alle, die zum Wettkampfe gestellt waren, oder nur die der siegenden Phyle[3]), gingen Olivenzweige tragend in dem Festzuge einher, während die Jüngeren, deren besonderer Aufzug nicht erwähnt wird, wahrscheinlich bei den einzelnen Abtheilungen der Ritter zu Wagen, der Reiter oder Fufsgänger zogen. Diese Zweigträger hat schon Visconti in jenen Fufsgängern vor den Wagen erkannt, deren einige wenigstens deutlich als Greise von Carrey gezeichnet sind, wie auch mehrere von besonders stattlichem Aussehn sind, das ein paarmal durch Wendungen sich recht voll präsentiert. Endlich haben wir an mehreren grade solche Haltung der Hände bemerkt, wie für jenes Zweigtragen pafst. Die eigentliche Masse der athenischen Bürger dagegen ist auf unserem Friese nicht vorhanden. Dieselben hätten in richtigem Verhältnis zu Wagen und Reitern dargestellt, doch mindestens doppelt so zahlreich sein müssen als diese. Dann aber hätten die schönsten Theile des Zuges mindestens auf die Hälfte beschränkt werden müssen, um einem Zuge von Fufsgängern Platz zu lassen, der auch nicht von fern gleiche Mannigfaltigkeit und Schönheit hätte zeigen können: das erkennt man am besten, wenn man die Zweigträger ansieht, die auch in ihrer Wenigkeit schon fast langweilig sind.

---

[1]) Vgl. Sauppe de inscr. panath. S. 8 und Mommsen Heort. S. 166.
[2]) Mommsen meint, dafs nur je zwei Phylen gekämpft hätten.
[3]) Bei Erklärung der Euandrie ist allgemein von den Schönsten, oder von Gröfse und Kraft der Körper die Rede; das θαλλοφορεῖν dagegen wird ausdrücklich als Sache der schönsten Greise angegeben. Nur Athenaeus 13, 565 F spricht unbestimmt.

Nun sahen wir ja an dem nördlichen wie an dem südlichen Zuge, und besonders bei dem Vergleiche beider, dafs nicht der fertige Festzug in einem bestimmten Momente seiner Bewegung dargestellt ist; wie ja auch der Beschauer nicht in einem Moment den ganzen Fries übersieht. Von der Vorbereitung zum Zuge sahen wir alle Stadien bis zur Ankunft beim Tempel, je weiter nach hinten, desto mehr den Zug erst in der Bildung begriffen, und zwar jede Abtheilung für sich besonders, die letzten Fufsgänger in voller Bewegung und hinter ihnen, eben eingetroffen, die ersten Wagen, die letzten von diesen dagegen noch kaum von den ersten Reitern erreicht, und daher noch stille haltend oder eben sich in Bewegung setzend, und die letzten Abtheilungen der Reiter gar noch ganz unfertig. Dazu kam, dafs die letzten Figuren am Südende des Westfrieses nicht den vorausgehenden Theilen des Zuges nachsehen, sondern nach der entgegengesetzten Seite sich kehren, was zum Theil schon erklärt ist. Aber nicht blos äufserlich dem Gleichgewicht der Composition dient es, und nicht blos zu einer gleichfalls äufserlichen, nur scheinbaren Ueberleitung auf die Südseite; denn nicht das kann ja die Absicht der dargestellten Figuren selbst sein, sondern nach dem auszuschauen, was hinter ihnen kommt, grade wie die Fufsgänger nach den Wagen und die auf den Wagen sich nach den Reitern umsehen. Es sollen also noch andre Theile folgen, die aber bei gleicher Progression der Unfertigkeit unmöglich schon ganz nah sein können. So geht die Darstellung gewissermafsen über den Raum, den sie ausfüllt, hinaus. Dafs darum das Werk kein Ganzes sei, wird Niemand als einen Tadel aussprechen, da ja eben die Weisheit des Künstlers in dieser Anordnung sich zeigt; man sage also lieber die Darstellung sei unendlich, und bedenke, dafs ein so langer Fries nach anderen Gesetzen componiert sein mufs, als eine Gruppe, die doch auch oft genug aufserhalb der Darstellung sich fortsetzend zu denken ist[1]).

Dafs nun in der That die vermifsten Bürger zu Fufs in der Procession der grofsen Panathenäen weit nach hinten, allem Anscheine nach am Schlusse zogen, wie es natürlich scheint, das

---

[1]) Michaelis' Meinung S. 215 ff., dafs durch die Hopliten in den Wagen (Süd), durch die Reiter (W. N.), durch die Musiker und Thallophoren das Fufsvolk ersetzt werde, ist offenbar nur ein Nothbehelf.

lehrt die Erzählung von Harmodios' und Aristogeitons Tyrannenmord bei Thukydides[1]); denn gelten alle Nebenumstände auch zunächst nur von der Zeit jener That, der ganz andere Zeiten folgten, so hat doch gewifs das Gefolge der bewaffneten Bürgerschaft, so wenig es von den Tyrannen erst angeordnet zu sein scheint, ebenso wenig mit diesen ein Ende genommen, wenn es auch später nicht die einzige Gelegenheit blieb, bewaffnet in Masse zu erscheinen. Auch durch das Reitergefolge, welches später entweder zuerst aufkam oder zahlreicher wurde, kann das Gefolge zu Fufs wohl verdunkelt aber nicht ganz verdrängt worden sein. Da somit die Weglassung des ganzen Gefolges zu Fufs, mit Ausnahme der kleinen ausgezeichneten Abtheilung der schönsten Greise, als ein glücklicher Griff des Künstlers erkannt ist, dürfen wir auch diejenigen Theilnehmer des Zuges nicht vermissen, welche weder die Ueberlieferung noch die Wahrscheinlichkeit von dem Gefolge zu Fufse zu trennen heifst, z. B. die Epheben in schwarzer Chlamys[2]), die übrigens, da die Farbe fehlt, überall vorhanden sein könnten. Wenn die Festgesandtschaften anderer Städte, die Theorien 'für sich kleine Festzüge ausmachten', so war es um so passender und auch leichter, sie mit dem Gefolge zu Fufs wegzulassen. Sucht man sie zwischen den dargestellten Theilen, so kann man nur an die Begleiter der Opferthiere denken, welche ja zum Theil ein Geschenk jener Städte waren, oder zwischen den Oelzweigträgern die Ehrengäste suchen[3]).

Dafs ferner die Sieger der einzelnen Kampfspiele an dem Festzuge Theil nahmen, ist auch ohne direktes Zeugnis gewifs zu glauben, unmöglich aber, dafs sie mit den Insignien ihrer Kampfart einhergezogen seien, mit Wurfspiefs und Diskos, und vielleicht auch nackt? Diese Zuthaten, für die Schönheit des Zuges eher störend, für die Kämpfer lästig und für das athenische Volk unnöthig, werden offenbar nur im Interesse heutiger Erklärer begehrt. Die zu Rofs und zu Wagen gekämpft hatten, mochten unter den Reitern und Wagenrittern, vielleicht vornan ihren Platz haben, und

---

[1]) I, 20 u. VI, 56. Mommsen Heort. meint S. 189**, dafs jene Stelle auf getrennte Anordnung der Theile führe.
[2]) Philostr. V. Soph. II, 5.
[3]) Sauppe inscr. Pan. S. 10. Ber. d. Sächs. G. d. W. 1853, S. 37. S. jedoch oben S. 275, 3.

ebenso die Sieger der gymnischen Kämpfe unter dem Gefolge zu Fufs[1]). Das giebt eine bessere Ordnung, als wenn man die Sieger alle zusammengestellt denkt und gar Diskoswerfer, Flötenbläser, Wagen- und Rosselenker beieinander. Wie unbillig war es, zu fordern, dafs die gymnischen Sieger ihr Kampfgeräth tragen sollten, im Zuge eine unnütze Last, dagegen unter den Flöten- und Kitharspielern keine Sieger der musischen Agonen anerkennen zu wollen.

Bei dem Mangel jeder speciellen Angabe mufs der Nachweis genügen, dafs, sei es in dem dargestellten, sei es in dem weggelassenen Theile des Festzuges, auch die Sieger mitenthalten sein können, und welcher Festzug von solcher Bedeutung, wie der dargestellte, könnte genannt werden, in welchem man nicht mit gleichem Rechte Sieger voraufgegangener Agonen vermissen müfste?

Das an dem Feste und der Procession theilnehmende Priester- und Beamtenpersonal, als Archonten, Schatzmeister, Strategen, Taxiarchen u. s. w., kann man, da ihnen keine bestimmte Thätigkeit im Festzuge beigelegt wird, nicht besonders charakterisiert zu sehen erwarten, und mufs es genügen, im Zuge Gruppen und Einzelne zu finden, in denen jene erkannt werden können, wie z. B. die zunächst den Göttern und vor dem Zuge stehenden Männern. Andre könnten wohl bei den Thallophoren oder den Reitern gesucht werden oder bei den Bürgern zu Fufs zu denken sein. Natürlich konnten sie nicht zahlreicher erscheinen als nach Verhältnis die übrigen Theilnehmer[2]).

Herolde[3]), Nomophylakes und namentlich Demarchen, von welchen den letzten[4]) allein ausdrücklich die Sorge für Ordnung des Festzugs zugeschrieben wird, können wir in den Festordnern, die namentlich bei den Wagen zahlreich sind, ziemlich sicher erkennen.

Von den übrigen vermifsten Theilen, den Kanephoren und den Metoikenweibern mit Schirmen und Sesseln für die Bürgerinnen, mufs man jedenfalls sagen, dafs ihre Betheiligung an der pan

---

[1]) Mommsen Heort. S. 183.
[2]) Ueber die neun Archonten s. oben S. 290, 3.
[3]) In dem noch nicht aufgesessenen Reiter W, 23 und dem Diener N, 66 vermuthet Michaelis mit Unrecht Herolde.
[4]) Schol. Aristoph. Wo. 37.

athenäischen Pompe so gut wie an jeder andern[1]) bezeugt ist, so dafs man ihretwegen gegen jegliche Pompe hätte Protest erheben müssen. Die Kanephoren zunächst trugen ja einen Theil des Opfergeräths, konnten also in einer Opfer darbringenden Pompe nicht fehlen, wie auch auf Vasenbildern, wo nicht einmal ein Schlachtopfer dargebracht wird, der Korb, das κανοῦν in der Hand irgend einer Frau, wo solche zugegen sein können, nicht zu fehlen pflegt. Da unser Fries nun jedesfalls eine Opferprocession darstellt, so können ihm auch die Kanephoren nicht fehlen, am wenigsten, wenn er die panathenäische darstellt, und suchen können wir sie natürlich nur unter den Frauen, da auch sonst das Vorangehn der Kanephoren bezeugt ist[2]). Da aber das κανοῦν unter den von Frauen getragenen Opfergeräthen einen entschiedenen Vorrang behauptet, so dafs der Name Kanephore auch auf die Frauen, welche anderes Geräth trugen, ausgedehnt wurde[3]), wie es scheint, so müfsten wir die Trägerinnen desselben unter den vordersten Frauen suchen. Ebenda fanden wir in jedem der beiden Züge, links ein 16; 17, rechts zwei Paar Jungfrauen 50; 51; 53; 54, auf deren Köpfen gemalte oder vergoldete Körbe zu ergänzen angezeigt war, einmal dadurch, dafs sie allein in den Händen nichts trugen,

---

[1]) Hermann-Stark GA. 54, 30. Aristoph. Ach. 241. Allerdings bemerkt Michaelis S. 213 richtig, dafs Diphrophoren, Skiadephoren, Hydriaphoren für die Panathenäen nicht ausdrücklich bezeugt sind, wie auch die Reiter nicht. Aber die διφροφόρος, die zugleich σκιαδηφόρος ist (Mich. Zeugn. 185), gehört zur κανηφόρος (Z. 186; 188; 200) und die Hydriaphoren werden mit den Skaphephoren zusammengestellt (Z. 189; 194) oder mit den Skiadephoren (Z. 194; 200). Daher kann man bei den πομπαῖς, für die dies bezeugt ist, an keine cher als an die Panathenäen denken. Für die Procession nach Eleusis ist, streng genommen, wohl das Schirmtragen, aber nicht von Metökenweibern bezeugt (Z. 187).

[2]) Aristophanes Ach. 241; 253.

[3]) Vgl. Stark G. A. 54, 30, welcher jene Kanephoren in engerem, diese in weiterem Sinne nennt; aber grade für die Panathenäenpompe auf eigentliche Kanephoren zu verzichten, geht nicht an. Auch Mommsen fand keine Kanephoren und hilft sich mit einem Stück Bötticherscher Lehre. Er sicht ja nur die Voropfer dargestellt, die schwerlich so ehrwürdige Traditionen aufzuweisen gehabt hätten, meint er, dafs nicht moderne Prunkliebe hier das κανοῦν ganz hätte unterdrücken können. Als ob das κανοῦν die Prunkliebe minder befriedigt hätte denn Kannen und Schalen. Die Kanephorenstatuen von berühmten Meistern, wie Polykleitos, bezeugen das Gegentheil.

zweitens dadurch, dafs der vor einer von ihnen stehende Zugordner einen Korb so[1]) in der Hand hielt, als hätte er ihn eben von ihrem Kopfe genommen. Um vier Kanephoren gegen ebensoviel Trägerinnen von Opferschalen nicht zu wenig zu finden, bedenke man, dafs auch die Schatzlisten des Parthenon neben sehr vielen Schalen nur wenige Körbe namhaft machen.

Schirm- und Sesselträgerinnen sind nun allerdings gewifs nicht vorhanden im Zuge, und ich meine, dafs selbst, wenn die historische Treue den Künstler trieb solche aufzunehmen, künstlerische Gründe genügend dagegen sprechen[2]). Die edlen Trägerinnen des heiligen Geräthes, die man so schon zu wenig zahlreich fand, hätten ja noch auf die Hälfte reduciert werden müssen, um dienendem Gefolge Platz zu machen. Sollte aber nicht auch bei dem wirklichen Festzuge so viel künstlerischer Sinn gewaltet haben, dafs ein solches Gemisch von Dienern der Gottheit und Dienern der Menschen vermieden wurde? Und wie sollte man die Metoikenweiber im Zuge denken, gleich hinter jeder Kanephore eine, oder alle dienenden vereint hinter den vereinten Herrinnen, aber doch jedesfalls vor andern, vornehmeren Theilnehmern? Auch die Reiter, die noch in der Vorbereitung sind, haben Diener bei sich, und mochten sie wieder gebrauchen, wenn sie am Fufse der Burg abstiegen, aber in dem geordneten Zuge fehlen sie. Die Kanephoren brauchten Schirm und Stuhl, jenen sicher nicht ohne diesen, nur an einzelnen Ruhepunkten, und lassen die übrigen Zeugnisse, die, wie mir scheint, natürliche Auffassung zu, dafs die Sesselträgerinnen den Zug nebenher begleiteten[3]), so nöthigt dazu der Scherz des Aristophanes (Vö. 1550), bei dem Prometheus für sich

---

[1]) Schon Leake erkannte den Korb hier. Ebenso hält ein κανοῦν ein Mann auf einem schönen Vasenbild, R. Rochette Mon. In. XXXI, 4. Ein unglücklicher Nothbehelf war es die Schalen, der Kannen natürliche Ergänzung, für Körbe zu erklären, die ja auch den Zweck der κανᾶ, so getragen, nicht erfüllen könnten.

[2]) Dies Mommsens Heort. S. 183 letzter Ausweg, den Fries zu rechtfertigen. Seine andere Annahme, dafs die Sesselträgerinnen bis zur Burg hinter den Herrinnen gegangen, dort aber herausgetreten wären, stört die Harmonie des Zuges.

[3]) Das scherzhafte Vasenbild Gerhard Trinksch. u. Gef. 27, auf dem ein Satyr, der selber den Kalathos auf dem Kopfe trägt, über eine voraufgehende Dame einen Schirm hält, würde man hiergegen nur anführen dürfen, wenn er auch den Stuhl trüge, und sie den Korb.

allein mit dem Schirm (und Sessel) gehn will, damit ihn Zeus für die sesseltragende Begleiterin einer Kanephore halte[1]).

Die mit den Kanephoren und Diphrophoren zusammen genannten Skaphephoren und Hydriaphoren N. 13—19 fehlen dagegen nicht, nur dafs letztere männlich sind, nicht, wie in den späten, schriftlichen Zeugnissen, weiblich[2]).

Warum man das Opfermaterial zu tragen als ein minder ehrenvolles Geschäft Metoiken überwiesen hatte, da doch das Geräth, die Körbe u. s. w. zu tragen für eine vorzügliche Ehre galt, ist nicht schwer zu errathen. Letzteres war nicht beschwerlich, gab vielmehr Gelegenheit sich schön und edel darzustellen, jenes aber machte Mühe, wie man am besten begreift, wenn man am Fries die Haltung der Kanephoren und andrer Mädchen mit derjenigen der Skaphephoren und Hydriaphoren vergleicht. Und auch unter der Begleitung der Opferthiere scheint mir in die Augen springend der Unterschied an Würde zwischen den die Rinder am Stricke haltenden, welche zum Theil in zwar sehr naturwahren und darum künstlerisch schönen, aber gemessenem Anstande nicht geziemenden Stellungen sich zeigen, und den ganz eingehüllt nebenhergehenden Jünglingen. Es ist als ob sich diese durch die an sich auffällige Verhüllung möglichst von den andern und deren Geschäft absondern wollten. Auch dies können Metoiken, oder besser noch die Abgesandten der Colonien sein, welche ja Opferthiere zu dem Panathenäenopfer nach Athen sandten.

Sonach zeigt der am Fries dargestellte Zug alle wesentlichen Theile des grofsen panathenäischen Festzuges, welche die schriftliche Ueberlieferung uns kennen lehrt, d. h. bis ans Ende der Reiterei; sie ergänzt aber auch die Ueberlieferung nicht nur durch einzelne Theile, wie z. B. den Arrephoreneinzug, sondern durch ein lebendiges Bild des Ganzen, an dem wir die Harmonie der Theile, die ja noch auf des Künstlers Rechnung geschrieben werden könnte, und die schöne Ordnung bewundern müssen, ganz besonders gegenüber dem etwas bunten Gemisch und dem Wirr-

---

[1]) Dafs die Procession jedesfalls zur Zeit brennenden Sonnenscheins stattfindet, zeigt der Schirm in Eros' Hand.

[2]) Michaelis nennt alle Trägerinnen des Opfergeräths, aufser den wirklichen Kanephoren, Hydriaphoren; dann aber wären von dem weiblichen Personal nur ein Viertel Athenerinnen.

warr von austretenden Theilen, gespaltenen Zügen u. s. w., den man sich sonst freilich zum Theil nach falscher Auffassung des Frieses vorgestellt hat.

Haben wir die Götterversammlung und den Festzug beide für sich erklärt, so müssen wir nun noch das Verhältnis beider zu einander besprechen. Die sitzenden Götter geben sich durch die Zahl, die mit den zwölf Göttern des Peisistratischen Altars auf dem athenischen Markte übereinkommt; sowie durch die fast völlige Uebereinstimmung in den einzelnen Göttern, indem nur zwei, nämlich Hestia und Artemis gegen zwei andre, Dionysos und Peitho, vertauscht sind; deutlicher noch durch die Gruppierung von Zeus zwischen Hera und Athena; wenn man die beiden Reihen zusammenfafst; sowie durch die später noch zu besprechende Uebereinstimmung der Gruppierung mit den erhaltenen Theilen der olympischen Versammlung des Ostgiebels; überhaupt durch die Anwesenheit der Hera; endlich durch die den lokalen Verhältnissen grade widerstreitende Verweisung von Aphrodite und Peitho auf die rechte Seite[1]) — durch alle diese Umstände giebt sich die anwesende Göttergesellschaft nicht als eine Versammlung der auf oder um die Akropolis cultbesitzenden Gottheiten, oder auch der 'Hauptgottheiten' des attischen Landes[2]) zu erkennen. Sie ist grade nicht ein 'örtlicher Götterverein', wie Welcker (GG. II, S. 173) meinte, der freilich auch Triptolemos und Erichthonios dargestellt glaubte mit Gaia, sondern der 'nationale' der olympischen Götter mit geringen Modificationen dem attischen Locale zu Liebe. Diese Modificationen sind viel geringer, als die von demselben Pheidias an der Basis von Olympia beliebten, wo doch auch der Hauptsache nach die olympische Götterversammlung sich darstellen sollte. Denn die beiden für Hestia und Artemis eingeschobenen, Dionysos

---

[1]) Auch das Fehlen der Artemis würde ich mit unter diesen Gründen aufzählen, wenn die Ansicht von E. Curtius im Text zu VII Karten S. 24, dafs Artemis schon mit dem Synoikismos ihren Platz auf der Burg erhalten hätte, ganz sicher wäre, was sie für Michaelis ist S. 258.

[2]) So K. O. Müller und die meisten nach ihm, auch Michaelis S. 254; 261. S. 221: 'nur dafs sie die übrigen Hauptgottheiten des attischen Landes und Volkes und die vornehmsten Olympier sich zu Gästen und Beisitzern geladen hat'. S. 37 spricht er von den attischen Göttern, die vom Olymp herabgestiegen seien.

und Peitho waren ja als olympische Götter seit Homer und Hesiod anerkannt, jener auch in den Metopen als Mitstreiter der Götter, diese in Olympia — wenn es auch eine athenische Idee des Pheidias war — bei Aphrodites Empfang thätig, beide zusammen im Ostgiebel als Bewohner des Olympos dargestellt. Dafs es mehr olympische Götter gab als zwölf, das war eben der Grund, dafs man, wo man die Zwölfzahl und die Hauptmasse der Zwölfgötter festhielt, doch eine oder die andre Gottheit je nach den Umständen zu vertauschen sich erlaubte[1]), wie im Olympos selbst bei Homer nicht immer alle Götter anwesend sind.

Sind nun aber die zur Festschau, nicht zum Empfang des Opfers (Friederichs), versammelten Götter die olympischen, wie Pheidias und seine Schule es liebte sie im Himmel oder auf Erden bei wichtigen Ereignissen erscheinen zu lassen nach homerischem Vorbilde, wo ja die Phaiaken sich rühmen, bei ihren Hekatomben die Götter als Gäste gehabt zu haben (O. 7, 201), oder Zeus mit allen andern Göttern zu den Aithiopen zum Feste zieht, Il. 1, 423; 23, 205 — dann, meine ich, soll man diese Götter auch nicht mit ihren athenischen Cultnamen hier benennen: Zeus Polieus und Apollon Patroos, und soll sich für Hermes nicht auf das alte Schnitzbild im Poliastempel, für Demeter nicht auf die mit Ge verbundene Chloë berufen, oder man macht aus den lebendigen Göttern des Himmels, die doch über den einseitigen Auffassungen des Cultus stehen, eine Versammlung lebendiger Cultusbilder. Was liefse uns auch wohl den Patroos, oder die Chloë, oder den Polieus erkennen? Soll doch nicht gar der bei dieser durchaus frei und grofs behandelten Figur mit Unrecht betonte 'Spitzbart' nach althergebrachter Weise (vgl. Fig. 20) eine Anspielung auf das alterthümliche Bild des Polieus neben dem Parthenon sein! Und nun erst Athena, ist das die Polias oder vielmehr die Göttin des Olympos selber? Nur die Aphrodite ist hier in der besonderen Cultform der Pandemos vom Altmarkte an der Akropolis dargestellt. Hier liegen aber auch gleich sowohl der Grund als auch die Anzeichen dieser besonderen Wesensbeschränkung vor, letztere sowohl in der auch im Olympos ihr beigesellten Peitho als in dem Schleier; der Grund, was ich nachher ausführe, in der einzigen Qualification grade dieser besonderen Aphrodite für diese

---

[1]) Gerhard Akad. Abh. I, 200. Jahn, Arch. Aufs. S. 118.

Gelegenheit, wie man von jenen Localformen der andern Götter nicht behaupten könnte. Für Athen war es ja auch weit ehrenvoller, wenn die Götter nicht als Localgötter in ihren besondern Eigenschaften, sondern in ihrer allgemein gültigen Bedeutung als Olympier zugegen waren.

Also nicht warum Zeus, Hera, Athena, Poseidon und die andern sechs aus der Zahl der Zwölfe anwesend sind, bedarf der Erklärung, sondern nur warum statt Artemis und Hestia Dionysos und Peitho gewählt sind, und das erklärt sich leicht.

Auch hier werde ich mich nicht auf Dionysos' Heiligthum an der Akropolis, noch auf Peithos Cultus im Tempel der Pandemos berufen. Die Götter waren für das Volk und namentlich für die Künstler ja lebendige Persönlichkeiten und nicht deshalb, weil sie einen Cultus hatten und ihr Bild im Tempel stand, hatten sie Geltung im Glauben und in der Kunst, sondern im Gegentheil Cult und Bild war ihnen geweiht, weil man sie lebendig glaubte, und eben darum dachte man sie auch bei solchen Gelegenheiten, wie der Fries darstellt, gegenwärtig.

So ist nun Dionysos als Gott der Freude und der Festlust gegenwärtig, die beim panathenäischen Festschmaus in besonders grofsen Humpen παναϑηναικὰ ποτήρια (Athen. XI, 495 A) sich Genüge that, er um so mehr, als die Panathenäen ja aufser Athenas Geburtstag auch den Sieg über die Giganten feierten, den, wie die Metopen eben über diesem Theile des Frieses zeigen, Dionysos mit erkämpft hatte. Und wie die Götter im Friese an der Erinnerungsfeier Theil nehmen, so hatten sie auch für sich den Sieg gefeiert und sei es nun, dafs die Menge alterthümlicher attischer Vasenbilder, welche Athena mit oder neben Herakles ihren Wagen besteigend zeigen, auf diese Siegesfeier sich beziehen[1]), oder nur auf die Einführung des Herakles in den Olymp, jedenfalls ist hier neben dem musicierenden Apollon Dionysos mit gefülltem Becher der stehende Begleiter Athenas. Dafs er so weit besser zum Theilnehmer am Feste sich eignet als Artemis, die als hurtige Jägerin überhaupt selten sitzend erscheint, leuchtet wohl ein.

Ist Artemis zu unruhig für die ruhige Festschau, so ist Hestia dagegen zu ernst und unbeweglich für solchen Besuch auf Erden, wie auch Plato von den zwölf Göttern Hestia allein im Himmel

---

[1]) Kekulé, Hebe S. 20.

bleiben läfst, während Zeus mit den übrigen die Welt durcheilt. Weder in ihrer Cultbedeutung noch in ihrer göttlichen Persönlichkeit als Göttin des Feuers, des Altars, Herdes oder Hauses ist eine Seite, die ihr auch nur entfernt den lebendigen Antheil an dem Feste zuwiese, wie der Peitho, die mit der Pandemos von demselben Theseus in Cultusehren eingesetzt war, der auch aus dem alten Athenäenfeste die Panathenäen gemacht hatte und durch beide Neuerungen, wie das Pan in beiden Namen sagt, seine gepriesene Volkseinigung hatte segnen und weihen wollen.

Ueber die Gruppierung hat Friederichs[1]) eine Ansicht aufgestellt, welche mir durchaus verwerflich scheint, um so mehr, als sie auch andre Werke eben der besten Zeit berührt und falsch beleuchtet. In unseren beiden Götterreihen wird nicht verkannt, dafs sie in je drei Gruppen zerfallen. Diese Gruppen sollen einander symmetrisch entsprechen, aber keineswegs die an denselben Stellen befindlichen, die beiden innersten, die mittelsten und die äufsersten; vielmehr entspreche die äufserste links 24; 25 der mittelsten rechts 38; 39, die mittelste links 26; 27 der innersten rechts 36; 37, endlich die innerste links 28—30 der äufsersten rechts 40—42, oder im Buchstabenschema, wo ABC die linken (von innen nach aufsen), abc die rechten Gruppen bezeichnet, nicht Aa Bb Cc, sondern Cb Ba Ac. Dabei beruft man sich auf die Composition der Giebel des Parthenon, an welchen dieselbe Art der 'gelösten Symmetrie' sich finde, — im Gegensatz zu der strengeren, gebundenen, nach welcher die Giebelgruppen von Aigina componiert seien, und die man auch am Theseion noch wahrnehme.

Ich möchte glauben, dafs an dieser Theorie, welche das eigentliche Wesen der Symmetrie verkennt, eine Vermischung verschiedener Kunstarten schuld ist; dafs man nämlich die mitunter künstlichere Verflechtung strophischer Responsion im Auge gehabt hat, obgleich das zeitliche Nacheinander der Chorweisen andern Gesetzen unterworfen ist, als das räumliche Nebeneinander bildlicher Darstellung.

Die bildlichen Darstellungen, welche hier in Frage kommen,

---

[1]) Die Philostratischen Bilder Exc. III; Baust. S. 166; Stark Verhandll. d. 23 Philologenvers. S. 184 f.; Michaelis, der diese Ansicht früher theilte (Nuovo memorie S. 206), hat sie jetzt DP. S. 222 verworfen.

sind einem fest umgrenzten Raume eingefügt, der durch seine symmetrische Gestalt die Composition beherrscht und bestimmt, so am deutlichsten der Giebel; aber auch unser Ostfries durch die Thür mitten darunter und die Giebelspitze darüber; Basen durch den Scheitel der darüber befindlichen Figur oder Gruppe. Das Gleichgewicht der beiden Raumhälften ist hier schon ohne die Darstellung und vor ihr vorhanden. Ein solcher symmetrischer Rahmen existiert dagegen für das nacheinander sich Darstellende nicht. Die Gliederung und Eintheilung der Zeit ist nicht vor den sie ausfüllenden Stücken und ohne dieselben vorhanden, sondern entsteht erst mit ihnen. Daraus dafs die Symmetrie hier allein in den symmetrisch componierten Stücken und durch sie besteht, scheint mir auch sich zu ergeben, dafs deren Folge und Stellung zu einander freier sein kann, die Responsion der Stücke selbst aber strenger sein mufs. Umgekehrt ist bei bildlichen Darstellungen, selbst solchen, die ohne architektonische Einrahmung sich aufbauen, Stellung und Verhältnis der unbeweglich nebeneinander stehenden Theile in die Augen springend, und unabweislich die Abwägung der Hälften. Ist so die Entsprechung der Raumtheile nicht zu verkennen, so braucht offenbar die Entsprechung der sie ausfüllenden Bildtheile weniger grofs zu sein. Diese Freiheit kann natürlich in verschiedenem Mafse in Anspruch genommen werden; sowie aber entweder ganz entsprechende Bildtheile grade an nicht entsprechende Raumtheile, oder an entsprechende Raumtheile solche Figuren gestellt werden, die nicht etwa wenig sich entsprechen, sondern sich widersprechen, in diesen beiden Fällen ist die Symmetrie vernichtet. Der letztere Fall träte im Ostgiebel des Parthenon ein, wenn Iris von der Mitte fort- und Nike zu ihr hineilend an die entsprechenden Stellen links und rechts gestellt würden, wie auch Michaelis will. Man darf nicht Helios und Selene in demselben Giebel dafür anführen, denn einmal ist durch die gröfstentheils verdeckten Figuren die entgegengesetzte Bewegung wenig auffällig; sodann ist auch noch durch Selenes Umwendung der Gegensatz abgeschwächt; endlich befinden sich die auch durch Zahl der Rosse ungleichen Figuren nicht mal an streng entsprechenden Stellen: nicht Gottheit und Gottheit, Rosse und Rosse, sondern Rosse und Gottheit entsprechen sich.

Der andre Fall, die Vertheilung entsprechender Bildtheile auf nicht entsprechende Raumtheile, so schlimm, wie wenn in einer

Palastfaçade die Fenster links im zweiten Stockwerk denen rechts im dritten entsprächen, ist ja eben, was Friederichs an unserm Ostfries wahrzunehmen meint. Dafür würde der Westgiebel mit Michaelis nach Dalton restituiert eine gewisse Analogie bieten, wenn jene Restitution stichhaltig wäre. Auch im Ostgiebel sah Friederichs etwas analoges. Ehe ich aber das berühre, wollen wir die oft angeführte Götterversammlung von der Zeusbasis etwas genauer betrachten, da sie für die Beurtheilung unsrer Friescomposition nach allen Seiten hin am meisten Belang hat. Dort sind die beiden Götterreihen gegeneinander gekehrt, da der Gegenstand ihrer Aufmerksamkeit von geringem Umfang, Aphrodite mit Peitho und Eros, zwischen sie gestellt ist. So wenig aber wie die beiden Abtheilungen am Fries als wirklich zwei getrennte Reihen, gar Rücken gegen Rücken sitzend gefafst werden können, sondern zu einer Reihe zusammengefafst werden müssen, so wenig hat Pheidias dort zwei einander gegenübersitzende[1]) Götterreihen vorstellen wollen. Dafs die regelmäfsige Folge von Gott und Göttin von links her auch jenseits der jedenfalls stehenden drei Mittelfiguren bei Apollon und Artemis beibehalten ist, läfst das erkennen. Um so bedeutungsvoller ist dann aber die Umkehr im nächsten Paare:

       Hestia Apollo
      Hermes   Artemis
     Charis   Athena
Helios Hephaistos Eros Aphrodite Peitho Herakles Selene
     Hera   Amphitrite
    Zeus   Poseidon

Wäre nämlich die erste Ordnung bis zum rechten Ende hin beibehalten, so wäre an dem vorzüglich ins Auge fallenden Punkte die Symmetrie zu arg verletzt: dem Zeus konnte nicht Amphitrite, sondern nur Poseidon die Wage halten. Sehr fein ist aber die Vertauschung der Plätze grade in das zweite Paar rechts, Athena und Herakles verlegt. Denn nach der Gewohnheit, in Götterzügen Athena dem Herakles vorangehn zu sehn, konnte man in dieser Gruppe jede der beiden Gottheiten für die Hauptperson halten. Das symmetrische Gleichgewicht der beiden Seiten erstreckt sich aber weiter, indem von beiden Endpunkten eine gleichmäfsige Ab-

---

[1]) Ich kann sie in ihrem eigenen Hause nicht stehend denken, wie Gerhard Ak. Abh. XVII, 2.

stufung nach der Mitte zu stattfindet. Denn zunächst dem Göttervater und seinem Bruder sitzen zwei ältere, sicher bärtige Söhne des Zeus, Hephaistos und Herakles, und auf diese folgen zwei jüngere Hermes und Apollon. Deutlicher aber offenbart sich diese Abstufung auf der einen Seite noch darin, dafs das linke Ende — das Ende ist ja der bevorzugte Platz, weil es alles übersieht, und im Relief bei dieser Richtung nach innen die an die äufseren Enden gesetzten Figuren ganz frei und unverdeckt sind, wie am Parthenonsostfries die an die inneren Enden gesetzten — dafs also das linke Ende der Götterkönig einnimmt, während sein Diener und Herold, Hermes mit seiner Göttin am entgegengesetzten sitzt[1]). Nimmt man hierzu noch, dafs Zeus die durch Helios bevorzugte Seite erhalten, dafs, um das Uebergewicht des Zeus über Poseidon auszugleichen, von den übrigen Göttern die geistigeren, Zeus ähnlicheren — man denke an den homerischen Schwur bei Zeus, Athena und Apollon — auf Poseidons Seite kommen mufsten, so hat man, glaube ich, eine ausreichende Erklärung der Aufeinanderfolge der Götter. Ueber die Auswahl aber und die paarweise Gruppierung soll unten gehandelt werden, da es jetzt nur auf die Symmetrie ankam.

Worin die Freiheit besteht, durch die sich die Symmetrie Pheidiassischer Compositionen vor derjenigen z. B. der aiginetischen Gruppen auszeichnet, läfst sich am besten an den Figuren des Ostgiebels zeigen, deren Ordnung feststeht. Jederseits sind es drei: eine liegende und zwei sitzende, aber während links die liegende isoliert ist, die beiden sitzenden verbunden sind, so ist rechts die liegende mit der ersten sitzenden gruppiert, die zweite sitzende für sich. Wer wollte aber darum behaupten[2]), dafs nicht die beiden liegenden Figuren einander entsprächen, sondern die beiden isolierten, und ebenso die beiden verbundenen? Hiefse das

---

[1]) An der kapitolinischen Basis Millin. GM. V, 19 steht Hermes hinter Zeus' Thron, wie Talthybios und Epeios hinter Agamemnons Müller DaK. II, 39; und wie der Feldherr oder Leibwächter hinter Dareios' Thron, auf der Dareiosvase Arch. Zeit. 1857, CIII. An der Dresdener Basis bildet Hermes mit Hestia das letzte Paar; auf dem pompejanischen Gemälde bei Petersen Zwölf Götter T. C ist Zeus in der Mitte, Hermes an einem Ende, und ähnlich an dem Marmorcylinder von Gabii ebenda T. B.

[2]) Wie Friederichs Philostr. Bilder Exc. III; Baust. S. 145 verglichen mit S. 166 f.

nicht die Responsion in einer Nebensache suchen statt in der Hauptsache? Denn von der Bedeutung und auch von dem Platz, den ich für das Fundament der Symmetrie erklärt, ganz abgesehn, ist ja das ausgestreckte Lagern an den Eckfiguren in der äufseren Erscheinung das erste, die Absonderung oder Verbindung das zweite Moment. Mit den gleichen Grundzügen sind nun aber geringere Abweichungen verbunden. Wie diese Abweichungen nicht minder als die gleichen Züge hier nur Ausdruck des Wesens sind, habe ich an Aphrodite und Dionysos im Ostgiebel gezeigt. So ist nun auch jene verdrehte Symmetrie am Parthenonsfries dadurch herausgebracht, dafs man diese die Strenge der Gleichheit mildernden Nebenzüge allein in Anschlag gebracht hat, nämlich nur das Geschlecht und die Zahl der Figuren, welche die je drei Gruppen bilden, indem man je eine von drei Figuren, eine gemischte von Gott und Göttin und eine von zwei Göttern unterschieden hat. Aufserdem sollen die beiden zweifigurigen Gruppen jederseits zu einem gröfseren Ganzen sich verbinden, die denn allerdings unter sich in dem richtigen Parallelismus ständen, wenn nur nicht die dritte störend daneben träte. Es sind ja aber rechts nicht die erste und zweite, sondern die zweite und dritte Gruppe verbunden, während die erste hier, wie links, durch einen Zwischenraum von den folgenden getrennt ist[1]). Und warum sollte das Geschlecht der Götter die Responsion bestimmen? Könnten nicht zwei Göttinnen zwei Göttern hier so gut entsprechen, wie Selene Helios, Aphrodite Dionysos im Ostgiebel, wie im Westgiebel Athena Poseidon, Hermes bei ihrem Wagen der Meeresnymphe bei seinem, in den Ecken Kephissos und Kallirroe? Wie steht es denn mit jenen dreifigurigen Gruppen? Entsprächen sich da nicht Gott und Göttin, Knabe und Mädchen, oder sollten die vier Göttinnen sich das Gleichgewicht halten trotz des verschiedenen Alters, und ebenso der Knabe dem Zeus. Aber dafs Nike sowie Eros keine selbständige Bedeutung haben, zeigt schon ihre Stellung[2]) wie ihr Alter und die Zwölfzahl der andern. Es ist nicht schwer auch hier bei den räumlich sich entsprechenden Figuren andere gewichtigere Uebereinstimmung nachzuweisen, vor

---

[1]) Soll doch Poseidon der Athena seinen Rücken zukehren, zur Erinnerung an den alten Streit, nach Michaelis di due fig. ae. S. 23.

[2]) Man bemerke, dafs Nike ebenso wenig über Hera vortritt als Eros über Aphrodite.

allem bei dem ersten Paar. Wie bedeutsam hier der Platz ist, hat Michaelis nicht verkannt (S. 20); wie kann aber Zeus in der Aphroditegruppe Entsprechung finden, wenn Athena als Festgöttin hier die Ehre des Zeus entsprechenden Platzes haben soll. Dieser Platz ist mehr als blos der nächste am Centrum, er hat durch die Composition, wie bemerkt, da die Götter sich nach aufsen kehren, noch den Vorzug des vordersten im Relief, und gebührt dieser der dem Zeus nächsten Göttin, so entspricht diese Gruppe dem Zeus, nicht eine andere. Dieser Vorrang der ersten Gruppe beiderseits wird durch die bemerkte Absonderung derselben noch hervorgehoben. Ferner eine gemischte Gruppe giebt es allerdings noch einmal jenseits, die von Ares und Demeter; aber auch nach Michaelis' Deutung, die Triptolemos an Ares' Stelle setzt, würde dies Paar an innerer Beziehung der Gemeinschaft zwischen Athena und Hephaistos viel schlechter entsprechen als Zeus und Hera, wie am besten die übereinstimmende Kopfwendung des Hephaistos und der Hera darthut. Diese beiden Paare sind die einzigen wirklichen Paare in der ganzen Versammlung, daher bei den übrigen auch äufserlich die paarweise Gruppierung sehr modificiert ist: rechts durch Verbindung von Gott mit Gott, Göttin mit Göttin, links, wo noch einmal Gott und Göttin zusammensitzen, dadurch dafs diese Göttin schon durch die gleiche Form der Sessel mit dem Gotte vor ihr enger verbunden scheint als mit dem neben ihr sitzenden. Dem entspricht nun die engere Verbindung dieser vier jederseits ebenso wie der inneren Abgeschlossenheit der ersten Paare ihre äufsere Absonderung. Aufser dieser Aehnlichkeit im Grofsen und Ganzen finden sich äufserlich nur wenig respondierende Züge, da bei der wesentlich gleichen Ruhe des Zuschauens markierte Linien wie bei bewegter Handlung fehlen. Sind Demeter und Ares durch die Ergänzung der Geschlechter verbunden, so thuts drüben Apollos Wendung gegen Poseidon. Am rechten Ende ist Dionysos durch Anlehnen mit Hermes verbunden, wie am linken Aphrodite mit Peitho.

Warum sind nun aber die zur Festschau versammelten Götter so vertheilt und geordnet? Michaelis S. 261 dringt auf ein klares Princip, das der Anordnung zu Grunde liege, aber so richtig er die früheren Ansichten beurtheilt, so wenig trifft seine eigene Erklärung das Rechte. Rechts sollen die Hauptgötter des attischen Volkes unter Athenas Vorsitz thronen, links die Götter des Landes und seiner Früchte mit den vornehmsten Olympiern vereint sein. Um mit Einzelnem zu beginnen, so wird der Verein der Götter des Landes und seiner Producte nicht erst durch die Einfügung von Ares statt Triptolemos zerstört, denn wer wird diesen Hermes mit allen Abzeichen des Götterboten für den Herdengott nehmen? Was hätten ferner mit den Göttern des Landes die vornehmsten Olympier zu thun? Was veranlaſste, den Zeus, der doch nachher als Polieus bezeichnet wird, von den Göttern des attischen Volkes mit Athena Polias abzusondern? Offenbar nur das, dass er der Hera Gesellschaft leiste. Wir haben aber oben schon gesehn, daſs eben alle diese Götter Olympier sind. Sehen wir sodann auch von der Mangelhaftigkeit des Gegensatzes ab, indem rechts eine einheitliche Versammlung einer zweitheiligen links gegenübersteht, und auch von der allzu groſsen Feinheit des Gegensatzes: Götter des Stammes gegen Götter des Landes, so ist überhaupt ein Gegensatz zwischen beiden Seiten hier so wenig am Orte wie im Ostgiebel, wo Michaelis S. 168 f., allerdings nicht ohne Bedenken, einen ähnlichen Gegensatz annimmt. Denn im Ostgiebel so wenig wie im Friese findet ein Gegensatz der beiden Seiten statt, wie er bis zu den Fluſsgöttern hin den Westgiebel spaltet. Vielmehr stehn die anwesenden Götter, wie im Ostgiebel allesammt der Geburt Athenas, so im Friese dem Festzuge der Menschen gegenüber. Beide Male liegt weder in der Natur und Stellung der anwesenden Götter, noch in dem Vorgange selbst ein Grund, sich gegensätzlich auf je eine Seite zu stellen. Waren im Ostgiebel einige Götter der Athena näherstehend, andre ihr ferner, so konnte das nur beiderseits in näherem oder weiterem Abstand von der Mitte zum Ausdruck kommen. Ebenso müſsten im Friese die beiden Festzüge nicht die wesentlich übereinstimmenden Hälften eines Zuges sein, sondern zwei verschiedene Züge, oder wenigstens zwei verschiedene Theile eines Zuges, wenn die gegensätzliche Scheidung der Götter begründet sein sollte. Es kann auch hier ein Gegensatz nur zwischen den inneren und äuſseren Plätzen der zu einem Halbkreis zusammengefaſsten Götterreihen stattfinden. Wir brauchen auch nur jene Versammlung der Zeusbasis zu vergleichen, um sofort wesentlich dieselbe Anordnung wahrzunehmen. Denn von den sieben Göttern, die dort in den zwei Reihen wiederkehren, ist nur ein einziger nämlich Hephaistos versetzt; von den übrigen sechs sind wieder Zeus, Hera, Hermes auf der einen, Poseidon, Athena,

Apollon auf der andern Seite, und die Versetzung des Hephaistos erklärt sich auf den ersten Blick, da in Olympia nicht er, sondern Herakles in näherer Verbindung mit Athena steht. Nicht zu verkennen ist dann zweitens auch die Abstufung unter den Göttern nach Rang, Würde und Alter, was doch auch das erste und einfachste Princip für ihre Anordnung scheint, nur hier bei entgegengesetzter Richtung von innen nach aufsen, während sie an jener Basis von aufsen nach innen abstiegen. Hier am Friese nehmen die alles übersehenden Plätze, die vordersten im Relief und zugleich die mittelsten der ganzen Reihe Zeus und Athena ein, und zwar hat hier Athena sogar den Ehrenplatz dem Hauptzuge (s. oben S. 242; 298) gegenüber, als Göttin des Festes; an dem unteren Ende, das an der Zeusbasis dem Meere, also auch der Erde das nächste war, hier den Menschen, sitzt wieder auf Zeus' Seite, Hermes mit den Abzeichen seines Botenamts. Wie neben Zeus seine Gemahlin, so hat den Platz neben Athena der namentlich wegen Erichthonios in ähnlichem Verhältnisse zu ihr stehende Hephaistos erhalten, und Poseidon konnte daher erst den folgenden Platz einnehmen, denselben den drüben schon ein unbärtiger Gott hat, Ares, seiner Mutter nah, wie an der Zeusbasis ihr andrer Sohn Hephaistos. An Poseidon schliefst sich Apollon, auf dieser Seite der einzige unbärtige Gott, er als Verkünder von Zeus' Rathschlufs ein Mittler zwischen Göttern und Menschen, hier nicht ganz so am Ende wie an der Zeusbasis; denn noch näher den Menschen steht Aphrodite, eingefafst von Peitho und Eros wie an der Zeusbasis. Dieser Gruppe entspricht am andern Ende neben dem schon genannten Hermes noch Dionysos.

Dionysos aber und Aphrodite haben wir auch in der olympischen Götterversammlung des Ostgiebels an den zur Erde sich neigenden Enden des Götterberges gefunden, Aphrodite auch dort mit Peitho, und Dionysos zwar nicht mit Hermes verbunden, aber in Demeters Nähe, die im Friese an seiner andern Seite sitzt. Dort beim Ostgiebel erkannten wir, dafs sie beide mehr im Erdenleben wirksam sind, den höheren, so zu sagen, aristokratischen Göttern des Olympos gegenüber sie mehr bürgerlich und demokratisch, die auch die Geringen dieser Erde nicht minder erfreuen als die Hohen. Ganz besonders deutlich zeigt sich das Herabsteigen von höchster olympischer Majestät zu menschennäheren Göttern und dann den Menschen selbst als Grundgedanke der im Fries gewählten Anordnung in der Verbindung Aphrodites mit Peitho, indem durch diese Verbindung ganz speciell jene Volksgöttin Aphrodite Pandemos bezeichnet ist, die von Theseus am alten Markte ihren Tempel mit Peitho erhalten, um gnädig seine Volkseinigung zu hüten und fördern. Ist es Aphrodites Geschäft durch Liebe und geschlechtliche Verbindung die Einigung zu fördern, so kann Peitho noch nach einer anderen Seite als Göttin des friedlich geeinten Volkes und speciell der athenischen Demokratie angesehn werden, darin bestens dem Hermes entsprechend, wie Dionysos der Aphrodite. Denn Peitho ist zwar in allem mächtig, was die Herzen gewinnt, sie verleiht Liebreiz der Gestalt Jünglingen und Jungfrauen, aber vermöge der speciellen Bedeutung von πείθειν ist dann besonders das Wort, die einnehmende Rede ihre Macht, nicht blos die gewinnende Rede des Liebenden, sondern eines jeden der sein Ziel nicht mit Gewalt, sondern in Gutem erreichen will, wie in dem bekannten Ausspruch des Themistokles. Die Rede war aber seit Homers Zeiten bei den Griechen die gröfste Macht im Staate, und läfst auch Aischylos den König von Argos, der das Volk gewinnen will, flehn, dafs ihm Peitho und Tyche die vollführende beistehen mögen. So hatte nach allgemeiner Annahme auch Theseus die verschiedenen Gemeinden durch Ueberredung gewonnen[1]) für die Vereinigung, schaffte danach die Alleinherrschaft ganz ab und stellte eine gemäfsigte Demokratie her, also nicht mehr durch Gewalt, sondern durch das Wort regierend. So stellten ihn die Zeitgenossen des Pheidias, die tragischen Dichter, auf der Bühne dar, Sophokles[2]) und besonders Euripides als Herrscher, der nichts für sich allein beschliefsen will, es sei denn, dafs er das Volk durch die Rede für sein Vorhaben gewonnen habe[3]). Also pafst das Wort des

---

[1]) Plut. Thes. 24 ἐπιὼν ἀνέπειθε κατὰ δήμους καὶ γένη ... τοὺς μὲν ταῦτα ἔπειθεν, οἱ δὲ τὴν δύναμιν αὐτοῦ δεδιότες ... ἐβούλοντο πειθόμενοι μᾶλλον ἢ βιαζόμενοι ταῦτα συγχωρεῖν. Dieser Auffassung stellt freilich Thukydides 2, 15 eine andere, realistischere gegenüber, die aber sicher nicht populär war.
[2]) O. C. 914.
[3]) Suppl. 247 τί πρὸς πολίτας τοὺς ἐμοὺς λέγων καλόν (ἐγώ σοι ξύμμαχος γενήσομαι;) erwidert Theseus, von Adrastos zum Beistand aufgefordert, und 349 δόξαι δὲ χρῄζω καὶ πόλει πάσῃ τόδε· δόξει δ' ἐμοῦ θέλοντος· ἀλλὰ τοῦ λόγου προσδοὺς ἔχοιμ' ἂν δῆμον εὐμενέστερον. und 355 ... καὶ πείσας τάδε ...

Alkman[1]) ganz auf die Reform des Theseus, wie sie von den Athenern verstanden wurde. Durch Klugheit (προμήθεια)[2]) wurden im Staate der Athener Peitho, Eunomia[3]) und Tyche zu herrschenden Mächten. Dies ideale Bild Theseischer Regierung hatten[4]) sich aber die Athener nach echt griechischer Auffassung, die überall den Erfinder einer Kunst schon zum vollendeten Meister machte, nach dem wirklichen Zustande des vierten Jahrhunderts gebildet, denn damals wie nie lenkte ein Mann die Athener durch die Macht des Wortes, so dafs man sagte, Peitho throne auf seinen Lippen[5]).

Zu dieser demokratischen Peitho nun bildet Hermes der κῆρυξ, als welcher er im Fries durch Stiefel, Hut und Botenstab bezeichnet ist, das beste Gegenstück[6]), auch er ein Gott friedlichen Verkehrs und Friedensvermittler, der die Menschen liebt (Il. 24, 335), auf den Strafsen und Wegen verehrt, und namentlich auf dem Markte, in Athen er am neuen, wie Peitho am alten. Das Talent der ἀγορά nennt ihn Welcker, und sein ist die Rede, nicht das einfache Wort der Wahrheit, sondern die gewandte, kluge Rede, die den Hörer fängt und gewinnt. Solche giebt er der Pandora

ψευδεά θ᾽ αἱμυλίους τε λόγους καὶ ἐπίκλοπον ἦθος,

die von Peitho und den Chariten mit äufserem Liebreiz ausgestattet wird. Aber auch diese Anmuth giebt Hermes, der mit Aphrodite und den Chariten vielfach verbundene, wie andrerseits die Worte auch der Peitho gehören, und beide mit der Gebärde des Redners dargestellt wurden[7]). Das Listige, Trügerische ist beim Hermes stärker entwickelt, aber auch bei Peitho fehlt es nicht[8]), die wir

ἥξω; 403. Vgl. die Antwort des Herolds, der die Gefahren des γλώσσῃ κατασχεῖν δῆμον (425) schildert.

[1]) fr. 55 (Τύχα,) Εὐνομίας τε καὶ Πειθοῦς ἀδελφὰ καὶ Προμαθείας θυγάτηρ.
[2]) Thuk. 2, 15 γενόμενος μετὰ τοῦ ξυνετοῦ καὶ δυνατός.
[3]) Soph. O. Col. 913 nennt Theseus Athen δίκαι᾽ ἀσκοῦσαν πόλιν, κἄνευ νόμου κραίνουσαν οὐδέν.
[4]) Preller, Gr. Myth. II, S. 298.
[5]) Jahn, Peitho S. 6, 18.
[6]) Bei Nonnus Dion. 8, 221 ist Peitho des Hermes Geliebte.
[7]) z. B. auch mit hoch aufgestütztem rechten Fufs, 'Peitho' auf dem schönen Vasenbilde, Stephani CR. 1862, IV. Bei Nonnus 8, 221 ist Peitho Hermes' Geliebte. Vgl. Jahn, Peitho S. 27.
[8]) Eur. Iph. Aul. 1301 δολιόφρων Πειθώ. Vgl. Aisch. Prom. 172 μελιγλώσσοις πειθοῦς ἐπαοιδαῖσιν. Wenn Kypris λόγοις δολίοις τερπνοῖς μὲν ἀκοῦσαι (Eur. Andr. 289) fängt, so übt sie selber Peithos Amt, δολοπλόκος Theogn. 1385.

Fallen stellend dargestellt sehen, und deren Tochter die zauberische herzenfangende Iynx ist[1]). Mit Recht sind diese beiden Gottheiten friedlichen Verkehrs unter den Menschen, zugleich die Verleiher blühender Kraft und Jugendfrische mit Dionysos und Aphrodite den Menschen zunächst gestellt. Bei Hermes, der ja noch unmittelbarer den Festzug berührt, liegt es nahe, auch an die in dem Amte des κῆρυξ mitbegriffene Thätigkeit grade beim Opfer zu denken, an seinen Namen πομπαῖος, hier bei der Pompe, und dafs, wie es schon bei Homer heifst[2])

κήρυκες δ᾽ ἀνὰ ἄστυ θεῶν ἱερὴν ἑκατόμβην ἦγον

so auch grade in Athen ein vornehmes Priestergeschlecht, Kerykes benannt, vom Hermes sich herleitete.

Nachdem wir die Theile des bildlichen Schmuckes, Giebel, Metopen, Fries, jeden für sich betrachtet haben, können wir jetzt den eben so grofsen wie einfachen Gedanken, der alle diese Theile zu einem Ganzen verbindet, erkennen[3]).

Der Tempel, das Wohnhaus, das der Mensch der Gottheit bei sich gründet, sie darin zu verehren, ist ein Zeugnis ihrer Herrlichkeit und ein Denkmal zugleich des Bundes zwischen ihr und den Menschen, und eine Verkündigung von Athenas Majestät sowie die Geschichte des Bundes zwischen ihr und dem athenischen Volke ist der Inhalt der Bildwerke des Parthenon.

Die Geburt der Göttin, ihr Eintritt als gewaltigste Göttin neben ihrem Vater in die olympische Göttergesellschaft, dies Ereignis, das den Himmel zunächst, dann die ganze Welt angeht, das ist die natürliche Spitze des Ganzen, würdig an die vordere Front des Tempels gestellt. Dem Eintritt in den Olymp, in die Würde als Göttin überhaupt, steht gegenüber die Besitznahme des attischen Landes und die Aufnahme der autochthonischen Königsfamilie des Kekrops als der Vertreterin des attischen Volkes in ihren Schutz.

---

[1]) Pindar, Nem. 4, 35 (Schol.).
[2]) Od. 20, 216; vgl. Il. 3, 116; 245; 268. 19, 196; 250; 266. Welcker G. G. II, 447.
[3]) Gute Gedanken hierüber finden sich bei Bröndsted voyages II, p. X.

Der in den beiden ragenden, den ganzen Bau beherrschenden Giebeln so mächtig hervorgehobene Gegensatz von Himmel und Erde, von Götterwelt und Menschenwelt, aber schon mit der ausgesprochenen Verbindung beider, setzt sich nun an dem Metopenkranz fort, am bestimmtesten wieder an den beiden Giebelseiten. An der Ostseite unter dem Bilde des Olympos kämpfen die Götter, vor allen Zeus und Athena gegen die Giganten um den Besitz des Olympos; an der Westseite kämpfen Hellenen gegen Barbaren, vertheidigen die Athener ihr Land wie dort die Götter ihren Himmel.

Die beiden entgegengesetzten Frontseiten werden verbunden durch die Langseiten; ebenso bilden heroische Kämpfe von Lapithen oder Hellenen mit Kentauren, die auf beiden Seiten allein sicher erkannt sind, den Uebergang von den kämpfenden Göttern zu den kämpfenden Menschen. Alle drei aber, Götter, Heroen und Menschen kämpfen einen Kampf für Recht und Ordnung gegen Unrecht, wilden Uebermuth und Frevel. Götter und Menschen haben dieselben Feinde und Freunde, gemeinsam sind ihre Interessen. Das zeigt sich am besten eben an den Heroen, welche zwischen beiden in der Mitte stehn, auch abgesehen von ihrer ursprünglichen Identität mit den Göttern. Die Heroen, wie Herakles, Theseus, Perseus, Bellerophon, Kadmos, Jason, bestehen ihre Kämpfe mit Riesen und Ungeheuern zum Segen der Menschheit und unter dem Schutze der Götter, namentlich der Athena und des Hermes nach dem Willen des Zeus. Diese Bundesgenossenschaft aber zeigt sich in den am Parthenon dargestellten Kämpfen besonders deutlich, denn im Gigantenkampfe siegen ja die Götter mit Hülfe eines Heroen, des von Athena herbeigeholten Herakles, den wir auch in der sechsten Metope der Ostreihe zu erkennen glaubten. Und wiederum im Kentaurenkampfe zeigte sich der Frevel der Halbmenschen nicht nur der Ueberlieferung gemäß in dem Frauenraub, sondern auch gegen die Götter kehrte er sich, da wir im Mittelpunkt das Bild der Göttin sahen, an dem die Frauen vergeblich Schutz suchen. Stellt aber dieses Bild bei der gestörten Hochzeitsfeier, wie in der entsprechenden Gruppe am Phigaliafries mit Recht angenommen ist, die Ehegöttin Hera dar, so ergiebt sich noch eine innigere Beziehung zwischen diesen Metopen und den östlichen. Denn wie hier die Frauen beim Bilde der Göttin von lüsternen Kentauren angefallen werden, so ist dort die Göttin selbst dem freventlichen Angriff eines Unholds ausgesetzt. Denn auch dies glaubten wir in einer der Ostmetopen dargestellt zu sehn. Wie aber Zeus seine Gemahlin rächt, so auch Peirithoos, der Sohn des Zeus, mit seinem Freunde Theseus, denn diese fehlen natürlich unter den Gegnern der Kentauren nicht, wenn wir sie auch nicht mehr herausfinden können. Von den troischen Kämpfen der Nordseite war ja glücklicherweise eine Scene kenntlich, die Verfolgung Helenas, die wieder eine auffallende Analogie zu der Antastung Heras in der Ostreihe, und zur Flüchtung von Peirithoos Braut zum Götterbilde in der Südreihe hat. Tritt das Verfahren des Menelaos, der die Schutzflehende schont, zugleich in deutlichen Gegensatz zu dem des Kentauren und Giganten, so läfst sich derselbe Gegensatz wohl auch an der Südreihe nochmals erkennen. Die Mittelmetopen der Südreihe nämlich scheinen im Gegensatz zu kentaurischer Wildheit Bilder hellenischen Brauches, aber, wie oben bemerkt ist, aus heroischer Zeit zu sein. Wie hier zwischen der Ostreihe und den beiden Langreihen durch Herakles, durch Anwesenheit der Götter und ihrer Bilder bei den Heroenthaten, durch die ähnliche Veranlassung des Kampfes und die Verwandtschaft des Zeus und Peirithoos die Beziehung auch äufserlich hergestellt, die Bundesgenossenschaft der Götter und Heroen sichtbar gemacht ist, ist sie es bei dem Perserkampfe der Westseite nicht. Nichts zeigt hier, dafs die Athener mit Göttern und Heroen im Bunde kämpfen, wie es z. B. auf dem Gemälde der Marathonschlacht in der Poikile zu sehn war, indem Athena, Theseus, Herakles, Marathon, Echetlos als Zuschauer oder Mitstreiter gegenwärtig waren. In den Metopen mag zur Weglassung der Götter und Heroen die Beschränktheit des Raumes, vielleicht auch zunehmender Realismus mitgewirkt haben, der Hauptgrund war sicher, dafs der Glaube an leibhaftigen Beistand der Götter und Heroen grade in den Perserkämpfen, und ganz besonders bei Marathon allzu verbreitet und fest war, als dafs es einer Andeutung bedurft hätte. Der Untergang der Perserheere war für die Griechen das grofsartigste geschichtliche Beispiel bestraften Uebermuthes, dadurch für Entwickelung der tragischen Poesie von gröfster Bedeutung. So mufsten nach griechischer Anschauung von vorn herein die Barbaren der Götter Zorn und Rache herausfordern, und Thaten wie die Ueberbrückung des Hellespontos, die Durchstechung des

Athos, der Angriff auf das delphische Heiligthum, die Zerstörung der athenischen und so vieler anderer Tempel sahen die Hellenen als direkte Angriffe auf ihre Götter an. So zusammen mit den Göttern augegriffen, dachten sie sich auch mit diesen verbündet zum Kampfe, und glaubten nicht blos an eine, so zu sagen, abstracte Hülfe von oben her, sondern an direktes persönliches Eingreifen, wie beim Homer die Götter ihren Lieblingshelden beistehn. Poseidon hatte den verheerenden Sturm an der Küste Sepias (Herod. 7, 192) den Barbaren erregt; den Delphiern hatte der Gott beim Herannahen der Feinde geboten, ihm selber die Vertheidigung seines Heiligthumes zu überlassen (Herod. 8, 36 ff.), und als sie kamen, da sah man Wunder über Wunder: geweihte Waffen setzten sich von selbst in Bewegung, Blitze vom Himmel, und vom Parnassos zwei Berggipfel stürzten auf die Barbaren, aus dem Tempel der Athena scholl Schlachtruf und Getöse, und von zwei Gewappneten von übermenschlicher Gröfse hatten die fliehenden Perser sich selber verfolgt gesehn, wie man sagte. Als die Athener ihre Stadt verlassen mufsten, gab ihnen die Göttin das Beispiel, indem sie zuerst ihre Akropolis räumte (Herod. 8, 41). Bei Salamis sodann beteten die Griechen zu allen Göttern, und von der Insel rief man den Aias und Telamon, schickte auch ein Schiff nach Aigina den Aiakos und die andern Aiakiden zu holen, und eben vor Anbruch der Schlacht kam diese Triere zurück. Als Helfer in der Schlacht verehrten die Athener aber auch später noch die dem Kampfplatz benachbarten eleusinischen Götter. Bei Marathon endlich war aufser den im obgenannten Gemälde als Helfer dargestellten Göttern noch besonders Pan der Athener Bundesgenosse gewesen, hatte ja dem Pheidippides seinen Beistand persönlich angekündigt und dafür eine Cultusstätte an der Akropolis empfangen. Am feierlichsten sprach aber jedenfalls das Weihgeschenk von der marathonischen Beute zu Delphi (Pausan. 10, 10, 1) den Gedanken der Verbindung von Göttern, Heroen und Menschen speciell in jener Schlacht aus, indem es die Götter Athena, Apoll, die Heroen Erechtheus, Kekrops, Theseus und andre, endlich den Bürger und Feldherrn Miltiades zusammenstellte.

Der Fries schmückt alle vier Seiten des Tempels wie die Metopen, während aber diese auf jeder Seite eine besondere Reihe bilden, umschlingt jener wie ein einziges Band das Ganze, und waren in jenen die kämpfenden Götter und die kämpfenden Menschen zwar verbunden durch die Heroen, doch gesondert an den entgegengesetzten Enden dargestellt, so sind in der einheitlichen Darstellung des Frieses Götter und Menschen innigst verbunden. Jene schauen auf diese, und diese, sehn sie auch nicht die Unsichtbaren, nahen doch dem Sitze der Gottheit, sie zu verehren. Und diese Götter und Menschen vereinende Feier schliefst sie nicht eng an die Kämpfe der Metopen sich an? Ist es nicht die gemeinsame Siegesfeier für jene gemeinsamen Kämpfe, das Panathenäenfest, einst von dem Heros Erechtheus eingesetzt wegen Athenas Gigantensieg, später in der vierjährigen glänzenderen Feier zugleich ein Gedenkfest des marathonischen Sieges, endlich auch die Feier der im Ostgiebel verherrlichten Geburt der Göttin? Die Erinnerung an den Gigantensieg spricht am deutlichsten der in dem Festzug überbrachte Peplos aus, aber neben den siegreichen Göttern, vor allen Zeus und Athena, enthielt derselbe ja auch die Namen oder Bilder hochverdienter athenischer Bürger, gewifs vor allen der Helden des Perserkampfes.

Wir haben bisher die Entwickelung des Gegensatzes von Himmel und Erde, von Göttern und Menschen innerhalb jeder der drei Sphären, der Giebel, der Metopen, des Frieses betrachtet; sehen wir jetzt auf das ethische Verhältnis der drei Hauptmassen des Bildwerks zu einander, so folgen sie offenbar wie drei Acte eines grofsen Dramas aufeinander. Die Giebel zeigen die Besitzergreifung oder besser den Eintritt der Göttin, hier in ihre Rechte als olympische Gottheit, dort als Schutzgöttin des attischen Landes; die Metopen zeigen den Kampf um den Besitz, den Kampf für Recht und Ordnung; der Fries endlich die Feier des, wie im ernsten Kampfe, so im nachahmenden Agon gewonnenen Sieges, des glücklich verfochtenen Besitzes. Es ist ein dreifacher Fortschritt, der mehr als die Composition Polygnotischer Wandgemälde an das gleichzeitige Drama, vornehmlich an Aischylos' trilogische Composition erinnert.

In diesem Zusammenhange der Darstellungen, die wie ein Bild der durch die Gottheit geleiteten Weltgeschichte — zunächst in Beziehung auf Athen und in griechischem Sinne — sind, offenbart sich nun auch das Wesen der im Tempel verehrten Göttin Athena, nicht von einer Seite nur, sondern ganz, das merkwürdige Doppelwesen, das allen Göttern eigen, an ihr vorzüglich ausgeprägt und ethisch verklärt ist: das Doppelwesen der schrecklichen, männlichkühnen, kriegerischen, und wiederum der segenspendenden weiblichsinnigen, friedlichen Göttin, der *φιλοπόλεμος* und *φιλόσοφος*¹). Auch hier geben schon die beiden Giebel wie entsprechende Hälften das Ganze, denn im östlichen mufs Athena der Ueberlieferung gemäfs in vollem Waffenschmuck, selbst den olympischen Göttern erschrockenes Staunen bereitend, gleich von Nike bekränzt, von des Vaters Haupt herabgesprungen sein. Im westlichen Giebel dagegen ist sie zwar auch auf dem von Nike gelenkten Wagen erschienen, auf dem sie zum Kampfe fährt und mit Waffen angethan, doch nicht wie zum Kampfe die Lanze haltend, wahrscheinlich in der Linken, die Aegis nur lose umgehängt, denn nicht mit den Waffen siegt sie jetzt, sondern durch ein Werk ihrer Weisheit zugleich und segensreichen Gnade, den Oelbaum, und über das Land und Volk, das sie gewonnen, breitet sie die schützenden Arme.

Weiter führen Metopen und Fries den Gegensatz aus. Jene zeigen die furchtbare Pallas, die Gigantenbesiegerin, die Beschützerin der Heroen, die nicht wie Ares aus Mordlust und stürmischer Kampfbegier streitet, sondern aus Feindschaft gegen frevelnden Uebermuth. Ist dieser besiegt und bestraft, dann thront sie wieder friedlich im Friese unter den friedlichen Göttern, das Haupt vom Helm entblöfst, niederhaltend im Schoofs und mit der Hand bedeckend die Aigis, mit ihrem Volke an der festlichen, friedlichen Feier des gemeinsamen Sieges sich freuend. Auch hier hat sie, die Mittelgruppe weggedacht, den Ehrenplatz neben Zeus, aber verbunden ist sie wie im Kampfe mit Herakles, so hier mit Hephaistos, der mit ihr bei Homeros jegliche Kunstfertigkeit verleiht, als solcher auch in Athen vorzüglich geehrt, er des Ares, des ritterlichen und galanten Kriegsgottes, rechtes Gegenstück durch sein bürgerlich arbeit- und ehrsames Wesen, wie durch die Beschaffenheit seines Körpers. An seinem Feste, dem Feste der Handwerker, war der Peplos begonnen, der geschmückt mit dem Bilde der Kampfesgöttin Pallas Athena doch selber ein Werk friedlicher Kunstfertigkeit ist, derjenigen, welche die weibliche friedliche Athena Ergane die Weiber gelehrt hat, eine Erstlingsgabe und durch die Darbringung als Segel eines Schiffes auch an

---

¹) Plato Tim. 24 C. Aristid. II, S. 16 sagt: *γυναιξὶ μὲν ταλασίαν παραδοῦσα, ἀνδράσι δ᾽ ὅπλων χρῆσιν ἀναθεῖσα, ἀμφοτέρων δ᾽ αὖ τῶν καιρῶν ἐπεμελήθη, πολέμου καὶ εἰρήνης.*

ein andres für Athen so wichtiges Geschenk der Göttin zur Förderung der Werke des Friedens dankbar erinnernd. Also ein rechtes Symbol des Doppelwesens der Göttin, wird der Peplos hier vor den Augen der Göttin in ihren Tempel von einem Knaben getragen, von einem Manne empfangen, während die zwei Mädchen zum Arrephorendienste ins Haus der Göttin einziehn, bei ihr wie bei der Mutter Pflege und Anweisung zu weiblicher Arbeit zu geniefsen. Aber auch der Festzug, der sich dem Opfer anschliefst, bezeugt noch wieder deutlich, was Athen seiner Athena dankte, weshalb es sie verehrte. Die Wettkämpfe, friedlich spielende Nachahmung ernsten Kampfes, zu Ehren der kämpfenden Göttin sind beendet, aber es erinnern an sie die Musiker, die ja zum Theil die von Athena erfundene Kunst üben, ferner der stattliche Zug der Jünglinge zu Rofs und Wagen und die schönsten Greise mit den Olivenzweigen, diese zugleich für den Segen des nährenden Oelbaums (παιδοτρόφου ἐλαίας) der Göttin dankend, während jene, zumal die Ritter zu Wagen das vom Heros Erechtheus gegebene Vorbild nachahmend, die Kunst des Rosselenkens zur Schau tragen, die jener von Athena gelernt hatte. Auch in dem Panathenäenfestzug sprach sich also die Verehrung und preisende Anerkennung des ganzen Wesens der Göttin aus, schon im kleinen, der ja Opfer nicht nur der Polias, sondern auch der Athena Hygieia und Nike darbrachte, mehr noch in dem grofsen. Für diesen aber war eben der Parthenon der Tempel und die Parthenos das Bild, und gilt es nun nur noch zu zeigen, dafs das Bild im Tempel in der That der Erwartung entspricht, welche das äufsere Bildwerk des Tempels erregt, dafs es das ganze volle Wesen der Göttin zur Anschauung brachte.

Dafs der Parthenos[1]) die Abzeichen der furchtbaren Kampfesgöttin nicht fehlen, erkennt jeder sogleich. Kein Stück ihrer Rüstung mangelt, Helm, Aigis mit dem Gorgokopf, Schild und Speer, dazu die Nike auf der Hand, ihres Winkes gewärtig, um die gehaltene Siegerbinde zu reichen[2]) und wieder Schlachten-

---

[1]) Die vollständigste historische Darstellung der Restitution des Bildes giebt jetzt Michaelis S. 266 ff.
[2]) Gewifs trifft Michaelis S. 275 das Rechte, wenn er nach einem Relief T. 15, 6 die Nike weder ganz zu der Göttin, noch ganz abgekehrt wissen will.

bilder, zum Theil dieselben wie in den Metopen, an der inneren, dem Himmel ähnlichen Wölbung des Schildes, der Gigantenkampf[1]), auf der äufseren, deren Schwellung das Terrain des Kampfes veranschaulicht, der Amazonenkampf, Kentaurenkämpfe an den hohen Sohlen. Ebenso hat auch der Helm noch bedeutsamen Schmuck, an den Wangen Greifen, auf dem Scheitel die Sphinx, beide, Greifen wie Sphinx, gewifs in ihrer Bedeutung als furchtbare Geschöpfe, Vollstrecker des göttlichen Zornes[2]). Die Greifen waren gewifs wie gewöhnlich im Ansprung dargestellt, die Sphinx ruhig lagernd. Solcher Gestalt kann die letztere, verschieden von den Sphinxen mit geraubten Jünglingen unter sich, wie sie am Zeusthron die Lehne stützten, auch durch die Einheit und durch den bedeutsamen Platz auf dem Scheitel der Göttin neben der ruhenden furchtbaren Strafgewalt auch die Weisheit der Göttin andeuten, wie man gemeiniglich annimmt. Das führt zu der anderen Seite der Göttin, die gleich an der Basis des ganzen Bildes leichtverständlichen Ausdruck gefunden hat[3]). Und nun die Schlange, die unter der deckenden Wölbung des Schildes sich ringelt, wie bei Vergil Aen. 2, 227 die Schlangen, welche den Laokoon erwürgt haben, zum Bilde der Pallas eilen sub pedibusque deae clipeique sub orbe teguntur. Dort bei der Parthenos ist es der heilige Drache, der Wächter der Polias, ihres Tempels und der ganzen Burg, den man im Tempel der Polias hausend dachte. Von Pausanias aber wird dieser Drache neben der Parthenos für Erichthonios ausgegeben, der sonst halb schlangengestaltig, aber auch ganz menschlich geschildert wird[4]). Nach dieser Deutung würde der Drache die Göttin als Stammmutter und Wohlthäterin des athenischen Volkes bezeichnen[5]) und ein Gegenstück zum Pandora-

---

[1]) Andre wollen die Darstellung auf den Rand beschränken.

[2]) Stephani CR. 1864, S. 64, 86. Derselbe vergleicht auch Zeus' Adler, die Harpyien, Erinyen und Keren.

[3]) Denn bei der Geburt Pandoras, des ersten Weibes, der die Götter Gaben bringen, sind ja namentlich Athena und Hephaistos thätig, die beiden im Fries verbundenen, Athena speciell mit weiblicher Kunstfertigkeit sie begabend.

[4]) S. oben S. 188.

[5]) Plato Tim. 23 D τῆς θεοῦ χάριν ᾗ τήν τε ὑμετέραν καὶ τήνδ' ἔλαχε καὶ ἔθρεψε καὶ ἐπαίδευσε, προτέραν μὲν τὴν παρ' ὑμῖν ἔτεσι χιλίοις, ἐκ Γῆς καὶ Ἡφαίστου τὸ σπέρμα παραλαβοῦσα ὑμῶν. Eur. Ion 999 Ἐριχθόνιον ὃν πρῶτον ὑμῶν πρόγονον ἐξανῆκε γῆ.

bilde sein. Denn beide, Erichthonios wie Pandora sind Kinder des Hephaistos und der Erde, beiden aber ist Athena zweite Mutter, Pflegerin und Lehrerin[1]).

So finden wir schon in dem Beiwerk, mit welchem die Parthenos reichlicher ausgestattet ist als ein andres bekanntes Bild der Göttin, den deutlichsten Hinweis auf die wichtigsten in Athen verehrten Potenzen oder Einzelerscheinungen ihres Wesens[2]). Mit der Polias und dem alten Palladion gemein hat sie die ganze furchtbare Waffenrüstung, an die Polias — äufserlich vielleicht auch an die Hygieia — erinnert vornehmlich der Drache, an Nike die Siegesgöttin auf ihrer Rechten, an Ergane die Pandoradarstellung.

Wie verhielt sich zu diesen Abzeichen und Andeutungen so entgegengesetzter Eigenschaften nun die Darstellung der Göttin selbst? Konnten dieselben in ihrer Person wie in einem gemeinsamen Grunde sich einigen?

Auf diese Frage geben die Beschreibungen der Statue keine Antwort; nur die Nachbildungen, vor allen die Lenormantsche Statuette[3]) können helfen. Mit vollem Rechte hat Conze[4]) die Ruhe, die Festigkeit, das symmetrische Gleichmafs der ganzen Gestalt hervorgehoben. Wenn aber Conze die Ruhe des Bildes zuerst durch die Symmetrie der Architektur bedingt glaubt, daneben auch durch das Streben nach erhabenem und feierlichem Ausdruck, so hat er das religiöse Moment dem ästhetischen gegenüber zu gering angeschlagen und das Tempelbild dem Tempelhause zu sehr untergeordnet. Richtiger dürfte man sagen, die Uebereinstimmung des Bildes mit dem Tempel rühre daher, dafs die Grundeigen-

---

[1]) So auch Michaelis S. 34. Auch im Cultus war Pandora mit Athena verbunden nach Harpocr. S. 112, ob es aber die Hesiodische oder die Tochter des Erechtheus war, bleibt ungewifs.

[2]) Curtius, Gr. Gesch. II, 298, weist kurz die Vereinigung der Hauptseiten ihres Wesens in der Parthenos nach, während Bötticher Tekt. IV, S. 53; 293 nur die siegverleihende Göttin in ihr sah.

[3]) Michaelis T. 15, 1.

[4]) Die Athenastatue des Phidias S. 10. Aehnlich Jahn, Aus der Alterthumswissenschaft S. 146: die Statue (sollte) gewissermafsen den letzten bedeutsamen Abschlufs des architektonischen Ganzen machen. Michaelis S. 33 läfst die Statue aus den Forderungen der Technik und der Architektur hervorgehn.

schaften des griechischen, besonders des dorischen Tempelbaus, Ruhe, Klarheit, Harmonie, eben auch das Wesen der Gottheit nach der geläuterten Auffassung eines Pheidias ausmachten. Ungezwungen, aber nicht lässig, steht die Parthenos; die Entlastung des linken Beines hat nicht, wie bei so vielen Standbildern, zu bequemem Hängen der einen Körperhälfte geführt; kaum sieht man sie dem Oberkörper an, so grad und aufrecht steht die Göttin. Wunderbar aber ist, wie sie von der Masse des Beiwerks so gar nicht beladen und eingeengt scheint, wie dasselbe sie vielmehr gleich einem Rahmen umgiebt, aus welchem sie selber frei hervortritt, beide Hände und damit alles Beiwerk zur Seite haltend. Von allem dem ist nichts, das ihr Mühe machte. Die Nike hält sie freilich auf der Rechten, aber mit schwingenden Flügeln, wie dieselbe dargestellt war, schien sie sich selber zu tragen, eine Auffassung, der die stark geneigte Haltung des Armes bedeutend Vorschub leistete. Der Schild ruht auf dem Boden, und die Linke, die ihn leicht berührend balanciert, findet ebenso sehr eine Stütze an ihm, wie sie ihn hält. Die Lanze lehnte an die Schulter, von derselben Linken nur mit einigen Fingern gefafst. Es ist klar, dafs diese Anordnung weniger der äufseren, architektonischen Ruhe und Festigkeit des Bildes wegen gewählt ist, als vielmehr dem Ausdruck inneren Ruhens dient. Konnten bei der blofsen Aufzählung die Attribute der kriegerischen Athena zu überwiegen scheinen, so scheint jetzt alle Schrecklichkeit nur in den Waffen zu stecken. Wie anders die Polias und die Palladien, welche die Göttin im Angriff mit gezückter Lanze und deckend oder drohend erhobener Aigis zeigen. Auch die Promachos, welcher die Athena auf dem vorderen Friese des Niketempels gleicht, ruhig stehend wie eine Schildwache, den Schild am linken Arm oder auch auf den Boden gesetzt und fest gehalten, den Speer mit der Rechten gefafst, auch sie ist weit kriegerischer als unsre Parthenos, die den Speer nicht einmal an ihrer rechten Seite hat. Gleicht sie denn aber etwa dem Tempelbild der Nike Apteros, welches in der Linken den Helm, in der Rechten einen Granatapfel trug? Keineswegs. Aber nicht das ist der wichtigste Unterschied, dafs diese Nike mit weniger Waffen ausgerüstet ist, sondern dafs sie ihre specielle Bedeutung als Siegesgöttin und nur diese durch den unvermittelt sprechenden Act des Helmabnehmens und das mehr symbolische Attribut des Apfels ausdrückt. Von jeder solchen irgend eine Seite des Wesens zur Anschauung bringenden, bestimmenden, aber damit auch beschränkenden Handlung oder Bewegung ist die Parthenos frei. Sie ist so wenig nach irgend einer Seite hin activ, dafs man sie fast passiv nennen möchte. Offenbar stehn dieser Mangel des Ausdrucks an der Göttin selbst und jene Fülle des Ausdrucks in dem Beiwerk unter sich in einer nothwendigen Beziehung. Alle jene so verschiedenartigen ja fast widerstreitenden speciellen Wesensäufserungen, oder sagen wir alle individuellen Züge sind eben darum von der Göttin abgestreift, damit sie ihrer aller mächtig, nach keiner Seite gebunden erscheine in reiner Göttlichkeit, selbst noch erhaben über den wunderbarsten Leistungen. Aber was so von ihr abgestreift wurde als vorübergehende Erscheinung und partielle Wesensäufserung, das fand in dem umgebenden Beiwerk passenden Raum sich darzustellen.

Von dem Kopfe, namentlich dem Antlitz, nach welchem mancher wohl zuerst gefragt hat, ist noch nichts gesagt. Man wird ihn aber nach dem Gesagten nur nach demselben Princip gebildet denken, gewifs grade nicht so, dafs man wie von Euphranors Paris von ihm rühmen konnte, es wäre die furchtbare Kämpferin, die mütterliche Pflegerin, die Lehrerin der Weisheit, die erfindsame Künstlerin, die Freundin der Heroen und die spröde Jungfrau alles zugleich darin zu erkennen, sondern von aller Andeutung dieser besonderen Eigenschaften möglichst rein und hehr wird man den Kopf sich denken, und läfst der Kopf der winzigen Nachbildung etwas erkennen, so scheint es dies zu sein.

Zu so ruhiger Darstellung der Göttin leitete aber auch das Bildwerk des Tempels in seiner offenbar historischen Reihenfolge schon hin. Denn dort erschien sie zwar in Giebeln und Metopen der augenblicklichen Situation gemäfs in lebhafter Bewegung; in ruhigem Sein dann aber am Friese, wo sie eben dem Festzuge zuschaut, dessen Ziel das Tempelbild der Parthenos war.

Der Zeus zu Olympia.

Nach der Parthenos schuf Pheidias zu Olympia den Zeus. Alle Bedingungen, Material, Technik, Gröfse, Aufstellung in einem grofsen neuen Tempel[1]) waren dieselben wie dort; das Wesen des Gottes jener nah verwandt, nur erhabener der Vater Zeus als seine Lieblingstochter Athena.

Auch hier ist das Bildwerk des Tempels zu beachten, denn dafs es nicht bedeutungslos war, dürften wir selbst dann voraussetzen, wenn Pheidias und seine Schüler keinen Antheil daran gehabt hätten. Aber wie auch an dem Bilde selbst sein Schüler Panainos mit ausführend genannt wird, so wird die Gruppe des Westgiebels seinem Lieblingsschüler Alkamenes zugeschrieben, und Paionios von Mende, welcher den Ostgiebel schmückte, wird mit grofser Wahrscheinlichkeit als Schüler des Pheidias angesehn. Jedenfalls lassen sich die Einwirkungen des eben vollendeten Parthenon auf die Composition des Paionios selbst aus der mageren Beschreibung des Pausanias erkennen. Das Motiv der gegeneinander stehenden Gegner Pelops und Oinomaos, ein jeder mit seinem Wagen hinter sich, die ganze Form der Composition, besonders aber die Einrahmung des Ganzen durch die liegenden Flufsgötter Alpheios und Kladeos erinnert sehr bestimmt an den Streit Athenas mit Poseidon im Westgiebel des Parthenon.

Da nun in den Bildwerken des Thrones, deren Auswahl wenigstens, wenn sie für den Gott selbst nicht bedeutungslos ist, nur von Pheidias selbst gemacht sein kann, derselbe Gedankengang wie im Tempelschmuck, nur reicher entwickelt, wiederkehrt,

---

[1]) Urlichs' Aufstellungen, Verhandll. d. 25 Philologenvers. Halle. S. 70 ff. erschienen mir unhaltbar, wie Bursian Geogr. Griech. II, S. 293, 1.

so mufs man wohl auch das Bildwerk des Tempels, wenn nicht nach Entwürfen, doch nach Andeutungen des Pheidias geschaffen denken. In den Giebeln und Metopen, überall traf das Auge auf Kämpfe. Im Ostgiebel sah man die Vorbereitung zu dem Kampf des Pelops und Oinomaos: in der Mitte ein Bild des Zeus[1]), nicht der Gott selbst, zur Rechten Oinomaos und seine Gattin, zur Linken Pelops und seine Geliebte, Hippodameia, der Preis des Kampfes; dahinter jederseits die Wagenlenker und Diener bei den zur Wettfahrt bereiten Gespannen, endlich die Flufsgötter der natürlichen Lage entsprechend, rechts der Kladeos, links der Alpheios[2]). Der andere Giebel enthielt eine Darstellung der Kentaurenschlacht bei der Hochzeit des Peirithoos. Dieser war als Hauptperson in die Mitte gestellt. Pausanias nennt neben ihm einerseits erst den Kentauren Eurytion mit der geraubten Braut des Peirithoos, dann Kaineus dem Peirithoos beistehend. Auf der andern Seite nennt er allerdings zuerst Theseus, aber mit den Kentauren ihn zusammenfassend Θησεὺς ἀμυνόμενος πελέκει τοὺς Κενταύρους, so dafs er mit einem Beile zwei Kentauren von sich abwehrte, was nicht gut möglich war, wenn er nicht zwischen sie gestellt war, wie auch durch die Gegenüberstellung dieser beiden durch ὁ μέν und ὁ δέ angezeigt wird. Also auch hier neben Peirithoos erst ein Kentaur mit einem geraubten Mädchen oder Knaben, dann dem Kaineus entsprechend Theseus, dann hier wieder ein Kentaur, welchem entsprechend mit gröfster Sicherheit auch hinter Kaineus noch ein Kentaur zu ergänzen ist, wie ja zur Ausfüllung so vielen Raumes jederseits noch mehr Kentauren und Hellenen ergänzt werden müssen.

Von Peirithoos' Thätigkeit sagt Pausanias nichts, aber das

---

[1]) Anders Welcker AD. I, S. 180, dies gewifs mit Unrecht, wenn auch die von Schubart, Philol. 24, 564, beigebrachten Beispiele jene Erklärung sprachlich rechtfertigen. Nach Analogie verwandter Darstellungen (S. Ritschl opuscula I, S. 822) müssen wir wohl an das von Oinomaos dem Zeus Arcius (oder Ares) dargebrachte Opfer denken (mit Papasliotis Arch. Zeit. 1853, S. 42, 37) oder an den durch Spende bekräftigten Pakt, der dem Wettkampf vorhergeht, mit Ritschl a. a. O. Ja fast scheint es, als wären beide Vorgänge in den Darstellungen zu einem zusammengezogen, wozu Paus. 5, 14, 5 pafst.

[2]) Welckers Auffassung ist unannehmbar A. D. I, S. 185; aber auch meinen Arch. Zeit. 1864 S. 186 gemachten Vorschlag verwerfe ich jetzt.

natürlichste ist, dafs er sich nach dem Räuber seiner Braut wendet, und thäte er das nicht, so würde Pausanias von Kaineus gewifs nicht sagen, dafs er dem Peirithoos, sondern vielmehr, dafs er der Braut beistände. Eurytion aber, von dem es heifst, dafs er die Braut geraubt habe ($\dot{\eta}\varrho\pi\alpha\varkappa\dot{\omega}\varsigma$), rannte gewifs nicht gegen Peirithoos an, sondern von ihm weg, so dafs ihm Kaineus begegnete. Denn auch auf der andern Seite eilt der Kentaur nicht gegen Peirithoos, sondern gegen Theseus, da hier beide Kentauren auf diesen bezogen werden, und er sich ihrer beider erwehrt, so dafs Peirithoos hochragend, etwa mit der Lanze oder dem Schwerte ausholend, in der Mitte zwischen zwei abgekehrten Kentauren stände, wie mehrere Hellenen in dem Kentaurenkampfe des Theseionfrieses und am Tempel von Phigalia. Dadurch wird die Art wie Pausanias ihn erwähnt noch verständlicher; Theseus aber und Kaineus bildeten dann jederseits mit zwei zugekehrten Kentauren eine kleine pyramidale Gruppe, wie sie grade für Kaineus, allerdings in etwas andrer Weise, typisch ist[1]). So wäre die symmetrische Responsion hier so grofs wie im Ostgiebel, wo man sie sich aber nach der nackten Aufzählung des Pausanias leicht zu grofs vorstellt[2]); oder wie am Parthenon, denn neben der nachgewiesenen Responsion in den Hauptmassen zeigen sich doch auch wieder Abweichungen. So hat z. B. rechts der eine Kentaur Eurytion zwei Gegner, während links zwei Kentauren dem einen Theseus zu schaffen machen, womit zugleich die hervorragende Bedeutung jenes Kentaurenkönigs ebensowohl wie die des attischen Heroen von dem attischen Meister veranschaulicht war. Das nackte Schema dieser Mittelgruppen[3])

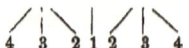

wird man in beiden aiginetischen Giebeln, auch im Westgiebel des Parthenon finden, nur dafs hier die Mitte der Oelbaum ein-

---

[1]) Vielleicht kam der hinter Kaineus ergänzte Kentaur mit einem aufgehobenen Felsblock auf diesen zu, und deutete so auf sein Ende, wie es dort erscheint, hin.

[2]) Wie Welcker a. a. O. S. 186.

[3]) Liefse man den Eurytion dem Peirithoos begegnen, so wäre das Schema also: \|/|\|/. Seit ich dies geschrieben, ist über die Linien von Giebelcompositionen von Brunn, Sitzungsber. d. bayer. Ak. d. W. 1868, II, 448, manches aufgestellt, was mir zu gesucht erscheint, und speciell über den Peirithoos unsres Giebels gegen Pausanias' Zeugnis verfügt.

nimmt, dasselbe ergab sich mir oben auch für den Ostgiebel des Parthenon, wie es auch im Ostgiebel des Zeustempels leicht gewesen sein kann, wenn Pelops und Oinomaos sich schon von der Mitte ab ihren Wagen zuwandten.

Die äufseren Metopen waren ohne Schmuck, da Pausanias vom Epistyl zu den Giebelfeldern überspringt; über den Thüren der Vorhalle[1]) aber, oder wie Pausanias sich ausdrückt, des Tempels selbst und des Opisthodomos waren in je sechs Metopen Thaten des Herakles dargestellt, vorn, wenn der Text des Pausanias vollständig ist, fünf, und zwar die stattlicheren: zwischen zwei näheren Lokals, dem Eber und der Stallreinigung, drei in ferneren Gegenden bestandene wunderbarere Abenteuer, das mit Diomedes dem Thraker, mit dem Riesen Geryoneus, welches wohl die zwei Metopen über dem mittelsten Intercolumnium füllt[2]), und mit dem Titanen Atlas. Hinten über dem Opisthodomos sind im Ganzen die geringeren oder minder wunderbaren zusammengestellt; wie dort die Abenteuer mit Riesen überwogen, so hier die mit Thieren, und der einzige menschliche Gegner ist ein Weib, die Amazone, die hier den Anfang bildet, wie dort das einzige Thierbild. Nach ihr nennt Pausanias: Hirsch, Stier, Vögel, Hydra, Löwe.

Die Darstellung des Ostgiebels nun drückt schon selbst ihre Beziehung sowohl zum Zeus wie zum Lokal aus, sie zeigt einen überaus berühmten mythischen Vorgang, der an dieser Stätte zwischen dem Kladeos und Alpheios einst stattgehabt hatte, und in der Mitte der Gruppe ein Bild des Zeus. Der persönliche Gott war handelnd oder auch nur anwesend an dem Tempel nirgend dargestellt, wie sonst doch oft in dem Bildwerk des Tempels die Gottheit sich zeigte, z. B. am Parthenon Athena. Und wie an

---

[1]) Vgl. Curtius Pelop. II, S. 55 ff. n. 60. Friederichs, Bausteine I, S. 133, welcher die Heraklesreliefs in die äufseren Metopen verweisen will, hat ἰσιόντι irrig gleich ἰσελθόντι genommen, wodurch die erzenen Thüren, über denen, wie auch er behauptet, jene Reliefs sich befanden, ihm aus einem Verschlufs des Pronaos sonderbar genug, zu einer Thür des Peristyls werden. Die Bedeutung von ἰσιόντι zeigt namentlich 1, 24, 5. Anders 5, 12, 3, wo ἐν τῷ προνάῳ als genauere Bestimmung hinzutritt. Overbecks Aenderung B. d. S. G. d. W. 1868, S. 136 ist also unnöthig, wäre aber auch sonst verwerflich wegen des unbestimmten πρὸ τοῦ κίονος. S. Curtius Peloponnes II, S. 110, 60.

[2]) S. Arch. Zeit. 1866, S. 257. Doch s. Friederichs Baust. S. 130. Müller Zusätze zu Völkels Arch. Nachl. S. 75, nahm den Ausfall des Kerberos an.

diesem und am Heraion bei Mykenai, so war auch am Zeustempel zu Akragas Zeus selbst kämpfend dargestellt, ja am Heraion sogar seine Geburt, wie am Parthenonsgiebel er als Vater der Athena sich zeigte. Statt dessen hier nur ein Bild, nicht der Gott selbst, nicht einmal, wie Athena in den aiginetischen Giebeln, unsichtbar den handelnden Personen gegenwärtig. Gab es denn von dem hier verehrten Zeus keine Mythen? Das ist unmöglich grade wegen des Alters seiner Verehrung, und dafs die eleische Ueberlieferung von Zeus' Geburt, von seinem Vater Kronos und seiner Mutter Rhea, von den bewachenden Daktylen, von dem Kampf um die Herrschaft, in der besonderen Form eines Ringkampfes, sowie von dem Wettkampfe der Daktylen, bei vielen späteren Zusätzen auch einen echten Kern enthält, verrathen die am Lokale haftenden Namen Kronion, Olympia, Olympos und Ossa sowie viele andere Züge. Aber wie schon bei Homer am Zeus vor allen die Klärung des religiösen Bewufstseins sich offenbart, in der Zurückdrängung persönlichen Handelns, d. i. des eigentlich mythischen Elements, ist auch hier in Olympia das Mythische von der Person des Zeus abgestreift. Die allgemeine Theilnahme, welche dieser Cultus früh fand, mag diesen Läuterungsprocess befördert haben, günstig war demselben die wie auch immer entstandene Verbindung des Pelops mit Zeus. Denn dieser, gewifs kein Product willkürlicher Sagenbildung, erscheint durchaus als das heroische Gegenbild des Zeus und liefert die mythische Grundlage, deren der Cultus nicht entrathen konnte. Den Kampf um die Herrschaft des Landes, den anderswo Götter bestehn, immer ein milderer gegen einen ungestümeren, den kämpft jetzt Pelops; denn wenn auch zunächst Hippodameia, die Tochter des alten grausamen Herrschers, der Preis ist, so ist damit doch auch die Herrschaft verbunden. Dabei ist er aber nicht nur von den andern Göttern, sondern auch von Zeus begünstigt, und erscheint als dessen Vertreter. Er, der Stammvater der achäischen Könige, ist ein Enkel des Zeus und hat von diesem das königliche Scepter erhalten, er unter den Heroen so hoch geehrt wie Zeus unter den Göttern und Zeus selbst im Cultus nah verbunden[1]). Genug der Kampf des Pelops vertritt

---

[1]) Dafs der Blitz des Zeus in Oinomaos' Haus fuhr, läfst Zeus ja gradezu als Mitkämpfer des Pelops erscheinen. Oinomaos opfert dem Zeus, wie Busiris Schol. Apoll. Rhod. 4, 1396.

in Olympia den Kampf des Zeus. Die Wettkämpfe feiern das Andenken des von Pelops glücklich bestandenen Kampfes, aber gelten doch vor allem dem Zeus. So heifst der Agon denn auch bald von Zeus eingesetzt, bald von Pelops, am berühmtesten endlich und besonders von Pindar gefeiert ist die Einsetzung des Herakles, nachdem derselbe zuvor den Altar des Zeus und das Heiligthum des Pelops gegründet. Diese Gründung durch Herakles, den Sieger so vieler ἄθλοι, das Vorbild aller nach der Siegespalme Ringenden, war offenbar der Anlafs, auch Herakles am Tempel des Zeus zu verherrlichen. Freilich die Gründung des Agons ist nicht dargestellt, sondern die Kämpfe des Helden, die ihn eben würdig machten der Gründer zu sein, und mit denen die Gründung auch bei Pindaros in Verbindung gebracht ist. Dafs in den Darstellungen keine direktere Beziehung auf den olympischen Agon sich findet als etwa die Reinigung des eleischen Landes, welche nach Pausanias unter den vorderen Metopen die letzte war, zeigt wie die bildende Kunst an den herkömmlichen, ausgeprägten Motiven festhielt.

Nehmen wir nun dazu auch noch die Gruppe des von Ekecheiria gekränzten Iphitos, rechts vor dem Eingang in den Tempel, von der freilich nicht bezeugt ist, dafs sie schon gleich bei Erbauung des Tempels aufgestellt sei, so sind allerdings die bedeutsamsten Momente des mit Agonen verbundenen Zeuscultus zwar nicht alle veranschaulicht, denn auch die Gruppe des Iphitos ist ja symbolisch, aber angedeutet.

Wie aber verhält sich hierzu oder zu dem Zweck des Tempels die Darstellung des Westgiebels? Danach fragte man schon im Alterthum, denn Pausanias giebt die Erklärung, dafs Peirithoos ein Sohn des Zeus und Theseus im vierten Grade von Pelops abstamme. Ist das offenbar ungenügend, so befriedigt doch noch weniger die neuere Ansicht, dafs wegen seiner künstlerisch vortheilhaften Natur dieser Stoff gewählt sei. Aber auch der Meinung, dafs an dem Tempel wie an dem Throne des Zeus attischer Nationalstolz den athenischen Meister getrieben hätte, diesen athenischen Stoff statt eines den Zeus und Olympia unmittelbar angehenden Gegenstandes zu wählen[1]), auch dieser Meinung, welche einen Pheidias und Alkamenes bei einem so grofsartigen Werke Nebengedanken zu viel Raum geben läfst, würde ich das Bekenntnis vorziehn die Beziehung nicht verstanden zu haben.

---

[1]) Welcker AD. I, 188. Curtius Pelop. II, 57 verbindet beide Motive.

War der Kentaurenkampf am Parthenon zwischen die Kämpfe der Götter gegen die Giganten und der Athener gegen die Barbaren gestellt in offenbarer Absicht Götter, Heroen, Menschen denselben Kampf für Recht und Sitte kämpfend darzustellen, und folglich Götter und Heroen beide den Menschen, den Heroen wiederum die Götter verbündet zu zeigen, so können wir derselben Darstellung hier am Zeustempel denselben Sinn beimessen, und athenischen Nationalstolz hier wie dort doch erst an zweiter oder dritter Stelle in Rechnung ziehn. Dafs es hier so gemeint, zeigt dafs Peirithoos, der Sohn des Zeus, im Westgiebel denselben Platz hat, wie das Zeusbild im östlichen, und wurde Pelops in der Sage von Zeus gegen Oinomaos begünstigt, so sind ja auch hier des Peirithoos Gegner die Nachkommen des frevelhaften, von Zeus mit ewiger Strafe belegten Ixion[1]). Noch deutlicher ist eine andre Beziehung, durch welche die Darstellung des Westgiebels zugleich ein Seiten- und ein Gegenstück des andern wird. Ein Seitenstück, denn hier wie dort kämpft ein hellenischer Heros — denn als solcher erscheint auch Pelops trotz seiner Einwanderung, so gut wie Kadmos — um den Besitz eines Weibes: Pelops will die Geliebte gewinnen von dem grausamen Vater, Peirithoos sein Weib dem frechen Räuber entreifsen. Ein Gegenstück aber scheint der Westgiebel, wenn wir Pelops Verfahren mit dem des Eurytion vergleichen. Jener will die Tochter des mörderischen Vaters gewinnen, aber unterzieht sich den von diesem vorgeschriebenen Bedingungen. Siegte er dann auch durch List, so ist diese dem Unhold gegenüber nach griechischer Anschauung nicht verwerflich[2]). Eurytion aber entreifst mit roher Gewalt dem, der ihn als Gast geladen, seine eben rechtmäfsig verbundene Braut. Damit ist auch der andre Gegensatz beider Giebeldarstellungen gegeben, dafs der Kampf, zwar beide Male ein Kampf um Leben und Tod, doch dort die Form eines Agon hat, weshalb er zum Vorbild der Wettkämpfe wurde, ἄεϑλος benannt, hier aber als wirkliche Schlacht erscheint, bei Pausanias jener als ἅμιλλα, dieser als μάχη bezeichnet. Denselben Gegensatz werden wir am Throne wiederfinden, wie auch unter den Thaten des Herakles die einen mehr

---

[1]) Wie dem Pelops so ist Ares auch dem Peirithoos feindlich und erregt ihm den Kentaurenkampf für nicht erhaltenes Opfer, Schol. Pind. Pyth. 2, 85.

[2]) Durch List siegt selbst Zeus im Titanenkampf.

den Charakter des Agon haben, die andern wirkliche Kämpfe sind. Die Zusammengehörigkeit beider deutete Kolotes an, an dem Kranztische Ares und Agon zusammenstellend (Paus. 5, 20, 1), und wie Nike vom Zeus beiderlei Sieger kränzt, so dankten dem Gotte in Olympia zahllose Zeugnisse für Siege beiderlei Art. Die Gefäfse als Akroterien des Tempeldaches endlich waren laut Inschrift an goldenem Schilde zum Dank für blutigen Sieg der Schlacht bei Tanagra von den Spartanern geweiht.

Also Kämpfe der Heroen nach dem Willen des Zeus hier und dort, am Westgiebel aber nach stehendem Brauche der jüngere, aber speciell nur auf Olympia bezüglich so wenig, wie des Gottes Ansehn auf dies Lokal beschränkt war; vielmehr sind in den beiden Giebeln die Helden aus allen Theilen von Hellas vertreten, östlich Pelops, von dem des Peloponnesos Name und Fürsten stammten, westlich Theseus für Mittelgriechenland, Kaineus, Peirithoos für den Norden und sicher auch andre, wie auch bei Homer zu dem Kentaurenkampfe (allerdings nicht dem ersten, bei der Hochzeit entstandenen), dem Kampfe der gewaltigsten Männer mit den gewaltigsten Gegnern, wie er sagt, Nestor fern aus Pylos gezogen zu sein sich rühmt. Il. 1, 262.

In den Metopen dagegen, welche alle ja Thaten eines Helden darstellen, bilden Hellas und Nichthellas den Gegensatz: vorn, wie schon angedeutet, stehn drei (oder vier) in der Ferne vollbrachte Thaten zwischen zwei Abenteuern des griechischen Festlands, hinten links drei des Festlands, rechts drei auswärtige. In Hellas vorzüglich, aber auch anderswo, in Nord, Süd, Ost und West[1]) verrichtet der Sohn des Zeus nach seines Vaters Willen zum Wohle der Menschheit seine Arbeiten.

Im Tempel betrachten wir nur das Bild und seinen Thron. Diesem gehört der gröfste Theil von Pausanias' Beschreibung, zu deren Ergänzung ein eleisches Münzbild nicht viel beiträgt[2]). Da aber

---

[1]) Klügmann, Annali 1864, S. 310. Pausanias scheint durch Hervorhebung des Lokals darauf aufmerksam machen zu wollen. Soph. Tr. 1060 οὔθ᾽ Ἑλλὰς οὔτ᾽ ἄγλωσσος, οὔθ᾽ ὅσην ἐγὼ γαῖαν καθαίρων ἱκόμην.

[2]) Seitdem ist es durch neue Publication (Overbeck, kritische Untersuchungen über die Compos. d. Zeus d. Phidias in Symbola philologorum Bonnensium S. 606), namentlich einer zweiten Münze mit dem Kopfe, anders geworden. S. Overbeck, Gr. Kunstmythologie Bes. Th. I, S. 35. Taf. I, 34; II, 4. Gesch. d. Gr. Plastik.

für die Bedeutung des Ganzen auch die Stelle jedes einzelnen Bildes am Throne nicht gleichgültig, und eine lebendige Vorstellung des Ganzen anders nicht möglich ist, versuche ich auch eine Beschreibung des Thrones[1]) nach Pausanias, der nach so manchen Auslegungsversuchen kaum noch irgendwo unverstanden sein kann. Das Bild hatte seinen Platz, wie die Parthenos, zwischen den kurzen Wänden, welche dem Eingang gegenüber von der Westwand den beiden Säulenreihen entgegensprangen, welche den mittleren theilweis hypäthralen Theil von den beiden Seitenschiffen abtheilten. Die Breite dieses mittleren Raumes, bei gleichem Verhältnis wie im Parthenon etwa 24 Fuſs, da die Breite des ganzen Raumes von Mauer zu Mauer von Gell auf 44 Fuſs angegeben ist[2]), von dem wegen der Darstellungen hinten und an beiden Seiten des Thrones nicht minder als wegen der Verhältnisse des Bildes selber zu seiner Einfassung, ein Umgang von mindestens 4 Fuſs jederseits leer bleiben muſste, muſs man, um eine Vorstellung von den Maſsen zu gewinnen, ebensowohl in Anschlag bringen, wie die Höhe der auf 46 Fuſs berechneten Tempeldecke, die der Gott fast berührte, so daſs man sagte, er würde die Decke abheben, wenn er aufstände. Für die Verhältnisse des Thrones sowohl als des Gottes kommt es ferner darauf an, wie man den Gott sitzen läſst. Brunn (a. a. O. S. 110), dem Overbeck beistimmt, meint, der Gott habe so hoch gesessen, daſs er sitzend nur ein Sechstel seiner Standhöhe eingebüſst habe, indem die Oberschenkel nicht wagerechte, sondern eine schräge Lage gehabt hätten. Das sei nöthig gewesen, um unleidliche Verkürzungen zu vermeiden. Indes eine solche Art zu sitzen ist durchaus ungriechisch, wenigstens in der besten Zeit ungewöhnlich; sie giebt der Figur allerdings etwas imponierendes, hebt aber die Ruhe auf. Römischer Kunst sagte sie zu ebenso wie die Schrittstellung mit weit zurückgesetztem Bein bei Standbildern, während die Griechen, namentlich der besten Zeit, den nicht zu bestimmter Thätigkeit bewegten Figuren mehr Ruhe gaben[3]) und die sitzenden tief und ganz in den Stuhl oder Thron hineinsetzen. Wenn bei dieser Art des

---

[1]) Brunn, Annali 1851. Die Literatur bei Rathgeber Hall. Encyklop. III, 3, S. 256 ff. und bei Overbeck Schriftquellen S. 125.

[2]) Q. de Quincy Jup. Olymp. S. 284 giebt dem Mittelraum 34 Fuſs. Vgl. Müller, Zusätze zu Völkels Nachlaſs.

[3]) Bei Figuren, die auf Felsen sitzen, wird es etwas anders.

Sitzens der Sitzende nicht ein Sechstel, sondern etwa ein Viertel seiner Höhe verliert, so leuchtet ein, dafs bei gleichem Abstande von der Decke ein so gesetzter Zeus von gröfseren Proportionen sein mufste, und zu jenem Worte, sei es des Tadels, sei es des Lobes, vom Abdecken des Tempels noch eher Veranlassung geben konnte.

Wesentlich anders mufste denn auch die Gestalt des Thrones sein, minder hoch, in seiner Grundfläche aber ungefähr quadratisch, d. h. den Thronen altgriechischer Darstellungen ähnlicher; und dafs er wirklich quadratisch war, wie auch z. B. von Overbeck angenommen wird, zeigt die Vertheilung des Schmuckes, die zwischen die Füfse gestellten Säulen, wo auch immer man sich dieselben denken mag; und dasselbe scheint die Symmetrie zu fordern. Wenn aber des Thrones Grundfläche quadratisch war, so konnte der Gott auch nicht so sitzen, wie Brunn und Overbeck wollen, weil dann hinter ihm fast der halbe Sitz leer gewesen wäre. Natürlich mufs die Sitzfläche jetzt niedriger angenommen werden, in Uebereinstimmung mit griechischen Darstellungen, welche dem Thronsitz eben soviel Höhe geben wie Breite und Tiefe, wobei in der Tiefe des Sitzes ungefähr ebenso viel über ist wie in der Höhe, dort für die Rücklehne, hier für den Schemel. Von der Höhe des Schemels bis zur Höhe des Thrones hätten wir dann gleich $1/3$ oder $2/5$ der Höhe des sitzenden Gottes zu rechnen, je nachdem er aufrechter oder lässiger säfse. Gäbe man der Basis[1]) sammt dem Schemel mit Brunn etwa 7 Fufs, davon jener doppelt so viel als diesem, dem Thron dann 15 Fufs Höhe, so hätte der Gott gegen 35 Fufs Höhe, mit Schemel und Basis 42; doch glaube ich, dafs das eher zu hoch gegriffen wäre, als zu niedrig. Für gewifs nehme ich, dafs die vier Beine des Thrones viereckig waren, wie an den überlieferten Thronbildern; die Einlassung der Schrankenmauern, die vier resp. zwei Niken an jedem Bein, endlich der Gegensatz zu den (runden) Säulen, welche aufserdem den Thron stützten, scheint mir dafür zu bürgen.

Arm- und Rückenlehnen, vertikal ohne Zweifel, wie auf der

---

[1]) Deren Höhe hat Brunn richtig beschränkt. Sie nahm wohl den ganzen Raum zwischen den Parastaden ein, so dafs man um den Thron auf derselben gegangen wäre, weil Pausanias die zwischen den Füfsen des Throns befindlichen Schranken als Hindernis, nicht unter den Thron treten zu können, anführt.

Münze und in den meisten Darstellungen von Thronen, verstehen sich bei einem Throne von selbst, ergeben sich aber auch aus der Beschreibung, da die obersten Theile des Thrones, welche den Gott überragende Figuren trugen, nur die Krönung der Rücklehne sein können[1]), und Gruppen oben auf den beiden vorderen Beinen unmöglich einen andern Zweck haben können als die Armlehnen zu stützen, zumal es dieselben Figuren sind, welche gewöhnlich an Thronen diesem Zwecke dienen.

Nothwendige Bestandtheile des Thrones, auch durch die Beschreibung gefordert, sind ferner die Schwingen unter dem Sitz, die feste Verbindung der vier Beine zugleich und die Stütze des Sitzbrettes, bei diesem Riesenthron einem Epistyl vergleichbar; sodann die Riegel (κανόνες P.) 'von Bein zu Bein laufend', wie solche z. B. auch der Sitz des Zeus am Parthenonsfriese hat.

Noch eine dritte Verbindung der Füfse hatte dieser Thron vor andern voraus, der Festigkeit wie der Heiligkeit wegen, Mauern (ἐρύματα)[2]), welche, etwa ein Drittel so hoch wie breit[3]), unten von zu Fufs zu Fufs liefen, und es unmöglich machten, dafs man, wie bei dem Throne des Apollo zu Amyklai, unter den Thron hin trat. Sie waren mit Gemälden verziert, aufser an der Vorderseite, die ja von dem Schemel verdeckt war.

Aufser den Beinen trugen den Thron auch Säulen, welche zwischen den Füfsen standen, diesen gleich an Zahl[4]). Dafs diese

---

[1]) An gleicher Stelle je eine kleine tanzende Figur, Gerhard Akad. Abh. XIX. Vgl. Müller, DaK. II, 65; 863; ebenso je eine Flügelfigur auf dem Thron des Dareios Arch. Zeit. 1857, CIII; zwei Köpfe auf dem Thron der Hera eines Steines, Müller DaK. II, 65.

[2]) Diesen, von denen man früher gar wunderliche Vorstellungen hatte, wies Preller S. 190 den richtigen Platz an. Ebenso Rose in Kuglers Museum 1837 n. 29 f. Kugler Kunstg. S. 208. Brunn S. 112 machte dafür auch geltend, dafs unten nur zwei Niken jeden Fufs schmückten, woraus Völkel (Arch. Nachlafs S. 40) unrichtig folgerte, dafs die Thronbeine oben dicker gewesen wären als unten. Ebensolche Verbindung zwischen den Beinen eines Thrones bei Zoega BR. II, CXII.

[3]) Da sie je drei metopenartige, also quadratische Bilder enthielten.

[4]) Gleich an Zahl und Höhe, nicht an Form, deutet Völkel. Brunn sul trono S. 112 zweifelt, ob es von Zahl, Höhe, Dicke zu verstehen sei, entscheidet sich für die Zahl, nimmt aber acht Säulen. Dafs es allein von der Zahl zu verstehn ist, zeigt nicht blos der Sinn, da sonst ja der Unterschied von κίονες und πόδες wegfiele, sondern der Sprachgebrauch: ἴσος adjektivisch im Plural, ohne Zusatz, heifst immer 'gleich viel': 6, 14, fin; 7, 20, 1; 7, 21,

Säulen nicht, wie allerdings die nächstliegende Interpretation des μεταξὺ ἑστηκότες τῶν ποδῶν zu verlangen scheint, in der Linie des äufseren Quadrats unter den Schwingen anzusetzen sind, hindert die übrige Beschreibung des Pausanias. Waren ferner diese Säulen nicht blos ein Zierrath, sondern eine nothwendige Stütze der gewaltigen Last, wie Pausanias' Worte und die Sache selbst heischen, so müssen diese Säulen gleich den Füfsen auf der gemeinsamen Basis stehn und oben die Last des Thrones aufnehmen, können nicht auf die Riegel gesetzt sein[1]) im Widerspruch mit der tektonischen Bedeutung beider, der Riegel sowohl als der Säulen selbst[2]). Da sie aber auch die Riegel und Schrankenmauern nicht unterbrechen können, gegen Pausanias' Worte[3]), ohne einmal der ersteren tektonische Bedeutung aufzuheben, und ohne das Bildwerk beider zu unterbrechen, mufs man sie innerhalb der Quadrats ansetzen, wo sie doch auch noch 'zwischen den Füfsen' stehen[4]). Dafür spricht auch der Zusammenhang, in dem Pausanias die Säulen erwähnt, nicht bei den Füfsen, sondern mit dem Zusatze, dafs man aber unter den Thron wegen der Schrankenmauern nicht treten könne. Dafs die Säulen auf der Münze sich nicht finden, dafs sie nach aufsen zwischen den Füfsen, diesen gleich gestellt, auch gleicher Form, nicht rund κίονες, sondern viereckig sein mufsten, daselbst aber zu sehr den Eindruck eines Thrones beeinträchtigen würden, fällt auch etwas ins Gewicht; mehr aber noch das praktische Bedenken, dafs wenn irgendwo eine aufserordentliche Stütze nöthig war, sie es nur im Innern des Quadrates war, da die Schwingen zwischen den Füfsen einmal an sich von bedeutender Stärke sein mufsten und überdies mit Ausnahme der

2; 7, 27, 3; 8, 20, 2 mit einem Dativ, wie hier ποσί; ohne solchen 1, 27, 9; 2, 7, 7; 2, 18, 4; 3, 17, 4; 6, 17, 1; 10, 16, 4 (bis); 10, 20, 2. Einmal 2, 38, 5 steht wegen des Gegensatzes zu ἐπιλέκτους ὁμοίως noch ἀριϑμόν dabei. Solcher Zusatz ist nöthig, wenn die Gleichheit von andrem als der Zahl gilt: 10, 17, 4 παρασκευῇ ἴσοι; 9, 41, 3 μεγέϑει.

[1]) Noch weniger mit Völkel und Visconti unter die Riegel, wo sie ganz zwecklos wären.

[2]) Auf dem Vasenbild Müller DaK. II, 834 finden sich freilich zwischen den ziemlich hoch angebrachten κανόνες und den Schwingen kleine Stützen, und eben solche zwischen dem Sitzbrett und der Armlehne.

[3]) Die κανόνες sind μεταξὺ ποδῶν, und da dies zweideutig, setzt Pausanias hinzu ἐκ ποδὸς ἐς πόδα ἕτερον διήκων ἕκαστος.

[4]) So auch Quatr. de Quincy Jup. Ol. 294 ff.

vorderen gar keinen direkten Druck auszuhalten hatten. Dagegen scheint es kaum denkbar, dafs eine Sitzplatte von gegen 15 Fufs im Quadrat, und nur an den vier Ecken unterstützt, die Last des colossalen Goldelfenbeinbildes auf ihrer Mitte getragen habe. Hier mufsten die Säulen, gewifs von Stein, stehn, aber nicht wie Overbeck nach Rathgeber[1]), der noch eine fünfte im Centrum zusetzt, und Preller S. 190, sie gestellt hat, kreuzweis gegen die Mitte der vier Thronseiten, sondern in einem kleineren Quadrat, dessen Seiten denen des Thrones parallel wären.

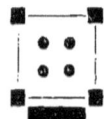

Auf diesem symmetrischen Thronbau vertheilt sich nun der reiche Schmuck zum gröfsten Theile in vier Streifen oder Schichten: erstens an den Schwingen, unter der Sitzplatte auf den beiden Seiten, da die vordere Seite von dem Gotte verdekt wurde, die hintere aber bei der beträchtlichen Höhe und dem jedesfalls geringen Abstande von der Rückwand der Cella, sich den Blicken des Beschauers entzog. Den zweiten Streifen stellen die Riegel dar auf allen vier Seiten; den dritten die Schrankenmauern, für deren bilderlose Vorderseite gewissermafsen die Darstellungen des Schemels eintraten; den vierten endlich die Vorderseite der Basis. Dazu kommen noch einzelne Figuren oder Gruppen zuoberst auf der Rücklehne, unter den Armlehnen, also eben über dem ersten Streifen, den Schwingen, und zwischem diesem und dem zweiten, den Riegeln, an den vier Füfsen.

Fassen wir zuerst die Hauptmasse des Thrones ins Auge, so schauen wir fast lauter Kampfesbilder, wie denn ja auch einfassend dieselben an den Füfsen des Thrones zu unterst je zwei, dann weiter oben die je vier tanzenden Siegesgöttinnen schwebten, ähnlich derjenigen, welche die Rechte des Gottes trug[2]). Dafs nach

---

[1]) S. 272

[2]) Die oberen konnten etwas über den κανόνες angebracht sein, wo alle vier Seiten der Beine frei waren. Unten waren die beiden inneren Seiten durch die anstofsenden Schrankenmauern verdeckt. Bei viereckigen Beinen

dessen Willen die Entscheidung in diesen Kämpfen fällt, daran mahnt diese Wiederholung der in seiner Rechten stehenden Nike neben den Kampfesbildern. Die Armlehnen des Thrones stützten Sphinxe, eine ungemein häufige Verzierung eben dieses Theiles an Thronen[1]), bei Göttern und Menschen, namentlich Fürsten, deren Abzeichen ja der Thron; so schon am Thron der einen sitzenden Göttin des Harpyienmonumentes, so auch bei dem Thron oder Lehnsessel des Zeus am Parthenonsfries. Dafs die einfache Sphinx, wie sie in diesen Fällen sich zeigt, sitzend oder lagernd, ursprünglich kein bedeutungsloser Schmuck ist, ist gewifs; nicht minder aber, dafs die Bedeutung dieses wie so manches andern Ornaments mehr und mehr sich verflüchtigte, so dafs sie im einzelnen Fall leicht zweifelhaft wird. An dem grofsen Thron aber ist durch den Zusatz der geraubten Jünglinge — natürlich einer zwischen den Krallen jeder Sphinx unter derselben liegend — trotz der ornamentalen Verdoppelung deutlich an den bestimmten Mythos erinnert, und damit der volle Sinn festgehalten. Wie nun auch der ursprüngliche Zusammenhang des durch vielfache Behandlung auch vielfach umgestalteten Mythos gewesen sein mag, später, namentlich in der Zeit der Tragiker, fafste man die Sphinx als eine Aeufserung göttlichen Zornes, wenn auch bald dieser bald jener Gott, Hera, Hades, Ares, Dionysos der Beleidigte sein sollte, und Euripides läfst den Chor der Phoenizierinnen (1031; 810), der vorher dem Hades die Schuld gegeben, später sagen, welcher Gott es auch war, es war ein grausamer Gott. Als Schildzeichen des Parthenopaios bei Aischylos ist es eine leichtverständliche Drohung gegen die Thebaner. Bekam die Sphinx so auch die allgemeinere Geltung als Bild des grausamen Geschickes[2]), welches das Leben in seiner schönsten Blüthe zerstört, ähnlich den Harpyien, Seirenen, gleich diesen daher auch

---

kann man die Niken nicht sich die Hand reichend denken, noch weniger die tanzenden karyatidenartig mit Preller S. 189. Niken am Thron des Hermaphroditen R. Rochette Choix de peint. 10.
[1]) Pitt. d'Ercol. IV, 44. Millin, tomb. de Canose S. 13. Pervanoglu, Grabsteine S. 80; Stackelberg, Gräb. d. Hell. 2; bei Zens: Müller, DaK. II, 76. Hera: Stark, Niobe II; Athena: Visconti Iconogr. gr. 11—13; 43; am Erechtheion: Schöne, Gr. Rel. I—IV, 1 (?); Europe: R. Rochette Choix de peint. 10; Phaidra: Bouillon 280; Zeus und Hera: Gerhard A. V. I, 7.
[2]) O. Jahn, Arch. Beitr. S. 117. S. oben S. 338.

häufig als Gräberschmuck verwandt, so soll sie an dem Throne doch wohl nicht blos Zeus als Herrn über Leben und Tod, den μοιραγέτης bezeichnen. Denn das nächste Bild auf dem ersten Streifen an den Schwingen (ὑπὸ τὰς σφίγγας), die von Apollon und Artemis niedergeschossenen Kinder Niobes, welches wiederum die plötzliche, schreckliche Vernichtung blühenden Lebens darstellt, zeigt zu deutlich diese Vernichtung als ein göttliches Strafgericht[1]), als dafs wir nicht auch die Sphinx so nehmen sollten, diese mehr symbolisch andeutend, jenes ausführende Darstellung. Warum ich die Darstellung der Niobiden nur an beiden Seiten, nicht auch vorn und hinten angebracht glaube, habe ich schon gesagt. Auch die Darstellung selbst spricht dafür. Denn dafs auf der einen Seite Apollon, auf der andern Artemis dargestellt war, ergiebt sich aus Pausanias Worten[2]); rechnen wir dazu 12 Kinder nach Homer, oder 14 nach den Tragikern, so hätten wir für jede Seite 7 oder 8 Figuren, also ungefähr so viel wie unten auf den Riegeln und Schrankenmauern. Auch würden fliehende oder sterbende Niobiden auf der Rückseite ohne Gegenwart der schiefsenden Götter etwas unverständlich sein; denn was für die freistehende Gruppe gilt, gilt nicht für Reliefdarstellung. Waren aber die Niobiden nur auf die Seiten vertheilt, hier bei Apollon, dort bei Artemis, dann können wir auch kaum zweifeln, dafs nach Homer jener die Söhne, dieser die Töchter erschiefsend dargestellt war.

'Die Riegel liefen von Fufs zu Fufs', wurden also durch die Thronbeine, und nur durch diese unterbrochen, umspannten nicht diese wie ein Band. Der vordere Riegel hatte seine besondere Darstellung, die andern drei eine gemeinsame, ebenso wie der Fries des Niketempels getheilt ist[3]). Aber freilich haben wir es hier am Thron nicht mit einem Relieffries zu thun, wie man an-

---

[1]) Dafs es nach dem Willen des Zeus vollzogen wird, tritt schon in der Ilias hervor, 24, 610. Aischylos (Droysen, 2. Aufl. S. 485) läfst sie ihren Trotz auch gegen Zeus kehren. In diesem Sinne wurde sie auch an der Tempelthür des palatinischen Apollon der Niederlage der Gallier vor dem delphischen Heiligthum gegenübergestellt. Prop. 2, 31.

[2]) Auch die Grabmähler der Söhne und Töchter waren getrennt in Theben, nach Paus. 9, 16, 4.

[3]) Auch am Tische des Kolotes Paus. 5, 20 hat die eine Seite ihre besondere Darstellung, während die andern drei, Göttergruppen darstellend, enger zusammenhängen.

genommen, vermuthlich wegen der gewöhnlichen Verwendung solcher langen Figurenreihen, speciell von Kämpfen, zum Schmuck von Friesen. Denn Pausanias spricht von ἀγάλματα, d. h. Rundbildern[1]), und auch das tektonische Verhältnis der κανόνες, die immer weit dünner sind als die Beine, schliefst den Gedanken an Reliefs aus. Freistehende Figuren auf Theilen desselben Thrones sind ja auch die Horen und Chariten, sowie die Sphinxe. Die Zahl der Figuren war vorn acht, von denen zu Pausanias' Zeit eine fehlte, auf den andern drei Riegeln zusammen 29, also im Durchschnitt eine bis zwei mehr auf jeder Seite als vorne, schwerlich deshalb weil der vordere Riegel durch Gewand und Beine des Gottes zum Theil verdeckt war, da solche Sparsamkeit jener Kunst nicht eigen ist, auch für den von unten hinaufsehenden und herumgehenden Beschauer der ganze Riegel sichtbar sein mufste. Vielmehr, scheint es, waren hier mehr isolierte Gruppen und zum Theil Einzelfiguren angebracht, die also mehr Raum brauchten. Es waren Darstellungen von Wettkämpfen, und zwar waren es auch, wenn nicht allein, Knaben, παῖδες, z. B. der dem Pantarkes gleichende. Daher nennt Pausanias sie alte Wettkämpfe, denn, setzt er erklärend hinzu, zu Pheidias' Zeit galten die Bestimmungen über die Knaben noch nicht. Welche Bestimmungen Pausanias meint, ist nicht ersichtlich, aber es ist klar, dafs die Darstellung in Bezug auf Knaben dem späteren Brauche widersprach[2]). Unmöglich können, wie Brunn meint, die acht ältesten Kampfarten durch acht Figuren, von denen eine sich mit der Siegerbinde schmückte, dargestellt gewesen sein. Pausanias' Worte lassen erkennen, einmal dafs es nur ein Theil der Kampfarten war, zweitens dafs nicht blos ruhige Kämpferfiguren mit den Abzeichen der verschiedenen Agonen, sondern auch Kämpfe selbst mit dargestellt waren[3]). An die Agonen mit Rossen wird hier schwerlich jemand

---

[1]) Das machte schon Barthélémy Anach. ch. 38 geltend, dann Völkel S. 178, neuerdings Overbeck. Vergleichen kann man mehrere Vasenbilder, welche Throne mit Figuren, zum Theil athletischen, unter dem Sitze darstellen: Élite céramogr. 1, 59; 60; 61; 65 A. 62. Münchener Vase: Jahn 405 = Gerhard AV. 7 (rothfig.), wo zugleich auf dem Sitzbrett über den Beinen Sphinxe erscheinen; eine Figur unter Zeus' Thron Cat. Campana 1087 (Geburt d. Athena).

[2]) Schubarts Behandlung der Stelle nach dem Vorgang von O. Müller, Götting. Anz. 1828, S. 204, kann ich nicht gutheifsen.

[3]) Jenes zeigt das Fehlen des Artikels zu ἀγωνισμάτων, dies der Aus-

denken; von den gymnischen lassen sich mehrere des Pentathlon, wie Lauf, Sprung, Speer- und Diskoswerfen, durch eine Figur verdeutlichen, nicht wohl aber Ringen noch Faustkampf, welche doch kaum fehlen konnten. Mehr läfst sich kaum vermuthen, aber wenn auch nur der Diadumenos eine Einzelfigur war, und ebenso die später fehlende achte Figur, so dürften auch sie gegen eine Reliefcomposition sprechen, da solche Figuren von vorn gesehen sein wollen, also nicht reliefmäfsig sind[1]).

Den Agonenbildern der Vorderseite steht wirklich blutiges Kampfgetümmel gegenüber, der Kampf des Herakles und seiner Schaar gegen die Amazonen, wie dem Agon des Pelops im vorderen Giebel der Kentaurenkampf im westlichen.

Wir kennen die Amazonen hinlänglich als Feindinnen von Heroen und Göttern, gleichgestellt Giganten, Kentauren, Galatern, Persern, Troern, als Feinde hellenischer Sitte, so dafs wir des Fingerzeiges nicht bedürften, den uns Pausanias giebt, indem er den zweiten am Schemel des Gottes dargestellten Amazonenkampf des Theseus als erste Heldenthat der Athener gegen Nichtstammesgenossen bezeichnet. Während aber in dieser Amazonenschlacht des Schemels der nationale Gegensatz edlen gottgeliebten Hellenenthums und barbarischer Wildheit und Unnatur nur einfach ausgesprochen ist durch die Fremdheit der Gegner, ist dort an den Riegeln derselbe Gegensatz doppelt hervorgehoben, indem den wilden Arestöchtern nicht nur Athener oder ein andrer einzelner Hellenenstamm gegenüberstehen, sondern die geeinten Helden des ganzen Griechenlands. Denn die breite Ausdehnung des Kampfes auf drei Riegeln, die grofse Figurenzahl von 29 (Preller irrig 29 Paare) und Pausanias' Bezeichnung ὁ λόχος ὁ σὺν Ἡρακλεῖ zeigt uns, dafs der Kampf hier nicht wie z. B. auch an der Metope des Tempels als Einzelabenteuer des Herakles dargestellt war, sondern nach der vorpheidiassischen Ueberlieferung als gemeinsame Heerfahrt, bei der auch Telamon und Peleus als Theilnehmer genannt werden, von Hellanikos sogar alle Argonauten[2]). In unserer Dar-

---

druck μιμήματα ἀγωνισμάτων, sowie der Uebergang τὸν δὲ αὐτὸν ταινίᾳ τὴν κεφαλὴν ἀναδούμενον etc.

[1]) Der Diadumenos des vaticanischen Reliefs ist nicht mafsgebend.
[2]) Pind. Nem. 3, 64 Schol. Eurip. H. fur. τίν᾽ οὐκ ἀφ᾽ Ἑλλανίας ἄγορον ἁλίσας φίλων,

stellung hebt Pausanias mit Namen nur den einen Theseus hervor, dessen Bund mit Herakles die Idee hellenischer Einheit am deutlichsten ausspricht für die Zeit des Pheidias, wo die Einheit von Sparta und Athen die Einheit, und ihre Feindschaft die Spaltung von Hellas bedeutete. Denn wie die Heroen nicht nur für die mythische Zeit als Vertreter ihres Landes gelten, sondern auch vorbildlich und vorbedeutend für spätere Zeiten, das zeigen namentlich die Werke der attischen Dramatiker[1]). So hat ganz ähnlich wie in dem Giebel mit der Vorstellung des Kampfes der Götter und Göttersöhne gegen Uebermuth und Barbarei, die andere von der Einheit aller Hellenen sich verbunden dergestalt, dafs eben dies geeinigte Hellenenthum als das wahre von der Gottheit zum Siege bestimmte Menschenthum erscheint, einmal im ernsten Kampf, sodann im nachbildenden panhellenischen Wettkampf.

Mannigfaltiger ist das Bildwerk der Schranken, an drei Seiten je drei verschiedene Darstellungen[2]), und da die drei Bilder jeder Seite offenbar in gleichem Zusammenhang stehn, so giebt uns die dreifache Darstellung desselben Gedankengangs auch dreifachen Anhalt für Auffindung dieses Gedankens. Die neun Gruppen, auf blauen Grund gemalt von Panainos, dem Bruder oder Brudersohne des Pheidias, welcher auch bei Ausführung der Statue diesem zur Hand war, werden von Pausanias gewifs in der Reihenfolge aufgezählt, in welcher sie gesehen werden sollten, begannen also wohl, da der gewöhnliche Fortschritt der Betrachtung von links nach rechts ist, an dem linken (vom Beschauer aus dem rechten) Vorderbein des Thrones. Auf dieser Seite (I) fanden sich:

1. Atlas, Erde und Himmel tragend, neben ihm Herakles, bereit die Last ihm abzunehmen,
2. Theseus und Peirithoos,
3. Hellas und Salamis, diese mit einer Schiffsgallion in der Hand.

An der zweiten Schrankenmauer, also der Rückseite (II), sah man:

---

[1]) Eur. Heracl. 213 erinnert Iolaos die Söhne des Theseus an ihres Vaters Theilnahme an Herakles' Heerfahrt gegen die Amazonen, um die Söhne zu gleicher Verbindung mit den Kindern des Herakles zu mahnen.

[2]) Die Vertheilung der Bilder auf drei Seiten sah schon Preller S. 190, geräth aber doch durch die Hesperiden etwas in Verwirrung S. 191.

1. Herakles' Kampf mit dem Löwen von Nemea,
2. Ajas' Frevel an Kassandra,
3. Hippodameia, des Oinomaos Tochter, mit ihrer Mutter.

Die dritte Seite (III) enthielt:
1. Prometheus, noch gefesselt, und Herakles gegen ihn sich erhebend, wie aus jenem 'noch' und dem Zusatz des Pausanias hervorgeht, in der Absicht den Prometheus zu entfesseln,
2. Achilleus, die sterbende Penthesileia in seinen Armen haltend,
3. zwei Hesperiden mit den goldenen Aepfeln.

Die Aehnlichkeit der drei Seiten ist zum Theil gleich erkennbar[1]). Den Anfang bildet jedesmal eine That des Herakles, den Schluſs eine Gruppe von zwei Frauen. Zweimal stehn den zwei Frauen des dritten Bildes zwei Männer des ersten gegenüber. In der Mitte bildet zweimal eine aus Mann und Frau zusammengesetzte Gruppe den Uebergang, und die Abweichungen von genauer Entsprechung in diesen Punkten zwischen allen drei Seiten sind so vertheilt, daſs an jeder Seite höchstens eine sich findet I, 2 und II, 1. Da diese Abweichungen vielleicht durch gewisse Umstände[2]) sich abschwächen, so scheint mir die Entsprechung, soweit betrachtet, grade so beschaffen zu sein, wie wir sie sonst an pheidiassischen Werken gefunden haben.

Dasselbe gilt von der Composition. Die je zwei Frauen an dritter Stelle können wir sowohl der Beschreibung als ihrer selbst wegen nicht anders als ruhig beieinander stehend denken, wobei es einerlei ist, ob sie sich anfaſsten oder sonst irgendwie verbunden waren, oder ob sie ganz getrennt standen[3]).

---

[1]) Preller S. 192 'an jeder Seite eine That des Herakles, eine Scene aus dem jüngeren Epos, und eine Erinnerung an Olympia, oder die letzte Vergangenheit der Perserkriege', vgl. S. 191. Brunn, Rhein. Mus. 1847, S. 323. Völkel meinte, diese Gemälde wären ohne Zusammenhang und Folge und bemerkt zu I, 1: Panainos habe nicht mal bemerkt, daſs der Gegenstand schon einmal in den Metopen vorgekommen.

[2]) z. B. daſs der mythische Leu, wie die meisten mythischen oder dämonischen Thiere, ein fast persönliches Wesen haben. Vgl. den Drachen, der ein Sohn des Ares heiſst, oder die den Uebergang bildenden mischgestaltigen Ungeheuer.

[3]) Vgl. die Parthenonsmetopen S. 19—21; N. 25; 32.

An erster Stelle waren die beiden entsprechenden Bilder (I, 1; III, 1) ähnlich componirt. Prometheus an den Fels geschmiedet und Atlas die Last des Himmels tragend, das sind zwei auch in Einzelheiten sehr ähnliche Gestalten[1]); ebenso Herakles, der hier die Last, dort die Fesseln abzunehmen herantritt, vielleicht schon Hand anlegt, also auch hier keine eigentlich verflochtene Gruppen. Dagegen mit dem Löwen war Herakles unstreitig im Ringkampf verflochten, stehend eher als über ihn sich hinwerfend, so dafs die Abweichung dieser Gruppe auch auf die Composition sich erstreckte.

Die Situationen der Mittelgruppen II, 2 und III, 2 je eines siegreichen griechischen Helden vor Troja mit einem besiegten Weibe, sind nun, wie es ihrem Platze angemessen ist, weit bewegter, die Gruppen wirklich dramatisch verflochten: Achilleus die sterbende Amazone in seinen Armen haltend, Ajas die verzweifelte Seherin von dem Bilde der Athena reifsend, sind aus Darstellungen wohl bekannt. Die Situation der Mittelgruppe I, 2 giebt Pausanias leider nicht an, aber charakteristische Situationen — denn nur solche haben wir an entsprechender Stelle II, 2; III, 2 —, in denen Theseus und Peirithoos allein ohne Nebenfiguren sich befinden, giebt es nur wenige[2]), als z. B. ihren unfreiwilligen Aufenthalt in der Unterwelt, wie ihn Polygnotos gemalt hatte. Diese Situation würde freilich von den beiden entsprechenden Mittelgruppen äufserlich sich noch weiter entfernen als die Löwengruppe von den anderen Heraklesbildern. Da aber das Mafs der äufseren Entsprechung eben bei der schon wahrgenommenen freiereu Behandlung sich nicht sicher bestimmen läfst, bleibt nur zu hoffen, dafs wir durch die Betrachtung der Bedeutung dieser Bilder weiter kommen.

Es sind die letzten jeder Seite, die am deutlichsten reden,

---

[1]) Sowohl nach der älteren Vorstellung, die auf den Atlas zunächst eine oder mehrere Säulen setzt, den Prometheus von einer Säule durchbohrt sein läfst, Hesiod. theog. 522 (vgl. das alterthümliche Vasenbild, O. Jahn, Arch. Beitr. T. VIII) als auch in der späteren. Vgl. Aesch. Prom. 6 von Prometheus ἀδαμαντίνων δεσμῶν ἐν ἀρρήκτοις πέδαις und v. 425 von Atlas δαμέντ' ἀδαμαντοδέτοις Τιτᾶνα λύμαις — Ἄτλαν.

[2]) Rathgeber S. 278 meinte, die Freundschaft sei nur im allgemeinen dargestellt. Preller S. 191 meinte, sie seien dargestellt im Begriff in den Hades hinabzusteigen, oder sonst eine gemeinsame Unternehmung auszuführen.

wie so viele der früher betrachteten von Kampf und Streit, so diese von Sieg und überstandener Kampfesarbeit, die erste Gruppe von dem Siege der Hellenen bei Salamis, die zweite von Pelops' Sieg, die dritte von dem Siege des Herakles in dem schwierigsten Unternehmen, das früh als letzte seiner Arbeiten hingestellt wurde[1]), so dafs der hier errungene Preis, die von den Hesperiden gehaltenen Aepfel, gleichsam den Preis aller jener Arbeiten bedeutet. Liebesbilder oder eine Andeutung des Liebespreises, welcher den olympischen Sieger erwarte[2]), kann man diese drei Darstellungen unmöglich nennen, denn wohl ist Hippodameia die von Pelops gewonnene Geliebte, und wohl erscheinen die schönen Hüterinnen der goldenen Aepfel dem Helden Herakles oft in Liebe gewogen, aber bei Hellas und Salamis fällt dieser Gedanke weg, und wir können ihm daher nur den Werth einer Nebenbeziehung beimessen. Bilder des Siegeslohnes hat man sie besser genannt, insofern man Hellas das befreite gerettete nennen kann.

Diesen Bildern des Sieges gegenüber hat man nun die ersten jeder Reihe als Bilder solcher Kämpfe gefafst, durch welche der Sieg, jenes Siegesglück, errungen werde. Aber nicht nur müfsten wir gestehn, dafs dann die Anordnung der Darstellung mangelhaft, so zu sagen unlogisch wäre. Denn die Siegesbilder würden nur den in dem nämlichen Streifen dargestellten Kampfesbildern innerlich wie äufserlich gegenüberstehen und die Wage halten, nicht aber den an den Riegeln dargestellten, geschweige denn zu den noch höheren Darstellungen göttlicher Strafgerichte eine Beziehung haben. Aufserdem aber wären die Kampfesbilder zum Theil entschieden unglücklich gewählt, so namentlich Herakles bei Prometheus, und von den Mittelbildern vermifst man gänzlich eine bestimmte Deutung.

Fassen wir jederseits erst die auch äufserlich entsprechendsten Darstellungen von I und III ins Auge, so kann bei den beiden Heraklesbildern (Atlas — Prometheus) offenbar in der lohnver-

---

[1]) Neben der Hadesfahrt um Kerberos. Klügmann a. O. S. 304. Soph. Tr. 1099, ebenso am Theseion, und vorausgesetzt wird es von Lysippos' Figur. Zoega BR. II, 86, 114.
[2]) Preller, Pheidias S. 192. Brunn meinte, Kampf, Liebe, Sieg sei das Grundthema.
[3]) Gerhard, Ak. Abh. I, S. 62 ff. Jahn, Einl. zum Vasencatalog S. CCX.

dienenden Heldenthat, in der Arbeit nicht der Schwerpunkt liegen, denn die Abnahme der Fesseln des Prometheus und die Abnahme der Himmelslast sind nach dieser Seite hin nicht zu vergleichen, wohl aber nach einer anderen. Atlas wie Prometheus, beide Söhne des Japetos, sind beide wegen ihrer Auflehnung gegen Zeus, die gewissermafsen eine Fortsetzung des Titanenkampfes ist, bestraft; sie sind die hervorragendsten, man kann fast sagen, einzigen plastischen Gestalten aus dem Titanenkreise. Zur Strafe ist der eine mit Erde und Himmel oder auch nur mit dem Himmel belastet[1]), der andre an den Kaukasos geschmiedet und dem Adler preisgegeben. So stellt sie schon Hesiodos als Büfser zusammen und nach ihm Aischylos[2]).

Aber dem Streite folgte, wie ja namentlich von Aischylos ausgeführt ist, die Versöhnung. Die Titanen wurden gelöst, und als Prometheus endlich seiner Qualen müde, dem Willen des Zeus sich fügte und seinen Spruch verkündete oder zu verkünden bereit war[3]), da begnadigte ihn Zeus und sandte seinen Sohn Herakles, welcher den Adler tödtete und die Bande des Titanen löste. Nur eine symbolische Fessel trug hernach Prometheus, worin die Anerkennung seiner Strafe als einer gerechten lag.

Zunächst mehr äufserlich entsprechend ist die Befreiung des anderen Titanen, des Atlas, von seiner Last durch eben denselben Herakles. Denn dauernd wurde er nach gewöhnlicher Ueberlieferung nicht befreit, sondern galt als beständiger Träger. Aber auf kurze Zeit wenigstens nahm ihm Herakles die Last ab, damit jener ihm die Aepfel aus dem Hesperidengarten holte. So hatte ihm Prometheus gerathen[4]). Aehnlich wie Pherekydes dies berichtet, wird auch Aischylos im gelösten Prometheus vorausdeutend die kurze Befreiung des Atlas mit der dauernden des Prometheus durch denselben Herakles verbunden haben, und daneben führte er ja bezeugtermafsen auch die aus dem Tartaros erlösten Titanen ein. Noch deutlicher scheint Pindar Py. 4, 289 die Erlösung der Titanen auch auf Atlas auszudehnen, indem er dem Arkesilas zur Mahnung und Fürsprache für den verbannten Damophilos sagt: jetzt fern

---

[1]) Was hiervon das ursprünglichere ist, kann hier unerörtert bleiben.
[2]) Prom. 348; 418 ff. Gerhard, Akad. Abh. I. S. 39.
[3]) Aischylos bei Philodemos π. εὐσεβείας S. 41 von Gomperz.
[4]) Apollodor 2, 5, 11 = Schol. Apoll. Rhod. 4, 1396 nach Pherkydes,

von der Heimath und seinen Gütern sei jener wie Atlas unter der Himmelslast, aber Zeus der Ewige habe die Titanen gelöst[1]). Gegenüber den Sphinxen, den erschossenen Niobiden, den bekämpften Amazonen, lauter Bildern des Kampfes und göttlicher Strafe, vollzogen durch Götter, Heroen und andere Werkzeuge der höchsten Allmacht, hätten wir also mit Prometheus und Atlas zwei Bilder der Versöhnung nach furchtbarem Streit, der Begnadigung nach langer Strafe und zwar auch wieder durch denselben Herakles vollzogen. Wohl hätten die Bilder des Zornes und der Versöhnung aus denselben Mythenkreisen hergenommen werden können, da z. B. von einer Verschonung der letzten Kinder der Niobe eine Ueberlieferung existierte, und die Amazonen sich z. B. mit Artemis versöhnen. Aber einmal hat die Kunst mit gutem Grunde sich an auserlesene Typen gehalten, zweitens wäre das Bildwerk dann ja weniger reichhaltig geworden, während jetzt die Bilder der Versöhnung auch an den vorausgegangenen Titanenstreit erinnern[2]).

Zu der Atlas- und Prometheusdarstellung gesellt sich passend das Abenteuer mit dem nemeischen Löwen. Denn damals als Zeus die Titanen bestrafte, hatte er ja auch das Menschengeschlecht vertilgen wollen, weniger wohl, weil es zu trotzig, als vielmehr weil es zu armselig war; man denke an die namentlich bei den Tragikern so häufigen Klagen über die Schwäche und Armseligkeit des menschlichen Daseins. Der Beschluſs des Zeus, der in der Darstellung des Prometheus natürlich höchst grausam erscheint, konnte so in Wahrheit ein Ausfluſs seiner Güte erscheinen. Da aber griff Prometheus eigenmächtig ein, und gab den Menschen das Feuer, wodurch er sie zwar über ihren früheren Zustand weit hinaus hob, ohne sie doch von der angeborenen Schwäche heilen zu können. So blieb das Geschlecht am Leben, denn wenn früher die Vertilgung der bewuſstlos, thierisch (Aisch. Pr. 442 ff.) dahin-

---

[1]) So verstanden auch die alten Erklärer, bemerken aber dazu, daſs von einer Erlösung des Atlas sonst nichts vorkomme. Aus einer Begnadigung des Atlas, ähnlich der des Kronos (Pind. ol. 2, 70), würde sich jedenfalls das Vasenbild des Hesperidenabenteuers mit Atlas als thronendem König (Gerhard, Akad. Abh. I, S. 219 T. XIX) besser erklären, als aus euhemeristischer Mythendeutung.

[2]) In den Gemälden des Columbarium der Villa Pamfili ist die Erlösung des Prometheus der Bestrafung Niobes gegenübergestellt. S. Jahn, Abh. d. Bayr. Ak. d. Wiss. 1 Cl. VIII, B. II, T. I. II. Vgl. Brunn, Rh. Mus. 5, 345.

lebenden Geschöpfe ohne Grausamkeit beschlossen werden konnte, so war es mit den zum Bewufstsein erweckten etwas andres. Vielmehr sann nun Zeus selbst auf weitere Begnadigung der Menschen, und das Mittel sind wieder die Heroen, vornehmlich Herakles, dessen Thätigkeit ja seit Hesiod[1]) ganz vorzüglich als eine dem Dienste der Menschheit geweihte aufgefafst wurde, indem er die Erde von Ungethümen und Feinden der Menschen gesäubert haben sollte[2]), darum als Soter und Alexikakos verehrt, und in jeder Noth angerufen. Unter diesen Kämpfen zum Heile der Menschen der berühmteste, und gewissermafsen das Prototyp, ist der Löwenkampf[3]).

Danach sind nun auch in den Bildern der Schrankenmauern verwandte Gedanken nicht zu verkennen. Achilleus, der die sterbende Penthesileia in seinen Armen hält, das ist nicht mehr der furchtbare Kämpfer, wie ihn auch in diesem Kampfe noch ältere Vasenbilder gewöhnlich darstellen, ungerührt durch Schönheit und flehentliche Gebärde die Amazone erschlagend, sondern es ist der vom Anblick der Erschlagenen plötzlich gerührte, der über die Todte Thränen vergiefst, und mit dem Tode wenigstens die Feindschaft enden läfst, indem er sie zu feierlicher Bestattung den Feinden überläfst[4]). So ist es ein Bild des Mafshaltens in der Feindschaft, das nicht immer geübt wurde, aber doch als Forderung griechischer Humanität galt[5]). Auch das Mittelbild Ajas und Kassandra scheint zunächst plötzlich in Liebe verwandelte Feindschaft darzustellen. Aber unmöglich kann Ajas' That derjenigen des Achilleus gleichgestellt werden[6]). Wie Pausanias sie παρα-

---

[1]) Hesiod. scut. 27 πατὴρ δ' ἀνδρῶν τε θεῶν τε ἄλλην μῆτιν ὕφαινε μετὰ φρεσίν, ὅφρα θεοῖσιν ἀνδράσι τ' ἀλφηστῇσιν ἀρῆς ἀλκτῆρα φυτεύσαι. Diodor. 4, 9.

[2]) S. Preller, Gr. Myth. II, S. 273. Lysias 2, 16. Isocr. 4, 50; 10, 23 von Herakles und Theseus μόνοι γὰρ οὗτοι τῶν προγεγενημένων ὑπὲρ τοῦ βίου τοῦ τῶν ἀνθρώπων ἀθληταὶ κατέστησαν.

[3]) Vom Löwen sagt Hesiod. Theog. 329 τόν ῥ' "Ηρη θρέψασα ... γουνοῖσιν κατένασσε Νεμείης πῆμ' ἀνθρώποις ἔνθ' ἄρ' ὅγ' οἰκείων ἐλεφαίρετο φῦλ' ἀνθρώπων. Soph. Tr. 1092 Νεμέας ἔνοικον, βουκόλων ἀλάστορα. Vgl. Paus. 1, 27, 9.

[4]) So stellen ihn oft Sarkophage dar, Overbeck Gall. S. 506.

[5]) Pausanias 9, 17, 4 ἐπίφθονοι δ' ἀεί πως παρὰ θεῶν αἱ ὑπερβολαὶ τῶν τιμωριῶν εἰσι. Soph. Ant. 1029.

[6]) So sagt Brunn, Rhein. Mus. V, 324, allen drei Helden dem Achilleus, dem Ajas und dem Theseus sei aus ihrer Liebe ein Vorwurf gemacht. Aber

νύμημα nennt, so war Ajas ja auch darum angeklagt, und zog seine Nichtbestrafung den Griechen den Zorn der Götter, namentlich Athenas zu. In Wirklichkeit also ist das Benehmen des Ajas dem des Achillens entgegengesetzt. Hier Versöhnung und, soweit es noch möglich, Schonung der besiegten Feindin, dort aber schonungslose Mishandlung der Wehrlosen selbst im Heiligthum. Es ist eine Symmetrie des Contrastes, wie in den Tempelgiebeln das Werben des Pelops dem wilden Raube des Kentauren gegenüber steht, wie in dem Metopenkranz des Parthenon der Antastung Heras durch den Giganten (?), der Verfolgung von Peirithoos' Braut durch die Kentauren selbst bis zum Götterbilde gegenüber steht die Verschonung der zum Heiligthum fliehenden Helena durch Menelaos, und vielleicht auch die Bilder hellenischen Brauches in der Mitte der Südseite. Neben das Beispiel nachahmungswürdigen Edelmuthes und Mafshaltens ist also zu abschreckender Warnung ein Bild des Gegentheils gestellt, und als solches war es bei dem bekannten Ausgange des Ajas, und bei der Anwesenheit des Pallasbildes, wohl mit drohend geschwungener Lanze, wie in Vasenbildern, nicht miszuverstehn, zumal vor Pheidias schon Polygnotos das Gericht über Ajas in zwei Bildern der Zerstörung Trojas zum ernsten, bedeutungsvollen Mittelpunkt gemacht hatte. Situation und Bedeutung des dritten Mittelbildes ist nicht genau angegeben, sondern nur die dargestellten Personen; doch dürfen wir nun, unter den von diesen überlieferten Zügen auszuwählen, uns durch die Symmetrie leiten lassen. Wie nun auch unter den ersten Bildern der drei Seiten das mittlere (II, 1) in einem gewissen Gegensatz zu den beiden äufseren (I, 1; III, 1) stand, indem das Prometheus- und Atlasbild näher verwandt waren, so werden wir auch hier nicht ein zweites Beispiel zur Warnung, gleich Kassandra, sondern gleich Penthesileia ein zweites Bild zur Nachahmung erwarten.

Böte sich eine Situation, in welcher Theseus und Peirithoos einander — denn eine dritte Person läfst Pausanias nicht zu — feindlich begegnend der Feindschaft vergäfsen und Freunde würden, so dünkt mich, könnten wir nicht zweifeln, diese in jenem ersten Mittelbilde wiederzufinden.

Theseus' Liebe zur Persephone können wir unmöglich als Gegenstand der Darstellung annehmen, und dem Achilleus machte ja nur Thersites einen Vorwurf.

Grade so aber wird der Anfang der berühmten Freundschaft dieser beiden Helden, welche der des Achilleus mit Patroklos und des Orestes mit Pylades an die Seite gestellt wird, überliefert von Plutarchos. Peirithoos, sagt er, sei durch den Ruf von Theseus' grofser Stärke und Tapferkeit gelockt gekommen, um sich mit ihm zu messen, und habe von Marathon seine Rinder weggetrieben. Als er dann gehört, dafs Theseus ihn bewaffnet verfolge, sei er ihm entgegengetreten[1]). Wie nun einer des andern Schönheit und Muth staunend geschaut, da hätten sie sich des Kampfes enthalten (μάχης μὲν ἔσχοντο) und hätte zuerst Peirithoos dem Theseus die Hand zum Vertrage geboten und sich zur Zahlung der Bufse, die jener bestimme, bereit erklärt; Theseus aber hätte die Bufse verschmäht, und Bund und Freundschaft des andern verlangt, worauf sie sich Freundschaft zugeschworen hätten, die sie in gemeinsamen Thaten fernerhin bewährten. Ist auch die Färbung ein wenig modern, so haben wir doch keinen Grund an echter mythischer Tradition zu zweifeln, da nicht nur mythische Analogieen nicht fehlen, z. B. der Dreifufskampf des Herakles und Apollon, der Streit des Hermes mit Apollon um die Herden, sondern auch direkte Stützpunkte sich finden. An zwei Stellen nämlich, einmal östlich von der Akropolis[2]), zweitens in der Nähe von Kolonos in einer Umgebung voll mythischer Beziehungen, haftete die Sage dafs dort Theseus und Peirithoos ihren Bund beschworen, wie auch in Kolonos selbst ein Heroon der beiden sich fand[3]). Endlich giebt es vielleicht auch Darstellungen jener Begebenheit. Ueber einen Sarkophag des Museo Chiaramonti[4]), von dem mir nur eine

---

[1]) Vgl. die Worte ὡς δὲ εἶδεν ἅτερος τὸν ἕτερον καὶ τὸ κάλλος ἐθαύμασε καὶ τὴν τόλμαν ἠγάσθη Plut. Thes. 30 mit denen des Tzetzes zu Lyk. 999 von Achilleus mit Penthesileia θαυμάζων ἐκείνης τὴν ῥώμην ὁμοῦ καὶ τὸ κάλλος.

[2]) Paus. 1, 18, 4 χωρίον ἐστὶν, ἔνθα Πειρίθουν καὶ Θησέα συνθεμένους ἐς Λακεδαίμονα καὶ ὕστερον ἐς Θεσπρωτοὺς σταλῆναι λέγουσι.

[3]) Soph. O. C. 1593. Bei Pausanias ist der Vertrag (συνθεμένους) die Vorbereitung zum Raube der Helena, danach zu demjenigen der Persephone, und mit letzterem scheint er auch an der Stelle des Sophokles in Beziehung zu stehn, wie die Scholien angeben. Die πιστ' ἀεὶ ξυνθήματα müssen wohl von einem den Eid besiegelnden Opfer verstanden werden (Schneidewin, Nauck), während der Scholiast es weniger materiell nimmt. Der zweite Vertrag bei Plut. c. 31 scheint nur eine Wiederholung des ersten zu sein. Vgl. Diod. 4, 63.

[4]) In der Indicazione antiquaria von 1856 n. 471 (Beschreib. Roms II, S. 68, No. 469). Ein ähnlicher Sarkophag ist, wenn ich recht erinnere, über

kurze Beschreibung vorliegt, die ich ohne Gedanken an jene Deutung machte, kann ich nur mit grofser Zurückhaltung sprechen. Es ist ein Kindersarkophag, wie das Medaillonporträt in der Mitte zeigt, daher Kinderfiguren, Eroten zur Darstellung verwandt sind, zur rechten in bacchischer Belustigung um einen bacchischen Altar, während links zwei in heroischer Tracht über einen Opfertisch, unter welchem ein todtes Thier liegt, sich die Hand reichen in Gegenwart anderer Personen mit Opfergeräth[1]). Bedeutend näher der Zeit wie der Darstellung nach würde dem Bilde des Panainos ein schönes Vasenbild stehn, das dem Erklärer räthselhaft geblieben[2]). Zu der Gruppe des Achilleus mit Penthesileia würde eine Gruppe wie diese ein gutes Seitenstück geben: Der schöne Jüngling, den man beim ersten Blick für eine Amazone halten könnte, mit der Wunde in der Brust rückwärts niedergesunken und nur halb noch sitzend erhalten von einem andern Jüngling, mit dem linken Knie, wie es scheint, und der rechten Hand, während er mit der Linken über den Verwundeten weg langend einen Schild an einen Oelbaum hängt, wie schon an einem zweiten Baum ein Schwert hängt und an einen dritten eine Lanze lehnt[3]). Diese Waffen könnten alle dem Verwundeten gehören, der nur Helm und Beinschienen noch an sich hat. Da aber auch der andere Beinschienen hat, die doch schwerlich seine ganze Rüstung sind, gehört wohl auch ihm etwas von den Waffen, da er sowohl seine eigenen ablegen als die des Verwundeten abnehmen mufste, wenn er diesem helfen wollte. Richtig stiefs der Erklärer[4]) an dem scheinbaren Widerspruch an, dafs man zunächst, um das Bild aus sich selbst zu erklären, den einen Jüngling von dem andern im

---

einer Pforte an der via Appia eingemauert. An Pelops und Oinomaos könnte man denken, wenn für diese nicht andre Darstellungen auf Sarkophagen typisch wären (Arch. Zeit. 1855, S. 81 ff.) und auf dem ähnlichsten (Ritschl op. I, T. IV) die Gespanne daneben wären.

[1]) Die Verwendung dieser Scene für Grabesschmuck erklärt sich leicht aus der Beziehung des Schwures zur Hadesfahrt — treue Freundschaft bis in den Tod —, von woher später Herakles einen oder beide Freunde erlöste. Ebendaher erklärt sich auch das bacchische Gegenbild.

[2]) Mon. Ined. d. Inst. VI, T. XXXIV. Annali 1859, S. 268 ff.

[3]) Vgl. die Situation Il. 5, 690, wo auch ein Verwundeter, nicht Sterbender unter einen Baum gesetzt wird.

[4]) S. 269 il cui significato però resta tanto oscuro che possiamo domandare, se il giovane quasi ignudo sia l'avversario vincitore di quell' altro caduto, ovvero se venga per amichevolmente soccorrergli.

Kampfe verwundet denken, dann aber in der gegenwärtigen Handlung vielmehr Freundesdienst als Feindschaft erkennen mufs. Ist denn beides zu vereinen so unmöglich? Bietet nicht, um von Achilleus und Penthesileia und den Schrankenbildern des Panainos gänzlich zu schweigen, der Phigaliafries neben mehreren Gruppen wo Freund den Freund schützt, auch eine wo eine Amazone noch viel energischeren Beistand einem zu Boden gesunkenen Griechen leistet, indem sie einer andern Amazone in den Arm fällt, die auf jenen den tödtlichen Streich führen will. Und ist nicht die Hauptsache, Feindschaft in Freundschaft verwandelt, auch das Charakteristische jener Begegnung des Theseus und Peirithoos. Trotz der allgemeinen Uebereinstimmung aber des Bildes mit der Erzählung des Plutarchos würde ich doch jenes durch diese zu erklären anstehn, wenn nicht die Inschrift *eseus*, vor der nur ein *Th* zu ergänzen möglich, den stehenden Jüngling — denn natürlich war Theseus der Sieger — als Theseus bezeichnete. War nun diese Begegnung des Theseus und Peirithoos von Panainos gemalt, so könnte sich fragen, ob wir sie eher dem Vasenbilde ähnlich, oder nach den Worten des Plutarch und dem Sarkophag uns vorzustellen hätten. Auf diese Weise würde mehr der Bund betont sein, und es wäre an dieser Stelle allerdings nicht unpassend eine Darstellung zweier hellenischer Helden, die sich vertragen und festen Bund schliefsen; auf die andre Art dagegen käme der Gegensatz von Kampf und Versöhnung besser zum Ausdruck, und dafür scheint die Responsion des Mittelbildes dritter Reihe ins Gewicht zu fallen, die nun im Hinblick auf die Schönheit jenes Verwundeten auch durch die Gegenüberstellung des Mannes und der Amazone kaum verletzt scheinen kann.

Nehmen wir nunmehr alle neun Schrankenbilder zusammen, so können wir als ihren Inhalt bezeichnen das Ende des Kampfes, der Feindschaft, nach den verschiedenen Seiten dargestellt als Begnadigung: Prometheus, Leu, Atlas; als Versöhnung der Streitenden: Theseus, Penthesileia, und ein verhängnisvolles Beispiel des Gegentheils Kassandra; endlich als Lohn und Preis des Mühens: Hellas, das befreite mit Salamis, Hippodameia, die befreite und gewonnene Braut und die Hesperiden mit dem endlichen Preise für eine lange mühevolle Heldenlaufbahn[1]). In der ersten Reihe steht zwischen

---

[1]) Preller S. 192 meinte göttliche Weltregierung, die heroischen Thaten

zwei Bildern der Versöhnung der Götter unter sich, Prometheus und Atlas, eins der Begnadigung der Menschen; in zweiter Reihe steht die Versöhnung des Hellenen mit dem Hellenen links, die des Hellenen mit der Fremden rechts von der Unthat des Ajas; auch in der dritten Reihe hat das Mittelbild, Hippodamia eine besondre lokale Bedeutung; das linke Bild zeigt den Lohn hellenischen Kampfes, das rechte symbolisch den Lohn alles irdischen Ringens.

Die vierte Seite der Schranken, sahen wir, war leer gelassen, weil davor der Schemel stand. Das Bildwerk also, was diesen schmückte, war gewissermafsen von der vorderen Schrankenmauer auf ihn übertragen, und könnten wir erwarten auch hier verwandte Gedanken zu finden. Es waren dran Löwen dargestellt und der Amazonenkampf des Theseus, beides wie es scheint in goldenem Relief, die Löwen an den Seiten, der Kampf vorn[1]).

Dieser Amazonenkampf kann sich nun von dem an den Riegeln dargestellten doch nicht blos dadurch unterschieden haben, dafs hier nur Theseus mit seinen Athenern gegen die Amazonen kämpfte. Sehn wir uns die sehr variirte Tradition genauer an, so entdecken wir auch alsbald ähnliche Züge wie in den Schrankenbildern, nur dafs wir hier wegen der Kürze des Pausanias und der Variationen der Ueberlieferung im Ungewissen bleiben. Der Angriff der Amazonen auf Athen sollte[2]) — so war auch erzählt — die Entführung der Antiope rächen, die von Liebe getrieben dem Theseus gefolgt war und auch in dem Kampfe jetzt an Theseus Seite sich hervorthat. Schliefslich war es zu einem Vertrage gekommen, von welchem ein Ort in Athen, das Horkomosion benannt, sowie ein dem Theseusfeste vorhergehendes Opfer der Amazonen, Zeugnis ablegen sollte[3]). Der Vertrag aber war der Sage

---

der Vorzeit und das olympische Kampfspiel seien die drei bestimmenden Ursachen der von dem Künstler gewählten poetischen Motive.

[1]) Paus. 5, 11, 2 τὸ ὑπόϑημα .. λέοντάς τε χρυσοῦς καὶ Θησέως ἐπειργασμένην ἔχει μάχην τὴν πρὸς Ἀμαζόνας, wo wegen des τε — καί wenigstens ἐπειργ. auf beides zu beziehn ist. Brunn, K. G. I, 174 will lieber rundgearbeitete Löwen als Träger.

[2]) Welcker, AD. III, 356. Overbeck, Mon. I. d. I. 1856. Stephani, CR. 1866, S. 167. Auf Vasen findet man solche Züge nicht (Annali d. I. V, tav. A; S. 249?) aber am Fries von Phigalia.

[3]) Plut. Thes. 27.

nach entweder durch die Antiope, oder wie sie auch genannt wurde, Hippolyte vermittelt, oder nachdem diese gefallen und von Theseus gerächt war, und so beide Parteien Genugthuung bekommen hatten, zu Stande gekommen. Streit und Liebe sind hier, wie in der Welt des Empedokles, die Mächte, aber nicht der Streit siegt über die Liebe, sondern die Liebe über den Streit, und dafs Harmonie das Ziel von Zeus' Weltregierung sei, verkünden die noch übrigen Bilder, die nach oben und unten das Ganze abschliefsen. Denn die Grundlage des Thronsitzes ist geschmückt mit der Geburt Aphrodites, und das Haupt des Gottes überragend schweben auf den Eckpfosten der Rücklehne Horen und Chariten. So nahverwandt diese beiden Dreivereine unter sich sind, so eng sind sie auch wieder beide mit der Aphrodite verbunden, die kaum geboren von den Horen begrüfst und geschmückt und in die Versammlung der Götter geführt wird (hym. 6, 5), wie sie öfter noch von den Chariten (hym. 4, 61) gebadet und geschmückt wird und mit dem Liebreiz ausgestattet, der beider Wesen bildet. Mit Horen und Chariten zusammen schmückt sie Pandora (Theog. 70), mit denselben auch und mit Hebe und Harmonia[1]), die wieder kaum verschieden sind, führt die Göttin ihre Tänze auf. In diesem Kreise, der noch vielfach erweitert wird durch ähnliche Wesen mit frei erfundenen Namen, besonders aber durch Zutritt des Dionysos, sind Schönheit, Frohsinn, Friede die herrschenden Mächte. Die 'schönen, freundlichen' Horen, die Thorwächterinnen des Olympos, sind durch ihre Beziehung zum Wechsel der Zeiten[2]) vornehmlich die Walterinnen aller gesetzlichen Ordnung, des Mafses in der ganzen Welt[3]), welche der Grieche als den κόσμος anschaut, im Leben der Natur wie der Menschen. Geboren hat sie die weise Themis, der alten Titanischen Gottheiten eine, von Zeus, welcher Bund auch ein Schritt zur Versöhnung der alten mit der neuen Zeit war. Mit ihren Namen Eunomia, Dike, Eirene[4]) sie nennend, preist sie Pin-

---

[1]) hymn. Apoll. 194. Ilias.
[2]) Pind. ol. 13, 6. N. 4, 34. Boeckh Expl. S. 144.
[3]) Rathgeber S. 273 neben vielem ungehörigen: 'am Throne des Zeus versinnlichen die Horen die Ordnung des Weltalls'.
[4]) Vgl. die Fiktion des Dio Chrysostomos, 1 S. 73 R, der dem Ideal königlicher Herrschaft der Basileia, der Tochter des Zeus Basileus, die drei Horen und Nomos an die Seite stellt.

daros als festen Grund der Staaten, als Segensspenderinnen, die dem Uebermuthe wehren. Aber auch die Chariten, gleichfalls Töchter des Zéus, das sagt ihr gemeinsamer, von χαίρειν nicht zu trennender Name, nicht minder als die Einzelnamen Euphrosyne, Thaleia, Aglaia, sind Feindinnen alles Streites, wie Horaz sagt

rixarum metuens Gratia,

und ist auch in ihnen Heiterkeit, Frühlingslust und Anmuth vorwiegend, wie bei den Horen, die zwischen Chariten und Moiren in der Mitte stehn, der Ernst, so verleihn doch auch sie nicht nur Schönheit und Glanz, sondern auch Weisheit[1]). Wie die Horen auf die Zeit, so kann man die Chariten auf den Raum beziehn[2]).

Conkreteren Ausdruck noch hat derselbe Gedanke an der Basis des Thrones gefunden, durch Darstellung von Aphrodites Eintritt in die Götterversammlung, welche oben schon mehrfach berührt ist. Im Olympos, das lehrte die Einrahmung durch Helios auf seinem Viergespann fahrend und Selene auf einem Maulthier reitend, zeigten sich, thronend vermuthlich, sechs Paare von Gott und Göttin, drei jederseits gegeneinander gekehrt[3]), zuschauend der zwischen ihnen aus dem Meere aufsteigenden, von Eros empfangenen, von Peitho gekränzten Aphrodite.

Wie an der Basis der Parthenos die Geburt Pandoras, im Giebel daselbst Athenas Geburt dargestellt war, so könnte man dies hier Aphrodites Geburt nennen, denn dafs hier die aus dem Meere aufsteigende die hesiodische von Uranos entstammte ist, ist doch nicht zu bezweifeln[4]).

Wie Nike zur Athene, so gesellen sich alsbald zur Aphrodite

---

[1]) Pind. ol. 14.

[2]) Nicht klar ist mir ob Gaedechens, Verhandll. d. 27 Versamml. d. Philol. u. Schulm. S. 141, meint, dafs die Chariten hier dargestellt seien, weil sie dem Zeus Körperschönheit verleihen, oder weil in seinem Auftrage den Menschen. Weder eins noch das andre genügt.

[3]) Schwerlich in Gruppen mit dramatischen Motiven, wie Preller S. 191 denkt; auch nicht zugleich Herakles und Athena mit empfangend, wie Jahn, Arch. Aufs. S. 111; noch Hestia und die Letoiden zur Seite Aphrodite ehrend (wie?) als Ehegötter, wie Welcker Gr. Götterl. I, S. 705 wollte.

[4]) Vgl. Hes. theog. 201, wo sie von Eros und Himeros geleitet, in die Götterversammlung tritt. hymn. VI, 5 ff. wo die Horen sie schmücken und dann ἦγον ἐς ἀθανάτους.

Eros und Peitho, Wesen und Macht der neuen Göttin veranschaulichend: Liebe und Ueberredung. Und schon scheint sich ihre Macht in dieser Götterversammlung wiederzuspiegeln. Denn die stricte Ordnung der Götter, welche auf den ersten Blick von der freien Gruppierung der Götter am Parthenonsfries, jedesfalls auch von derjenigen am Niketempelfries, so weit abweicht, kann doch nicht Zeichen verminderten künstlerischen Vermögens sein. Dafs eben immer Gott und Göttin verbunden sind, das ist bedeutsam, und mehr noch einige Abweichungen von der gewöhnlichen gleichfalls paarweisen Zusammenstellung der zwölf Götter. Statt Demeter, welche ganz fehlt, ist mit Poseidon Amphitrite verbunden; Hephaistos ist von Athena getrennt, und dieser Herakles beigesellt, jenem Charis[1]). Zweimal sind so von Homer überlieferte eheliche Verbindungen an die Stelle andrer getreten, die im Mythos und Cultus bedeutsam genug waren, aber doch jener kanonischen Sanction entbehrend, so zu sagen uneheliche waren. Das Verhältnis von Athena aber und Herakles, dem verklärten Helden, können wir, wenn auch der Nachweis einer hochzeitlichen Verbindung zwischen ihnen nicht sicher ist, doch gewissermafsen eine bräutliche nennen, die den Uebergang bildet zu den beiden letzten Paaren, wo einmal geschwisterliche, das andremal Freundschaft aus verwandtem Beruf entsprungen, das Band bildet.

Ares fehlt. Mit Aphrodite konnte er natürlich nicht verbunden werden, warum aber nicht mit Athena[2]), da er als Gott doch jedenfalls über Herakles stand und sicher vor diesem in Olympia verehrt worden war[3])? Ich denke, seine Abwesenheit soll eben noch einmal negativ denselben Gedanken ausdrücken, den positiv Aphrodites Eintritt in die Göttergesellschaft und in die Welt bedeutet. Nachdem der Kampf zu Ende, wie wir an den Schranken sahen, zieht jetzt die Göttin der Liebe ein; da mufs der stürmische Ares, der hinter Oinomaos und nach einer Tradition auch hinter den Kentauren stand, auch der Amazonen Vater hiefs, der dem

---

[1]) Gerhard, Akad. Abh. I, S. 199 Anm. 26 bezweifelt, dafs Hephaistos von Brunn richtig eingeschoben sei, trotz des deutlichen Fingerzeigs der Handschriften (παρὰ δὲ αὐτόν) und der beschriebenen Composition.

[2]) Vgl. Paus. 5, 15, 4.

[3]) Ares war Vater des Oinomaos (vgl. den Altar des Ares Hippios). Pind. ol. 13, 106 Schol.

Zeus der verhaſsteste von allen Olympiern ist, 'dem immer Streit und Kriege und Schlachten behagen', den Platz räumen¹).

Sicher aber ist Aphrodite hier, wo sie den Horen und Chariten entspricht, nicht nur die Göttereinende, auch nicht blos das Leben der Menschen und andern lebenden Wesen, sondern die ganze Natur verbindende²), durchdringende, schöpferische Macht der Liebe³), wie vornehmlich die Urania, desgleichen Eros schon vor Pheidias von Dichtern und Philosophen gefaſst war⁴).

An den Thron des Zeus gestellt müssen wir sie aber wie alle andren Darstellungen auf ihn beziehn, als Ausflüsse und Wirkungen seines die Geschicke lenkenden Willens, wenngleich diese Uranische Aphrodite nicht Tochter des Zeus heiſst, wie die Horen und Chariten und wie die gewöhnliche Aphrodite, die aber freilich, namentlich für Dichter und Künstler, meist mit jener verschmolz.

Dargestellt oder angedeutet fanden wir also wichtige Begebenheiten, mythische und geschichtliche, nicht in konkreter geschichtlicher Folge zusammengestellt, sondern in idealem Zusammenhang den allgemeinen Lauf der von Zeus gelenkten Dinge vergegenwärtigend. Der natürliche Lauf der Betrachtung, wie beim Parthenon von den Giebeln zu Metopen und Fries, so hier von dem Gott, d. h. Haupt und Händen desselben zu den Armlehnen und so am Throne niedergleitend, führte ja vom Kampf und Streit zu Bildern von Frieden und Sieg: der strafende Gott wandelt sich in einen freundlichen, gütigen um. Ebenso doppelseitig offenbarte sich im Bildwerke des Parthenon wie in dem des Tempelbildes die Göttin Athena. Bei dem Vergleich müssen wir aber auch die groſsen Unterschiede gewahren.

Am Parthenon war überall Athena selber handelnd oder als Hauptperson mit dargestellt in beiden Giebeln, in den Metopen wenigstens vorn, ebenso am Ostfries, an dem so viel spärlicheren

---

¹) Vgl. Eris' Fehlen unter den Hochzeitsgästen des Peleus. Soph. O. R. 190.

²) Die Mutter der Harmonia, selber ἅρμα genannt. Vgl. Διὸς ἁρμονία Aisch. Pr. 552.

³) Rathgeber S. 276 meint, daſs durch Zeus, Hera, Charis der Olympos, durch Hermes, Hestia, Apollon, Artemis, Athena, Herakles die Erde, durch Amphitrite und Poseidon das Meer und durch die Mittelgruppe mit Aphrodite die Verknüpfung der drei Weltreiche angedeutet werden solle.

⁴) Welcker, Gr. Götterl. I, S. 673.

Bildwerk des Tempelbildes wenigstens einmal. Dafs dagegen am Zeustempel Zeus selber nicht dargestellt war, sondern nur sein Bild im Ostgiebel, ist oben hervorgehoben; aber auch am Thron war er nur einmal selbst zu sehn, bei Aphrodites Erscheinen, und zwar hier stehend oder wahrscheinlicher thronend, jedenfalls ruhig, ähnlich wie Athena am Ostfries des Parthenon, und wie das Tempelbild des Zeus selbst. Wie er an vornehmster Stelle unter den Göttern thront, das ist dem griechischen Volksglauben von der olympischen Göttergesellschaft gemäfs, und auch Apollon und Artemis mit den Niobiden, Horen und Chariten, der Hinweis auf den Titanenkampf, alles zeigt uns dafs Pheidias den Boden des Volksglaubens nicht verlassen hat. Dafs aber nicht Zeus' Geburt wie in Argos und Akragas, nicht sein Kampf um den Himmel gegen Giganten wie ebenda und am Parthenon, auch am Zeus geweihten Schatzhaus der Megareer in Olympia, von den Liebesgeschichten ganz zu schweigen, wie z. B. der Raub der Aigina in einer Gruppe zu Olympia, oder am amyklaiischen Thron Zeus die Alkyone raubend dargestellt war, kurz dafs Zeus nirgends selbst handelnd erscheint, das ist ein bedeutsames Schweigen. Eingedenk des Parthenon können wir das Schweigen nicht so auslegen, dafs Pheidias alle jene Mythen geläugnet habe, sondern nur so, dafs er möglichst die Auffassung des Zeus hervortreten lassen wollte, welche, wenn man ältere mythische Tradition auszuscheiden versteht, schon bei Homer in nicht geringen Anfängen vorhanden, von Pindar, Aischylos ausgebildet, bei Sophokles z. B. fertige feste Grundlage ist: Zeus der allmächtige, dessen Wollen auch schon Erfüllung ist, er allein durch die übrige Göttervielheit nicht beeinträchtigt und beschränkt, da diese alle ihre Macht von ihm zu Lehen haben, für ihn verwalten und seinen Willen erfüllen[1]).

Sehen wir nun nicht den Gott selber den Blitz schleudern, Uebermüthige und Frevler zu strafen, sondern Götter und Heroen, wie im Prometheus des Aischylos Kratos, Bia, Hephaistos, Hermes auftreten, seinen Willen vollstreckend, so bleibt zwar dem Gott die Furchtbarkeit, aber dafs er auch leidenschaftlich und zornig sei, wie ihn besonders ältere Traditionen in den homerischen Gedichten schildern, das wird hier so wenig, wie im Prometheus des Aischylos bestimmt angezeigt. So ruhig erhaben über allem

---

[1]) Aisch. Prom. 629. Suppl. 95—101. Eum. 65.

Widrigen kann Zeus selber eingreifend nicht erscheinen, erscheint auch die Parthenos nicht an Giebeln und Metopen ihres Tempels. Auch die andere Seite der Gottheit, die friedliche Milde und Güte hat hier bei Zeus eine weitere Bedeutung erhalten. Hier ist keine Beschränkung der göttlichen Güte auf einen Staat, auf eine Stadt, wie dort am Tempel von Athens Schutzgöttin geboten war; hier ist Zeus Panhellenios der Gott, der Vater der Götter und Menschen, nicht blos der Hellenen, sondern der ganzen Welt, denn wenn auch das Hellenenthum nach Ansicht des Hellenen, und also auch in den Augen seiner Götter, das edelste Menschenthum war, so erkannten doch namentlich Männer wie Aischylos, Herodot auch die Berechtigung der übrigen Völker an. So waltet denn hier nicht eleïsches Interesse, auch nicht peloponnesisches oder selbst hellenisches blos. An den Schranken waren Hellas und Salamis ein Bild hellenischen Sieges, aber ist nicht Hippodameia die hellenische Jungfrau der Siegespreis des asiatischen[1] Helden, und winken nicht die Hesperiden dem Herakles, 'welcher mehr als alle andren Heroen die hellenische und die nicht hellenische Welt miteinander verband', welcher nicht für Hellas blos gerungen, sondern die ganze Erde säubert[2]), und winken sie nicht in allgemeinerem Sinne jeglichem Helden nach mühevoller irdischer Laufbahn? Und nicht blos Sieg ist das Ende der Feindschaft, sondern auch Versöhnung, Freundschaft, Vergebung zwischen Göttern und Menschen: Liebe eint die ganze Welt[3]).

Gehn so die religiösen Vorstellungen des Pheidias hier in Olympia noch ein grofses Stück hinaus über die im und am Parthenon niedergelegten, so ist davon der Grund zuerst in der erhabeneren Würde des Gottes zu suchen, aufserdem aber auch in der Bedeutung des Ortes, welcher das Heiligthum des Zeus trug. Der Platz des Tempels war ja der allmählich zu allgemein hellenischer Anerkennung gelangte Festort, und nicht nur den Griechen selbst unbewufst stärkte dies Fest vor allen anderen das

---

[1]) Er erscheint in griechischen Darstellungen mit asiatischer Tracht. Ritschl opusc. I, S. 803 **.

[2]) Soph. Trach. 1060 f. Dio Chrysost. I, 71 R. ὅπου μὲν ἴδοι τυραννίδα καὶ τύραννον, ἐκόλαζε καὶ ἀνῄρει παρά τε Ἕλλησι καὶ παρὰ βαρβάροις.

[3]) Des Vaters Mitleid erflehend beruft sich Polyneikes bei Sophokles O. C. 1267 auf Zeus ἀλλ' ἔστι γὰρ καὶ Ζηνὶ σύνθακος θρόνων Αἰδὼς ἐπ' ἔργοις πᾶσιν.

Gefühl nationaler Zusammengehörigkeit, sondern auch mit bewufster, ausgesprochener Absichtlichkeit. Nicht der Gott blos hiefs der Hellanios, auch die Kamprichter Hellanodikai, und durch den von Iphitos und Lykurgos festgesetzten Landfrieden, zu dessen Andenken in der Vorhalle des grofsen Tempels die Gruppe des von der Ekecheiria gekränzten Iphitos stand, wurde ja soweit wenigstens der Fehdezustand von Hellas beschränkt, dafs das dem Zeus geheiligte eleïsche Land für immer befriedet sein, die andern Staaten wenigstens während der Festzeit sich vertragen sollten, und dafs durch jedes Gebiet alle Theilnehmer des Festes unangefochten ziehen sollten. Wenn man die thatsächliche Wirkung dieses Landfriedens mitunter überschätzt hat, so finden wir doch auch im Alterthum schon eine ziemlich ideale Auffassung desselben in dem Berichte über die Stiftung bei Pausanias 5, 4, 4, wonach dem Iphitos die Erneuerung des eingeschlafenen olympischen Festes von dem delphischen Orakel eben als Mittel empfohlen wäre Hellas von Pest und Bürgerkriegen zu heilen. Und nach demselben Berichte hätte Iphitos gleich ein Beispiel der Versöhnung gegeben, indem er die Eleer bewog, dem Herakles, welchen sie bis dahin als Feind angesehen hätten, zu opfern. Jedenfalls wurde es ja von den Eleern ausgesprochen, dafs Hellenen im Kampfe gegen Hellenen von dem Gotte zu Olympia keine Orakel erhalten sollten[1]). Dagegen wurden die Denkmäler hellenischer Eintracht, wie das Siegesmal von Plataiai und die Urkunde des dreifsigjährigen Vertrags zwischen Sparta und Athen hier aufgerichtet, Paus. 5, 23.

Müssen wir aber nicht auch der Zeit gedenken, in der Pheidias lebte und das Bild des Zeus schuf? War nicht Pheidias, dem wir gewifs weniger die nüchterne Auffassung des Politikers als die poetische eines Künstlers leihen dürfen, Zeuge eines solchen Laufes der Dinge gewesen, wie er ihn als den von Zeus gewollten, gelenkten, in ausdrucksvoller Bilderschrift an dem Thron des Gottes verzeichnet hatte? Hatte er nicht erlebt, dafs die Hellenen ihren Hader beigelegt, um gegen den gemeinsamen Feind einig zu sein[2])? Ist nicht das Bild von Theseus und Peirithoos nach der oben gegebenen Erklärung desselben ein mythisches Vorbild solcher Versöhnung hellenischer Staaten, wie damals (auf Antrag

---

[1]) Xen. hell. 3, 2, 22.
[2]) Herod. 7, 145. Plut. Them. 6, 5. Curtius, Gr. Gesch. II, 54.

der Spartiaten) Athens und Aiginas, oder einzelner Männer wie des Themistokles und Aristeides vor der Schlacht bei Salamis, oder des Perikles und Kimon, deren Versöhnung nach vorhergegangenem Streit auch zum Frieden mit Sparta und zu neuem Kriege und Sieg über die Barbaren führte? Liegt ein solcher Gedanke nicht um so näher, als hinter dem Bilde der versöhnten Helden das nicht symbolische, sondern wirkliche Bild des von den vereinten Hellenen errungenen Sieges folgt? Freilich hatte Pheidias die Einigung rasch wieder zerfallen sehen, nicht nur die erste durch die Gründung der athenischen Hegemonie und den messenischen Krieg, wonach es sogar zu offenem Kampfe zwischen Athenern und Spartanern kam; auch dem zweiten Frieden, der Waffenruhe von 451, folgten ja bald neue Verwickelungen. Aber das schon in Attika eingefallene Heer der Peloponnesier wurde zur Umkehr bewogen; noch einmal wurde Friede gemacht, und dieser Friede dauerte noch als Pheidias an seinem Zeus arbeitete; und wenn auch die nahe Gefahr des grofsen Krieges selbst einem Künstler hätte offenbar sein müssen, so hätte er, der gewifs den Frieden wünschte, nur um so eher Versöhnung und Eintracht als Ziel hinzustellen Anlafs gehabt. Doch nicht blos unter den Hellenen war Friede, sondern auch mit den Barbaren war seit Kimons Tode kein Krieg mehr, und was Isokrates[1]) freilich mit einiger Uebertreibung von den athenischen Bundesgenossen während Athens Hegemonie rühmt, das kann man für die 'Friedensjahre', in denen der Zeus entstand, mit gleichem Rechte von allen Hellenen rühmen: dafs sie 'frei gegenüber den Barbaren, untereinander ohne Fehde, in Frieden mit allen Menschen lebten'.

Sehen wir so in dem erklärenden Beiwerk allen Streit in Frieden und Eintracht sich auflösen, so werden wir auch das Bild des Gottes, wie die Parthenos, in ungetrübter Ruhe dargestellt denken, und um so mehr noch, als in dem Beiwerk auch die Strafe ohne Bewegung des Gottes selbst vollzogen erschien. Die Ruhe der Parthenos war nur in einem Punkt noch zu überbieten: der Zeus steht nicht, er sitzt wie ein König auf seinem Throne. Die Rechte trägt mühelos, wie die der Parthenos, die schwebende Siegesgöttin, die in ausgebreiteten Händen die Siegesbinde hält; nicht auf den Gott eilt sie zu, um ihn zu schmücken, dessen Haupt

---

[1]) Paneg. 106.

schon mit einem Olivenkranz, dem Abzeichen des Siegers, vornehmlich in Olympia, geschmückt ist. Aber auch nicht weg von dem Gotte eilt Nike, wodurch, wie Böttiger bemerkte, die Ruhe des Ganzen gestört würde, sondern halb zu- halb abgewandt von ihm ist sie seines Winkes gewärtig[1]), und bezeichnet ihn so als den, bei dem da ist, von dem da kommt der Sieg.

Mit der Linken hielt oder berührte die Parthenos ihre Lanze, Zeus hält das Scepter mit dem Adler darauf. Der Blitz würde, auch ruhig gehalten, den persönlich eingreifenden, strafenden Gott anzeigen, dem wir an Tempel und Thron nirgends begegnen, und den Pheidias hier sicher am wenigsten darstellen wollte.

Die Haltung des Gottes, wie wir sie nur nach dem Münzbilde etwas genauer uns vorstellen können, stimmt soweit wie möglich mit derjenigen der Parthenos überein. Grade sitzt der Gott, die Hände mit Scepter und Nike waren sicher auch soweit zur Seite gehalten, dafs sie den Gott selber nicht verdeckten. War auch die eine Hand etwas höher gehalten, der eine Fufs etwas zurückgezogen, wie bei der Parthenos, so überwiegt doch auch hier, wenn wir uns die Vorderansicht vergegenwärtigen, das Gleichgewicht der Massen und Linien auf beiden Seiten. Mit Recht hat Overbeck[2]) namentlich auf die Haltung des linken Armes aufmerksam gemacht, die nicht wie bei späteren Zeusbildern, aber auch schon bei dem am Theseionsfries, machtvoll aber unruhig erhoben das Scepter weit nach oben fafst[3]), sondern viel tiefer, so dafs dieser Oberarm gleich dem andern eine vom Haupte abfallende Linie zeigte. Aber auch das entgegengesetzte Extrem darf man vergleichen, den Zeus am Parthenonsfries, der nicht als Tempelbild zu Anschauung und Verehrung in höchster Majestät sich darbietet, sondern selber schauend mit den andern Göttern nicht mehr blos ruhig, sondern bis zu einem gewissen Grade lässig dasitzt[4]), angelehnt und beide Hände ruhen lassend, die eine auf der Rücklehne, die andre im Schofse. Schon die beiden Sitze des Gottes dort und hier zeigen

---

[1]) Preller S. 188. Die Stellung der Nike bei Zeus wie bei der Parthenos ist von Michaelis DP. S. 275 bestimmt.
[2]) Krit. Unters. S. 617.
[3]) Zu diesem erhobenen Arm pafst auch die Art des Sitzens, die Brunn und Overbeck für den Zeus forderten.
[4]) So auch Overbeck KM. II, S. 568 N. 75.

dasselbe Verhältnis, und weiter die Gewandung, welche bei dem Goldelfenbeinbilde von jenem Panainos durch farbigen Schmuck, Thiere, Blumen als ein reichgewirktes dargestellt war. Der Unterkörper des Gottes ist beidemal verhüllt, doch ist bei dem Zeus des Frieses das Himation tiefer herabgesunken, der Oberkörper aber desselben ganz entblöfst, und der Zipfel, der dem olympischen Zeus mit würdevollem Anstand über die linke Schulter gezogen ist, dem aufgestützten Arm zu bequemer Unterlage unterbreitet.

Dafs diese Ruhe dem Bilde zu Olympia seine gewaltige Majestät und Erhabenheit verlieh, und eben durch das Fehlen jeder momentanen Bewegung den Gott in der ganzen Fülle seines Wesens erscheinen liefs, das bezeugt uns auch die feinsinnige Erörterung eines Augenzeugen, des Rhetors Dion Chrysostomos[1]). Derselbe läfst den Pheidias reden und' den Beweis führen, dafs er für den ersten und gröfsten der Götter in Haltung und Gestalt das Angemessene und Würdige in dem Bilde zu Olympia gefunden habe. In einer klaren Auseinandersetzung über die verschiedenen Darstellungsmittel und Gesetze der Poesie und Plastik, die hin und wieder an Lessings Laokoon erinnert, lässt er den Pheidias namentlich auch das hervorheben, dafs in dem spröden Stoffe des Bildners nur eine unveränderliche Gestalt jedesmal sich darstellen lasse, die daher auch das ganze Wesen und die ganze Bedeutung des Gottes in sich begreifen müsse, also grade das, was uns in der Parthenos angestrebt und geleistet erschien[2]). Aber auch das Verfahren des Künstlers, um dies Ideal darzustellen, wird so beschrieben, wie wir es oben an der Parthenos entwickelten. Denn nachdem der Künstler bei dem Rhetor schon einmal fast spottend von den allzu menschlichen Handlungen des Göttervaters, wie Homer ihn schildere, gesprochen, um zu zeigen, wie sein Bild an Schönheit und Erhabenheit das des Dichters weit übertreffe, führt er später noch aus, dafs er den Gott blitzend[3]) zu Kampf und Verderben, oder in einer der anderen Machtäufserungen[4]), wie Homer viele und schöne Bilder von ihm gezeichnet habe, theils milde, theils furchtbare und gewaltige, nicht habe darstellen können noch wollen. Sein Zeus sei vielmehr ein friedlicher und durchaus

---

[1]) or. XII. p. 399 ff. Reiske.
[2]) p. 407 R.
[3]) 414 R.   [4]) 412 R.

freundlicher, den er gnädig und erhaben in ungetrübtem Dasein, als Geber von Leben und allem Guten, als gemeinsamen Vater, Retter und Behüter der Menschen dargestellt habe, und man solle sehen, ob das Bild nicht allen Beinamen des Gottes würdig entspreche. Bei Aufzählung und Erklärung dieser Namen wird vornehmlich des Schirmers der Liebe und Freundschaft gedacht (413 R. φίλιος δὲ καὶ ἑταιρεῖος, vgl. auch den ἱκέσιος und ξένιος), der 'alle Menschen eint, und will, dafs sie einander Freunde seien, keiner aber des andern Feind'. Also nicht blos zwischen Hellenen will der Gott Frieden, wie Pheidias vorher gesagt hatte, sein Gott sitze friedlich und freundlich da, gleich wie ein Hüter des unverfehdeten einträchtigen Griechenlands, sondern auch zwischen Hellenen und Barbaren, so dafs wir an unsre Erklärung der Schrankenbilder und der Basisdarstellung erinnert werden. Und in der That steht diese in völligem Einklang mit dem was Dion von dem überwältigenden Ausdruck des Friedens und der Ruhe in dem Bilde des Gottes selbst sagt (R. 399). Auch die Opferstiere, meint er, könnten sie das Bild nur schauen, würden willig sich zum Opfer darbieten, und Adler, Rosse, Löwen[1]) würden ihre Unbändigkeit und Wildheit ablegen und ganz still werden, und wenn ein Mensch auch ganz mühselig und beladen sei von vielerlei Ungemach und Trübsal des Lebens, so dafs auch kein Schlaf ihn mehr erquicke: vor diesem Bilde würde er alles Leid vergessen; so vollkommen allen Gram und allen Groll stillend, so aller Leiden vergessen machend, sei das Bild des Pheidias geschaffen, solche Klarheit und Heiterkeit ruhe auf ihm. Denselben Geist des Friedens, der Versöhnung, der aus dem Bilde den Beschauer anwehte, zeigen uns die Darstellungen der Schranken und der Basis waltend in den Begebenheiten der Welt.

An diese Wirkung des Bildes — Dion braucht mehrfach den Ausdruck τέρψις — haben wir gewifs auch bei dem Worte Quintilians XII, 10, 9 zu denken: die Schönheit des Bildes scheine dem überlieferten Glauben noch etwas zugesetzt zu haben; denn so milde und versöhnlich ist der Zeus des Aischylos nicht, bei dem vielmehr die Erhabenheit überwiegt. Der Gott des Pheidias scheint mehr der Art des frommen und milden Sophokles ver-

---

[1]) Hier erinnert man sich der Löwen an dem Schemel des Gottes.

wandt, der nur in seinen Stücken den Gott nicht so angelegentlich und direkt wie Aischylos gepriesen hat. Gewährte die ganze Gestalt des Gottes solchen Eindruck, so wird er doch besonders im Haupte (Ilias 2, 482) gelegen haben. Davon giebt auch uns noch eine eleische Münze eine Vorstellung, von der unten zu reden. Bis vor Kurzem stellte man sich dagegen die Formen des Kopfes nach der berühmten vatikanischen Büste von Otricoli vor[1]). So durchaus übereinstimmend fand man diese Büste mit dem bekannten Ausspruch des Pheidias, dafs das Vorbild seines Zeus in den homerischen Versen enthalten sei (Il. 1, 528):

Sprachs der Kronide und winkte ihr zu mit dunkelen Brauen
Wallend fielen dabei die unsterblichen Locken des Herrschers
Nieder vom göttlichen Haupt, er machte den Himmel erbeben.

Und wenn man auch diesen Ausspruch für erfunden hielt, so mufste man ihn doch richtig, d. h. im Einklang mit dem Bilde erfunden glauben[2]). Aus diesem Worte hat denn Brunn, nach dem Vorgange Böttigers[3]), einen Begriff des idealen Schaffens entwickelt, den er an der vatikanischen Büste bestätigt fand.

Aber schon an sich scheint mir dieser Begriff nicht der rechte. Dafs bei den Griechen der 'Gottbegriff in eine Reihe von Begriffen und Persönlichkeiten (!) zerspalten' sei, dafs 'die Kunst also einer Reihe von Ideen durch den einzigen menschlichen Körper Gestalt zu verleihen' gehabt habe, diese Sätze[4]) entziehen

---

[1]) Brunn, Gesch. d. Gr. K. I. S. 201. Neuerdings kommt man freilich (ausgenommen E. Wolff, die päpstlichen Museen des Vatikans und des Capitols S. 41) davon zurück: Friederichs Baust. S. 256. Weil aber auch heut die Büste ihren Einfluss noch nicht verloren, habe ich meine Beurtheilung ganz stehen lassen. Das Verhältnis jener Büste zu andern Zeusköpfen kann hier unerörtert bleiben. Den von Overbeck, Griech. Kunstm. II. S. 74—92 mit Atlas II beliebten Zusammenstellungen wie auch seinen Scheidungen kann ich nicht überall zustimmen. Die Büsten vertreten, eben wie die Münzen, meist eine spätere Stilart und hat Pheidias an jenem 'mittleren kanonischen Zeusideal' fast keinen Antheil.

[2]) So Böttiger, Andeutt. S. 99.

[3]) Vgl. auch Winckelmann, G. d. K. d. A. 5, 1, 35. Von d. Kunst d. Zeichn. 4, 64.

[4]) Brunn S. 198 f.; 203: 'Phidias wagte ihn, den letzten Schritt, indem er alle willkürlichen Satzungen verachtete und als Gesetz nur das innere Wesen der darzustellenden Dinge selbst erkannte'.

dem Schaffen des Pheidias gänzlich den Boden der Ueberliefernng, als ob er abstracte Begriffe verkörpert habe und nicht die seit Homer von der Poesie, von der Kunst seit mindestens einem Jahrhundert in zunehmender Vollkommenheit ausgeprägten concreten Göttergestalten; als ob es gegolten habe etwas ganz Neues zu finden, anstatt die Vollendung des bis dahin Gesuchten. Und es wird sich wohl noch herausstellen, dafs der Zeus des Pheidias den älteren Bildern des Gottes verwandter gewesen, als denen eines Lysippos¹). Hat es ferner auch eine gewisse Wahrheit, dafs die olympischen Götter jeder an sich nur einen Theil, nur eine Seite, nicht sowohl des Gottbegriffs, als vielmehr idealisierter Menschlichkeit darstellen, so dafs jedem 'ein bestimmter Charakter eigenthümlich ist', so findet doch dies grade auf Zeus, für den es aufgestellt wird, keine Anwendung, da Zeus alle göttliche Macht und Würde in sich vereinigt und von individueller Beschränkung am meisten befreit ist. Auf ihn wäre also die von Brunn aufgestellte Methode des Idealschaffens, zuerst den geistigen Grundzug jeder Gottheit aufzusuchen, dann für diesen Grundzug den charakteristischen Formenausdruck zu finden, drittens von diesem Körpertheil aus das Ganze zu gestalten, nicht anwendbar gewesen, wenn sie auch sonst unanfechtbar wäre, was sie durchaus nicht ist; und bedünkt mich, dafs ein solches Verfahren statt zu gleichartiger Auffassung und Darstellung vielmehr zu möglichst ungleicher hätte führen müssen. Ist denn der geistige Grundzug bei jeder Gottheit, z. B. bei Athena, Apollon, Demeter, so leicht und sicher zu erfassen, dafs subjektivem Ermessen keine Wahl gelassen wäre? Freilich wenn es nur gälte sich an dasjenige Beiwort zu halten, welches der Gottheit von Homer am häufigsten gegeben wird, wie Brunn dem Heraideal des βοῶπις πότνια Ἥρα zu Grunde gelegt wissen will, denn wäre der erste Theil der Aufgabe sehr leicht, aber auch sehr äufserlich, bei dem man natürlich vergessen müfste, dafs über die Häufigkeit eines Epitheton metrische Gründe vielleicht an erster Stelle entscheiden. Ueberdies ständen im speciellen Falle gleich zwei Epitheta von jedenfalls verschiedenem Sinne einander gegenüber, πότνια und das noch dazu zweideutige βοῶπις. Viel bedenklicher aber als die Nichtachtung aller andern Epitheta

---

¹) So auch Friederichs Baust. I, S. 255, der mir aber zu weit nach dieser Seite geht.

einem einzigen gegenüber ist die Nichtachtung der mythischen und dichterischen Schilderungen der empfindenden, denkenden, redenden und handelnden Gottheit, in denen einzelne Körpertheile derselben vielleicht weniger bestimmt veranschaulicht werden, das Ganze aber unendlich viel lebendiger als in Epithetis; und so soll ja auch das Zeusideal nicht auf ein solches, sondern auf eine Schilderung des handelnden Gottes sich gründen. Noch viel subjektiver als die Bestimmung des geistigen Grundzuges ist dann aber jedenfalls die Wahl der charakteristischen Grundform, und was endlich die gesetzmäfsige Durchführung dieser nicht normalen, sondern individuellen, also von der Norm abweichenden Grundform anbetrifft, so mag der von Brunn an der Hera, später an Hephaistos versuchte Nachweis recht exact scheinen, in Wahrheit ist aber doch wohl zu leicht über die höchsten physiologischen Probleme hingegangen.

Nach meiner Vorstellung würde der Künstler grade den entgegengesetzten Weg einzuschlagen haben; nicht von einem einzelnen Körpertheil würde seine Vorstellung sich entwickeln, sondern die Gesammtanschauung vor dem Einzelnen in ihm lebendig sein, und grade aus der dem Pheidias zugeschriebenen Anführung der Homerverse ergiebt sich die Richtigkeit dieser und die Falschheit der Brunn'schen Vorstellung. Was wäre denn der geistige Grundzug des Zeus, der sich in jenen Versen offenbarte? Macht und Gewalt, sagt Brunn, aber die Macht Himmel und Erde erbeben zu lassen, ist ja noch keine geistige Eigenschaft, und wird es auch dadurch nicht, dafs sie in Stirn und Brauen ihren Sitz hat. Und welche Erfahrung lehrte denn ferner eine Form kennen, die als der nothwendige Ausdruck grade dieses Vermögens gefafst werden müfste? Es ist aber auch ein Irrthum zu glauben, dafs in jenem Citat Brauen und Haar als der besondere Sitz der Macht zu fassen, und damit als Ausgangspunkt der ganzen Vorstellung angezeigt sei[1]). Wenn Brauen und Locken des Gottes —

---

[1]) Die ursprüngliche mythische Bedeutung der Brauen und Locken und des ganzen Kopfnickens kommt für den Künstler nicht mehr in Betracht. Auch aus Il. 1, 525 τοῦτο γὰρ ἐξ ἐμέθεν γε μετ' ἀθανάτοισι μέγιστον τέκμωρ ist ja nur über die besondre Bedeutung der Bewegung, aber nicht der bewegten Theile etwas zu folgern; und thäte man das doch, so müfste das wenigstens für die ganze κεφαλή (v. 524) gelten.

beiläufig bemerkt, nicht einmal Formen im eigentlichen Sinne des Wortes — vorzüglicher Sitz der Kraft sind, so ist deren auch noch so leise Bewegung doch immer schon ein Gebrauch seiner Kraft, und wie grofs auch danach die Macht des Gottes wäre, so wäre sie doch unendlich klein gegen den, der ohne die geringste Anwendung seiner Kraft, durch die unbedeutendste Bewegung schon dieselbe Wirkung hervorbrächte. Nicht jene kleinere, sondern diese erhabenere Vorstellung haben auch sowohl alte Ausleger, so der von Brunn citierte Strabo, oder sein Interpolator, Virgil, und Dio Chrysostomus, als auch neue, so O. Müller und Völkel[1]) in jenen Homerversen gefunden. Ueber Brauen und Locken ist also aus jenen Versen nichts weiter zu folgern, als dafs sie überhaupt vorhanden. Das kann nun freilich nicht die Idee sein, die Pheidias dem Homer verdanken sollte. Die Vorstellung überschwenglicher Macht aber ist viel zu unbestimmt und abstract. Es ist endlich auch nicht, wie Preller[2]) meinte, das gnädige Nicken, das streng genommen nicht mal darzustellen war und überdies zu accessorisch wäre, um die Darstellung des Ganzen bestimmend zu heifsen. Nein, es ist etwas andres, etwas durchaus Anschauliches und zugleich die ganze Erscheinung Beherrschendes, ebenso sehr Geistiges wie Körperliches, nämlich die Ruhe. Diese Vorstellung wird unmittelbar durch die ganze Erzählung vom Zusammensein der Thetis und des Zeus erweckt durch den Gegensatz der dringend mit flehenden Gebärden einmal und abermal bittenden Göttin und des in einsamer Abgeschiedenheit lange schweigend sitzenden Gottes, bis er endlich antwortet und zur Bestätigung zunickt. Noch mächtiger aber ergreift uns jene Vorstellung, wenn wir bedenken, dafs der Gott, der mit leisem Winke schon den Himmel beben macht, äufserlich wie innerlich ruhen mufs, um nicht die Welt aus den Fugen zu bringen und keiner Regung bedarf, um seinen Willen durchzusetzen. Mit seinen Gedanken schon regiert er die Welt.

---

[1]) Virgil Aen. 9, 106. Dio 12, 415 (R.) und 383. O. Müller, de Phidia II, 11. Völkel S. 129, der aber auch wieder den Kopf vorzüglich ausdrucksvoll sich denkt.

[2]) S. 187 'Die olympische Herrscherwürde des höchsten Gottes, und zwar des gnädig dem Flehenden Erhörung zuwinkenden, war der Grundgedanke dieses Bildes'. Vgl. Bötticher, Andeutt. S. 99. O. Müller a. a. O.

So führt diese Beziehung der Homerverse zu eben derselben Vorstellung, die aus dem Bildwerke des Tempels sprach, und grade so erhaben und unberührt von Leidenschaft und menschlicher Schwäche zeigt ihn die zweite nach Friedländer von Overbeck publicierte und besprochene Münze[1]). Die erhabene Schönheit, stille Würde und Milde dieses Kopfes hat Overbeck wohl empfunden und mit kräftigen Worten den Werth der Münze für die Erkenntnis des Pheidiassischen Ideals anerkannt. Obgleich er aber a. a. O. S. 173 sogar laut werden läfst, dafs ihm seit geraumer Zeit ʽZweifel aufgestiegen seien, ob unsre ganze bisherige Anschauung von dem Kopfe des Pheidiassischen Zeus durchaus berechtigt sei', so hat doch auch dieser neue Fund ihn von der alten Vorstellung nicht zu befreien vermocht, sondern nur in unbegreifliche Widersprüche gestürzt, welche neuerdings in seiner Kunstmythologie noch krasser zu Tage treten. Anstatt, was so unverkennbar scheint, den Münzkopf und den Otricolitypus als Repräsentanten zweier völlig verschiedener Stilarten scharf auseinander zu halten[2]), statt die gewohnte Vorstellung von Pheidias' Zeusideal herzhaft abzuthun und der neuen, edleren, schöneren ganz und voll sich hinzugeben, sucht er aus beiden Typen zusammen, was ihm beliebt, Bart und Haar mit dem Kranze aus der Münze, Stirn, Brauen, Augen, Nase vom Otricolikopf. Overbeck findet nämlich in dem Münzkopfe die Formen der Büste im Wesentlichen wieder, und urtheilt nun, da die gröfsere Büste die Formen besser darstelle, müfsten wir uns an sie halten; da aber das Haar in Münze und Büste nicht übereinstimme, müfsten wir hier der Münze folgen[3]). Wie berechtigt

---

[1]) BdKSGdW. 1866, T. I.
[2]) Gr. Kunstmyth. II, S. 107 scheint er dieser Einsicht zugänglich; denn über den Zeuskopf eleischer Silbermünzen, Münztaf. I, 82; 83, urtheilt er, dafs derselbe ʽvon jeder bestimmten Beziehung auf das Werk des Phidias fern ein für diese Münzen eigens erfundener Typus' sei; und doch steht jener Kopf dem der hadrianischen Münze 84 näher als derjenige der tarentinischen Goldmünze 5, welchen Overbeck S. 99 durchweg mit dem otricolischen übereinstimmend findet.
[3]) BdKSGdW. S. 181. Kunstmyth. S. 44 sagt er freilich wieder: ʽwas aber in jener Darstellung' (der aus den Homerversen abgeleiteten) ʽin Betreff der Stirn und Brauen Wahres liegt, das gilt von dem Zeuskopf unsres mafsgebenden Münzbildes in wenigstens ebenso hohem Grade, wie von irgend einem der auf uns gekommenen Darstellungen des Gottes, die Stirn ist so erhaben, die Brauen sind so mächtig u. s. w.'. Vgl. S. 45.

diese Folgerung, lasse ich dahingestellt, es genügt die Verkehrtheit der Voraussetzung darzuthun. Hat es wohl an sich schon Wahrscheinlichkeit, dafs der Verfertiger der Büste mit den Kopfformen des Originals ein so stilverschiedenes Haar verbunden hätte? Overbeck freilich scheint die Verschiedenheit des Haares in Büste und Münze nicht für eine stilistische, sondern für eine durch äufsere Umstände gebotene zu erachten, indem er äufsert, das Mähnenhaar der Büste sei 'von einem Meister in Anwendung gebracht worden, welcher bei einem von ihm darzustellenden Zeus einen Kranz im Haar entweder nicht brauchte oder nicht brauchen konnte, und welchem das relativ schlichte Haar des phidiassischen Zeus ohne Kranz mit Recht kahl und nicht imposant geschienen sein mag'[1]). Aber selbst in dieser Argumentation ist die Verschiedenheit des Stiles nicht zu verschweigen gewesen, die in der That die bekannte zwischen der älteren und späteren, namentlich Lysippischen Haarbehandlung ist, hier sogar noch gesteigert durch das unverkennbare Streben, noch eine besondre Charakteristik dort in die ruhige Schlichtheit, hier in das unruhige Wallen und Wogen hineinzulegen, eine Charakteristik, für welche einerseits das Dasein, andrerseits das Fehlen des Kranzes eine allerdings sehr äufserliche und ungenügende Erklärung ist. Die Hauptsache ist nun aber die Verschiedenheit der Formen in Büste und Münze, die in der That nicht nur ebenso grofs ist wie die des Haares, sondern auch so ihr entsprechend, dafs man die für die beiden Haarbildungen passenden Bezeichnungen kraus und schlicht auch auf die Kopfformen anwenden könnte. Das erhellt am besten durch den Vergleich der andern eleischen Münzen[2]), welche fast alle der Büste verwandter sind, und in denen man, wenn sie den Pheidiassischen Zeus darstellen sollten, den Einflufs der späteren Stilentwickelung nicht verkennen kann, während der hadrianische Stempelschneider stilgetreu copierte. Auf zwei Punkte will ich namentlich aufmerksam machen, das Profil der Stirn und die Linie der Brauen, die beide an der hadrianischen Münze die fein geschwungene, aber durchaus einheitliche und ungebrochene Linie zeigen, wie die Werke der besten Zeit, während an der Büste, was auch an mehreren der andren Münztypen mehr oder minder deutlich ist, durch

---

[1]) BdKSGdW. S. 189. KM. S. 42.
[2]) Overbeck a. a. O. Vgl. Kunstmyth. II, S. 97.

die tiefe Querfurche die flachere Oberstirn von der stark gewölbten Unterstirn scharf geschieden ist. Ebenso die Brauen[1]), und so wird man überall in jenem einzigen Münzbilde sanfte Uebergänge, in der Büste aber wie in den ihr verwandten Münzbildern starke Aufhöhungen unter tiefen Senkungen, mit einem Worte sehr markierte Formen finden.

Was Overbeck zu dieser verkehrten Auffassung des Münzbildes verleitet hat, ist offenbar jene homerische Anführung und Brunns Anwendung derselben auf die Otricolibüste. In dem früheren Aufsatz S. 179 spricht er es aus, 'dafs es keinem Zweifel unterliegt, dafs grade die Stirn es ist, welche von allen Theilen des Antlitzes am eminentesten zur Herstellung der Zeusphysiognomie beiträgt, dafs sie vor allem es war, welche Phidias den Ausgangspunkt bei der Schöpfung seines Ideales darbot'[2]). Indem er so den Pheidiassischen Charakter der Büste in diesen Theilen anerkannte, überredete er sich dieselben auch in der Münze, deren Stiltreue er nicht anfechten konnte, wiederzufinden, sah sie in dieselbe hinein. Nur bei dem Haar war ihm das unmöglich. Wo wäre sonst auch die Bedeutung der Münze geblieben, da so schon das Kunstmyth. S. 41[3]) gemachte Geständnis, 'dafs die zweite (Münze), welche den Kopf allein darstellt, so ziemlich alles über den Haufen wirft, was wir von dem Zeus des Phidias zu wissen glaubten' nicht mehr zu Rechte besteht, nachdem für das Antlitz selbst des Gottes, mit Ausnahme von Haar und Bart, die Büsten als 'viel imposantere und klarere Mittel der Vergegenwärtigung des phidiassischen Zeusideals' anerkannt worden sind[4]). In dieser Verlegenheit, da er sich gesteht, dafs wenn Pheidias, wie er ja anerkennt, aus jenem Brauenwinken bei Homer die Vorstellung von besonders macht-

---

[1]) Vgl. Overbeck, Kunstmyth. Münztaf. I, 1; 4; 5; 9; 14; 19; 26; 40; 47.

[2]) Neben dieser falschen Auffassung des homerischen Vorbildes scheint auch die richtige sich ihm zu erschliessen KM. S. 44, besonders durch den bei Strabo zu lesenden Vergleich von Il. 8, 199, wo Hera durch Bewegung ihres ganzen Körpers den Himmel beben macht; ja an einer Stelle scheint er sogar auf dem Wege die Brunn'sche Auslegung abzuthun, setzt sich über die Worte des Macrobius (Sat. 5, 13, S. 23: nam de superciliis et crinibus totum se Jovis vultum collegisse) hinweg. Aber Kunstmyth. S. 44 sind sie wieder geltend gemacht.

[3]) Ebenda S. 74 ist nur von mehrfachen Abweichungen die Rede.

[4]) BdKSGdW. 1866, S. 181.

vollen Brauen schöpfte, er aus den wallenden Locken noch viel eher ein praedominierendes Lockenhaar nach Art der Otricolibüste hätte schliefsen müssen, tröstet Overbeck sich BdKSGdW. S. 189 damit, dafs 'wenn Pheidias die Brauen seines Zeus so bildete, dafs man ihnen dies machtvolle Winken zutrauen durfte, wenn er mit diesen Brauen die ganze erhabene Physiognomie, besonders die Stirn in Einklang setzte, so mochte er ruhig um andrer Zwecke willen das Haar in den Kotinoskranz fassen'. Also eben die innig zusammengehörigen Theile des Hauptes, in denen, nach Overbecks Auffassung der Keimpunkt der künstlerischen Idee liegen sollte, werden auseinander gerissen, und die eine Hälfte nach einem ganz anderen Gesichtspunkt gebildet als die andere, und wäre nicht der Kranz gewesen, so wäre nach Overbecks Meinung der Pheidiassische Zeuskopf offenbar ganz so ausgefallen wie die Otricolibüste. An dem von Overbeck restituierten Zeusideal tritt nun der Widerspruch der in ihm zusammengearbeiteten verschiedenen Stile und Typen, nämlich jener hadrianischen Münze und der Otricolibüste, am schreiendsten hervor. So lesen wir Kunstmyth. S. 73 von der Bildung der Unterstirn, namentlich des Superciliarbogens an dem Pheidiassischen Ideal[1]): 'Der Erfolg (jener Brauenbildung) ist der Eindruck der höchsten Beweglichkeit der Brauen, welche in der Gegenwart heiter und ruhig erscheinen, und die man, ehe man die Hand umwendet, finster zusammengezogen zu sehn erwarten darf, während man der geringsten Bewegung so mächtig gebildeter Gesichtstheile den weitest reichenden Einflufs auf die Umwandelung des Ausdrucks der ganzen Physiognomie zuschreiben mufs'. Das klingt, als wäre vom Demos des Parrhasios die Rede, und das soll der Kopf sein, welcher allein, wie Kunstmyth. S. 45 gesagt wird, geeignet ist zur Verbindung mit einer Statue, 'in welcher in der denkbar vollkommensten Weise die Ruhe und Milde des Allmächtigen zur Anschauung gebracht wird'. Lassen wir jenes, was mit der Büste und der falschen Auslegung der Homerverse zusammenhängt, bei Seite und nehmen wir nur dies letzte

---

[1]) Dafs dies nämlich grade von dem Pheidiassischen Ideal, und nicht von späteren Modificationen gesagt ist, zeigt der nachher folgende Zusatz: 'Das olymperschütternde Brauenwinken konnte anders nicht als so plastische Form gewinnen'. Und S. 45 von der Münze: 'die Stirn ist so erhaben, die Brauen sind so mächtig ... wie bei sonst irgend einem Kopfe des Zeus'.

an, welches das wahre Urtheil über den durch die Münze überlieferten Zeustypus ist.

Um nun über das Wesen des Pheidiassischen Götterideales noch etwas klarer zu werden, wollen wir den Stil der Otricolibüste genauer betrachten¹), und lasse ich meine Auseinandersetzung im Wesentlichen stehen, wie sie geschrieben war, ehe mir die zweite eleische Münze bekannt wurde.

Daſs in dem Otricolikopfe von jener göttlichen Ruhe und Erhabenheit über allem Leid nicht die Rede sein kann, daſs sie vielmehr in Haltung, Ausdruck und namentlich in den festen Formen des Gesichtes ein Wesen andrer Art uns zeigt, läſst sich wohl nachweisen. Ueber die Haltung läſst sich allerdings nur indirekt etwas vermuthen, da der Hals, dessen Ansatz eine solche Biegung nach links (v. Besch.) verräth, wie sie bei stehenden Figuren sich findet, bei denen ein Bein die Hauptlast trägt, ergänzt ist²). Aber auch eine kleine wohlerhaltene Bronze, welche ich im britischen Museum³) sah, stellt den Gott stehend genau mit dem Typus der Maske von Otricoli dar. Haar und Bart und Gesichtsformen stimmen, soweit es bei solcher Kleinheit sein kann, überein, und daſs es nicht etwa die allgemeinen Züge des Zeustypus sind, sondern jene besonderen, lehrt eine Vergleichung der anderen kleinen Bronzebilder desselben Gottes daselbst auf der Stelle. Jenes Figürchen stellt den Gott nackt bis auf das shawlartig um den Rücken und über beide Oberarme gehängte kleine Himation dar, die linke Hand erhebend, bis eben über das Haupt, den rechten Unterarm, die Hand bis zur Schulterhöhe nach vorn etwas auswärts gehoben. Die Stellung, mit nachgezogenem rechten Fuſse, nähert sich schon dem Schreiten. Dieses Figürchen wird jeder für Wiederholung eines nachpheidiassischen Typus halten. Von der Ruhe des Zeus in Olympia ist jeder stehende, besonders ein sowie beschrieben stehender, weit entfernt.

---

¹) Ueber dieselbe hatte ich zu meiner Habilitation in Erlangen vor zehn Jahren die These aufgestellt: Caput Jovis Otriculanum Lysippeae potius quam Phidiacae artis exemplum.

²) So kann man auch aus der Neigung und Seitenwendung des Ludovisischen Herakopfes schlieſsen, daſs der Kopf einer stehenden Hera angehört hat. Vgl. Kekulé, Hebe S. 68, 1.

³) Schrank I, in welchem, irre ich nicht, auch der bekannte Apollo nach Kanachos steht.

Was zweitens den Kopf selbst, und zwar die beweglichen, veränderlichen Theile desselben, die Träger des momentanen Ausdrucks, anlangt, so kann auch da von eigentlicher Bewegung nicht die Rede sein, wie ja, auch wenn wir nach der Londoner Bronze ergänzen, kein Grund dazu ersichtlich, da der Gott nicht in Action ist. Aber ebensowenig ist vollkommene Ruhe in Haar, Stirn und Mund zu finden. Die Oeffnung des Mundes, eins der wesentlichen Ausdrucksmittel, welches man in stetiger Entwickelung verfolgen kann[1]), ist hier, wo ja keine besondere Erregung stattfindet, schon sehr bedeutend, wie man schwerlich an einem Werke aus der Zeit des Pheidias, wohl aber später findet. Es ist im Grunde ein Zug erregten Gefühls, also das Pathos, der aber eine grofse Scala durchlaufen kann, und correspondiert meist mit einem Zuge in der Stirn, der schon leichter als Ausdruck der Sorge, des Leidens verstanden wird. Auch die Otricolibüste zeigt auf der mächtigen Stirn, durch das Vorwiegen der nach oben laufenden Linien noch fühlbarer, die Querfurche in der Stirn. Ganz eigenthümlich ist ferner Haar und Bart. Das Haar hängt nicht ruhig, ist aber auch nicht in Folge einer Kopfbewegung in Wallung, weil nicht in einheitlicher Richtung. Es ist vielmehr als würden die Haare von eigenem Leben bewegt, oder als strömte unmittelbar aus dem Haupte gleichsam elektrische Kraft, die jenes Wogen erzeugte. Der Bart hat vermöge seines kürzeren und strafferen Wuchses weniger Freiheit, aber je deutlicher hier die Scheidung der beiden Seiten, desto auffälliger ist auch die beabsichtigte Vermeidung symmetrischer Regelmäfsigkeit. Eine noch weiter gehende Freiheit in der Behandlung des Haares ist an griechischen Werken kaum nachweisbar. Das Haar ist nicht blos um eine Stufe vollkommener als das zierlich regelmäfsige Gelöck vorpheidiassischer Bilder, es steht nicht in der Mitte zwischen zwei Extremen, sondern ist selber schon fast Extrem. Mag man die paar erhaltenen Köpfe aus den Giebeln nehmen, oder Menschen und Götter am Fries betrachten, z. B. Poseidon, Apollon, selbst da wo nur die Umrisse des Kopfes, wie bei Zeus, deutlich sind, überall zeigt sich weit mehr Regelmäfsigkeit, weit weniger Massigkeit.

Und nehmen wir nun die eleische Münze zur Hand, so zeigt sie den Bart sogar noch in archaischer Keilgestalt, gegen die ich

---

[1]) Conze, Beiträge S. 4.

allerdings einige Bedenken habe¹), und das Haupthaar anliegend ja mager im Vergleich mit jener Büste, und symmetrisch davon herabhängend auf die Schultern nach vorn und hinten lange Ringellocken, wie die kleine Nachbildung der Parthenos zeigt. Müssen wir nicht auch bei der Geschichte von den zwei gestohlenen Locken des Gottes, deren jede 6 Minen wog, uns einen etwas symmetrischeren Fall selbständiger Lockenringeln vorstellen? Desgleichen der Kranz von Oelzweig, den Pausanias²) erwähnt, verlangt eine gewissermafsen architektonische Anordnung des Haares. Die Wildheit und Unruhe des Haarwurfs widerstreitet, wie der gepriesenen Klarheit und friedlichen Ruhe, so dem Symbole derselben dem Kranze.

Das Haar der Büste steht aber in unverkennbarem Zusammenhange mit den Formen der Stirn, die von ebenso abweichender Bildung sind. Die zwar nach oben und unten vortretende, nach den Seiten abfallende, aber im wesentlichen glatte Fläche mit annähernd grader Profillinie, wie sie an den Werken der besten Zeit sich findet, ist hier durch mächtige gleichsam vulkanische Erhöhungen unterbrochen. Auf der Mitte der Stirn zieht sich als Fortsetzung des Nasenbeins, aber in dreifacher Breite und nach oben hin sich verbreiternd, eine starke Wölbung des Schädels, welche unten am stärksten vorspringend, in der Mitte eine gelinde, durch jene Querfurche markierte Senkung hat. An beiden Seiten, etwa über der Mitte des Auges zieht sich eine starke schattenreiche Vertiefung hinauf zwischen jener Wölbung und den wieder stärker vorspringenden Rändern der Stirn über den äufseren Augenwinkeln. So hat die Stirnfläche eine vielfache Gliederung erfahren, zunächst durch jene Querfurche in eine obere und untere Hälfte, sodann bedeutungsvoller durch die drei vertikalen Senkungen, welche die vier Höhenzüge scheiden und hervorheben, so dafs sie säulenartig aufsteigen und diese emporstrebende Kraft auch den aus ihnen aufschiefsenden Haaren mitzutheilen scheinen. Unmittelbar, so scheint es, sprechen sich Kraft und Gewalt in diesem Drängen und Streben nach oben, sowohl der festen Formen wie der beweglichen Locken aus; aber es ist doch nicht wohl anzunehmen, dafs der Künstler durch Abstraction, ohne Vorbild der

---

¹) Die zweite Münze mit dem Kopf allein hat keinen keilförmigen Bart.
²) S. Overbeck oben.

Natur solche Formen gefunden habe. Dies Vorbild hat auch schon Winckelmann GdK. IV, 2, 40 für die grofsen runden Augen (?), die Völligkeit der anwachsenden, gleichsam geschwollenen Stirn, für die Nase und besonders für die Haare des Zeus erkannt — man sieht, dafs er eben den Typus der Otricolibüste beschreibt — 'die gleich der Mähne des Löwen von dessen Haupte herabfallen, von der Stirn aber sich erheben und getheilt in einem Bogen wieder sich heruntersenken, welches kein Haarschlag am Menschen, sondern gedachtem Thiere eigen ist'. Die Absicht des Künstlers kann dabei nur die gewesen sein, welche Winckelmann andeutet, nämlich durch die allbekannten Formen des Königs der Thiere allgemein verständlich den gewaltigen Herrn auszudrücken. Jetzt erkennt man aber auch, in welchen Widerspruch die Otricolibüste, an welcher Brunn seinen Begriff des Idealschaffens entwickelt, mit der von demselben vorgetragenen Ansicht steht, dafs Pheidias gestrebt habe Gestalten von völliger Harmonie aller Theile, von makellosem Organismus zu schaffen. Hatten die Griechen in vernunftgemäfsem Fortschritt von ihren grofsen Göttern die auch ihnen ursprünglich anhaftenden Thierformen beseitigt, so dafs sie dieselben nur in Menschengestalt noch sich vorstellen konnten, so galt es vor allem für den erhabensten Gott die erhabenste menschliche Form zu finden. Wo aber bleibt die makellose Reinheit des Organismus, wenn er mit Thierformen verquickt wird und eben in den edelsten Theilen des Hauptes? Eben jenes ex ungue leonem, das Motto des organischen Schaffens müfste, denke ich, solche Löwenformen des Kopfes zu einem vollkommenen Löwen, oder wenigstens auch ganz und gar löwenartigen Menschen ergänzen. Das aber hat der Meister jenes Typus offenbar nicht gewollt. Denn neben jenen Formen der Kraft ist gleich die Stirnfalte ein Zeichen der Schwäche, das den sorgenden Herrscher bezeichnet. Auch die Augen sind grade an der Otricolibüste nicht löwenartig, wie der Vergleich von Alexanderköpfen deutlich macht. In diesen Augen liegt vielmehr Sanftmuth und Milde, wie auch die Neigung des Hauptes mit jenem Emporstreben in Stirn und Haaren in einem gewissen Gegensatz steht. Statt jener einheitlichen normalen Durchbildung hätten wir hier also vielmehr ein Zusammenarbeiten verschiedener Charakterformen, und hierin eine ganz andre Stilart als in jenem zu erkennen. Denn während jenes ex ungue leonem das Motto ist für eine durchaus harmonische Bildung des Ganzen, an, welches das wahre Urtheil über den durch die Münze überlieferten Zeustypus ist. Um nun über das Wesen des Pheidiassischen Götterideales noch etwas klarer zu werden, wollen wir den Stil der Otricolibüste genauer betrachten[1]), und lasse ich meine Auseinandersetzung im Wesentlichen stehen, wie sie geschrieben war, ehe mir die zweite eleische Münze bekannt wurde. Dafs in dem Otricolikopfe von jener göttlichen Ruhe und Erhabenheit über allem Leid nicht die Rede sein kann, dafs sie vielmehr in Haltung, Ausdruck und namentlich in den festen Formen des Gesichtes ein Wesen andrer Art uns zeigt, läfst sich wohl nachweisen. Ueber die Haltung läfst sich allerdings nur indirekt etwas vermuthen, da der Hals, dessen Ansatz eine solche Biegung nach links (v. Besch.) verräth, wie sie bei stehenden Figuren sich findet, bei denen ein Bein die Hauptlast trägt, ergänzt ist[2]). Aber auch eine kleine wohlerhaltene Bronze, welche ich im britischen Museum[3]) sah, stellt den Gott stehend genau mit dem Typus der Maske von Otricoli dar. Haar und Bart und Gesichtsformen stimmen, soweit es bei solcher Kleinheit sein kann, überein, und dafs es nicht etwa die allgemeinen Züge des Zeustypus sind, sondern jene besonderen, lehrt eine Vergleichung der anderen kleinen Bronzebilder desselben Gottes daselbst auf der Stelle. Jenes Figürchen stellt den Gott nackt bis auf das shawlartig um den Rücken und über beide Oberarme gehängte kleine Himation dar, die linke Hand erhebend, bis eben über das Haupt, den rechten Unterarm, die Hand bis zur Schulterhöhe nach vorn etwas auswärts gehoben. Die Stellung, mit nachgezogenem rechten Fufse, nähert sich schon dem Schreiten. Dieses Figürchen wird jeder für Wiederholung eines nachpheidiassischen Typus halten. Von der Ruhe des Zeus in Olympia ist jeder stehende, besonders ein sowie beschriebene stehender, weit entfernt.

---

[1]) Ueber dieselbe hatte ich zu meiner Habilitation in Erlangen vor zehn Jahren die These aufgestellt: Caput Jovis Otriculanum Lysippeae potius quam Phidiacae artis exemplum.

[2]) So kann man auch aus der Neigung und Seitenwendung des Ludovisischen Herakopfes schliefsen, dafs der Kopf einer stehenden Hera angehört hat. Vgl. Kekulé, Hebe S. 68, 1.

[3]) Schrank I, in welchem, irre ich nicht, auch der bekannte Apollo nach Kanachos steht.

Was zweitens den Kopf selbst, und zwar die beweglichen, veränderlichen Theile desselben, die Träger des momentanen Ausdrucks, anlangt, so kann auch da von eigentlicher Bewegung nicht die Rede sein, wie ja, auch wenn wir nach der Londoner Bronze ergänzen, kein Grund dazu ersichtlich, da der Gott nicht in Action ist. Aber ebensowenig ist vollkommene Ruhe in Haar, Stirn und Mund zu finden. Die Oeffnung des Mundes, eins der wesentlichen Ausdrucksmittel, welches man in stetiger Entwickelung verfolgen kann[1]), ist hier, wo ja keine besondere Erregung stattfindet, schon sehr bedeutend, wie man schwerlich an einem Werke aus der Zeit des Pheidias, wohl aber später findet. Es ist im Grunde ein Zug erregten Gefühls, also das Pathos, der aber eine grofse Scala durchlaufen kann, und correspondiert meist mit einem Zuge in der Stirn, der schon leichter als Ausdruck der Sorge, des Leidens verstanden wird. Auch die Otricolibüste zeigt auf der mächtigen Stirn, durch das Vorwiegen der nach oben laufenden Linien noch fühlbarer, die Querfurche in der Stirn. Ganz eigenthümlich ist ferner Haar und Bart. Das Haar hängt nicht ruhig, ist aber auch nicht in Folge einer Kopfbewegung in Wallung, weil nicht in einheitlicher Richtung. Es ist vielmehr als würden die Haare von eigenem Leben bewegt, oder als strömte unmittelbar aus dem Haupte gleichsam elektrische Kraft, die jenes Wogen erzeugte. Der Bart hat vermöge seines kürzeren und strafferen Wuchses weniger Freiheit, aber je deutlicher hier die Scheidung der beiden Seiten, desto auffälliger ist auch die beabsichtigte Vermeidung symmetrischer Regelmäfsigkeit. Eine noch weiter gehende Freiheit in der Behandlung des Haares ist an griechischen Werken kaum nachweisbar. Das Haar ist nicht blos um eine Stufe vollkommener als das zierlich regelmäfsige Gelöck vorpheidiassischer Bilder, es steht nicht in der Mitte zwischen zwei Extremen, sondern ist selber schon fast Extrem. Mag man die paar erhaltenen Köpfe aus den Giebeln nehmen, oder Menschen und Götter am Fries betrachten, z. B. Poseidon, Apollon, selbst da wo nur die Umrisse des Kopfes, wie bei Zeus, deutlich sind, überall zeigt sich weit mehr Regelmäfsigkeit, weit weniger Massigkeit.

Und nehmen wir nun die eleische Münze zur Hand, so zeigt sie den Bart sogar noch in archaischer Keilgestalt, gegen die ich

---

[1]) Conze, Beiträge S. 4.

allerdings einige Bedenken habe[1]), und das Haupthaar anliegend ja mager im Vergleich mit jener Büste, und symmetrisch davon herabhängend auf die Schultern nach vorn und hinten lange Ringellocken, wie die kleine Nachbildung der Parthenos zeigt. Müssen wir nicht auch bei der Geschichte von den zwei gestohlenen Locken des Gottes, deren jede 6 Minen wog, uns einen etwas symmetrischeren Fall selbständiger Lockenringeln vorstellen? Desgleichen der Kranz von Oelzweig, den Pausanias[2]) erwähnt, verlangt eine gewissermafsen architektonische Anordnung des Haares. Die Wildheit und Unruhe des Haarwurfs widerstreitet, wie der gepriesenen Klarheit und friedlichen Ruhe, so dem Symbole derselben dem Kranze.

Das Haar der Büste steht aber in unverkennbarem Zusammenhange mit den Formen der Stirn, die von ebenso abweichender Bildung sind. Die zwar nach oben und unten vortretende, nach den Seiten abfallende, aber im wesentlichen glatte Fläche mit annähernd grader Profillinie, wie sie an den Werken der besten Zeit sich findet, ist hier durch mächtige gleichsam vulkanische Erhöhungen unterbrochen. Auf der Mitte der Stirn zieht sich als Fortsetzung des Nasenbeins, aber in dreifacher Breite und nach oben hin sich verbreiternd, eine starke Wölbung des Schädels, welche unten am stärksten vorspringend, in der Mitte eine gelinde, durch jene Querfurche markierte Senkung hat. An beiden Seiten, etwa über der Mitte des Auges zieht sich eine starke schattenreiche Vertiefung hinauf zwischen jener Wölbung und den wieder stärker vorspringenden Rändern der Stirn über den äufseren Augenwinkeln. So hat die Stirnfläche eine vielfache Gliederung erfahren, zunächst durch jene Querfurche in eine obere und untere Hälfte, sodann bedeutungsvoller durch die drei vertikalen Senkungen, welche die vier Höhenzüge scheiden und hervorheben, so dafs sie säulenartig aufsteigen und diese emporstrebende Kraft auch den aus ihnen aufschiefsenden Haaren mitzutheilen scheinen. Unmittelbar, so scheint es, sprechen sich Kraft und Gewalt in diesem Drängen und Streben nach oben, sowohl der festen Formen wie der beweglichen Locken aus; aber es ist doch nicht wohl anzunehmen, dafs der Künstler durch Abstraction, ohne Vorbild der

---

[1]) Die zweite Münze mit dem Kopf allein hat keinen keilförmigen Bart.
[2]) S. Overbeck oben.

Natur solche Formen gefunden habe. Dies Vorbild hat auch schon Winckelmann GdK. IV, 2, 40 für die grofsen runden Augen (?), die Völligkeit der anwachsenden, gleichsam geschwollenen Stirn, für die Nase und besonders für die Haare des Zeus erkannt — man sieht, dafs er eben den Typus der Otricolibüste beschreibt — 'die gleich der Mähne des Löwen von dessen Haupte herabfallen, von der Stirn aber sich erheben und getheilt in einem Bogen wieder sich heruntersenken, welches kein Haarschlag am Menschen, sondern gedachtem Thiere eigen ist'. Die Absicht des Künstlers kann dabei nur die gewesen sein, welche Winckelmann andeutet, nämlich durch die allbekannten Formen des Königs der Thiere allgemein verständlich den gewaltigen Herrn auszudrücken. Jetzt erkennt man aber auch, in welchen Widerspruch die Otricolibüste, an welcher Brunn seinen Begriff des Idealschaffens entwickelt, mit der von demselben vorgetragenen Ansicht steht, dafs Pheidias gestrebt habe Gestalten von völliger Harmonie aller Theile, von makellosem Organismus zu schaffen. Hatten die Griechen in vernunftgemäfsem Fortschritt von ihren grofsen Göttern die auch ihnen ursprünglich anhaftenden Thierformen beseitigt, so dafs sie dieselben nur in Menschengestalt noch sich vorstellen konnten, so galt es vor allem für den erhabensten Gott die erhabenste menschliche Form zu finden. Wo aber bleibt die makellose Reinheit des Organismus, wenn er mit Thierformen verquickt wird und eben in den edelsten Theilen des Hauptes? Eben jenes ex ungue leonem, das Motto des organischen Schaffens müfste, denke ich, solche Löwenformen des Kopfes zu einem vollkommenen Löwen, oder wenigstens auch ganz und gar löwenartigen Menschen ergänzen. Das aber hat der Meister jenes Typus offenbar nicht gewollt. Denn neben jenen Formen der Kraft ist gleich die Stirnfalte ein Zeichen der Schwäche, das den sorgenden Herrscher bezeichnet. Auch die Augen sind grade an der Otricolibüste nicht löwenartig, wie der Vergleich von Alexanderköpfen deutlich macht. In diesen Augen liegt vielmehr Sanftmuth und Milde, wie auch die Neigung des Hauptes mit jenem Emporstreben in Stirn und Haaren in einem gewissen Gegensatz steht. Statt jener einheitlichen normalen Durchbildung hätten wir hier also vielmehr ein Zusammenarbeiten verschiedener Charakterformen, und hierin eine ganz andre Stilart als in jenem zu erkennen. Denn während jenes ex ungue leonem das Motto ist für eine durchaus harmonische Bildung des Ganzen, wie des Löwen nach dem wahren Organismus und Wesen des Löwen, so des Menschen nach dem Wesen des Menschen mit Ausschliefsung alles Abweichenden, so wird dagegen das Streben in den Einzelformen die einzelnen Seiten des Wesens besonders auszudrücken und hervorzuheben nothwendig zu ebensoviel Unterbrechungen des Normalen führen, wie in der That alle von dem Otricolikopfe angeführten Züge solche Abweichungen sind.

Hat denn aber Pheidias seine Götter nicht charakterisiert? Die Erklärung der Götterfiguren in Giebeln und Fries hat das Gegentheil gezeigt, aber allerdings liegt Pheidias' Charakteristik zum Theil da, wo man sie zu sehn weniger gewöhnt war, und war daher nicht überall erkannt.

Die greifbarsten, aber auch äufserlichsten Abzeichen sind die Attribute, deren wir am meisten bei dem isolierten, ruhenden Tempelbilde fanden, aber auch an den in andrer Göttergesellschaft weilenden mehr als man vielfach angenommen hatte, aber freilich ohne je den Trägern selbst eine Last, so hervorgekehrt zu sein, dafs sie nur für das Verständnis der Beschauer da zu sein schienen. Unfehlbar dienen sie auch diesem Zwecke, aber zu bewundern ist, nicht allein mit wie feinem Takte der Künstler unter der reichen Fülle herkömmlicher Attribute ausgewählt, z. B. weggelassen hat den Blitz des Zeus, sowohl im Tempelbild, wie am Fries, das Handwerksgeräth des Hephaistos, den Helm bei Athena am Fries, wo alle Götter unbedeckten Hauptes, die Rüstung des Ares; sondern mehr noch, was damit zusammenhängt, wie er verstanden hat, die gewählten Attribute von den Göttern handhaben und gebrauchen zu lassen als ihnen nothwendige und wesentliche Gegenstände, je nach den Umständen bald so bald so. Wie anders hält Zeus das Scepter im Tempel und am Fries des Parthenon, Athena ihre Lanze am Westgiebel und am Fries. Hielt Hermes im Westgiebel, wie ich vermuthet, den Schlangenstab, so hielt er ihn jedenfalls ganz anders hier als am Fries: dort gebraucht er ihn als solchen, hier läfst er ihn ruhn, und ebenso fein ist die Art, wie er hier den Hut auf seinen Schofs gelegt. Allerdings fallen die Attribute durch diese Ungezwungenheit und Natürlichkeit ihrer Anwendung weniger in die Augen, so der Stab des Hephaistos am Fries, die Aigis im Schofse Athenas. Noch mehr lebendiger Handlung dient die Binde und der Kranz in Peithos und Nikes Hand, anders im Fries, anders im Ostgiebel, der Schirm den Eros für Aphrodite trägt, Dionysos' Becher, wenn wir recht vermuthen, im Ostgiebel und Fries, und Apollos Leier, vielleicht am geistreichsten aber Ares' Lanze. Weiteres Mittel zur Charakteristik ist die Gewandung, auch etwas Aeufserliches, aber innig mit dem Körper verbunden und von dessen Wesen durchdrungen und weil ein allen Gemeinsames, gleichsam ein für Alle gültiges Mafs, vorzüglich geeignet die Unterschiede hervortreten zu lassen. Als etwas besonderes steht das Gewand der Iris (OG) und des Kephisos (WG) da, als Symbolisierung, oder sagen wir lieber als direkte Nachahmung der Naturerscheinung, des Regenbogens und des fliefsenden Wassers. Sonst ist sowohl die Wahl des Gewandes wie der Gebrauch von Bedeutung. Während Hera, Demeter, Athena, Nike, Iris den dorischen Chiton tragen, haben Aphrodite und Peitho am Fries wie im Ostgiebel den weichlicheren ionischen mit Aermeln; und am Fries sind sie die einzigen, die auch noch das Himation haben, das im Ostgiebel allen gegeben ist, da sitzende Gestalten en face im einfachen Chiton unschön oder unanständig sein würden. Hera hat am Fries noch den Schleier, Demeter ein Tuch gleich den Jungfrauen des Festzuges. Von den männlichen Gottheiten hat keine zweierlei Gewand: Eros ein schmales Tuch (WG nackt), Hermes (WG und Fr.) die Chlamys, alle andern das Himation. Poseidon am Fries bekleidet, ist im Westgiebel, wo er direkt aus seinem Elemente kommt, nackt. Ebenso macht sich auch bei den andern Meeresgöttern Nacktheit mehr oder weniger bemerklich mit feiner Berücksichtigung des Alters wie des Geschlechtes, von den weiblichen nur wenig bei Poseidons Wagenlenkerin, fast völlig bei der jugendlichen Aphrodite; die männlichen sind fast ganz nackt. Auch bei den andern Göttern erkennen wir leicht einen Unterschied des Alters, indem den älteren, d. h. bärtigen Göttern im Fries, Zeus, Poseidon, Hephaistos das Himation abwärts bis auf die Füfse reicht, während die jüngeren, Ares, Dionysos, Hermes kaum bis ans Knie verhüllt sind. Nur Apollon weicht ab, der nicht nur wie die Aelteren das Gewand bis zu den Füfsen reichend hat, sondern auch oben einen Zipfel über die linke Schulter geworfen hat, eine Annäherung an die feierliche Kitharodentracht. Unter den Jüngeren ist etwas sorgfältiger eingehüllt Dionysos, derselbe der im Ostgiebel nackend lagerte, das Gewand sammt Pantherfell zur Unterlage brauchend, wozu im Fries das Polster dient. Der Botengott hat auch noch den Hut und die langen Stiefel; Ares ist barfüfsig, Dionysos aber mit Sandalen angethan (auch OG.) wie die älteren Götter und alle Göttinnen. Von den Göttinnen haben zwei den Schleier: die eheschützende Pandemos und die Götterkönigin, die einen so ausgezeichnet bedeutungsvollen Gebrauch von ihm macht. Da Aphrodite hier so matronal erscheint, ist das Motiv der entblöfsten Schulter auf die Gefährtin Peitho übergegangen, die im Ostgiebel auch das sonst Aphrodite geläufige zierliche Motiv des über die Schulter gezogenen Gewandes hat.

Von der Gewandung schon nicht immer zu trennen waren Haltung, Bewegung und Gebärde, für die aber eine kurze Erinnerung genügen mufs. Die imponierende Haltung des Zeus (Fr.), wie überragte sie den Poseidon! Hephaistos kennzeichnete dagegen der minder feine Anstand im Sitzen, das Unterstützen der Schulter, die Haltung der Füfse; Dionysos die sich hingegebene, lässige Ruhe, vielleicht auch der zum Genufs oder zum Grufse gehobene Becher; Ares die schaukelnde Unruhe; Hermes der eilfertige Botenschritt und das Vorweisen mit rückgewandtem Kopfe, am Friese der sittige Anstand; Apollon das Leierspiel.

So verschieden unter einander wie die Götter in dieser Hinsicht, sind es auch die Göttinnen, selbst Iris und Nike, jene hinabeilend, diese von Flügeln gehoben hinaufstrebend. Die eigentliche Charakteristik liegt ja aber, wie bei jener im bogenförmig bauschenden Mantel, so bei dieser in der dargebotenen Siegerbinde. Aehnlich und doch so verschieden Peitho mit dem Kranze werbend. Wie jene der Athena ähnelt im Ostgiebel durch die stürmische Bewegung, die dort bis zu einem gewissen Grade auch die neugeborene Göttin beherrscht haben mufs, am Friese durch züchtige Sittigkeit, so zeigt dagegen Peitho offenbare Verwandtschaft mit Aphrodite in der lässigeren, bequemeren Haltung, namentlich am Friese. Ihr eigenthümlich aber ist ja das gewinnende Werben, nirgends schöner ausgedrückt als im Ostgiebel. Recht im Gegensatz dazu steht das Hinnehmen der Huldigung von Aphrodite mit einer gewissen Nichtachtung, und viel weiter geht ja bei ihr die sorglose weichliche Bequemlichkeit im Anlehnen oder gestreckten Lagern, die Beschäftigung mit sich, die bei ihr eine mehr äufserliche, auf ihre eigene Erscheinung gerichtete, bei Dionysos mehr innerliches Sinnen oder Träumen ist. Die Gegenseitigkeit, die zwischen Aphrodite und Peitho fehlt, finden wir in dem Verkehr von Demeter und Persephone (OG.); wo sie zusammen sind, die Mutter würdevoller an Haltung, selbständiger als die Tochter, diese vertraulich auf jene sich stützend; wo aber die Mutter allein ist (Fr.), da erscheint sie weniger erhaben, und eine gewisse nachdenkliche Anstandslosigkeit der Haltung könnte an die ihre Tochter suchende, entstellte Göttin erinnern. Hera wurde ja durch die eine Seitenwendung mit gelüftetem Schleier als die weifsarmige eheliche Gemahlin des Zeus erkannt.

Die Körperformen sind natürlich aufser durch die Gröfse bei Göttern wie Göttinnen nach dem Alter verschieden, zarter oder kräftiger, aber abgesehn von Hephaistos am Fries, der von hervorragend derben und muskulösen, und von den Flufsgöttern, die von auffallend weichen und flüssigen Formen sind, wird man schwerlich irgendwo für das gewählte Alter aufsergewöhnlich schlanke oder breite, aufsergewöhnlich zarte oder kräftige Formen finden, die eine besondre Individualität ausdrücken sollten. Wohl ist Zeus voller, kräftiger als Poseidon, Dionysos als Hermes und Ares, diese wieder als Apollon, Demeter als Kora, Aphrodite als Peitho, aber alle diese Unterschiede halten sich innerhalb der Grenzen des Normalen. Eher kann man schon im Haar eine von Altersverschiedenheit unabhängige Individualisierung finden, in Apollons und Heras Locken, in Zeus' vollerem Haupt- und Barthaar.

In den Köpfen kann der Ausdruck momentaner Erregung nicht gefehlt haben bei den Mittelfiguren des Ostgiebels, bei den streitenden Göttern des westlichen, da selbst die Lapithenköpfe der Metopen desselben nicht entbehren. Auch läfst Carreys Zeichnung solchen Ausdruck hin und wieder ahnen, wenn nicht erkennen, z. B. bei Poseidon und der einen Kekropide des Westgiebels. Bedeutungsvoller wäre noch der Anflug von Lächeln in dem sogenannten Weberschen Kopfe (Michaelis T. 8, 6), wenn derselbe der Aphrodite gehörte. Dafs es jedenfalls als Charakteristik zu fassen ist, beweist das gänzliche Fehlen desselben am Dionysos (D) im Ostgiebel.

Von diesem mehr den Moment als die Person charakterisierenden Ausdruck durchaus verschieden ist der theils in den beweglichen, theils in den festeren Formen des Kopfes beständige Ausdruck, den wir in den meisten sogenannten Götteridealen finden, in Zeus und Poseidon, wie in Dionysos, Aphrodite u. s. w. Von diesem ist an den Parthenonssculpturen nichts zu entdecken, auch nicht indirekt. Der Zeus zeigt bei aller Würde doch, verglichen mit späteren Darstellungen, weit mehr Ruhe. Apollons Kopfwendung hat nichts von dem schwärmerischen Pathos des vatikanischen Musageten. Eros ist weder der schmachtende Jüngling, noch das schalkhaft tändelnde Kind. Von jener unbestimmten süfsen Sehnsucht mufs die mit dem Kranze beschäftigte Aphrodite des Ostgiebels frei gewesen sein; der in Thalassas Schofse (WG.) sitzenden würde es eher anstehen, aber der schon genannte Webersche Kopf mit seiner lichten Klarheit ist davon weit entfernt; und die matronale Pandemos, die ein nahes Ziel aufmerksam ins Auge fafst, desgleichen. Dasselbe gilt vom Dionysos des Frieses, der seine Abkehr augenblicklich wieder überwindet und dem Zuge entgegenschaut. Den lagernden Dionysos des Frieses würde man eher mit der gewöhnlichen Vorstellung übereinstimmend denken, wenn nicht die Pracht der Glieder, die einen Theseus und Herakles nicht unwürdig schien, so andrer Art wäre, und wenn nicht hier eben der Kopf soweit wenigstens erhalten wäre, um die Abwesenheit jener Sinnlichkeit und Träumerei erkennen zu lassen. Dasselbe bestätigt die Friesplatte mit Poseidon, Apollon und der Peitho, und von gleich reiner, normaler Formenschönheit ist ja auch was sonst an Köpfen aus jener Zeit, sei es in der Sculptur, sei es auf Münzen und Vasen, überliefert ist. Namentlich von letzteren liefse sich leicht eine Reihe von Köpfen zusammenstellen, welche dieselbe Stilentwickelung erkennen liefse, die die Sculptur durchlaufen hat[1]).

Also das Unterscheidende, Individuelle schwindet an den pheidiassischen Göttern, je mehr wir von den vorübergehenden Regungen und Bewegungen, hervorgerufen durch wechselnde Bedingungen, absehen und auf das bleibende Wesen dringen. Dieses, der ihnen allen gemeinsame Grund ruhig erhabener Göttlichkeit steht über dem Individuellen und beherrscht dasselbe. Das zeigt sich namentlich auch darin, dafs dieselben Götter ihre besonderen Neigungen, die individuellen Züge, nicht überall gleich stark hervortreten lassen, sondern je nach den Umständen bald mehr bald

---

[1]) Ideale Köpfe des Zeus z. B. Élite céramogr. I, 14; 20; 21; 23. Gerhard, Akad. Abh. T. XIII. Mon. Ined. d. I. V, 49; Arch. Zeit. 1853, LV: Zeus wie Poseidon. Stephani CR. 1861, III; ebenso auf der Berliner Schale Gerhard Trksch. 2; 3 = Overbeck AdGKM. V, 3, a und c.

weniger ihnen nachgeben und daher bei verschiedenen Gelegenheiten verschieden sich zeigen, dasselbe, was schon bei Besprechung der Attribute hervorgehoben wurde. Darin erkennen wir so recht die schöpferische Kraft der Pheidiassischen Kunst, die nichts von fertigen Formeln und herkömmlichen Schematen weifs, deren Götter nicht todte Typen, sondern lebendige Wesen sind. Hephaistos z. B. im Ostgiebel nackt und in mächtiger Bewegung, bei der die Lahmheit vielleicht nur in der stärkeren Einbiegung der einen Seite sich zeigte, sitzt am Fries wie festtäglich gekleidet und feiernd in behaglicher Ruhe. Ebenso Hermes am Westgiebel — ich vermuthete auch am Ostgiebel — in eiligem Botenschritt, am Fries so sittig still ohne die sprungbereite Unruhe, die auch im Sitzen so trefflich in der Neapler Bronze sich ausspricht. Derselbe Unterschied zwischen Nike am Ostgiebel und Fries, anders auch, wie schon angegeben, Demeter bei der Tochter im Ostgiebel und ohne dieselbe am Fries.

Poseidon im Westgiebel und am Fries scheint kaum derselbe Gott; jener mit der machtvollen Bewegung, der angestaunten breiten Brust stimmt mit der geläufigsten Vorstellung des Erderschütterers wohl überein — und allerdings tritt er ja eben als solcher auf. Der andere aber ohne alles Gewaltsame, ohne jede Spur zeitweiligen Aufbrausens, könnte mit dem Mafsstabe der bekannteren, d. h. späteren Darstellungen gemessen, sogar kraftlos erscheinen, aber ebenso verschieden ist ja ruhendes Meer von stürmisch bewegtem, und jedesfalls ist Pheidias nicht dem Vorwurfe verfallen, welcher Euphranor traf, weil er im Bilde der zwölf Götter den Poseidon mit solcher Hoheit ausgestattet hatte, dafs ihm für Zeus keine Steigerung übrig blieb.

Zwischen dem Dionysos des Ostgiebels und demjenigen des westlichen sind vielleicht die ähnlichen Züge mehr in die Augen fallend, auch hervorgehoben, aber die Absonderung des Gottes ist hier doch soweit überwunden, dafs er nicht liegt, sondern sitzt wie die andern Götter, eng mit ihnen verbunden und augenblicklich mit reger Theilnahme dem kommenden Zuge entgegensieht. Und in der Ostmetope gar wirft er den Gegner in tapferem Anlauf zu Boden.

Aphrodite zeigt ihr eigenthümliches Wesen am stärksten im Ostgiebel; im westlichen tritt die dort kaum angedeutete Entblöfsung vermöge der besonderen Situation weit mehr hervor, die weichliche Selbsthingegebenheit dagegen mehr zurück; nach beiden Seiten zeigt die Göttin des Frieses noch gröfsere Würde.

Die verschiedenen Auffassungen der Athena in Giebeln, Metopen, Fries und Tempelbild sind schon besprochen; jetzt aber, meine ich, leuchtet noch besser ein, wie jene Aussonderung des Vorübergehenden von dem ruhig erhabenen, reinen, göttlichen Wesen nur die äufserste Consequenz dieser Art von Charakteristik ist, indem ja das Tempelbild die Gottheit aus jeder besonderen Situation losgelöst darstellt, nur den Anbetenden in reiner Göttlichkeit sich offenbarend. Denn es wäre diese völlige Ueberwindung des Eigenthümlichen ebensowenig wie jene Mäfsigung desselben nach gegebenen Umständen möglich, wenn nicht die Gottheit vermöge ihrer göttlichen Hoheit auch der eigenen Individualität Meister wäre. Der Widerstreit zweier in demselben Wesen verbundenen Naturen, einer höheren und einer niederen, der hier zu Tage tritt, braucht nicht hinweggeläugnet zu werden. Es ist der wohlbekannte Widerstreit zwischen der gegebenen Form der hellenischen Religion, d. i. der mythischen Gestalt der einzelnen Götter, welche eben ihre Individualität ausmacht, und den Forderungen der Vernunft, welche diese Individualität zurückdrängt. Eine wirkliche Versöhnung dieser beiden Gegensätze gab es selbstverständlich nicht, und doch mufste der Künstler, wie der Dichter beiden so viel wie möglich gerecht werden.

Pheidias hat, wie die gleichgesinnten Dichter Pindaros, Aischylos, Sophokles, abschliefsend das schon in ältesten Zeiten Begonnene, die mythisch gegebenen individuellen Formen der von der Vernunft geforderten Vorstellung von göttlicher Erhabenheit untergeordnet. Er hat die einzelnen Götter ihrer besonderen menschlichen Züge nicht entkleidet, aber dieselben auch nicht so tiefgehen, nicht so das ganze Wesen durchdringen lassen, dafs auch die Formen der Götter dadurch bestimmt worden wären, oder dafs sie in bleibenden Zügen, vorzüglich des Gesichtes, sich ausgeprägt hätten. So wie die homerischen Götter wohl Wunden empfangen können, aber augenblicks wieder geheilt in früherem Glanze strahlen, so hinterlassen auch die mythischen Erregungen und Bewegungen der Götter, Zorn, Liebe, Genufs nicht dauernde Spuren.

So ist jede einzelne Gottheit gewissermafsen ein Abbild der gesammten Götterordnung, denn zu den einzelnen individuellen

Wesensäufserungen verhält sich der allgemeine Grund der göttlichen Natur ganz ähnlich wie nach den in dem Zeusbilde zu Olympia ausgesprochenen Ideen die Heroen und Götter, die Zeus' Willen ausführen, sich verhalten zu dem obersten Gotte selbst, der ruhig und erhaben, von allem körperlichen Eingreifen, von aller Mitleidenschaft befreit, darüber steht. Diese Unterordnung des Besonderen unter das Allgemeine, der Einzelerscheinung unter die Idee war ja in der ersten Hälfte des fünften Jahrhunderts das herrschende Princip, nicht nur in der Kunst, sondern im ganzen Leben. Dafs das Ideal auch der Dichtkunst kein andres war als das des Lebens, zeigt ja am besten jener Ausspruch des Sophokles: er stelle die Menschen dar, wie sie sein sollten, Euripides aber wie sie wären. Offenbar parallel diesem Ausspruch steht der viel gedeutete des Lysippos: er stelle die Menschen dar, wie sie erschienen, die früheren hätten sie dargestellt wie sie wären[1]). Denn unmöglich kann das 'wie sie wären' hier und in dem ersten Ausspruch dasselbe bedeuten, sondern wie der Gegensatz von Schein und Sein zeigt, ist es hier in philosophischerem Sinne von dem wahren Wesen, das allen Einzelerscheinungen zu Grunde liegt, zu verstehn, so dafs hier das 'wie sie sind' dort vielmehr dem 'wie sie sein sollten'[2]) entspricht und die Lysip......... ('ie da sind wie die Menschen erscheinen, grade den Euripideischen der Wirklichkeit gleichstehn. Denn das wahre Wesen erscheint ja in der Wirklichkeit immer nur so oder so modificiert, nicht nur durch Situation, Bewegung, Beleuchtung, wie Bursian Gr. Kunst S. 464 im Anschlufs an Brunn GdGK. I, S. 377 sagt, sondern vor allem durch die vor allen diesen Accidentien vorhandene Individualität.

Aber in dem Ausspruche des Sophokles sowohl als in demjenigen des Lysippos ist nicht von Göttern, sondern von Menschen die Rede, und auch in Thierbildungen, ja in allen einzelnen Theilen,

---

[1]) Aristoteles Poet. 25 οἷον καὶ Σοφοκλῆς ἔφη αὐτὸς μὲν οἵους δεῖ ποιεῖν, Εὐριπίδην δὲ οἷοι εἰσί. Plin. 34, 65 volgoque dicebat ab illis (veteribus) factos quales essent homines, a se quales viderentur esse.

[2]) Denn die οἵους δεῖ sind die βελτίονας Aristot. Poet. c. 2; die βελτίονες aber die welche ἦθος haben c. 15, 8. Was aber aus dem ἦθος hervorgeht ist nicht εἰκῇ ἀπὸ τοῦ αὐτομάτου καὶ τῆς τύχης, sondern κατὰ τὸ εἰκὸς καὶ τὸ ἀναγκαῖον c. 9, 4; und das sei τὰ καθόλου, dem das τὰ καθ' ἕκαστον gegenübersteht.

in Bildung des Haares und der Gewandung erkennen wir bei der älteren Kunst dasselbe Princip obwaltend, so dafs wir an jener idealen Darstellung der Götter neben dem religiösen Moment auch das stilistische in Anschlag bringen müssen. Die Kunst wollte damals nicht anders, aber nach ihrem ganzen Entwickelungsgange konnte sie auch noch nicht anders wollen.

Wiederum aber dürfen wir auch nicht glauben, dafs für alles Abnorme, das Individuelle, das Häfsliche ihr der Blick verschlossen gewesen. Wohl verstand sie auch dies zu gestalten, aber sie verwies es in einen eigenen Bereich, und eben durch diese Trennung beider Sphären gelang es ihr in jeder so Hohes zu erreichen, dort den vollkommenen Ausdruck ruhiger Erhabenheit, hier derben urwüchsigen Sinnenlebens.

Conze[1]) hat an eine Aeufserung Viscontis anknüpfend gezeigt, wie eine grofse Fülle von Motiven derbnatürlichen menschlichen Lebens, Aeufserungen des sinnlichen Naturtriebes, meist um das Thema 'Wein, Weib und Gesang' sich drehend, die von der neueren Kunst, besonders der holländischen an Menschen, Bauern dargestellt wurden, auch von der alten Kunst mit Vorliebe behandelt sind, nur nicht an Menschen, sondern an Satyrn. Es sind aber nicht blos die Gebärden und Bewegungen, diese von Conze nach Stellung seines Themas vorzüglich berücksichtigt, sondern ebensowohl die Formen des Körpers und namentlich des Kopfes, welche in ganz entsprechender Weise all die derbe und gemeine Natürlichkeit, alle Abnormitäten und Häfslichkeiten zeigen, die auch Griechen der Wirklichkeit nicht fehlten, aber von den Idealbildern der Menschen, Heroen und Götter wie Schlacken abgesondert wurden. Auch sind es aufser den Satyrn noch andre Wesen niederer Art, welche die menschlichen Formen des Kopfes nicht in jener veredelten Allgemeinheit, jener Winckelmannschen Unbezeichnung, zeigen, sondern verzerrt und misgebildet, kahlköpfig, stumpfnasig, grofsohrig, grofsmäulig u. s. w., wie Giganten[2]) und Kentauren.

Sind diese Wesen aus Thier- und Menschennatur zusammengesetzt, so scheint es klar, dafs die von idealer Menschengestalt

---

[1]) 'Antike Satyrdarstellungen und ihre Gegenbilder in der modernen Kunst' in Lützows Zeitschr. für bild. Kunst III, S. 157 ff. Vgl. Heydemann Berl. Winckelmannsprogr. 1870. S. 12 ff.

[2]) Vgl. den Giganten der selinuntischen Metope Müller DaK. II, 230. Overbeck, Gr. Kunstmyth. II, S. 375. Vgl. S. 377, c.

abweichenden Formen, die zum Theil gradezu von Thieren entlehnt sind, wie die Spitzohren, eben Aeufserung und Ausdruck ihres untermenschlichen, thierischen Wesens sein sollen, welche die edlere Natur gleichsam durchbrechen und trüben, und dafs jene Kunstrichtung auch im Menschen die rohen ungezügelten Triebe und Leidenschaften, sowie deren flüchtigen oder dauernden Ausdruck in der Physiognomie als thierisch ansah. Dieselbe Vorstellung liegt ja dem Glauben der Entwickelung des Menschengeschlechtes aus thierisch rohem Urzustande zu Grunde, und verwandt ist es, wenn Menschen mit Thiernamen gescholten werden, wie κύων so oft bei Homer gebraucht wird, oder wenn Phokylides und Simonides den verschiedenen Charakter der Frauen durch Abstammung von verschiedenen Thieren erklären. Gefördert werden mufste diese Neigung Menschliches und Thierisches zu vergleichen, an Thieren Menschliches, an Menschen Thierisches zu entdecken, durch die Thierfabel, und selbst in den Thierchören eines Aristophanes erkennt man noch dieselbe Anschauungsweise.

So standen sich also zwei an Umfang und Bedeutung allerdings sehr verschiedene Kreise von Wesen gegenüber, ein höherer und ein niederer, grade wie die Gestalten der Tragödie und diejenigen der Komödie, eine Analogie, die beim Vergleiche der tragischen und der komischen Maske am besten in die Augen fällt, und die auch darin zutrifft, dafs die Komödie, die alte natürlich, gleich den Satyr- und Kentaurendarstellungen der älteren Kunst, keineswegs die Wirklichkeit copiert, sondern freischaffend so zu sagen nach unten idealisiert. Gleichwie aber im Satyrdrama in komischer Weise die Helden mit den Satyrn, auch hier den Vertretern gemeiner Wirklichkeit, zusammengestellt werden, und in ernsterer Weise die Tragödie des Aischylos und Sophokles neben die idealen Gestalten der Helden und Heldinnen die niederen Figuren, wie Boten, Ammen u. s. w., gleich Menschen des Alltagslebens gezeichnet, stellt, so hat auch die bildende Kunst sich die Wirksamkeit jenes Gegensatzes nicht entgehen lassen, wie z. B. Myrons Gruppe der Athena und des Marsyas und Kämpfe der Kentauren und Lapithen zeigen.

Dafs beide Kreise, von denen Pheidias selbst nur dem höheren sich widmete, schon damals auch in der Weise einander berührten, dafs sowohl Wesen des niederen veredelt, als auch Personen aus dem höheren Kreise nicht blos durch Motive der Bewegung und vorübergehenden Ausdruck, sondern durch bleibende Formen und zwar unnormale charakterisiert wurden, wird man wohl zugeben müssen. Jenes beweist ein Theil der Kentauren nicht mehr Homers φῆρες ὀρεσκῷοι, λαχνήεντες, in den Parthenonsmetopen, dieses am deutlichsten der Hephaistos des Frieses. Hephaistos aber, wie ihn die Ilias schildert, sei es aufwartend in der Götterversammlung mit keuchender Hast, sei es als lahmen, berufsten Arbeiter in der Schmiedewerkstatt, ist auch grade äufserlich und innerlich am weitesten von göttlicher Majestät zu simpler spiefsbürgerlicher Menschlichkeit herabgedrückt und verhält sich zu Zeus, Athena u. s. w. nicht viel anders als jene Boten- und Ammenfiguren zu den Heroen der Tragödie, oder wie im socialen Leben der βάναυσος zum καλὸς κἀγαθός. Eine solche Abstufung der Götter war ja schon mit jener Gegenüberstellung des Zeus und der übrigen Götter auch von dem geläuterten Polytheismus anerkannt, und offenbarte sich auch in jener so zu sagen mehr äufserlich individualisierenden Charakteristik durch Haltung und Gebärden, da auch diese unter gleichen Umständen bei den niedrigeren, affectvolleren Göttern, z. B. Ares, Dionysos, Aphrodite mehr als bei den höheren, geistigeren vom ruhigen Gleichmafs sich entfernte.

Erst in ihrem weiteren Entwickelungsgange gelangt die Kunst dann zu derjenigen Art der Charakteristik, wie sie Brunn, geleitet durch die Otricolibüste, schon für Pheidias behauptet hat. Der weitere Entwickelungsgang läfst sich der Hauptsache nach so bestimmen, dafs der Gegensatz jener beiden Kreise mehr und mehr sich ausgleicht, indem beide der zwischen ihnen durchgehenden Linie des wirklichen Lebens sich nähern, derselbe Gang, den die dramatische Poesie macht. Denn wie die Helden der Tragödie die Grofsartigkeit ihres Denkens und Wollens verlieren, so die Helden der Komödie das Groteske ihrer Lächerlichkeit, so dafs schliefslich die Helden des Euripides und die Menschen des Menandros weniger durch Sinnesart und Sprache als durch die verschiedenen Lebenslagen sich unterscheiden.

Von den bildenden Künsten folgte der Poesie zuerst die Malerei. Hatte diese auch früher schon vermöge der gröfseren Fähigkeit, Bewegung und Handlung in ausgedehntem Umfang darzustellen, mehr die wechselvollen Geschicke der Sterblichen als die immer mehr verklärte Ruhe der Götter im Bilde darzustellen versucht, so wurde sie jetzt auch eben durch diese Stoffe dahingeführt, innere Bewegung, Stimmungen, Leidenschaften der handelnden Personen auszudrücken. Während die Schüler des Pheidias noch auf den Wegen ihres grofsen Meisters wandelten, suchten Zeuxis und Parrhasios, wie aus der Zusammenstellung der von ihnen gewählten Stoffe und Situationen sich ergiebt, schon, wenn nicht in den Formen, doch in den beweglichen Theilen des Gesichtes alle Grade der Leidenschaft auszudrücken, indem beide, Parrhasios vielleicht in noch höherem Grade, darauf ausgingen, Heroen menschlich leidend und fühlend darzustellen mit Zügen des Schmerzes, der Verwilderung und selbst des Wahnsinns.

Das Gegenstück aus dem niederen Kreise zu diesen menschlich leidenden Heroen liefern Bilder wie Zeuxis' Marsyas, Pan, Triton, Boreas (?) und die besser bekannten Kentauren desselben Meisters. Denn was die mitleiderregende Situation des gebundenen Satyrs errathen läfst, das beweist Lukians Schilderung des Kentaurenbildes, dafs nämlich die Halbmenschen sympathieerweckender Menschlichkeit genähert waren[1]). War auch von der herkömmlichen Wildheit an dem Manne und schon an den Jungen noch genug übrig, so machte dieselbe doch bei dem Manne eher einen imposanten als einen abschreckenden Eindruck, und das Weib war sogar zu hoher Schönheit erhoben. Ja es sieht aus wie eine förmliche Widerlegung der beliebten Kentaurendarstellungen, wo die Kentauren als freche Friedensstörer und Frevler am Gastrecht, als lüsterne Weiber- und Knabenräuber erschienen, dafs sie hier selbst als Schützer von Weib und Kind im Familienleben gesittigt erscheinen. Bedenkt man, dafs die Figuren des Zeuxis nach einem Vergleich der von ihm und der von Parrhasios gewählten Situationen einen schwächeren Grad des Pathos gezeigt zu haben scheinen, und dafs Zeuxis der ältere von beiden war, so möchte man vermuthen, dafs das Streben erregteren Ausdruck darzustellen sich zuerst an jenen halbmenschlichen, vermöge des thierischen Elements leidenschaftlicheren Wesen versuchte und durch Veredelung dieser Halbmenschen sich den Weg bahnte zu entsprechender Darstellung der Heroen.

In der Plastik haben Skopas und Praxiteles den entsprechenden Fortschritt gemacht. Wohl finden sich auch in Pheidias' umfang-

---

[1]) Vgl. Brunn, Philostr. Bilder S. 266. Helbig, Jahns Jahrbb. 1867, S. 657.

reichen Compositionen wie früher in Polygnotos' Malerei die verschiedenartigsten Situationen dargestellt: Götter, Heroen und Menschen schafft er ruhig und bewegt mit gleicher Meisterschaft. Die Giebel des Parthenon, um von den Metopen zu schweigen, enthielten einst gewifs mehr, als jetzt zu erkennen ist, Gestalten voll von erhabenem Pathos; kleinere Gruppen, sowohl als Theile gröfserer Compositionen, wie Demeter und Persephone, Aphrodite und Peitho (OG.), Kekrops und eine Tochter (WG.) und so viele andre, als auch selbständig, namentlich in den Schrankenbildern des Thrones zu Olympia, sind die Vorläufer Praxitelischer Gruppen, aber diese Compositionsweise tritt noch nicht als einseitige Richtung hervor, die mit bewufster Vorliebe verfolgt wird.

Dagegen in Einzelbildern, wie Kresilas' Verwundeten und Sterbenden, in Polykles' Hermaphroditen, Kephisodotos' Eirene mit dem Knaben Plutos erkennt man theils an den erhaltenen Nachbildungen, theils an dem Thema selbst den neuen Geist, der in Skopas' und Praxiteles' Werken bald der herrschende wird. Die Annäherung jener beiden Kreise tritt jetzt noch viel deutlicher hervor. Die Satyrn, Seilene, Tritonen und andren Seewesen dieser Meister — und mit den letzteren hat der niedere Kreis eine bedeutende Erweiterung erhalten — sind aus Beschreibungen und Nachbildungen hinlänglich bekannt, um dieselbe Veredelung und Verfeinerung derselben erkennen zu lassen, und dadurch dafs diese Wesen verglichen mit den Kentauren mehr einem sanfteren Gefühlsleben hingegeben sind, nähern sie sich dem wirklichen Leben noch mehr.

Aus der höheren Welt haben diese Meister nach der alten Vorliebe der Plastik weniger Heroen als Götter behandelt, und vorzugsweise diejenigen, welchen das Gefühlsleben unterworfen ist, Dionysos, Aphrodite und Eros. Diese erscheinen jetzt aber nicht mehr als Herren ihrer eigenen Macht, sondern derselben selbst unterworfen und von der Liebe, der Sehnsucht, der Schwärmerei und süfsen Trunkenheit der Seele, die sie in andern weckten, selber durchdrungen. So mufste nothwendig, wie früher die Ruhe, jetzt die Gefühlserregung als das eigentliche, dauernde Wesen dieser Götter gelten. Es ist eine andre Lösung des oben berührten

---

[1]) Von denen ist Myrons Ladas, was Overbeck, GdgP. I, S. 333 verkennt, sehr verschieden: in diesem angespannteste Energie, dort schweres Leiden.

Widerspruches zwischen den vernunftgemäfsen Vorstellungen von der Gottheit und der mythischen Tradition, bei der aber der Schwerpunkt schon mehr in diese verlegt wird. Von einem Gegensatz jener beiden Kreise kann damit kaum noch die Rede sein, da in beiden dasselbe Gefühlsleben herrscht höchstens in verschiedenem Grade, und so sehen wir Wesen beider Art, namentlich Dionysos mit Satyrn, die Seewesen mit andern Göttern und Heroen zusammengestellt, aber nicht wie früher in einem durch den inneren Gegensatz hervorgerufenen Widerstreit, sondern zu inniger Gemeinschaft verbunden und so, dafs das Sinnenleben der niederen Wesen als unmittelbarer Ausflufs der anwesenden Götter erscheint und damit seine Rechtfertigung erhält, grade wie eine solche in Euripides' Bakchen ausgeführt ist. Auch ist zwischen beide Kreise eine Menge von Wesen eingeschoben, welche die Vermittelung und den Uebergang von einem zum andern bilden, Nereiden, Nymphen, Bacchantinnen, Mänaden, — bezeichnend für diese ganze Richtung lauter weibliche Wesen, — die im innigen Verkehr mit Dionysos und den Satyrn stehn und wiederum auch mit Aphrodite und Eros die Verbindung herstellen.

Die so angestrebte Individualisierung und Annäherung sowohl von oben als auch von unten her an die Wahrheit des Lebens, welche besonders dem Praxiteles nachgerühmt wurde, steht aber, so viel wir sehn können, noch auf dem Boden, welchen Pheidias geschaffen, indem man bei den höheren Wesen die reinen idealen Formen beibehielt, noch nicht durch abweichende Formen zu individualisieren suchte, sondern nur den ruhigen Wasserspiegel der reinen Schönheit in lebhaftere Bewegung setzte. Nur das Fleisch erhielt zu dem Zwecke gröfsere Fülle und Weichheit, vornehmlich um Augen und Mund, in den Theilen, in welchen innere Erregung sich zumeist ausspricht. Uebrigens ist ja eben den Wesen, welche diese Kunst mit Vorliebe behandelt, mit der gröfseren Reizbarkeit und der lebhafteren Empfindung auch gröfsere Weichheit des Fleisches eigen, dem weiblichen Geschlechte nämlich und dem männlichen in zarter Jugend. Dieselbe Vorliebe, von der Pheidias frei ist wie Sophokles, kennzeichnet ja auch Euripides.

Wie grofs aber noch das Streben nach reiner, hoher Schönheit, erhellt nicht allein aus den Nachbildungen von Niobe und ihren Kindern, von Aphrodite- und Dionysosstatuen, die mit Wahrscheinlichkeit auf jene Schule zurückgeführt werden und uns das den Originalen ertheilte Lob höchster Schönheit begreifen lassen; fast mehr noch zeigt es sich an den Wesen niederen Grades, Tritonen und Satyrn, — und ich erinnere an die Kentaurin des Zeuxis — bei denen die Abnormitäten auf das geringste Mafs zurückgeführt scheinen, so dafs ein Satyr mit einem Eros zusammen als die beiden schönsten Werke in Praxiteles' Werkstatt genannt werden konnten. Endlich lassen uns auch die Worte des Euphranor über seinen Theseus und den des Parrhasios deutlich zwei verschiedene Stilarten erkennen, die wir auch an den erhaltenen plastischen Werken unterscheiden, und zwar diejenige des Parrhasios an den auf Skopas und Praxiteles hinweisenden Werken, die des Euphranor in denen, die namentlich auf seinen ihm nahestehenden Bruder Lysippos zurückzuführen sind. Denn mag man jenes 'nicht mit Rosen, sondern mit Fleisch genährt' vom Colorit oder von den Formen verstehen — ich denke, beides ist richtig —, klar ist, dafs es Euphranor, wie wir es von Lysippos wissen, bei dem Heros vor allem um Kraft zu thun war. Der Körper wird so gestaltet, wie er nach dem Mafsstabe menschlicher Erfahrung für solche Leistungen, als dem Helden zugeschrieben wurden, nothwendig war. Der Widerspruch, den offenbar Euphranor dem Parrhasios vorwarf, und den man nach unsrer Auseinandersetzung auch dem Pheidias vorwerfen konnte, zwischen dem idealen Körper und der realen, d. h. menschlich gearteten Individualität, dafs also Aphrodite so weichlich und zart, Dionysos so lässig und bequem doch wesentlich denselben Körper hatten wie Athena und Ares, dieses Wunder eines menschlich gebildeten Leibes, der aber mit seinen menschlichen Lebensäufserungen nicht in dem erfahrungsmäfsigen Causalitätsverhältnis steht, dieses Wunder, ein Widerspruch, wenn man nur die menschliche Individualität, nicht die über ihr stehende Göttlichkeit in Rechnung bringt, wird von der neuen Kunstrichtung beseitigt. An die Stelle des freien Verhältnisses zwischen Gestalt und Individualität tritt ein nothwendiges; die Individualität wird dadurch aber auch zur Schranke, durch welche die Gottheit gebunden ist, so oder so zu handeln. Hatte Pheidias in seinen grofsen Tempelbildern die Gottheit, um sie eben möglichst wenig gebunden nach dieser oder jener Richtung hin erscheinen zu lassen, von den Aeufserungen ihrer Individualität förmlich abgesondert und gewissermafsen jedes für sich dargestellt, so mufste die neue Kunstrichtung nach dem angegebenen Princip grade darauf ausgehn, alles das was Pheidias aus der Gestalt entfernt hatte, vielmehr in dieselbe hineinzuverlegen, und dies scheint eine bei der mangelhaften Ueberlieferung zunächst nur oberflächliche Vergleichung der Lysippischen Zeusbilder mit dem Pheidiassischen allerdings anzuzeigen. Denn der colossale Zeus zu Tarent so wie der im Tempel zu Nemea und wahrscheinlich auch der auf dem Markte von Sikyon war stehend und nach dem Schweigen des Pausanias und Plinius, wie nach Ausweis der zahlreichen kleinen Bronzefiguren des Gottes in späterem Stil wohl auch nackt oder fast nackt und ohne weiteres Beiwerk als etwa den Blitz gebildet. Deutlicher noch bezeugt das epigrammatische Urtheil über Euphranors Paris in quo laudatur, quod omnia simul intellegantur, judex dearum, amator Helenae et tamen interfector Achillis, dieses Meisters Streben den charakteristischen Ausdruck und zwar entgegengesetzter Eigenschaften in die Persönlichkeit selbst zu verlegen.

So sehr nun auch die Kunst des Lysippos und Euphranor durch die dignitates heroum, die gewaltigen thatkräftigen Gestalten zu denen des Skopas und Praxiteles einen Gegensatz bildet, so ist daneben doch auch die Verwandtschaft beider Richtungen unverkennbar. Der gemeinsame Grundzug ist das Pathos. Aber das Pathos, welches im Gegensatz zur olympischen Ruhe und Klarheit Pheidiassischer Gestalten das Abzeichen menschlicher Schwäche und Endlichkeit bildet, ist ein andres bei Lysippos als bei Skopas und Praxiteles, nicht sowohl dem Grade als der Art nach. Das süfse Träumen und Schwärmen bacchischer und apollinischer Figuren, das erhabene Leiden der Niobe und ihrer Kinder, die rasende Verzückung der Mänaden, so sehr alle diese $\pi\acute{\alpha}\vartheta\eta$ von olympischer Seligkeit sich entfernen, so stehen sie doch über dem Boden des realen Lebens. Es liegt noch etwas Ideales in diesem Pathos, nicht so sehr darin, dafs die Träger desselben noch vorzugsweise dem Bereiche des Mythos und der Poesie angehören, als vielmehr darin, dafs Grund und Anlafs des Pathos so wenig concret und greifbar, so wenig durch reale Ziele bestimmt erscheint und dadurch etwas Dauerndes, Unvergängliches erhält, nicht nur die sanfteren Erregungen des Dionysos, Eros und der Aphrodite, sondern auch die lebhafteren, z. B. der Mänade des Skopas, deren Begeisterung als eine gottgewirkte in Bezug auf Dauer und Folgen der Regeln menschlicher Erfahrung spottet. In der Einheitlichkeit und Reinheit, mit welcher jene Gefühlsregungen, befreit von jedem nebensächlichen Zuge, hervortreten; in der Völligkeit, mit der die Ergriffenen davon durchdrungen sind, liegt etwas Ueberirdisches und Ideales. Und doch haben diese Darstellungen darin ihre Realität, dafs die von solchem Pathos Erfüllten vorzugsweise weibliche Wesen oder zarte Jünglingsgestalten sind, also dasjenige Geschlecht und dasjenige Lebensalter, welches, dichterisch gesprochen, auf dem Uebergange von dem Himmel zur Erde steht, das dem realen Leben mit seinen Widersprüchen, seinen Sorgen, Mühen und Kämpfen, die nicht träumen noch schwärmen lassen, sondern wachen und arbeiten heifsen, ferner steht und auch in seinen Formen in Folge dessen noch am meisten Idealität besitzt.

Diesem einheitlichen, ideal unbestimmten und ungebrochenen Pathos gegenüber kann man das Lysippische als ein gegensätzliches, reales bezeichnen, das in sich die Gegensätze heroischer Anstrengung und leidenschaftlichen Ringens und wieder müden Ruhens und behaglichen Geniefsens, vereint, und zwar diese Gegensätze an concreten Objekten des realen Lebens entfaltet. Es ist das Pathos genialer Naturen, welches von dem ruhigen Gleichgewicht des Ethos so weit verschieden ist, wie das Athen des peloponnesischen Krieges von dem Athen der Perserkriege, wie Alkibiades von Perikles. Während jenes Ethos in grader Linie sich fortbewegt, beschreibt dieses Pathos Wellenlinien, in der Action heftiger, ungestümer, in der Ruhe schlaffer, geniefsender, in beiden Fällen dem unmittelbaren Triebe mehr hingegeben. Die zunehmende Stärke dieser Ausweichungen nach beiden Seiten ist an Einzelwerken wie in Reliefs schon ganz äufserlich in Bewegungen und Stellungen wahrzunehmen. Vergleicht man z. B. die angreifenden Krieger in den Reliefs des Theseion, des Parthenon, des Niketempels, in denen von Phigalia und Halikarnafs, so wird man in dem immer stärker werdenden Ausschritt und Vorbeugen des Oberkörpers, in dem schwungvolleren Wurf der Arme den immer lebhafteren Rhythmus als Ausdruck zunehmender Leidenschaftlichkeit nicht verkennen.

Für das andre Extrem aber sind die namentlich von Brunn GdGK. I, S. 223; 351 gemachten Bemerkungen über das verschiedene Stehen Polykleitischer und Praxitelischer Figuren von Wichtigkeit. Nur hat Brunn Unrecht, wenn er bei der zunehmenden

Leichtigkeit und Bequemlichkeit der Stellungen nicht in der Bequemlichkeit und Ruhe selbst, sondern in der durch sie erzielten Leistungsfähigkeit das Wesentliche sieht, da ja keineswegs jedes ruhende Wesen ruht um Kräfte zu sammeln, vielmehr grade die Bequemeren die Ruhe um ihrer selbst willen geniefsen. Da also die Folgen der Ruhe jedenfalls ungewifs sind, es sei denn, dafs sie schon in der Art zu ruhen sich aussprächen, so mufs man sich an das Dargestellte halten. Dann aber ist der Hauptunterschied der drei Standarten der, dafs die älteste mit zwei gleichmäfsig tragenden Füfsen weder Ruhe noch Anstrengung hervortreten läfst, sondern beides, chaotisch und ohne Rhythmos, durch den ganzen Körper vertheilt; dafs bei dem Polykleitischen uno crure insistere Ruhe und Thätigkeit, wie aus dem Chaos das Flüssige und Feste, rhythmisch wie Arsis und Thesis sich von einander abheben, so aber dafs der Accent auf die Thätigkeit fällt, da dies Ruhen ein durchaus auf sich selbst gegründetes ist, während ein Sauroktonos z. B. sofort fallen würde, wenn die Stütze wiche. Während nun Polykleitos das Hauptgewicht von zwei Stützpunkten auf einen concentriert hatte, wurde später wieder ein zweiter hinzugenommen, aber dadurch, dafs dieser dem Oberkörper gegeben wurde, und so das Stehen sich dem Liegen näherte, traten die tragenden und die ruhenden Theile noch stärker auseinander, und jetzt überwog das Ruhen.

Beide Gegensätze und Ausweichungen von der ruhigen Mittellinie zu verbinden und sie als Aeufserungen desselben Wesens als die zueinander gehörigen Hälften darzustellen, machten Lysippos und Euphranor sich zur Aufgabe und thaten damit einen grofsen Schritt dem Leben näher. Es ist, als wären die Götter und Helden dem Alter unbestimmten Sehnens und jugendlichen Schwärmens, in welchem Skopas und Praxiteles sie darstellten, entwachsen und in den Kampf des Lebens eingetreten, wo sie an realen Aufgaben und Zielen ihr Feuer und ihre Kraft erproben, aber auch ermatten und verzagen, da sie eben menschlich fühlen und leben, und ihre Kraft nur darum übermenschlich ist, um zu den übermenschlichen Leistungen in einem möglichst realen erfahrungsmäfsigen Verhältnis zu stehen.

Bedenken wir nun, wie sehr die Gestalt des makedonischen Alexander den Mittelpunkt von Lysippos' Thätigkeit bildete, und wie Alexander eben der rechte Held jenes energischen Pathos ist, gleichwie der Löwe, jetzt fast mehr als das ethische Rofs das Lieblingsthier der Kunst, das Thier desselben Pathos; bedenken wir ferner, dafs an der Lysippischen Auffassung des Alexander grade die Vermischung jener Gegensätze, des Weichlichen in Blick und Neigung des Kopfes, mit dem Heroischen, Kraftvollen, mit einem Worte der Löwennatur, gerühmt wird, so dürfen wir wohl sagen, dafs das Leben die Kunst, welche durch ihre ganze Entwickelung schon darauf geführt wurde, durch jene Heldengestalt noch besonders bestimmt hat. Nur andre Mischungen jener Gegensätze bieten sich in den mit Alexander damals so vielfach parallelisierten Gestalten des Herakles und Dionysos dar, wie sie in jener Zeit ausgebildet wurden. Ueber Lysippos'[1]) Dionysos fehlen uns nähere Andeutungen, aber wir gehen schwerlich fehl, wenn wir einen Typus des Gottes, der mit aller Weichheit der Formen und Lässigkeit der Haltung etwas Herkulisches und Herausforderndes verbindet, von welchem Typus ein besonders gutes Exemplar in der Villa Ludovisi steht, auf Lysippos oder seine Schule zurückführen.

Heraklesstatuen des Lysippos sind uns mehrere durch Beschreibung bekannt, der tarentinische Kolofs, welcher auf dem zur Stallreinigung gebrauchten Korbe safs, von Unmuth über die nie endenden Mühen und Plagen niedergebeugt, dabei aber mit gewaltiger Kraftfülle ausgestattet, die erkennen liefs, wie furchtbar der Heros sein mufste, wenn das Pathos nach aufsen statt nach innen trieb, und die ein Zeugnis nicht blos von dem Vermögen, sondern auch von dem schon Geleisteten, zugleich ahnen liefs, wie ungeheuer die Arbeit sein mufste, die einen so gewaltigen Mann seufzen machte. In einem anderen Bilde war es Liebesleidenschaft, die seine Kraft lähmte und ihn zu Boden drückte. Der sogenannte Epitrapezios endlich stellte ihn als fröhlichen Zecher dar, dessen Erregung, zur Nachahmung begeisternd, schon in dem emporgewandten Antlitz sich aussprach. Das Neue und Eigenthümliche solcher und ähnlicher Darstellungen hat man in der Wahl neuer und dem Grundcharakter der dargestellten Personen widersprechender Situationen finden wollen[2]). Mit Recht, wenn man unter dem Grundcharakter die in der älteren bildenden Kunst geltende

---

[1]) Lucian Jupp. trag. 12 erwähnt beide zusammen von Lysippos' Hand.
[2]) Michaelis, Grenzboten 1868, S. 378.

Auffassung verstand. Wenn man aber, wie anzunehmen, die weit ältere mythische, in der Poesie lebendige und auch von der Vasenmalerei zur Anschauung gebrachte Vorstellung verstand, dann war es nicht richtig. Denn seufzend über seine vielen Mühen erscheint der Held schon bei Homer Il. 8, 362; so zeigte ihn bei andrer Gelegenheit Euripides auf der Bühne; und für Liebe empfänglich und dem Wein ergeben zeigten ihn ja viele Begebenheiten. Diese verkleinernden aber menschlichen Züge hatte die ältere Kunst abgestreift, als nebensächlich und unwesentlich, und so den Helden zur Höhe idealer Wesen erhoben. Grade das aber, was jene vom Einzelwesen zum Urbilde hinaufstrebende Idealkunst verworfen, las die Kunst des Lysippos auf, denn ihr gilt nun das Einzelne eben als das Wahre, nicht das Sein (quales essent), sondern die Erscheinung (quales viderentur), und erst wenn sie neben dem Hohen, Grofsen, Gewaltigen auch das Niedre, Kleine, Schwache nicht verschwiegen hat, glaubt sie der Wahrheit nahe gekommen zu sein. Kein Wunder nun, wenn sie in einer gewissen Reaction jetzt nach dieser Seite zu weit zu gehen scheint. Dasselbe nehmen wir ja bei Euripides wahr, dessen zerlumpte und oft kleinlich schwankenden und denkenden Helden auf dies Streben nach Wahrheit zurückzuführen sind; dasselbe etwas später auch bei der Geschichtschreibung des vierten Jahrhunderts, die grade an bedeutenden Männern auch die Züge der Kleinheit und Schwäche hervorkehrt und zu dem Ende selbst von dem Privatleben den Vorhang zu lüften beginnt.

Dafs es dem Lysippos bei jenen Darstellungen nicht blos darauf ankam, jedesmal eine neue pikante Situation zu liefern, sondern dafs er es mit jenen Charakterzügen ernst meinte, geht daraus hervor, dafs z. B. ein Zug des Unmuths, des Ueberdrusses bald leiser bald stärker fast allen Heraklesköpfen eigen ist, die mittelbar oder unmittelbar auf Lysippos zurückzugehn scheinen[1]). Ein ähnlicher Zug, der sich vornehmlich in dem wie seufzend geöffnetem Munde mit etwas hängender Unterlippe und in der sorgenvollen Stirnfalte ausspricht, welche sich in eine Vertiefung der Stirn legt, kehrt allerdings auch bei andren Lysippischen Figuren wieder und wird so stehend, dafs er auch auf besser ausgeführten Vasenbildern bei Göttern und Menschen ohne momentane Erregung

---

[1]) Vgl. Helbig, Annali d. I. 1868, S. 338.

zu erkennen ist¹). Es ist eben das allgemeine Abzeichen der Schwäche oder auch nur menschlich fühlender und leidender Wesen.

Grade so nun wie diese moralischen Ausweichungen des activen und des passiven Pathos zu klarer Ruhe und Harmonie, so verhalten sich die abweichenden Formen des Individuums zur Normalität des Ideals. Die architektonische Regelmäfsigkeit der Linien wird förmlich gemieden, wie in den Stellungen — man vergleiche den Apoxyomenos mit dem 'Polykleitischen' Doryphoros — so in den Contouren der Brauen, des Nasenbeins, der Wangen u. s. w. An Alexanders Bildern waren Unregelmäfsigkeiten bekannt, und nicht Zufall ist es, dafs Lysippos einen Aisopos und Sokrates darstellte, bei denen eben die richtige Auffassung der Abnormitäten die Aufgabe war. Ueberhaupt legt die jetzt überhand nehmende Porträtbildung ja das stärkste Zeugnis ab dafür, dafs die Kunst und der allgemeine Geschmack auf das Einzelwesen und die Einzelform gerichtet sind.

Was ohne allen Idealismus, den die griechische Kunst nie völlig verleugnen kann, aus diesem Streben geworden wäre, zeigt das vereinzelt natürlich nicht fehlende Beispiel des Demetrios und Lysistratos. Eine Art von Idealismus war es aber wieder, wenn man sich nicht begnügte die Abnormitäten, wie man sie fand, nachzubilden, sondern wie früher dem Bildungsgesetz der ganzen Gattung, so jetzt dem des Individuums nachspürte, indem man verschiedene Beispiele derselben Abweichung verglich und so empirisch Wesen und Bedeutung jeder Sonderform zu bestimmen suchte, um eine Formensprache sich zu schaffen, die vorzüglich bei fingierten Porträts zur Anwendung kommen mufste.

Von solchem Studium zeugen die Schriften der Physiognomiker, welche auf Aristoteles und Eudoxos zurückgehn²). Da sehen wir die einzelnen Körpertheile besonders behandelt, Füfse, Kniee, Schenkel, Hüften, Bauch, Brust, Rücken, Schultern, Hände, Finger, Nägel, Hals, Kopf, Ohren, Haare und namentlich die einzelnen

---

¹) S. Conze, Annali 1862, S. 268. Mon. Ined. d. I. VII, 71; Stephani, Compte rendu 1860. II, 2.

²) Vgl. aufser Aristoteles' Physiognomonica V. Rose Anecdota graeca I, 109 ff. die Physiognomonia des Apulejus nach Polemon mit Zusätzen aus Eudoxus (in der Schrift Loxus genannt) und Aristoteles.

Theile des Gesichts, Augen, Nase, Lippen, Wangen, Stirn[1]), und die Abweichungen-jedes Theils mit ihrer Bedeutung für den charakteristischen Ausdruck bestimmt; auch Bewegung und Stimme sind berücksichtigt. Danach werden aber auch durch Zusammensetzung der einzelnen Theile Gesammtbilder einer Anzahl von Charakterfiguren hingestellt: der Tapfere und der Feige, der Geistvolle und der Dumme, der Bescheidene und der Schamlose, der Schmähsüchtige und der Milde, der Geizige, der Spieler und andre. Drei verschiedene Methoden oder Arten der Induction gab es für das physiognomische Studium, welche zufolge der aristotelischen Schrift früher gesondert, damals zuerst verbunden gehandhabt waren, deren jede in der bildenden Kunst, namentlich des vierten und dritten Jahrhunderts, ihre Analogie hat: das Studium der Volkstypen und Charaktere in den Darstellungen von Perser- und besonders Keltenkämpfen; das Studium des Ausdrucks der Affekte in den Zügen des Antlitzes in der Malerei des Zeuxis und Parrhasios und der Skulptur von Skopas und Praxiteles bis hinab zum Laokoon. Die dritte, älteste[2]) Art, die Vergleichung der menschlichen Körperformen mit thierischen, um nach den letzteren die physiognomische Bedeutung menschlicher Abnormitäten zu bestimmen, hat ihr Analogon schon in der oben besprochenen Bildung der halbthierischen Wesen von der älteren Kunst und in der Auffassung der Abnormitäten als Ausdruck thierischen Wesens. Nach den Physiognomikern werden aber nicht allein die gemeinen sinnlichen Triebe und Leidenschaften in Thierformen erkannt, sondern auch gute und edle Eigenschaften, worin ja eine weit höhere Schätzung des Thiers sich ausspricht, die man wohl auch in andern ihm zugewandten Studien und Untersuchungen jener Zeit nicht verkennen kann. Auch dieser Auffassung der Physiognomiker entspricht eine Erscheinung in der bildenden Kunst. Hatten Skopas und Praxiteles den halbthierischen Wesen von der Schönheit der höheren gegeben, so that die Kunst jetzt noch den weiteren Schritt, dafs sie Thierformen zur Charakteristik selbst der Götter und Heroen anwandte. Es ist oft von dem Stiernacken des Herakles gesprochen. Auch von dem Löwen hat der Heros einige Züge, wie

---

[1]) Vgl. Henrychowsky Aristotelis, Polemonis, Adamantii doctrinae physiognomicae in harmoniam redactae et emendatae (Breslau diss. 1868) S. 6 ff.
[2]) Rose, Anecdota S. 63.

auch der Kopf des Maussolos von Halikarnaſs schon etwas Löwenartiges zeigt. Deutlicher noch ist es bei Alexander, namentlich auf Münzen, und wie bei ihm auch bei den Diadochen, am stärksten endlich beim Zeustypus der Otricolimaske. Daſs der Löwe für Heroen und Herrscher, selbst den Herrn der Welt als Symbol gewählt ist, erklärt sich aus seiner Bedeutung als König der Thiere; daſs er ihm aber sogar soweit gleichgestellt wird, daſs er ihm seine Gestalt leiht, das hat seine, ich sage nicht Quelle, aber beste Analogie bei jenen Physiognomikern, die dem Löwen nicht allein im Allgemeinen einen hervorragenden Platz einräumen, sondern die Eigenschaften des Herrschers in den einzelnen Formen seines Körpers nachweisen. Namentlich in den Formen des Kopfes, in Hals, Nacken, Stirn, Augen, Nase, Lippen wird er als Typus für die edlen Eigenschaften, besonders für den Hochherzigen, den μεγαλόψυχος aufgestellt, und nach einer Auseinandersetzung über die Vorzüge des männlichen Geschlechtes vor dem weiblichen, wird der Löwe gleichsam als das Ideal des männlichen Geschlechtes hingestellt[1]: φαίνεται τῶν ζῴων ἁπάντων λέων τελεώτατα μετειληφέναι τῆς τοῦ ἄρρενος ἰδέας. Danach wird eine so ausführliche Darstellung seiner körperlichen und geistigen Vorzüge gegeben, wie kaum je von einem Menschen, und paſst die Beschreibung des Kopfes gröſstentheils auf den Otricolitypus: der groſse Mund, das viereckige Antlitz, die kräftige Nase, die tiefliegenden Augen, die mächtige Braue, die viereckige, in der Mitte vertiefte, gegen Brauen und Nase aber wie ein Gewölk aufgethürmte Stirn[2], und mitten über der Stirn (ἄνωθεν δὲ τοῦ μετώπου κατὰ τὴν ῥῖνα). aufbäumendes Haar. Und allerdings wären die dem Löwen beigelegten geistigen Eigenschaften selbst des Zeus nicht unwürdig: Freigebigkeit, Freimuth, Groſsmuth, Siegliebe, Sanftmuth, Gerechtigkeit und Treue (Anhänglichkeit).

Jenes künstlerische Verfahren nun hat jedesfalls selbst für unsre Wahrnehmung noch zu bedeutenden Umfang und Zusammenhang, um nicht auf den Vorgang eines vorzüglichen Meisters zurückgeführt zu werden, und daſs dies Lysippos war, scheint mir

---

[1] Aristoteles Physiognom. 809 B, 14.
[2] Wohl zu unterscheiden sind die ersten Anfänge dieser Stirnbildung an Alkibiadesköpfen und ähnlichen von der ausgebildeten Charakterform, von der hier die Rede ist. Vgl. De Witte, Annali 1868, S. 207 f.

aus mehreren Gründen wahrscheinlich. Erstens weil wir jene Löwenformen grade an Köpfen des Zeus, Herakles, Alexander finden, die auch sonst durch stilistische Verwandtschaft auf gemeinsamen Ursprung und von niemand eher als von Lysippos schliefsen lassen; zweitens weil der vorzügliche Preis von Lysippos' Alexanderbildern eben darin begründet war, dafs in ihnen über der pathetischen Wendung des Halses und der Schwärmerei im Blicke das Mannhafte und Löwenartige (τὸ ἀρρενωπὸν καὶ λεοντώδες) nicht verloren gegangen war; endlich ist ein Hauptzug aus der Löwenphysiognomie, das von der Stirn aufbäumende Mähnenhaar in dieser charakteristischen Behandlung erst durch Lysippos möglich geworden[1]).

Wenn ferner so gut wie in jener Physiognomik, so auch, und vielleicht mehr noch in der plastischen Charakteristik ein grofser Theil Symbolik steckt, so zeigt uns ja der Kairos des Lysippos, wie jener Meister, um verständlich zu charakterisieren, eine noch viel weitergehende, viel weniger künstlerische Symbolik sich erlaubte. Vielleicht erhellt jetzt auch, dafs dieser Kairos nicht so vereinzelt dasteht unter den Werken des Lysippos. An ihm tritt nur die der Pheidiassischen grade entgegengesetzte Art zu schaffen dieses Meisters am schroffsten hervor, nämlich das Streben die hervorstechenden einzelnen Charakterzüge aufzufassen und jedem seinen besondern Ausdruck zu geben nach einer bestimmten aus der Erfahrung gewonnenen Terminologie, in concreten der Natur nachgebildeten Formen, und wo diese nicht ausreichen, in rein symbolischer Bezeichnung. Er wäre freilich nicht der bedeutende Künstler gewesen, wenn er nicht verstanden hätte, jene Einzelzüge zu einer Einheit zu verbinden durch richtige Unterordnung und Betonung. So wie an dem Kairos, von dem wir aufser den Beschreibungen nur kümmerliche Nachbildungen besitzen, die Einzelzüge uns ungebührlich unverbunden erscheinen,

---

[1]) Beachtenswerth ist, dafs auch in der lateinischen Bearbeitung der Physiognomik, Alexander — er allein aufser Sokrates — erwähnt wird dafür dafs oculi tumentes, micantes... ubi moderatae magnitudinis et umidi sunt atque perlucidi, magnificum hominem, magnarum rerum cogitatorem atque perfectorem indicant: sane iracundum et vino deditum et iactantem sui et cupidum gloriae ultra conditionem humanam ostendunt, cui hujusmodi oculorum signa contigerint, scias, quod his oculis aestimatur etiam Alexander fuisse (wo die Beschreibung der Augen mit den Löwenaugen Aristoteles 809 B, 19 übereinkommt).

weil die einende Kunst des Meisters uns im Stiche läfst, so möchte umgekehrt bei besseren Nachbildungen seiner Werke zunächst der Totaleindruck überwiegend sein, und so scheint mir erklärlich, dafs die Otricolibüste so lange als Pheidias' Kunst repräsentierend genommen wurde.

In einer Hinsicht jedoch scheint Lysippos dem Pheidias sich wieder mehr genähert zu haben als Skopas und Praxiteles, wenn auch vielleicht nur, um eben dadurch den Gegensatz seiner und der Pheidiassischen Werke mehr hervortreten zu lassen. Sofern wir nämlich den spärlichen Angaben oder dem Schweigen trauen dürfen, waren die Götterbilder des Lysippos im Ganzen äufserlich weniger bewegt durch concrete Motive als diejenigen der jüngeren attischen Schule. Die Meister dieser hatten die Formen noch weniger verändert und sie nur aus der klaren affectlosen Ruhe gleichsam erweckt und aufgeregt und dazu immer neue Bewegungsmotive erfunden. Lysippos' Götter waren innerlich umgewandelt, und von den menschlichen Gefühlsregungen trug der Körper nach den Gesetzen menschlicher Natur die sichtbaren Spuren, Folgen oder Bedingungen an sich. Hier war also die Erregung oder Erregungsfähigkeit, die Individualität, selbst in der Ruhe sichtbar, und bedurfte es keiner besonderen Motive, um dieselbe zum Vorschein zu bringen.

Nehmen wir nun den Otricolikopf[1]), welchen wir ja auch nach der Londoner Bronze zu einem stehenden Bilde ergänzten, als Lysippisch, so erkennen wir auch innerlich eine bedeutende Ueberwindung jenes in Wellenlinien sich bewegenden Pathos und eine grofse Annäherung an die Mittellinie auf sich selbst ruhender Klarheit. Der Unterschied zwischen dieser Ruhe und derjenigen der Pheidiassischen Götter bleibt aber doch der, dafs die Lysippischen nur die menschlich erworbene Ruhe des im Kampfe mit sich und dem Leben gefestigten Charakters darstellen, jene des Pheidias aber eine nie ernstlich getrübte und zu trübende, also übermenschliche. Ihrer vernunftgemäfsen Göttlichkeit war Pheidias mehr gerecht geworden, ihrer menschlichen Individualität aber Lysippos.

---

[1]) Bestimmt als Lysippisch sprach die Büste auch De Witte an Annali 1868, S. 208.